Counseling Research (2nd ed.)

상담연구방법론

-양적·질적·혼합적 방법론-

Carl J. Sheperis · J. Scott Young
M. Harry Daniels 공저

김은하 · 김창대 · 김형수
서영석 · 정여주 · 최한나 공역

Quantitative, Qualitative, and Mixed Methods

학지사

Counseling Research: Quantitative, Qualitative, and Mixed Methods, 2nd Edition
by Carl J. Sheperis, J. Scott Young, and M. Harry Daniels

Authorized translation from the English language edition,
entitled COUNSELING RESEARCH: QUANTITATIVE, QUALITATIVE, AND MIXED METHODS, 2nd Edition, ISBN: 9780134025094 by SHEPERIS, CARL J.; YOUNG, J. SCOTT; DANIELS, M. HARRY, published by Pearson Education, Inc., publishing as Pearson,

KOREAN language edition published by HAKJISA PUBLISHER, INC. by arrangement with Pearson Education, Inc.

역자 서문

현재 상담연구방법은 예비 상담사들이나 상담 실무자들에게 필수적인 수련 교과목이며, 상위 자격을 취득하기 위한 학회 및 국가자격 시험과목에도 포함되어 있다. 그러나 상당수의 상담사들은 이러한 외적 요구에 따른 의무감으로 연구방법에 관한 지식 습득이나 실제 연구 수행을 마지못해 하는 경우가 많다. 상담사들은 대체로 규범적인 절차를 따라야 할 뿐만 아니라 대단히 까다롭게 여겨지는 연구방법을 익혀 연구하기보다는 사람을 직접 만나 대화하고 조력하는 행위 자체에 더 힘을 쏟으려는 경향이 있다. 그리고 연구 수행에 생각보다 많은 조건이 요구된다는 생각 때문에 연구방법을 익히는 것을 어려워하고 연구 수행을 꺼리기도 한다.

역자들은 이 책이 상담사들의 이러한 고충을 경감시키는 데 도움이 될 것이라고 생각하여 번역을 결정했다. 이 책은 석사 수준에서 처음 연구를 수행하는 상담 수련생들이나 초보 연구자들이 연구의 시작 단계부터 보고서 작성 및 출판에 이르는 마지막 단계까지 밟게 될 절차적 과정을 친절하게 소개하고 있다. 따라서 이 책은 상담연구방법을 공부하는 상담사들에게 입문서로는 제격이다. 복잡하고 저항감을 일으키는 수리적 정보를 최소화하는 대신에 연구의 실행 중에 밟아야 할 절차와 관련된 정보를 보다 구체적으로 포함하고 있다. 더불어 최근 국내에서 출간된 상담연구방법 관련 서적에는 소개되지 않고 있는 혼합연구방법을 포함하고 있어 내용의 다양성 측면에서도 폭이 넓다.

이번에 번역한 책은 2013년에 출간된『상담연구방법론』의 2판으로서 1판과 같이 5부로 구성되어 있으며, 부의 구성은 유사하다. 제1부는 연구를 시작하기 전에 연구 전반에 대해 알고 있어야 할 주제들을 다루고 있다. 제2부는 양적연구방법, 제3부는 질적연구방법, 제4부는 기타 방법으로 설문, 혼합연구, 행위연구 등을 다루었다. 끝으로 제5부는 자료의 분석과 연구 결과의 제시방법을 소개했다. 그러나 좀 더 구체적으로 들여다보면 2판은 1판에 비해 정말 많은 측면에서 대폭으로 수정되었다. 편저자들은 필자를 전면 교체하거나 일부 보강하기도 했으며, 내용은 1판에 있던 내용을 이동하거나 새로운 내용을 추가, 수정, 보완함으로써 책을 풍부하게 만들었다. 그뿐만 아니라 심지어 몇몇 장은 완전히 삭제하고 새로운 장으로 교체했다. 구체적인 변경내용은 다음과 같다.

- 1판 제1장(상담연구에서의 최신 쟁점)과 제2장(시작하기)은 2판에서는 제1장(상담연구의 최근 쟁점)으로 통합되고 내용도 보완되었다.
- 1판의 제17장(연구 실제에서의 윤리적 고려사항)과 제18장(연구에서의 다문화 쟁점)은 2판에서는 앞으로 이동하면서 통합하여 연구에서 윤리 문제와 다문화 문제를 강조하는 최근 경향을 반영하였다.
- 2판의 제3장(문헌 고찰)은 1판 제3장에 정보의 조직과 제시 절이 추가되면서 대폭 보강되었다.
- 제4장(방법론적 쟁점)은 필자도 변경되었고 내용도 수정, 보완되었다.
- 제5장(기초통계 개념과 기술통계)은 내용은 1판 제15장의 내용을 앞으로 이동하면서 저자도 교체되고 내용도 대폭 수정, 보완되었다.
- 제6장(실험 설계)과 제7장(예측 설계)은 저자가 교체 또는 보강되고 내용도 대폭 수정되었다.
- 제8장(단일사례 연구 설계)은 1판의 제8장(시계열 설계)에 비해 저자의 일부가 교체되고 내용도 수정, 보강되면서 장의 제목도 '시계열 설계'에서 '단일사례 연구 설계'로 수정되었다.
- 제9장(사례연구법)은 1판에는 없었던 내용이 완전히 새롭게 추가되었다.
- 제10장(근거이론방법론)은 다른 장에 비해 1판과 유사하게 보이지만, 근거이론방법의 다양성, 문화적 함의점 등의 내용이 추가되었다.
- 제11장(현상학연구)과 제12장(내러티브연구)은 각 장의 저자가 모두 교체되었고 내용 역시 대폭 수정, 보완되었다.
- 제13장(조사연구의 개요)은 저자는 같지만, 1판에서는 제2부(양적연구 설계)에 속했지만, 2판에서는 제4부(설문조사, 혼합연구, 행위연구)로 옮김으로써 연구의 범주를 달리했다.
- 제14장(혼합연구 설계)은 저자가 동일하고 내용은 부분적으로만 수정, 보완되었다.
- 제15장(실행연구)은 완전히 새로 추가되었다.
- 제16장(프로그램 평가)은 1판의 저자에 2명이 추가되면서 내용이 완전히 바뀌었다.
- 제17장(자료 관리와 자료 분석 소프트웨어)은 저자가 모두 교체되었고, 1판에서 다루었던 SPSS 외에 CAQDAS 관련 정보도 포함함으로써 내용이 크게 보완되었다.
- 제18장(연구 보고서 작성)은 저자가 일부 교체되고, 내용도 수정, 보완되었다.

이처럼 이 책의 원저가 대폭 수정, 보완되고 장이 추가된 만큼 번역자도 보강될 필요가 있었다. 2판은 1판의 번역에 참여했던 최한나 교수(숙명여자대학교), 김은하 교수(단국대학교), 김형수 교수(단국대학교) 외에 서영석 교수(연세대학교), 정여주 교수(교원대학교), 김창대 교수(서울대학교)가 추가로 참여했다.

상담연구와 연구방법에 대한 상담사들의 편견을 조금이나마 바꾸고 싶은 마음 때문에 다음 내용을 소개하며 역자 서문을 마치려고 한다.

사람의 마음을 이해하기 위해 고심한 우리 분야의 선배들은 인간의 정신을 역동적이며 살아 숨 쉬는 영혼의 생생한 움직임으로 보았다. 바로 이 살아 숨 쉬는 영혼의 움직임을 생동감을 유지한 채 파악하기 위한 방법론과 그 방법론에 의한 이론이 상담이론으로 자리 잡게 되었다. Freud는 정신분석이란 인간 영혼 혹은 마음의 실체에 다다르기 위한 여정이며 연구방법이라고 설명했다. 여러 상담이론은 정신분석의 이러한 발견적 과정을 기반으로 하여 그것의 타당성을 밝혀서 구축된 치료방법들이며 또한 이러한 방법으로 얻어진 학문적 통찰이 축적되어 상담학이라는 독자적 분야를 이룬 것이다. 상담의 기원은 이처럼 마음의 실체를 이해하고 점진적으로 언어를 통해 적중시켜 가는 방법과 기법에 있으며, 그 자체가 과학적인 행위였다. 상담사가 과학적 사고를 하고, 앎에 도달하는 절차적 방법을 익혀야 하는 이유가 여기에 있다.

이 책이 상담 수련생들 및 일선 상담사들에게 연구를 위한 실용적인 교재로 활용되기를 기대하며, 사람에 대한 이해를 축적해 가려는 연구자들에게 친구 역할을 해 주는 안내서로 쓰이기를 바란다. 끝으로 이 책의 출간을 맡아 주신 학지사 김진환 사장님, 출판 과정에서 늦어지는 원고를 기다려 주시고 글을 다듬고 세밀한 교정을 해 주신 김현주 선생님과 편집부 관계자 여러분께 깊은 감사의 마음을 전한다.

2022년 2월

역자 대표 최한나

저자 서문

I

친애하는 동료 여러분, 이렇게 우리가 집필했던 『상담연구방법론: 양적 · 질적 · 혼합적 방법론』의 2판을 출간하게 되어 매우 기쁘다. 전문 상담영역에서 저명한 학자인 J. Scott Young 박사, M. Harry Daniels 박사와 함께 상담영역의 연구를 이해하는 데 가장 근본적이고 필수적인 지식을 담은 이 책을 함께 편집할 수 있었던 것은 내게는 특별하면서도 영광스러운 기회였다. 세 명의 편집자들은 상담영역에 최적화된 연구의 이론적 원리와 응용방법을 공유하기 위해 전 세계의 상담연구자들의 목소리를 담았다. 여러분과 함께 이 책의 2판을 공유함으로써 우리는 전문직으로서의 상담 과학과 연구를 확장할 수 있기를 바란다.

이 책은 연구의 생산자가 되려는 학생뿐만 아니라 연구의 소비자가 될 사람들에게 연구에 관한 단단한 기초를 제공하려는 목적으로 설계되었다. 상담을 가르치는 사람으로서 나는 연구를 통해 최상의 실무적 접근을 개발하는 일에 깊이 헌신하고 있다. 많은 연구방법 교재들은 교육 영역의 사례를 사용하기 때문에 그러한 연구가 상담 실무의 세계에 어떻게 적용되는지 이해하기 어려울 경우가 많았다. 그래서 이 책의 가장 중요한 목표 중 하나는 특별히 상담이 가지고 있는 여러 측면의 연구를 위해 필요한 포괄적이고 근본적인 지식을 제공하려는 것이다. 이 책을 읽는 학생들이 상담 연구에 대해 가지고 있는 저자들의 열정을 이해하기를 바란다.

나는 여러분이 수련 중인 상담사들에게 연구가 야기하는 많은 불안에 대해 잘 알고 있으리라고 생각한다. 나는 이 책이 그러한 불안을 경감시키고 이후 세대의 상담 실무자의 능력 있는 연구 생산자와 소비자가 되게끔 도와줄 것으로 기대한다.

행운을 비는 마음과 감사의 마음을 전하며

2015년 9월 6일
Carl J. Sheperis

2

수련 중인 상담사로서 당신은 임상 수련을 위한 대학원 프로그램에서 연구라는 측면이 마치 (실제로는 관련성이 있음에도) 관련이 없는 것처럼 보일 수 있다. 당신의 초기 관심사는(주안점을 두는 영역에 따라) 지역 학군의 또래 중재 프로그램을 개발하는 방법을 학습하는 것, 정신병리 증상을 다루는 방법을 학습하는 것, 개인의 직업적 미래에 대한 문제점에 대한 다양한 시사점을 이해하는 것, 또는 기숙사 관리를 통해 룸메이트 관계 이슈를 다루는 법을 배우는 것일지도 모른다. 당신은 효과적인 상담사를 위한 일련의 필수적인 기법을 배우고자 하기 때문에 연구가 당신의 학업 계획에 적합하다는 사실을 이해하기 어려울 수도 있다. 이 책을 읽어 가면서, 연구와 상담이 통합적으로 엮여 있고, 상담영역에서 실무능력을 발휘하려면 연구가 필요하다는 점을 명확히 인식할 수 있기를 바란다.

이 책의 목적은 당신이 상담 기술을 쌓아 가는 과정에 연구를 통합시키도록 하는 것이다. 이 책을 통해 당신은 연구의 기초 이론을 익히고 그것이 상담영역에 어떻게 적용되는지를 알게 될 것이다. 우리는 당신에게 상담연구의 다양한 측면을 안내하고 양적 · 질적 · 혼합적 연구방법을 소개하고자 한다.

이 책의 새로운 구성

2010년에 처음 출간된 이 책은 연구방법, 연구 설계, 연구의 적용에 대해 상담사를 훈련하게끔 설계되어 광범위하게 사용되는 교육자료가 되었다. 2판은 내용의 많은 측면이 바뀌었다. 우리는 모든 장을 개정하고 구조를 바꾸었으며 가장 정확하고 최신의 정보를 제공하기 위해 새로운 내용을 추가했다. 이와 동시에 우리는 이 책의 초판에서 주력했던 점, 즉 책의 양식을 읽기 쉽게 구성하고 증거기반 실무자가 되기 위해 준비하는 상담사에게 가장 사용하기 쉽고 적합한 연구 정보를 강조하려고 했던 점 등은 유지하려고 했다. 이 책을 통해 우리는 상담영역에서 가장 많이 사용하는 연구방법에 관한 지식과 사례를 제공했다.

2판에서 주로 개정한 부분은 다음과 같다.

- 제1장 '상담연구의 최근 쟁점'은 완전히 수정했고 1판의 제2장과 통합했다. 이 장은 연구 과정의 시작에 대한 수정 · 보완된 내용으로 구성되어 있다. 이 책의 도입부인 제1장은 상담에서 연구를 수행하는 목적을 개관할 뿐 아니라 연구 과정에 대한 새로운 정보를 제

공했다.

- 제2장 '연구 실제에서의 윤리적 고려 사항', 제3장 '문헌 고찰', 제4장 '방법론적 쟁점', 제5장 '기초통계 개념과 기술통계'는 재구조화되고 연구 영역에서 새롭게 발전한 내용을 반영했다. 특히 제2장 '연구 실제에서의 윤리적 고려 사항'은 현재 따라야 하는 연구 지침에 관한 최신의 정보를 제공하기 위해 개정했는데, 이 내용은 2014년 미국상담학회(ACA)의 윤리강령과 맥을 같이한다.
- 양적연구 설계와 관련된 제6장 '실험 설계', 제7장 '예측 설계', 제8장 '단일사례 연구 설계'는 대폭 재구조화되고 개정되었다. 특히 제7장에서 위계적 회귀분석에 관한 정보를 확대했고 회귀분석 관련 연구의 실제적 사례를 제공했다.
- 제9장 '사례연구법'은 2판에 새로 추가된 장으로 사례연구에 관한 빈틈없고 철저한 입문으로서의 내용을 포함한다. 이 장은 몇 가지 형태의 사례연구를 개관하고 사례연구를 설계할 때 밟아야 할 단계를 알려 준다. 이 장의 저자들은 사례연구법으로 얻을 수 있는 이점과 한계점을 알려 준다.
- 우리는 근거이론, 현상학 그리고 내러티브 연구 관련 장을 최신 정보로 보완하고 개선했다. 이와 관련된 장들(제10~12장)은 가장 많이 사용되는 질적연구에 관한 최신의 정보를 제공한다.
- 이 책의 제4부는 재구성되었고 '조사연구, 혼합 설계'로 재명명되었다. 이 장들(제13~15장)은 각각의 접근에 대한 현대적 관점을 소개한다. 특히 제15장 '실행연구'는 새롭게 추가되었는데, 상담실무자들이 공통적으로 사용할 수 있는 방법론을 반영하고 있다.
- 제5부(제16~18장)는 '자료분석'으로 재명명되었다. 각 장은 자료의 관리, 결과 보고 방법 등에 관한 최신의 정보를 제공한다. 우리는 다양한 무료 소프트웨어와 엑셀을 포함한 다양한 소프트웨어 프로그램을 활용한 구체적인 자료 관리 방법을 추가했다.

보조 자료

이 책의 보조자료에는 다음과 같은 것이 포함된다.

교수자 지침서: 이 지침서는 각 장마다 필요한 보조자료를 교수자에게 제공한다. 자료에는 각 장의 개관, 아우트라인과 토의 주제, 핵심어와 개념 정의, 추천하는 학습활동, 평가 문항 은행 등이 포함된다.

교수자용 파워포인트: 교수자에게는 각 장의 구체적이고 필수적인 내용을 담은 강의 슬라이드가 제공된다.

감사의 글

연구에 관한 책을 편집하는 것은 참으로 고된 과제이고 수많은 사람의 지원과 헌신 없이는 완성될 수 없다. 무엇보다 먼저, 이 프로젝트를 믿어 주고 결실을 맺도록 도와준 편집장 Kevin Davis에게 감사를 전하고 싶다. 또한 편집과 출판을 위해 애써 준 Pearson 지원팀에게도 감사를 전한다.

여러 학자의 도전과 노력 없이는 이 책이 출판되지 못했을 것이다. 자신의 전문지식과 시간, 상담영역에서 연구를 발전시키고자 하는 노력을 공유해 준 각 장의 저자들에게 감사드린다. 특히 초판의 성공에 기여했지만 2판에 참여하지 못한 저자들(Tiffany Chandler, Susan Eaves, Rick Balkin, Kimberly Hall, Kristin Johnson Gros, Terri Christensen, Kristy Brumfield, April Bedford, Sandra Trupiano Landry, April Heiselt, Sang Min Lee, Catherine Chang, Danica Hays, and Geneva Gray)에게 특별히 감사한다. 끝으로 2판을 검토해 준 조지 메이슨 대학의 Rachael D. Goodman, 잭슨 주립대학의 Lakitta D. Johnson, 포틀랜드 주립대학의 Ryan Melton; 일리노이 주립대학 스프링필드 캠퍼스의 Judy Shipp, 텍사스 A&M 텍사카나 캠퍼스의 Angela Sikorski에게 감사한다.

Carl J. Sheperis
J. Scott Young
M. Harry Daniels

차례

❙ 제1부 ❙ 상담연구 개관

| 제2부 | 양적연구 설계

Ⅰ제3부Ⅰ 질적연구 설계 및 프로그램 평가

| 제4부 | 조사연구, 혼합 설계

| 제5부 | 자료분석

참고문헌은 학지사 홈페이지(www.hakjisa.co.kr)에서 내려받으실 수 있습니다.

제1부

상담연구 개관

제1장

상담연구의 최근 쟁점

Carl J. Sheperis
Lamar University

목표

1. 상담에서 연구에 대해 배우는 목적을 이해할 수 있다.
2. 과학자-실무자 모형의 원리를 이해할 수 있다.
3. 자료에 근거한(data-based) 문제 해결의 기초를 이해할 수 있다.
4. 임상 실제에서 상담연구가 가진 함의를 이해할 수 있다.
5. 상담 전문 영역의 주제를 다루는 다양한 학술지를 확인할 수 있다.
6. 상담에서 연구의 수행에 수반되는 이점과 어려움을 제시할 수 있다.
7. 연구의 기초 요소를 기술할 수 있다.
8. 효과적인 연구자의 특성을 이해할 수 있다.
9. 연구 가설과 연구 문제를 구성하는 방법을 이해할 수 있다.
10. 표집의 요소를 설명할 수 있다.

연구는 전문적 상담의 성공에 필수적이다. 이 장에서는 전문적 상담 영역에서 과학과 임상 실제 간의 밀접한 깊은 관련성을 학습하고, 이 책의 나머지 부분에서 다룰 연구를 이해하게끔 도와줄 몇 가지 모형(예: 자료에 근거한 문제 해결 모형)을 소개할 것이다. 또한 상담 전문가인 독자들이 수행하는 임상 실제의 핵심적 연구를 수록하고 있는 몇몇 상담 학술지를 소개한다. 여러 연구를 개관한 후, 연구 과정, 예컨대, 연구의 어려움, 연구 요소, 연구자 특성, 연구 문제, 가설, 표집 절차 등을 간략히 살펴볼 것이다. 이 장은 상담 연구의 세계로 여행을 떠나는 당신을 준비시키는 장이다. 이 장에서 다룰 많은 기본 개념은 나머지 장에서 당신이 학습할 내용의 기초가 될 것이다.

상담과 연구의 관계

연구의 세계에 입문한 독자 여러분을 환영한다. 독자들 중에는 나중에 자신이 상담사로 일할 계획인데 왜 연구를 해야 하는지 의문을 가지는 이도 있을 것이다. 그러나 상담사가 특정 분야에서 전문가의 위치에 있다면, 당신은 사람들이 당신이 수행하는 상담 실무의 효과에 당신도 주의를 기울이기를 바란다는 사실을 알아야 한다. 재정을 지원하는 주체(funding sources)와 관리의료 체계에서 나타나는 여러 문제로, 상담사는 상담 장면에서 이루어지는 처치와 성과를 검토하고, 그들이 하는 치료적 작업이 내담자에게 도움이 되고 있음을 입증하라는 압박을 받고 있다. 독자들 중 다수는 졸업 후 전일제 상담사가 될 것이고, 그러면 당신은 앞으로 이 책에서 다루는 대규모 연구 프로젝트를 수행할 기회를 가질 수 없을 것이다. 그러나 당신이 수행하는 상담의 효과성을 입증하기 위해 당신은 이 책에서 다루고 있는 연구 능력이 필요하다. 그뿐만 아니라 당신은 출판된 연구를 이해하고 평가하고 효과적인 상담사가 되려면 연구를 실무의 세계에 적용할 필요가 있다. 저자들은 독자들의 이해를 돕고 연구의 실무적 적용을 강조하기 위해 이 책에서 실제 상담 사례를 사용할 것이다. 독자들이 과학자-실무자(scientist-practitioners)가 되고 상담자로서 상담의 효과성을 높이고자 할 때 이 모형을 활용하기 바란다.

과학자-실무자

1970년대 이후, 관리의료 체계에서 건강관리 산업의 예산이 계속 삭감되어 왔다. 관리의료 관련 기관들은 진단에 따라 예상되는 상담회기의 수를 결정함으로써, 의학적으로 치료에 필수적인 것 이외의 모든 것을 제외했다(Phillips & Alperin, 2013). 이러한 환경에서 상담 실무의 경쟁력을 가지려면, 상담사는 자신이 사용한 처치가 연구에 근거를 두고 있으며, 임상적으로 타당하고, 바람직한 결과를 나타낸다는 증거를 제시해야 한다(Rowland & Goss, 2013). 상담 실제와 교육의 초점이 증거 기반 개입에 맞추어지는 경향과 더불어, 상담의 주관적 경험과 과학의 객관적 증거 간의 거리를 좁히고 좀 더 효과적인 개입을 하여 비용을 절약할 수 있는 방법 중 하나로 과학자-실무자(Scientist-Practitioner: SP) 모형이 주목을 받았다(Corrie & Callanan, 2001).

S. C. Hayes 등(1999)은 관리의료 시대에 일할 상담사 양성 교육에서 과학자–실무자(이하 SP) 역할을 하도록 가르치는 것이 필요하다고 주장했다. SP 모형은 원래 임상심리에서 활용하려고 개발됐지만(Stoner & Green, 1992), 한 사람을 상담사 역할을 하게끔 준비시키는 데 유용한 모형이다. SP 모형을 만든 이유는 임상과 연구 각각의 교육을 결합하여, 연구와 상담의 통합을 유도하고, 임상 효과를 최대한 거두기 위함이다(Crane & McArthur, 2002). Sexton(1999)에 따르면, SP 모형 같은 접근으로 연구와 임상 실무를 통합하면 상담사가 복잡한 문제를 가진 내담자를 도울 때 상담이 가진 예술적 측면과 과학적 측면(예: 임상 경험과 실증적으로 검증된 치료 접근법)의 정수를 활용할 수 있다. 증거 기반 개입이 도입된 지 20여 년이 지난 지금, 임상 실무를 지지하는 자료의 필요성은 이전보다 훨씬 더 증가했다.

SP 모형을 지지하는 상담 교육자는 수련 중인 상담사들이 모든 사례를 공식적인 연구 프로젝트처럼 접근하고 일상적인 실습에서도 실증적 근거를 활용하라고 장려한다(Houser, 2014). 바꾸어 말하면, 최고의 실무적 접근법을 개발하기 위해 당신은 상담사로 수련하는 동안에도 연구법 과목에서 습득한 방법을 사용해야 한다는 것이다.

SP 모형의 일부로서, 상담 실무자에게는 ① 새로운 자료의 생산자, ② 연구의 소비자, ③ 효과적인 상담의 평가자라는 세 가지 역할이 주어졌다. SP 모형은 과학자와 실무자라는 두 가지 분리된 역할을 결합하는 데 초점을 둔다. SP 모형의 철학에 따르면, 상담 실무자는 연구와 임상 기술 모두에 정통해야 하며, 그렇게 되면 '연구에 참여하는 상담사'이면서 동시에 '실무에 참여하는 연구자'가 될 수 있다(Crane & McArthur, 2002). 과학과 실무 중에서 그 어느 것도 다른 것에 비해 더 많이 강조하지 않는다. 학생으로서 여러분은 과학과 임상 기술 둘 다에서 특별한 전문지식을 갖고 있지 않다고 하더라도, 이 두 가지 모두를 실무에 통합하는 능력은 갖추어야 한다(Stricker, 2002). SP 모형에서 기본적인 것은 연구와 효과적인 임상 기술이 통합될 수 있다는 전제이다(Norcross & Wampold, 2011).

과학자–실무자는 연구를 통해 효과적으로 입증된, 자료에 근거한 개입을 사용한다(Rubin & Bellamy, 2012). 상담 실무는 점점 시간의 제약을 받기 때문에, 상담자가 목표를 세우고 개입하여 적절한 시기에 성과를 입증하는 것이 필요하다(Drake et al., 2014). 그래서 SP 모형을 사용하는 상담사는 ① 개입의 초점을 선택하고, ② 적절한 개입을 구상하며, ③ 성과를 평가하기 위해 자료 활용의 중요성을 인식해야 한다.

당신이 학생으로서 연구 방법 강의를 처음 수강하고 있다면, 다른 수업에서 상담 기법을 연습하다가 자료를 분석하는 일로 전환하기에 어려움을 느낄 수도 있다. 상담 실무 훈련을 받고 있는 이 시점에서 SP 방법을 적용하는 일이—기본 상담 기법(예: 반영적 경청, 공감적 이해, 지지)과 비교해서—생소하더라도, 이것은 이미 훈련 과정의 일부였다는 점을 인식하는 것이 중요하다. 기본 상담 기술을 배울 때, 각각의 상담 개입은 적절한 시기와 상황에 적용되어야 한다는 사실을 발견했을 것이다. 우리는 당신이 그러한 기법의 사용에 관해 좀 더 공식적인 판단을 내리기를 기대한다. 다시 말해, 내담자의 문제를 해결할 때 자료를 활용하는 것이 중요하다. 시간이 지나면서, 연구자는 다양한 상담 접근의 유용성을 평가하고, 상담 접근의 요소를 경험적으로 분석하며, 특정 문제와 특정 상담 모형을 연계함으로써 얻는 효과를 밝힐 수 있게 되었다(Beutler & Clarkin, 2014). 그러므로 가장 초보 상담사라도 상담을 할 때 자료에 근거한 접근 방법을 사용해야 한다.

자료에 근거한 문제 해결자 모형

행동 자문(behavioral consultation)의 한 요소인 자료에 근거한 문제 해결자(Data-Based Problem-Solver: DBPS) 모형은 수련 중인 상담사에게 특히 유용하다. DBPS 모형을 따르면 수련생들은 요구를 신속히 평가하고, 증상을 관찰하며, 성과를 평가하는 능력을 갖추게 된다(Edwards, 1987). DBPS로 활동한다면 단기간에 문제를 확인하고 분석하며, 개입 절차를 개발하고 적용하여 성과를 평가할 수 있게 된다. 경험에 근거한 문헌들은 문제를 정의하고, 개입의 목표를 설정하며 개입 방법을 개발하고 자료를 수집하는 데 사용된다. 그래서 기초적인 연구 방법론의 학습, 연구 논문의 질을 평가하는 능력 등은 효과적인 상담사가 되는 데 필수적이다.

본질적으로 DBPS 모형은 SP 모형이 확장된 것이며, 상담사는 효과적인 문제 해결 전략을 사용해야 할 책임이 있다는 믿음에 기초하고 있는데, 그러한 효과적인 문제 해결 전략은 자료에 근거해서 접근할 때 가장 효과적으로 실행할 수 있을 것이다. 문제의 확인은 이 모형에서 필수적이다. 문제 확인은 연구와 실무 사이의 중요한 연결점 중 하나이다. 왜냐하면 문제 확인을 통해 개입 방법을 계획하고 적용할 수 있기 때문이다. 문제의 확인 영역에서 나타나는 구체성의 부족 때문에 상담 실무자는 발전과 발달이 지연되었다(Edwards, 1987). 궁극적으로, 상담사가 얼마나 효과적인가를 떠나서, 문제가 적절하게 측정되고 평가되지 않는다면 개입은 빈약해지고 처치는 그 효과를 발휘하지 못한다. 상담 실무자가 자신의 심리치료가 어디로 향하고 있는지 명확하지 않다면, 언제 도달했는지, 심지어 어떤 곳이라도 도달한 적이 있는지 어떻게 알 수 있겠는가?

상담 연구의 세계

예상컨대, 상담의 세계가 증거에 근거한 실무와 자료에 근거한 문제 해결을 지향하기 때문에, 연구에 관한 이해가 상담사의 수련에도 중요하다는 것을 알기 시작했을 것이다. 연구를 이해하는 일의 중요성을 받아들이기만 하면, 우리는 상담의 전문성에 적용할 만한 다양한 종류의 연구를 검토할 준비가 된 것이다. 상담 연구자들은 전형적으로 전문적 상담의 두 가지 다른 측면, 즉 ① 효과적인 상담 모형과 ② 성과에 영향을 주는 개별 상담사의 측면에 초점을 둔다. 이 각각의 초점은 상담 실무에서 중요한 함의를 갖는다.

효과적인 모형 아마 당신은 대학원에 입학해서 이미 많은 상담이론을 접했을 것이다. 그러한 방대한 접근방식을 접하면 다음과 같은 질문이 생긴다. '어떤 이론이 가장 좋은가?' 상담이 전반적으로 효과적이라 하더라도, 단 하나의 완벽한 모형이 없다는 사실을 안다면 위안이 될지도 모르겠다. 연구자들은 다른 모형을 능가하는 하나의 모형보다는 상담 과정의 특정 요소가 이론보다 더 많은 역할을 한다는 것을 밝혀 왔다. 예를 들면, Lambert(1991)는 상담 성과의 약 30%가 공통 요인(common factors, 즉 상담의 지지적 특성, 학습의 가치, 행동 변화와 같은 행동 지향적 과정)에 기인한다는 것을 밝혔다.

상담 성과에 영향을 미치는 공통 요인 이외에, 경험적으로 지지받은 처치(Empirically Supported Treatments: ESTs)가 특정 문제에 효과가 있음이 밝혀지고 있다. EST는 특정 상황에서 사용하는 데 있어 경험적 증거가 있는 매뉴얼화된(즉, 문제 해결을 위한 구체적 단계를 제시한) 처치 절차이다(Beidas, Edumunds, Marcus, & Kendall, 2012). EST는 계속 진화하는 전문직으로서의 상담에서 점점 더 중요해질 것이다.

연구 대상으로서의 상담사 상담연구의 두 번째 초점은 상담사에 있다. 상담 이론 연구와 마찬가지로, 우리는 상담사의 특징적인 프로파일이 존재하지 않는다는 것을 발견했다. Sexton(1999)에 따르면, 인구학적 변인(인종, 성별, 나이, 문화적 배경 등)이나 전문가의 정체성(상담 vs. 심리학 vs. 사회복지)도 상담 성과에 주요한 영향을 미치지 않았다. 더 놀라운 것은 전문가로 활동한 경력 또한 상담 성과와 관련이 없다는 사실이다. 상담 실무 경험의 기간이 중요하지 않다면, 왜 그 엄격한 수련 프로그램을 거쳐야 하는가? 대답은 간단하다. 상담 실무 경험의 기간이 언제나 향상된 기술로 전환되는 것은 아니다. 우리가 하는 전문적 상담에서는 상담사의 기술 수준, 인지적 복잡성, 내담자와 관계 맺는 능력이 상담 성과에 영향을 주는 핵심 요소이다(Sexton, 1999). 이러한 정보를 통해, 효과적인 상담사가 되기 위해서는 관계 기술, 분석 기술 그리고 상담 기법을 잘 조화시켜야 한다는 것이 분명해진다. 대학원 교육과정은 이러한 각각의 영역에서 당신의 효율성을 높이는 데 도움이 될 것이다.

우리는 연구에 관한 교과목이 당신의 인지적 복잡성을 높이고, 상담 연구를 설계하고 비평하며 분석하는 능력을 발달시킬 수 있으리라 믿는다. 이와 같은 배움을 통해 독자들은 상담 연구에 대한 이해와 상담 연구를 실무에 적용하는 능력을 향상하기 바란다.

상담 관련 학술지

이 책을 통해서 상담연구의 세부적인 요소에 대해 알게 될 것이다. 상담은 아주 다양한 측면을 가진 전문직이므로, 양적 · 질적 연구방법론을 모두 다루게 될 것이다. 또한 양적연구방법론과 질적연구방법론을 결합한(즉, 혼합 연구방법론) 연구 절차를 개관한다. 연구방법과 함께, 연구 과정에서 중요한 주요 이슈들(예: 윤리, 다문화주의, 글쓰기, 연구 개관)을 살펴볼 것이다. 이 교재가 상담 연구의 세계와 관련된 정보를 빈틈없이 제공하겠지만, 당신 스스로 일차자료를 개관하는 일이 중요하다. 우리는 당신이 이 책을 더 깊이 이해하기 위해서 전문 상담 학술지의 연구 논문을 찾아볼 것을 강력히 추천한다. 이 책에서 논의된 연구방법과 이슈들을 이해하기 위해서 실제 연구를 읽는 것보다 더 좋은 방법은 없을 것이다[〈표 1-1〉에는 ACA(American Counseling Association) 및 각 분과가 출간하는 학술지 목록이 제시되어 있다]. 과학자-실무자가 되기 위한 당신의 준비와 공부에 행운이 함께하기를 바란다.

표 1-1 상담 분야 전문 학술지

학술지명	발행기관	발행 횟수
Journal of Counseling and Develop-ment (JCD)	American Counseling Association (ACA)	연 4회 (온라인 가능)
Journal of College Counseling (JCC)	American College Counseling Association (ACCA)	연 2회
Adult Span	Association for Adult Development and Aging (AADA)	연 2회
Measurement and Evaluation in Counseling and Development (MECD)	The Association for Assessment and Research in Counseling (AARC)	연 4회
Counselor Education and Supervision (CES)	Association for Counselor Education and Supervision (ACES)	연 4회 (온라인 가능)
Journal of Humanistic Counseling Education and Development (HEJ)	Association of Humanistic Education and Developemnt (C-AHEAD)	연 2회
Counseling and Values (CVJ)	Assocation for Spiritual, Ethical, and Religious Values in Counseling (ASERVIC)	연 3회

Career Development Quarterly (CDQ)	National Career Development Association (NCDA)	연 4회
The Journal of Addiction & Offender Counseling (JAOC)	The Association for Addiction and Offenders Counselors (AAOC)	연 2회
Journal of Employment Counseling (JEC)	National Employment Counseling Association (NECA)	연 4회
Journal of Multicultural Counseling and Development (JMCD)	Association for Multicultural Counseling and Development (AMCD)	연 4회
The Journal of LGBT Issues in Counseling	The Association of Lesbian, Gay, Bisexual & Transgender Issues in Counseling (ALGBTIC)	연 4회
Journal of Mental Health Counseling (JMHC)	American Mental Health Counselors Association (AMHCA)	연 4회
Rehabilitation Counseling Bulletin	American Rehabilitation Counseling Association (ARCA)	연 4회
Professional School Counseling	American School Counselor Association (ASCA)	연 6회
Journal for Specialists in Group Work (JSGW)	Association for Specialists in Group Work (ASGW)	연 2회
The Family Journal	The International Association of Marriage and Family Counselors (IAMFC)	연 4회
The Journal of Creativity in Mental Health	The Association for Creativity in Counseling (ACC)	연 2회
Counseling Outcomes, Research, and Evaluation (CORE)	The Association for Assessment and Research in Counseling (AARC)	연 4회

상담연구의 뼈대

상담사로서 당신은 연구 결과를 상담에 적용하기 전에 연구 과정을 이해하는 것이 중요하다. 연구를 읽고 이해하며 임상 실제에 효과적으로 적용할 수 있다는 것은 상담사의 업무 중 중요한 부분이다. 특정 연구에 대해 비판적 평가를 하기 위해서는 연구 관련 기본 개념에 관한 지식에 매우 익숙할 필요가 있다. 이제 우리는 연구를 수행하는 이유를 개관했다. 이제 연구 과정의 기초가 되는 개념을 소개한다. 이 개념들은 이 책의 나머지 부분에서 계속 사용될 것이다.

연구란 무엇이며, 왜 하는가

연구는 흥미로운 현상에 대한 이해를 높이고자 순차적으로 정보를 수집, 분석 및 해석하는 체계적인 탐구이다. 연구를 수행하는 상담사는 어떤 주제나 특정 질문에 대해 관심을 가진다. 그들은 질문에 답하는 데 필요한 정보를 수집하고, 분석하고, 그 결과를 해당 전문 영역에 속한 다른 사람에게 보고한다. 우리가 발견한 것이 진짜라는 것을 확신하기 위해서, 그 과정의 각 단계, 관심 분야의 각 특성, 정보가 있는 환경의 모든 측면이 명확하게 정의되어야 한다. 정보를 수집하고 조직하는 이 과정은 다른 연구자들이 결과를 재생산하고 그 타당성을 입증할 수 있도록 가능한 한 엄밀하게 수행되고 보고되어야 한다.

연구의 기본 요소

연구란 진리를 찾는 것인데, 하나의 질문으로 시작한다. 상담사는 과학자-실무자, 즉 상담 전문직에 대해 책무성을 가지는 사람으로서 연구를 수행한다(Houser, 2014). 과학자-실무자는 상담 실무에서 접하게 되는 다양한 어려움과 사건을 더 잘 이해하고자 노력하는데, 이런 노력으로 내담자와 더 폭넓은 작업을 하고 긍정적인 상담 성과를 끌어낼 수 있다. 연구는 연구 자체를 위해 수행되는 것이 아니라 상담 전문직에 종사하는 사람들에게 도움을 주려는 목적으로 수행된다.

내담자가 원하는 것과 우리가 제공할 수 있는 것 사이에 차이가 있다면 연구 아이디어가 탄생한다. 즉, 임상 실무의 한계나 내담자들에게 나타나는 새롭고 다양한 문제들은 새로운 지식을 생산하는 연구 문제를 도출한다. 간단히 말하면, 과학자-실무자 모형에는 하나의 피드백 순환이 존재하는데, 임상 실무는 내담자 성과를 만들어 내고, 내담자에게 나타나는 성과는 연구를 촉진하며, 연구는 다시 임상 실무에 영향을 준다.

연구의 몇 가지 기본 요소를 살펴보면서 시작하자(우리는 이후 전체 장을 통해 이러한 개념들을 상세히 설명할 것이다). 연구 과정은 연구 문제의 생성으로부터 시작한다. 연구 문제(research question)는 연구의 방향을 제시하는 보편적인 질문이다. 연구 문제는 연구자가 연구를 통해 알고자 하는 것(what)과 그 지식을 얻고자 하는 방법(how) 사이의 관계를 규정한다. 연구 문제가 정해지면, 연구 가설이 만들어진다. 연구 가설(hypothesis)이란 연구 결과에 관해 연구자가 할 수 있는 최선의 예측을 시사하는 추론 또는 추측이다(Rosnow & Rosenthal, 2005).

가설은 고려하고 있는 연구 대상에 관한 이해를 기반으로 하며, 연구 주제에 대해 정확히 추측하기 위해서 연구자는 추리하는 기술을 적용할 필요가 있다. 가설이 항상 참일 필요는 없다. 연구 결과는 연구자가 만들어 낸 가설을 지지하거나 반박할 것이다. 연구의 초점은 새로운 지식을 형성하기 위해 가설을 검증하는 데 있다.

상담사의 전문성 영역이 어디이든 상담사는 그들이 돕고자 하는 사람들의 특성(즉, 지능, 흥미, 태도, 성취, 성격)을 고려한다. 우리의 주변 사람들이 거의 모든 특성 측면에서 상당히 다양하다는 것을 인식하는 것은 어렵지 않다. 어떤 사람은 다른 사람보다 더 똑똑하고, 어떤 사람은 다른 사람보다 기계에 관심이 많으며, 또 어떤 사람은 다른 사람보다 친화적이다. 연구에서는 이와 같은 특성을 변인(variables)이라고 하는데, 이는 그것이 하나 이상의 속성이나 값(value)을 가질 수 있다는 것을 의미한다(따라서 변인의 속성이나 값은 달라질 수 있다). 연구에서 변인은 관찰되거나 조작되고, 자료에 관한 우리의 관찰을 구조화하는 수단이 된다. 변인을 관찰할 때, 우리는 종종 하나의 변인이 또 다른 변인에 어떤 영향을 미치는지, 어떤 변화가 특정 변인에서 나타나는지 알고 싶어 한다. 그래서 고려할 변인을 설정하는 것은 연구 과정의 핵심이다.

상담사로서 광범위한 연구 문제를 확인하고, 이 연구 문제에 대한 몇 가지 잠정적 가설을 설정한 후, 연구할 필요가 있는 변인을 생각했다고 가정하자. 다음 단계는 연구에 가장 적합한 연구 설계(research design) 유형을 결정하는 것이다. 연구 설계의 많은 부분은 이 책에서 상세히 설명되겠지만, 논의를 시작하는 시점에서 연구 유형에 대해 한번 살펴볼 필요가 있다.

연구방법의 수는 무한하지만, 수집된 자료와 질문(탐구)의 유형에 따라 명확한 범주로 구분된다. 숫자형이나 범주형 자료를 수집하는 연구 설계는 양적 설계(quantitative designs)로 간주한다. 이러한 자료는 실제 숫자로 제시할 수 있는데, 그 예로는 대학원 수학능력 시험(Graduate Record Examination: GRE) 성적, 1과 2로 부호화되는 연구 대상의 성별, 1에서 10까지의 리커트 척도 점수 등이 있다. 질적 설계(qualitative designs)는 서술식 답변의 형태로 자료를 수집하고, 대부분 중심 현상에 초점을 둔다. Creswell(2013)에 따르면, 질적연구는 연구 대상이 보는 관점에 초점을 맞추고, 연구 대상이 처한 특정 상황을 강조하며, 연구 대상이 겪는 경험의 사적 의미를 강조한다. 질적연구는 특정 대상에 대해 거의 알려진 바가 없을 때 자주 활용된다. 상담 연구자가 활용할 만한 수많은 질적연구방법이 있다. 이 책에서는 근거 이론(grounded theory), 현상학(phenomenology), 내러티브 접근(narrative approaches)을 질적 연구방법에 포함시켰다. 이러한 연구방법은 질적 자료의 예로 초점 집단 면접(focused interviews)과 사례연구(case studies)를 포함한다.

실험연구, 기술연구, 상관연구 설계는 사실상 모든 경험적연구방법을 망라한다. 실험연구(experimental research)는 인과관계를 규정하고자 한다. 하나의 변인이 다른 변인에 미치는 영향을 통제하거나 조작하는 것이 가능하다. 이러한 방법으로 조작하는 변인을 독립변인(independent variable), 관찰하는 변인은 종속변인(dependent variable)이라고 하고, 연구자는 독립변인이 종속변인에 미치는 영향을 측정한다. 실험연구에서 연구자는 종속변인이 독립변인에 따라 어떻게 반응하는지에 관심이 있다(Cresswell, 2013).

일반적으로, 상담사는 관심 대상인 모집단 내에서 변인의 변화를 기술할 수 있게끔 변인들을 연구하기 원한다. 그뿐만 아니라 이러한 변화를 통제하거나 예측하거나 설명할 수 있는 능력이 상담사에게 있다면, 그는 그 변인들을 이해할 수 있을 것이다.

기술연구(descriptive research)는 원인과 결과에 관심이 없다. 그 대신 기술연구는 특정 현상의 존재를 전체적으로 확인하고자 한다. 이는 그 현상이 어떠한지 기술하고 임상적으로 후속 연구 질문에 대한 기초를 확립하기 때문에, 주로 어떤 연구 과정의 첫 번째 단계에서 활용된다(Rosnow & Rosenthal, 2005). 반면, 상관연구(relational or correlation research)는 존재하는 변인 간의 관계를 들여다보고, 둘 이상의 현상 사이의 관계를 연결하는 것에 관심이 있다. 이런 유형의 연구를 통해 X와 Y가 연관이 있는지, 그렇다면 그 연관성의 패턴과 강도는 어떠한지를 확인할 수 있다(Rosnow & Rosenthal, 2005).

요약하면, 실험연구는 변인을 정의하고 그 변인들이 왜 그런 방식으로 작용하는지 알려 준다. 기술연구는 변인의 실제 존재를 개관한다. 상관연구는 특정 변인이 다른 변인과 어떤 관련이 있는지를 기술한다. 그리고 질적연구는 연구 대상의 관점과 경험에 초점을 둔다.

표집과 일반화의 중요성

연구 문제와 연구 설계를 결정하는 것과 함께, 자료 수집을 위해 어떻게 연구 대상의 모집단을 결정하고 표집을 할 것인지를 분명히 할 필요가 있다. 중요한 것은 표집과 일반화의 문제이다. 목표 대상은 연구 문제에 의해 좌우되며, 연구 표본이 될 수 있는 모든 잠재 대상을 포함한다. 예를 들면, 전국에 있는 학교에서 약물 예방 프로그램을 연구하는 데 관심이 있다면, 그러한 프로그램의 각 참여자가 목표 대상의 일부가 될 것이다. 목표 대상 모두를 연구하는 것이 얼마나 어려운지 상상할 수 있을 것이다. 전국에 걸친 모든 종류의 프로그램과 모든 참여자를 조사하는 데 드는 시간과 비용을 생각해 보라. 이러한 연구를 수행하는 또 다른 방법은 모집단의 특성을 합리적으로 추정하기에 적합한 접근 가능한 대상이나 집단을 고려하는 것이다.

앞서 말한 것처럼, 전체 집단을 연구 프로젝트에 참여시키는 것은 불가능하다. 그러므로 더 효율적이면서도 효과적인 방법은 모집단의 일부분, 즉 표본을 연구하는 것이다. 간단히 말하면, 표본은 전체 집단의 일부이다. 대표성이 있는 표본은 연구자가 필요한 만큼 자료에 접근할 수 있게 해 주고, 전체 집단을 연구한 것과 같은 결과를 제공한다. 상담사는 연구를 시작하기 전에 자신이 사용할 표집방법의 종류를 결정한다. 일반적으로 연구 대상은 전체를 대표하고 편향(bias)이 없는 표본을 생성하기 위해 모집단으로부터 무작위로 선택된다.

타당도와 신뢰도/정밀성

상담사는 연구자로서 타당하고 믿을 만한 결과를 제공하는 연구를 설계할 책임이 있다. 타당도(validity)는 연구의 방법 또는 절차의 결과가 실제로 의도한 목적과 일치하는 정도를 말한다[American Educational Research Association(AERA), American Psychological Association(APA), & National Council on Measurement in Education(NCME), 2014]. 예를 들면, 연구에서 상담사 교육 프로그램에 대한 학생의 만족도를 측정하고자 한다면, 타당한 설문 문항은 학생에게 가족 배경이나 출생 순서를 질문하는 것이 아니라 학생의 만족도를 다루는 것이어야 할 것이다. 신뢰도(reliability) 또는 정밀성(precision)은 연구의 방법 또는 절차의 결과가 각각의 측정에서 일치하는 정도를 말한다[American Educational Research Association(AERA) et al., 2014]. 욕실에서 체중을 재려고 하는데 단위가 킬로그램인 체중계가 있다면, 그 체중계는 재고자 하는 것을 재기 때문에 타당한 것이다. 만약 체중을 세 번 연이어 재고 매번 똑같은 수치가 나오면, 그 체중계는 신뢰도가 있다고 볼 것이다. 각각의 수치가 다 다르다면, 그 체중계는 타당할 수는 있지만 신뢰할 수는 없을 것이다! 신뢰도가 높은 연구 설계는 반복 가능하고, 그 결과가 원래 연구와 다르지 않을 것이다.

문제 기술과 가설

연구에서 중요한 과제 중 하나는 연구 질문과 가설의 진술이다. 상담사가 연구를 수행해 달라는 요청을 받을 때는 연구 영역이 정해진 경우가 많다. 그러나 개인 연구를 수행할 때, 상담사는 과학자-실무자로서 임상 실무에 도움이 될 만한 관심 영역을 찾는다. 관심 영역이 정해지면, 다음에는 구체적인 연구 질문을 생각해야 한다.

연구 질문 연구자는 방대한 문제의 극히 작은 부분에 초점을 둔다. 질적연구는 원래 연구 설계의 특성상 초점이 아주 구체적이고 제한적이다. 초보 연구자는 실제로 연구하기가 불가능할 만큼 방대한 연구 문제를 다루려 하는 실수를 자주 저지른다. 그들의 열정 이면에는 많은 성공을 보이고 싶어 하는 욕구가 숨어 있다. '무엇이 사람을 행복하게 하는가?'는 지나치게 방대한 연구 질문의 한 예이다. 연구의 초점이 미세할수록 더 효과적인 연구를 할 개연성이 크다. 물론 그 반대가 참일 가능성도 항상 존재하지만(문제 영역이 너무 작아서 상담 실무에 영향을 미치기에는 적절한 정보를 제공하지 못하는 것), 상담사는 보통 관심 영역을 연구가 가능한 규모로 줄인다. 과학자-실무자는 차이를 만들고자 하고, 이 때문에 그들은 연구를 수행한다. 이러한 열정을 상담 실무에 관한 연구방법에 활용하는 것은 양질의 연구가 가진 하나의 특성이다.

새로운 프로젝트를 시작하는 연구자는 연구 질문(research problems)을 선택하는 것에서부터 압도되는 경우가 많다. 연구 과정 중에서 연구 질문을 선택하는 단계에서 느껴지는 책임감, 그리고 미래에 연구 질문을 바꾸기 어려워 유사한 영역에 전념해야 할 것 같은 무게감이 크게 느껴진다. 이 시기에는 동료와 함께 소크라테스식 대화를 하거나 비슷한 분야의 연구를 살펴보면 도움이 될 것이다. 연구 질문을 규정하는 것은 목표 대상의 주변을 천천히 돌고 있는 것 같은 느낌을 준다. 상담사는 일반적인 아이디어부터 시작하여 자문과 조사를 통해 궁극적으로 최종 목표, 즉 실제 연구 문제에 가까이 접근하게 된다.

연구 문제 연구 문제(research question)는 문제와 그 중요성에 대한 진술이다(Best & Kahn, 2006). 연구 문제는 질문의 형식이 될 수도 있고, 서술문 형식이 될 수도 있다. 어떤 형식을 취하든 상관없이, 연구 문제는 초점과 목적 측면에서 구체적이어야 한다. 단순히 분석을 위한 분석을 하려고 자료를 수집하는 일을 피하려면 문제의 중요성이 명시되어야 한다. 궁극적으로, 연구자는 연구 문제 각각에 대해 '그래서?'라는 질문에 답해야 한다.

연구 문제의 몇 가지 예는 다음과 같다.

- 초등학교 수준에서 약물 방지 프로그램이 참여자의 실제 약물 사용을 줄이는가?
- 또래 멘토링 프로그램이 학교 분위기에 대한 참여자의 태도에 주는 효과는 무엇인가?
- 인지적 대처 전략이 산후 우울증의 유병률에 영향을 미치는가?
- 교수 멘토링이 대학원생 연구 프로젝트에 어떻게 작용하는가?

이러한 종류의 연구 문제가 규정되면, 우리는 연구 과정의 다음 단계, 즉 가설 설정으로 넘어갈 수 있다.

가설 가설은 기존의 연구 문헌이 제공하는 정보와 상담에서 발생하는 문제에 관한 이해를 통해 제시된 연구 문제에 대한 잠정적인 답이다. 즉, 가설은 답에 대한 단순한 추측이 아니라 문제에 관한 연구자의 이해로부터 나온 최상의 추측이다. 가설은 연구 문제를 정제한 결과로 도출되어야 하고, 자료 수집 이전에 설정되어야 한다. 그렇지 않으면 연구 문제에 대한 답을 가설 검증을 통해서가 아니라 자료를 보고 나서 하게 된다. 가설은 지지 또는 기각되어야 한다.

대부분의 연구 문제는 주요 가설과 보조 가설을 끌어내고, 그 가설들은 수집된 자료에 의해 검증된다. 가설은 확고한 진술의 형태로 기술되어야 하며, 절대로 질문 형식이 되어서는 안 된다. 다음 연구 문제와 그에 따른 가설의 예를 살펴보자.

- 연구 문제: 사회 조직에 참여하는 것이 1학년 남자 대학생의 GPA에 영향을 미치는가?
- 가설: 사회 조직에 참여하는 1학년 남자 대학생은 사회 조직에 참여하지 않는 학생들보다 높은 GPA를 받을 것이다.
- 연구 문제: 상담사의 영성은 그들의 열정이 소진되는 정도에 영향을 미치는가?
- 가설 1: 정기적인 종교 활동에 참여하는 상담사는 열정이 소진되는 증상을 덜 보고할 것이다.
- 가설 2: 영성검사(Spirituality Inventory Scale)에서 평균 이상의 점수를 받은 상담사는 상담사 열정 소진 척도(Counselor Compassion Fatigue Inventory)에서 더 낮은 점수를 받을 것이다.

가설은 지지되거나 기각될 수 있지만, 연구에서 가설이 지지되지 않는다는 것은 연구자에게 부담이 될 수 있다. 연구자는 대체로 그들의 예상이 수집된 자료에 의해 지지되기를 바란다. 연구자가 개인적으로 결과에 만족하지 않을 때 연구 출판은 중단된다. 대학원 교수들은 석·박사 논문에서 이러한 딜레마를 종종 접한다. 양질의 연구 프로젝트는 저자의 독창적 사고 또는 직감에 대한 반박으로 마무리되기도 한다. 연구자는 결과를 사적인 것으로 받아들이고, 연구가 예상한 결과를 도출하지 않음에 대해 안타깝게 생각할 수도 있다. 그런데 중요한 점은 연구 가설이 기각되었다고 해서 그 연구가 잘못된 것임을 의미하지는 않는다는 것이다. 연구 설계가 견고하다면 결과 또한 확실한 것이고, 이것이 연구의 세계에서 의미가 있는 것이다.

표집

연구 문제가 제시되고 가설이 설정되면 연구 대상을 선택하는 가장 좋은 방법을 찾는 과제에 직면한다. 표집(sampling)은 모집단의 한 부분을 규정하고 선택하는 방법이다. 이에 덧붙여, 좋은 표본(sample)이란 모집단에서 나타나는 특성을 비례적으로 보여 준다는 점에서 모집단의 대표적인 한 부분을 의미한다.

대표적인 표본을 추출하기 위해, 연구자는 먼저 관심 모집단을 결정해야 한다. 다음으로, 그 모집단을 대상으로 표집하는 방법을 구상해야 한다. 대부분은 무선 표집을 사용함으로써 표본이 수학적 확률의 원리를 따르도록 한다. 무선 표집(random sampling)에서는 모집단의 모든 사람에게 동등하고 독립적인 확률로 연구에 참여할 기회가 주어진다. 본질적으로 모든 가능한 연구 참여자는 전체 집단의 일부이고, 실제 참여자는 무선 표집 방법으로 결정되는 것이다. 무선 표집은 체계적 표집방법(systemic sampling method)처럼 간단할 수도 있는데, 이는 잠재 대상 목록에서 매 다섯 번째 사람을 선택하는 식이다(Best & Kahn, 2006). 또 다른 무선 표집 방법은 모든 잠재 대상에게 번호를 부여하고 난수 발생기(random number generator)를 사용하여 연구 대상을 선택하는 것이다. 이 방법은 모자에서 제비뽑기 방식으로 이름을 선택하는 것과 비슷한데, 선택될 기회가 모든 사람에게 똑같이 주어진다.

표본 크기가 크고 표본 크기의 비율이 실제 모집단에 근접할수록 연구 대상이 되는 모집단의 특성을 잘 나타낼 것이다. 이는 일반화 가능성(generalizability)의 개념을 반영하며, 외적 타당도를 일컫는다. 예를 들어, 방과 후 과외 프로그램에 참여하는 300명의 청소년이 있다고 하자. 참여자의 프로그램 만족도를 평가해 달라는 요구를 받은 상담사는 설문조사를 실시하기로 했다. 어떤 상담사가 설문을 받기 위해 전체의 1/3인 100명을 무작위로 선택한다면, 그는 10명 중 1명, 즉 30명을 선택한 상담사에 비해 전체 집단을 더 잘 나타내는 표본을 가지게 될 것이다. 이 개념은 표본 크기의 역할을 보여 주는데, 이는 이후에 다시 논의될 것이다.

표집에 관한 또 다른 유의 사항은 층화(stratified) 무선 표집 방법의 사용이다. 방과 후 과외 프로그램의 예로 돌아가서, 참여한 청소년 중 절반은 중학생, 나머지 절반은 고등학생이라고 하자. 학생의 만족도를 평가해야 하는 상담사는 알파벳 순서대로 나열한 참여자 목록을 사용하여 무선 표집을 하기로 했다. 만약 우연하게도 연구자가 선택한 매 열 번째 참여자들 30명이 모두 중학생이라면 결과는 관심 대상이 되는 전체 집단을 대표한다고 보기 어려울 것이다. 고등학생의 의견은 이 평가에서 누락될 것이다.

평가자가 어떻게 그런 표집의 충실도(integrity)를 확신할 것인가? 한 가지 방법은 다층 무선 표집 방법을 사용하는 것인데, 이는 미리 알고 있는 하위 집단이 표본에 반영되어 있는지를 확인하는 것이다(Best & Khan, 2006). 이런 경우에 평가자는 전체 집단을 두 개의 하위 집단, 즉 중학교와 고등학교로 나눈 다음, 각 집단에서 무선 표집을 한다. 학교 수준 외에도, 성별 또는 인종이 연구자의 관심 사항이 될 수 있다. 핵심을 요약하면, 연구자는 표집 과정을 결정할 때 연구 목적뿐만 아니라 모집단의 모든 특성을 주의 깊게 고려해야 한다.

지금까지 논의된 무선 표집 방법은 단순 무선 표집방법이다. 이러한 방법들은 우리가 언급한 예에서 사용한 것보다 더 규모가 크거나 잘 정의되지 않은 모집단에서는 가능하지 않을 수 있다. 예를 들어, 미국 내 초등학교 약물 방지를 위한 다양한 노력에 관해 연구하는 연구자를 생각해 보자. 전국적인 프로그램의 실제 참여자를 알파벳 순서대로 목록화하는 것은 비현실적이고 불가능하다! 대신, 몇 개의 주를 무작위로 선택할 수 있을 것이다. 선택된 주에서 몇 개의 지역을 무작위로 선택하고, 그중에서 몇 개의 학군을 무작위로 선택하며, 거기서 몇 개의 초등학교를 무작위로 선택할 수 있다. 이러한 연속적인 무선 표집방법은 군집 표본(cluster sample)을 만들게 되는데, 이는 관심 대상인 전체 모집단의 크기가 단순 무선 표집을 사용하기에 너무 클 때 적합한 방법이다.

무선 표집이 표본을 만드는 유일한 방법은 아니다. 연구를 수행하는 많은 상담사는 이른바 편의 표집방법(convenience sampling methods)을 사용한다. 편의 표본 또는 기회 표본(opportunity samples)은 연구자가 접근성이 가장 좋은 집단의 구성원으로 이루어진다. 이러한 표본은 그야말로 비무선방법(nonrandom methods)으로 생성되는 것이다. 연구에 참여할 자원자를 구하는 것 또한 편의 표본을 얻는 방법의 하나이다. 접근할 수 있는 학급을 연구한다거나 집 주소를 아는 참여자들에게 설문을 보내는 것 또한 연구자가 편의 표집을 활용하는 방법에 해당한다.

또 다른 표집 유의 사항은 표본 크기이다. 현실적으로, 가장 이상적인 크기와 작더라도 여전히 타당한 결과를 제공할 만한 가장 실용적인 크기 사이에 균형을 이루어야 한다. 대체로 크기가 클수록 좋겠지만, 적절한 표본 크기에 도달했다는 확신을 주는, 그래서 연구자가 지킬 특정 퍼센트나 절대적인 수 같은 것은 존재하지 않는다. 표본 크기에 대한 일반적인 지침을 제공하는 확률표(probability tables)가 있지만, 표본 크기를 정하는 과정은 훨씬 복잡하다(표본 크기와 관련된 방법론적 문제에 대한 논의는 제4장 참조). 표본 크기는 연구의 종류, 모집단의 특성, 가능한 시간, 비용에 대한 현실적 고려, 프로젝트에 할당된 기타 자원에 의해 영향을 받는다. 연구자는 절대로 순수한 대표 표본을 확보했다고 확신할 수 없지만, 심사숙고한 표집 절차는 연구를 위한 최선의 표집 결과를 도출할 수 있다.

Balkin과 Sheperis(2011)는 검정력 분석(power analysis)을 통해 연구를 위한 적절한 표본 크기를 결정하는 지침을 제공했다. 표본 크기를 결정하는 분석 절차를 개발하기 전에 연구자들은 훨씬 일반적인 지침에 의존했다. 요즘에 들어서는 상담 연구자들이 G*Power 소프트웨어를 사용해서 검정력 분석을 할 수 있게 되었다. G*power 소프트웨어는 자료의 분석 전(선험적)이나 후(사후)에 검정력 분석을 수행하는 데 사용할 수 있는 무료 프로그램이다(Balkin & Sheperis, 2011).

연구방법 기술

지금까지 우리는 연구 프로젝트의 요소들을 깊이 있게 살펴보았다. 이제 연구 계획을 세울 차례이다(자세한 논의는 제5장 참조). 석 · 박사 논문에서는 이 부분을 연구방법으로 구분한다. 연구에 대한 계획을 효과적으로 제시하기 위해 연구 문제를 확인하고 그것에 관련한 가설을 기술한다. 그런 다음에는 관심의 초점이 되는 연구 대상을 규정하는데, 여기에는 모집단, 연구 표본의 종류, 사용할 표집방법 등이 포함된다.

목적과 대상이 분명하게 규정되면, 연구자는 사용할 도구를 구체화해야 한다. 모든 검사, 설문, 실험방법을 기술하는데, 이러한 도구를 사용하는 근거뿐만 아니라 타당도와 신뢰도까지 기술해야 한다. 이 정보에 따라 연구자는 연구 프로젝트에 대한 구체적인 절차를 논의할 수 있다. 이 절차에는 기본적으로 언제, 어디서, 어떻게 연구할 것인지 등이 포함된다. 단계별 절차를 잘 정의해 둠으로써 계획과 차질이 있는 부분은 나중에 연구 결과에서 논의될 수 있도록 할 필요가 있다. 연구방법 기술의 마지막 부분은 자료가 어떻게 분석될 것인지, 가설을 어떻게 검증할 것인지, 어떤 통계법을 사용할 것인지, 왜 그런 방법이 가장 적절한지 등에 관한 논의로 구성된다. 이와 같은 단계를 잘 따름으로써 과학자–실무자는 우수한 연구 프로젝트를 수행할 기초를 확실하게 다질 수 있다.

상담 분야 연구

당신은 연구와 관련된 여러 가지 요소를 학습하기 위해 이 책을 계속 읽을 수도 있지만, 전문적인 상담 영역 내에서 실제 연구가 어떻게 수행되고 있는지를 기억하는 것도 중요하다. 우리는 이 책 전반에 걸쳐 실제 수행되는 연구의 예를 계속해서 제공할 것이며, 상담연구와 관련된 다양한 연습을 할 기회를 제공할 것이다. 여기에 제공되는 모든 개념은 상담 실무를 하면서 당신이 당연히 알고 있어야 할 것들이면서 동시에, 실제 상담 실무자로 일할 수 있는 자격을 갖추기 위한 시험의 내용이기도 하다. 우리는 당신이 이 책을 가지고 공부하고 상담사 훈련을 받는 기간을 연구가 실무의 세계에 어떻게 적용되는지 잘 이해하는 기회로 삼기 바란다.

상담 분야 연구 수행의 현실

우리는 특정 현상에 대한 새로운 지식을 알아내고자 연구를 수행한다. 그리고 이러한 지식을 발전시킬 전략으로 과학적 방법을 적용한다. 궁극적인 목적은 연구 결과가 관찰 대상의 특성, 행동, 대상 간 또는 대상 내 상호작용을 기술하고 예측하고 설명하는 능력을 증진하는 것이다(Jackson, 2015). 한마디로 말하면, 상담사는 그들이 만나는 사람들에게 효과적인 상담을 제공하고자 연구를 수행한다(Beidas et al., 2013).

상담에서 행동의 개선/통제(improving/controlling behavior)는 연구의 주요 적용 영역 중 하나이다. 우리의 사고가 중요하다 할지라도, 어떤 사람이 생각하는 것은 그러한 생각이 행동으로 표현될 때까지는 사회적으로 적절한 것인지 알 수 없다. 예를 들어, 환각을 경험하는 사람은 그것을 공개적으로 '행동화(act out)'하기 전에는 주의를 끌지 못한다. 망상이 겉으로 드러나면, 그 행동을 설명, 개선, 또는 통제할 방법을 찾게 된다.

수많은 상담사가 전문가의 책무성을 다하려고 연구를 수행하게 되면서, 연구는 점점 더 확장하고 있다. 이러한 책무성은 제3의 연구비 지원 기관의 요구를 충족하거나 프로그램의 존립을 정당화하는 방식으로 나타날 수 있다(Mechanic, 2012). 그뿐만 아니라 지속적인 자금 지원을 받으려면 그 프로젝트가 계속 지원을 받을 수 있을 정도로 성공했다는 증거가 필요하다. 상담사는 자신이 제공하는 서비스를 가치 있다고 평가하는 것을 넘어, 그 서비스의 필요성을 끊임없이 정당화해야 하는 기관에서 일하는 위치에 자주 선다. 예를 들어, 학교 상담사는 그들이 그들의 서비스의 효과성에 관한 통계적인 증거를 제공하고자 점점 더 많이 연구에 참여하고 있다(Topdemir, 2013).

상담사는 연구 결과를 실제 임상 집단에 적용하는 것은 부적절하다고 보았기 때문에 역사적으로 과학계의 연구와 잘 조화하지 못했다(Sexton, 1996). 사실 학술지의 주요 연구물들은 경험적 연구를 통해 생산된 새로운 지식으로부터 상담 실무자들을 한층 더 멀어지게끔 했다(Sexton, 1996). 실무자들은 연구에 참여하는 일과 자신의 상담 능력을 향상하고 상담 성과를 높이는 일 사이의 연관성을 항상 이해하는 것은 아니다(Topdemir, 2013). 책무성의 증가, 연구 방법과 설계의 변화, 상담 서비스 영역에서 연구가 하는 역할에 대한 이해 등은 과학자-실무자로서의 상담사라는 방향으로 패러다임의 전환을 일으켰다. 과학자-실무자는 연구를 성찰적 임상 실무의 기초로 사용할 뿐 아니라 상담 기술의 엄밀성을 끊임없이 향상하기 위해 활용한다(Rowell, 2006). 상담사가 연구를 두려워하지 않는 것이 매우 중요하다. 우리는 최소한 우리가 읽는 연구에 대해 비판적인 소비자가 되어야 한다. 상담 수련 프로그램에서 양질의 연구를 수행하는 도구가 상담사에게 주어진다. 우리는 대학원 프로그램에서 정기적인 연구 활동에 너무 자주 참여하지만, 그 기술을 전문적 실무까지 이어 가지는 못하고 있다. 과학자-실무자로서 우리는 연구와 최상의 실무 사이의 연관성을 인식하고 상담 전문 영역의 발전에 공헌하고자 노력해야 한다.

상담연구에서 윤리적·법적 고려 사항

상담연구는 연구 참여자와 연구 소비자 모두를 보호하도록 윤리적 기준에 따라 진행된다(제2장 참조). 이러한 기준들은 최고의 실무(best practice)를 하도록 만들어진 것이다. 최고의 임상연구는 연구 참여자의 시간과 자원을 투자할 만한 가치가 있는 것이다. 그뿐만 아니라 이러한 연구는 상담 전문 영역에 의미 있는 공헌을 하게끔 설계되어 있다(Bond, 2004).

최고의 실무적 수행에 필요한 기준을 맞추기 위해, 상담사는 연구를 설계하고 계획하고 수행하는 데 자신감이 있는지 확신할 수 있어야 한다. 과학자-실무자로서 상담 연구자는 기존에 확립된 지침을 따르고, 동료 또는 연구를 감독하는 연구심의 위원회에 자문함으로써 연구 참여자와 연구 소비자를 보호한다. 보통 석사 또는 그 이상의 과정에서 이루어지는 충분한 훈련을 통해 상담사는 자료 분석 방법뿐만 아니라 연구방법론과 설계에 대해서도 이해할 수 있게 된다. 상담사는 미국상담학회(American Counseling Association: ACA), 국가공인상담사인증위원회(National Board for Certified Counselors: NBCC)와 같은 전문가 협회나 특정 내담자에 관한 연구를 관리하는 다른 기관에서 제공하는 윤리강령을 따라서 실무를 수행한다.

상담사는 종종 사람들의 일상에서의 취약한 부분을 연구하기 때문에, 지속적인 자문과 수퍼비전이 필수적이다. 상담 관계는 신뢰에 기반하고, 연구자로서 상담사는 전문직의 최소 수준에 결코 부족함 없는 수준의 책무성을 갖는다. 상담 연구자들은 연구자인 동시에 상담사이므로 연구 참여자를 모집하는 데 있어 이중 관계 문제가 있을 수 있다. 예를 들면, 프로그램 평가에서 상담사는 제공된 서비스의 효과와 관련된 참여자를 조사할 필요가 있을 수 있다. 윤리적인 연구는 연구 관계가 어떤 임상 관계와도 독립적이어야 함을 요구한다. 연구 측면에서 이러한 원칙은 평가가 영향을 받는 것을 방지한다. 한편, 임상 측면에서 이러한 구분은 진행 중인 내담자-상담자 관계의 충실성을 보호한다.

연구에 참여함으로써 감수해야 하는 위험과 얻을 수 있는 이익들은 항상 연구 참여자에게 구체적으로 고지되어야 한다. 상담사는 연구 참여에 동의하는 사람들이 명확하게 이해할 수 있는 고지에 입각한 동의서의 형태로 이러한 정보를 제공할 책임이 있다. 연구자는 연구에 참여하기로 동의한 개인의 사생활 보호를 위해 자료가 수집, 저장, 분석, 전파되는 방식을 연구 참여자와 공유할 책임이 있다.

ACA 윤리강령(2014)은 상담사에게 내담자의 존엄성을 존중하고 그들의 안녕을 촉진하라는 지침을 분명하게 제시한다. 상담에서 이루어지는 연구 역시 이러한 윤리강령이 기초한 철학을 따라 유사한 방식으로 수행된다. 궁극적으로, 과학자-실무자로서 우리는 상담 영역에서 의미 있게 공헌할 탐구 영역을 공략하면서도, 연구 참여자와 연구의 최종 사용자를 보호하는 윤리적으로 타당한 연구 설계를 하기 위해 노력해야 한다.

요약

이 장에서는 상담사로 일하는 데 있어 과학의 역할을 소개하였다. 연구와 실무가 좋은 관계에 있다는 사실을 명확히 이해했기를 바란다. 이 책의 나머지 장을 읽을 때 증거에 근거한 임상 실무가 윤리적 측면에서 꼭 필요하다는 사실을 기억해야 한다. 그래서 다양한 연구방법을 세심하게 살펴보고 자신의 전문 영역에 적용함에 있어 자신감을 키우는 것이 중요하다. 독자들 중 일부는 증거에 근거한 임상 실무를 위해 안내할 연구물의 생산자가 되겠지만, 대부분은 그 증거를 실무에 적용하는 유능한 소비자가 될 것이다. 독자들 중 많은 이는 학술지에 논문을 게재하거나 대규모 연구를 하지 않겠지만, 당신은 여전히 당신이 돕는 내담자에게 효과적인 서비스를 제공하기 위해 연구를 활용해야 할 책임이 있다. 당신이 연구자와 전문적 상담사의 역할을 준비하게끔 돕기 위해, 우리는 이 책의 나머지 부분에서 연구의 기본적 측면들, 예컨대, 좋은 연구의 설계 과정, 연구를 평가하는 방법, 유능한 소비자가 되는 방법 등에 대해 다룰 것이다. 지금까지 이 장에서는 상담연구의 기초적인 요소(즉, 연구의 종류, 가설 설정, 표집 등)를 학습했다. 책의 나머지 부분을 읽으면서, 당신은 기초를 더 다질 뿐 아니라 과학자-연구자로 더욱 더 발전할 것이다. 과학자-연구자가 되는 당신의 여정에 행운이 있기를 바란다.

• 생각해 볼 문제 •

1. 당신이 속한 대학도서관의 웹사이트를 방문해 보시오. 도서관이 소장하고 있는 데이터베이스를 알아보고, 몇몇 상담 관련 논문을 검색하라. 전문적 상담 논문 중에서 양적연구와 질적연구를 비교하시오. 당신이 선택한 각 연구 논문의 기본적 목표가 무엇인가? 각각의 논문은 당신의 지식을 얼마나 더 확장할 수 있겠는가?
2. 목표 모집단(target population)의 개념을 잠시 생각하시오. 그리고 당신이 상담 연구자라면 탐구해 보고 싶은 연구 주제를 생각하시오. 당신의 연구에서 목표 모집단은 누구인가? 당신은 목표 모집단으로부터 어떻게 표본을 표집하겠는가?
3. 당신이 질문 2에서 만든 연구를 위해 필요한 구체적인 연구 문제를 기술하라. 당신은 양적연구 또는 질적연구 중에서 어떤 방법으로 접근하겠는가? 당신의 결정에 도움이 된 것은 무엇인가?
4. 지금까지 상담 기법에 관해 배웠던 것과 SP 모형을 비교해 보시오. 이 두 가지 접근법을 결합할 수 있는 방법은 무엇인가? SP 모형의 관점에서 일할 때의 장점 및 단점은 무엇인가?
5. 내담자와 내담자가 현재 가지고 있는 문제에 대해 생각해 보자. SP 모형과 DBPS 모형의 요소를 되새겨 보고, 개입 계획을 세우시오. 내담자에 대한 당신의 작업을 평가하는 데 있어 어떤 경험적연구가 중요할 것으로 생각하는가?
6. 이 장에 수록된 몇몇 학술지 논문을 찾아보자. 그중 당신의 전문적 관심에 맞는 특정 학술지가 있는가? 특정 학술지를 출판하는 전문 분과에 가입하는 것을 고려하시오.
7. 당신의 관심을 끄는 주제와 관련된 상담 연구 논문을 선택하고, 이 책을 읽는 동안 참고 논문으로 활용하시오. 앞으로 교재를 읽으면서 다양한 연구 모형과 일치하는 논문들을 계속 더 찾는 것이 중요하다는 사실을 기억하시오.

상담연구 관련 자료

Beutler, L. E., & Clarkin, J. F. (2014). *Systematic treatment selection: Toward targeted therapeutic interventions*. Hoboken, NJ: Routledge.

Erford, B. (2014). *Research and evaluation in counseling*. Boston, MA: Cengage Learning.

Fassinger, R., & Morrow, S. (2013). Toward best practices in quantitative, qualitative, and mixed-method research: A social justice perspective. *Journal for Social Action in Counseling and Psychology, 5*(2), 69-83.

Granello, D. H., & Hill, L. (2003). Assessing outcome in practice settings: A primer and example from an eating disorders program. *Journal of Mental Health Counseling, 25*, 218-232.

Harman, J. S., Manning, W. G., Lurie, N., & Liu, C.-F. (2001). Interpreting results in mental health research. *Mental Health Services Research, 3*(2), 91-97.

Hartas, D. (2015). *Educational research and inquiry: Qualitative and quantitative approaches*. New York, NY: Bloomsbury Publishing.

Heppner, P. P., & Heppner, M. J. (2004). *Writing and publishing your thesis, dissertation, & research: A guide for students in the helping professions*. Belmont, CA: Brooks/Cole.

Wester, K. L., & Borders, L. D. (2014). Research competencies in counseling: A Delphi study. *Journal of Counseling & Development, 92*(4), 447-458.

제2장

연구 실제에서의 윤리적 고려 사항

Kelly L. Wester, PhD. LPC, NCC
Erik Hines, PhD, NCC
University of North Carolina at Greensboro

목표

1. 연구 윤리와 연구 진실성을 이해하고 정의할 수 있다.
2. 책임감 있는 연구 수행의 원리를 상담 분야에 적용할 수 있다.
3. 연구에서 인간 참여자의 활용과 관련된 윤리규정이 현재의 모습으로 발전하게끔 자극했던 기존 연구의 문제점들을 기술할 수 있다.
4. 연구 아이디어의 개발부터 출판에 이르는 연구의 전 과정에서 고려할 다양한 윤리적 문제를 설명할 수 있다.
5. 벨몬트 보고서의 세 가지 주요 사항을 확인하고, 각 사항이 상담 분야에서의 연구에 어떻게 적용되는지 이해할 수 있다.
6. 연구 수행 과정에서 문화적 요소의 역할을 이해할 수 있다.

이 장은 상담에서 인간을 연구 대상으로 하는 연구를 수행할 때 고려해야 할 윤리적 문제를 개관하는 목적으로 기술했다.

상담사인 당신은 우울증, 자해 행동, 약물 남용 문제를 호소하는 26세 백인 여성 데비를 상담해 왔다. 데비는 삶에서 많은 상실 때문에 고통을 받아 왔고, 그러한 상실과 고통은 지금의 호소 문제까지 이어지고 있다. 그래서 그녀는 6개월 전 자발적으로 상담을 요청해 왔다. 6개월이 지난 시점에서 데비의 호소 문제들은 많이 감소한 것으로 보였다. 그러나 증상이 얼마나 개선되었는지는 확실치 않다.

이것이 많은 상담사가 상담에서 접하는 전형적인 경험이다. 상담에서 내담자의 진전을 확인하고, 당신이 사용한 방법이 효과적이었는지를 가늠하는 한 가지 방법은 연구 과정에 참여하는 것이다(예: 내담자의 변화를 경험적으로 추적할 수 있는 설문, 질문지, 또는 면접 방식 사용). 예를 들면, 데비가 보인 개선을 수량화하기 위해 증상에 관한 질문지(예: Beck Depression Inventory, Deliberate Self-Harm Inventory)를 접수면접 시, 3개월째, 6개월째에 각각 작성하도록 할 수 있다. 이렇게 하면 당신과 내담자는 종결하는 것이 적절한지, 아니면 지금까지의 진전을 검토한 후 필요한 다음 단계가 무엇인지 탐색할 수 있다.

상담의 진전을 평가하고 자신의 효과성을 검토하는 것은 증거에 기반한 상담 실무의 실제적인 수단이다. 그러나 연구 수행에 앞서 적절한 내담자 보호를 위해 유의해야 할 많은 윤리적 고려 사항이 있다. 연구에서의 윤리적 고려 사항(예: 질문지를 사용하여 데비의 개선 정도를 평가하는 것)은 상담 실무, 훈련, 또는 연구에서 거의 논의되지 않는다. 그러나 상담 및 교육프로그램 인증위원회(Council for Accreditation of Counseling and Related Educational Program: CACREP, 2001, 2009)는 연구가 상담사 훈련 프로그램에서 반드시 가르쳐야 할 핵심 영역이라고 명시했다. 그래서 연구 윤리는 이 장의 주된 관심사가 될 것이다. 이 장에서 '인간 참여자(human participant)'와 '내담자(client)'는 같은 뜻으로 사용할 것이다.

연구 윤리와 연구의 진실성(integrity)은 대체로 상담 전문가들 사이에서 폭넓게 논의되지 않았다. 그러나 상담사는 모든 위치에서 연구를 수행하거나 적용할 때 받아들여야 할 윤리적 책임이 있다. 연구를 수행할 때 받아들여야 할 책임을 논하기에 앞서, 각각의 정의를 살펴보자.

연구 윤리, 연구 진실성 그리고 책임 있는 연구 수행

개인적으로나 전문가로서의 일상에서, 당신은 도덕적 판단을 해야 하는 상황에 접한다. 전문적으로, 이 결정은 어떤 내담자를 상담하게끔 훈련을 받았는지, 내담자의 비밀보장 원칙을 언제 깰 것인지, 내담자가 선물을 줄 때 어떻게 할 것인지, 특정 내담자를 대할 때 사용할 적절한 방법 등을 좌우하게 될 것이다. 우리가 속한 주요 전문가 협회인 미국상담학회(ACA, 2014)가 이러한 결정에 관해 지침을 제공하고 있다. 게다가, 상담교육자 및 수퍼바이저협회(Association of Counselor Educators and Supervisors: ACES), 국가공인상담사인증위원회(National Board for Certified Counselors: NBCC), 미국학교상담사협회(American School Counselors Association: ASCA) 등의 다른 협회들도 회원들에게 각각의 윤리강령을 제공한다.

특별히 연구와 관련된 윤리강령은 ACA 윤리강령에 포함되어 있다(G장, ACA, 2014 참조). 연구 수행과 관련된 윤리적 결정의 예로는 고지에 입각한 연구 참여 동의서 작성, 내담자에 대한 최선의 치료 제공 보장, 연구 자료와 향후 게재 또는 발표에서 내담자의 익명성 보장을 포함한다. 이처럼 연구 윤리는 윤리적 딜레마에 대한 특정 해답을 제공하게끔 고안되어 있지 않고, 판단과 결정 과정의 지침을 제공한다.

연구 윤리(research ethics)는 "가치 또는 책무와 충돌하는 문제에 직면했을 때 어떻게 해야 하는지에 관련된 옳고 그름에 관한 연구 또는 과학"으로 정의된다(Steneck, 2003, p. 240). ACA는 "적절한 윤리적 원칙, 연방정부와 주의 법령, 기관의 규정, 그리고 인간 참여 연구를 관장하는 과학적 표준 지침에 맞게 연구를 계획하고 설계하며 수행하고 보고해야 한다."라고 명시적으로 언명하고 있다(ACA, 2014, G.1.a).

당신이 전문 학회의 윤리강령을 준수한다면, 당신은 곧 연구 진실성(research integrity)을 준수하는 것으로도 간주된다. 연구 진실성은 '지적 정직성과 개인적 책임성에 대한 약속'(Institute of Medicine, 2002), 그리고 '규칙, 규정, 지침, 상식적으로 통용되는 전문적 원칙이나 표준의 준수'(Office of Research Integrity: ORI, 2003)로 정의된다. 그래서 당신이 ACA와 당신을 고용하고 있는 기관(예: 대학, 기관, 학교)의 연구 윤리 규범을 따른다면, 당신은 연구 진실성의 원칙에 따라 연구를 수행하고 있는 것이다.

상담사인 당신이 ACA 윤리강령을 따르고 연구 진실성을 유지한다면, 책임성 있는 연구 행위(Responsible Conduct of Research: RCR)를 하고 있다고 간주된다. RCR은 "연구자로서, 자신이 속한 전문가 협회(예: ACA), 일하는 기관(예: 대학, 교육청, 학교, 주정부 기관, 지역사회 기관), 그리고 관련 정부나 일반 대중에 의해 정의된 전문가적 책임을 다하는 태도로 연구를 수행하는 것"으로 정의한다(Steneck, 2006, p. 55). ACA는 우리가 연구 영역에서 윤리적으로 책임이 있음을 나타내는 지침을 제공하는 한편, 연구진실성사무국(Office of Research Integrity: ORI)은 책임 있는 연구 수행을 위해 고려해야 할 9개의 핵심 영역을 제시하고 있다(〈표 2-1〉 참조). 9개 영역은 다음과 같다.

① 자료 수집, 관리, 공유, 소유권
② 멘토와 수련생 관계
③ 출판 행위와 책임성 있는 저작권
④ 동료 심사
⑤ 협력적 과학

⑥ 인간 대상
⑦ 동물 대상 연구
⑧ 연구 부정행위
⑨ 이익과 약속의 충돌

연구를 수행할 때, 연구자는 ORI 영역을 ACA(또는 다른 전문가 기관)의 윤리강령과 결합해서 연구 진실성과 책임성 있는 연구가 이루어지도록 해야 한다(〈표 2-1〉 참조).

표 2-1 책임 있는 연구 수행을 위한 9개 핵심 영역

핵심 영역	설명	ACA 윤리 강령(2014)
1. 자료 수집, 관리, 공유, 소유권	연구자료를 수집·관리하는 데 필요한 동의 절차. 자료 보관 및 전자 자료의 수집과 저장을 위한 적절한 방법. 자료 구성을 정의하기, 자료를 노트나 파일로 저장하기, 자료의 비밀보장, 자료 수집, 보유, 공유, 소유권, 분석, 저작권법을 포함한 법률 문서와 지적 재산권으로서의 자료 등을 포함함.	G.1.f. 연구자의 주요 책무 G.2.d. 정보의 비밀 보장 G.2.i. 연구 자료의 처분 G.4.d. 연구 참여자의 신원 G.4.e. 반복 연구
2. 멘토/멘티 관계	박사 전후 연구 프로그램에서 멘토와 수련자의 책무성. 멘토의 역할, 멘토의 책임, 멘토와 수련자 간 충돌, 협력과 경쟁, 멘토 선택, 멘토/수련자 관계 남용 등을 포함함.	G.5.e. 연구 기여도에 대한 합의 G.5.f. 학생 연구
3. 게재와 책임 저자권	과학적 출판의 목적과 중요성, 저자의 책임. 공동 저작, 저자명의 적절한 명시, 감사의 글, 적절한 인용, 중복 출판, 부분 출판, 방법에 대한 충분한 설명, 수정과 철회, 저자 결정, 저자의 책임, 출판 압력에 관한 협약 등을 포함함.	G.4.a. 정확한 결과 G.4.b. 불리한 결과를 보고할 책임 G.4.c. 오류의 보고 G.5.b. 표절 G.5.c. 이전 연구에 대한 인정 G.5.d. 연구 기여자 G.5.e. 연구 기여자의 동의 G.5.f. 학생 연구 G.5.g. 중복 투고
4. 동료 심사	연구 지원이나 출판을 위한 가치를 결정하기 위한 동료 심사의 목적. 동료 심사의 정의, 공평성, 동료 심사 진행 방법, 편집위원회와 특별 심사위원, 심사위원의 책무, 기밀 정보와 비밀 보장과 같은 주제를 포함함.	G.5.h. 전문적 심사

5. 협력적 과학	연구 협력과 이러한 협력으로 발생할 수 있는 쟁점들. 협력 초기에 기본 원칙의 결정, 저작권 논란 피하기, 내·외부 협력 학자들과 정보를 공유하는 등의 주제를 포함함.	G.2.h. 스폰서에게 고지하기 G.5.e. 연구 기여도에 대한 합의
6. 인간 대상 연구	인간을 대상으로 하는 연구의 수행에서 중요한 쟁점. 인간 대상 연구의 정의, 인간 대상 연구 수행에 있어서 윤리적 원칙, 고지에 의한 동의서 작성, 자료와 연구 대상의 비밀 보장, 위험과 이득, 올바른 연구 수행 절차의 준비, 연구윤리위원회(IRB), 연구 수행 절차의 준수, 올바른 연구 수행, 목표집단(예: 아동, 소수자, 노인 등)에 대한 특별 보호를 포함함.	G.1.d. 상담실무 규준으로부터의 일탈 G.1.c. 독립적 연구자 G.1.e. 사고 예방 G.1.f. 주 연구자의 책임 G.2.a. 연구에서 고지에 의한 동의 G.2.b. 학생/수퍼바이저 참여 G.2.c. 내담자 참여 G.2.d. 정보의 비밀보장 G.2.e. 고지에 의한 동의를 할 수 없는 사람 G.2.f. 참여자에 대한 책무 G.2.g. 자료 수집 후 설명 G.2.i. 연구 관련 자료와 기록의 처분 G.3.a. 연구자-참여자 경계의 확장 G.3.b. 연구 참여자와의 관계 G.3.c. 성희롱과 연구 참여자
7. 동물을 포함하는 연구	동물을 포함하는 연구 수행에서 중요한 쟁점들. 동물을 포함하는 연구의 정의, 동물 연구 수행의 윤리 원칙, 동물 연구를 관리하는 연방 법규, 기관의 동물 보호와 위원회 활용, 동물의 치료 등을 포함함.	해당사항 없음
8. 연구 위법 행위	연구 위법 행위의 의미와 PHS 지원 기관에서 연구의 위법 행위를 관리하는 법규, 정책, 지침. 위조문서, 위증, 표절, 오류 vs. 고의적 위법행위, 위법행위를 보고하는 절차, 내부고발자의 보호, 기관 또는 연방정부로부터의 조치를 포함하는 조사 결과 등을 포함함.	G.4.a. 정확한 결과 G.5.b. 표절 G.5.g. 중복 투고
9. 이해 상충과 책무	이해 상충의 정의와 이해 상충을 다루는 방법. 연구자와 기관이 직면하게 되는 갈등의 종류. 협력자와 관련된 상충, 출판, 재정적 분쟁, 다른 집단에 대한 책무, 기타 갈등을 포함함	G.2.h. 스폰서에게 고지하기

부적절한 연구 행위의 영향

직위의 고하를 막론하고, 상담사는 연구에서 자신이 속한 전문 영역의 윤리 원칙을 잘 알고 따르는 것이 중요하다. 왜냐하면 무책임한 행위는 상담자 자신의 전문성과 내담자에게 영향을 줄 수 있기 때문이다. 그리고 비윤리적으로 수행한 연구는 여러 가지 좋지 않은 결과를 초래하기 때문이다(Steneck, 2006). 가장 문제가 될 만한 것 중 하나는 비윤리적 연구에 관여하는 것(연구 설계에서부터, 자료 수집, 이전에 출판된 연구의 잘못된 전달)은 내담자 또는 인간 참여자에게 해를 끼칠 수 있다는 점이다. 한 가지 극단적인 예는 의학 영역에서 이루어진 어떤 연구가 두 명의 인간 참여자에게 치명적인 영향을 미친 경우이다(Curry, 2001; Stolberg, 1999). 이 죽음은 연구자가 적절한 치료에 대한 기존 문헌들을 읽었더라면, 그리고 연구에서 이해관계 갈등을 표현했더라면 피할 수도 있었던 것으로 보인다(Steneck, 2006). 두 명의 죽음이 연구 문헌에서 특별히 강조되고 논의되었지만, 의학적 과실로 인한 죽음은 자주 발생한다. 사망이라는 연구 결과가 상담 문헌에 보고되지 않고 있지만, 내담자 피해는 발생한다(예: Brown & Espina, 2000; Kocet & Freeman, 2005; Sanders & Freeman, 2003).

예를 들어, 상담사가 우울증이 있는 내담자를 치료하는 데 있어 어떤 방법이 더 효과적인지(예: 일반적인 심리치료와 정신약리학)를 비교하는 연구를 수행한다고 가정하자. 이 연구를 수행하는 동안, 상담사는 내담자를 두 집단으로 나눈다. 집단 1은 상담과 약물치료를 받고, 집단 2는 상담만 받는다. 상담사는 심리치료만 받는 집단의 일부 내담자가 항우울제를 복용할 필요가 있는 극심한 우울증을 보인다는 것을 알았다. 하지만 연구를 끝내기 위해 이후 한 달 동안 자료 수집을 계속한다. 그래서 심리치료만을 받는 집단에게 약물치료를 선택할 수 없도록 한다면, 이 내담자들은 계속 어려움을 겪거나(ACA 윤리강령 G.1.f. 참조) 더 심각하게는 연구 참여자가 자살 시도를 할 수도 있다. 좀 더 전형적인 예를 들면, 어떤 상담사가 학교 장면에서 일하는데, 교실에서 수업을 방해한 행위 때문에 한 학생이 상담실로 오게 되었다고 가정하자. 상담사는 학생과 이야기를 나누면서 학생이 슬픔에 빠져 있고, 우울할 수도 있으며, 삶에 에너지가 없다는 사실을 알았다. 상담사는 학생의 친구나 가족에게 어떤 일이 일어나고 있다고 생각했다. 그러나 최근 연구는 약물 남용, 자해 행위 그리고 자살 행동에 대해 점검하고 질문하라는 지침을 제시했다. 이러한 질문과 지식은 학교 상담사가 학생의 안전보장에 도움을 준다. 상담사가 해당 연구를 알지 못해 상담에 적용하지 않는 것은 직무 태만이며 궁극적으로 비윤리적이다.

연구 윤리가 임상 실제와 관련하여 논의되지 않는 동안, 무책임한 연구가 상담 영역에서 이루어져 왔다. ACA 윤리위원회는 위원회에서 받은 발생 가능한 윤리 위반과 관련된 기록 및 질문에 대해 정보를 제공한다. 지난 10년 동안 거의 해마다, 비공식적 조사(informal inquiries)의 약 1%가 연구와 출판에 관련되었다(예: Brown & Espina, 2000; Kocet & Freeman, 2005; Sanders & Freeman, 2003). 불행하게도, 윤리위원회는 이 조사에 대해 상세한 정보를 제공하지 않았거나, 문제가 될 만한 연구 행동이 어디에 있었는지 판단하지 않았다.

Davis, Wester와 King(2008)은 특히 189명의 상담 영역 전문가를 대상으로 연구 행위의 부적절성을 검토했다. 이 연구의 참여자는 대학의 상담 교육자(45%), 석·박사 학생(31%), 상담 전문가 및 수퍼바이저(24%)로 구성되어 있었다. 각 참여자에게 연구 윤리와 관련된 시나리오(예: 자료 관리, 고지에 입각한 동의서, 내담자 속이기)로 구성된 여러 개의 짤막한 글이 제공되었다. Davis 등에 따르면, 연구 대상이 된 상담 전문가의 2~24%는 자신이 비윤리적인 연구 행동에 연루될 수 있다고 보고했다. 좀 더 구체적으로 말하면, 24%는 자신이 내담자를 부당하게 속임으로써 연구에 참여하도록 유인할 가능성에 '그렇다'고 보고했다. 그리고 2~4%는 자신이 연구비 지원 또는 학술지 게재를 위해 유의미하지만 부정확한 결과를 보고할 가능성에 '매우 그렇다'라고 답했다. 상담 영역에서 연구와 관련된 비윤리적 행동이 발생할 가능성이 크다는 것은 분명하다. 이런 이유로, 모든 상담 전문가가 ACA 윤리강령과 다른 관련 규정을 배우고 숙지하여 연구 진실성을 높이는 것이 중요하다.

이와 유사하게, Wester, Willse와 Davis(2010)는 상담 교육자의 연구 진실성을 조사하여 몇몇 비윤리적이고 의심받을 만한 연구 행위를 발견했다. 이들 중 7%는 아동에게 연구 참여를 요구할 때 부모의 동의를 받지 않을 것이며, 15%는 연구에 참여하기 이전에 저작권에 대해 학생과 논의하지 않는다고 답했다. 그리고 15%는 학생이 수행한 논문과 작업에 제1저자를 할 것이라고 주장한다고 답했다. 상담에서 비밀보장에 관해서는 8%의 상담 교육자들이 참여자를 알아볼 수 있는 정보를 삭제하지 않고 자료를 공유하며, 3%는 삭제하지 않은 채 출판도 할 것이라고 답했다. 이것은 내담자에 관한 비밀보장뿐만 아니라 연구 참여자의 권리 보호를 위배하는 행위이다.

책임성 있는 연구 행위의 가장 강력한 예측 인자는 연구 윤리 교육에 참여하는 것이다(Wester et al., 2010). 또 다른 방법은 연구를 시작하기 전에 제안된 연구와 연구 설계를 다른 사람이 검토하게 하는 것이다. 예를 들어, 상담 교육자는 자료를 수집하기 전에 연구 제안서를 연구 윤리위원회 측에 제출하는데, 해당 위원회는 연구 제안서를 검토하여 연구 참여자가 보호될 것인지 확인한다(이 장 뒷부분의 연구윤리위원회 관련 내용 참조).

토의 주제 1: 당신이 대학원 프로그램이나 인생의 다른 시점에서 어떤 연구(예: 설문에 답변한 것, 면접에 참여한 것, 또는 고지에 입각한 동의서를 받은 것 등)에 참여한 적이 있는지 잠시 생각해 보자. 만약 참여하지 않았거나 기억하지 못하더라도 누군가 당신에게 다가와서 연구에 참여하겠는지 묻는 상황을 떠올려 보자. 그 연구와 당신의 역할에 대한 당신의 가정은 무엇인가? 당신은 당신의 정보가 비밀보장이 될 것이라고 가정하는가, 아니면 조사연구나 면접에 답한 후 당신의 신분이 다른 사람에게 알려지지 않을 것이라고 가정하는가? 그리고 만약 다른 사람에게 알려진다면 어떨 것 같은가? 당신이 참여한 연구의 경우 당신에게는 어떤 식으로 해를 끼칠 것 같은가? 연구자는 연구에 참여하는 인간 참여자인 당신에게 어떤 형태로 책임을 져야 할 것 같은가?

전문적 상담 영역에서 연구자의 역할과 책임

수련 중인 학생, 상담 교육자, 상담 실무자를 포함한 모든 상담사는 책임 있는 연구 수행을 위해 노력하고, 직무 영역과 환경의 윤리 규범을 따라야 할 의무가 있다. 이러한 의무는 상담사가 연구 게재 또는 발표를 위해 자료를 수집하는 경우이든, 상담 실무에서 정보 제공을 위해 자료를 수집하는 경우이든 상관없이 존재한다.

연구자 책임

연습 2.1

상담을 받는 중인 내담자로부터의 자료 수집이 필요한 연구를 수행할 계획을 세운다고 생각해 보자. 그 사람의 안녕을 위해 당신이 지켜야 할 책임은 무엇이라고 생각하는가? 연구에서 중요한 발견을 한다면 다른 사람들을 돕게 될 연구의 잠재력에 당신의 책임은 보류될 수 있다고 생각하는가?

행동과학 분야에서 그동안 이루어진 연구 중에는 잘못된 조치가 이루어지거나, 연구 대상이 된 사람에게 심각한 해를 끼친 경우가 있었다. 그러나 이러한 문제를 경험하면서 우리는 상담 전문가로서 연구에 참여할 때 연구 과정의 모든 면면에서 전반적인 책임을 져야 한다는 현재의 시각을 가지게 되었다. 책임 있는 연구 행위의 가장 중요한 측면은 연구의 전체 과정에서 윤리적인 연구 지침을 준수하여 연구해야 한다는 의무이다. 특히 이는 연구 대상이 다음에 제시된 항목들에 의해 어떤 영향을 받을지 고려해야 한다는 것을 의미한다.

① 관찰하기로 한 연구 문제(들)
② 연구 설계
③ 선택한 방법론
④ 자료 수집을 위해 사용한 측정
⑤ 연구에 참여함으로써 참여자에게 발생할 수 있는 위험
⑥ 그러한 위험을 최소화할 수 있는 절차 이행
⑦ 실제 자료 수집 과정
⑧ 고지에 입각한 연구 참여 동의서에 관한 정보 제공
⑨ 자료 분석 과정
⑩ 연구 대상으로부터 수집한 자료의 보호를 위해 사용하는 비밀보장 절차
⑪ 논의, 워크숍, 연구 발표, 연구 게재를 통해 연구 결과를 공유하는 방법
⑫ 연구의 전 과정을 통해 연구 참여자의 권리를 옹호하기 위한 결정

유감스럽게도, 앞서 언급한 항목들은 인간 참여자가 관여된 연구 설계나 연구 행위에서 항상 고려되지는 않는다. 사실 인간 참여자의 권리가 터무니없이 침해된 연구가 많았다. 특히 20세기에 발표된 다음의 네 가지 연구는 인간의 권리 보호에 관한 오늘날의 윤리 기준이 발전하는 계기가 되었다. ① 나치의 생체실험 범죄, ② 터스키가 매독 연구, ③ 유대인 만성질환병원 연구, ④ 윌로우브룩 연구(National Institutes of Health, NI: 2002)가 그것이다.

나치의 생체실험 범죄 제2차 세계대전 중 나치 의사들은 인간의 몸이 다양한 극한 상황에 어떻게 반응하는지를 연구하기 위해 강제수용소에 있는 수천 명의 죄수를 대상으로 참혹한 생체실험을 했다. 이 연구자들은 죄수에게 가솔린이나 살아 있는 바이러스를 주사하거나, 죄수를 얼음물에 담그거나, 독을 삼키도록 하는 등의 고통스러운 처치를 했다. 예상대로, 이 생체실험의 대부분은 괴로움, 질병, 고통과 죽음을 초래했다. 이 연구의 실체가 드러났을 때 수많은 과학자는 분노했고, 인간을 대상으로 범죄를 저지른 나치의 고위 관료들은 재판에 회부되었다.

터스키기 매독 연구 터스키기 매독 연구(Tuskegee Syphilis Study)는 미국 내에서 일어난 가장 오랫동안 지속된 가장 부도덕한 연구 중 하나였다. 이 연구는 1932년부터 1972년까지 40년간 지속되었다. 약 600명의 흑인 남자를 포함하는 실험연구로, 연구 목적은 사람에 대한 매독의 영향을 관찰하는 것이었다. 고지에 입각한 동의서 없이, 잘못된 정보를 가지고, 의학 연구자들은 매독 증상을 보이는 400명의 흑인과 증상이 없는 200명의 흑인을 비교하였다. 참여자들은 무료로 치료를 받는다고 들었다. 그러나 그들이 받은 치료는 실제로는 매독을 치료하기 위한 것이 아니었다. 그 치료는 요추 천자(역자 주: 척추 아랫부분에 바늘을 꽂아 골수를 뽑아내는 것)와 같은 의학적 검사를 포함하고 있었다. 1936년, 연구자들은 매독균에 감염된 참여자들이 그렇지 않은 사람들보다 더 많은, 그리고 심각한 합병증을 보인다는 것을 발견했다. 10년 동안, 연구자들은 매독 증상이 있는 참여자들의 사망률이 대조군의 두 배에 이른다고 밝혔다. 연구 초기에 매독을 치료하는 진짜 치료는 없었고, 1940년대 페니실린이 이 병에 효과적인 치료법으로 발견되었다. 그럼에도 불구하고 이 연구의 참여자들은 가능한 치료에 대한 정보나 어떤 항생제도 받지 못했다. 유감스럽게도, 이 연구는 이후 30년 동안이나 계속되었다!

유대인 만성질환병원 연구 1963년, 뉴욕시에 있는 유대인 만성질환병원(Jewish Chronic Disease Hospital)에서는 인체가 암세포를 이겨 낼 수 있는지, 암의 발생이나 암세포의 확산이 몸이 쇠약한 것(예: 다른 질병)과 관련이 있는지를 실험하는 연구가 진행되었다. 연구자들은 환자에게 연구에 참여할 것을 요청하면서 살아 있는 암세포를 주입한다는 것을 알리지 않았고, 연구 특성을 기록한 어떤 문서로 제공하지 않았다. 놀랍게도, 나중에 연구자들이 질문을 받았을 때, 그들은 환자들을 의료 과정에 고지에 입각한 동의서 없이 참여시키는 것은 흔히 있는 일이기 때문에 기록문서가 필요하다고 생각하지 않았다고 진술했다. 게다가 연구자들은 환자를 놀라게 하기 때문에 암세포를 주입하는 것에 대해 알리지 않았다고 말했다!

윌로우브룩 연구 윌로우브룩 주립학교(Willowbrook State School) 는 '정신장애'가 있는 아이들을 위해 건립되었다. 여기서 이루어진 한 연구는 통제된 환경 내에서 간염 바이러스가 아이들에게 미치는 영향을 조사하는 것이었다. 1963년부터 1966년까지 학교는 학부모에게 학교의 학생 정원이 한정되어 있고, 아이들의 입학을 위해서는 아이들에게 간염 바이러스를 주입하는 것에 동의해야 한다고 알렸다. 학교 측에서는 교실 환경이 붐비고 깨끗하지 않아 어차피 언젠가는 아이들이 감염될 것이라고 합리화했다. 이 연구는 고지에 입각한 동의(informed consent)의 적절성과 인간 연구 대상의 자유에 대한 논쟁을 촉발했다. 왜냐하면 ① 부모가 자녀의 입학을 결정했다 하더라도 상세한 내용에 관해서는 듣지 못했고, ② 사실 학교가 추가적인 학생정원(openings)을 가지고 있었지만, 관리자는 아이들에게 바이러스를 주입하는 것에 동의한 부모의 자녀들에게만 입학을 허가했으며, ③ 부모는 아이들이 만성 간염에 걸린 이후의 위험에 대해 듣지 않았기 때문에 부적절한 고지에 입각한 동의서가 제시되었다.

이상의 연구들이 인간 연구 대상을 끔찍하게 다룬 예를 포함하고 있지만, 이는 지금까지 행해졌던 수많은 비윤리적 연구 중 단지 네 가지 예에 불과하다. 연구자들의 행동이 여기에서나 또 다른 연구에서나 대단히 충격적이어서, 이러한 불행한 사례들을 통해 인간 연구 대상의 권리를 보호하기 위한 윤리강령이 발달한 것이다.

벨몬트 보고서 원칙과 상담 연구 윤리의 관계

벨몬트 보고서(Belmont Report)의 발표는 터스키기 매독 연구로 인한 법적 논쟁과 일정 부분 관련이 있다. 생물의학과 행동 연구에서 인간 연구 대상자의 보호를 위한 국가위원회(National Commission for the Protection of Human Subjects of Biomedical and Behavioral Research)가 작성한 벨몬트 보고서는 "인간 존중, 자혜, 정의에 입각한 연구 참여자 보호를 위한 윤리 원칙과 연방 법규의 기초 문서"로 여겨진다(NIH, 2002, p. 10). 벨몬트 보고서에서 논의된 세 가지 윤리 원칙은 인간을 대상으로 한 연구를 둘러싼 대부분의 윤리 원칙의 기초가 된다. 이 세 가지 원칙은 다음과 같다.

인간 존중 인간 존중(respect for persons) 원칙은 두 가지 기준을 포함한다. 첫째는 개인의 자율성이며, 둘째는 사회적 약자(diminished capacity)에 대한 보호이다. 첫 번째 기준은 각 개인을 자율적인 개체로 대해야 한다는 것을 의미한다(NIH, 2002). 즉, 연구자는 연구 참여자의 의견, 생각, 선택을 듣고, 존중해야 하며 결코 방해해서는 안 된다는 것을 뜻한다. 연구 참여자의 선택을 방해하는 예로는 연구와 관련해서 내담자에게 모든 정보를 제공하지 않는 것, 반드시 그렇지는 않음에도 내담자에게 연구가 '단지 상담의 일부'라고 믿게 하는 것이 포함된다. 내담자에게 연구에 참여하지 않으면 상담을 계속할 수 없을 것이라고 강요하거나, 학생에게 참여가 학점에 영향을 미칠 것이라고 안내하는 것 모두 연구 대상의 선택을 방해한다(ACA, 2005, G.2.c. '학생/수퍼바이지 참여'와 G.2.d '내담자 참여' 참조). 간단히 말해, 연구자로서 당신은 연구에 참여하지 않아도 아무런 상관이 없다는 것과 함께 연구에 관한 모든 것을 제공해야 한다. 그렇게 해야만 연구에 참여할지를 결정하는 잠재적 연구 대상의 능력을 방해하지 않는다고 확신할 수 있다. 다른 말로, 당신은 '고지에 입각한 동의'를 구하는 것이다.

특히 ACA 윤리강령은 모든 연구 대상에게 연구 목적, 참여자가 거치는 절차, 새 실험 절차에 대한 상세 내용, 이익과 위험, 한계와 관련하여 '고지에 입각한 동의'가 필요하다고 명시하고 있다(ACA, 2005, G.2.a. '사전 동의').

고지에 입각한 동의를 구할 때, 주어진 정보를 확실히 이해하고 있는지를 확실히 하는 것이 중요하다. 그래서 장애가 있는 사람(diminished autonomy)들을 위한 추가적인 보호장치가 필요하다(예: 지적장애, 발달장애, 언어 장벽, 치매, 아동). 어떤 이유로든 이해 능력이 제한되어 있다면, 내담자의 안전을 보장하기 위한 추가적인 예방책을 취해야 한다. 예를 들어, 연구에 7세의 아동을 포함하려고 한다면, 법적 후견인에게 일차 동의서를 제공하여 아동이 연구에 참여하거나 연구를 통해 혜택을 받을 수 있는지 결정하도록 자문해야 한다. 법적 후견인의 동의를 받은 후, 아동은 참여에 동의할 것인지 혹은 거절할 것인지에 대해 자신이 동의할지 여부를 결정할 기회를 또한 가져야 한다. 최근의 예로, 국립건강연구소(National Institute of Health: NIH)가 지원한 연구에서 연구자들은 생후 24주에서 27주 된 유아를 연구했다(일반적으로는 36주에서 40주 된 유아를 연구한다). 이와 같은 출생 초기의 유아는 죽음이나 눈병의 위험이 있다. 이 연구는 유아를 두 개의 집단으로 나누어, 한 집단은 많은 양의 산소를 공급받고, 다른 집단은 적은 양의 산소를 공급받게끔 설계되었다. 연구 결과, 두 집단을 통틀어 1,163명의 유아 중 221명이 사망했다(Macklin, 2015). 인간연구보호사무국(Office of Human Research Protection)은 연구 자체가 비윤리적이라는 점은 발견하지 못했지만, 고지에 입각한 동의 절차, 특히 이처럼 위험한 대상에게 여러 수준의 산소를 공급할 경우 발생할 수 있는 결과에 관한 구체적인 정보를 누락했음을 발견했다. 따라서 이 연구에서 연구 참여에 관한 동의를 받아야 할 사람은 유아의 부모이며, 모든 정보에 대해 적절하게 동의를 받아야 했다.

이 장의 처음에 소개했던 데비의 사례로 돌아가 보자. 접수면접(intake)에서 당신은 상담에서 내담자의 향상을 평가하고 성장을 촉진하기 위한 최상의 방법과 기술을 결정하기 위해 면담이나 검사를 통해 상담 자료를 수집할 수 있다는 것을 고지하고 이러한 고지에 입각한 동의를 구해야 한다. 그러나 접수면접 시 혹은 접수면접 직후에 고지에 입각한 동의가 이루어지지 않고 이후 내담자를 연구에 참여시키거나 평가하기로 했다면, 검사가 무엇에 관한 것인지, 어떤 임상적 평가가 이루어질 것인지, 그 결과로 무엇을 할 것인지와 관련해서 고지에 입각한 동의를 할 수 있다. 중요한 질문은 다음과 같다.

- 상담 파일에 데비의 이름을 포함할 것인가?
- 아니면 데비의 이름을 익명으로 할 것인가?

- 데비와 관련하여 수집된 정보와 자료를 당신의 다른 내담자가 포함된 더 큰 데이터베이스에 추가할 것인가?
- 데비가 참여를 거절한다면?
- 데비가 참여함으로써 얻는 이득은 무엇인가?

이것들을 비롯한 몇몇 질문은 데비에게 제공해야 할 고지에 입각한 동의의 요소가 될 수 있다. 고지에 입각한 동의를 불필요하게 많이 제공하는 때도 있을까? 연구나 검사와 관련하여 너무 상세한 정보를 제공함으로써 내담자의 참여 결정에 부정적인 영향을 미치는 경우가 있다. 미네소타 다면적 인성검사(Minnesota Multiphasic Personality Inventory: MMPI)를 실시하면 내담자의 자살 위험을 더 명확히 할 수 있다는 것을 내담자에게 말하는 것이 한 가지 예이다. 내담자가 이 사실을 안다면 내담자는 검사에서 자신을 제대로 표현하지 않을 것이다. 그래서 전문가의 관점에서 연구나 평가가 절대적으로 필요하지만 데비에게 검사의 진짜 목적을 알림으로써 그녀가 증상을 숨기거나 과장할 수 있다고 생각한다면 속임수(deception)를 사용할 수 있다. ACA 윤리강령(G.2.b. '속임수')에서는 상담사가 대안적 절차가 불가능하고, 연구가 꼭 필요하며, 내담자에게 해를 끼치지 않는 경우에만 속임수를 고려할 수 있다고 명시하고 있다. 그래서 이러한 상황이라면, 데비에게 속임수를 써서 이 검사는 다른 목적으로 사용된다고 알려 줄 수 있다. 그러나 데비가 검사를 마치고 나면, 연구와 검사의 진짜 목적을 알려 주고 속임수를 철회해야 한다. 이 속임수는 내담자와의 관계에 영향을 줄 수 있고 꼭 필요할 때에만 사용해야 한다는 것을 명심하라.

자혜 자혜(beneficence) 원칙은 '선의(또는 선한 일)의 질 또는 상태'로 정의된다(Merriam-Webster Online Dictionary, 2005). 그래서 연구에 참여하는 것과 관련하여 벨몬트 보고서는 연구의 이익이 그 어떤 위험보다 더 크다는 것을 확실히 하는 것이 연구자의 책임이라고 규정한다.

ACA 윤리강령(2005)에 따르면, 연구자로서 당신은 궁극적으로 전문가 집단의 지침, 연방법규(예: ORI), 주법, 조직 내규(예: 공공기관, 학교, 대학)에 따라 연구를 설계하고 계획하며, 수행하고 보고할 책임이 있다. 또한 수행할 연구에 대해 생각할 때, 연구에서 내담자의 권리와 연구의 손익을 고려해야 한다. 예를 들어, 내담자에게 적용할 '새로운' 절차를 평가하고자 한다면, 당신의 치료가 참여자에게 미칠 영향을 재검토하고 동료에게 자문해야 한다(ACA, 2005, G.2.b). 그 영향을 계속 면밀하게 검토함으로써, 새로운 절차나 처치가 연구 참여자에게 너무 위험하거나 해로운 것인지 판단하는 데 도움을 얻고 참여자의 안녕과 안전을 보장할 수 있을 것이다(ACA, 2014, G.1.d. '사고 예방' 참조).

실제 장면에서, 자혜 원칙을 따르고 있는지를 어떻게 판단하는가? 우울증에 대한 잘 알려진 증거 기반 처치는 인지행동치료(Cognitive-Behavioral Theory: CBT; 예: Miranda et al., 2006)이다. 그러나 당신은 춤/동작 치료가 우울 증상의 감소에 더 효과적인지 궁금해서 특정 내담자를 대상으로 그 개입의 효과성을 검증하려고 한다고 하자.

춤/동작 치료를 데비에게 적용하고 우울 증상과 다른 호소 문제에 대한 그 효과를 평가하기 전에, 그 절차를 동료와 논의하거나 춤/동작 치료와 우울증에 관한 선행연구를 검토하는 것이 중요하다. 자문뿐만 아니라, 데비의 우울 증상을 비롯하여 자해 행위, 약물 남용, 기타 삶의 다른 영역에 대한 당신의 치료 효과를 가늠할 도구, 설문, 평가를 선택하는 것이 중요하다. 이는 새로운 처치 방법(즉, 춤/동작 치료)이 실제로 데비에게 이로운 것인지, 아니면 득보다 실이 많은 것인지를 이해하는 데 도움이 될 것이다.

ACA 윤리강령(2005)이 명시하듯이, 당신의 연구가 방법, 절차, 결과 등의 측면에서 내담자의 삶을 방해할 소지를 최소화하는 것이 중요하다(G.1.f. 참조). 그러므로 연구 또는 새 치료 방법은 데비의 증상을 악화하거나 그녀의 삶을 방해하면 안 된다(예: 그녀의 업무 일정에 방해가 된다거나 대인관계를 악화하는 것). 연구에 참여함으로써 발생할 수 있는 혼란 중에서 예상할 수 있는 것이 있다면, 데비는 고지에 입각한 동의를 통해 이러한 사항을 알고 있는 상태에서 스스로 결정할 수 있어야 한다.

자혜 원칙에 따라 연구를 할 때 어려운 점은 참여자 측의 이득이 손실보다 큰지를 결정할 수 있는 '정도(right way)'가 없다는 것이다. 자혜는 연구자의 판단에 따른 결정이다. 물론 연구자는 자신이 참여자를 고의로 상해(예: 매독의 치료에 있어 효과적인 약으로 알려진 페니실린을 사용하지 않는 것)를 가하지 않는다는 것을 확신할 수 있어야 한다.

그러나 대부분의 연구 상황에서 이익이 손실을 능가하는지 판단하는 것은 쉬운 일이 아니다. 예를 들어, 당신이 외도 문제를 겪는 커플을 돕기 위한 가장 좋은 방법을 찾는 데 관심이 있다고 하자. 아마 당신은 몇몇 커플에게 서로 외도 경험을 밝힌 후 논의하도록 하고, 다른 커플들에게는 자신의 파트너에게 외도 사실을 밝히지 않게 할 수 있다. 당신의 궁극적 목적은 어느 쪽이 관계를 더 효과적으로 치유하는지를 결정하는 것이다. 두 가지 방법 모두 상대방의 감정에 상처를 입히고, 비밀 유지, 관계 손상을 포함한 위험을 안고 있지만, 둘 다 관계의 치유와 솔직해지는 것을 포함한 이익 또한 갖고 있다. 일부 상담사는 전자(즉, 개방적이고 솔직한 관계)가 더 바람직하다고 믿겠지만, 어떤 것이 연구(또는 상담) 참여자에게 해를 입힐 것인지는 여전히 판단의 문제이다. 따라서 손익을 미리 이해하는 것은 매우 중요하다. 윤리적 연구 수

연습 2.2

당신이 속한 상담 영역(예: 정신건강, 결혼 및 가족, 대학, 학교)에서 다문화적이거나 취약 계층을 다루고 있는 경험적이고 양적인 연구를 찾아 윤리적 관점에서 비판적으로 평가하라. 다음은 그 연구가 취약 계층이나 소수자를 대상으로 수행될 때 윤리 측면에서 건전한지 확신하기 위해 해야 할 질문들이다.

- 고지에 입각한 동의를 해야 할 때, 이 대상은 어떤 위험에 직면하는가?
- 이 대상에게 연구를 제시할 때나 자료를 수집 · 분석할 때 당신은 연구자가 어떤 점을 유의하기를 바라는가?
- 이 연구 대상을 활용하여 연구할 때 자혜 원칙을 분명히 따르고 강압적 요소를 줄이기 위해 연구자가 취했던 예방조치에 대해 언급한 것이 있는가?

행은 때때로 전문적 판단의 문제이다. 당신의 마음에 평가와 연구에 관련한 의문들이 여전히 존재한다면, 언제나 동료 또는 연구윤리위원회의 자문을 구하라.

그러나 해로운 일을 겪을 위험이 가장 크거나 자혜를 받지 못하는 대상은 취약한 집단이다 (Moreno & Arteaga, 2012). 이 집단에는 경제적 취약 집단, 만성 환자, 노인, 재소자 그리고 임산부 집단 외 여러 종류의 집단이 속한다. 이들이 연구 참여에 취약하게 되는 것은 치료 혜택에 대한 그들의 욕구, 자원이나 신체/정신 건강 서비스의 결핍, 또는 구금 상황 때문이다.

정의 정의(justice) 원칙은 연구에서 누가 위험 부담을 감수하고 누가 이득을 취하는가와 관련한 공정성을 다룬다. 참여자 안전, 삶에 대한 침해, 모집단과 표본 선택 등에 관련된 위험뿐만 아니라 참여자가 그들이 약속받은 것을 받았는지를 분명히 하는 것이 정의 원칙의 요소이다.

정의 원칙의 위반은 연구 참여자가 어떤 합리적 이유 없이 이득을 빼앗길 때 발생한다. 예를 들어, 한 참여자가 연구에 참여하는 대가로 50달러를 약속받았다고 가정하자. 이때 어떤 참여자가 어떤 이유로 대가를 받지 못했다면 부당함이 발생하는 것이다. 다른 예로는 대기자 명단에 있던 통제집단 내담자가 연구가 끝난 다음 치료를 받기로 되어 있었는데, 여러 가지 이유로 치료를 받지 못하고 연구가 끝나는 경우가 있다. ACA 윤리강령의 G.2.g. '참여자에 대한 책무'에서는 "상담자는 연구 참여자에 대한 모든 약속을 이행할 수 있는 합리적인 방법을 취한다."라고 명시함으로써 정의 원칙을 말하고 있다(ACA, 2014, p. 17).

부당함의 또 다른 형태는 누가 결과의 수혜자인지와 관련되어 있다. 역사적으로, 병동의 환자들은 연구에 참여하는 부담을 지면서도 그 결과의 혜택을 받지 않는 경우가 많다. 대신, 지역사회 기관과 사설 기관을 통해 외래 상담이나 치료를 받는 내담자들은 연구 결과에 기초한 최신의 치료를 받는다. 연구에 참여한 사람들에게 그 혜택을 받을 기회가 주어져야 한다.

정의 원칙은 연구할 표본 선택 과정과도 관련이 있다. 예를 들어, 내담자의 우울증에 효과적인 치료 방법을 연구하고자 한다면, 44세의 임신한 흑인 여성 마샤나 12세의 인디언 남성 매튜 대신 26세의 백인 여성 데비를 선택할 특별한 이유가 있는가? 나머지를 제외할 그럴듯한 이유가 있겠지만, 배제의 이유를 결정하는 것이 중요하다. 배제 기준이 연구 문제에는 부적절한 것은 아닌지 질문하는 것도 중요하다(예: 당신의 연구가 남성이나 나이 많은 여성이 아닌 젊은 성인 여성의 우울증 감소에 특히 효과적인 방법을 검토한다는 내용). 당신의 치료 방법이 나머지 두 모집단에게는 부적절하거나 아니면 그냥 데비가 당신의 내담자라서 접근이 용이하고 나머지는 당신이 근무하는 기관에 자주 오지 않기 때문인가? 이것은 그들을 연구로부터 배제할 수 있는 좋은 이유가 되는가?

국립건강연구소(NIH, 2002)는 연구 대상 선택 주제에 대해서 그 선택이 공평해야 한다고 명시하고 있다. 그래서 어떤 모집단도 이득 없이 연구에 참여하는 데 과중한 부담이 주어져서는 안 되고, 타당한 이유 없이 배제되어서도 안 된다. 과거에는, 일부는 참여를 원치 않는 사람도 참여자가 된 적도 있고(예: 나치 생체실험 범죄에서 강제수용소의 죄수), 일부는 전적으로 편의성 때문에 선택되었다(예: 대학생 모집단). 여성과 소수자들 또한 과거 연구에서 충분히 드러나지 않은 집단이다. 그래서 NIH(2001)는 이러한 집단이 배제된다면 명확한 근거가 있어야 한다고 명시함으로써 연구에 여성과 소수자를 포함하는 정책을 수립했다.

연구윤리위원회

연구 참여자에 대한 존중, 자혜, 정의 원칙을 보장하기 위한 목적으로 연구윤리위원회(Institutional Review Boards: IRB)가 만들어졌다. IRB는 모든 대학뿐만 아니라 주와 연방 기관(예: 학군, 병원, 몇몇 지역사회기관)들도 설치했다. IRB는 전형적으로 다양한 학문 영역(예: 상담, 신학, 경영)의 전문가 5명 이상으로 구성되어, 연구가 수행되기 전에 그 연구를 검토한다(Leedy & Ormrod, 2005). 그들의 임무는 손익을 평가해 보고 내담자가 직접적으로 어떤 영향을 받을 것인지를 가늠하는 것이다. 또한 발생할 수 있는 위험에 대비해 어떤 보호책을 갖고 있는지, 참여자가 감당해야 할 과정, 고지에 입각한 동의를 제공하는 방법을 검토한다.

그러나 어떤 기관은 IRB가 없다(예: 사설 상담 기관). 이런 경우에는 IRB가 하던 일을 전적으로 연구자가 수행해야 한다. ACA 윤리강령은 개인 연구자들에게 "IRB 과정과 친숙한 연구자에게 자문하여 적절한 예방책을 제공하도록 해야 한다."라고 명시하고 있다(2005, p. 17, G.1.c.). IRB 과정과 친숙한 연구자들은 거의 모든 대학에서 찾을 수 있다. 끝으로, 어떤 기관이 IRB를 가지고 있다고 해서 인간 참여자가 항상 보호된다는 의미는 아니다. 예를 들면, 앞에서 다룬 NIH의 미숙아 대상 다양한 산소 흡입 수준의 효과에 관한 연구는 IRB가 연구를 승인하기 전 고지에 입각한 동의서를 적절히 논의하거나 그 내용을 충분히 검토하지 않았다(Macklin, 2013). 좀 더 구체적으로 말하면, IRB가 의료 행위에서 왜 필수적인 두 영역, 즉 치료의 표준 절차와 고지에 입각한 동의서에 최소한의 정보를 요구하지 않았는지에 대한 의문이 제기됐다. IRB는 도움이 된다. 그러나 완벽하지 않다.

벨몬트 보고서는 수십 년 전 인간 참여자에 대한 참혹한 치료의 결과 제시되었지만, 연구에서 의문스러운 개입, 비윤리적인 절차 그리고 연구 부정행위는 여전히 계속되고 있다. 어떤 경우는 이 장에서 이미 언급했다. 그러나 좀 더 사람들에게 많이 알려진 연구 부정행위에는 자료와 정보의 변조와 조작 같은 것들이 있다. 예를 들면, 2009년 황우석은 줄기세포의 연구에서 자료를 조작함으로써 2년의 징역형을 받았다. 그는 정보를 조작함으로써 많은 연구비를 받았다. 다른 예로, 2013년 Rao Adibhatla는 신경학적 질병과 뇌졸중 연구에서 자신의 자료를 조작했다.

상담에 더 적합한 예는 윤리와 인지에 대해 하버드 대학교의 Marc Hauser 박사가 주도적으로 수행했던 연구이다. 그가 출판한 연구물 간의 불일치성에 대한 의혹이 Hauser 박사에게 제기되었다. 오랜 기간의 조사를 통해 최소한 8개의 연구에서 자료를 위조하거나 날조했고, 그 결과 많은 연구를 게재할 수 있었음이 밝혀졌다. 이후 그의 논문은 철회되거나 학술지에서 삭제되었다. 그러나 여전히 남는 문제는 그의 연구가 인지와 윤리라는 영역에서 다수의 연구자에게 잘못된 가정 하에서 연구를 수행하게끔 했고, 그 결과 그 연구 영역과 내담자에 대한 개입방법들은 수년간 정도에서 벗어나 있었다는 점이다.

추가적 연구자 책임

이 장에서는 대체로 연구 대상으로서의 내담자 권리에 초점을 맞추어 왔다. 그러나 연구나 평가 과정에서 연구자가 반드시 숙고해야 할 다른 윤리적인 고려 사항이 있다. 여기에는 연구 참여자와 연구자의 관계, 스폰서나 다른 기관과의 협력, 자료의 비밀보장과 자료 관리, 연구 결과의 윤리적 보고가 포함된다.

연구 참여자와의 관계 내담자와의 관계에 대한 ACA 윤리강령과 유사하게, 연구 참여자와 연구 작업을 할 때에도 그에 상응하는 기준이 있다. 특별히 비전문적 관계(예: 친구, 가족, 성적 또는 친밀한 관계 형성, 점심이나 저녁 식사하기)는 연구자와 참여자 사이에서는 피해야 한다(G.3.a., G.3.b.). 말할 것도 없이, 연구자는 참여자를 성적으로 학대해서는 안 된다(G.3.c.). 더 나아가 ACA 윤리강령은 연구자와 참여자 사이의 비전문적 상호작용을 피할 수 없거나 이익 관계가 될 수 있을 때, 연구자는 비전문적 상호작용이 이루어지기 전에 그러한 상호작용에 대한 근거를 서류로 입증해야 한다고 명시한다(2005, G.3.d.).

스폰서와의 협력 다양한 경우에서 연구자는 연구를 지원할 자금을 제공하는 자금지원 기관, 연구자가 자료를 수집할 수 있도록 한 기관, 조직 또는 내담자 모집단에 접근할 수 있도록 허가한 관리자와 같은 스폰서로부터 도움이 필요하다. ACA와 ORI 모두 자료 수집 절차, 방법론상의 변화(예: 도구, 연구 문제, 자료 수집방법), 연구 결과에 대해 스폰서에게 고지하는 것이 중요하다고 언급한다.

ACA 윤리강령(2005, G.2.i.)은 상담사가 스폰서와 기관에 연구 과정과 결과를 알리고 담당자가 연구 관련 정보를 갖는 것을 보장해야 한다고 진술하고 있다.

비밀보장과 자료 관리 참여자 권리 존중의 중요한 측면은 자료 수집 이후 자료의 사용에 있어 비밀보장을 확실히 하는 것이다. 여기에는 원자료(예: 지필도구나 평가지, 면접 녹음테이프)와 전자 데이터베이스에서 모든 신원 정보(예: 참여자 이름, 상담일, 그 밖의 신원을 확인할 만한 정보)를 지우는 것을 포함한다. 신원 정보를 갖고 있다면, 검사 결과 자료를 안전하게 잠금장치가 있는 곳에 보관하거나 평가지의 이름을 지워서 보관하여 보호해야 한다. 전자 데이터베이스는 암호를 걸어 권한이 있는 사람만 접근할 수 있다. 게다가 전자 데이터베이스의 모든 신원 정보는 삭제할 수 있다(특히나 연구에서 필요한 자료가 아니라면). ACA 윤리강령은 연구자가 어떻게 연구 문서를 폐기할 것인지 결정할 것을 요구한다(2005, G.2.j.). 여기에는 검사지를 분쇄하고, 오디오 또는 비디오 테이프를 지우거나 자르고, 전자 파일을 삭제하여 자료 수집에 사용한 모든 도구를 없애는 것이 포함된다.

결과 보고 연구 결과를 보고하는 것은 상담이라는 전문 영역뿐만 아니라 치료를 원하는 다른 상담 전문가와 내담자에게도 중요하다. 결과를 타인에게 제공함으로써 궁극적으로 내담자가 받기를 기대하는 증거 기반 상담을 선도하게 된다. 그러나 결과 보고와 관련해서 고려해야 할 수많은 윤리적 측면이 있다(ACA, 2014, G.4., G.5. 참조). 여기에는 출판된 결과물의 내용이 정확한지 확인하는 것, 유의미한 결과만 보고하는 것(즉, 효과가 있는 처치방법)이 아니라 유의미하지 않은 결과(즉, 효과가 없는 처치방법)도 보고하는 것, 표절 또는 다른 사람의 아이디어를 인용 없이 사용하지 않는 것이 포함된다.

윤리적연구 수행에서 고려할 다문화 주제

앞에서 언급했던 경제적 취약 집단, 소수자, 재소자, 임산부 또는 미혼모 등이 맞닥뜨릴 위험을 헤아리면, 연구자들은 다양한 집단을 대상으로 연구할 때 자신의 다문화 역량에 주의를 기울일 필요가 있다. 상담연구 역량(Wester & Borders, 2014) 연구에서는 상담 연구자들은 "연구 과정 전반에서 문화적 역량을 보여야 한다."라고 명시했다. 상담사는 일정 수준의 자각과 신중한 태도로 연구를 시작해야 한다. Arredono 등(1996)은 상담사와 연구자가 소수자나 취약 계층 대상이나 내담자가 참여하는 연구를 설계할 때 서구 또는 유럽의 관점(Robinson-Wood, 2012)에서 하지 않도록 보장하기 위해 다문화 상담 역량이라는 것을 개발했다. ACA는 연구자와 상담사가 다양한 배경을 가진 사람을 대상으로 연구와 상담을 할 때 가지고 있어야 할 세 가지 역량을 제안했다. 그 역량은 다음과 같다.

- 상담사 자신의 문화적 가치와 편견의 자각 역량(역량 1)
- 내담자 세계관의 이해 역량(역량 2)
- 적합한 개입 전략 사용 역량(역량 3)

각 역량 범주에는 상담사와 연구자가 다문화 역량을 가지는 데 필요한 일련의 태도, 신념, 지식, 기술이 포함된다.

다문화 역량은 상담 실무 행위에 주로 적용되지만, 우리는 그것들을 상담 영역의 연구자에게도 적용할 수 있다고 생각한다. 연구자는 자신의 문화적 가치와 신념이 그들의 연구에 어떻게 영향을 미치는지, 그리고 연구 참여자뿐만 아니라 연구 결과의 보고 방식과 내용에 어떤 영향을 미치는지를 점검해야 한다. Ford, Moore, Whiting과 Grantham(2008)에 따르면, "연구는 연구자의 인생 경험, 가치관, 사람의 경험, 가치관, 이력 등에 의해 영향받는다. 따라서 우리는 자신의 사적 그리고 전문가적 신념을 우리의 삶과 경험으로부터 분리할 수 없다."(p. 83).

더구나 연구자는 다양한 집단을 대상으로 수행하고 있는 연구를 호도하거나 잘못 해석하지 않을 뿐 아니라, 연구의 전 과정에서 발생할 수 있는 피해로부터 그들을 보호하기 위해 취약 집단에 대한 인종차별, 편견, 탄압 등이 없게끔 유의해야 한다. 그뿐만 아니라 취약 집단을 대상으로 연구할 때 연구자는 문화적으로 타당하고 적합한 측정과 평가 도구 그리고 개입 방법을 선택하는 것도 중요하다(Robinson-Wood, 2012). 예를 들면, 연구에서 아프리카계 미국인 아동에게 제공하는 대부분의 측정 및 평가 도구는 중산층, 백인 표본을 사용해 표준화했다(Tucker & Herman, 2002).

연구자는 그들이 가진 특권과 권력이 다문화 집단 대상 연구에 미치는 영향에 대해서도 유의해야 한다. 예를 들면, 어떤 백인 연구자는 경험이나 상호작용이 거의 없었던 집단(예: 아프리카계 미국인)을 대상으로 연구할 때가 있다. 그 연구자는 자료 수집 절차, 타당한 도구의 선택, 결과 보고 등에 영향을 끼칠 수 있는 편견, 신념, 가치관을 해당 참여자 집단에 대해 가지고 있을 수 있다. 그뿐만 아니라 상담사는 스스로 인정하고 싶지 않겠지만, 자신도 내담자에 대해 일종의 권력을 가지고 있다는 사실을 인식해야 한다. 이러한 권력은 일종의 가부장주의, 즉 상담사가 내담자나 연구 참여자와 여러 가지 사안에 대해 논의하지 않은 채 상담이나 연구를 수행하는 태도로 나타난다(Moreno & Arteaga, 2012). 상담사가 보유하고 있는 수준의 권력은 상담사가 내담자에게 하라고 요구하는 것들을 내담자가 판단 없이 따르게 하기도 한다. 이러한 현상은 권위 있는 사람을 존경하게끔 배운 몇몇 문화권 내담자에게 특히 잘 나타난다.

끝으로, 연구자는 일반화와 관련된 주제에 대해서도 유의해야 한다(Ford, Moore, Whiting, & Grantham, 2008; Sue & Sue, 1999). 연구자는 한 모집단의 연구 결과를 다른 모집단에 일반화할 수 있다고 가정하지 말아야 한다(Sue & Sue, 1999). 미국 내 문화적 다양성을 고려할 때, 연구자는 인종적 특성을 간과하지 말아야 하며, 연구 결과를 합리적으로 기록하기 위해서 각 참여자의 인종이나 민족 배경을 고려해야 한다.

연습 2.3

존은 아프리카계 미국인과 백인 가정의 양육 방식을 연구하여, 그들의 양육 방식이 학과 외 활동에 대한 아동의 결정에 영향을 끼치는지 밝히기를 원한다. 존은 연구 참여자에게 양육 방식을 측정할 수 있는 도구를 사용할 것이다. 그가 도구를 선택하고 참여자를 섭외할 때 어떤 점을 고려해야 하는가?

연습 2.4

연습 2.2에서 당신이 찾아서 읽었던 경험적 연구 논문으로 돌아가서 다음 질문에 답해 보자.

- 연구 질문과 설계가 이 모집단에 적합한가?
- 연구 도구가 이 모집단에서 타당화 과정을 밟았는가?
- 표본이 연구 대상인 소수집단을 적절히 대표하는가?
- 연구자가 표본에 속한 참여자를 확실히 보호하기 위해 연구를 IRB에 제출했는가?
- 연구 결과와 결과의 전달 방식이 이 모집단에 적합한가?

요약

내담자, 학생, 일반인들에게 있을 잠재적 이득을 위해 상담사는 양질의 연구를 수행할 필요가 있다. 그러나 연구 대상을 연구에 참여하게 할 때 상담사와 연구자가 고려해야 할 윤리적 고려 사항들이 있다. 많은 윤리적 딜레마에 명확한 답은 없지만, 연구 대상의 측면에서 중요한 원리는 다음과 같다. ① 연구 참여자에 대한 존중, ② 자혜와 정의를 바탕으로 행동하기, ③ 연구 참여자의 자율성, 권리, 비밀보장, ④ 동료나 스폰서와 고지된 협력 관계 맺기, ⑤ 연구 결과를 정확하게 보고하기.

연구 대상에 대해 위험이 이득을 능가하지 않는다는 것을 확신하기 위해 인간 연구 대상의 손익에 관한 평가와 재평가는 연구를 수행하는 상담사의 지속적인 의무이다. 이와 유사하게, 참여자에게 이득도 없는 연구에 참여하라고 강요하지 않는 것도 연구자의 중요한 책임이다. 참여자에 대한 잠재적인 윤리 문제와 위험에 대해 고려하면 할수록, 연구 대상과 연구자 모두에게 더 좋을 것이다.

• 생각해 볼 문제 •

1. 의사와 상담사의 연구 수행 윤리를 비교할 때 각 영역에서 어떤 어려움이 존재하는가? 특히 상담연구에서 어떤 윤리적 어려움이 일어날 수 있는가?
2. 데비의 사례에서 상담 진행에 관련해서 연구의 일부로서 평가를 사용하고자 한다면, 데비를 한 인간으로서 또 내담자로서 존중하고, 자혜를 보이며, 정의롭게 행하기 위해 어떻게 해야 하는가?
3. 사람을 연구 대상으로 하는 것에 대해 어떤 찬반 논쟁이 있을 수 있는가? 이러한 논쟁은 연구 참여자가 연구를 수행하는 교수의 학생일 때, 상담사의 내담자일 때, 또는 연구자에게 낯선 사람일 때 어떻게 달라질 수 있는가?

연구 윤리 관련 자료

American Counseling Association. (2014). *ACA code of ethics.* Alexandria, VA: Author.

Arredondo, P., Toporek, M. S., Brown, S., Jones, J., Locke, D. C., Sanchez, J., & Stadler, H. (1996). *Operationalization of the multicultural counseling competencies.* AMCD: Alexandria, VA.

Ethics in Mental Health Research. (n.d.). *Ethics in mental health research.* Retrieved online, June 22, 2005, at http://www.emhr.net/index.htm

Ford, D. Y., Moore, J. L., III, Whiting, G. W., & Grantham, T. C. (2008). Conducting cross-cultural research: Controversy, cautions, concerns, and considerations. *Roeper Review, 30*, 82-92.

Houser, R. (1998). *Counseling and educational research: Evaluation and application.* Thousand Oaks, CA: Sage.

Leedy, P. D., & Ormrod, J. E. (2005). *Practical research: Planning and designing.* Upper Saddle River, NJ: Pearson.

Macklin, R. (2015). Can one do good medical ethics without principles? *Journal of Medical Ethics: Journal of the Institute of Medical Ethics, 41*(1), 75-78. doi:10.1136/medethics-2014-102354

Moreno, B. A. C., & Arteaga, G. M. G. (2012). Violation of ethical principles in clinical research. Influences and possible solutions for Latin America. *BMC Medical Ethics, 13.*

Office of Research Integrity. (2000). *PHS policy on instruction in the responsible conduct of research (RCR)-suspended.* Retrieved online, January 27, 2006, at http://ori.hhs.gov/policies/RCR_Policy.shtml

Robinson-Wood, T. L. (2012). *The convergence of race, ethnicity, and gender: Multiple identities in counseling* (4th ed.). Columbus, OH: Merrill Prentice Hall.

Steneck, N. (n.d.). *ORI introduction to the responsible conduct of research.* Office of Research Integrity. Retrieved online, January 7, 2005, at http://ori.dhhs.gov/documents/rcrintro.pdf

Sue, D. W., & Sue, D. (1999). *Counseling the culturally different* (3rd ed.). New York: John Wiley.

Tucker, C. M., & Herman, K. C. (2002). Using culturally sensitive theories and research to meet the academic needs of low-income African children. *American Psychologist, 57,* 762-773.

Wester, K. L. (2005). *Conducting research responsibly: Cases for counseling professionals. Handbook and DVD.* Greensboro, NC: NBCC.

Wester, K. L., & Borders, L. D. (2014). Research competencies in counseling: A Delphi study. *Journal of Counseling & Development, 92*(4), 447-458.

Wester, K. L., Willse, J. T., & Davis, M. S. (2010). Psychological Climate, Stress, and Research Integrity Among Research Counselor Educators: A Preliminary Study. *Counselor Education and Supervision, 50*(1), 39-55. doi:10.1002/j.1556-6978.2010.tb00107.x

제3장

문헌 고찰

Donna S. Sheperis
Lamar University
Michelle Perepiczka
Walden University

목표

1. 문헌 고찰의 요소들을 이해할 수 있다.
2. 검토한 문헌들을 조직하는 방법을 설명할 수 있다.
3. 상담과 관련된 데이터베이스를 검색할 수 있다.
4. 기존 문헌들을 분석하는 방법을 확인할 수 있다.
5. 문헌 고찰 수행의 잠재적인 목표를 확인할 수 있다.
6. APA 양식의 기초 요소들을 설명할 수 있다.

독자들은 상담 전공 학생으로서, 아마도 많은 학술지 논문과 박사 논문들을 읽어 왔을 것이다. 그러한 연구 논문들의 핵심 요소 중 하나는 문헌 고찰(literature review)인데, 이는 출판된 주제에 관련된 문헌들에 대한 개관을 제공한다. 박사과정 학생이나 상담 연구자에게 자문을 구해 보면, 특정 주제와 관련된 연구를 검토하여 정리하고 요약 기술하는 것이 중요하지만 시간을 요구하는 일이라는 것을 금방 알게 될 것이다. 실제로 문헌 고찰 내용을 작성하기 전에, 관련 주제를 탐구하면서 이 작업을 준비하는 데 많은 시간을 투자해야 한다.

몇몇은 이 작업을 과제나 개인 연구 프로젝트의 일부로 맡을 수도 있다. 그러나 대부분은 과제를 하거나 상담사로서 임상 실습에 대해 결정을 내리는 데 도움을 얻고자 상담 연구자의 문헌 고찰을 활용한다. 그래서 문헌 고찰의 질적 평가를 위해 그 원리를 이해하는 것이 중요하다.

이 장에서는 문헌 검색을 위한 유익한 팁을 제공할 뿐만 아니라 그 정보를 작성, 보고 및 이해하는 지침을 제공하고자 한다. 또한 상담사, 심리학자, 다른 전문가들이 사용하는 미국심리학회(American Psychological Association: APA, 2010) 양식으로 작성하는 것을 소개하고, Endnote 프로그램에 대해 논의하며, 참조할 만한 표본 논문을 제공하고, 이러한 정보를 확장할 유익한 웹사이트를 제공할 것이다.

문헌 고찰하기

문헌 고찰을 하는 이유는 주어진 과제에 따라 다양할 수 있다. 예를 들어, 학위 논문을 위한 이론적 배경 작성은 동료 심사 학술지(peer-reviewed journal)에 게재할 연구를 위한 문헌 고찰과는 아주 다르다. 그러나 각 문헌 고찰은 주제를 확인하고, 관련 자료를 검색하고, 자료를 조직하고, 주제와 연구 대상의 범위 내에서 가능한 문헌을 비판하는 등의 일반적인 과정을 공유한다. 공통적인 목표는 가능한 정보들을 단순히 나열하는 것이 아니라 평가 또는 종합하는 것이다(Taylor, 2008).

LaFountain과 Bartos(2002)에 따르면, 연구 프로젝트에서 관련 문헌에는 다섯 가지 중요한 역할이 있다. ① 관찰자 영역의 주변을 정의하는 것, ② 연구 문제를 거시적으로 보는 것, ③ 어떤 방법과 도구들이 유용했는지 그렇지 않은지를 배우는 것, ④ 의도하지 않게 이전 연구를 반복하는 것을 피하는 것, ⑤ 결과의 중요성을 해석하기에 더 나은 위치에 연구자를 두는 것이다. 프로젝트를 시작하기 전에 이러한 역할을 정의하는 것은 조직적이고, 효율적이며, 철저한 문헌 고찰에 도움이 될 것이다.

비슷하게, Eaves, Sheperis, Craft, Frasier와 Wells(2008)는 문헌 고찰을 위한 다섯 가지 단계를 설명하였다.

① **고찰할 주제 확인하기:** 어떤 연구 프로젝트이든지 흥미를 자극하는 질문으로 시작하는 것이 좋다. 이러한 질문을 통해 관심 영역이 정해지면, 그 관심 영역에 대해 브레인스토밍을 시작한다.

② **주제와 관련된 문헌 찾기:** 관심 영역이 좁혀지면, 주제를 둘러싼 기존 연구들을 찾아 두 번째 단계의 과정을 시작해야 한다. 이러한 노력은 이 작업이 연구에 가치 있는 기여와 확

장을 가져옴을 증명하는 데 도움이 될 것이다.

③ **기존 문헌 평가하기:** 연구의 주요 소비자이자 평가자가 되는 것은 연구를 수행하는 사람의 유일한 책무이다. 상담 연구자로서 기존 정보를 철저히 읽고 분석하는 것은 반드시 해야 하는 일이다. 왜냐하면 모든 정보가 연구 목적에 유용한 것은 아니기 때문이다. 관심 영역을 좁혀 가고 문헌에 익숙해지는 것은 향후 연구 영역을 고려할 뿐만 아니라 연구의 내·외적 결합을 확인하도록 해 줄 것이다.

④ **실제 작성 과정의 윤곽을 잡을 만한 정보들의 적절성 구성하기:** 문헌 고찰 내용을 작성하는 일은 시간이 소비되는 일이다. 문헌을 조직화하는 것은 이러한 부담을 줄여 주고 효과적인 글쓰기를 가능하게 할 것이다.

⑤ **독자에게 풍성한 정보 표현하기:** 독자들은 이미 행해진 연구를 이해하고 수행될 연구의 목적을 이해할 수 있어야 한다. 마지막 단계는 첫 단계를 요약하고 독자들이 연구의 목적 그리고 무엇보다도 연구의 의의를 잘 알게 하는 것이다.

주제 연구하기

관심 영역

문헌 고찰은 아이디어, 질문, 주제로부터 시작된다(DeMontfort University, 2013). 물론 모든 연구는 연구자가 살펴보고자 하는 주제로부터 시작되어야 한다. VanderMey, Meyers, Van Rys, Kemper와 Sebranek(2011)는 개인적 관심사, 학위 과정에서 언급된 주제, 현재 이슈들에 대해 공부할 것을 제안했다. 신참 연구자나 과학자–실무자(scientist-practitioners)로서 당신은 너무 일반적이거나 너무 특수한, 너무 흔하거나 유행이 지난, 또는 별로 중요하지 않은 주제를 연구하지 않도록 주의해야 한다. 이런 주제들에 대해서는 더 이상의 연구가 어렵기 때문이다. 이런 것들을 고려하여, 연구 과정을 시작하기 전에 자신의 아이디어와 관심 영역에 대해 심사숙고해 보는 시간을 가져야 한다. 연습 3.1에서 자신이 무엇에 관심이 있는지 확인해 보라.

연습 3.1

어떤 분야에 관심이 있는가?

관심 있는 주제에 대한 문헌 고찰을 하는 선택권이 주어졌을 때, 이것은 선물이 될 수도 혹은 저주가 될 수도 있다. 어떤 학생들은 무엇에 관심이 있는지 알고 바로 뛰어들 수 있지만 어떤 학생들은 출발선에서부터 어려움을 겪을 수 있다. 이 연습은 길을 잃었거나 탐구 가능한 관심 영역에 대한 브레인스토밍을 할 수 있는 사람들을 돕기 위한 것이다.

관심 영역을 확인하는 데 어려움이 있다면 다음 질문들을 참고하라.

1. 과거에 어떤 수업이나 과제가 관심을 불러일으켰는가?
2. 관심 있는 이론가, 저자, 또는 철학자가 있는가?
3. 호기심을 일으키는 생애 단계나 사회 현상이 있는가?
4. 현장 경험을 통해 도움이 되거나 임상 전문지식을 쌓아 온 초점 영역이 있는가? 예를 들어, 특정 연령대나 문화적 집단, 성적 지향, 종교 집단, 또는 장애에 대해 더 많이 알고 싶은가? 또는 불안, 기분장애, 중독, 진로 장벽, 또는 육아 투쟁과 같은 특정 이슈에 대해 더 많이 발견할 수 있는가?
5. 관심 없는 것에 대해 생각할 시간을 가지라. 지루하거나 매력적이지 않은 것에 대한 목록을 만들라. 그러고 나서 이 분야의 반대편에 무엇이 있는지 알려고 하라. 관심 영역은 그 반대편에 숨어 있을 수도 있다.
6. 장학금, 논문 투고, 학위 논문 같은 큰 프로젝트를 수행하기 위한 일부 작업과 같이 어떤 것의 디딤돌이 될 만한 주제가 있는가?

마지막으로, 당신이 할 수 있는 주제를 찾도록 하라. 이것이 제일 관심 있는 영역이거나 세상을 바꿀 영역이 아닐 수도 있지만 기한 내 연구를 마칠 수 있는 영역일 것이다. 완성된 프로젝트는 초기에 막혀 버린 것보다 훨씬 낫다.

우선 대략적인 주제를 정하고 나면, 연구자는 프로젝트를 수행함에 있어 문화적으로 민감하게 다양성의 역할을 다차원적으로 고려해야 한다. 예를 들어, 연구 대상의 경우 연구에서 주로 소외되는 사람들의 필요나 다문화 초점연구의 필요성을 고려할 수 있다[Association for Assessment in Counseling(AAC), 2003; Arredondo et al., 1996]. 원래 우울 증상이 있는 청소년에 대한 인지행동치료의 효과를 확인하는 연구에서 낮은 사회경제적 지위의 12~18세 아시아 남자의 우울 증상에 대한 인지행동치료의 효과와 같이 좀 더 구체화하는 것이 그 예가 될 수 있다. 또한 연구 내에서 다문화의 역할을 고려할 수 있다. 이에 대한 예는 원래 괴롭힘으로 어려움을 겪고 있는 젊은 여성에 대한 자기주장 훈련의 효과를 검토하기로 결정한 다음, 집단 괴롭힘으로 어려움을 겪는 젊은 여성에 대한 자기주장 훈련의 효과와 문화적 함의를 검토하는 것으로 다문화적 틀을 추가할 수 있다.

일단 무엇을 연구할지 아이디어가 있다면, 좀 더 체계적인 문헌 고찰이 필요하다(Slavin, 2007). 주 고찰자로서, 관심 주제를 둘러싼 모든 정보를 찾아서 걸러내야 한다. 이는 이미 연구되어 있는 것과 관련된 지식 기반을 제공하고 향후 연구로 확장될 수 있는 맹점을 확인한다. 문헌 고찰 내용이 작성되기 전에, 관심 영역에서 이미 게재된 정보들을 찾아내고 읽고 분석해야 한다(Eaves et al., 2008). 다음 단계는 이 주제로 이미 수행된 연구들을 자세하게 각 연구의 유용성과 한계 및 향후 연구에 대한 제안점에 초점을 두고 고찰하는 것이다.

구체적인 연구 문제와 가설을 정하기 전에 문헌에 대한 지식을 훑어보는 것이 중요하다. 주제에 대한 과거와 현재 연구들을 알고 난 후에 자신의 연구 문제를 소개하고 연구 수행의 필요성과 중요성을 보여 줄 수 있다.

기존 문헌에 공헌하기

문헌 고찰을 통해 당신은 관련 주제에 대해 현재 발견된 결과들을 보고하게 되므로, 기존 문헌들에 관한 지식을 갖추게 된다(LaFountain & Bartos, 2002). 자신의 관심 주제 또는 문제가 어떻게 기존 연구 기반에 공헌할 것인지를 보여 주는 것은 중요하다(Eaves et al., 2008). 기존 문헌들과 자신의 연구 독창성을 고찰함으로써 자신의 연구가 불필요한 복제 연구가 아님을 드러내야 한다(Slavin, 2007). 이 단계를 수행하기에 앞서, 당신은 이미 존재하는 연구들을 확인하는 작업이 필요할 것이다. 이러한 수고가 의미 있는 지식 체계에 공헌할 것이며, 일반적으로 "하나의 이론에 의해 만들어진 가설들을 확인하는 연구들은 완전히 독립적인 하나의 이론을 이어 가는 연구들보다 더 유용하다."(LaFountain & Bartos, 2002, p. 31). 문헌 고찰 내용을 작성하는 데 초점을 두더라도, 우리는 올바른 방법론을 사용하여 연구를 수행하는 것과 연구의 최종적인 유용성에 공헌하는 방법론의 역할의 중요성을 기억해야 한다. Sidebar 3.1에서 주제가 기존 문헌에 기여할 만한지 확인하기 위한 몇 가지 요소를 검토하라.

Sidebar 3.1

내 연구 주제가 기존 문헌에 기여할 것인가

주제를 선택할 때, 우리는 선택한 주제가 기존 문헌에 기여하기를 바랄 것이다. 우리는 이미 이루어졌거나 가치 없는 것으로 배제된 주제에 시간과 노력을 기울이고 싶지 않다. 이것이 당신의 연구가 실용적이거나 통계적으로 유의미하다는 것을 보장하지는 않지만, 핵심은 주제 자체가 탐색할 만한 가치가 있는지를 확인하는 것이다. 다음은 당신의 연구 주제를 기존 문헌과 비교할 때 고려할 만한 요소들이다.

피해야 할 요소

- 이미 이루어진 연구를 복제하는 것
- 효과적이지 않거나 결함이 있는 측정 도구를 재사용하는 것
- 효과가 있는 것으로 이미 검증되어 배제된 변인을 재검토하는 것
- 확립된 이론적 근거가 없는 아이디어로 넘겨짚는 것

어떤 분야의 현재 연구가 부족한 것은 아직 주목받지 못한 분야를 발견할 수도 있기 때문에 좋을 수도 있다. 그러나 새로운 발견 경로를 개척해야 한다는 것을 주의하라. 지금까지 탐색하지 못한 이유가 있을 수 있다. 시간 내에 연구를 완수하는 데 있어 가능한 장애물을 확인하라.

감수해야 할 요소

- 다음과 같은 새로운 방법으로 연구를 복제하는 것: 측정도구나 연구방법을 변경하는 것, 다양성을 포함하여 연구 대상을 조정하는 것, 기존 논의에서 언급한 연구의 제한점을 제거하는 것
- 더 효과적인 심리측정이 가능한 다른 측정 도구로 평가 방법을 대체하는 것
- 기존 연구자들이 관련이 있는 것으로 보았으나 아직 다루지 않은 요소를 확인하는 것
- 특정 연구자가 수행하거나, 특정 대상 또는 특정 평가 도구를 활용하는 특정 주제에 대한 연구를 이어서 진행하는 것

광범위한 주제 구체화하기

연구할 주제를 정하는 것과 그 주제가 기존 지식에 독창적으로 기여할 수 있음을 기술하는 것은 궁극적으로 연구 주제를 좁혀 나가는 필터로서 작용할 엄청나게 치열한 과정이다. 일단 흥미로운 주제를 확인했다면, 그 주제의 특별한 점에 초점을 두는 것이 중요하다. VanderMey 등(2011)은 주제가 다룰 만한지를 결정하는 데 도움이 될 만한(유용한) 다음 질문들을 제안했다. "① 내가 이 주제에 정말 관심이 있는가? ② 이 주제가 모든 과제/개인적 요구를 만족시키

는가? ③ 내가 충분한 정보에 대한 접근성을 가지는가? ④ 이 주제에 대한 논문이 주어진 시간과 분량 안에서 실현 가능한가?"(p. 449) 너무 광범위한 주제는 선택적으로 관심 영역을 규명하는 것을 어렵게 하고 논문을 쓰는 과정에서 모호함을 가져올 수 있다. 연구 프로젝트를 하나 또는 두 개의 연구 문제로 제한한다면 더 자세히 관여할 수 있고 연구 목적에 집중할 수 있다. 본질적으로, 주제의 다양한 측면에 관심이 있을 수 있지만, 한 연구에서 너무 많은 질문에 답하려고 하면 압도되기 쉽다. 연구 주제와 연구 문제를 작업 가능한 수준으로 추려 낼 필요가 있다. 당신이 쳐낸 그 문제들은 미래의 다음 연구에서 다룰 수 있음을 기억하라. 좋은 연구는 끝낸 연구이다! Sidebar 3.2에서 관심 영역을 특정 주제로 좁혀 나가는 방법의 예를 확인하라.

Sidebar 3.2

관심 영역을 특정 주제로 좁혀 나가기

특정 주제에 대한 광범위한 관심 영역을 좁히는 것은 어려울 수 있다. 학생들은 과정의 각 전환점에서 어떤 길을 택해야 할지 결정하는 데 어려움을 겪을 수 있다. 다음은 한 학생이 건강한 사람들에게 관심을 가지기 시작하여 '누가? 무엇을? 언제? 어디서? 어떻게?'와 같은 몇 가지 탐색 질문을 통해 필요한 세부 사항을 좁혀 나간 방법의 예이다. 또한 학생들은 주제를 문화적으로 민감하게 만들어 가는 방법도 고려했다.

광범위한 관심 분야: 건강한 사람들

- **무엇을**: 우선, 건강 중에서 상담과 관련한 어떤 특정 개념에 관심을 가질 만한지 생각하였다. 학생은 상담 분야에서 건강 관련 변인에 대한 검색을 통해 웰니스가 해당 분야의 중심이라는 것을 발견하였다. 따라서 웰니스가 주요 초점이 될 것이다.
- **누가**: 그다음, 어떤 사람들의 웰니스에 관심이 있는지 생각했다. 학생은 자신의 실습 수업을 학교 상담 클리닉에서 할 예정이었으므로 연구 대상을 대학생으로 좁혔다.
- **어디서**: 학생은 연구 대상에 집중할 수 있는 장소로 좁혀 나가고 싶었다. 미국에서 일할 예정이니, 50개 주 대학생으로 현장을 좁혔다.
- **언제**: 언제 학생들로부터 정보를 수집할 것인지 생각하고, 학부 과정에 있는 학생들에게 집중하기로 결정했다.
- **문화적 민감성**: 연구 내에서 다양성의 영역을 탐색하고자, 연구 대상을 성소수자(LGBTQ) 정체성을 가진 학생들로 좁혔다.
- **어떻게**: 웰니스에 어떤 영향을 미칠 수 있을지 숙고하고 상담의 역할을 살펴보기로 결정했다.

모든 것을 종합해 보면, 이 학생의 구체화된 주제는 다음과 같다.

미국 학부 과정에 재학 중인 LGBTQ 대학생의 웰니스에 대한 상담의 효과는 무엇인가?

광범위한 관심 분야: 건강한 사람들

무엇을: 웰니스

누가: 대학생

어디서: 미국

언제: 재학 중

문화적 민감성: LGBTQ

어떻게: 상담

구체화된 주제:

미국 학부 과정에 재학 중인 LGBTQ 대학생의 웰니스에 대한 상담의 효과는 무엇인가?

문헌 찾기, 읽기, 분석하기

연구자가 읽을 만한 연구 자료의 종류는 다양하다. 관련 문헌들의 형태는 책, 책의 장, 출판된 학술지 논문, 콘퍼런스 논문이나 발표, 그 밖에도 미발표된 논문이나 박사 학위 논문 등 매우 다양하다(Cone & Foster, 2006). 참고하기로 선택한 문헌들의 아이디어 수준을 고려하라. 학술적 자료인가? 주제에 적용 가능한가? 이론에 근거하는가? 다음에서는 연구자가 볼 만한 많은 종류의 기존 문헌(1차 자료 또는 2차 자료)들뿐만 아니라 문헌 고찰 과정에서 연구자를 도와줄 정보를 찾는 팁을 설명할 것이다. 이는 도서관 및 접근 가능한 많은 정보와 친숙해지는 데 유용할 것이다.

학문적 자료

가장 일반적으로 고려하는 문헌 자료는 출판된 학술지 논문이다(상담 관련 저널 목록은 제1장 참조). 학술지 발행 기관은 최종 출판 전에 제출된 논문들을 검토하는 데 있어 대대적인 과정을 거친다. 출판된 학술지 논문은 편집 위원회가 제출된 논문에 대해 검토하고, 수정하고, 그 논문을 게재할 것인지를 결정하는 과정을 밟게 된다. 이러한 과정은 대개 익명 심사(blind reviews)로 알려져 있다. 즉, 많은 검토자가 논문의 저자를 모르는 상태로 저자의 명성보다는 연구의 수준에 근거해 게재 결정을 한다. 출판을 앞두고 각 논문은 마지막 게재 허용 전에 여러 차례 수정을 거치게 되는데, 논문에 포함된 정보는 보통 동료 심사, 즉 다른 전문가들이 꼼꼼하게 읽고, 내용을 비평하고, 오류를 바로잡는 과정을 거친다. 그래서 학술지에서 찾은 정보는 편집 과정의 특성상 더 신뢰할 만하다. 반대로, 불안정한 웹사이트에서 찾아낸 정보는 출판된 책이나 학술지 논문과 같은 신뢰를 주지 못한다.

학술적 가치를 판단하는 안목을 갖추는 데 도움을 주고자 VanderMey 등(2011)은 자료가 가치 있는지를 알기 위한 몇 가지 질문을 제공했다.

① 저자가 전문가인가?
② 자료가 현재 통용되는 것인가?
③ 자료가 완료된 것인가?
④ 자료가 편향되었는가 그렇지 않은가?
⑤ 자료가 정확하고 논리적인가?

이러한 질문을 통해 더 평판이 좋은 자료를 얻고 작업의 신뢰도를 높일 수 있다(연습 3.2에서 신뢰할 수 있는 자원을 식별하는 연습을 하라).

Sidebar 3.3

동료 심사를 거친 논문인가

동료 심사 과정이 잘 확립된 저널조차 사설, 편집자에게 보내는 서신, 서적 또는 측정 도구 리뷰와 같이 심사하지 않은 글을 게재할 수 있기 때문에 논문이 동료 심사를 거쳤는지 여부를 결정하는 것은 까다로울 수 있다. 이런! 어떻게 모든 것을 선별할 수 있겠는가? 다음은 논문이 동료 심사를 거쳤는지 확인하기 위해 수행할 수 있는 체크리스트이다.

다음과 같이 했다면, 동료 심사 학술지 논문을 찾은 것으로 볼 수 있다.

- 데이터베이스 검색을 통해 (편집위원에게 쓴 편지, 사설, 또는 책이나 측정 도구 리뷰가 아닌) 논문을 찾고 참조된 학술지 내의 논문으로 검색을 제한하였다.
- 논문이 포함된 학술지 웹페이지로 가서 그 학술지가 투고한 논문에 대하여 동료 심사 과정을 거친다는 학술지 정보를 확인하였다.

- 학술지가 동료 심사 과정을 사용하는지 확인하기 위해 ulrichsweb.com 또는 omicsonline.org와 같은 데이터베이스를 사용하였다.
- 게재된 논문에서 논문이 처음 투고된 시기, 수정된 시기 및 공식적으로 승인된 시기를 확인하였다.

이것이 동료 심사 과정의 단계를 포함한다.

연습 3.2

신뢰할 만한 자료를 찾았는가

자료 검색에 대한 피드백을 구하는 연습을 하지 않는다면 검색한 자료가 신뢰할 만한지 아닌지를 결정하는 것은 도전이 될 수 있다. 논문을 검토하는 첫 번째가 이론적 배경을 작성하기 위한 것이라면 몇 가지 실수를 할 가능성이 있다. 선택한 주제를 중심으로 다음 목록을 참고하라. 결론을 도출하기 위해 몇몇 자료를 찾아야 할 수도 있다. 결정한 다음 답안을 확인하라.

주제: 가정폭력을 목격한 5~8세 히스패닉 아동들에 대한 아동 중심 놀이치료의 효과를 확인하는 것

1. Gary Landreth의 놀이치료 논문
2. 질병통제센터(Center for Disease Control), 미국변호사협회(American Bar Association) 또는 세계보건기구(World Health Organization)가 발표한 가정 폭력의 유병률에 관한 데이터
3. 이 문제에 대한 놀이치료 서비스를 받는 아이의 어머니가 작성한 블로그
4. 미국상담협회 웹페이지에 있는 정보
5. 대중심리학 웹사이트 자료
6. 1950년대 교재
7. Virginia Axline이 쓴 1970년대 교재
8. 히스패닉 아동을 대상으로 한 놀이치료에 대한 저자의 의견을 요약한 편집자에게 보내는 편지
9. 『타임(Time)』 잡지에 실린 논문
10. 후원보조금의 결과를 제공하고자 작성된 이 집단에게 놀이치료 서비스를 제공하는 전문 기관의 보고서

답안

1. 신뢰할 만하다. 왜냐하면 저자가 이 분야의 선두주자이므로.

2. 신뢰할 만하다. 왜냐하면 검증된 기관들이 수집한 객관적 자료이므로.
3. 신뢰할 수 없다. 왜냐하면 편향되었거나 부정확하게 표현되었을 가능성이 높으므로.
4. 신뢰할 만하다. 왜냐하면 이 분야를 대표하는 신뢰할 수 있는 기관에서 나온 자료이므로.
5. 신뢰할 수 없다. 왜냐하면 보다 엄격할 필요가 있거나 정확하지 않을 수도 있기 때문에.
6. 신뢰할 수 없다. 왜냐하면 너무 오래된 자료이기 때문에.
7. 신뢰할 만하다. 왜냐하면 저자가 이 접근법의 최초 설립자 중 하나여서 중요한 자료로 간주되기 때문에.
8. 편향된 자료일 수도 있고 중립적일 수도 있으므로 신뢰할 수도 신뢰하지 못할 수도 있다. 어떻게 자료를 사용하는지에 따라 달라질 수 있다.
9. 중립이 아닌 편향된 기사일 수 있고 부정확한 정보를 포함할 수도 있으므로, 신뢰할 수도 신뢰하지 못할 수도 있다. 어떻게 자료를 사용하는지에 따라 달라질 수 있다.
10. 신뢰할 만하다. 왜냐하면 정보가 인증된 전문기관에서 작성되었고 보고서는 후원 기관에서 검토될 것이므로.

자료를 찾는 데 있어 인터넷에 있는 자료를 조심하라. 기술의 발달과 함께, 가상의 누군가가 인터넷을 통해 정보를 올리는 것이 가능해졌다. 따라서 그 정보를 옳은 것으로 가정해서는 안 되며, 징검다리를 건너는 것과 같이 더 조심스럽게 고려해야 한다. 웹에서 더 흥미로운 정보를 찾을 수도 있겠지만, 연구자로서 학술적 자료를 수집하는 것이 당신의 역할이다.

1차 자료

1차 자료(primary sources)란 주제에 대한 직접적인 정보를 제공하는 원자료나 제일 먼저 출판된 자료로 알려져 있다(Cone & Foster, 2006; Galvan, 2006; VanderMey et al., 2011). 1차 자료는 어떤 현상에 대한 누군가의 해석이나 설명보다는 직접적인 기술이다. 예를 들면, 1차 연구의 일반적인 형태는 면접, 관찰, 설문, 실험, 원자료에 대한 분석이다(VanderMey et al., 2011). 고찰의 특성에 따라, 이런 자료들이 연구에 적합할 수도 있고 그렇지 않을 수도 있다. Galvan은 책과 학술지에 게재된 경험적 연구들을 포함해서 1차 자료의 몇몇 예를 추가해서 언급했다[예: 이론적 논문, 고찰 논문, 일화적(anecdotal) 보고서, 전문적 표준에 대한 보고서].

1차 자료 정보는 보통 연구에 사용된 방법론에 대한 자세한 설명뿐만 아니라 결과에 대한 상세한 논의를 포함한다. 이러한 자료는 구체적인 기술 없이 결과에 대한 전반적인 요약만을 제공하는 2차 자료와는 다를 수밖에 없다(Galvan, 2006). 정보를 적절하게 인용하는 것은 중요하다. 원자료를 찾을 수 없다면, 그 자료를 찾아서 읽은 것처럼 인용해서는 안 된다. 2차 자료 인용에 관한 APA 지침을 준수하라(Cone & Foster, 2006).

2차 자료

VanderMey 등(2011)에 따르면, **2차 자료**(secondary sources)는 정보에 대한 간접적인 기술을 나타낸다. 종종 2차 정보는 1차 자료를 검토한 누군가가 재구성하고 평가해 온 것이다. 2차 자료의 예로는 교과서, 잡지, 신문, 텔레비전과 라디오가 있다(Galvan, 2006). 이런 종류의 정보가 작업에 직접적으로 적절한 것이 아니라면, 학술지 논문, 다큐멘터리, 백과사전, 논픽션 책 등이 일반적인 2차 자료가 된다(Vander-Mey et al., 2011). 정보를 걸러 내고, 비평하고, 수행하는 연구에 가장 적합한 것이 무엇인지 분석하는 것이 당신의 일이라는 것을 기억하라. 1차 자료, 2차 자료 모두 잠재적으로 연구자가 관심 주제에 관한 지식 기반을 세우고 궁극적으로 연구 문제로 수렴해 나가는 데 도움이 된다. 주제를 다듬어 가도록 도와줄 참고 자료의 종류와 양은 엄청나다. 연구자의 철저한 작업이 적절한 정보를 추려내도록 한다.

도서관

정보를 찾는 데 가장 유용한 장소 중 하나는 도서관이다. 캠퍼스 내 도서관에서 자료를 찾는 대학원생이든 공공 도서관을 활용하는 전문가이든 당신 손끝에 있는 정보의 깊이는 매우 가치 있다. 전자 데이터베이스가 접근하기에 용이하다 하더라도(게다가 더 자세히 기술되어 있다), 도서관은 종종 온라인으로 찾을 수 없는 기록 자료나 다른 종류의 1차 자료를 갖고 있을 수 있다. 문헌 고찰을 하는 데 있어서 자신감을 높이기 위해 도서관 카탈로그, 안내 데스크, 그 밖에 도서관에서 제공하는 정보 검색을 위한 다른 시스템이나 프로그램과 친숙해지도록 도서관에서 시간을 보낼 필요가 있다(연습 3.3에서 학교도서관에 대한 정보를 얻으라).

연습 3.3

학교 도서관 알아 가기

대학 도서관에는 대체로 학생들을 도울 수 있는 풍부한 자료와 서비스가 있다. 모든 학생이 캠퍼스 내 도서관 서비스에 숨겨져 있는 모든 보물을 알고 있는 것은 아니다. 다음 질문에 대한 답변을 찾아봄으로써 도서관과 그 서비스에 대해 알아보자.

- 도서관에서(캠퍼스에서 직접 또한 온라인에서) 어떤 유형의 정보를 얻을 수 있는가?
- 어떻게 온라인으로 도서관에 접속할 수 있는가? 즉, 도서관 인터넷 주소는 무엇이고, 내 아이디와 비밀번호는 무엇인가?
- 어디서 논문 검색을 위한 전자 데이터베이스에 접속할 수 있는가?
- 논문 초록만 볼 수 있었던 연구물의 전체를 볼 수 있는가? 그렇다면 논문을 요청하기 위해 어떤 과정을 거쳐야 하는가? 논문 복사본을 얻으려면 얼마나 걸리는가?
- 도서관에 없는 책이 필요한 경우, 어떻게 요청할 수 있는가? 얼마나 걸리는가?
- 교내 도서관은 언제 오픈하는가?
- 교외에서 검색을 하는 경우, 사서나 기술 지원이 가능한 시간과 날짜는 언제인가? 어떻게 연락할 수 있는가?

전자 데이터베이스

문헌을 찾아보는 좋은 방법은 관심 주제와 관련된 데이터베이스를 선택하고 검색하는 것을 포함한다. 인터넷 정보와 전자 정보는 차이가 있다. 인터넷 정보는 무료이고 누구나 웹페이지에서 검색할 수 있다. 인터넷 사이트가 최고의 정보를 제공하는 것은 드문 일인데, '상담에 관한 Joe Smith의 생각'이 믿을 만한 정보인지 아닌지 알 수 없기 때문이다. 대신 도서관이 사용에 대한 비용을 지불하는, ERIC이나 EBSCOHOST 같은 전자 정보를 검색하라. 일반적으로, 출판된 논문들은 이러한 전자 데이터베이스를 통해 검색된다. 온라인 데이터베이스는 이용하기 편리하고, 도서관이나 집에서 인터넷을 통해 접근할 수 있다. 온라인 데이터베이스를 통해 수천 개의 저널, 책, 책의 장, 정부 문서, 신문, 학위 논문들을 검색할 수 있다. 대부분의 데이터베이스는 주제어(keywords)와 관련된 정보를 전하는 검색어(descriptors)로 검색을 제한할 수 있다(검색 기준에 대해서는 이후의 내용에서 상세히 설명할 것이다). 정확한 검색어와 주제어는 관련 없는 정보를 찾지 않도록 시간을 절약해 준다.

상담 영역 및 유사 학문 영역에서 관련 문헌을 검색할 때 사용할 만한 수많은 데이터베이스가 있다. 다음에서는 사회과학에서 자주 사용하는 몇몇 데이터베이스에 대해 간단한 설명과 함께 논의하고자 한다.

Academic Search Premier 학술 기관을 위해 특별히 만들어진 세계 최대의 종합 학술 데이터베이스이다. 4,000개 이상의 검증된 출판물을 포함하여 4,770개 이상의 정기간행물을 전문적으로 제공하는 이 데이터베이스는 사회과학, 교육학, 인문학, 공학, 언어학, 컴퓨터과학, 예술 및 문학, 의학, 윤리학을 포함하는 다양한 학문 분야의 학술지 논문의 전문을 제공한다. 이 데이터베이스는 매일 업데이트된다.

Dissertation Abstracts Online 이 데이터베이스는 1861년 이후 미국 공인 기관의 학위논문 90만 편 이상을 제공한다. 또한 1980년대 이후 해외 석·박사 학위 논문을 선택적으로 제공하고 있다.

Education Abstracts 400개 이상의 영문 정기간행물의 논문 초록을 담고 있는 데이터베이스이다. 미취학에서부터 고등교육에 이르는 폭넓은 주제와 관련하여 1996년 1월 이후에 집필된 논문의 전문을 검색할 수 있다.

Educational Resources Information Center(ERIC) ERIC은 모든 영역의 교육 관련 연구의 정보 센터 역할을 한다. 1966년에 만들어진 이 데이터베이스는 33만 7,000개 이상의 간행물의 전문과 참고문헌 정보, 1,000개가 넘는 전문 저널의 초록을 포함하여 140만 개 이상의 레코드를 제공한다.

Mental Measurements Yearbook Database 이 데이터베이스는 Mental Measurements Yearbook의 가장 최근 버전을 제공한다. 성격, 교육 또한 학업 기술, 직업 기술, 심리학, 기타 관련 영역을 측정하는 데 사용하는 3,000개 이상의 상업적 도구들을 제공한다. 데이터베이스는 저자명, 출판 정보, 검사 목적, 채점 정보, 도구의 심리측정 속성, 그 밖에 많은 다른 정보를 제공한다.

PSYCTESTS 이 데이터베이스는 미국심리학회(APA)에서 관리하는 2만여 건이 넘는 정신 건강 관련 평가 및 설문에 대한 정보를 포함하는데, 대부분 출간되지 않았거나 상업적 용도로 사용되지 않는 것이다. 평가의 목적, 가능하다면 심리측정 보고서, 검사 도구의 적절한 사용, 평가 복사본이 제공된다. 또한 검사 개발, 검사 검토 및 사용에 대한 내용이 여기에 저장된다.

Health and Psychosocial Instruments(HaPI) 이 데이터베이스는 Behavioral

Measurement Database Services에서 지원하며 물리적 · 정신적 · 사회적 건강 분야의 약 여든 가지 측정 도구를 조명한 17만 5,000개의 저널 논문을 제공한다. 건강 행동 체크리스트, 투사적 기법, 설문지 등에 대한 자세한 정보가 제공된다.

PsycInfo 이 데이터베이스는 APA가 제공하는 것이다. 1800년대까지 거슬러 올라가 심리학과 관련 영역의 거의 3,700만 개의 학술지 논문, 책의 장, 책, 학위 논문에 대한 인용문과 요약문의 집합체이다. 이 데이터베이스는 또한 29개 이상의 언어로 쓰인 2,100개 이상의 정기간행물로부터 선택된 국제적 자료를 포함하고 있다. 이 데이터베이스의 97%가 전문가에 의해 검토되었다.

PsycARTICLES 이 데이터베이스는 APA가 관리하는 다양한 도움 전문 분야(교육, 간호, 경영, 신경과학, 정신 건강)의 100개 이상의 학술지의 전자 기록을 제공한다. 이 데이터베이스의 특징은 1894년부터의 전자 기록 논문을 제공한다는 것이다. 해당 분야를 이끈 연구자가 쓴 초기 창의적 연구를 확인할 수 있는 좋은 자료이다.

Google Scholar Google이 제공하는 무료 검색 엔진으로, 데이터베이스와 같은 역할을 한다. 사용자가 대학교 도서관 온라인 카탈로그, 소논문 또는 학위 논문, 서적, 기술 보고서 출판사, 전문 기관 및 웹사이트와 같은 다양한 리소스에 대한 검색을 지원한다. Google scholar를 통해 온라인에서 무료로 제공되는 논문을 찾을 수 있다. 사용자는 Google scholar 계정을 자신의 대학 도서관뿐만 아니라 다른 사용자에게 링크를 추가할 수 있다. (Sidebar 3.4에서 도서관에 링크를 설정하는 방법을 확인하라)

Sidebar 3.4

Google scholar 계정을 대학 도서관과 연결하기

Google Scholar 계정을 대학 도서관에 연결하는 것은 무료이며 빠르고 쉽다! 몇 가지 단계만 거치면 된다. 시작하려면 scholar.google.com으로 가서 페이지 상단에 설정(Settings) 링크를 클릭하라. 그다음, 페이지 왼쪽에서 라이브러리 링크(Library Links)를 클릭한다. 마지막으로, 연결하고 싶은 대학을 검색하라. 검색할 때 염두에 두었던 라이브러리 데이터베이스를 확인하고 저장을 클릭하라. 이 단계를 반복하여 최대 5개의 라이브러리를 연결할 수 있다. 대학 시스템에 연결하기 위해 대학과 별도로 제휴할 필요는 없다.
대학 도서관 링크를 설정하는 데 사용한 컴퓨터가 링크가 있는 유일한 컴퓨터라는 것을 기억하라. 설정이나 쿠키를 지우면 더 이상 링크를 사용할 수 없다.
컴퓨터를 바꾸면, 다른 컴퓨터에서 이미 세팅한 링크에는 접속할 수 없다. 이 경우, 링크를 재설정하려면 이 설정 단계를 다시 수행하면 된다.

LGBT Life with Full Text EBSCOhost가 관리하는 이 데이터베이스는 레즈비언, 게이, 양성애자 및 트랜스젠더(LGBT) 중심의 저널, 잡지, 서적/모노 그래프, 법원 보고서 및 뉴스 보고서 전문을 제공한다.

검색 기준

연구 주제를 이해하고 탄탄한 기초를 다지는 데 필요한 문헌들을 찾는 다양한 방법이 존재한다. 어떤 전자 데이터베이스에서 검색을 시작할 때, 적절한 검색 기준을 사용하는 것은 매우 중요하다. 대부분의 연구자는 주제와 친숙한 일반적인 용어로부터 시작한다. 이 과정을 시작할 때, 가장 적절한 검색어로 보이는 것이 특정 데이터베이스에서 사용할 핵심어가 아닐 수도 있다는 것을 명심하라. 예를 들어, 약물 중독 연구에서 불법 약물 남용에 주로 관심이 있어서 핵심어 '약물(drug)'로 검색하면 합법적인 제약회사와 관련 있는 문헌들을 찾게 될 것이다. 이런 경우에 실제로 봐야 할 논문들을 찾기 위해 모든 검색 결과를 처리하는 데 드는 엄청난 시간을 상상해 보라! 대부분의 데이터베이스가 몇 개의 다른 핵심어를 입력할 수 있도록 한 것처럼 검색어를 짝지어서 사용할 수 있다. 예를 들어, 핵심어 '약물(drug)'과 '불법의(illegal)'를 연결하거나 한 단계 나아가 연구에서 관심 있는 특정 약물을 구체적으로 쓸 수도 있다. 특정 데이터베이스에 의해 인식되고 강조되는 핵심어에 주의를 기울이면서 시행착오를 겪다 보면 필요한 결과를 얻는 데 필요한 최상의 용어 조합을 얻어 낼 수 있을 것이다.

초기 검색어로 얻어진 문헌들을 검토하면서, 주제와 좀 더 밀접한 관련이 있는 주제어를 찾기 위해 몇몇 결과를 살펴보라. 검색 결과를 추려내는 데 상당한 도움이 될 것이다. 추가적으로, 검색어 간 and, or, not과 같은 불 연산자(Boolean operator)가 수고를 덜어 줄 것이다. 특정 주제에 대해 특정 데이터베이스 내 검색 작업이 좀 더 효율적으로 이루어지기 시작하면, 주제의 핵심에 접근하는 주제들을 더 빨리 찾을 수 있게 될 것이다(연습 3.4에서 논문 검색을 연습하라).

연습 3.4

논문 검색하기

검색 방법에 익숙하지 않거나 주제조차 익숙하지 않은 경우 특정 주제에 대한 논문을 찾는 것이 어려울 수 있다. 사용하거나 피해야 할 주요어를 식별하고 검색 논문의 개수를 늘리거나 줄이는 것이 기술이다.

이 실습에서는 노인 내담자에 대한 상담 개입의 효과에 관한 문헌 고찰을 위한 논문 검색을 안내한다. 무엇이 검색되는지 확인하자!

- 첫 단계는 대학 도서관 데이터베이스에 로그인하고 PsycInfo를 선택하는 것이다.
- 둘째, 검색 화면에서 해당 옵션을 선택하여 Full Text(전문)로 검색을 제한한다.
- 이제 이 주제를 검색하는 데 사용할 주요어를 브레인스토밍해야 한다.
  - 한 가지 접근방법은 연구 대상으로 검색하는 것이다. 사용할 수 있는 용어로 elderly, geriatric, 또는 'older adult'가 있다.
  - 다른 각도의 접근 방법은 개입에 관한 것이다. 가능한 용어로 counseling, psychotherapy, treatment가 있다.
- 그런 다음, 검색한 논문을 보려면 몇 가지 주요어 조합을 선택해야 한다.
  - elderly와 counseling 조합을 시도해 보라. 아마 300건 정도의 논문이 검색될 것이다. 어떤 논문이 관련성이 높은지 정리하기에는 너무 많다. 더 많은 주요어를 포함시켜 검색을 세분화하고 싶을 것이다.
  - elderly와 counseling과 psychotherapy 조합을 시도하라. 50건 정도의 논문이 검색될 것이다. 이 정도 목록은 검토하기 훨씬 쉽다!
- 마지막으로, 연구의 방법론을 좁히면 논문 개수를 계속 줄일 수 있다. 제시한 주제의 경우, 임상적 연구 정보를 포함하는 연구, 즉 노인을 대상으로 하는 상담 개입의 성과에 관한 논문들로만 검색 목록을 줄여 나갈 수 있다.
  - 이를 위해 상세결과(refine results) 콘트롤 패널에서 방법론(methodology) 섹션으로 스크롤한다. 이제 검색된 논문은 15개이다!

앞서 제시한 단계를 따라서 관심 있는 주제에 대한 논문을 검색할 수 있다. 주요어 또는 선택 사항은 검색마다 다를 수 있다. 그러나 검색 과정은 거의 비슷하다.

여기 전자 데이터베이스 검색을 위한 몇 가지 제안이 있다.

- 도서관을 통해 이용 가능한 전자 데이터베이스 중 일례로 EBSCOHOST Web을 선택하라. 일반적으로, 이용자의 브라우저가 느리게 작동할 경우를 위해 텍스트만으로 이루어진(text-only) 버전도 준비되어 있다. EBSCOHOST는 특정 데이터베이스를 선택할 수 있는 세계적인 검색 사이트이다.
- 검색 페이지에서 원하는 데이터베이스를 선택한다. 일반적으로, Academic Search Premier, ERIC, PsycINFO가 상담 영역에서 산출된 다양한 결과물을 제공할 것이다. 검색을 위해 모든 데이터베이스를 선택할 수도 있고, 단 하나를 선택할 수도 있다. 최적의 작업을 할 수 있는 조합을 찾도록 해 보라.
- 검색을 시작하기 전에 페이지에서 상세검색(refine search)까지 스크롤을 내려 보라. 여기서, 논문을 바로 볼 수 있게 전문(full text)을 선택할 수 있다. 도서관에서 그 논문을 볼 수 없다면, 아마 도서관 상호대출 정책(InterLibrary Loan: ILL)을 체크할 수 있는 난이 있을 것이다. 대부분의 도서관은 요청한 논문을 특별히 찾아내지 못하는 것이 아니라면 이 서비스를 무료로 제공한다. 만약 어려운 경우라면, 도서관은 그 논문을 찾기 위한 비용으로 약간의 지불을 요구할 수도 있다. ILL을 통해 자료를 얻게 되기까지 몇 주 걸릴 수 있다는 것을 기억하라. 논문 작성 기한 전 얼마의 시간이 남지 않았을 때 이 서비스를 생각할 수도 있겠지만, 책임 있고 철저한 문헌 고찰은 쉽게 얻을 수 있는 전자 논문 그 이상의 검색을 수반한다는 것을 이해하라.
- 아마 상세검색에서 가장 중요한 옵션은 동료 심사(학술 논문, 전에 설명한 것과 같은) 체크박스일 것이다. 항상 이 박스를 체크하라. 지금 생각하기에는 터무니없어 보일지 모르지만, 레드북(Redbook)이나 뉴스위크(Newsweek)의 글들을 학술 자료로 인정하고 싶지는 않을 것이다.
- 상세검색에서 당신의 수고를 덜어 줄 많은 다른 옵션들이 선택 가능하다. 어떻게 유용하게 활용되는지 확인해 보라.
- 검색 기록(search history)은 현재 검색어와 결과를 추적한다. 이 페이지를 사용하여 두 개의 검색을 결합하여 공통적으로 해당하는 논문들을 찾을 수 있다. 이는 My EBSCOHOST 계정을 만들지 않으면 로그오프할 때 사라진다. 로그오프를 할 때까지는 지금까지 사용했던 검색어를 저장한다. 한 번 만에 정보 검색에 성공하지 못할 수도 있다는 것을 기억하라. 핵심 용어들을 갖고 시도해 보고, 동료 심사 논문과 전문에 대해 다른 선택 옵션을

체크해 보고, 모든 데이터베이스를 검색해 보는 것이 찾고자 하는 정보를 찾아내는 중요한 절차이다.

• 모든 검색 기록을 남기는 My EBSCOHOST 계정을 만드는 것을 고려해 보라. "내가 career assessment(경력 평가)와 life span theory(생애이론) 검색을 시도했던가?"와 같이 자문하는 것보다 더 나쁜 것은 없다. 철저한 문헌 고찰은 많은 시간을 요구하며 효율성은 필수적이다!

타당성 평가

일단 정보가 검색되면, 연구의 비판적 소비자가 되는 것이 당신의 임무이다. 비판적 소비란 연구 주제, 연구 문제, 가설을 염두에 두고, 검색한 정보가 연구 프로젝트에 직접적으로 유익한지를 결정하는 것이다. 출처가 신뢰할 만하다고 확인되면, 정보의 내용에 대해 의문을 가져야 한다. 이 자료가 어떻게 유용한가? 방법론이 같은가? 연구 참여자의 인구통계학 정보가 유사한가? 특정 연구를 확장할 것인가? 수집한 문헌들이 어떻게 당신의 프로젝트와 관련이 있는지를 먼저 결정한 다음에 그에 따라 정보를 정리하는 것이 중요하다. 이는 논문 작성 과정에서 도움이 될 것이다. 모든 정보를 함께 모아 놓고 이해하는 것은 문헌 고찰의 또 다른 큰 요소이다.

읽기와 메모하기

선택한 논문을 읽어 나가면서, 논문의 이론적 배경에 포함할 정보를 체계적으로 메모할 필요가 있다. 프로젝트를 시작할 때 체계적으로 정리할수록 논문을 본격적으로 작성하려고 앉았을 때 더 쉽게 글을 쓸 수 있다.

〈표 3-1〉에 제시한 것과 같은 표를 만들어서 읽은 논문 각각에 대해 내용을 채워 나가라. 이를 통해 이론적 배경을 작성할 때 각 논문에서 취할 수 있는 요소를 확인하고, 여러 논문에서 보고되는 유사한 주제를 확인하고, 논문들의 차이점을 발견하고, 아직 탐색하지 않은 영역을 발견할 수 있다. 이 표는 나중에 개요 작성 시 잘 조직된 정보 저장고로 활용된다.

표 3-1 연구 논문들로부터 얻은 핵심 내용을 정리하기 위해 표를 작성하는 방법의 예시

APA 인용표기	연구 문제	연구 방법	연구 대상	측정도구	상담 개입	연구 결과	Key Point 1	Key Point 2	연구 제한점
Perepiczka, M., Chandler, N., & Becerra, M. (2011). Relationship between statistics self-efficacy and statistics attitude, statistics anxiety, and social support. The Professional Counselor, 1(2), 99-108.	대학원생의 통계학 자기효능감, 통계학 불안, 통계학에 대한 태도와 사회적 지지와의 관계	양적연구 다중회기 분석	166명의 대학원생 34세 대부분 Caucasian	통계 수업 자기효능감 통계학 불안 척도 통계학에 대한 태도 지각된 사회적 지지 다면 평가	N/A	통계학에 대한 태도와 불안은 통계학 자기효능감을 예측	학생들의 태도가 긍정적이고, 불안이 낮을수록, 통계학 수업을 더 잘 수행할 것이라 믿음	불안을 줄이고, 긍정적 태도를 향상시키기 위해 의식적으로 마음을 기울임으로써, 자신의 경험을 조절할 수 있음	다양성 부족
Lenz, S., Perepiczka, M., & Balkin, R. S. (2013). Evidence for the mediating effects of a support group for statistics phobia. Counseling Outcome Research and Evaluation, 4(1), 26-40. DOI: 10.1177/2150137812474000	지지집단이 통계학에 대한 태도를 완화시키는가?	양적연구 단일사례 연구 설계	8명의 대학원생 현재대학원 통계학 수업 수강생	통계학에 대한 태도	4주간 또래 지지 집단	4명 중 3명이 통계학에 대한 태도를 유지하거나 향상시키는 데 효과적	통계학에 대한 학생들의 태도 변화를 위한 지지 개입은 수업에서의 경험을 향상시킴	불평을 호소할 수 있도록 하는 것이 아닌 지지와 중재에 초점을 두는 것이 중요할 수 있음	지지집단이 도움이 된 이유는 정확히 밝혀지지 않음

자료 저장

책, 학술지, 신문에서 찾은 정보를 인쇄 자료(print information)라고 한다(LaFountain & Bartos, 2002). 이 정보는 도서관에서 찾을 수 있고, 도서관 카탈로그에 정리되어 있다. 만약 도서관이 익숙하지 않다면, 연구 논문과 기타 정보 검색 방법을 배울 필요가 있는 사람들을 위해 종종 개최되는 오리엔테이션과 교육에 참여하는 것도 좋다. 대부분의 도서관은 안내 데스크나 사서를 통해 원하는 정보를 찾는 데 필요한 다양한 과정에서 도움을 받을 수 있다.

인쇄 자료를 취합하여 조직하는 것이 필요할 것이다. 조직하는 것은 자료를 편집하는 중요한 측면이다. 이미 갖고 있는 논문을 찾아 인쇄하는 데 시간을 낭비하고 싶지는 않을 것이다. 이런 일이 일어나지 않도록 확실히 하는 유일한 방법은 프로젝트 자료들을 바인더나 파일 폴더에 함께 모아서 정리하고, 이미 얻은 자료들을 참조할 수 있도록 하는 것이다.

전자 정보는 서버나 휴대용 저장 장치, 하드드라이브에 쉽게 저장할 수 있지만, 추적하기가 더 어려울 수 있다. 이전에 언급했듯이, 가장 잘 알려진 전자 데이터베이스 중 하나인 EBSCOHOST는 사용자에게 검색 결과를 저장할 수 있는 계정 옵션을 제공한다. 추가적으로, 검색한 정보를 입력할 수 있는 프로그램들이 있어 자신의 모든 정보를 저장할 수 있다. 가장 유용한 프로그램 중 하나는 EndNote이다. 이 프로그램은 연구자가 다운로드한 자료로 자신의 데이터베이스를 만들 수 있도록 되어 있다. 학생이나 다른 연구자들은 지역 도서관이나 학교 도서관을 통해 싼 가격에 이 프로그램을 활용할 수 있다. EndNote에 대해서는 이후에 더 자세히 소개할 것이다.

연구를 시작하면서, 가능한 한 현재 통용되는 출처(예: 정신역동이론에 관한 Freud의 책처럼 관련 분야의 토대를 제공했다고 평가되는 것)를 활용해야 함을 명심하라. 명저를 출처로 할 것이 아니라면, 출간 이후 10년 이상 지난 어떤 문헌도 독자에게는 의심스럽게 보일 것이다. 비슷한 맥락으로, 교과서를 참고문헌으로 사용할 경우에는 특히 주의하라. 왜냐하면 교과서는 일반적으로 1차 자료가 아니기 때문이다.

문헌 고찰을 위한 지침

이론적 배경을 작성하는 데 능숙한 저자들이 주로 하는 제안들 중 하나는 개요를 작성하고 프로젝트에 필요한 작업을 안내할 과정 목표를 세우라는 것이다. 과정 목표는 스스로 연구 계획 발표를 위한 문헌 고찰 작업을 완성하기 위해 세우는 목표이다(LaFountain & Bartos, 2002). 문헌 고찰을 위해 과정 목표를 세우라. 자신의 과정 목표를 작성하는 것은 가장 효과적인 방법으로 문헌을 검색하도록 도와줄 것이다. 다음은 LaFountain과 Bartos(2002)가 제안한 지침들이다.

- 이번 주에 나는 학교 도서관 오리엔테이션에 참가할 것이다.
- 나는 이번 주에 도서관 데이터베이스에 대해 배우기 위해 사서와 만날 약속을 잡을 것이다.
- 다음 주는 연구 계획서를 위해 고려하고 있는 주제에 관한 문헌을 검토하는 데 매일 한 시간을 할애할 것이다.
- 다음 주 동안, 연구 계획서를 위해 고려하고 있는 주제와 관련된 문헌들을 찾고자 하루에 하나의 전자 데이터베이스를 검색할 것이다.

짧은 시간 내에 실행 가능한 과정 목표는 해야 할 일들을 작업하기가 좀 더 용이한 단위로 나누는 데 도움이 된다. 이 조언은 낯선 것이 아니다. 우리 대부분은 아주 어렸을 때부터 큰 과제를 압도되지 않을 만한 작은 부분들로 나누는 것을 배워 왔기 때문이다. 문헌 고찰 작성과 그 모든 요소는 아주 큰 작업이다. 프로젝트 기한에 따라 단계별로 나눔으로써 미루지 않고 한 번에 하나씩 작업을 할 수 있다. 프로젝트에 착수하지 못 하고 기한이 빠르게 다가온다면 압박감을 갖게 되고 프로젝트와 관련된 중요한 정보를 놓칠 수도 있다.

정보를 조직하고 제시하기

논문을 쓸 때 우리는 실험의 엄밀성과 연구의 정확성에 많은 주의를 기울이게 마련이다. 그러나 문헌 고찰은 연구 목적의 토대를 마련하는 것이다. 잘 작성된 문헌 고찰 내용은 존재하는 문헌들 사이에 특별한 연구로서의 위치뿐만 아니라 연구에 대한 근거를 독자와 공유한다. 다른 말로, 문헌 고찰은 연구 수행에 관한 '왜?'라는 질문에 대한 대답을 제시하도록 돕는다.

문헌 고찰은 독자에게 연구 영역의 현주소를 알려 주는 다양한 요소로 구성되어 있다. 문헌 고찰은 주제에 대한 소개로 시작된다. 이 소개에서 연구 주제에 대한 개관이 이루어지는데, 이는 문헌에서 주제가 어떻게 발전되어 오고 현주소는 어떠한지에 대한 기술을 통해 연구 주제의 타당성을 밝히는 방식으로 나타난다(University of Wisconsin-Madison, 2014). 이 정보는 역사적 흐름으로 조직될 수도 있고, 기존 연구들을 연구와 관련된 범주로 나누어서 제시할 수도 있다.

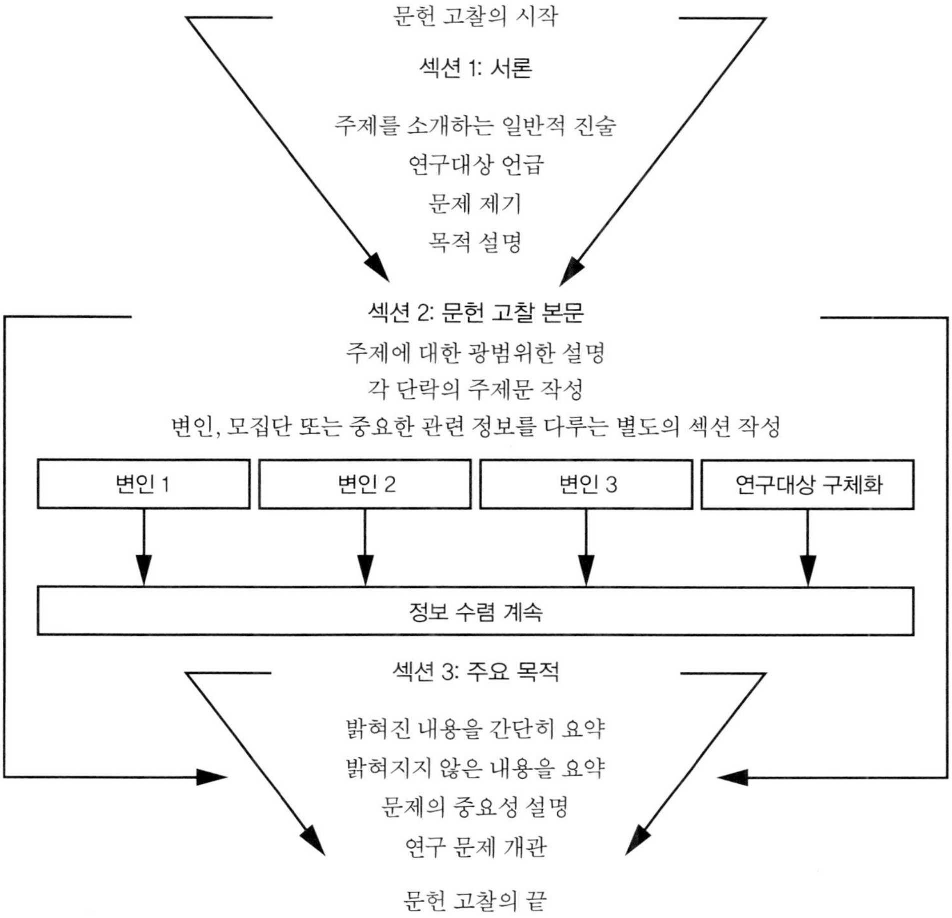

[그림 3-1] 문헌 고찰의 구성 요소

문헌 고찰에서 소제목의 사용은 제시한 연구의 기초를 확립하는 요점들의 명확하고 논리적인 흐름을 만드는 핵심이다. 요점들을 단락과 절로 묶어서 아이디어를 논리적으로 제시하는 것은 조직적이고 명료한 사고의 잘 구성된 서술적 반영이다(Walker, 2003). 문헌 고찰은 단순히 연구들을 보고하는 것이 아니다. 잘 쓴 문헌 고찰 내용은 연구에 대한 논의를 제시한다. 기존 연구와 제안하는 연구의 관계는, 때때로 저자에게는 명료하지만 항상 다른 사람들에게 분명한 것은 아니다(Heyman & Cronin, 2005). 그래서 기존 연구들을 관련성 있게 조직하고 연구에서 도출된 결론을 상세히 설명하는 것은 매우 중요하다.

문헌을 조직하기

이 장에서 우리는 이미 문헌 고찰 과정을 시작할 때 기존 연구들을 찾아내는 도전에 대해 논의해 왔다. 이 정보들을 모아서 독자에게 이 작업을 이해시키는 것은 연구자에게 달려 있다. 이를 달성하기 위해 기존 연구들을 맥락적으로 기술하고 확인된 연구 주제를 이해하는 데 기존 연구가 어떤 역할을 하는지 상세히 설명할 필요가 있다.

이론적 기반으로 문헌들을 조직하고 현재 프로젝트와 이전 연구들 간의 관계를 도출하는 것이 도움이 될 것이다. 당신의 책임은 무엇이 제시된 연구와 관계가 있는지 추출하기 위해 기존 연구들을 분석하고 종합하는 것이다(Mertens, 2015).

Slavin(2007)이 제안한 다음 기준을 고려하라.

① 이 연구가 당신의 연구와 밀접한 관련이 있는가? 기존 연구가 같은 주제 영역에 관한 것이라고 해서 당신의 연구에 꼭 필요한 것은 아니다.

② 이 연구가 당신의 기준과 맞는지 결정하기 위해 방법론을 보라. 예를 들어, 질적 연구만 보겠다든지 사전-사후 성과 연구만 보고 싶을 수도 있다.

③ 이 연구는 최근 연구인가? 아니라면 당신의 작업에 포함시킬 만한 다른 근거가 있는가(즉, 영향력이 큰 연구인가)?

자료를 편집할 때, 기존 연구에서의 불일치를 명확히 하고 해소하기 위한 시도를 해야 한다. 연구자로서 당신은 기존 연구에서의 간극을 밝히고 그 정보를 해석할 새로운 방법을 발견해야 한다. 수행하고자 하는 연구의 맥락에서 기존 정보를 분석함으로써 기존 연구에서의 질문에 답을 하거나 다른 연구의 결과를 확증할 수 있다. 이런 점에서 기존 연구의 반복을 피하면서 향후 연구에 대한 제안을 할 수 있게 된다.

APA 양식

대부분의 사회과학 연구가 APA 양식을 따른다는 것을 알고 있는가? 상담학도로서 당신은 아마 이러한 양식의 학술적 논문 작성에 대해 들어 왔을 것이다. 그러나 우리는 대부분의 학생이 이 작성 양식을 효과적으로 사용하는 것에 수반되는 미묘한 차이들을 모르고 있다는 것을 발견했다(연습 3.5 참조). 『APA 논문작성법 6판(The Publication Manual of the American Psychological Association, 6th ed.)』(2010)은 연구를 작성하고, 조직하고, 참고하는 표준 형식을 제공한다. 표준화된 글쓰기 양식을 제공함으로써 학자들이 편집자와의 작업을 간소화하고

연습 3.5

글쓰기 센터 알아보기

대학 글쓰기 센터 담당자가 수업 시간에 와서 이 서비스에 대해 안내할 시간을 정하라. 학생들이 궁금한 두 가지 질문을 준비하도록 하라. 다음은 학생들이 글쓰기 센터 담당자에게 할 수 있는 질문의 예이다.

1. 집에서 논문을 쓰고 있는데 APA에 대해 질문이 있다면, 글쓰기 센터에서 온라인으로 확인할 수 있는 정보가 있나요?
2. 글쓰기 센터 웹 주소가 무엇인가요?
3. 글쓰기 센터에서 글쓰기 능력 향상이나 APA 양식에 관한 지식을 얻고자 할 때 사용할 만한 자습서나 프로그램이 있나요?
4. 글쓰기 센터 운영 시간은 어떻게 되나요? 질문이 있을 때 가상 지원이 가능한가요? 가능하다면 어떻게 지원 요청을 할 수 있나요?
5. 글쓰기 센터에서 어떤 서비스를 제공하나요? 예를 들어, 글쓰기 내용, 문체, APA 양식 등에 대해 같이 검토해 줄 수 있는 사람이 있나요?

새로운 아이디어를 전달하는 방법을 촉진하도록 도왔다(APA, 2010). 다음 논의를 통해 APA 양식의 올바른 사용이 인용 형식 이상을 포함한다는 것을 이해할 것이다.

양식 당신이 가지게 될 의문 중 하나는 '왜 이 양식을 따라야 하는가?'이다. APA 양식을 통해 연구의 작성자와 소비자가 공통의 형식을 공유함으로써 양식이 표준화되면, 연구의 내용에 집중할 수 있게 된다. 형식을 주의 깊게 따르는 작성자는 많은 수의 독자에게 친숙한 논문을 쓸 수 있을 것이다.

이미 알고 있겠지만, APA 양식은 읽기는 쉬울지 몰라도 그 형식을 익히는 것은 쉽지 않다. 사실 이 책을 읽으면서 당신은 이미 몇 가지 오류를 발견했을 수도 있다. 물론 우리는 학습을 위해 내용에 일부러 오류를 남겨 둔 것이라고 주장할 수 있다. 그러나 진실은 우리는 사람이고, 모든 미묘한 차이까지 다루기는 어렵다는 것이다. 다른 말로, APA 양식으로 쓰다 보면 많은 수정을 거치게 될 것이다. 연습이 (거의) 완벽을 만들어 낸다는 것을 기억하라.

APA 양식은 아이디어 조직, 문법, 언어 편향(language bias), 참고문헌까지 다룬다. 연구 작성자가 일반적으로 잘 교육받은 사람이라 하더라도, 일관된 참조 체계를 고수하는 것은 쉽지 않다. 사실 『APA 논문작성법』은 모든 규칙에 대해 수많은 예외를 제시하고 있다. 우리는 양식을 익히는 것도 중요하지만 참고 자료인 『APA 논문작성법』에 지나치게 의존하고 있음을 알았다(우리는 『APA 논문작성법』을 책상 위에 펴 놓고 이 장을 썼다). 이렇게 우리는 여기서 이 양식의 몇몇 주요 요소를 다루지만, 더 자세한 정보를 위해서는 『APA 논문작성법』을 참고하기를 권한다.

초안 작성을 준비하기 위해, 쓰기 시작하자마자 『APA 논문작성법』에 맞는 양식으로 지정하는 것이 좋다. 예를 들어, APA 양식은 12포인트 Times Roman이나 Courier 글씨체를 사용한다. 여백은 위아래, 좌우 양쪽 최소한 1인치로 한다. 대부분의 워드프로세서 프로그램은 Times Roman이나 Courier 글씨체로 되어 있지만, 마이크로소프트 워드의 경우 초기 설정된 좌우 여백은 1.25인치이다. 세팅을 바꾸기 위해 초기에 시간을 들이는 것은 작성을 끝낼 때 도움이 될 것이다. 마이크로소프트 워드의 새 버전은, 개인적으로 구입할 수 있는 다른 소프트웨어 프로그램들처럼 APA 양식으로 설정하는 기능이 포함되어 있다. 편집 소프트웨어 프로그램을 사용하는 것은 기본 APA 양식에서의 오류 가능성을 제거할 수 있다.

표제지 워드프로세서를 세팅한 후, 다음 단계는 표제지(title page)를 만드는 것이다. APA 양식의 표제지는 출판 시 난외표제(running head), 논문 제목, 저자명과 소속을 포함한다. 표제지는 1페이지로 시작하고 2페이지에 초록이 뒤따르는 것을 알아 두라. 초록 페이지는 "간단하면서도 종합적인 논문 내용 요약"을 포함한다(APA, 2010, p. 25). 이는 독자에게 이어지는 글에 대한 간단명료하고 정확한 스냅샷 버전을 제공하기 위해서이다. 2페이지에 나오긴 해도, 초록은 보통 당신이 작성해야 할 마지막 부분 중 하나이다. 왜냐하면 초록을 쓰려면 전문이 필요하기 때문이다. 당신이 초록을 작성한다면, 논문 본문에서의 어떤 문장도 포함하지 않은 독립적인 문단이어야 한다. 이제 3페이지에 반복해서 제목을 쓰고 논문의 본문을 시작할 준비가 되었다.

소제목 이제 서론과 이론적 배경을 작성할 준비가 되었으므로, APA 소제목 양식을 결정할 필요가 있다. 소제목은 APA에서 제시한 수준으로 제시한다. 이 수준으로 논문의 섹션을 나누고 분류할 수 있다. 즉, 소제목의 사용은 구조를 만들고 말하고자 하는 요점의 흐름을 잡도록 해 준다. APA 양식은 원고 제출을 위한 지침임을 알아야 한다. 이 책과 같이 출판된 교재의 소제목, 본문, 그림의 편집 양식은 다양하다. 책을 위한 양식은 내용을 더 편하고 쉽게 볼 수 있도록 만들고자 하는 출판사에 의해 결정된다. 학술지 논문에서 APA는 필요한 소제목의 수에 따라서 5수준 소제목을 제시하는데, 이는 다음과 같다.

수준 1: 가운데 정렬, 진하게, 대문자 및 소문자 제목
수준 2: 왼쪽 정렬, 진하게, 대문자 및 소문자 제목
수준 3: 들여쓰기, 진하게, 마침표가 있는 소문자 제목, 마침표 뒤 본문 시작
수준 4: 들여쓰기, 진하게, 기울임꼴, 마침표가 있는 소문자 제목, 마침표 뒤 본문 시작
수준 5: 들여쓰기, 기울임꼴, 마침표가 있는 소문자 제목, 마침표 뒤 본문 시작

3수준으로 소제목을 써야 한다면, 수준 1, 3, 4를 사용하라. 예를 들면, 다음과 같다.

LOCATING, EXPLORING, AND ANALYZING THE LITERATURE
Scholarly Sources
PRIMARY SORCES 첫 문장은 여기서 시작된다.

만약 더 확장된 위계 수준이 필요하다면, APA 6판 지침서를 참고하라.

작성 지침

드디어 글 쓸 준비가 되었다! APA는 문헌 고찰의 내용 구성을 지금까지 제시해 왔던 것과 비슷한 방식으로 접근할 것을 제안한다. 학술적 글쓰기는 중립적인 언어가 요구된다. 즉, 선입견이나 편파성이 없어야 한다. 상담에서 대부분의 연구는 인간을 대상으로 하기 때문에, APA 양식은 연구대상을 공정하고 편견 없이 기술하기 위한 지침을 제공한다. 예를 들면, APA 양식은 성별 중립적인 언어, 낙인에 대한 민감성, 성적 지향이나 인종, 장애, 나이를 반영하는 용어를 사용하도록 한다. 논문을 기술하는 방식은 원 연구 결과만큼이나 중요하다.

본문 내용에서 부록, 각주, 후주, 표, 그림을 사용할 수 있다. APA 양식은 이에 대해 그 항목이 필요하고 내용에 부합된다는 인식하에 저자가 일반적인 양식을 사용할 수 있도록 한다. 각주와 후주를 예외로 하고, 이러한 항목들은 보통 문헌 고찰에서는 쓰이지 않지만 종종 연구 문헌의 방법과 결과 부분에서 사용된다. 나머지 상세 설명은 『APA 논문작성법』을 참고하길

권한다. 다양한 종류의 표와 그림을 포함시키고자 하는 경우에 대해 APA는 『APA 논문작성법』과 별도의 개별 양식 지침을 개발했다.

참고문헌 기술하는 연구의 정확한 출처를 제공하는 것은 문헌 고찰 내용의 작성에 있어 매우 중요하다. 놀라울 것도 없이, 참고문헌은 『APA 논문작성법』에서 대단히 중요하게 다루어진다. APA 양식은 학술지 논문, 책이나 책의 부분, 전자 매체, 면접 자료 등 모든 종류의 참고문헌에 대한 형식을 제공한다.

APA 매뉴얼에 대한 새로운 고려 사항은 DOI(Digital Object Identifier) 번호 사용이다. 이제 거의 모든 논문이 온라인 데이터베이스를 통해 얻어지므로, 국제 DOI 재단(International DOI Foundation)은 전자적으로 공개되고 제공되는 모든 논문에 대한 영구적인 링크를 설정하였다. 이 영숫자 문자열은 논문의 고유번호로, 사용자는 다양한 데이터베이스에서 DOI를 통해 논문에 접근할 수 있다. DOI는 일반적으로 전자 저널 논문의 첫 페이지와 참고문헌 페이지의 끝에 있는 고유식별자에서 확인할 수 있다(APA, 2010). DOI 시스템 구현으로 이제 더 이상 논문을 검색한 장소와 시간을 표시할 필요가 없다.

다음은 몇몇 대표적인 참고문헌의 예이다.

학술지 논문, 단독 저자:

Cummings, J. (2014). Contextual socioeconomic status and mental health counseling use among US adolescents with depression. *Journal of Youth & Adolescence, 43*(7), 1151-1162. doi:10.1007/ s10964-013-0021-7

학술지 논문, 다수 저자:

Flamez, B., Clark, A. A., & Sheperis, C. J. (2014). Celiac disease: Psychological, developmental, and family counseling issues. *Family Journal, 22*(2), 226-230. doi:10.1177/1066480713515407

책, 두 명의 저자:

Feerick, M. M., & Silverman, G. B. (2006) *Children exposed to violence.* Baltimore, MD: Brookes Publishing.

책, 출판인으로서의 단체 저자:

Council for Accreditation of Counseling and Related Educational Programs. (2009). *CACREP accreditation manual of the council for accreditation of counseling and related educational programs.* Alexandria, VA: Author.

책 4판:

Remley, T. P., Jr., & Herlihy, B. P. (2014). *Ethical, legal, and professional issues in counseling* (4th ed.). Upper Saddle River, NJ: Pearson.

책의 장:

Sheperis, C. J. & Sheperis, D. S. (2012). Social class and mental health. In D. C. Sturm & D. M. Gibson (Eds.), *Social class and the helping professions: A clinician's guide to navigating the landscape of class in America.* New York: Routledge.

출판 중인 책의 장:

Starkey, D. S., & Simpson, L. R. (in press). Turning group theory into group practice: The role of the experiential component in group facilitator training. In D. Viers (Ed.), *The group therapists' notebook.* Binghamton: Haworth Press.

같은 해에 출판된 동일 단독 저자의 글들:

Jourard, S. M. (1971a). *Self-disclosure: An experimental analysis of the transparent self.* New York: John Wiley & Sons.

Jourard, S. M. (1971b). *The transparent self.* New York: Van Nostrand Reinhold Co.

표절

표절 문제에 대한 언급 없이 논문작성법을 논의하는 것은 불가능하다. 유감스럽게도, 표절은 다른 사람의 아이디어를 자신의 것처럼 표현하는 것이다. 논문 작성 시 원문에 대한 적절한 언급 없이 다른 저자의 용어, 아이디어, 또는 주제를 조직하는 방법을 차용하는 것까지도 표절로 간주된다(Cone & Foster, 2006). 학술적인 저자로 성장하는 데 있어, 기존 문헌에서 발견된 자료들을 종합하고 보존하는 자신만의 방법을 찾는 것은 매우 중요하다.

표절은 다른 저자의 글 전체를 자신의 것으로 투고하거나 글의 일부를 인용 없이 자신의 글에 포함시키는 것과 같이 고의적으로 이루어질 수 있다(Troyka, 2012). 더 흔하게 표절은 무심코 이루어진다. 초보 연구자들은 종종 무엇이 인용되어야 하는지, 어떻게 인용하는지를 모르는 경우가 있다. 출처 인용은 단지 저자의 주장을 뒷받침하는 데 사용한 원문 전체에 접근하는 방법을 독자에게 제공할 뿐이다(Mooney & Newton, 2012). 다양한 출처로부터 얻어진 자료들을 적절하게 종합하고, 본문에 인용하고, 직접 인용의 오용과 남용을 지양하는 방법을 이해하는 것은 고의적이건 무심코 하건 표절로부터 자유로운 글쓰기를 촉진한다(Troyka, 2012).

문헌을 종합하고 인용하는 것은 자료 출처를 고려하는 것까지 포함한다. 저자 자신의 생각과 아이디어는 인용할 필요가 없다. 비슷하게, 일반 상식으로 간주되는 정보는 인용을 밝히지 않아도 된다. 일반 상식이란 세부 사항을 상기시켜야 할 때조차도 약간의 교육을 받은 대부분의 사람이 알고 있는 정보로 구성되어 있는 것을 말한다(Troyka, 2012). 예를 들면, 1492년 콜럼버스가 미국을 발견했다는 진술과 같이 널리 알려진 사실이다. 반대로, 일반 상식이 아닌 모든 자료는 출처를 밝혀야 한다.

자료 출처를 얻는 것은 독자들에게 참고한 원문 전체를 찾는 데 필요한 정보를 제공하는 것을 수반한다. 모든 직접 또는 간접 인용은 본문 중에, 예를 들어 'Starkey와 Chandler(2007)가 언급했듯이, 잘 쓴 문헌 고찰 내용은 연구의 근거를 위한 기초를 마련한다……'와 같이 본문 중간에 인용하거나, '잘 쓴 문헌 고찰 내용은 연구의 근거를 위한 기초를 마련한다(Starkey & Chandler, 2007).'와 같이 아이디어가 제시된 다음 바로 따라 나오기도 한다. 가독성을 높이기 위해, 반복되거나 독자를 산만하게 하는 패턴을 피하면서 정보의 출처를 밝히는 방법은 다양하다. 다시 말해, 원저자명이 인용된 문장을 이해하는 데 필요하다면 본문 내에 표기하고, 그렇지 않다면 문장 끝의 괄호 안에 표기하라.

인용

APA 양식에서 인용의 사용은 저자가 원문에 대해 제대로 인정하고 언급하도록 한다. 학생으로서 당신은 인용을 통해 원문의 일부를 제시할 필요성을 느낄 것이다. 인용은 당신의 논문에 대한 신뢰도를 높여 줄 수 있다. 그러나 인용 전에 직접적인 인용이 반드시 필요한 것인지 자문할 필요가 있다. 직접 인용을 사용하기 전에 다음 질문을 고려해 볼 수 있다. ① 정보를 요약하거나 다른 말로 바꿀 수 없는가? ② 원저자의 어조와 의도를 그대로 제시하는 것이 필요한가? ③ 사용한 문구가 특이하고 문헌 그대로 보전하여 인용할 가치가 있는가? 이 질문들 중에 어떤 것이라도 그렇다고 대답한다면 직접 인용을 하는 것이 타당하다. 직접 인용을 사용하기로 했다면, 인용이 본문에 자연스럽게 녹아들어 갈 수 있도록 작업해야 할 것이다. 저자로서, 직접 인용의 사용에 대해서는 엄격한 기준을 따라야 하고 우선 다른 말로 바꾸려고 노력해야 할 것이다(Troyka, 2012).

참고문헌 관리

참고문헌 관리의 간단한 법칙은 모든 인용에 대한 출처와 모든 출처에 대한 인용이 있어야 한다는 것이다. 참고문헌 목록에 출처가 있으면 논문 본문 어딘가에 인용되어 있어야 한다. 논문 본문에 어떤 방법을 통해서든 인용했다면 참고문헌 목록에 기재되어야 한다. 학술적 글쓰기의 가장 어려운 요소 중 하나가 정확한 출처와 참고문헌 관리이다.

당신은 논문을 작성하면서 모든 출처를 관리하는 방법을 배우고 발전시켜 왔을 것이다. 누군가에게는 이 작업이 가장 지루하고 성가신, 오류가 많이 생기는 부분이다. 몇몇 회사는 참고문헌 관리를 지원하는 소프트웨어를 제공한다. StyleEase(http://www.styleease.com)는 제목, 표, 부록, 참고문헌과 같은 학술적 글쓰기의 요소들의 형식을 만들기 쉽게 하는, 다운로드 가능한 프로그램이다.

PERRLA(http://www.perrla.com)는 또 다른 참고문헌 정리 프로그램이다. PERRLA는 워드와 통합되어 APA 제목 페이지, 초록 및 헤더를 만든다. 또한 작성 중인 논문에 대한 참고문헌을 작성하고 나중에 사용할 수 있도록 해당 문헌을 저장한다. 같은 주제(예: 아동 상담, 공감 발달)에 대해 쓰는 경향이 있다면 참고문헌 데이터베이스를 만들어 그 데이터베이스에서 주제 관련 검색 기록을 계속해서 저장할 수 있다. PERRLA는 논문을 저장하지 않고, 개인 참고문헌 목록을 만들어 준다.

비슷하게, EndNote(http://www.endnote.com)는 원고를 구성하고, 참고문헌을 정리하고, 계속 사용 중인 데이터베이스 출처를 생성할 수 있도록 도와준다. EndNote는 원고 템플릿 시리즈(예: APA 양식)를 제공하여 프로그램이 서식을 만들어 주기 때문에 사용자가 형식을 맞추는 데 최소한의 노력으로 참고문헌과 본문을 입력할 수 있도록 한다. EndNote는 APA 양식의 표제지, 초록, 본문을 준비할 수 있도록 글상자를 완성하게 되어 있다. 본문에 출처를 입력하면, 출처 정보가 자동적으로 참고문헌 페이지에 입력된다.

PERRLA, EndNote 및 그와 비슷한 다른 프로그램들은 참고문헌을 찾아서 논문 작성에 사용하는 것을 간편하게 한다. 수많은 온라인 데이터베이스 중 하나를 검색하면, 검색 결과는 소프트웨어에 직접 다운로드될 수 있는 형태로 사용할 수 있게 된다. 참고문헌 관리 시스템에 파일 형태로 저장하고 개인 참고문헌 도서관에 전달할 수 있도록 인용 저장 옵션을 선택할 수 있다. 그러나 한 가지 주의할 점이 있다. 참고문헌을 검토하여 그것이 데이터베이스 내에 올바르게 구성되어 있는지 확인해야 한다는 것이다. 이러한 전자 참고문헌 관리의 또 다른 중요한 이점은 다른 논문 작업에서도 사용 가능하다는 것이다. 필요한 논문을 읽는 데 얼마나 많은 시간을 들였는지 기억하는가? 그러나 그 논문들을 손 안에 둘 수는 없다. 이 프로그램들은 연구자가 사용과 저장이 편리한 온라인 도서관을 만들 수 있게 해 준다. 궁극적으로, 참고문헌 관리 도구는 형식을 갖추는 수고나 참고문헌 유실의 염려를 덜어 주고 논문 작성에 초점을 둘 수 있도록 도와준다.

글쓰기의 기술

앞에서도 말했지만, APA 양식은 잘 조직된, 간결하고 읽기 쉬운 문헌 고찰을 준비하도록 도와준다. Heyman과 Cronin(2005)은 "쓰기 기술은 출판을 성공적으로 하는 데 가장 중요한 요소일 수 있다."(p. 402)라고까지 말해 왔다. 일반적으로, 주제에 대한 전반적인 개관에서부터 고찰하고자 하는 현재 연구에서의 간극에 대해 말하는 세부적인 부분에 이르기까지 글쓰기는 중요하다. 잘 쓴 문헌 고찰 내용의 핵심은 자료를 종합하는 방법이다(Slavin, 2007). 너무 자주, 초보 연구자는 문헌 고찰이 단순히 연구에 중요하다고 생각되는 각 개별 연구의 정리라고 생각한다. 이렇게 접근할 경우, 각 문단이 각 개별 논문의 개관으로 이루어지는 연구의 나열이 되고 만다. 더 적절한 접근 방식은 그러한 요점을 드러내는 여러 편의 연구를 활용하여 연구의 요점을 논리적이고 조직적으로 표현하는 것이다. 예를 들면, 학생의 자기효능감과 관련된 연구를 논의하는 데 있어 문헌 고찰은 다음을 포함할 수 있다.

> Smithers, Ellis와 James(2010)는 대학원생들에게 해마다 APA 워크숍을 제공하였고, 이러한 워크숍에 참여한 학생들이 글쓰기에 있어 더 안정적으로 느끼고, 더 효과적으로 글을 쓰는 경향이 있다는 것을 발견하였다. 추가적으로, 2012년 연구는 콘퍼런스의 APA 양식 훈련에 참여한 간호대 대학원생들에서도 비슷한 결과가 나타났음을 보여 주었다(Byas & Sheperis, 2014).

더 종합적인 글쓰기 양식은 이 두 연구를 다음과 같은 방식으로 보고할 것이다.

> APA 양식 사용에 대한 훈련에 참여한 학생들은 대학원 글쓰기와 관련하여 더 높은 수준의 안정감과 자기효능감을 보고하였다(Byas & Sheperis, 2012; Smithers, Ellis, & James, 2010).

정보를 기술하는 두 가지 방법 모두 정확하지만, 종합적인 글쓰기는 독자에게 중요한 점을 분리하여 간결한 방법으로 제시한다.

글쓰기를 향상시키고자 한다면, 효과적인 연구 작성자는 직접적이고, 명료하며, 간결한 접근을 사용한다는 것을 기억하라(University of North Carolina Writing Center, 2012). 논문 작성을 시작하기 전까지 글쓰기 양식의 기초를 섭렵해 왔을 것이다. 그러나 기본적인 문장 구조, 문법을 잘 아는 사람들까지도 명료한 편집 과정을 따라야 할 필요가 있다. 사실 초고가 완성된 이후 하게 되는 편집은 쓰기 작업의 약 70%를 차지하는 것으로 추정된다(Heyman & Cronin, 2005). 글을 쓸 때 우리는 자신의 목소리로 자신의 글을 읽어 가면서 모순점을 놓치는 경향이 있다. 그러므로 초고 작성 이후에 좀 더 객관적인 관점으로 원고를 검토해 줄 수 있는 동료에게 도움을 요청하라. 편집은 더 나은 글을 만들도록 한다. 그러므로 자신의 글을 읽고, 친구와 동료의 글을 읽고, 그들로 하여금 당신의 글을 읽도록 하라. 글을 쓰면서 우리는 모든 오류를 발견하지는 못하지만 다른 사람의 도움을 받으면 분명하게 밝혀낼 수 있다. 편집을 하는 동안 휴식을 취하는 것도 도움이 된다. 신선한 시각은 간과해 왔던 오류를 잡아내는 데 도움이 된다. 자신만의 편집위원회를 구성하고 작업을 공유하라. 좋은 에디터가 되는 것은 좋은 연구 작성자가 되는 것을 돕는다.

미국국립의학도서관(National Library of Medicine, 연도 미상)은 논문 작성자를 위해 몇 가지 실질적인 팁을 제공했다. 문장은 간단해야 하지만 구조는 독자의 흥미를 끌 수 있도록 다양해야 한다. 잘 구성된 문단에 제시된 아이디어는 학술적 글쓰기의 격식을 높여 준다. 마지막으로, 미국국립의학도서관은 독자가 요점을 이해하는 데 어려움이 있다면, 그 글쓰기는 신뢰성을 잃는다고 말한다. 본질적으로, 학술적 문헌의 저자로서 당신의 논문이 명료하고 잘 조직되어 있고 쉽게 읽히기를 원한다면 전문용어를 피할 것을 권한다. 전문용어를 쓰는 것이 저자에게는 좋아 보일 수 있지만 독자에게는 혼란을 주기 쉽다.

이 장에서 설명했듯이, 문헌 고찰 과정을 시작할 때 몇 가지를 염두에 두는 것이 중요하다. 글쓰기는 기술이라는 것을 기억하는 것이 매우 중요하다. 총명하고 유능한 연구자도 종종 글쓰기에 어려움을 겪는다. 연구 결과에 초점을 둘 수 있지만, 종합적이고 명료한 문헌 고찰은 연구가 수행되기 위한 토대를 마련하는 데 필수적이다. 철저한 문헌 검색은 연구 작성의 한 요소이다. 글쓰기를 할 때, 독자를 염두에 두고, 명료하고 효과적으로 의사소통하는 방식으로 쓰라. 글을 쓸 때 간결하게 쓰는 것이 중요하다. 예시를 제공하는 것은 복잡한 주제를 중복 없이 명료화하는 유용한 방법이다. 독자는 연구의 목적, 연구자의 목소리, 저자의 결과와 공헌에 대해 확실히 이해할 수 있어야 한다. 잘 쓴 문헌 고찰 내용은 특정 주제에 대한 연구자의 지식을 반영한다. 시간표, 편집자, 지속적 수정의 사용은 수준 있는 문헌 고찰 내용 작성에 도움이 되고, 이는 공들여 작업한 연구를 알리는 기초를 확립할 것이다.

문헌 고찰을 수행하는 것에 대해 이 장에서 축적한 모든 정보를 고려하고, 적절한 출처를 얻고, APA 양식을 따르고, 효과적으로 글을 쓰는 데 있어 다음 예시 논문을 검토해 보라. 읽어 내려가면서 익숙하지 않은 글쓰기 요소들을 확인하라. 예를 들어, 아직까지 APA 양식의 표제지를 사용하지 않았다면, 예시에 있는 상단표제(running head)와 소제목에 주의를 기울이라. 또한 지금까지 제시해 온 정보들에 기초해서 수정 사항을 확인하라.

요약

이 장을 통해 문헌 고찰 작성에 대해 읽어 왔으니, 이후 연구가 필요한 영역을 확인하기 위해 어떻게 저자가 과거와 현재 연구들을 이용할 수 있는지 알게 되었을 것이다. 수준 높은 문헌 고찰을 위해서는 관련 정보를 찾고, 핵심 요소를 찾고, APA 양식을 숙지해야 한다. 이런 것들을 함께 효과적으로 하려면, 작업에 대한 몇몇 건설적인 피드백과 수정 작업에 대한 인내가 필요할 것이다. 문헌 고찰 작성에 좀 더 숙달되려면, 출판된 많은 논문을 읽고 비판적으로 평가하는 데 시간을 들이기를 추천한다. 우리가 제안했던 것과 같은 참고문헌 작성 프로그램들은 문헌 고찰 기술을 연마하는 데 도움이 될 것이다.

• 생각해 볼 문제 •

1. 관심 있는 연구 주제를 확인하는 데 시간을 투자하시오. 기존 상담 데이터베이스 검색을 위해 키워드 목록을 만드시오. 어떻게 검색을 제한할 것인가? 어떤 종류의 논문을 염두에 둘 것인가?

2. 다음 문장을 APA 양식에 맞추어 수정해 보시오.
   ① Since the research design was cross-sectional in nature(see Gall, Gall, & Borg, 2006), it was assumed that subjects differed only in that they were beginning and ending counselor-trainees
   ② Subjects were randomly assigned to one of 4 groups: micro-skills, didactic, experiential, and control.

③ Doctoral students were administered the Minnesota Multiphasic Personality Inventory-2(MMPI-2).

④ Prejudice has been evident throughout the existence of mankind.

3. 다음과 같은 수정 사항들을 발견했는가? 다른 수정 사항은 없는가?

① Because the research design was cross-sectional(Gall, Gall, & Borg, 2006), it was assumed that participants were beginning and ending counselor-trainees.

② Participants were randomly assigned to one of four groups: (a) micro-skills, (b) didactic, (c) experiential, and (d) control.

③ The Minnesota Multiphasic Personality Inventory-2(MMPI-2) was administered to doctoral students.

④ Prejudice has been evident throughout the history of humanity.

유용한 참고 자료

APA Online

http://www.apastyle.org

Using APA Format: Purde University Online Writing Lab

https://owl.english.purdue.edu/owl/section/2/10/

Tips from Tempal University's Writing Lab

http://www.temple.edu/writingctr/support-for-writers/ handouts.asp

Software for Formatting and Bibliography Management

http://www.styleease.com

http://www.perrla.com

http://www.endnote.com

Getting Started with Electronic Databases

www.googlescholar.com

http://eric.ed.gov/

http://www.ebscohost.com/

http://www.apa.org/pubs/databases/psycarticles/index.aspx

http://www.ncbi.nlm.nih.gov/pubmed

제4장

방법론적 쟁점

목표

1. 변인을 분류하는 다양한 방법을 이해할 수 있다.
2. 변인을 정의하는 데 있어 개념적 목적과 조작적 목적의 차이를 이해할 수 있다.
3. 연구에서 변인 확인의 중요성을 이해할 수 있다.
4. 표본과 모집단에 대한 정의를 이해할 수 있다.
5. 표본 크기를 결정할 때 고려해야 할 요소들을 확인할 수 있다.
6. 대표성을 갖는 표본을 선택할 수 있다.
7. 잘 드러나지 않는 집단을 포함하기 위해 표본을 다양화하는 것의 중요성을 이해할 수 있다.
8. 도구를 선택할 때 고려해야 할 쟁점들을 확인할 수 있다.
9. 다양한 유형의 도구를 이해하고 어디서 검색할 수 있는지 이해할 수 있다.
10. 표본 편향, 연구자 편향, 연구 참여자 편향 그리고 연구에서 이런 편향을 어떻게 줄일 수 있는지 이해할 수 있다.

연구 질문을 결정하고 문헌을 고찰하고 가설을 세웠다면, 이제 방법론을 계획할 차례이다. 연구방법론은 연구를 수행하는 데 밟아야 할 정확한 절차를 결정한다. 연구방법을 명확히 계획하려면, 모든 가능한 시나리오, 위험성, 오류 등을 고려하고자 일부러 반대 입장을 취해 보기도 한다. 무엇을, 왜 하는지에 대한 명확한 계획과 타당성을 가져야 한다. 이 장을 읽으면서, 방법론적 절차에 내재된 몇몇 일반적 쟁점들을 알게 될 것이다. 또한 ① 변인 선택, ② 표본 추출, ③ 도구, ④ 편향 감소(bias reduction)에 적용할 방법상의 계획을 발전시키는 데 필요한 지식을 얻게 될 것이다.

아동 교육에서 학교 상담이 학생들에게 어떤 영향을 미치는지에 대한 연구를 하고 싶다고 상상해 보자. 이러한 연구를 계획하려면 범위를 좁히기 위해 여러 가지 결정을 내려야 한다. 예를 들어, 어떤 학교 상담의 효과를 확인하고 싶은가? 어떤 종류의 효과를 측정하는 데 관심이 있는가, 정서, 학업, 행동? 이러한 상담 효과를 어떻게 측정할 것인가? 몇 학년 학생들을 대상으로 할 것인가? 얼마나 많은 학생이 연구에 참여할 것인가? 수많은 고려 사항이 연구 계획 초기에 이루어져야 한다. 그래서 초보 연구자들은 혼란스러워하며 아직 준비가 안 됐다고 느낀다. 그러면 결코 연구를 수행해서는 안 되는 것일까? 절대 아니다. 오히려 이는 연구를 시작할 최소한의 준비가 되어 있다는 것을 의미한다. 방법론은 당신이 어디로 가야 할지 성공적으로 안내하는 이정표가 될 것이다.

지난 주 수업에서 대학 지원센터의 상담자가 와서 상담 수업에 대한 소개를 했다고 가정하자. 논의 과정에서 상담자는 대학 캠퍼스 내 폭력 행동의 만연함과 이것이 많은 학생에게 미치는 부정적인 신체적 · 정서적 영향에 대해 이야기했다. 그 이후 당신은 이 문제에 대해 생각했고, 왜 어떤 학생들은 폭력 가해자가 되고 어떤 학생들은 그렇지 않은지에 대한 의문을 가졌다. 이것이 가능한 연구 아이디어이다. 아마 당신은 괴롭힘 행동의 차이가 상담의 초점이 될 수 있는 개인적 특성과 관련이 있다는 생각을 할 수 있다. 이것은 직감이다(Babbie, 1992). 그래서 당신은 더 나아가 이 영역에서 다른 사람들은 어떤 주장을 해 왔는지를 살펴보기 위해 이 주제에 대한 기존 문헌들을 찾아볼 수 있다(제3장에서 논의한 것과 같이). 당신은 계획한 것과 정확히 같은 방법은 아니더라도, 많은 사람이 괴롭힘 행동에 대해 연구해 왔음을 알게 될 것이다. 많은 훌륭한 연구 아이디어가 단지 이렇게 시작된다. 연구를 발전시키기로 결정하기 전에, 당신은 스스로에게 이 아이디어가 실제로 과학적으로 규명될 수 있을지 질문해야 한다. 그것은 다룰 수 있고 실현 가능한 단계로 나눌 수 있는가? 이 주제는 효과적으로 연구될 수 있는가? 구체적으로 어떤 변인들을 관찰할 것인가? 어떻게 그 변인을 측정할 것인가? 누구로부터 자료를 수집할 것인가? 그들은 표집하기에 가장 좋은 모집단인가? 이 집단에 접근 가능한가? 연구가 완성된다면 실제에 적용 가능한가?

연구에서의 예

상담 연구에서 질적 연구의 역할

Note: 저자들은 포커스 그룹 인터뷰를 통해 115명의 초 · 중 · 고생 사이에서의 따돌림 경향에 대한 질적 분석을 하였다. 저자들의 설명과 같이, 괴롭힘에 대한 청소년들의 생각을 탐색하는 데 가장 적합한 방법은 질적 분석이었다.

"기존 연구에서 확인하지 못한 측면을 포함하여 괴롭힘의 역동에 관한 개방형 토론을 이끌어 내고자 반구조화 인터뷰를 사용한 포커스 그룹을 구성했다. 다시 말해, 학생들이 단순히 특정 질문에 답하기보다는 자신의 관점을 제공하도록 하는 것이 중요했다. 예를 들어, 학생들에게 '전형적인 괴롭힘'과 '전형적인 희생자'에 대해 설명하고, 학생들이 왜 가해자 또는 피해자였는지, 이것이 남녀 사이에 차이가 있었는지, 그리고 어린 시절에서 청소년기로 넘어갈 때 괴롭힘의 양상이 어떻게 변했는지에 대해 토론하도록 했다. 포커스 그룹은 점심시간 또는 방과 후 약 1시간 정도 진행되었다. 대화는 녹음하고 그대로 전사하였다. 모든 반응은 NVIVO 7.0 버전으로 분석하였다."(Guerra, Williamson, & Sadek, 2012, p. 14)

출처: Guerra, N. G., Williamson, A. A., & Sadek, S. (2012, September). Youth perspectives on bullying in adolescence. *The Prevention Researcher, 19*(3), 14-16.

변인 정의하기

아이디어가 진전된다면, 먼저 연구할 변인을 결정해야 한다. 변인(variable)이란 변하는 어떤 특성, 속성, 특징이다. 이는 각 개인 내에서 시간에 따라 변화할 수도 있고 개인 내에서는 일정하지만 사람에 따라서는 다양하게 나타날 수도 있다(Furlong, Lovelace, & Lovelace, 2000). 사람의 나이, 몸무게, 수다스러움, 정서, 순자산, 에너지 수준이 시간에 따라 상대적으로 변화하거나 다양하게 나타날 수 있는 특성의 예이다. 올해 당신의 나이는 작년이나 내년의 나이와 다르다. 지난 금요일 특정 순간에 당신이 가진 에너지는 같은 날 아침 일찍 가졌던 에너지나 그날 밤 가졌던 에너지와는 다를 것이다. 이런 특성들이 개인 내에서 시간에 따라 변화하는 것으로 간주될 수 있다. 반면, 어떤 특성들은 사람에 따라 다양하게 나타난다. 당신의 에너지 수준은 다른 사람과 다르며, 나이 또한 그렇다. 그러나 어떤 특성이나 속성은 개인 내에서 일정하게 유지된다. 눈동자 색, 모국어, 출생지, 유년 시절 경험이 개인 내에서는 일정하지만 개인 간에서는 다양한 특징의 예이다.

일정하거나 변화하는 특성뿐만 아니라, 변인은 양적이거나 범주 특성일 수도 있다. 변인은 또한 독립변인과 종속변인으로 나뉘고, 독립변인은 다시 조작변인과 선택변인으로 구분된다. 이를 좀 더 명확히 개념화하기 위해 다음과 같은 그림을 제시한다.

변인을 분류하는 방법

수치변인 또는 범주변인 변인이 개인 또는 설정 내에서 또는 개인 또는 설정 간에 변하는 특성이나 특징이라는 것을 이해할 수 있으니, 이제 변인을 분류하는 다양한 방법에 대해 살펴보도록 하자. 먼저, 변인은 수치변인[numerical, 종종 정량변인(quantitative)이라고도 함], 또는 범주변인[categorical, 또는 정성변인(qualitative)으로 알려져 있음]이 될 수 있다. 차이점은 그 특성이 어떻게 측정되고 분류되는지에 있다. 높이, 무게, 시험 점수는 쉽게 숫자로 분류되고 양으로 차이를 보여 준다. 얼마나 많은 양을 나타내는지 보여 주기 위해 연속적으로 기록될 수 있다. 대신 지역, 성별, 혈통 같은 변인들은 종류로 분류되고 더 질적인 차이를 보여 준다(Furlong et al., 2000). 개인의 종교적 생활양식에 대해 좀 더 알고자 한다면, 소속 종교(범주변인)—즉, 천주교, 성공회, 유대교, 불교 등—뿐만 아니라 얼마나 자주 종교 활동에 참여하는지(수치변인)—즉, 일 년에 한 번, 한 달에 한 번, 일주일에 한 번—기록할 수 있다.

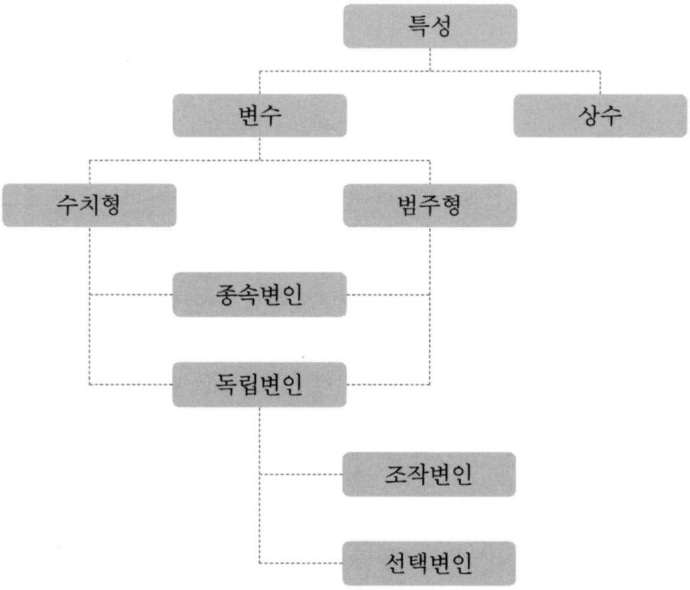

종속변인 또는 독립변인 연구의 변인을 분류하는 또 다른 방법은 독립변인이냐 또는 종속변인이냐이다. 다른 말로, 종속변인은 독립변인에 종속된다. 이는 독립변인(IV)이 종속변인(DV)의 변화를 일으킨다는 것을 의미한다. 예를 들어, 우울증 내담자가 인지행동치료에 어떻

게 반응하는지를 검토한다고 하자. 우울은 종속변인이 되고, 인지행동치료는 독립변인이 된다. 다른 말로, 우울(종속변인)이 인지행동치료(독립변인)에 어떻게 영향을 받는지, 어떻게 반응하는지를 보겠다는 것이다. 양적연구는 적어도 각각 하나의 독립변인과 종속변인이 있고(변인 수에 제한이 없다고 하더라도), 연구의 목적은 이 둘 간의 관계를 이해하는 것이다. 다양한 책(Fraenkel & Wallen, 2006; Patten, 1997)에서 다양한 용어로 변인 간의 관계에 대해 언급하고 있다.

독립(independent) →	종속(dependent)
자극(stimulus) →	반응(response)
입력(input) →	출력(output)
원인(cause) →	결과(effect)

조작변인 또는 선택변인 앞의 예에서 독립변인인 인지행동치료는 조작변인 또는 선택변인이 될 수 있다. 조작변인이라면, 연구자는 이런 종류의 치료를 받을 참여자를 선택한다. 선택변인이라면, 연구자는 이미 이런 형태의 치료를 받고 있는 내담자를 선택한다. 달리 말하자면, 조작변인은 연구자에 의해 통제되고, 만들어지고, 적용되고, 강제되고, 실시된다. 반면, 선택변인은 연구자 개입 없이 일어나는 대로 또는 일어난 이후에 관찰되는 것이다. 이러한 구분이 중요한 이유는 연구가 한번 수행되면, 독립변인을 조작하는 것이 불가능하거나 윤리적이지 않은 경우가 있기 때문이다(Fraenkel & Wallen, 2006; Isaac & Michael, 1997; Patten, 1997). 예를 들어, 알코올 사용이 괴롭힘 행동에 미치는 영향을 살펴보는 이전의 아이디어로 돌아가 보면, 알코올이 있는 파티에서 어떻게 알코올 사용의 증가가 괴롭힘 행동에 영향을 미치는지 기록함으로써 대학생의 행동을 관찰할 수 있다. 또한 대학생들의 음주 습관과 괴롭힘 행동에 대한 설문을 할 수도 있다. 두 가지 방법 모두 연구자의 참여 없이 이미 일어났거나 일어나고 있는 행동을 관찰하거나 설문하는 것이므로 선택변인이 수반되는 것이다. 독립변인인 알코올 사용을 조작하는 것이 가능할까? 그렇다! 그것이 윤리적일까? 아마 아닐 것이다.

외생변인(외재적 변인) 바람직하지 않은 조건이 연구에 영향을 미치고 방법론적 문제를 일으키는 경우가 있다. 이것은 외생변인이 우리가 조사하고 있는 관계에 영향을 미칠 때 발생할 수 있다. 외생변인(extraneous variables)은 연구 결과에 영향을 미치는 바람직하지 않은 변인을 말한다. 예를 들어, 대학생의 알코올 사용 및 괴롭힘 행동을 관찰했는데, 관찰한 모든 학생이 남성인 경우 성별을 괴롭힘 행동의 결과에 영향을 미치는 외생변인으로 분류할 수 있다. 다른 물질 또는 약물 사용이 또 다른 외생변인의 예가 될 수 있다. 괴롭힘 행동에 대한 알코올의 영향을 관찰할 때, 관찰 대상 중 일부 학생이 다른 물질의 영향을 받고 있다는 사실을 알지 못한다면, 이는 연구에 직접적인 영향을 줄 수 있다. 모든 연구의 목표는 가능한 한 많은 외생변인을 통제하는 것이다. 그러나 연구에 영향을 줄 수 있는 모든 영향을 통제하는 것은 거의 불가능하다.

변인 개요

다음으로 넘어가기 전에, 지금까지 배운 것을 정리해 보자. 이제 특성이란 한 개인 내 특정 시간이나 시간의 흐름에 따라, 또는 개인에 따라 변화할 수도 있고 일정할 수도 있다는 것을 이해해야 한다. 또한 모든 변인은 종류(예: 성별)에서 차이가 나는지 또는 양(예: 시험 점수)에서 차이가 나는지에 따라 범주변인 또는 수치변인이 된다는 것을 알아야 한다. 그리고 모든 양적연구에는 종속변인과 독립변인이 있으며, 전자는 결과 변화이고 후자는 결과 변화의 원동력임을 배웠다. 독립변인은 연구의 목적과 필요에 따라 조작하거나 선택할 수 있다는 것을 알아야 한다. 마지막으로, 외생변인이 연구에 바람직하지 않은 영향을 줄 수 있으며 가능한 한 통제되어야한다는 것을 확인하였다.

다음 시나리오를 통해 각각의 변인을 이해했는지 테스트해 볼 수 있을 것이다. 괴롭힘 행동에 관한 당신의 아이디어를 가져와서 연구에 적용하기로 결정했다고 가정하라. 문헌 고찰 및 선행 연구에 대한 이해를 바탕으로 다음과 같이 연구 질문을 만들 수 있다.

> 이 연구의 목적은 어떤 대학생은 괴롭힘 행동에 참여하고 어떤 대학생들은 그렇지 않은 이유를 확인하는 것이다. 이를 위해 괴롭힘 행동에 대한 애착 유형(타인과의 관계 맺음 패턴), 자기가치(self-worth), 또래 표준의 영향을 살펴볼 것이다. 구체적으로, 첫 번째 괴롭힘의 연령, 괴롭힘의 빈도, 괴롭힘 목격의 빈도, 사회적 지지 체계의 크기에 관한 자료를 수집할 것이다.

먼저, 다음과 같이 가능한 모든 변인의 목록을 고려하자.

① 애착 유형
② 자기 가치
③ 또래 표준

④ 첫 괴롭힘을 당한 나이
⑤ 괴롭힘 횟수
⑥ 괴롭힘 목격 빈도
⑦ 사회적 지지 체계의 크기

그런 다음, 각각의 변인이 실제로 변수인지 또는 상수인지, 범주변인인지 또는 수치변인인지, 독립변인인지 또는 종속변인인지, 조작변인인지 또는 선택변인인지 결정하라.

사실 각각의 변인은 모두 변수이다. 몇몇 변인은 개인 내에서 시간의 흐름에 상관없이 상대적으로 일정할 수 있지만, 개인 간에서는 모든 변인이 다를 것으로 간주된다. 이 7개 변인 중에서 어떤 것이 범주변인이고 어떤 것이 수치변인인가? 애착 유형은 사람마다 세 가지 유형의 애착 유형 중 하나에 들어갈 것이므로 범주변인으로 간주된다. 자기가치는 수치변인인데, 각 참여자가 낮은 점수에서 높은 점수까지 연속적인 숫자로 자기가치의 수준을 보고할 것이기 때문이다. 또래 표준 또한 수치변인으로, 참여자들은 또래 행동에 대한 인식을 연속적인 숫자의 형태로 보고할 것이다. 괴롭힘 행동은 어떠한가? 첫 괴롭힘을 당한 나이, 괴롭힘 횟수, 괴롭힘 목격 빈도 및 참가자의 사회적 지지 체계 내 인원수는 모두 숫자, 연령 및 빈도 등의 단어에서 추정할 수 있듯이 모두 수치변인이다.

이제 어느 변인이 독립변인이고 종속변인인지 살펴보자. 독립변인은 종속변인을 이끌어야 한다는 것을 기억하라. 이 연구의 목적을 위해 애착 유형, 자기가치, 또래 표준에 따른 개인 간 차이가 괴롭힘 행동의 변화를 예측하는지 살펴보려고 한다. 그래서 애착 유형, 자기가치, 또래 표준이 독립변인이고, 첫 괴롭힘을 당한 나이, 괴롭힘 횟수, 괴롭힘 목격 빈도 및 참가자의 사회적 지지 체계 내 인원수는 종속변인이다. 마지막으로, 독립변인인 애착 유형, 자기가치, 또래 표준은 조작변인이라기보다 선택변인이다. 왜냐하면 이 변인들은 이미 각 개인 내에 존재하는 특성이기 때문이다.

변인을 조작하기

연구를 위해 변인이 선택되면, 그 변인이 연구에서 무엇을 의미하는지, 무엇을 포함하고 무엇을 포함하지 않는지, 어떻게 확인하고 측정할 것인지 등이 아주 구체적이어야 한다. 잘못된 것을 측정하거나 잘못된 방법으로 측정하는 것은 연구의 전체 목적을 변경시킬 수 있고, 때때로 연구 결과를 무효로 만들 수도 있다. 변인이 정의되지 않는다면, 그 변인은 의미 있게 측정되거나 조작될 수 없다. 변인을 조작적으로 정의한다, 조작한다는 것은 단지 연구 목적을 위해 정의를 진술한다는 것뿐만 아니라 그 변인을 어떻게 식별하고 측정할 것인지를 진술하는 것이다(Blaikie, 2003; Furlong et al., 2000; Patten, 1997). 그러나 변인이 조작되지 않고 개념적으로 정의될 수도 있음을 이해하는 것이 중요하다. 무슨 말인가 하면, 연구 목적을 위해 변인을 정의하지 않고 변인에 사전적으로 정의된 의미를 부여할 수도 있다는 것이다. 두 가지 방법으로 변인을 정의하는 것이 중요하다 하더라도, 그 차이를 이해해야 한다.

우울과 인지행동치료에 관련해서 앞에서 논의했던 시나리오를 상기하라. 우울과 같은 개념을 어떻게 조작하겠는가? 어떻게 확인할 것인가? 어떻게 측정할 것인가? 몇몇 사람은 우울을 슬픔의 감정이라고 할 것이고, 또 어떤 사람들은 냉담과 자살생각으로 이루어진 것으로 볼 수도 있다. 또 어떤 사람들은 절망과 식욕의 변화로 생각한다. 연구 목적을 위해 당신은 이런 저런 증상에 기초해서 자신만의 우울을 조작적으로 정의할 것이다. 또는 기록된 임상 진단을 기초로 참여자들을 선택할 수도 있다. 또 다른 방법은 우울 검사를 실시하여 우울을 확인하는 것이다. 기억할 점은 어떻게 이 과정을 거칠 것인지를 기록하여 다른 사람들이 당신의 연구를 반복할 수 있도록 해야 한다는 것이다. 이는 다른 사람들이 변인을 어떻게 정의하였는지에 비추어 결과를 해석하고 이해하기 때문에 또한 중요하다. 변인의 정의가 명확하지 않은 경우를 생각해 보라.

연구에서의 예

Note: 저자들은 이성애자 및 비이성애자 대학생들의 고전적 또는 사이버 폭력 가해 및 피해 경험을 조사했다. 설문지를 개발할 때 연구자들은 변인에 대한 구체적인 정의를 제공하였다.

괴롭힘 설문지는 Campbell 등의 이전 연구에서 가져와 본 연구의 목적에 맞게 재구성하였다. 수정된 설문지는 35개 문항으로 구성되었다. 첫 번째 섹션에서는 다음과 같은 사이버 폭력에 대한 정의를 제공했다. “사이버폭력은 테크놀로지를 사용하는 폭력이다. 한 사람 또는 한 무리의 사람이 반복적으로 자신의 컴퓨터나 휴대전화를 사용하여 다른 사람에게 상처를 주거나 창피 주려고 할 때 힘을 행사하는 것이다. 보통 가해자는 사이버폭력으로 특정 대상으로부터 어떤 이득을 취하려고 하고, 이는 우연히 발생하거나 친구들 사이에 서로 놀리는 것이 아닌 고의적인 공격을 목적으로 한다.” 응답자들은 지난 12개월 동안 경험한 사이버폭력의 발생률, 빈도 및 심각성과 관련한 열두 가지 질문을 받았다. 예를 들어, “지난 12개월 동안 사이버폭력을 당한 적이 있습니까?”라는 필터링 질문에 네라고 답하면 두 번째 질문 “지난 12개월간 얼마나 자주 사이버 괴롭힘을 당했습니까?"(일주일에 한 번 미만, 일주일에 한 번, 일주일에 한두 번, 대부분, 매일)로 넘어간다. "어떤 종류의 사이버폭력을 당했습니까?" 외모, 성적 또는 지능, 성(sexuality), 성별 표현(gender expression). 두 번째 섹션은 첫 번째 섹션과 동일한 항목을 고전적인 형태의 폭력에 대해 반복해서 질문했다. 섹션 처음에 Olweus12, 47-49의 연구에서 가져온 고전적인 형태의 폭력에 대한 기본 정의를 제공했다. "고전적인 형태의 폭력은 한 사람이 다른 사람을 고의로 다치게 하고자 할 때(우연한 사고가 아님), 반복적으로 불공평하게(가해자가 피해자로부터 어떤 이익을 취함). 괴롭힘은 한 사람 또는 더 많은 사람에 의해 여러 번 이루어질 수 있다."(Wensley & Campbell, 2012, p. 650)

출처: Wensley, K., & Campbell, M. (2012). Heterosexual and nonheterosexual young university students' involvement in traditional and cyber forms of bullying. *Cyberpsychology, Behavior, and Social Networking, 15,* 649-654. doi:10.1089/cyber.2012.0132

모집단 이슈

제1장에서 표집과 일반화의 중요성에 대해 간단히 언급했다. 그 논의에서, 양적연구에서 일반화하고자 하는 모집단의 대표가 되는 표본을 얻는 것이 중요하다는 것을 배웠다. 여기서 우리는 목표로 한 모집단에서 표본을 추출하는 것과 관련해서 고려해야 할 많은 쟁점을 논의하고자 한다. 방법론의 다른 영역에서 언급되었다 하더라도 다시 언급할 수 있다. 표본을 선택하는 것은 양적연구설계나 질적연구설계 모두에서 가장 중요한 과정 중 하나이다. 양적 표집의 목적이 대표성이 있는, 무작위의, 일반화 가능한 표본을 얻는 것이라면, 질적연구의 표집은 특정 사례의 예를 부각시키는 것이 전형적이다.

이 부분에서 다른 용어를 이해하려는 차원에서 괴롭힘 연구를 다시 생각해 보자. 우리는 대학생의 괴롭힘 행동을 연구하는 데 관심이 있다. 대학생이 모집단을 구성하고 있다. 미국 내 모든 대학생은 우리의 목표 집단(target population)이고, 이론적 집단(theoretical population)이라고도 한다. 모든 목표 집단을 포함하는 연구를 수행하는 것은 불가능하거나 아주 어렵다. 이러한 이유에서 우리는 접근 가능한 모집단(accessible population)을 정의할 필요가 있다. 괴롭힘 연구에서 접근 가능한 모집단은 ABC 대학에 재학 중인 모든 학생으로 볼 수 있다. 이 접근 가능한 모집단으로부터, 우리는 표본, 우리가 연락하고 정보를 얻는 실제 집단을 규정하게 된다. 표본이 접근 가능한 모집단에 적용(일반화) 가능하다면, 이 표본은 대표성이 있는 것이

연구에서의 예

연구대상 표본 요약하기

Note: 연구자들은 중고등학생을 대상으로 하는 종단 연구인 The Context of Adolescent Substance Use 연구의 데이터를 활용하여 청소년의 상태 동기(status motivations)와 또래 공격성이 공격적 행동에 미치는 영향을 분석하였다. 다음 단락에서 모집단과 표본에 대해 기술하고 있다.

"참여하는 3개 행정구역은 대부분 농촌 지역으로 아프리카계 미국인의 비율이 높고 평균 소득이 전국 평균보다 낮다. 연구 초기 각 행정구역의 모든 공립학교 6, 7, 8학년 학생이 참여했고, 각 측정 시기마다 새로운 학생들이 추가되었다. 최종적으로, 총 연구대상은 8,201명이었고, 그 중 7,173명(88%)이 적어도 한 번의 설문에 참여하였다. 학교 내 설문조사는 2002년 봄 1차 조사로 시작하여 6개월마다 실시하였고, 2005년 가을 6차 설문 자료가 수집되었다. 6차 설문이 있은 지 1년 후 최종 설문으로 연구가 마무리되었고, 가장 고학년 연구대상 집단은 12학년이 되었다. 응답률은 각 시기별 75% 이상 유지되었다. 이 연구의 자료는 4차(이하 'time 1') 및 5차(이하 'time 2') 시기 설문으로부터 얻었는데, 이는 4차 시기에 공격성에 대한 질문이 추가되었기 때문이다. 이 시점은 학생들이 8학년, 9학년 및 10학년인 2004~2005학년도 가을과 봄에 해당한다. 중학교(8학년)와 고등학교(9학년 및 10학년)가 모두 포함되었다. 학년도를 사용하면 학년 간 학교 및 학년 변화와 관련된 방법론적 문제를 피할 수 있다. time 1에 5,956명이 설문을 완료하였고, 누락된 데이터 삭제 후 최종 4,516명의 자료가 분석에 사용되었다. 16개 학교와 219개 또래 집단이 포함되었다(Faris & Ennett, 2012, p. 373)."

출처: Faris, R., & Ennett, S. (2012). Adolescent aggression: The role of peer group status motives, peer aggression, and group characteristics. *Social Networks, 34,* 371-378. doi: 10.1016/j.socnet.2010.06.003

다. 결과를 목표 집단에 적용할 수 있다면 대표성이 있는 것이다. 그러려면 대표성이 있는 표본으로도 연구를 여러 번 반복하는 것이 최선이다. 이것을 반복연구(replication)라고 한다.

모집단과 표본에 대한 자세한 설명을 제공하기 위해 모든 노력을 기울여야 다른 사람들이 연구 결과가 자신에게 적용되는지와 반복연구가 가능한지를 결정할 수 있다. 연구 절차에 대한 충분한 설명이 제공되지 않는 것이 연구에서 가장 일반적인 문제점 중 하나로 언급된다(Fraenkel & Wallen, 2006; Martella, Nelson, & Marchand-Martella, 1999). 표집 과정과 표본에 대한 설명을 제공하기 위해 목표/이론적 모집단의 정의, 접근 가능한 모집단에 대한 설명, 연구 참여자 수와 기술통계를 포함한 정보를 포함하는 것이 중요하다.

표본 크기

양적연구를 계획하는 데 있어 가장 걱정스러운 부분 중 하나는 표본 크기를 결정하는 것이다. 양적연구는 주로 관계, 효과, 예측을 확인하고 더 큰 모집단에 일반화하는 것에 관심이 있다. 연구가 특성상 질적인 것이라면, 개인 간의 의미 있는 경험이 해석될 것으로 가정할 것이다. 단일사례에 근거해서 미래를 예측할 수 없고, 누군가의 경험이 다른 사람의 경험을 나타내는 것이라고 할 수 없기 때문에 예측(prediction)과 무작위(randomness)는 이러한 경험이 무엇을 의미하는지 결정하는 데 핵심 요소가 아니다.

질적연구의 특성상 질적연구는 양적연구보다 표본 크기가 작은 경향이 있다. 이는 한 번 더 말하지만 질적연구의 결과가 양적연구에서처럼 더 큰 모집단에 일반화되는 것을 의미하지는 않기 때문이다. 질적연구에 참여한 개인은 '연구대상' 대신 보다 인간적인 관점에서 '연구 참여자'라고 한다. 다양한 질적연구방법과 방법론이 있지만, 질적연구의 표본은 연구의 초점에 따라 보다 구체화된다. 예를 들어, 특정 임상 현장에서 1년차 아프리카계 미국인의 경험을 탐색하는 질적연구를 수행한다면, 표본은 의도 표집(purposeful sampling), 즉 특정 기준을 충족시키는 개인으로 구성될 것이다(Creswell, 2007).

양적연구에서는 존재하는 통계적 의미를 찾아내기 위해 얼마나 많은 참여자가 필요한지 결정해야 한다(감지하지 못할 수도 있는 통계적 의미를 보고하지 않고). 어떤 지점에서 하나의 작은 표본이 의미가 있을까? 이 문제가 걱정스러운 이유는 확정적인 답이 없다는 것이다(그래서 우리 대부분이 싫어한다!). 그러나 이 숫자를 결정하는 것과 관련해서 몇 가지 방법이 있고, 이러한 방법들의 조합을 추천한다. 첫째, 효과 크기가 얼마나 클 것인가를 고려하라. 변인 간 관계가 크다고 예측된다면(큰 효과 크기), 꽤 찾기가 쉬울 것이고, 그러므로 더 적은 수의 참여자로도 발견될 것이다. 작은 효과 크기를 발견하기 위해서는 일반적으로 더 큰 표본 크기가 요구된다. 왜냐하면 차이와 관계가 쉽게 감지되지 않기 때문이다.

얼마나 많은 참여자가 필요한지를 결정하는 또 다른 유용한 방법은 연구 설계가 유사한 선행연구들을 검토하는 것이다. 이때 당신의 연구와 유사한 변인들을 사용했을 뿐만 아니라 사용하고자 하는 통계 방법이 유사한 연구를 선택하는 것이 중요하다. 다른 연구들을 살펴봄으로써, 연구 참여자의 범위와 수에 대해 대략적인 아이디어를 얻을 수 있다. 마지막으로, 표본 추출과 표본 크기와 관련하여 이러한 연구들의 제한점에 주의를 기울이라. 그 점이 바로 당신이 고려해야 할 점이다.

통계분석 방법 또한 표본 크기에 영향을 미친다. Fraenkel과 Wallen(2006, p. 104)은 다음과 같이 설명하고 있다.

> 필요한 연구대상의 최소한의 수와 관련해서 몇 가지 지침이 있다. 기술연구는 최소한 100명이 필요하다고 생각한다. 상관연구는, 관련성을 확인하기 위해 적어도 50명이 요구된다. 실험연구와 인과-비교(causal-comparative) 연구는 최소한 각 집단당 30명을 추천한다. 때때로 실험연구는 엄격히 통제된다면 각 집단당 15명으로도 가능하지만, 각 집단당 15명만으로 한 연구는 아마 어떤 결과가 나오기 전에 많은 반복연구가 필요할 것이다.

Blaikie(2003, p. 166)는 "학생들을 지도할 때 내 경험 법칙은 300명이 적절하고, 500명은 더 좋고, 1,000명은 훨씬 더 좋다고 말하는 것이다."라고 진술한다. 그는 명목(nominal) 자료는 서열(ordinal) 자료보다 더 큰 표본 크기가 요구되고, 등간(interval) 자료보다는 훨씬 더 많은 표본이 필요한 반면, 미터법 단위(metric-level) 분석은 아주 작은 표본 크기를 활용할 수 있다고 덧붙였다. 여기서 차이점은 다양한 종류의 자료와 사용되는 분석의 종류에 기초한다. Blaikie는 또한 다양한(여러 다른 종류로 이루어진) 모집단의 경우 더 큰 표본을 권장하고, 언제 부정확한 결과가 더 심각한 결과를 초래하게 되는지에 관한 지침을 제공한다(Blaikie는 모집단의 평균 나이에 대한 실수와 약물의 안정성에 대한 실수의 예를 들고 있다. 약물의 안정성에 대한 실수는 훨씬 심각한 문제를 가질 수 있다). Patten(1997)은 확보하기가 힘들거나 많은 시간이 요구될 경우 표본 크기가 더 작은 반면, 연구의 변인이 희귀할 경우 더 큰 표본 크기가 요구된다고 제안한다. 어떤 표본 크기가 타당한지를 결정할 때 주제의 민감성을 고려해야 한다. 예를 들어, 참여자들은 외상 병력, 성적 취향, 종교적 신념 및 물질 남용과 관련된 문제에 대해 이야기하기가 어려울 수 있다. 참여자가 불편하다고 느끼면 그 부작용은 참여자의 고통부터 연구 실패(연구로부터 철수함)에 이르기까지 다양하다. 연구에 대한 참여자의 민감성이 반응에 영향을 줄 수 있다면 연구 초기 표본 크기를 결정할 때 이를 고려해야 한다.

표본 크기를 결정할 때 이러한 잠재적 문제를 해결하기 위해, 표본 크기의 선택에 대한 과학적 근거를 생성하는 통계적 검정력 분석(power analysis)이라는 프로세스가 개발되었다.

표본 크기는 대체로 경험에 의해 결정되어 왔지만, 이제는 수 초 내에 통계적 검정력 분석을 수행할 수 있는 프로그램을 사용할 수 있다. 이 프로그램은 통계 유형, 허용 가능한 오류 수준 및 연구자가 입력한 검정력 수준에 따라 요구되는 표본 크기를 계산한다. 최근 사용되는 도구 중 하나는 G*Power이다. 통계적 검정력 분석은 이제 거의 대부분의 학술지에서 요구되는 계산이다.

불충분하게 대표된 집단

연구에서 계속 진행 중인 쟁점은 소수집단의 적절한 대표성의 부족이다. 상담연구의 대부분은 백인 중산층의 교육받은 참여자들을 대상으로 이루어져 왔다. 이로 인한 문제는 이들 연구 결과를 범문화적으로 적용 가능하다고 가정할 수 없다는 것이다. 상담 분야에서 모집단의 다양한 사람을 빼먹는 것은 특히 문제가 될 수 있다. 왜냐하면 발달, 성격, 치료적 개입에 관한 많은 이론이 상담 서비스를 받는 다양한 사람 중 일부에 기초하기 때문이다. 일반적으로 불충분하게 대표되는 소수집단에는 ALGBTIQ[1] 커뮤니티 회원, 다양한 종교 집단, 여성, 노인, 장애 지원을 받고 있거나 필요로 하는 사람, 다양한 인종 및 소수 민족이 포함된다. 종합적으로, 이 사람들은 우리가 전문 상담 분야에서 봉사하는 고객의 상당 부분을 대표하며, 이러한 개인을 섬기는 문화의 영향을 간과하는 것은 불충분할 뿐만 아니라 비윤리적인 것으로 간주될 수 있다[American Counseling Association(ACA), 2014 참조].

연구를 수행할 때 우리는 자신의 분야에 의미 있는 방식으로 기여하기 위해 노력한다. 소수집단을 더 많이 표집하여 표본의 다양성을 높이기 위한 추가적인 노력을 기울임으로써 보다 더 기여할 수 있다. 연구자로서 우리는 연구에서 이전에 간과한 사람들에게 목소리를 부여할 수 있는 능력이 있으며 그렇게 하는 것이 바람직하다. 연구에서 다양성 문제를 다루는 것은 소수자를 직접 표집하는 것 외에도 다양한 방법으로 이루어질 수 있다. 예를 들어, 연구대상에 소수자를 포함시키기 위해 의도 표집(purposeful sampling)을 사용하고, 최소한 소수자들에게도 적용할 수 있는 측정 도구를 선택하며, 다문화적 차이에 주의를 기울여 도구를 개발하고, 이미 개발된 도구는 소수자를 대상으로 타당화 과정을 수행할 수 있다. 연구에서 다양성을 다루는지에 상관없이 문화가 언어와 커뮤니케이션 스타일, 민감한 주제를 다루는 것을 주저하는 정도, 권위자, 더 나아가 연구자에 대한 신뢰, 신체적 · 정신적 질환에 대한 인식, 도움 추구에 미치는 영향을 고려하라. 이러한 문화적 차이로 인해 연구 설계나 표집 전략을 적절히 수정해야 할 수도 있다.

1) asexual lesbian gay bisexual transgender intersex queer/questioning의 첫 글자로 성소수자를 의미.

연구에서의 예

연구에서 다양성 다루기

Note: 이 연구는 성적 지향에 따라 고전적 또는 사이버 폭력에서 어떤 차이를 나타내는지를 살펴봄으로써 상담에서의 다문화 이슈를 직접적으로 다루었다. 전문 상담 영역에 중요한 함의를 가지는 연구 결과를 다음과 같이 요약했다.

"이 연구는 이성애 및 비이성애 대학생들이 고전적 또는 사이버 폭력에 대한 가해자 및 피해자로서의 참여 경험을 조사하였다. 1학년 대학생 5명 중 약 1명이 지난 12개월 동안 고전적인 형태의 괴롭힘을 당한 적이 있다고 보고하였다. 이는 이전 연구에서 학생들이 보고한 수준과 유사하다. 전반적으로, 비이성애자들이 이성애자들보다 더 많은 폭력 경험을 보고하였다. 이와 대조적으로, 사이버폭력은 비이성애자 남성이 이성애자 남성보다 더 괴롭힘을 당할 가능성이 높다 하더라도, 사이버폭력 정도는 참여자의 성적 지향에 유의미한 영향을 받지 않았다. 이는 다른 사람과 다른, 특히 전형적인 젠더 기준을 따르지 않을 경우, 즉 여성의 여성성 표현과 남성의 남성성 표현을 따르지 않는 경우 괴롭힘의 대상이 된다는 연구 결과로 설명할 수 있다."
(Wensley & Campbell, 2012, p. 652)

출처: Wensley, K., & Campbell, M. (2012). Heterosexual and nonheterosexual young university students' involvement in traditional and cyber forms of bullying. *Cyberpsychology, Behavior, and Social Networking, 15*, 649-654. doi:10.1089/cyber.2012.0132

측정

이제 무엇을 연구할 것인지, 정확히 변인이 무엇인지, 목표 집단에 일반화하려면 어떤 표본을 추출할 것인지 알고 있으므로, 다음은 어떤 종류의 정보를 얻어야 하고 어떻게 얻어야 할지를 고려해야 한다. 자료 수집을 위해 선택한 방법이 무엇이든 이를 도구(instrument)라고 한다. 도구 선택에서부터 관리에 이르기까지 자료 수집의 모든 과정을 측정(instrumentation)이라 부른다. Fraenkel과 Wallen(2006)은 이 과정에서 고려해야 할 몇 가지 질문을 다음과 같이 제시한다. ① 어디서 자료를 수집할 것인가? ② 언제 자료를 수집할 것인가? ③ 얼마나 자주 자료를 수집할 것인가? ④ 누가 자료를 수집할 것인가? 나는 여기에 ⑤ '왜?'를 추가하고 싶다. 처음 네 가지 질문이 아주 중요하고 연구를 계획할 때 답해야 할 필요가 있다는 데 동의한다. 또한 많은 초보 연구자가 이유에 대한 근거를 갖지 못하거나 그 대답이 과학적이지 못하다는 것을 모른다는 것을 안다. 연구자들은 너무 자주, 방법론적 엄격함보다는 편리함에 기초해 방법론을 결정한다. 자료 수집을 하는 이유에 대한 답이 편리함과 관련이 있다면, 어디서, 언제, 얼마나 자주, 누가에 대한 대답을 다시 생각할 필요가 있다.

도구 선택에 대한 고려

적절한 측정 도구를 선택하는 것은 높은 수준의 괜찮은 연구를 수행하기 위해 고려해야 할 가장 중요한 단계 중 하나이다. 초보 연구자들은 종종 사용 가능한 많은 도구와 친숙해지는 데 어려움을 겪는다. 무엇이 사용 가능한지 아는 것은 연구에 가장 적절한 도구를 선택하도록 하기 때문에 아주 중요하다. 또한 도구 개발을 직접 해야 할 가능성을 줄여 준다. 타당도와 신뢰도가 높은 도구를 만드는 데에는 시간과 노력이 요구되기 때문에 꺼려지기 마련이다. 몇몇 자료가 도구 목록을 제공하고 있고, 리뷰를 통해 유용한 정보를 함께 제공한다. 아마 가장 종합적인 도구 목록은 ERIC 데이터베이스일 것인데, http://www.eric.ed.gov에서 찾아볼 수 있다. 키워드 검색을 통해 이 사이트는 연구에 직접적으로 적용 가능한 도구들을 선택해 내려갈 수 있도록 훌륭한 방법을 제공한다. 『The Mental Measurements Yearbooks』는 또 다른 유용한 자원으로, 4,000개 이상의 도구 리뷰를 제공한다(http://www.unl.edu/buros/). 또 하나는 ACA의 분과 상담·교육평가학회(Association for Assessment in Counseling and Education)의 웹사이트이다. 이 사이트(http://www.theaaceonline.com/home.htm)는 공정한 검사 실시 규정, 다문화 평가 기준, 검사 실시자의 권리와 책임뿐만 아니라, 추가로 역량, 책임, 자격에 대한 자료를 제공하고 있다. 많은 부분이 진단, 치료, 입학, 배치 목적으로 검사를 사용하는 사람들을 위해 제공되지만, 이러한 정보는 여전히 연구를 위한 자료 수집에도 적용된다.

평가 도구 목록을 훑어보고 선택된 도구의 리뷰를 읽어 보는 것은 사용 가능한 많은 수의 평가 도구와 더 익숙해질 수 있는 좋은 방법이다. 그러나 당신이 연구하고자 하는 같은 변인들을 연구한 다른 연구자들이 선택한 도구들을 살펴보기 위해 기존 연구들을 검토하는 것도 마찬가지이다. 사실 이 방법이 가장 적절한 시작점일 수 있다. 적절한 연구들을 읽어 보면서 도구에 관한 설명과 도구의 적절성을 살펴보라. 어떤 연구자가 널리 사용되어 더 이상의 설명이 필요 없을 만큼 잘 알려진 도구를 사용하는 것이 아니라면, 도구에 대한 설명은 철저하게 이루어져야 한다. 도구가 누구나 아는 이름이라면[예: 스트롱 흥미검사(Strong Interest Inventory: SII)], 도구에 관한 모든 정보를 요약하는 것이 불가능하고 불필요하다. 독자들에게 적절한 출처를 알려 주는 것으로 충분하다. 도구가 덜 알려져 있다면, 도구에 대한 논의에 최소한 이 도구가 측정하는 구인과 변인에 대한 설명, 어떻게 이 형태로 구성되었는지, 어떻게 채점하는지,

점수가 의미하는 바는 무엇인지, 타당도와 신뢰도에 대한 정보들을 포함시켜야 한다. 이 정보는 특히 당신의 연구에 이 도구를 사용할 만한지 평가할 때 유용할 것이다(Heppner & Heppner, 2004; Martella et al., 1999). Sim과 Ng(2007)에서 인용한 다음 예를 살펴보자.

> 모 애착(mother attachment)과 부 애착(father attachment). 청소년들이 부모와 맺고 있는 애착관계를 측정하기 위해 우리는 Kenny(1987)의 부모애착질문지(Parental Attachment Questionnaire: PAQ)의 단축형 24문항을 사용했다. PAQ는 특별히 고등교육의 맥락에서 사용하고자 개발되었고, 아프리카계 미국인(Hinderlie & Kenny, 2002)과 선교사 자녀(Huff, 2001)를 포함하는 환경에서 다양한 표본에 널리 적용되어 왔다. 특히 PAQ는 아시아계 미국인(Kenny & Perez, 1996; Klasner & Pistole, 2003)에게 사용되어 왔다. Kenny 도구의 충분한 내용을 보장하고자, 정서적 관계의 질(Affective Quality of Relationship scale, 11문항), 자율성 양육(Parents as Facilitators of Independence scale, 8문항), 정서적 지지 제공(Parents as Source of Support scale, 5문항)의 세 차원 모두에서 문항을 채택하였다(pp. 469-470).

Fraenkel과 Wallen(2006)과 마찬가지로 Heppner와 Heppner(2004) 또한 측정에 대한 몇 가지 추가적인 제안을 했다. 도구를 선택할 때, 얼마나 긴지, 얼마나 오랜 시간이 걸리는 것인지, 가독성, 즉 연구 참여자들이 그 언어와 사용 단어를 이해할 수 있을지, 도구에 어떤 수정을 가해야 하는지, 만약 그렇다면 어떻게 수정할 것인지, 관리 과정의 적절성, 연구 문제에 대한 답을 주기에 적절한지, 심리측정적 특성, 사용할 특정 표본에 대해 타당화되어 왔는지를 고려하라. 또한 실시와 채점 방법이 명확한지, 도구를 사용하는 데 드는 비용, 대등한 도구가 존재하는지, 당신 또는 누군가(교사, 부모, 상담자)가 정보를 제공해야 하는지, 지필 검사인지 또는 수행 행동에 기초한 것인지, 다른 사람들이 사용과 관련한 문제를 보고하지는 않았는지 고려하라.

도구의 형태와 정의

다음은 연구자가 직접 관찰하는 것을 포함하는 도구들의 측정 형태와 정의된 용어 목록이다.

- **평정 척도**(rating scales): 평정 척도는 사람들이 어떻게 행동하는지에 관련하여 점수를 부여하기 위해 사용된다. 평정 척도는 단순히 인정하기보다는 평가를 내포한다는 점에서 관찰과 다르다.

- **면접 스케줄**(interview schedules): 면접 스케줄은 참여자에게 질문할 질문 목록이다.
- **관찰 양식**(observation forms): 관찰 양식은 연구자가 관찰하고 평가할 특정 행동을 포함하며, 그러한 관찰의 빈도를 기록할 자리를 제공한다.
- **플로차트**(flowcharts): 빈도를 기록하는 기록지는 행동뿐만 아니라 행동의 의도된 방향을 센다.
- **수행 체크리스트**(performance checklists): 이 체크리스트는 한 개인이 특정 과제의 수행과 관련된 행동을 하고 있는지의 여부(그 행동을 얼마나 잘 수행하는지가 아니라)를 기록하는 것이다.
- **일화 기록법**(anecdotal records): 특정 사실 기록을 포함하는 것으로, 보통 문단 형식으로 되어 있으며 연구자에게 중요하게 생각되는 관찰을 포함한다.
- **시간-동작 일지**(time-and-motion logs): 시간-동작 일지는 행동에 대한 근본적인 이유를 이해하기 위한 노력으로, 특정 기간 동안 일어나는 한 개인 또는 집단에 대한 아주 자세한 관찰이다.

다음은 연구 참여자가 완성해야 하는 도구들의 측정 형태와 정의된 용어 목록이다.

- **질문지**(questionnaires): 질문지는 참여자가 적절한 반응을 작성하거나 표시하여 대답할 질문 목록을 포함한다.
- **자가 체크리스트**(self-checklists): 참여자가 자신에게 적용되는지 아닌지를 체크하도록 하는 특성이나 행동 목록을 담고 있다.
- **태도 척도**(attitude scales): 태도 척도는 참여자가 어떤 것을 지지하는지에 따라 특정 태도를 나타내는 진술문 세트로 이루어진다.
- **성격 검사**(personality inventories): 성격 검사는 참여자의 성격이나 특성을 측정한다.
- **성취 및 적성 검사**(achievement and aptitude tests): 이 검사는 참여자의 지식, 능력, 또는 성취 경향을 측정한다.
- **역량 검사**(performance tests): 이 검사는 어떤 과제에 대한 참여자의 수행 능력을 측정한다(fraenkel & wallen, 2006).

이러한 목록에서 확인한 것처럼, 자료 수집 방법을 선택할 때 고려해야 할 많은 선택이 있다.

표집, 참여자, 실험자 편향

연구에서 가장 중요한 방법론적 쟁점 중 하나는 편향(bias)인데, 안타깝게도 이는 어떤 연구에든 내재되어 있다. 편향된 결과는 어떻게 반응들을 끌어냈는지, 어떻게 관찰이 기록되었는지, 참여자의 사회적 바람직성, 연구 목적, 실험자의 기대 등과 관련이 있는 의도하지 않은 오류에서 나올 수 있다. 몇몇 사람은 편향이 특성상 질적연구에서 더 많이 발생한다고 본다. 그럼에도 불구하고 편향은 질적연구와 양적연구 모두에서 일어날 수 있기 때문에 여기서는 그 점에 초점을 맞출 것이다. 연구자로서 당신의 책임은 이러한 편향이 어떻게 일어날 수 있는지 이해하고, 주도면밀한 방법론적 계획을 통해 이를 방지하는 법을 사용하여, 노력에도 불구하고 자신의 연구에 존재하는 편향을 알아차리고, 결과를 해석할 때 이를 고려하는 것이다. 이제 이를 위해 당신은 먼저 필요한 지식을 습득해야 한다.

표집 편향

무선 표집에 대해서는 앞에서 간단하게 논의했다. 상기시켜 보자면, 무선 표집에서는 모집단의 모든 구성원이 표본에 포함될 확률이 동일하다. 이상적으로, 표본은 대표하기로 한 모집단을 반영해야 한다. 그러나 실제로 모집단의 모든 구성원이 동일한 확률을 가지는 것은 거의 불가능하고, 때때로 모집단의 모든 구성원에 접근하고 확인하는 것조차 어렵다. 그럼에도 불구하고 접근성을 확인하고 확보하지 못하는 것이 편향의 근원이다. 그 결과, 관심 있는 모집단의 어떤 구성원은 실제보다 더 적게 또는 더 많이 드러나게 된다. 예를 들어, 중독 성향을 가진 사람의 성격 특성을 알아보는 연구를 수행한다면, 현재 치료를 받고 있는 사람, 지지 집단에 참여하는 사람, 공공 서비스 기관에 다니는 사람을 찾을 것이다. 그러나 중독된 모집단의 다른 구성원들을 찾아낼 방법은 없다. 이 시나리오에서 전형적으로 나타나는 결과 편향은 노력의 부족에서 기인되는 것이 아니다.

다른 형태의 표집에서도, 아마 다른 이유일 수 있지만 비슷한 결과가 나타난다. 더 적게 드러남으로써 편향된 표본은 또한 표집 방법의 편의성에서도 발생할 수 있다. 앞서 언급했듯이, 편의성에 따라 표집이 용이한 표본이 사용될 수 있다. 요즘 대학생들의 불안 수준을 알아보고자 했다고 하자. 기말고사 일주일 전 도서관 밖에 서서 도서관에 들어가고 나오는 학생들을 조사하기로 한다. 장소(도서관)의 선택뿐만 아니라 시간(기말고사 일주일 전) 또한 결과를 편향시키게 된다. 분명히, 이때 이 학생들의 불안 수준은 그렇지 않은 경우보다 더 높을 것이다.

다른 예를 들어 보자. 괴롭힘 연구와 관련하여, 얼마나 많은 학생이 괴롭힘 행동에 참여하는지 유병률을 조사한다고 하자. 인기 있는 대학가의 바에서 자료를 수집하는 것과 캠퍼스 근처 교회에서 수집하는 것에 차이가 있겠는가? 당연히 그럴 것이다. 자료를 수집하는 장소가 차이를 만들고 표본을 왜곡할 수 있다.

자원제(volunteerism)는 표집 편향의 또 다른 주요 원인이다. 모든 연구에서 참여자는 자원하는 것이 사실이다. 나는 기혼 커플 사이의 외도에 대한 연구를 수행한 적이 있다. 잠재적 참여자들에게 자발적으로 참여할 선택의 기회가 주어졌을 때, 자연히 일부는 동의하지만 나머지는 거절했다. 이것이 왜 중요한가? 자원하는 사람들은 거절하는 사람들과 질적으로 차이가 있다. 이러한 차이와 관련 이슈들은 질적연구와 양적연구 모두에서 똑같이 관련이 있다.

참여자 편향

호손 효과 호손 효과(Hawthorne effect)란 자신이 연구대상임을 알고 있는 참여자들은 더 나은 수행을 나타내도록 동기화된다는, 일반적으로 받아들여지고 있는 개념을 가리키는 것이다. 1920년대, 생산성에 있어 조명의 효과를 시험하는 연구가 시카고 웨스턴 일렉트릭사(Western Electric)의 호손 공장에서 진행되었다. 이 실험에서 연구자가 조명을 어떻게 조절하든 상관없이, 작업자 생산성은 계속 증가되었다. 이를 통해 연구자들은 생산성을 증가시키는 요인은 조명이 아니라, 연구가 진행된다는 사실, 그리고 연구자가 작업자에게 초점을 두는 것임을 고려하게 되었다. 언제든 참여자가 평가받는다는 것을 알면, 처치 변인 때문이 아니라 어느 정도 관심이 집중되는 것 때문에 잠재 효과가 발생한다. 호손 효과 때문에 결과가 편향될 가능성을 감소시키기 위해서는 같은 정도의 관심 집중을 받지만 처치를 받지 않는 통제집단이 사용되어야 한다(Holden, 2001; Isaac & Michael, 1997; Martella et al., 1999).

존 헨리 효과 호손 효과가 실험집단의 참여자에게 적용되는 반면, 존 헨리 효과(John Henry effect)는 통제집단의 참여자에게 나타난다. 존 헨리 효과는 학생 성과와 교사 계약에 관한 연구 중에 발견되었다. 이 용어는 철도 침목을 얼마나 빨리 배열하느냐를 놓고 당시의 최신 기계와 시합을 했던 신화적 인물인 John Henry의 이름을 따서 명명된 것이다. 행동 이면의 경쟁하려는 동기로 인해, 연구에서 통제집단의 참여자들이 성과를 증대시킬 뿐 아니라 실험집단의 참여자를 능가하는 성과를 내려고 동기화된다. 이 때문에 참여자의 경쟁력으로 인한 결과 편향이 생긴다(Holden, 2001; Isaac & Michael, 1997; Parker, 1993).

실험자 편향

실험자 효과 실험자 편향은 연구자가 의도하지 않게 참여자의 행동, 참여자의 평가, 또는 다른 방식으로 연구 결과에 영향을 미칠 때 발생한다. 이러한 경우를 실험자 효과(experimenter effects)라 일컫는다. 실험 중에 독립변인이 구현될 때, 변인보다는 실험자와 더 관련이 있는 결과가 얻어질 수 있다. 다른 말로, 다른 사람이 그 변인을 구현하면 같은 결과가 나오지 않을 수도 있다는 뜻이다. 예를 들어, 앞서 우리는 우울증 내담자가 인지행동치료에 어떻게 반응하는지를 알아보고자 했다. 당신이 이런 종류의 처치를 구현하고, 우울 정도를 처치 전, 처치 중, 처치 후에 평가한다고 가정하라. 상담 효과는 여러 요인에 의해 영향을 받을 수 있기 때문에 결과가 구현한 처치 때문인지, 아니면 상담자의 개인 내 특성과 더 관련이 있는지 알아내기는 어려울 수 있다. 실험자 효과를 줄이기 위해 여러 명의 실험자(이 예에서는 여러 명의 상담자)가 활용되어야 한다.

실험자 또는 관찰자 기대 우리가 알아차리든 그렇지 않든, 우리는 우리가 무엇을 기대하는지에 관해 사람들에게 귀띔을 한다. 이 단서는 말로 또는 비언어적인 형태로 주어지지만, 그 형태와 상관없이 사람들은 그 단서를 가지고 그에 따라 수행한다. 이 현상을 설명하기 위해 자기충족적 예언(self-fulfilling prophesy) 또는 피그말리온 효과(Pygmalion effect)라는 용어를 사용한다. 이와 같은 아이디어는 실험자의 기대가 참여자의 행동과 결과에 영향을 줄 수 있는 연구에 적용된다. 이러한 기대는 참여자의 수행에만 영향을 주는 것이 아니라, 실험자가 선택하는 방향으로 자료를 만들어 낼 수도 있다. 때때로 사람들은 보고 싶은 것을 본다. 미리 예상하는 사실에 따라 정보를 걸러 내고 예상 결과는 알아차리지만 다른 것은 무시한다. 예를 들어, 초감각적 지각(ExtrasenSory Perception: ESP)을 평가하는 연구자는 연구 참여자가 ESP를 평가하는 질문에 대해 특정 답변을 선택하도록 어떤 행동 단서를 신호로 보낼 수 있다. 어떤 특정 선택지에 대해 더 관심을 보인다든지, 특정 선택지를 안내한 후에 시간을 더 끈다든지, 잘못된 선택지에 대해 '음' 하고 소리를 내는 것과 같은 작은 행동 단서들은 눈에 띄지 않을 수도 있다. 고의적인 조작은 비윤리적이지만, 이러한 행동은 고의가 아니더라도 일어날 수 있다. 연구의 목적이나 실험자가 알고자 하는 것을 모르는 사람을 활용함으로써 이러한 종류의 편향을 줄일 수 있다(Isaac & Michael, 1997; Martella et al., 1999; Parker, 1993). 연구 관리자나 참여자 모두 데이터에 영향을 주거나 조작할 수 있는 사전 지식이 없기 때문에 이러한 유형의 연구를 '이중맹검(double-blind)'이라고 한다.

후광 효과 후광 효과(halo effect)는 실험자 편향의 또 다른 형태로, 간단히 말해 사람의 어떤 특성(보통 연구 목적과 상관없는)이 다른 특성(보통 연구 목적과 상관이 있는)을 어떻게 보는지에 영향을 미치는 경향성이다. 후광 효과를 나타내는 전형적 특성들로는 매력, 성별, 인종, 사회 계층이 있다. 실험자가 어떤 관찰을 할 때, 이런 것들이 문제가 될 수 있고 연구 결과를 왜곡시킨다. 예를 들어, 정신과 1년차 레지던트의 DMS-5 진단 정확성을 검사하는 연구자는 실수로 여자보다 남자에게 더 높은 진단 정확성을 표시할 수 있다. 긍정적이든 부정적이든, 강한 첫인상이 이후 평가나 관찰에 영향을 주는 것은 드문 일이 아니다. 이것이 바로 특정 매력이 후광 효과로 나타나는 이유이고, 그로 인해 매력적인 사람은 지능, 역량, 친절의 특성이 될 수 있다. 변인들이 모호하거나 추상적인 용어로 정의되는 경우, 후광 효과는 편향을 일으킬 가능성이 더 커진다. 그러나 아주 구체적이고 조작적으로 연구 변인을 정의한다면 평가 척도에 친숙해지는 것만큼이나 후광 효과 정도를 줄일 수 있다(Isaac & Michael, 1997; Pike, 1999).

연구자 신뢰성

편향 외에도 질적연구에서 특히 중요한 또 다른 요소는 연구자 신뢰성이다. 질적연구는 양적연구와 같은 객관성 수준이 존재하지 않기 때문에, 질적방법론의 타당성을 확보하기 위해 추가 절차를 밟아야 한다. 삼각측정(triangulation), 연구 참여자 확인(member checking), 성찰 일지(reflexive journaling)와 같은 요소들이 여기에 해당된다. 삼각측정은 여러 데이터 소스, 방법, 연구자 또는 이론을 통합하여 질적연구의 내적 타당도를 증가시킨다(Denzin, 1978). 연구 참여자 확인은 참여자가 분석 결과에 대한 피드백을 제공하고 해석에 대한 제안을 할 때 이루어진다. 마지막으로, 성찰 일지 등을 통해 성찰을 수행하는 것은 연구자가 자기인식 과정을 통해 다른 사람들을 표현하고, 분석 과정에 크게 영향을 미치는 중요한 구성 요소가 어떻게 생성되는지를 이해하도록 돕는다(Berger, 2015).

일반적인 방법론적 오류

초보 연구자가 자주 범하는 실수로 다음과 같은 것들이 있다.

① 연구 모집단을 명확히 정하지 못하는 것
② 충분한 표본을 수집하지 못하는 것

③ 최선이기보다 가장 편리한 자료 수집 방법을 사용하는 것
④ 한 학기 내에 연구의 모든 단계를 거치려고 시도하는 것
⑤ 부적절하거나 부정확한 도구를 사용하는 것
⑥ 방법론을 실행에 옮기지 못하는 것
⑦ 표본과는 다른 모집단에 과잉일반화 또는 일반화하는 것
⑧ 편향 문제를 적절하게 다루지 못하는 것

요약

이 장에서는 변인 선택, 표집, 측정, 편향과 관련된 다양한 방법론적 쟁점을 검토하였다. 연구방법론은 압도적일 수 있기 때문에, 이 과정에 내재하는 잠재적 이슈와 논의거리들에 대해 아는 것이 중요하다. 심사숙고하고 조심스럽게 계획될 때, 방법론은 성공적인 연구에 대한 지침이 되어 줄 것이다.

변인과 특성의 차이를 포함하여, 범주변인과 수치변인, 독립변인과 종속변인, 조작변인과 선택변인 등 다양한 유형의 변인들 간의 차이에서부터 변인의 중요성에 대해 논의하였다. 변인 선택은 방법론의 기초이고, 당신은 연구 목적에 따라 변인이 무엇을 의미하는지에 대해 매우 구체적으로 알아야 한다. 그렇지 않으면 잘못된 방법으로 측정하게 되고 전체 연구 목적을 바꿀 수도 있는 위험에 처할 수 있다.

모집단, 목표 집단, 접근 가능한 모집단 사이의 차이점도 논의하였다. 표본을 접근 가능한 모집단에 적용(일반화)하려면 그 모집단을 대표하는 것이어야 한다는 것을 명심하라. 결과가 목표 집단에 적용된다면, 그 결과는 다시 대표성이 있어야 한다. 양적연구를 할 때, 당신은 또한 감지되어서는 안 될 통계적 유의성은 보고하지 않으면서 필요한 유의미한 결과를 얻기 위해 얼마나 많은 참여자가 필요한지 결정하고 싶을 것이다. 표본 크기에 대한 법칙이 존재하는 것은 아니므로(많은 연구자가 나름의 지침을 제공하기는 하지만), 사용하고자 하는 통계분석 방법의 종류와 희망하는 효과 크기, 이전 연구에서 사용했던 표본 크기를 고려해야 한다. 비슷하게, 질적연구와 관련해서 표본 크기는 충분한 자료를 제공할 만큼, 분석의 진실성을 입증할 만큼 커야 한다. 정확한 표본 크기는 질적 분석 방법에 따라 다르고, 일반적으로 비슷한 연구에서의 표본 크기를 지표로 삼는다.

측정은 자료 수집, 도구 선택, 도구 관리와 관련해서 중요하다. 사용 가능한 많은 도구와 친숙해지는 것이 필요하다. 무엇이 사용 가능한지 아는 것은 연구에 가장 적합한 도구를 선택할 가능성을

높여 주기 때문에 중요하다.

마지막으로, 표집 편향, 참여자 편향, 실험자 편향을 검토하였다. 이런 편향은 어떻게 반응을 이끌어 내는지, 어떻게 관찰이 기록되는지, 참여자의 사회적 바람직성, 연구 목적, 실험자의 기대와 관련하여 의도되지 않은 오류에서 나타날 수 있다. 연구자로서 당신의 책임은 이러저러한 편향들이 어떻게 일어날 수 있는지 이해하고, 심사숙고한 방법론적 계획을 통해 방지하는 방법을 아는 것, 노력에도 불구하고 일어날 수 있는 자신의 연구에 나타난 편향을 아는 것, 결과를 검토할 때 이를 고려하는 것이다. 방법론적 쟁점과 보고서 작성에 대한 더 많은 정보는 Onwuegbuzie와 Leech(2005), Heppner와 Heppner(2004)를 참고하라.

• 생각해 볼 문제 •

1. 특성과 변인의 차이를 설명하고, 각각이 시간과 상황, 개인에 따라 어떻게 변하거나 일정할 수 있는지 논의하시오.
2. 독립변인과 종속변인의 차이는 무엇인가? 당신이 연구하고자 하는 연구 문제에 따라 상호 변경 가능한 예를 떠올릴 수 있는가?
3. 어떤 사람의 학업 수행을 측정하고자 한다면, 범주변인과 수치변인을 통해 이를 측정할 수 있는 몇 가지 방법은 무엇인가?
4. 변인을 조작하는 것이 얼마나 중요한지 보여 주는 어떤 특정 상황을 떠올려 볼 수 있는가?
5. 더 큰 모집단에 일반화할 수 있는 대표성이 있는 표본을 찾는 이유는 무엇인가?
6. 표본이 지나치게 커질 수 있는 경우는 언제이며, 이것이 어떤 문제를 발생시키는가?
7. 도구를 선택할 때 고려해야 할 점들로는 어떤 것이 있는가?
8. 어떤 이유로 표집 편향이 일어나는가?
9. 호손 효과와 존 헨리 효과의 차이를 설명하시오.
10. 실험자 편향을 방지하는 것이 가능한가? 이러한 가능성을 줄여 줄 수 있는 예방책들은 무엇인가?
11. 어떤 방법론적 실수가 쉽게 일어날 수 있다고 생각하는가?

• 학습활동 •

1. 변인 선택: 시연을 위해 8명의 학생이 필요하다. 한 학생에게 '종속변인'의 역할을, 세 학생에게는 '독립변인'의 역할을, 또 한 학생에게는 '연구 주제', 나머지 세 학생은 '연구팀'의 역할을 부여하라. 학생들에게 각자 연구 주제를 결정하도록 하고, 연구주제가 결정되면 종속변인에 이름을 붙이도록 한다(즉, 종속변인을 구체화한다). 그런 다음 각 독립변인에도 이름을 붙인다(즉, 독립변인을 구체화한다). 독립변인과 종속변인 사이의 상호작용을 논의하기 위해 각 '독립변인' 학생들에게 '종속변인' 학생에게 직접 종속변인에 어떻게 영향을 미치는지 말을 하도록 한다. '종속변인' 학생은 독립변인과 종속변인 관계에 영향을 미치는 다른 외생변인에 대해 이야기할 수 있다. 연구팀은 변인에 대한 컨설턴트 역할을 한다. 변인과 연구팀은 협력하여 연구 설계를 정의한다. 마지막으로, '연구 주제'는 연구팀과 청중과 협의하여 이 연구 설계가 연구 주제에 적합한지, 외생 변인들을 적절히 고려하고 있는지를 결정한다.
2. 표집: 수업활동에 앞서, 학생 수 만큼의 종이를 준비하고, 각각의 종이에는 다음 중 하나가 작성되어 있도록 한다. ① "당신은 저를 평가할 수 없어요." ② "전 연구참여에 동의하지 않습니다." ③ "저는 당신의 연구에 적합하지 않아요." ④ "전 연구에 참여할게요." 활동을 시작할 때, 각 학생들이 무작위로 작성된 종이 한 장씩을 나눠 갖고, 당신은 '연구자' 역할을 할 것이다.
   학생들에게 다 같이 하나의 연구주제와 연구대상/이론적 모집단을 결정하도록 한 다음, 각자 자리에서 일어나 시작한다. 한 사람씩 돌아가면서 자신의 종이를 참고하여 왜 연구에 참여하는지 또는 참여하지 않는지 설명하도록 한다. 학생들은 '연구자'인 당신에게 직접 피드백을 한다. 예를 들면, ① "온라인 설문인데, 전 인터넷을 사용하지 않아요." ② "답변하기 불편한 주제예요." ③ "연구대상으로 적합하지 않은 나이예요." ④ "나한테 중요한 주제예요." 당신의 연구에 참여하지 않는 학생들은 앉아 있도록 하고, 참여자는 서 있도록 한다. 연구 참여자를 모집하고 참여율을 높이기 위한 전략을 토의하라.
3. 측정: 학생들을 여러 집단으로 나누고, 각 집단마다 다음 중 하나의 도구를 할당하라.
   평정 척도, 면접 스케줄, 관찰 양식, 플로차트, 수행 체크리스트, 일화 기록법, 시간 동작 일지, 질문지, 자가 체크리스트, 태도 척도, 성격 검사, 성취·적성 검사, 역량 검사. 각 집단에 할당된 도구로 진행할 수 있는 연구 주제를 생각해 보도록 하라. 각 집단에서 나온 주제들을 전체 학생들과 공유하면서 추가 연구 주제를 논의해 보라.

4. 편향 감소: 학생들을 4~5개의 소그룹으로 구성하라. 각 집단에 다음 편향 중 하나를 부여하라. 표집 편향, 호손 효과, 존 헨리 효과, 실험자 효과, 자기충족적 예언/피그말리온 효과, 할로 효과. 각 집단이 부여된 편향을 가르칠 수 있는 창의적인 아이디어를 설계하도록 하라. 예를 들어, 광고, 놀이, 뉴스, 노래 등이 포함될 수 있다. 각 그룹이 만든 방법으로 나머지 학생들에게 전달하도록 한다.

• 온라인 토의 과제 •

이 장에서 연구 설계를 위한 몇 가지 기본적인 방법론적 과정을 학습하였다. 특히, 변인 선택, 표집, 측정, 편향 감소에 대해 배웠다.

1. 변인을 정의하는 것은 연구 설계를 할 때 가장 중요한 것 중 하나다. ① 상담 주제를 다루는 연구 논문을 찾고, ② 변인(수치변인 또는 범주변인, 종속변인 또는 독립변인, 조작변인 또는 선택변인)을 구분하라. 이 연구에 대한 APA 참고문헌 양식과 논문을 볼 수 있는 링크를 제시하라.
2. 상담연구에서 가장 어려운 것 중 하나는 표집이다. 먼저 관심 있는 연구주제를 선택하고, 선택된 연구주제를 갖고 ① 연구대상/이론적 모집단과 접근 가능한 모집단에 대한 논거를 제시하고, ② 이 모집단을 활용함에 있어 적어도 두 가지의 제한점을 생각해 보라.
3. 이 장에서 우리는 연구 설계에 있어 신뢰할만한 타당한 측정도구를 선택하는 것이 중요하다는 것을 강조하였다. ① 관심 있는 연구 주제를 정하고 ② 선택한 주제를 검토함에 있어 사용가능한 타당화된 도구를 검색하라. 도구에 대해 간단히 기술할 필요가 있다(즉, 도구명, 저자, 출간일, 목적, 용도/적용, 신뢰도와 타당도). 마지막으로, 다른 사람이 참조할 수 있도록 APA 양식의 참고문헌과 웹 링크를 제시하라.
4. 질적연구를 수행할 때, 어느 정도의 연구자 편향은 불가피하다. 질적연구에서 신뢰도를 높이기 위해 구체적인 방법들을 취하고 있지만(예: 삼각측정, 연구참여자 확인, 성찰 일지, 감시, 코딩 팀 사용), 연구 주제와 관련된 기존의 고정관념, 가치, 기대를 완전히 배제하는 것은 불가능하다. ① 관심 있는 연구주제를 정하고, ② 이 주제가 자신의 신념, 가치, 기대에 따라 편향될 수 있는 가능성에 대해 논의하라.

유용한 참고 자료

Balkin, R. S., & Sheperis, C. J. (2011). Evaluating and reporting statistical power in counseling research. *Journal of Counseling & Development, 89*(3), 268-272.

Berger, R. (2015). Now I see it, now I don't: Researcher's position and reflexivity in qualitative research. *Qualitative Research, 15*(2), 219-234. doi:10.1177/1468794 11246875

Creswell, J. W. (2013). *Research design: Qualitative, quantitative, and mixed methods approaches* (4th ed.). Thousand Oaks, CA: Sage.

Erford, B. (2014). *Research and evaluation in counseling*. Boston, MA: Cengage Learning.

Fassinger, R., & Morrow, S. (2013). Toward best practices in quantitative, qualitative, and mixed-method research: A social justice perspective. *Journal for Social Action in Counseling and Psychology, 5*(2), 69-83.

Hartas, D. (2015). *Educational research and inquiry: Qualitative and quantitative approaches*. New York, NY: Bloomsbury Publishing.

Jackson, S. (2015). *Research methods and statistics: A critical thinking approach*. Boston, MA: Cengage Learning.

Rubin, A., & Bellamy, J. (2012). *Practitioner's guide to using research for evidence-based practice*. Hoboken, NJ: John Wiley & Sons.

Wester, K. L., & Borders, L. D. (2014). Research competencies in counseling: A Delphi study. *Journal of Counseling & Development, 92*(4), 447-458.

제**5**장

기초통계 개념과 기술통계

Laura K. Jones
University of Northern Colorado

목표

1. 통계 분석의 기본 원리들을 이해할 수 있다.
2. 다양한 측정 척도들 간의 차이를 이해할 수 있다.
3. 신뢰도와 타당도의 개념을 이해할 수 있다.
4. 기초적인 기술통계를 이해할 수 있다.
5. 변산도를 이해할 수 있다.
6. 중심경향성 측정치들을 이해할 수 있다.
7. 표준점수와 분포를 이해할 수 있다.

기초적인 통계 개념과 기술통계에 대한 지식을 가지고 있지 않은 상담사와 정신건강전문가들은 상담 자료를 분석할 때, 인지검사, 적성검사, 성취검사 결과를 해석할 때, 그리고 학술 연구논문들을 검토할 때 어려움을 겪을 수 있다. 기초통계 절차들을 이해하는 것은 심리평가를 수행하고, 검사 자료를 분석하며, 심리검사 결과를 해석하고, 내담자에게 결과를 설명해야 하는 상담사와 정신건강전문가들에게 필수적이다. 이 장에서는 프로그램 평가, 심리평가 그리고 연구비 제안서를 쓸 때 사용되는 기초통계 개념과 기술통계를 독자들에게 소개하고 있다.

기초통계 개념이 활용되는 사례는 우리 주변에서 매우 흔하다. 사실, 기초통계를 사용하지 않고는 일주일도 지내기 어려울 수 있다. 통계치 없이는 예산을 계획하거나 세금을 지출할 수 없으며, 게임을 충분히 즐기거나 교실의 성과를 평가할 수 없다. 통계의 가장 중요한 기본 형태는 우리가 관찰한 것을 기술하고 요약하는 것인데, 기술통계(descriptive statistics)로 알려져 있다. 기술통계는 일반적으로 추리통계(inferential statistics)와 구분된다. 기술통계는 간단히 자료를 설명하는 반면, 추리통계는 당면한 하나의 자료를 넘어 더 큰 모집단으로 확장된 결론에 도달하려는 것이다. 즉, 기술통계는 표본 자료 안에서 일어나고 있는 것들을 설명하는 데 활용되고, 추리통계는 표본 자료에서 모집단을 추론하는 데 사용된다. 추리통계는 앞의 장들에서 논의된 바 있다. 이 장은 기초적인 통계 개념과 기술통계에 초점을 맞추고 있다. 이 장을 읽으면서, 당신이 생각하는 것보다 기술통계에 관해 이미 많은 것을 알고 있음을 알게 될 것이다.

측정

통계에서 변인의 측정수준(level of measurement)은 특정 변인의 수치에 포함된 정보의 특성을 기술하는 분류체계이다. 예를 들어, 변인에 부여된 값이 어떤 내재적인 의미를 가지는가 아니면 단순한 명칭인가? Stanley Stevens는 1946년에 발표한 연구「측정 척도의 이론에 관하여(On the theory of scales of measurement)」에서 최초로 네 가지 측정 수준을 제안하였다. Stevens(1946)가 제안한 네 가지 측정 수준은 다음과 같다.

- 명명
- 서열
- 등간
- 비율

표 5-1 네 가지 측정 척도에 대한 개요

	예	주요 특징	수학적 조작	통계기법
명명	성별 인종, 결혼여부, 종교	정체성	없음	카이제곱 퍼센트, 최빈값
서열	음악차트 상위 10위, 운동경기 순위	정체성, 크기	순위	중위값, 사분위 수 간 범위
등간	온도, IQ, 성격측정	정체성, 크기, 등간격	더하기, 빼기	평균, 표준편차, 요인분석, 상관, 회귀, 변량 분석
비율	나이, 몸무게, 연봉	정체성, 크기, 등간격, 절대영점	더하기, 빼기 곱하기, 나누기	모든 통계가 가능함

주: 적용되는 통계기법은 누진적이다. 즉, 각 척도는 해당되는 통계기법뿐 아니라 이전 척도에 적용되는 통계기법들을 모두 적용할 수 있다.

변인의 측정 수준에 따라 통계 절차가 다르다. 연구를 수행할 때, 연구자는 연구변인이 어떤 측정 수준을 적용해야 하는지 알아야 한다. 변인이 측정되는 수준에 따라 다른 통계절차가 가능한데, 이는 어떤 척도를 사용하느냐에 따라 다른 기술통계를 사용해야 함을 의미한다. 측정 수준 및 특징을 요약한 것이 〈표 5-1〉에 제시되어 있다.

명명 척도 명명 척도(nominal scale)는 집단이나 범주에 부여된 점수로 구성된다. 이 점수들은 정보에 내재한 양적 가치를 전달하지 않으며 순서 또한 의미하지 않는다. 따라서 명명 척도는 양적이라기보다 질적이다. 그 예로 성별(여성, 남성), 인종(아프리카계 미국인, 아시아계 미국인, 히스패닉, 북미 원주민, 백인), 종교(불교, 기독교, 힌두교, 유대교, 이슬람교), 또는 상담 프로그램에서 중점을 두고 있는 것(대학 상담, 지역사회/특정 단체 상담, 결혼과 가족 상담, 학교 상담) 등이 있다. 변인 각각의 조건에 할당된 수치들은 이름에 불과하고 완전히 임의적이다. 예를 들어, 당신이 '1'을 여성에 '2'를 남성에 할당할 수 있으나, 이것이 여성이 남성의 절반이라거나 남성보다 덜하다는 것을 의미하지는 않는다. 명명 척도에 허용되는 유일한 통계분석은 각 범주의 빈도를 결정하는 것이다. 명명 척도의 경우 카이제곱 검정(두 개 표본의 빈도 차이 또는 관찰값과 기댓값 간 차이를 검증하는 비모수 검정)을 사용할 수 있다.

서열 척도 서열 척도(ordinal scale)는 관찰한 것들을 범주로 나누고 순서와 순위에 따라 측정값을 제공한다. 서열 척도는 차이의 정도 또는 상대적 차이를 측정하지만, 차이의 양을 구체적으로 제시하지 않는다. 서열 척도 내에서 측정값은 순서가 매겨지는데, 더 높은 수치는 더 큰 값을 의미하지만, 값들 간 간격은 반드시 같지는 않다. 예를 들어, 토네이도와 허리케인의 속도를 고속, 중속, 저속으로 측정할 수 있지만, 고속과 중속 간 차이가 중속과 저속 간 차이와 동일하다고 말하지는 않는다. '1'(고속)과 '2'(중속) 간 '거리'는 '2'(중속)와 '3'(저속) 간 '거리'와 반드시 동일한 것은 아니다. 서열 척도는 상담연구에서 매우 보편적으로 사용된다. 응답자에게 어떤 것을 평가하라고 요청하는 질문들은 모두 서열 척도를 사용하고 있는 것이다. 서열 척도를 사용할 경우 표본의 최빈치와 중앙치를 계산할 수는 있지만, 평균은 계산하지 못한다. 특정 표본의 범위와 백분위 점수 또한 계산할 수 있으나, 표준편차는 계산할 수 없다.

어떤 것을 평가하는 것을 생각할 때 떠오르는 한 가지 유형의 척도는 리커트(Likert)척도다. 예를 들어, 어떤 수업을 평가할 때 당신은 "이 수업을 듣고 나서 연구를 하고 싶어졌다."라는 문항에 어느 정도 동의 또는 동의하지 않는지를 표시하라는 요청을 받게 된다. 강한 동의부터 강한 부정까지 사람들의 태도를 평가하는 리커트 척도는 상담연구에서 보편적으로 사용된다. '나의 상담자는 나를 잘 이해한다.'라는 진술에 '1'(강한 동의)이라고 대답한 내담자는 '5'(강한 부정)에 표시한 내담자보다 자신의 상담자에 대해 더 호의적인 태도를 가진 것으로 결론내릴 수 있다. 어떤 상담 연구자들은 리커트 척도를 서열 척도로 분류하는 반면, 또 다른 상담 연구자들은 대체로 등간 척도 또는 거의 등간 척도와 동일한 것으로 간주한다. 리커트 척도를 서열 척도로 분류하는 상담 연구자들은 점수 간 거리가 같지 않다고 지적해 왔다. 리커트 척도를 등간 척도에 가깝다고 생각하는 상담 연구자들은 점수 간 간격이 '거의 동등하다.'고 간주한다. 이러한 논쟁에 대해 필자는 연구에 사용되고 있는 리커트 척도를 어떤 척도로 분류하느냐는 연구자가 결정할 문제라고 생각한다. 이러한 결정을 내릴 때 중요한 것은, 왜 특정 척도를 서열 또는 등간 척도로 취급하는지를 설명할 수 있어야 한다는 것이다.

등간 척도 등간 척도(interval scale)는 순서를 매기는 것에서 한 걸음 더 나아간다. 서열 척도와 달리 등간 척도는 점수 간에 동등하고 의미 있는 거리를 가지고 있다. 상담 분야에서 사용되는 많은 표준화 검사들은 등간 척도를 사용한다. 표준화된 지능 검사에서 얻은 IQ(지능지수) 점수는 등간 척도 점수의 좋은 예다. 척도 점수 간 간격이 동일하기 때문에, IQ 지수 100과 101 간 차이가 갖는 의미는 IQ 지수 130과 131 간 차이와 동일한 의미를 갖는다. 그러나 등간 척도는 '절대 영점'을 갖지 않는다(의미 있는 0점을 갖지 않는다). 예를 들어, 어떤 사람의 지능이 0이라고 생각할 수는 없다. 이 말은 특정 점수가 다른 점수에 비해 몇 배에 해당된다고 말할 수 없음을 의미한다. 만일 누군가가 IQ 검사에서 0점을 받았다면, 현실적으로 그것은 지능의 부재를 나타내는 것이라기보다는 그 검사가 타당하지 않음을 의미하는 것이다. 마찬가지로, 성격이나 다른 심리적 특성을 측정하는 표준화 검사에서 0점은 척도상의 임의적인 지점일 뿐 질(quality)이나 특성이 없음을 의미하지 않는다. 따라서 지능지수가 150인 사람이 75인 사람보다 지능이 두 배 높다고 말하는 것은 타당하지 않다. 등간 척도는 오직 아래에 언급한 통계적 절차만 허용한다.

- 평균값과 표준편차
- 상관과 회귀
- 분산분석
- 요인분석

비율 척도 비율 척도(ratio scale)는 절대 영점을 가지고 있다는 점 외에는 등간 척도와 동일하다. 만약 연구자가 참여자들의 나이를 조사한다면, 어떤 두 연령 간의 차이는 항상 동일하며, '영'은 연령 혹은 출생이 없음을 의미한다. 이런 이유 때문에 50세인 사람은 25세인 사람보다 나이가 두 배가 된다. 상담 분야에서, 아동 놀이치료사는 한 시간의 상담 회기 동안에 아동이 공격행동을 몇 번 나타냈는지 세어 볼 수 있다. 만일 아동이 첫 번째 상담 회기에서는 10번의 공격행동을 나타냈고 두 번째 상담 회기에서는 단 2번의 공격행동을 보였다면, 놀이치료사는 첫 번째 상담 회기에 비해 두 번째 상담 회기에서 아동의 공격행동이 5배 감소했다고 보고할 것이다. 절대 영점의 존재로 인해 연구자는 한 사례와 다른 사례의 크기를 의미 있게 비교할 수가 있다. 즉, 절대 영점이 존재하기 때문에 비율 척도를 사용할 경우 모든 가능한 통계적 절차를 자료 분석에 활용할 수 있고, 따라서 연구 변인에 이 척도를 적용할 수 있을 경우 연구자들이 선호한다.

신뢰도와 타당도

상담사들은 스스로에게 다음과 같은 질문을 해 봤을 것이다. "이 내담자를 더 잘 이해하려면 어떤 자료를 수집해야 하는가?" 자료 수집 절차(예: 설문조사, 질문지, 면접, 성격 검사)와 상관없이 해당 구성 개념을 정확히 측정하고, 그 과정과 절차에 편향과 왜곡이 없어야 한다. 이를 위해 상담사는 측정도구의 신뢰도와 타당도를 평가할 필요가 있다. 신뢰도와 타당도는 측정도구가 원래 측정하려고 하는 것을 측정하는지에 대한 정확성과 일관성을 기술하는 데 사용되고, 편향과 왜곡이 결과에 의미 있는 영향을 미치지 않는다는 것을 확인시켜 준다. 다트 게임을 연상하면 신뢰도와 타당도를 쉽게 이해할 수 있다. 만일 당신이 세 개의 다트를 던져 세 개 모두 보드 상단 오른쪽 유사한 지점에 꽂혔다면 당신은 다트를 던지는 것에 있어서 신뢰롭다(일관되다)고 말할 수 있다. 만일 세 개 모두 보드 중앙에 꽂혔다면, 당신은 다트를 던지는 것에 있어서 신뢰로울 뿐 아니라 정중앙에 맞혔기 때문에 정확하고 따라서 타당하다고 말할 수 있다. 반면, 다트들이 보드 사방에 걸쳐 산재하거나 심지어 어떤 다트는 땅바닥에 떨어졌다면 이것은 신뢰롭지도 정확하지도 않은 것을 의미한다. 이 예에서 알 수 있듯이, 타당하지 않지만 신뢰도가 높을 수 있는 반면, 신뢰도가 없는 상황에서는 타당할 수가 없다. 이후의 논의에서도 이 점을 기억하는 것이 중요하다.

따라서 심리검사(예: IQ 검사, 성격 검사, 임상적 측정치)를 사용하기 전에 검사의 신뢰도와 타당도 정보를 파악하는 것이 중요하다. 우리가 키를 재기 위해 체중계를 사용하지 않는 것처럼, 우리는 측정해야 할 것을 정확히 측정하지 못하는 심리검사들을 당연히 사용하고 싶어 하지 않을 것이다. 게다가, 당신이 같은 체중계로 두 번 연달아 몸무게를 쟀는데 매번 체중이 다르게 나왔다면, 당신은 그 체중계가 제대로 작동하고 있는지 의구심을 갖게 될 것이다. 검사 방법 또는 검사 자체에 결함이 있다면, 분명 분석할 자료 역시 신뢰할 수 없고 타당하지 않을 것이다. 이 절에서 우리는 상담사들이 심리검사를 사용할 때 숙지해야 할 신뢰도와 타당도 및 관련 사안을 논하고자 한다.

신뢰도

신뢰도(reliability)는 평가의 일관된 정도를 나타낸다. 신뢰할 수 있는 측정은 오차가 없고, 정확하며, 일관된 결과를 제공한다. 분명히 모든 검사에는 특정 유형의 오차가 포함되어 있다. 사실, 고전적 검사이론에서는 모든 관찰점수(Observed Score: OS)는 진점수(True Score: TS)와 어느 정도의 오차(error)로 구성되어 있다고 가정한다(OS = TS + error). 상담 분야에서 사용하는 교육적 검사나 심리학적 검사에는 이러한 오차가 발생한다. 특정 검사에 포함된 오차는 체계적일(systematic) 수도 있고 무선으로(random) 발생할 수 있다. 예를 들어, 자로 길이를 측정할 때 자에 인쇄된 0의 위치와 관련된 체계적인 오차가 있을 수 있고, 또는 눈금을 읽고 눈금과 눈금 간 거리를 추정하는 당신 눈의 능력과 관련된 무선 오차(random error)가 있을 수 있다. 두 가지 오차 모두 진점수를 모호하게 만드는 데 일조한다. 체계적 오차가 매 측정마다 예측할 수 있는 정도로 반응을 증가시키거나 또는 감소시키는 것과 달리, 무선 오차는 오로지 우연하게 발생하는 오차이며 임의로 측정에 영향을 미친다. 측정과 평가 분야에서의 한 가지 목표는 이러한 오차들을 최소화하는 것인데, 예상되는 수준으로 오차를 제한하거나 검사의 목적에 적합한 정도로 제한하는 것이다. 신뢰도는 오로지 비체계적 또는 무선오차에 초점을 둔다. 무선 오차가 아주 작을 경우 척도는 높은 수준의 신뢰도를 가졌다고 말하고, 따라서 이 검사에서 도출된 점수는 매번 시행할 때마다 일관된 점수를 나타낸다고 말할 수 있다. 〈표 5-2〉에 측정의 신뢰도에 영향을 미칠 수 있는 요인들을 제시했다.

표 5-2 신뢰도에 영향을 미칠 수 있는 몇 가지 요인들

요인	가정
실시 오류	실시 지침을 따르지 않을 경우 검사가 덜 신뢰로울 수 있다.
검사 길이	일반적으로 질문의 수가 많아질수록 신뢰도 또한 증가한다.
문항의 동질성	문항들이 유사할수록 검사의 신뢰도는 높아진다.
문항 난이도	검사가 너무 어렵거나 또는 너무 쉬울 경우 응답 수준을 구분하는 능력 측면에서 검사는 신뢰도가 낮아진다.

검사 간 시간 간격	오차 효과
객관성	응답자가 주관적으로 평가하거나 평정자의 관찰이나 채점을 포함할 경우 추가적으로 오차가 발생한다.
검사 환경/피검자 요인	피검자와 관련된 다양한 요인들(예: 피로/질병) 또는 검사 환경(예: 온도, 집중을 방해하는 요인)은 평가의 신뢰도를 떨어뜨릴 수 있다.

신뢰도 계수(reliability coefficient)는 측정의 신뢰도 정도를 나타낸다. 몇 가지 다른 방식으로 신뢰도 계수를 정할 수 있지만, 신뢰도 계수는 0점에서 1점까지 분표하며, 점수가 높을수록 신뢰도가 높음을 의미한다. 현실에서는 신뢰도 계수가 1에 해당되는 사례는 거의 존재하지 않는다. 실제로 1점에서 벗어난 정도는 검사와 관련된 무선오차의 정도를 나타낸다. 예를 들어, 신뢰도 계수 0.8은 전체 분산의 80%는 진점수로 인해 발생한 것이고, 나머지 20%는 무선 오차에 의해 발생한 것임을 나타낸다. 일반적으로 0.8보다 크면 만족할 만한 또는 좋은 값이라고 한다. 그러나 임상적인 의사결정을 할 때는 0.9 또는 그 이상의 신뢰도 계수가 선호된다. 신뢰도를 추정하기 위해 일반적으로 사용되는 접근에는 평정자간 신뢰도(inter-rater reliability), 검사-재검사 신뢰도(test-retest reliability), 동형검사 신뢰도(parallel form reliability), 내적 일관성 신뢰도(internal consistency reliability)가 있다. 나아가 내적 일관성 신뢰도는 다양한 방식으로 계산할 수 있는데, 반분신뢰도(split-half reliability), 쿠더-리처드슨 공식, 크론바흐 알파가 있다. 아래 절에서는 신뢰도를 평가하는 다양한 접근을 소개하고, 그 개요를 〈표 5-3〉에 제시했다.

표 5-3 신뢰도 지수 요약

신뢰도 지수	설명
검사-재검사 신뢰도	동일한 검사를 두 번 실시해서 검사 점수들의 상관을 구한다.
동형검사 신뢰도	유사하지만 동일하지 않은 두 개 검사를 실시해서 점수 간 상관을 구한다.
내적 일관성	검사의 포함된 문항들 각각의 상관을 구한다.
반분신뢰도	한 검사를 반씩 나눠서(예: 앞부분 대 뒷부분, 홀수 문항 대 짝수 문항) 점수 간 상관을 구한다.
쿠더-리처드슨 공식	문항이 양분(예: 참-거짓)된 값을 가질 때의 내적 일관성 신뢰도. 본질적으로는 모든 가능한 반분 조합의 신뢰도 계수를 평균 낸 값임
크론바흐 알파	문항이 연속변인의 값을 가질 때의 내적 일관성 신뢰도. 본질적으로는 모든 가능한 반분 조합의 신뢰도 계수를 평균 낸 값임

평정자간 신뢰도	두 명 또는 그 이상의 평자들이 주관적으로 평가한 값들이 얼마나 일치하는지를 나타냄

평정자간 신뢰도 관찰자 또는 평정자에 의존해서 점수를 내는 검사에서는 점수를 매기는 사람들로 인해 오차가 발생할 수 있다. 평정자간 신뢰도는 두 명 또는 그 이상의 평정자들이 특정 개념을 독립적으로 평가할 때 평정자들 사이의 일관성 또는 일치도를 의미한다. 예를 들어, 양육자와 아동 간 상호작용에서 발생하는 애착 반응에 대해 일방향 거울 뒤에서 두 명의 평정자가 평정한다고 가정해 보자. 이 상황에서 애착행동에 대한 평정자들의 관찰과 해석은 이들이 가지고 있는 훈련의 정도, 모집하는 정보의 특성에 따라 편차가 있을 수 있다. 평정자간 신뢰도를 계산하는 방법은 여러 가지가 있다. Cohen의 kappa, 변형된 kappa 등은 명명 척도로 평가한 점수들을 대상으로 평정자간 신뢰도를 계산하는데 사용된다. 서열척도, 등간척도, 비율척도의 경우 급내상관(Intra-Class Correlation: ICC)를 계산한다. kappa와 ICC를 계산하는 것은 이 장의 범위를 벗어난다.

검사-재검사 신뢰도 검사의 신뢰도를 추정하는 한 가지 방법은 동일한 검사를 두 번 시행하고 두 점수의 상관을 계산하는 것이다. 두 결과가 유사할수록 검사의 검사-재검사 신뢰도는 높다. 두 점수 세트 간 상관계수를 검사-재검사 신뢰도(test-retest reliability)라 한다. 예를 들어, 내담자 집단이 그들의 불안 수준을 평가하기 위해 검사를 받는다. 각 내담자는 두 번 검사를 받는다. 예를 들어, 동일한 검사를 두 번, 이 주 간격으로 실시한다. 두 점수 세트 간 상관계수는 이 검사의 검사-재검사 신뢰도를 합리적으로 측정한 값이다. 이상적으로는 응답자들의 점수가 일치하고, 이 경우 상관계수는 1.0에 가까울 것이다.

검사-재검사 계수는 검사를 통해 측정하는 특성이 시간이 지나도 안정적일 것이라고 가정한다. 이 가정 때문에, 정서처럼 시간에 따라 변화가 심한 특성을 측정하는 것, 또는 시간에 따라 임상적으로 향상 또는 쇠퇴했는지를 측정하는 것은 적절하지 않을 수 있다. 어느 정도의 시간 간격이 적절할지는 측정하는 변인의 안정성에 따라 다르다. 일 년이라는 시간은 정서를 측정하는 데에는 너무 긴 시간이지만 성격 검사는 적절할 수 있다. 마찬가지로 시간 간격이 짧을 경우 사람들은 문항뿐 아니라 자신들의 반응을 기억하기 때문에 지나치게 일관될 수 있다(기억효과로 부른다). 이는 검사-재검사 신뢰도의 주요한 우려사항이다. 반면, 검사 간 간격이 너무 길 경우, 차별적인 학습과 성숙이 문제가 될 수 있다. 마찬가지로, 응답자들은 첫 번째 검사에 나왔던 동일한 문제들에 답하는 것을 학습했을 수 있고, 이것이 두 번째 검사에서의 반응에 영향을 미칠 수 있다.

동형검사 신뢰도 기억효과를 해결하기 위해 상담사들은 동형검사 신뢰도를 택할 수 있다. 대안 또는 동등 검사 신뢰도(alternative, or equivalent-form reliability)로 알려진 동형검사 신뢰도(parallel forms reliability)는 사람들에게 동일한 검사의 두 가지 버전(a 형식과 b 형식)을 실시해서 신뢰도계수를 산출한다. 일반적으로 동형검사들은 내용과 난이도 측면에서 일치한다. 동일한 응답자들에게 실시한 두 개의 동형검사의 점수 간 상관은 동형검사 신뢰도 계수를 제공한다. 높은 동형검사 신뢰도계수는 그 검사의 다른 버전들이 매우 유사하다는 것을 의미하고, 어느 버전의 검사를 실시하건 사실상 차이가 없다는 것을 나타낸다. 반면, 낮은 동형검사 신뢰도 계수는 두 검사 버전이 같지 않다는 것을 의미한다. 이 검사들은 서로 다른 것을 측정하기 때문에 서로 호환해서 사용할 수 없다.

동형검사 신뢰도가 기억효과를 극복하는 데 도움이 되지만, 연습효과(practice effect)는 여전히 우려사항으로 남아있다. 동형검사 신뢰도가 가지고 있는 두 번째 이점은 검사 민감도를 통제하고, 검사 신뢰도의 두 가지 측면(서로 다른 두 시점에서의 변화, 두 가지 버전의 검사에서의 변화)을 반영하는 계수를 산출한다는 데 있다. 이러한 장점에도 불구하고, 이 신뢰도는 검사의 신뢰도를 결정하는 데 있어서 가장 까다롭고, 비용이 많이 들고, 요구하는 것이 많다. 게다가, 아무리 좋은 검사이고 문항 또한 매우 자세하다고 하더라도 각각의 버전은 약간씩 다른 내용을 담고 있을 수 있고, 따라서 검사-재검사 신뢰도의 경우처럼 결과가 검사의 신뢰도를 반영한 것인지 아니면 성숙과 학습 효과인지 혼란스럽게 된다.

내적 일관성 내적 일관성은 개별 문항 간 상관의 크기에 초점을 둔다. 내적 일관성 신뢰도가 높은 검사는 서로 동질적이고, 단일 구성개념(construct)을 측정하며, 상관이 높은 문항들로 구성되어 있다. 내적 일관성 신뢰도는 반분 신뢰도, 쿠더-리처드슨 공식(KR-20) 또는 크론바흐 알파를 사용해서 계산할 수가 있다.

반분 신뢰도 반분 신뢰도(split-half reliability)는 측정을 반으로 나눈 것 간의 상관을 근거로 한다. 즉, 반분 신뢰도 계수는 검사를 둘로 나누어, 각각의 반에서 얻은 점수들 간의 상관을 구한 다음, 검사 길이에 대해 수정을 가함으로써 얻을 수 있다(검사가 길수록 신뢰도가 큰 경향이 있다). 홀수 문항 대 짝수 문항, 무작위로 문항들을 고르거나, 또는 수동으로 내용과 난이도를 균형 맞춰 검사를 두 개로 분할할 수 있다. 가장 일반적인 절차는 홀수 문항의 점수와 짝수 문항의 점수 간 상관을 구하는 것이다. 만일 응답자들이 두 부분(홀수 문항 대 짝수 문항)에서 매우 유사한 응답을 유지했다면, 신뢰도 계수는 클 것이다.

반분 절차에 대한 우려 중 하나는, 검사를 줄이는 것과 관련이 있다. 일반적으로 검사에 문항이 많을수록(즉, 검사가 더 길수록), 그 검사는 신뢰도가 더 높다. 다른 모든 것이 동일할 경우, 문항이 많을수록 검사점수에 더 많은 분산이 발생하고, 이는 신뢰도를 증가시킨다. 가령 반분 신뢰도 절차에서 100개 문항으로 구성된 검사를 실시했는데, 이를 50개의 문항으로 구성된 2개의 검사로 반분했다면, 검사의 신뢰도는 줄어들게 된다. 만일 우리가 100개 문항으로 구성된 검사의 신뢰도를 유지하고 싶다면, 200개 문항으로 구성된 검사를 사용하여야 할 것이다. 이러한 이유 때문에 반분 신뢰도를 조정하는 것이 권장된다. 반분 신뢰도를 사용해서 신뢰도를 추정할 때는 Spearman-Brown 공식을 사용할 수 있다.

$$R = \frac{2 \times (r)}{(1 + r)} \qquad \text{(공식 5.1)}$$

R = 전체 검사 신뢰도, r = 반분된 두 개 검사 간 상관

예를 들어, 검사를 홀수와 짝수 문항들을 토대로 둘로 반분한 후 상관을 계산한 결과 0.75가 산출되었다. 이것을 공식에 대입하면, 전체 검사의 추정된 신뢰도는 다음과 같다.

$$.86 = \frac{2 \times (.75)}{(1 + .75)}$$

반분 절차에 대한 또 다른 우려는 검사를 나누는 방식에 따라 신뢰도 측정이 달라질 수 있다는 것이다. 어떤 분할에서는 다른 분할보다 매우 높은 상관이 나올 수 있다. 또한 속도가 변수인 검사에서는 적절하지 않다. 따라서 속도 검사로 알려진 검사 유형에는 다른 절차를 사용하는 것이 추천된다. 이러한 약점에도 불구하고, 이 절차는 하나의 검사를 1회 시행해서 신뢰도 측정치를 얻을 수 있다는 점에서 장점을 가지고 있다.

쿠더-리처드슨 공식(Kuder-Richardson Formula 20). 쿠더-리처드슨 공식(KR-20)은 양분된 반응(예: 예-아니요, 정확한-부정확한)에 대한 동질성을 측정한다. 이것은 특정 검사에 포함된 모든 문항들이 동일한 것을 측정하거나 같은 난이도를 가지고 있다고 가정한다. 반분 신뢰도에서 논했던 것처럼 검사를 반분하는 몇 가지 방법이 있는데, 모두 서로 다른 신뢰도

계수를 산출한다. KR-20은 이러한 문제를 모든 가능한 반분 검사들의 평균값을 계산해서 전체 신뢰도 추정치를 산출함으로써 해결한다. 이에 더해 이런 유형의 반분 절차는 비록 덜 직접적이긴 하지만 비용을 적게 들이면서 검사 문항의 여러 표본을 고려하는 방식을 취한다(예: 한 검사에 포함된 모든 문항이 동일한 구성개념을 측정하는지를 평가함). 그러나 KR-20은 문항들이 양분 문항들이 아닌 경우에는 사용해서는 안 된다.

크론바흐 알파(Cronbach's α). 크론바흐 α는 KR-20의 변형된 형태인데, 이분반응과 복수반응 측정치에 모두 사용할 수 있다. 따라서 내적 일관성을 결정하는 데 가장 많이 보고되는 신뢰도 절차이다. 크론바흐 α는 α = .00(검사가 완전히 잘못되었다는 것을 의미함)부터 α = +1.00(측정치에 오차가 없다는 것을 의미함)까지 분포한다. 일반적으로 말해서 α가 크면 클수록 검사의 신뢰도가 높다는 것을 의미한다. 크론바흐 α가 낮은 검사는 좋지 않은 검사라는 생각은 잘못된 것이다. 그 검사가 한 개의 구성개념이 아니라 여러 개의 구성개념을 측정할 수 있음을 기억할 필요가 있는데, 이런 경우에는 크론바흐 α는 축소될 수 있다. 예를 들어, GRE-언어영역 점수와 GRE-수리영역 점수들은 서로 다른 지식을 평가하기 때문에 두 값의 상관은 높지 않을 것이다. 따라서 전체 점수에 대해 한 개의 크론바흐 α를 계산하는 것은 잘못된 정보를 제공할 가능성이 있다. 척도의 차원을 결정해서(즉, 검사가 한 개의 포괄적인 척도만 가지고 있는지 아니면 몇 개의 하위 척도들로 구성되어 있는지를 결정), 어떻게 점수들을 보고할지를 정하고(예: 총합이나 문항 평균 값을 보고하거나, 하위 척도 점수들을 보고하거나, 또는 두 가지 모두 보고하는 것을 결정), 각각의 하위 척도에 대한 크론바흐 α를 계산하는 것이 중요하다.

타당도

타당도(validity)란 '특정 검사가 원래 측정하고자 하는 구인 또는 변인을 측정하고 있는 정도'로 폭넓게 정의되어 왔다. 또한 타당도는 점수를 토대로 시도한 구체적인 추론의 유용성과 의미, 적용 가능성으로 정의되기도 한다. 어떤 검사는 타당도가 없어도 신뢰도가 높을 수 있다. 예를 들어, 만약 연구자가 참여자들의 지적 능력을 측정하기 위해 매일 그들의 머리 무게를 측정한다면, 연구자는 각 참여자의 머리 무게가 거의 매일 똑같다는 것을 발견하게 될 것이다. 그런 후 연구자는 검사-재검사의 상관값이 높다는 점에서 이 측정치(머리 무게)가 매우 신뢰로운 측정이라고 결론을 내릴 수 있다. 연구자는 이 검사가 지능의 타당한 측정이라고 결론내릴 수 있을까? 물론 아니다. 이 검사의 신뢰도가 높다고 하더라도, 원래 측정하려고 했던 것을 측정하고 있지 않기 때문에 이 검사는 타당한 측정이 아니다. 따라서 상담사는 검사의 신뢰도뿐 아니라 타당도의 개념을 이해할 필요가 있다. 신뢰도처럼 연구자는 검사의 타당도를 입증하기 위해 다양한 유형의 증거를 검토한다. 고전적 검사이론에서는 검사의 타당도를 입증하는 세 가지 유형의 증거를 포함하고 있는데, 구성개념 타당도, 내용 타당도, 준거 타당도가 여기에 해당된다. 2014년에 『교육 및 심리검사 표준(Standards for Educational and Psychological Testing)』이 출간되면서 타당도에 관한 이해는 단일 개념으로 전환되었다. 이 접근에 따르면, 구성개념(구인) 타당도로 알려졌던 것은 검사의 주요한, 모두를 포괄하는 타당도로서 기능하고, 다른 타당도들은 다른 유형의 타당도가 아니라 전체 개념의 의미와 정확성에 대한 증거로서 기능한다[American Educational Research Association(AERA), American Psychological Association(APA), National Council on Measurement in Educatio(NCME), 2014]. 타당도에 관한 지식을 묻는 문제, 예를 들어 상담국가자격증 시험에서는 전통적인 접근 또는 최근의 접근을 기반으로 타당도와 관련된 문제들을 출제할 수 있다. 따라서 두 개를 구분해서 이해할 필요가 있다. 다음에서는 특정 검사의 타당도에 관한 다양한 증거를 기술하고 있다. 필요할 경우 전통적으로 사용했던 용어들을 제시할 것이다. 두 가지 접근을 〈표 5-4〉와 〈표 5-5〉에 제시했다.

표 5-4 타당도에 관한 전통적인 접근

타당도 유형	설명	
내용 타당도	척도가 내용차원(content domain)을 적절하게 표집한 정도	
구성개념(구인) 타당도	검사가 특정 구인 또는 변인을 정확하게 측정하는 정도	
	변별 타당도	한 검사에서의 점수가 다른 구성개념을 측정한다고 가정되는 다른 척도의 점수와 (정적으로든, 부적으로든) 관련이 없는 정도
	수렴 타당도	특정 검사에서의 점수가 동일한 구성개념을 측정하도록 고안된 다른 검사에서의 점수와 정적으로 관련이 있는 정도
준거 타당도	특정 검사가 측정하고 있는 구성개념의 외부 준거(criterion)와 관련이 있는 정도(하위 유형: 공인 타당도, 예측 타당도)	

표 5-5 **타당도에 관한 현대적인 접근**

타당도	설명
타당하다는 증거	검사가 해당 구성개념 또는 변인을 정확히 측정하는 정도
내용 반응과정	구성개념의 내용을 적절히 표집했다는 증거. 개별 검사 문항에 대한 반응, 반응의 이유, 수행전략, 눈의 움직임 또는 반응 시간 등을 분석함
내부구조	구성개념에 대한 이론적 배경을 반영하는 방식으로 문항들이 서로 관련이 있다는 증거(예: 구성개념이 1개 또는 다수의 요인으로 구성)
외부 준거와의 관련성	검사가 측정하고 있는 구성개념의 외부 준거와 적절하게 관련되어 있다는 증거(예: 공인 타당도, 예측 타당도)
다른 변인들과의 관련성 변별 타당도	검사점수가 다른 구성개념을 측정하는 검사에서 나온 점수와 상관이 없거나 부적으로 상관이 있는 정도
수렴 타당도	검사점수가 동일한 구성개념을 측정하는 검사와 정적으로 상관이 있는 정도
검사 결과	검사를 사용함에 있어서 의도된/의도하지 않은 결과에 대한 증거

타당도(전통적인 범주: 구성개념 또는 구인 타당도) 타당도, 그리고 고전적 검사이론에서 특별히 구성개념 타당도로 언급되는 것은, 검사가 특정 구성개념 또는 변인을 정확히 측정하고 있는 정도를 의미한다. 이 검사는 측정해야 할 것을 측정하고 있는가? 몸무게나 키와 같은 신체적인 변인들과는 달리, 상담 현장에서 사용되는 대부분의 변인들은 정확히 만져지거나 직접 측정하기가 어려운 것들이다. 예를 들어, 우리는 성격의 존재를 믿는다. 왜냐하면 우리는 사람들이 특정 사건에 대해 서로 다르게 반응한다는 것을 믿으며, 이렇게 반응이 서로 다른 것은 부분적으로는 우리가 성격이라고 부르는 기저의 태도로 인해 발생한다고 믿기 때문이다. 우리가 사람들의 성격을 직접적으로 측정할 수 없기 때문에, 우리는 검사의 근거해서 성격을 추론해야 한다. 예를 들어, 『정신질환 진단 및 통계편람(5판)』에서는 우울의 존재 또는 부재를 구체화하는 다양한 기준들을 정하고 있다. 그러나 이러한 기준이 부재하다면 우울이라는 개념은 다소 모호하다. 그 개념을 좀 더 구체화하는 것은 그러한 기준들 또는 검사 문항들이다. 우리는 문항들에 대한 개인의 반응을 통해, 또는 우울한 상태에 대한 다양한 기준이 존재 또는 부재하는지를 확인해서 우울을 '추론'한다. 따라서 이러한 문항들 또는 기준들이 기저의 구성개념을 얼마나 잘 나타내고 있는지를 결정하는 것은 매우 중요하고 본질적이다. 물론 이러한 과정은 종종 복잡하고 간접적인 형식을 취한다. 검사가 기저의 구성개념을 정확하고 적절히 반영하고 있는지 그 정도를 구체화하는 여러 증거를 사용한다.

다른 변인들과의 관계에 대한 증거(전통적인 범주: 구인 타당도의 하위유형) 타당도에 대한 또 다른 증거로 해당 검사가 유사한/유사하지 않은 검사들과 관련이 있는지를 생각해 볼 수 있다. 수렴 타당도(convergent validity)는 특정 검사의 점수가 동일한 구인이나 특성을 평가하도록 고안된 다른 검사에서 나온 점수와 높은 정적 상관을 가진다는 것을 의미한다. 예를 들어, 특정 우울검사 상의 점수들이 다른 우울검사에서의 점수들과 비슷하다면, 수렴하는 정도가 크고, 따라서 검사의 타당도를 지지하는 증거로 볼 수 있다. 반면, 변별 타당도(discriminant validity)는 한 검사에서의 점수가 다른 구인 또는 특성을 측정하도록 고안된 검사 점수들과 상관이 높지 않은 정도를 의미한다. 예를 들어, 변별 타당도가 높다면, 우울을 평가하도록 고안된 검사에서의 점수는 자존감을 측정하기 위한 검사 점수와 높은 상관관계를 보이지 않아야 한다. 즉, 개념적으론 유사한 검사들은 서로 상관이 높아야 하고, 개념적으로 유사하지 않은 검사들은 서로 상관이 낮아야 한다.

수렴 타당도와 변별 타당도를 평가하는 한 가지 방법은 다특성-다방법 행렬(multitrait-multimethod matrix: MTMM, 1959년에 Campbell과 Fiske가 개발함)이다. MTMM은 간단하게 말하면 상관 표 또는 상관 행렬인데, 다른 변인들과 관련된 특정 검사의 타당도에 관한 해석을 촉진하기 위해 상관계수를 배열해 놓은 표다. MTMM에서는 몇 개의 특성(예: 우울, 불안, 소진) 각각을 몇 가지 방법(예: 자기보고식 설문, 직접 관찰, 개인 면담)으로 측정한다고 가정한다. 서로 다른 방법을 통해 동일한 특성을 측정했을 때의 점수 간 상관(즉, 수렴한다는 증거)은 동일한 또는 서로 다른 방식으로 다른 특성들을 측정했을 때의 점수 간 상관(변별된다는 증거)보다 커야 한다.

변인들과 관련된 타당도의 증거를 평가하는 또 다른 방법은 요인분석이다. 요인분석은 일련의 변인 간 관련성을 분석하기 위한 통계적 절차로서, 관찰된(측정된) 변인 간 관계를 설명해 주는 기저의 차원 또는 구성개념을 밝힌다. 요인분석 절차에 따라 동일한 구인을 측정하는 문항들이 같은 집단으로 묶인다. 이러한 구인들은 특징에 따라 이름이 부여되고, 이를 통해 연구자는 정보를 분류한다.

검사 내용과 관련된 증거(전통적인 분류: 내용 타당도) 검사 내용에 대한 증거는 측정이 내용영역을 적절하게 표집한 정도를 의미한다. 이러한 증거는 능력과 성취 검사에 보다 적합하다. 예를 들어, 더하기, 빼기, 곱하기, 나누기와 같은 기초적인 수학 개념을 포함한 수학(math) 능력 검사는 내용타당도가 부족할 수 있는데, 왜냐하면 수학 능력을 측정하기 위한 다른 영역인, 대수학, 기하학, 미적분 등 또 다른 내용 영역들이 있기 때문이다.

또한 검사 내용과 관련된 타당도 증거는, 주어진 검사에 대한 수험자의 반응이 그 내용 영역에 대한 수험자의 지식을 반영하는 정도를 의미한다. 예를 들어, 영어가 제2외국어인 학생이 영어로 역사시험을 본다고 가정해 보자. 이 시험은 고의가 아니지만, 역사에 대한 지식보다는 학생의 언어기술이 더 반영될 수 있다. 연구자는 이 시험에서 다루고 있는 내용 지식을 그 학생이 숙달하지 못했다고 결론을 내리겠지만, 사실은 그 학생은 질문 자체를 이해하지 못한 것일 수 있다. 연구자는 검사결과를 잘못 해석한 것이기 때문에, 그 해석은 타당하지 않게 된다. 일반적으로 검사의 내용 타당도는 특정 검사에 포함된 문항들이 대표성을 띠는지를 판단할 수 있는 전문가 패널에 의해 결정된다.

외부 준거와 관련된 증거(전통적인 분류: 준거 타당도) 준거 타당도(criterion validity)란 어떤 검사가 외부 준거(criterion)와 관련이 있는 정도를 의미한다. 즉, 준거 타당도는 검사에서 나온 정보에 기초해서 결과를 예측하는 것을 말한다. 다른 검사들은 종종 준거로 표현된다. 예를 들어, 새로 개발된 대학입학시험의 타당도를 연구한다고 가정해 보자. 학생들의 대학입학시험점수와 대학에서의 성공(예: GPA) 간에 높은 정적 상관이 있는 것으로 나타났다면, 입학시험점수와 준거변인(대학에서의 성공) 사이에 높은 준거 타당도가 있다고 말할 수 있을 것이다. 이때 학생들이 받은 시험점수는 대학에서의 성공을 예측하는 데 사용될 수 있다.

외부 준거와 관련해서는 두 가지 다른 종류의 증거들이 있다. 그 하나는 검사 실시와 같은 시점에 점수가 나오는 공인 타당도(concurrent validity)이고, 다른 하나는 검사 실시 이후에 점수가 나오는 예측 타당도(predictive validity)이다. 즉, 공인 타당도는 검사 점수와 준거 측정치가 거의 같은 시간에 수집된다. 예를 들어, 지능검사 점수를 학생들의 최근 학교 성적과 비교한다면, 우리는 지능검사 점수의 공인 타당도를 측정한다고 볼 수 있다. 예측 타당도의 경우는, 지능검사 점수는 기록해 두고 나중에 준거 점수를 수집해서 비교하게 된다. 예를 들면, 고등학교 수학 점수가 대학 학업수행(예: 대학성적, 학위취득)을 예측할 수 있다면, 고등학교 수학 점수는 예측 타당도가 있다고 볼 수 있다.

반응 과정에 관한 증거 타당도와 관련된 또 다른 증거는 사람들이 검사 문항에 어떻게 반응하는지와 관련이 있다. 사람들이 특정 질문에 반응할 때 사용하는 과정과 전략들이 있는데, 그러한 과정과 전략들을 확인하면 해당 질문이 구성개념을 실제로 얼마나 잘 반영하고 있는지를 알 수 있다. 예를 들어, 사회적 바람직성(social desirability)은 특정 질문에 대한 사람들의 반응에 어떤 영향을 미치는가? 만일 참여자들이 사회적으로 바람직한 사람으로 보이기를 원하고 그런 방식으로 질문에 반응한다면, 해당 문항은 연구자가 관심을 두고 있는 구성개념을 측정하는 것이 아니라 사회적 바람직성을 검사하는 것이 된다. 또한 이런 유형의 증거는 피검자들이 해당 질문들을 해석하는 방식에서의 차이가 결과에 어떤 영향을 미치는지를 확인하는데 도움을 준다. 예를 들어, '상담사들은 감정을 반영한다.'라는 문항에 당신이 얼마나 동의하는지를 묻고 있다고 가정해 보자. 만일 당신이 이 문항을 상담사의 기본적인 기술 중 하나는 감정을 반영하는 것이라고 해석한다면 당신은 '매우 동의함'이라고 응답할 것이다. 그러나 만일 당신이 상담사들은 감정을 반영만 한다는 식으로 해석했다면 당신의 반응은 '동의하지 않음'이 될 것이다. 기본 상담기술 수행검사를 제작하는 사람들에게는 이러한 차이가 매우 귀중한 정보가 될 것이다.

내부 구조에 관한 증거 이 증거는 검사에 포함된 변인들의 구조와 상호관련성이 해당 구성개념에 대한 이론적 이해와 얼마나 잘 부합하느냐로 요약될 수 있다. 이는 검사 문항과 요인 간 관계를 검토함으로써 알 수 있다. 예를 들어, 지능이론들은 지능이 몇 개의 요인으로 구성되어 있는지와 관련해서 매우 다른 견해를 제시하고 있다. 지능에 대한 특정 이론을 반영하고 있는 검사가 타당하기 위해서는, 그 검사가 이론에서 이야기하고 있는 것과 동일한 수의 기저 요인을 가지고 있는지, 그리고 이러한 구조가 서로 다른 집단에서 일관되게 나타나는지를 확인할 필요가 있다. 만일 어떤 검사가 한 개의 지능 요인으로 구성되어 있다고 나타났다면, 이 검사를 통해 가드너의 다중지능이론을 연구하는 것이 타당할지 의구심이 생길 수 있다. 또한 다양한 질문에 대한 반응 패턴이 검사 집단에 따라 다르게 나타난다면, 매번 다른 요인들이 도출될 수 있거나 또는 변인 간 관계가 집단에 따라 다를 수 있다. 만일 이러한 결과가 개념적인 구조와 일치하지 않다면, 그 검사는 우리가 생각하고 있는 것을 정확히 검사하고 있지 않다는 것을 의미할 수 있다. 이장의 범위를 벗어나는 것이지만 문항반응이론, 차별기능문항, 요인분석과 같은 접근을 통해 내적 구조와 관련된 증거들을 확인할 수 있다.

검사 결과와 관련된 증거 타당도와 관련해서 마지막 증거는 특정 검사를 사용해서 얻을 수 있는 가능한 결과를 조사하는 것이다. 이것은 본질적으로 검사를 사용했을 때 아무런 해가 발생하지 않음을 확인하는 것이다. 예를 들어, 타당도의 개념이 특정 검사가 측정해야 하는 것을 실제로 얼마나 잘 측정하는지를 의미한다면, 성취도를 측정한다고 가정되는 검사를 사용해서 사람들을 발달지체로 분류한다면 검사의 타당도가 손상될 수 있다. 그 이유는 해당 검사가 성취도가 아닌 적성을 측정하는 데 사용되고 있기 때문이다. 마찬가지로, 영어가 제2외국어인 학생들은 언어상의 장벽 때문에 다른 학생들에 비해 적성검사에서 높은 점수를 받지 못할 수 있다. 그럼에도 불구하고 이 검사점수를 활용해서 분반을 실시한다면, 특정 영역의 지적 능력을 평가하도록 고안된 적성검사의 타당도에 의문을 갖게 될 것이다. 검사결과는 종종 사회정책에 정보를 제공한다는 점을 명심하고, 검사 사용자들에게 검사점수를 윤리적으로 사용하고 해석하는 데 책임이 있다는 점을 기억해야 한다.

신뢰도와 타당도의 비교

신뢰도와 타당도는 활용 측면에서 연구 설계, 측정, 측정절차 등에서 매우 긴밀히 연결되어 있기 때문에, 둘 다 유용하고, 어느 하나가 다른 것에 비해 더 중요하다고 말하기는 어렵다. 그러나 문헌들에서는 측정도구를 선택할 때 타당도가 신뢰도보다 더 중요하다고 강력히 주장한다. 왜냐하면 타당도가 없을 경우, 검사를 의미 있는 해석하는 것이 어렵기 때문이다. 사실상, 검사는 타당도가 없어도 신뢰로울 수는 있지만, 신뢰도가 없이 타당할 수는 없다. 즉, 특정 검사가 해당 구인을 시간에 따라 반복해서 일관되게 측정할 경우 신뢰로울 수는 있겠지만, 원래 측정하려고 했던 구인을 측정하지 않을 수 있다. 해당 검사가 타당하기 위해서는 시간이 흘러도 의도했던 구인을 측정해야만 한다.

궁극적으로 연구자나 상담사는 신뢰도와 타당도가 높은 검사를 선호할 것이다. 어느 정도 주의를 기울이면 둘 다 얻는 것이 가능하다. 그러나 어떤 경우에는 타당도가 높으면 신뢰도가 낮고, 또 그 반대인 경우도 있다. 이러한 경우에 신뢰도와 타당도는 서로 갈등 관계로 볼 수 있다. 따라서 연구자는 다양한 상황에서 타당도와 신뢰도의 중요성이 다를 수 있음을 이해할 필요가 있다. 진단 목적뿐 아니라, 미래의 행동, 점수, 성공을 예측할 목적이라면 일반적으로 타당도가 더 중요하다. 척도의 일관성과 안정성을 추정할 목적이라면, 신뢰도가 주요한 관심사고, 더 중요한 것처럼 보인다.

기술통계

기술통계(descriptive statistics)는 연구 자료의 기본 특성을 기술하는 데 사용되고, 수치와 그 수치가 무엇을 나타내는지를 기술한다. 기술통계를 사용하면 사람들 또는 다른 단위들을 비교할 수 있는 요약된 정보를 얻게 되고, 이를 통해 광범위한 자료를 단순화시킨다. 상담분야에서의 한 가지 목표는 인간의 행동을 이해하는 것인데, 이러한 목적을 달성하기 위해서는 인간의 행동을 기술할 수 있어야 한다. 기술통계는 종종 측정과 이해 사이에서 가교의 역할을 수행한다. 원자료(raw data)는 통제하기 힘들거나 해석하기 어려운 경우가 많다. 원자료를 이해하려고 시도하는 것은 다소 혼란스럽기까지 하다. 기술통계는 이러한 혼돈 속에서 의미와 질서를 발견하는 데 도움을 준다. 대개 원자료를 평균이나 표준편차처럼 한두 개의 기술적 요약으로 줄이거나 또는 막대그래프, 빈도분포, 산포도 등을 통해 가시적으로 제시할 수 있다. 이 장에서 당신은 기술통계를 통해 자료에 담긴 의미나 질서를 어떻게 발견할 수 있는지 배우게 될 것이다.

빈도분포 자료를 요약하는 한 가지 방법은 각 자료의 지점 또는 지점의 범위가 발생하는 빈도를 조사하는 것이다. 이러한 정보는 빈도분포로 알려져 있는 표로 제시한다. 빈도분포는 단일 변인을 묘사하는 가장 일반적인 방법이고, 혼란스러워 보이는 숫자들을 조직해서 보여준다. 한 가지 예를 살펴보자. 〈표 5-6〉에는 지역정신건강센터에서 근무하고 있는 상담사들의 상담경력 빈도분포가 제시되어 있다.

표의 첫 열은 원자료의 값들('X'의 값으로 지칭된)을 포함하고 있다. 제시된 예에서, X는 변수인 상담경력(년수)이고, 높은 값에서 시작해서 상담사의 모든 경력년수들을 나열하고 있다. 두 번째 열은 각 년수에 해당하는 사람들의 빈도를 보여 주고 있다. 예를 들어, 한 참여자는 상

표 5-6 상담사 경력 빈도분포

상담경력(X)	빈도(f)	백분율	누적 백분율
13	1	10.0%	100.0%
12	0	0.0%	90.0%
11	0	0.0%	90.0%
10	0	0.0%	90.0%
9	1	10.0%	90.0%
8	0	0.0%	80.0%
7	0	0.0%	80.0%
6	1	10.0%	80.0%
5	0	0.0%	70.0%
4	4	40.0%	70.0%
3	2	20.0%	30.0%
2	0	0.0%	10.0%
1	1	10.0%	10.0%
	N = 10	100.0%	

담자로서 1년의 경력이 있고, 4명의 상담사들은 4년의 상담경력을 가지고 있다. 빈도표에서 세 번째 열은 해당 경력년수의 참여자 수를 전체 참여자 수로 나눈 다음 100을 곱해 계산한 경력년수별 참여자의 백분율을 나타낸다. 예를 들어, 2명의 상담사는 3년의 상담경력을 가지고 있으며, 그 백분율은 다음과 같다. 2/10×100 = 20%. 따라서 이 집단의 20%는 상담사로서 3년의 경험을 가지고 있다는 것을 알 수 있다.

네 번째 열은 누적 백분율을 보여 준다. 이는 해당 년수나 그 이하 년수에 속하는 총 참여자의 수를 나타낸다. 예를 들어, 표에서 8명의 상담사들이 6년 이하의 경력을 가지고 있음을 알 수 있다. 이때 누적 빈도를 각 년수와 그 이전 년수에 해당하는 상담사들의 비율을 사용해서 누적 비율을 계산할 수 있다. 여기서 우리는 누적 빈도를 나타내는 열에서 8명의 상담사들이 6년 또는 그 이하의 경력을 가지고 있음을 알 수 있다.

$$6\text{년 이하의 상담경력에 대한 누적 백분율} = \frac{8}{10} \times 100 = 80\%$$

따라서 상담사의 80%는 6년 혹은 그 이하의 경력을 가지고 있고, 나머지 상담사들은 80%의 상담사들보다 더 많은 경험을 가지고 있음을 의미한다.

13년의 상담경력 분포에서 1년 단위로 증가하는 방식으로 경력을 배열하는 것은 그리 어려운 일이 아니다. 그러나 만약 년수의 범위가 더 클 때는 모든 년수를 다 보여 주는 것은 어려울 것이다. 이러한 경우 동일한 간격으로 겹치지 않게 수를 집단으로 묶을 수 있다(예: 1~3년, 4~6년). 〈표 5-7〉에 한 예를 제시하였다.

표 5-7 상담경력에 대한 빈도분포

상담경력(X)	빈도(f)	백분율	누적 백분율
13~15	1	10.0%	100.0%
10~12	0	0.0%	90.0%
7~9	1	10.0%	90.0%
4~6	5	50.0%	80.0%
1~3	3	30.0%	30.0%
	N = 10	100.0%	

빈도그래프 빈도를 확인하는 또 다른 방법은 빈도그래프(graphing frequencies)를 작성하는 것이다. 분포를 그래프화하는 가장 일반적인 방법은 히스토그램(막대그래프)과 빈도(또는 비율) 절선도표이다. 히스토그램은 x의 각 값(가로 x축을 따라 배치되는)에 대해 빈도를 표시하는 막대를 사용한다. 막대의 높이는 빈도(수직 y축에 있는)를 나타낸다. 다른 막대그래프와는 달리, 히스토그램의 막대는 연속적이며, 변인의 증가하는 양을 시각적으로 표현해 준다. [그림 5-1]은 상담사의 경력 년수 빈도에 대한 히스토그램을 보여 준다. 히스토그램은 빈도 대신에, 또는 빈도와 함께 백분율을 표시해 준다. 수직인 y축이 빈도가 아니라 백분율로 표현될 때, 그 그림은 백분율 히스토그램이 된다. [그림 5-1]에 상담사들의 경력년수에 대한 빈도 및 백분율 히스토그램이 제시되어 있다.

양적 자료에 어울리는 다른 유형의 그래프는 빈도 절선도표다. [그림 5-2]는 상담사 경력에 대한 절선도표를 보여 준다. 여기서 상담경력은 x축에, 빈도는 y축에 제시하였다. 0의 빈도를 갖는 구간은 가장 낮은 값을 포함하는 구간 아래에 추가되고, 0의 빈도를 갖는 두 번째 구간은 가장 높은 값을 포함하는 구간 위에 추가된다. 절선도표에서 한 지점은 각 구간의 중간점 위에 위치하는데, 각 구간에 포함된 사례들의 빈도를 나타낸다. 빈도 절선도표는 히스토그램과 동일한 모양이고, 빈도가 아니라 백분율이 y축에 제시되는 것도 히스토그램과 비슷하다. 특히 이 그래프는 연속 자료(예: 연령이나 높이)에 유용하다. 또한, 동일한 그래프 안에서 두 개 이상의 분포를 비교하려고 할 때, 절선도표가 히스토그램보다 더 명료하게 보인다. 그러나 범주화된 또는 나란히 붙여놓은 히스토그램이 또한 사용될 수 있다.

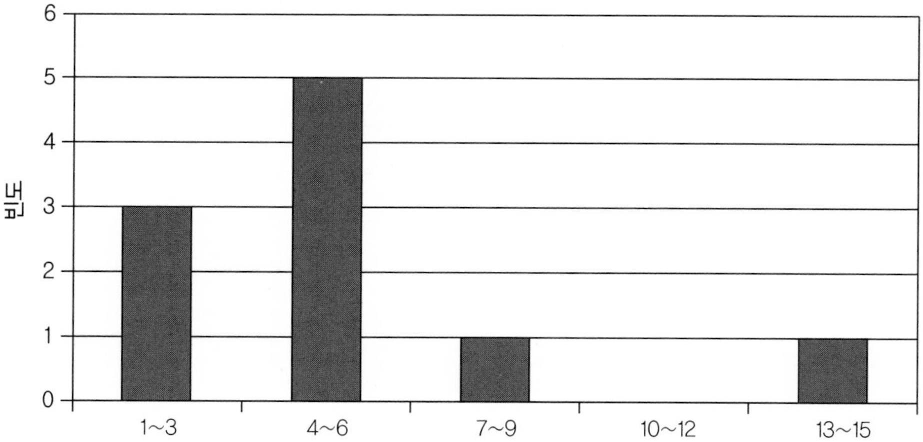

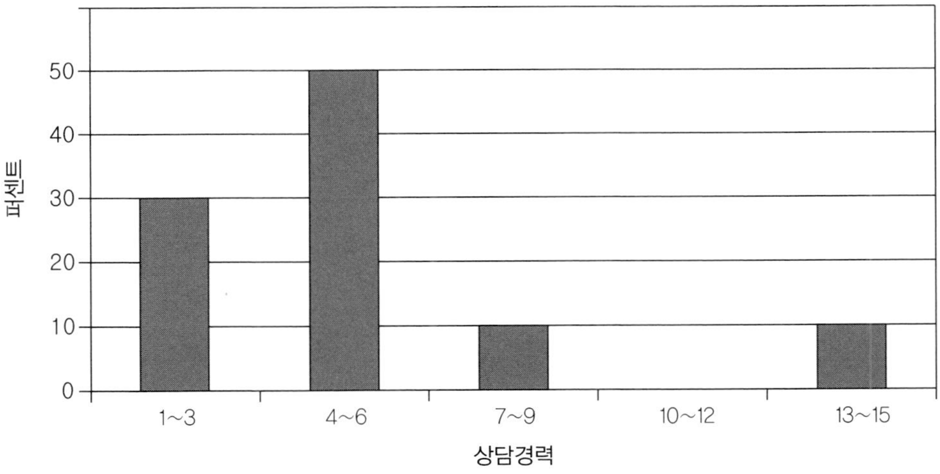

[그림 5-1] 〈표 5-7〉에 제시된 상담사 경력에 대한 빈도 및 백분율 히스토그램

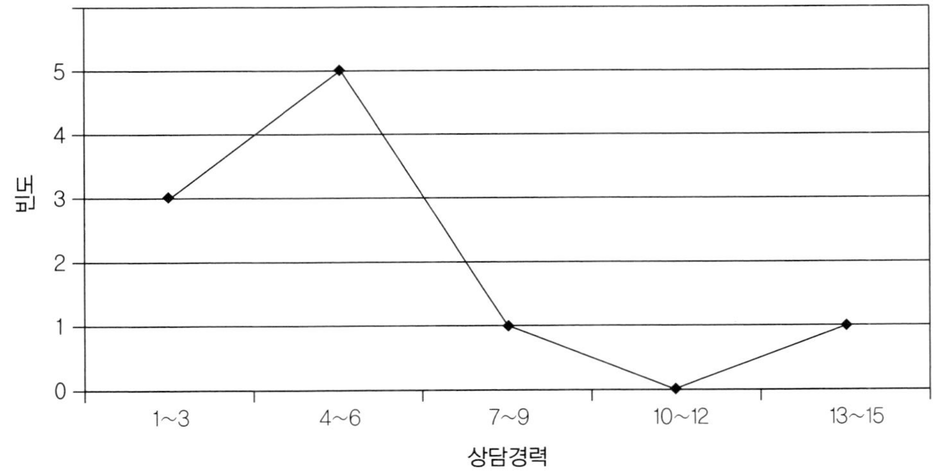

[그림 5-2] 상담사의 경력에 대한 빈도 절선도표

분포의 유형 양적 변수의 경우, 시각적으로 자료들을 분포시키고 검토하게 되면 분포의 패턴과 모양을 정하는 데 도움이 된다. 큰 자료의 경우 분포의 모양은 일반적으로 대칭, 편포, 또는 다봉 세 가지 패턴 중 하나에 해당된다. 일반적으로 대칭 분포를 정규분포 또는 정규곡선('종 모양의 곡선'이라고도 부른다)이라고 부른다. 시각적으로 정규분포는 한 개의 정점(또는 최빈치)을 가지고 있고, 정점 좌우로 대략 같은 넓이의 영역이 있다. 정규분포의 범위 안에 있는 많은 경우를 생각해 볼 수 있다. 곡선상에서 성적을 부여하는 것을 생각해 보면 정규분포는 정규곡선을 지칭하는데, 각각의 학생들은 해당 학급에 있는 다른 학생들의 성적과 비교해서 상대적인 점수를 받게 되고, 종 모양의 점수분포가 생기게 된다. 또한 성인이나 아동의 키는 정규분포를 따른다. 곡선은 일정하고 늘 종 모양이다. 곡선 내 세부 값들은 표본에 따라 다를 수 있다. 평균값이 변하고, 정점은 더 높아지고, 종 모양은 폭이 좁아지거나 넓어지고, 또는 키의 분포가 넓게 전개될 수는 있지만, 그럼에도 불구하고 정규분포의 모양은 유지된다.

때로는 변인이 정규분포를 이루지 않을 수 있다. 특정 수업에서 강사가 매우 어려운 문제들을 출제했다고 가정해 보자. 한두 명의 학생은 시험을 잘 봤을 수 있지만, 대부분의 학생은 성적이 좋지 않다. 이것은 편포된 분포의 한 예가 될 수 있다. 이 예에서, 정점(최빈값)이 왼쪽에 위치하고 대부분의 성적이 0점 근처에 위치한다면, 우리는 이 분포를 정적으로 편포되어 있다고 부른다. 그러나 강사가 매우 쉬운 퀴즈를 출제해서 대부분의 학생이 매우 좋은 점수를 받은 반면 몇 명의 학생들은 문제를 잘못 읽어서 시험을 잘못 봤다면, 학생들의 점수는 부적으로 편포될 것이다. 이 분포는 정점(최빈값)이 100점 가까운 곳에 위치하고, 그보다 낮은 점수들은 0점 쪽으로 늘어지면서 분포할 것이다. 이 두 개의 분포를 명확히 이해하려면 분포의 꼬리가 어느 쪽을 가리키고 있는지를 보면 된다. 만일 꼬리가 x축의 왼쪽 방향으로 당겨지고 있다면 그것은 부적으로 편포된 것이고, 반대로 분포의 꼬리가 x축 상의 몇몇 높은 점수들 때문에 오른쪽으로 당겨지고 있다면 양적으로 편포된 것이다. 앞서 이야기했던 상담사 경력 히스토그램 또는 절선도표를 다시 살펴보자. 정점은 그래프의 왼쪽(낮은 상담 경력년수 쪽)에 위치하고 있고, 나머지 경력년수들은 오른쪽으로 서서히 그 빈도가 줄어들고 있다. 따라서 분포의 꼬리는 오른쪽으로 향해 가고 있고, 결국 양적으로 편포된 분포를 이루고 있다. 13년 같은 극단적인 값은 분포의 꼬리쪽에 위치해 있고, 분포를 비스듬하게 만드는데, 이상치(outlier)라고 부른다. 만일 정점(최빈값)이 하나 이상이면 어떨까? 예를 들어, 학생의 반은 시험을 아주 잘 본 반면, 나머지 반은 시험을 잘못 봤다면, 이 경우 최빈값(정점)은 두 개가 되고, 양봉분포라고 부를 수 있다. [그림 5-3]에 서로 다른 유형의 분포를 제시하였다.

자료를 그래프로 제시하는 일은 재미있을 뿐 아니라, 통계적 계산을 하는 데 있어서 중요하다. 많은 통계이론과 통계검정은 우리가 정규분포 상에서 작업을 하고 있다는 가정 하에 이루어진다. 분포가 얼마나 편포되었는지, 몇 개의 최빈값을 가지고 있는지, 그리고 분포가 얼마나 가늘고 납작하느냐(첨도, kurtosis)가 통계적 계산에 영향을 미칠 수 있다. 집중경향치를 다룰 다음 절에서 한 예를 보게 될 것이다.

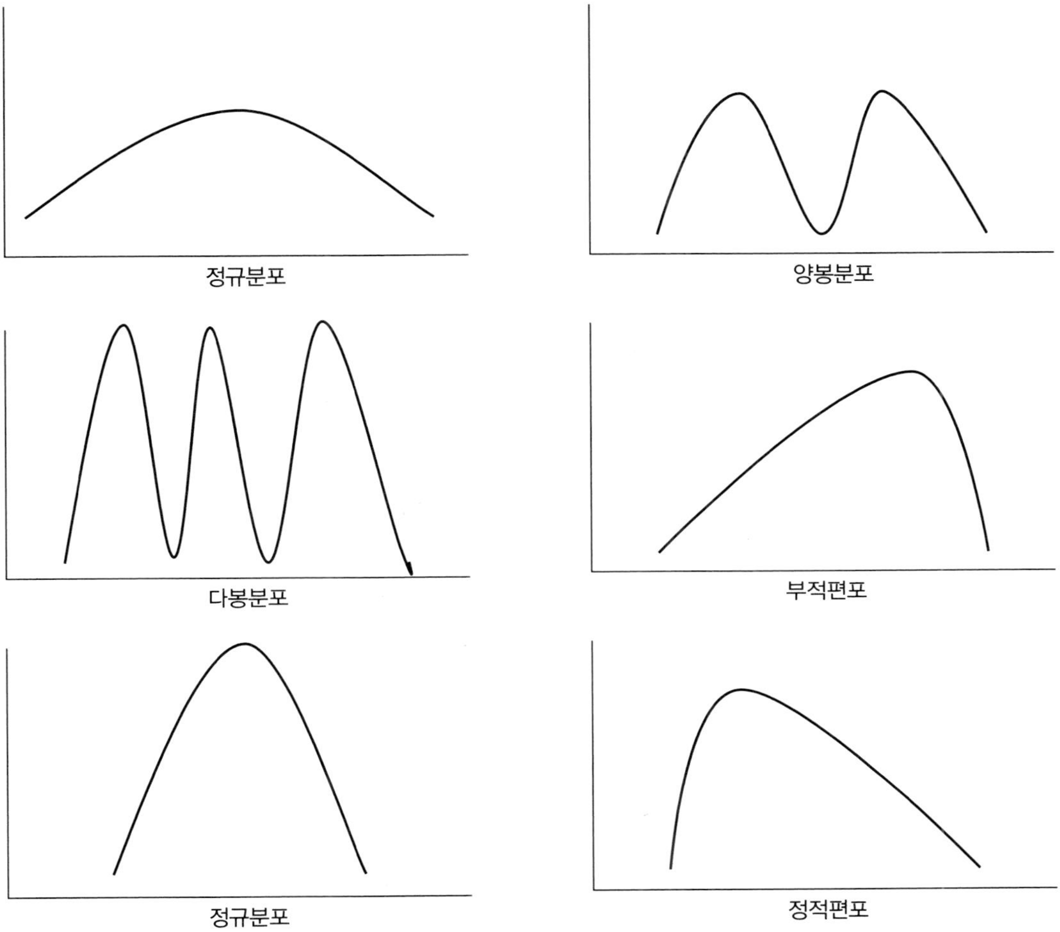

[그림 5-3] 여러 유형의 분포

집중경향치 집중경향치(또는 중심경향치: measures of central tendency)는 분포에서 가장 평균적인 또는 '전형적인(typical)' 점수를 묘사한다. 집중경향치를 추정하는 몇 가지 값이 있는데, 가장 일반적인 것은 평균, 중앙값 그리고 최빈값이다. 이 세 값은 집단을 대표하는 지표(index)로 기능한다.

평균 평균은 집중경향을 기술하는 데 가장 일반적으로 사용되는 방법이다. 이것은 모든 점수의 산술평균이다. 수식에서 볼 수 있는 것처럼, 평균을 계산하기 위해서는 모든 값을 더한 후 값의 수로 나눈다.

$$\bar{X} = \frac{\sum X}{N} \text{ (sample)}$$

(공식 5.2)

뮤는 모집단의 평균이고, N은 관찰값의 수를 의미한다.

$$\mu = \frac{\sum X}{N} \text{ (sample)} \qquad \text{(공식 5.3)}$$

$\bar{X}$('X 바'로 읽음)는 표본의 평균을 나타내는 기호이고, μ ('뮤'로 읽음)는 모집단의 평균을 지칭하는 기호다. 그리스 문자 시그마(Σ)는 합계 기호로 알려져 있으며, X는 개별적인 측정값을 나타내고, N은 전체 관찰값의 수를 나타낸다. 예를 들어, 〈표 5-6〉에서 표본의 평균은 모든 점수를 더한 후 상담사의 수(N = 10)로 나누어 계산한다. 다음 값들을 고려해 보자.

1, 3, 3, 4, 4, 4, 4, 6, 9, 13

이 10개의 값의 합은 51이므로 평균은 51을 10으로 나누어(51/10) 5.1(년)이 된다.

중앙값 중앙값(median)은 분포에서 정확히 중간에 위치하는 값이다. 중앙값을 계산하는 한 가지 방법은 순서대로 모든 점수들을 나열하고 표본의 중앙에 위치한 점수를 찾는 것이다. 예를 들어, 다음 9개의 점수를 고려해 보자.

16, 17, 19, 19, 20, 23, 25, 27, 29

이때 20이 이 점수분포를 정확히 반으로 구분한다는 알 수 있다. 따라서 이 분포의 중앙값은 20이다. 경우의 수가 홀수일 때는 다음 공식을 사용해서 수학적으로 중앙값을 계산할 수 있다.

$$Md = \frac{N+1}{2} \qquad \text{(공식 5.4)}$$

N은 사례의 수를 의미한다.

이 경우, N=9이고 $\frac{9+1}{2}$ = 5. 따라서 값을 크기순으로 배열했을 때 다섯 번째 숫자인 20이 중앙값이다.

다른 예를 살펴보자. 〈표 5-6〉에 제시된 10개의 값을 순서대로 나열해 보자. 이 예는 숫자가 짝수 개인 분포를 가지고 있다.

1, 3, 3, 4, 4, 4, 4, 6, 9, 13

이 분포에서 사례의 50%에 해당되는 지점은 4와 4 사이이다. 두 숫자 사이의 중간지점을 찾으려면, 그 수들을 더하고 2로 나눈다. 따라서 이 분포의 중앙값은 (4+4) ÷ 2 = 4와 같다. 경우의 수가 짝수일 때는 다음 방정식을 사용해서 수학적으로 중앙값을 계산할 수 있다.

$$Md = \frac{N}{2}\ \frac{N+2}{2} \qquad \text{(공식 5.5)}$$

또 다른 예를 살펴보자.

16, 17, 19, 19, 20, 23, 24, 25, 27, 29

이 값을 순서대로 나열하면, 20과 23이 중간지점을 나타낸다는 것을 알 수 있다. 따라서 N =10이고, 중앙값은 $\frac{10}{2}$와 $\frac{10+2}{2}$의 중간 지점일 것이다. 결국 중앙값은 다섯 번째 숫자(20)와 여섯 번째 숫자(23)사이가 된다. Md = (20+23)/2 = 21.5. 중앙값은 20.5다.

평균 대 중앙값 평균과 중앙값은 모두 중심경향을 측정하는 값이다. 평균과 중앙값은 둘 다 대칭분포에서 의미가 있다. 정규분포에서는 평균과 중앙값이 같다. 그러나 편포된 분포에서는 이 관계가 변한다. 일반적으로, 정적으로 편포된 분포에서는 평균이 중앙값보다 높고, 부적으로 편포된 분포에서는 평균이 중앙값보다 낮다. 그리고 평균은 중앙값보다 극단치 또는 이상치에 더 영향을 받는다. 따라서 과하게 편포된 분포에서는 평균보다는 중앙값이 집중경향을 추정하는 더 좋은 값이다. 다음 사례를 생각해 보자. 통계 수업 첫 시간에 강사가 퀴즈를 실시했는데, 이 수업에서 기술통계를 다뤄야 하는지 아니면 바로 요인분석을 다뤄야 할지 알고 싶었다. 그 결과, 당신을 포함한 대부분의 수강생들은 퀴즈에서 낮은 점수를 받았고, 통계에 재능이 있는 몇몇 학생들의 경우 100점에 가까운 점수를 받았다. 학생들의 점수는 다음과 같다. 47, 48, 50, 51, 51, 51, 52, 52, 99, 100. 이 경우 중앙값은 51이고 평균은 60.1이다. 만일 두 개의 최고 점수를 제거하면, 중앙값은 여전히 51이지만, 평균은 50.2가 된다. 만일 이 수업의 강사가 최고 점수를 얻은 두 명의 학생들의 영향을 고려하지 않고 평균만을 가지고 수업을 진행했다면, 당신을 포함한 대부분의 수강생들은 이 수업에서 매우 난감했을 것이다. 극단적인 이상치가 제거되었을 때 중앙값이 변하지 않았다는 것을 염두에 둘 필요가 있다.

최빈값 최빈값(mode)은 계산이 아니라 관찰에 의해 결정되기 때문에 이해하기 가장 쉬운 척도다. 간단히 말해서 최빈값은 점수 분포 중에서 발생빈도가 가장 높은 것을 말한다. 빈도절선도표에서 최빈값은 분포 중 정점에 해당하는 값이다. 예를 들어, 〈표 5-6〉에서 10명의 상담사가 지닌 최빈 상담경력은 두 번째 열(f)에서 가장 큰 값을 찾으면 확인할 수 있고, 이 경우 4이다. 따라서 이 집단에 가장 많은 상담사들이 가지고 있는 경력은 4년인 셈이다. 그러나 다봉분포에서는 한 개 이상의 최빈값이 존재한다. 예를 들어, 상담경력이 9년 된 상담사 3명을 더 고용했다면 두 개의 최빈값을 갖게 될 것이다. 이때 최빈값은 4년과 9년인데, 이 분포는 이봉분포가 된다. 그리고 어떤 값도 한 번 이상 발생하지 않는다면 분포에는 최빈값이 존재하지 않게 된다.

최빈값은 성과 인종과 같은 명목변수(범주형 변수)를 연구할 때 가장 일반적인 범주를 확인하기 위한 기술통계다. 이런 상황에서는 평균과 중앙값은 유용한 측정값이 아니다. 예를 들

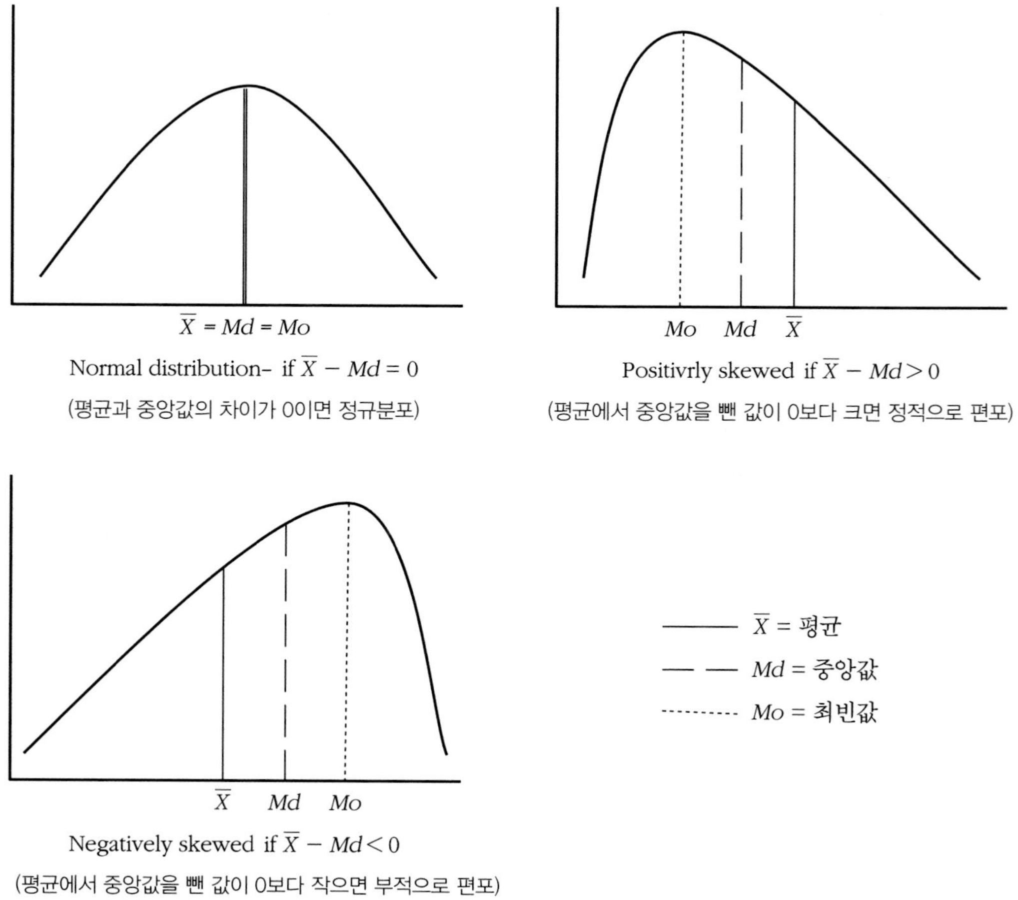

[그림 5-4] 집중경향과 분포

어, 9명의 여성과 5명의 남성이 있다면, 최빈값이 여성이라는 것을 아는 것은 남성과 여성의 숫자 평균이 7이라는 것을 아는 것보다 더 도움이 된다. 그러나 최빈값은 종종 집중경향치의 지표로 유용하지 않을 수 있는데, 이봉분포나 다봉분포의 경우 또는 편포가 심한 분포에서는 특히 그렇다. [그림 5-4]에 집중경향치를 제시하였다.

변산도 변산도(variabilty)는 분포에 있는 점수들이 서로 얼마나 다른지를 나타낸다. 즉, 한 집단의 점수들이 얼마나 흩어져 있는지를 의미한다. 어떤 분포의 변산도가 작다면, 분포가 동질적(homogenous)이라고 말할 수 있다(반대의 경우는 이질적이라고 말할 수 있다). 자주 사용되는 세 개의 변산도 측정치가 있는데, 범위, 분산, 표준편차가 그것이다. 각각에 대해 자세히 살펴보자.

범위 범위(range)는 변산도를 계산하는 가장 간단한 측정값으로서 우리가 살면서 자주 봤던 측정값이다. 범위는 가장 높은 점수에서 가장 낮은 점수를 뺀 값이다. 통계 퀴즈 사례를 살펴보자. 가장 큰 점수는 100이었고, 가장 작은 점수는 47, 따라서 100−47=53, 결국 범위는 53이다. 백만 개의 수치가 있다고 하더라도 가장 높은 점수에서 가장 낮은 점수를 빼면 범위를 계산할 수 있다. 다른 모든 수치 정보는 버린다. 이것이 범위가 지닌 주요 약점이다. 범위는 관찰한 모든 값을 포함하고 있지 않다. 범위는 가장 빠른 변산도 측정 방법이지만, 많은 정보를 제외시킨다.

분산 분포에 있는 모든 개별 점수를 고려하는 변산도 측정치는 분산(variance)이다. 이 값은 분포 안의 값들이 평균에 얼마나 가까운지로 정의될 수 있다. 분산은 평균으로부터 차이를 제곱한 값들을 산술평균한 것이다. 모집단의 분산을 구하는 공식은 다음과 같다.

$$\text{모집단의 분산} = \sigma^2 = \frac{\sum (X_i - \mu)^2}{N} \qquad \text{(공식 5.6)}$$

여기서 X_i는 점수이고(i는 단순히 여러 값이 있다는 것을 의미하고, 각각을 개별적으로 선별한다는 것을 의미한다), σ^2은 분산을, μ는 모집단 평균, N은 사례 수를 의미한다. 표본의 분산(S^2)을 계산하는 공식은 다음과 같다.

$$\text{표본의 분산} = s^2 = \frac{\sum (X_i - \bar{X})^2}{n-1} \qquad \text{(공식 5.7)}$$

여기서 S^2은 분산 추정치이고 ($\bar{X}$)는 표본의 평균이다.

실제로 분산은 한 표본에서 계산되기 때문에 이 식이 가장 자주 사용된다. 표본의 분산을 구하는 이 식에서 N이 아니라 N−1로 나눈다는 것에 주목해야 한다. 공식을 살펴보면 분산의 핵심은 점수와 평균의 차이라는 것을 알게 된다($X_i-\bar{X}$). 점수들의 편차가 분산을 만들어 낸다. 그 편차들이 작으면 점수들은 평균에 가깝고, 편차들이 크면 점수들이 더 많이 흩어져 있는 것이다. 그러나 편차의 문제는 편차들을 더하면 늘 '0'이 된다는 것이다. 이는 평균의 특성 때문에 발생한다. 즉, 평균보다 큰 점수들의 값은 평균보다 작은 점수들의 값과 같다. 예를 들어, 한 내담자에게 일주일에 1회씩 네 번에 걸쳐 우울검사를 실시해서, 47, 45, 30, 40점의 점수를 얻었다고 가정하자. 평균은 40.5, 평균으로부터의 편차들은 각각 6.5, 4.5, −10.5, −0.5다. 이러한 편차들을 모두 합하면 0이 된다. 따라서 유용한 자료를 제공하고 편차들이 0이 되는 것을 방지하기 위해서는, 이러한 편차들을 제곱할 필요가 있다. 편차들을 제곱할 경우 마이너스 편차는 정적인 값으로 바뀌게 된다. 분산을 계산하기 위해 다음 단계를 거친다.

① 평균을 구한다.
② 각 점수와 평균의 차이를 구한다.
③ 이 차이값들을 제곱한다.
④ 제곱한 값을 모두 더한다.
⑤ 자료가 표본이기 때문에, 제곱한 값(4단계에 계산한 값)을 관찰값의 수에서 1을 뺀 값(n−1)으로 나눈다(여기서 n은 자료에서 관측된 값의 수와 같다).

〈표 5−6〉에서 제시했던 상담사들의 예로 돌아가 보자. 앞의 단계들을 따르면 분산은 다음과 같이 계산된다(〈표 5−8〉 참조).

전체 년수=51, 표본크기=10, 그래서 평균은 51/10 =5.1년이 된다. 모든 편차값을 합하면 0이 된다는 것을 알 수가 있다($\sum(X-\bar{X})=0$). 편차 제곱의 총합은 108.9이다. 따라서 이 자료의 분산은 s^2=108.9/(10−1)=12.1이다. 다른 예를 살펴보자. 10명의 상담사들을 대상으로 얼마나 자신의 직업에 만족하고 있는지를 검사를 통해 확인했다고 가정하자. 이들의 점수는 다음과 같다.

34, 20, 49, 43, 37, 15, 39, 29, 43, 34

앞에서 제시한 단계에 따라 분산을 구할 수 있다(〈표 5−9〉 참조). 이 자료의 평균은 34, 편차 제곱의 총합은 862, 따라서 이 자료의 분산은 s^2=862/(10−1)=95.8이다.

앞의 예시들에서 보는 바와 같이 분산은 관찰값과 동일한 단위로 표현되지 않는다. 이것은

표 5-8 **분산 계산법**

상담경력(X)	편차($X-\bar{X}$)	편차 제곱$(X-\bar{X})^2$
13	13-5.1=7.9	62.41
9	9-5.1=3.9	15.21
6	6-5.1=.9	.81
4	4-5.1=−1.1	1.21
4	4-5.1=−1.1	1.21
4	4-5.1=−1.1	1.21
4	4-5.1=−1.1	1.21
3	3-5.1=−2.1	4.41
3	3-5.1=−2.1	4.41
1	1-5.1=−4.1	16.81
N = 10	합 = 0	합 = 108.9

주. X = 원점수; $\bar{X}$ = 평균

무슨 의미일까? 두 번째 예에서 분산은 95.8이지만, 점수들은 15부터 49까지 분포하고 있어서 제시된 분산보다 훨씬 더 작다. 이점이 분산을 해석하는 것을 어렵게 한다. 범위가 34에 불과한데 어떻게 점수들이 95.8만큼이나 차이가 있을 수 있나? 평균으로부터의 편차를 제곱하기

표 5-9 **분산 계산법의 예**

직업만족도(X)	편차($X-\bar{X}$)	편차 제곱$(X-\bar{X})^2$
45	45-34=11	121
43	43-34=9	81
43	43-34=9	81
39	39-34=5	25
37	37-34=3	1.21
34	34-34=0	0
34	34-34=0	0
29	29-34=−5	25
20	20-34=−14	196
16	16-34=−18	324
N = 10	합 = 0	합 = 862

때문에 논리적인 설명을 하기에는 너무 커져서 분산을 이해하는 것이 어렵다. 편차들의 값이 서로를 상쇄하기 때문에 편차들을 제곱한 것인데, 이것이 또한 어려운 문제를 야기한 것이다. 이 문제는 분산에 제곱근을 취함으로써 해결될 수 있는데, 이를 표준편차라고 부른다.

표준편차 분산과 표준편차는 근본적으로 같은 개념이다. 이들은 항상 다른 하나로부터 계산할 수 있다는 점에서 동일한 정보를 제공한다. 공식 5.8에서 보았던 것처럼 표준편차는 분산의 제곱근이고, 분산을 원자료와 동일한 단위로 변환시킨다.

$$\text{표준편차} = s = \sqrt{s^2} \qquad \text{(공식 5.8)}$$

$$\text{또는} = \sqrt{\frac{\sum (X_i - \bar{X})^2}{n-1}} \qquad \text{(공식 5.9)}$$

예를 들어, 첫 번째 예에서 분산은 12.1이었다. 표준편차는 12.1의 제곱근인 3.48년이다 (원자료와 같은 단위로 표현되었다). 표준편차는 개별 점수와 집단 평균 간의 '평균적인' 차이를 말한다. 따라서 자료에 있는 점수들은 평균으로부터 평균적으로 3.48(년) 떨어져 있음을 의미한다. 두 번째 예를 보면, 분산은 95.8이었다. 따라서 표준편차는 9.79이다. 이것은 점수들이 평균으로부터 9.79(점) 떨어져 있다는 것을 말한다. 일반적으로 우리는 표준편차를 어떤 점수가 평균에서 얼마나 멀리 떨어져 있는지, 얼마나 많은 점수가 그러한 거리에 위치하는지를 나타내는 것으로 해석한다. 첫 번째 예를 보면, 우리는 상담자들이 평균적으로 5.1년의 상담경험을 가지고 있고, 3.48년의 표준편차를 가진다는 것을 알 수 있다. 따라서 평균에서 1표준편차 떨어져 있다는 것은, 이 상담사의 상담경력은 대략 1.62와 8.58년 사이에 있다는 것을 나타낸다[평균에서 표준편차를 빼면 하한계(lower limit)을 제공하고, 평균에서 표준편차를 더하면 이 상담사의 상한계(upper limit)를 제공한다]. 상담사의 만족도를 살핀 두 번째 예에서 10명 중 7명의 상담사들이 평균에서 1표준편차 사이의 값을 가지고 있다는 것을, 즉 24.21점과 43.79점 사이의 직업만족도를 보고했다고 결론 내릴 수 있다.

정규분포와 68-95-99.7 규칙

이제 평균과 표준편차를 계산하는 법을 알았으니, 정규분포의 이점에 대해 다시 이야기할 필요가 있다. 자료가 정규분포를 이룬다면, 평균 및 표준편차에 비례해서 표본의 점수 중 몇 퍼센트가 분포의 특정 구간 내에 위치하는지를 쉽게 계산할 수 있다. 특히, [그림 5-5]에서 볼 수 있듯이, 68−95−99.7 규칙은 정규분포상에서 자료가 평균으로부터 1, 2, 3 표준편차 내에 위치한다는 것을 나타낸다. 이 규칙에 따르면, 정규분포에서 68%의 자료는 평균으로부터 1표준편차 내에 위치한다(34%의 자료는 평균과 평균 아래 1표준편차 떨어진 점수 사이에 존재하고, 나머지 34%는 평균과 평균 위 1표준편차 떨어진 점수 사이에 존재한다). 또한 자료 중 95%는 2표준편차 내에, 99.7%의 자료는 평균으로부터 3표준편차 내에 존재한다.

이 규칙을 사례에 적용해 보자. 당신은 학교상담사로서 사회성기술 집단에 참여하고 있는 학생들의 공감수준을 측정하려고 한다. 자료는 정규분포를 따르고 있고, 평균은 47점, 표준편차는 12점이다. 이 자료를 통해, 68%의 학생들의 점수가 35점(즉, 47−12)과 59점(즉, 47+12) 사이에 위치한다는 것을 알 수 있다. 또한 거의 모든 학생들의 점수(99.7%)는 11점(즉, 평균 아래 3표준편차 지점)과 83점(즉, 평균 위 3표준편차 지점) 사이에 위치한다. 여기서 한 단계 더 나아가면, 이 검사에서 35점 이하의 점수를 얻은 학생들은 몇 퍼센트일까? 처음에는 이 문제가 까다롭게 느껴질 수 있지만, 차트를 사용해 보자. 35점은 평균 아래 1표준편차를 의미한다. 따라서 13.6%가 35점과 23점(2표준편차) 사이의 점수를 얻었고, 2.1%는 23점과 11점 사이의 점수를, 그리고 0.1%는 3표준편차 아래의 점수를 얻었을 것이다. 결국 약 16%(13.6 + 2.1 + 0.1 = 15.8%)가 35점 미만의 공감점수를 얻었을 것으로 결론 내릴 수 있다. 다음에서는 정규분포, 특히 표준정규분포에 관해 좀 더 상세히 다룰 것이다.

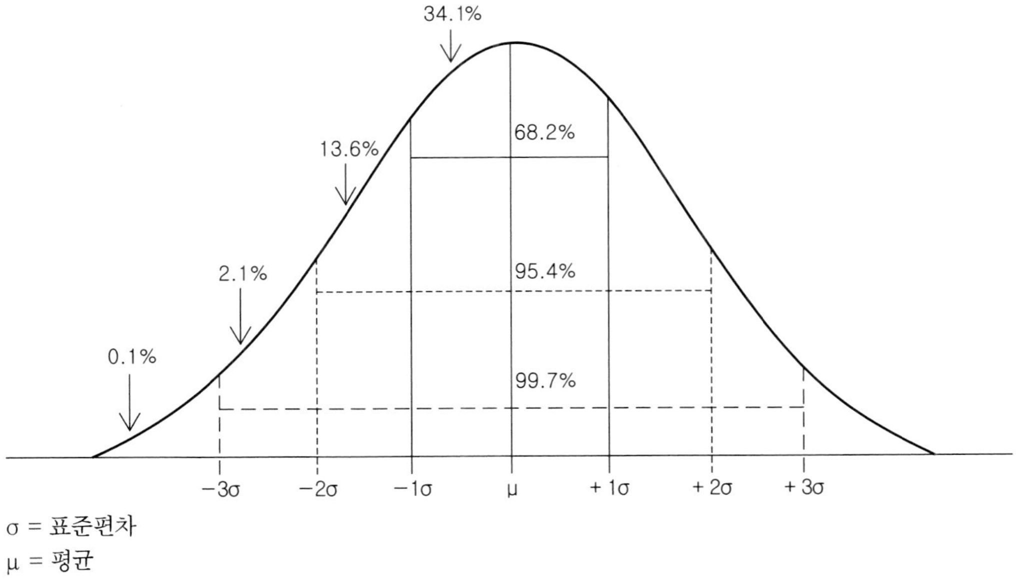

[그림 5-5] 정규분포와 68-95-99.7 규칙

표준정규분포와 표준점수

통계에서 한 가지 도전이 되는 일은, 서로 다른 표본에서 나온 점수들을 비교하는 것이다. 어떤 표본이 정규분포를 따른다고 하더라도 평균과 표준편차가 다를 것이다. 표본의 점수, 즉 원점수를 표준적인 측정기준으로 변환시키면 표본 간 점수들을 비교하는데, 기준이 되는 표준 척도를 갖는 데 도움이 된다. 이렇게 점수들을 표준화하는 과정을 통해 어떤 점수가 내 표본 안에서 발생할 수 있는 확률을 결정할 수 있다. 표준화된 점수를 계산하는 것은 본질적으로 점수들을 평균과 표준편차에 의해 변환시킨다는 것을 의미한다. 몇 가지 다른 유형의 표준점수들이 있는데, Z 점수, T 점수, 스테나인이 가장 많이 사용된다.

Z 점수 만약 평균과 표준편차가 알려져 있다면, 개별 점수들은 표준화 과정을 통해 전체 점수 분포에서 어떻게 분포하고 있는지 가시화할 수 있다. 표준정규분포는 평균이 0이고 표준편차가 1인 정규분포이다. 따라서 모든 정규분포를 동일한 크기의 단위로 만들 수 있다(평균 μ, 표준편차 σ). 원점수를 Z 점수(z-scores)로 표준화하면, 한 개인이 표준편차를 기준으로 했을 때 평균으로부터 얼마나 멀리 떨어져 있는지를 알 수 있다. 평균에서 1표준편차 위에 있는 점수는 Z 점수 1이다. 평균에서 1표준편차 아래에 있는 점수는 Z 점수로 −1이다. 평균에 위치한 점수는 Z 점수로 0이다. Z 점수는 정적일 수도 있고 부적일 수도 있는 10진수이다. [그림 5−6]은 표준정규분포 상의 Z 점수를 보여 주고 있다.

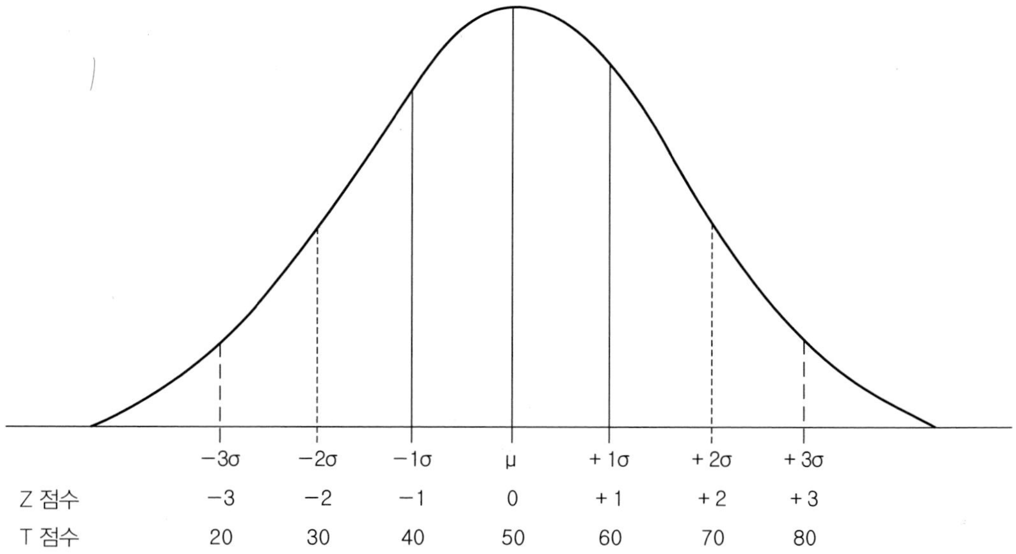

[그림 5−6] 표준정규분포, Z 점수, T 점수

다음 공식을 사용해서 표준화된 Z 점수를 계산할 수 있다.

$$Z = \frac{X - \mu}{\sigma} \qquad \text{(공식 5.10)}$$

여기서 X는 원점수이고, σ는 모집단의 표준편차, μ는 모집단의 평균이다.

Z 점수를 계산하기 위해서는 표본 평균이나 표본 표준편차가 아닌 모집단의 평균과 표준편차가 필요하다. 그러나 실제로 모집단의 표준편차나 평균을 측정하는 것은 매우 어렵다. 예를 들어, 상담사 모집단의 직업만족도를 온전히 측정하는 것은 어려운 일인데, 이는 모든 상담사들로부터 자료를 수집하는 것을 의미하기 때문이다. 이 경우에 모집단의 표준편차는 모집단에서 무선으로 표집된 상담사들의 표본을 활용해서 추정할 수 있다. 상담사들의 상담경력의 예로 돌아가 보자. 평균 상담경력은 5.1년이었고, 표준편차는 3.48년이었다. 만일 이 집단이 무선으로 표집된 표본이라고 가정한다면, 어떤 원자료에 대해서도 표준화된 Z 점수를 계산해 낼 수가 있다. 어떤 상담사가 6년의 상담경력을 가지고 있다면, 다음과 같이 Z 점수를 계산할 수 있다.

$$Z = \frac{6 - 5.1}{3.48} = 0.26$$

이 예에서 Z 점수는 0과 1사이에 있고, 이는 평균보다 약간 위에 있음을 의미한다. 한 가지 예를 더 살펴보자. 1년의 상담경력을 가지고 있는 상담사의 Z 점수는 다음과 같다.

$$Z = \frac{1 - 5.1}{3.48} = -1.18$$

이 상담사의 Z 점수는 −1과 −2 사이에 존재하고, 평균보다 아래에 위치한다.

표준점수인 Z 점수를 사용하는 것에는 몇 가지 이점이 있다. 첫째, 백분위점수(특정 점수보다 작거나 같은 점수를 지닌 사람들의 비율이다)를 찾기 위해 표준점수를 사용할 수 있다. 백분위점수는 매우 많은 점수들 가운데 한 사람이 어느 위치에 있는지를 직관적으로 보여 주는 방법이다. 둘째, 표준점수는 표준화하는 방법을 제공하거나 다른 측정법들을 비교 가능한 형태로 동등화시킨다. 각각의 점수는 동일한 평균(0)과 표준편차(1)를 가진 분포로부터 오게 된다. 그러나 표준화점수에도 몇 가지 단점이 있다. 첫째, 같은 사람이라 하더라도 다른 표본에서 평가할 때는 Z 점수가 다를 수 있는데, 왜냐하면 그 사람의 Z 점수는 집단 내에서 상대적인 위치로 표시되기 때문이다. 둘째, 절대적인 점수가 중요한 상황인 경우, 절대 점수를 상대적인 측정기준으로 변형시키기 때문에 절대점수가 불분명해진다.

T 점수 T 점수(T-score)는 두 번째 부류의 표준화 점수로서, 표준화된 검사와 성격검사 상에서의 수행을 보고하는 데 광범위하게 사용되고 있다. 또한 T 점수는 표본에 걸쳐 점수들을 비교하기 위한 공통의 측정기준을 형성하다. Z 점수의 경우 평균이 0이고 표준편차가 1이었지만, T 점수는 평균 50, 표준편차는 10에 기초하고 있다. Z 점수와 달리 T 점수는 정수이고 항상 양의 값을 갖는다. 실제로 적용해 보자. 주거치료센터에서는 모든 내담자들이 접수면접 시 성격검사를 받는다. 당신의 내담자 모우는 긍정적인 정서를 경험하는 성향을 측정하는 척도에서 50점의 T 점수를 받았고, 트레비스는 25점의 T 점수를 받았다. 이를 통해 모우는 평균과 동일한 점수인 반면, 트레비스는 평균에서 2.5 표준편차 밑에 있는 점수를 받아 상대적으로 긍정적인 감정을 매우 적게 경험한다는 것을 알게 된다. 이 경향성이 자살시도가 관련이 있기 때문에, 트레비스에게는 자살과 관련된 검사를 실시하는 것에 더 유의해야 한다고 결론내릴 수 있다.

T 점수를 계산하기 위해 원점수에 대한 Z 점수를 계산하고 싶을 수 있다. 다음 공식을 사용해서 Z 점수를 T 점수로 쉽게 변환시킬 수 있다.

$$T = 50 + 10Z \qquad \text{(공식 5.11)}$$

지금까지 원점수를 Z 점수로 변환시키는 두 개의 사례를 살펴보았다. 이제는 T 점수로 변환시키는 것을 살펴보자. 첫 번째 예는 6년 상담경력을 가진 상담자로 Z 점수가 0.26이었다. 앞의 공식을 사용하면 T 점수는 T =50+10(0.26)=52.6이다. 1년의 상담경력을 가진 상담사의 Z 점수는 −1.18 이었다. T 점수는 T =50+10(−1.18)=38.2가 된다. T 점수와 Z 점수를 표준정규분포 상에서 비교하는 것을 [그림 5−6]에 제시하였다.

스테나인 점수를 표준화시키는 스테나인(stanine, 9분점수) 방법은 표준 9척도(standard nine scale)로도 알려져 있다. 이 표준화척도는 1부터 9까지 분포하는 정수들로 구성되어 있고, 평균은 5, 표준편차는 2이다. [그림 5−7]은 스테나인들을 정규분포에 위치시키고 있다. 정규분포 하에서 각각의 스테나인은 넓은 점수 구간과 백분위(percentile ranks)를 나타낸다. 정규분포가 9개의 구간으로 구분되고, 첫 번째와 마지막 구간을 제외한 구간들은 그 폭이 표준편차의 절반에 해당된다. 평균은 다섯 번째 구간의 정중앙에 위치한다. 원점수를 스테나인 점수로 변환시키기 위해서는, 우선 점수들을 가장 낮은 것에서 높은 것으로 순위를 매겨야 한다. 9개 구간을 정하기 위해 가장 낮은 점수 4%는 1구간, 그다음 7%는 두 번째 구간, 그리고 [그림 5-7]에서 나타난 것과 같이 진행하면 된다.

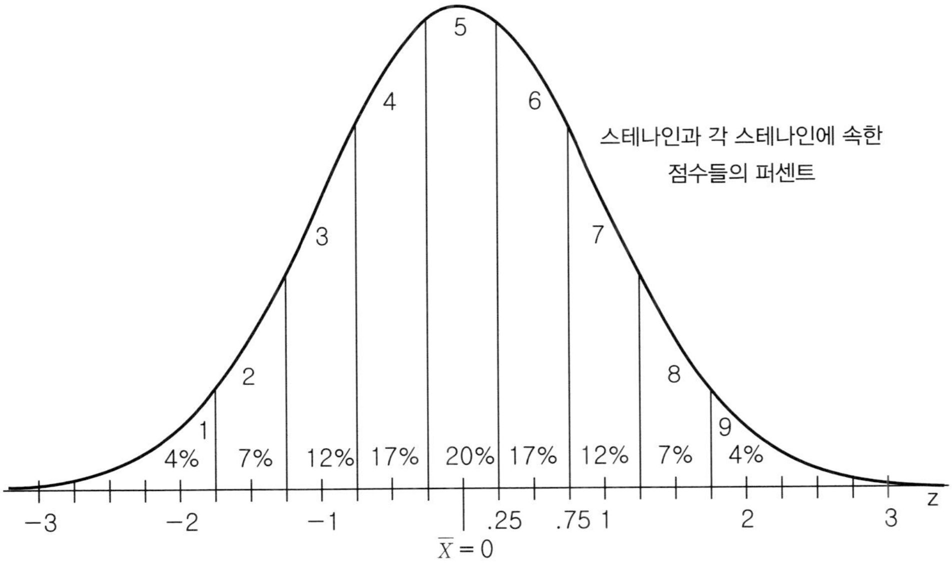

[그림 5-7] 표준정규분포와 스테나인

Z 점수나 T 점수만큼 광범위하게 사용되는 것은 아니지만, 몇몇 표준성취도검사에서는 학생들의 수행을 보고하는 데 스테나인 점수를 사용한다. 스테나인 점수는 다른 교과 분야 간 학생들의 성적을 비교하는 데 유용하다([그림 5-7] 참조). 일반적으로, 스테나인 점수는 평균 이상(9, 8, 7), 평균(6, 5, 4), 평균 이하(3, 2, 1) 로 해석한다. 예를 들어, 한 학생의 스테나인 점수가 수학은 6, 독해는 8로 나왔다면, 두 내용영역에서 학생의 학습은 의미 있게 차이가 있음을 시사한다.

요약

기초통계 개념은 연구에서 필수적이고 중요한 요소이다. 상담사는 자료 분석과 해석에 있어서 기본적인 통계 개념과 기술통계의 역할을 모두 이해해야 한다. 통계는 프로그램 자료의 평가, 심리검사 수행에 도움이 될 뿐 아니라, 상담사가 출판된 연구를 분별력 있게 활용하는 데 도움이 된다. 변인이 어떤 종류의 척도인지, 어떻게 측정되었는지, 신뢰도와 타당도의 역할은 무엇인지, 그리고 어떻게 자료를 해석하는지를 이해하는 것은 필수적이다. 이러한 개념들에 관해 기초적인 지식을 갖추는 일은, 과학자-실무자를 지향하는 상담사 직군에 매우 가치 있는 것이다.

• 수업에서의 활동 •

종이 축구 게임

1. 필요한 자료: 색도화지, 줄자, 거리와 공간을 기록할 빈 종이
2. 목적: 종이 축구 게임은 신뢰도와 타당도를 논의하는 데 사용될 수 있을 뿐 아니라 평균, 분산, 표준편차를 계산하고 원점수를 표준점수로 변환시키는 데 사용될 수 있다.
3. 경기 준비: 우선 두 명의 학생이 한 팀을 이루게 한 다음, 학생 각각은 종이 축구공을 만든다. 학생들이 이 과정에 익숙하지 않을 때는 인터넷에서 종이 축구공을 만드는 것과 관련된 지침을 쉽게 찾아볼 수 있을 것이다. 모든 팀에서 색도화지를 사용해서 서로 다른 색의 축구공을 만드는 것이 좋다(한 팀당 같은 색깔의 축구공을 두 개씩 만든다). 이렇게 하면 이어지는 게임에서 팀을 구분하기가 수월하다. 종이 축구공을 만든 후, 어떤 팀이 서로 경쟁할지 정한다. 모든 팀원은 종이 축구공을 휙 넘겨서 골을 넣을 수 있는 기회를 갖게 된다. 골대는 상대팀에 소속된 선수 한 명이 양 팔꿈치를 땅이나 책상 위에 놓아서 만든다. 처음에는 골대를 선수로부터 20cm 떨어진 곳에다 만들고, 매 경기가 진행되면서 40cm, 50cm 떨어진 곳으로 이동시킨다.
4. 경기: 선수 한 명 한 명이 팀을 위해 축구공을 튀긴다. 매 시도 후에 공이 골대에서 얼마나 떨어져 있는지 거리를 재고 기록한다. 이제 순서를 바꿔 상대방 팀이 상대 골문에 그들의 공을 튀길 기회를 갖고, 재고 기록한다. 1라운드가 끝나면, 각 팀은 4개의 기록을 갖게 된다. 라운드가 진행되면서 골문까지의 거리는 늘어나고, 세 번의 경기를 마치면 한 팀당 12개의 기록을 갖게 된다.

신뢰도와 타당도에 관한 논의: 학생들은 신뢰도(이 경우 튀긴 거리의 일관성)와 타당도(이 경우 골인!)가 무엇을 의미하는지를 이야기한다. 또한 어떤 요인들이 신뢰도와 타당도에 영향을 미칠 수 있는지를 논의한다. 예를 들어, 각 팀원의 한 수행이 비교될 수 있고, 이것이 평정자간 신뢰도와 검사-재검사 신뢰도와 어떻게 연계될 수 있는지를 이야기해 볼 수 있다. 튀기는 방법은 반응 과정과 관련될 수 있다. 골문까지의 거리는 내용타당도의 관점에서 논의될 수 있다. 이것들은 관련된 개념들 중 몇 개에 불과하다.

평균, 분산, 표준편차 계산: 경기 중에 기록한 거리들은 기술통계와 표준점수들을 계산하는데 사용될 수 있다. 이 활동을 하면서 정규분포의 영향을 이야기해 본다.

몇 가지 추가적인 생각: 경기를 재미있게 만들면서도 학생들이 이 활동에 진지하게 참여할 수 있도록 골문까지의 평균 거리와 표준편차가 가장 낮은 팀에게 상을 수여한다(이 활동의 의미를 설명하는 것 또한 가치가 있을 것이다).

설탕 입힌 통계

1. 자료: 여러 색깔의 캔디, 초콜릿 또는 과일 맛 사탕이 담긴 통, 학생 한 명당 두 개의 동일 상표, 백지
2. 준비: 여러 색깔의 사탕 한 종류로 구성된 두 개 이상의 통을 모든 학생들에게 나눠 준다.
3. 활동: 학생들은 자신의 가지고 있는 통에서 사탕을 모두 꺼내 빈 종이 위에 놓는다. 다른 종이에는 빈도히스토그램을 그리게 한다. 그런 다음 학생들은 가장 많은 색깔이 무엇인지 정한다. 학생들은 분포가 어떤 모양인지, 그것이 어떤 의미인지 이야기한다. 그들 앞에 있는 자료가 어떤 유형인지(즉, 명목변수), 이 자료를 가지고 어떤 계산을 할 수 있는지를 논의한다. 그런 다음 학생들은 자신이 좋아하는 색깔의 순서를 매기고, 이것이 척도를 어떻게 변화시키는지, 관련된 통계는 무엇인지 이야기해 본다.

• 생각해 볼 문제 •

1. 당신의 연구에서 사용하고 싶은 변인들을 적어 보고, 각각의 변인에 대해 어떤 측정 척도를 사용할지 생각해 보시오.
2. 당신이 어떤 검사메뉴얼을 살펴본 결과 이 검사는 높은 크론바흐 α를 가지고 있지만, 검사-재검사 신뢰도는 낮다는 것을 발견했다. 이것은 무엇을 의미하는가?

3. 어떤 검사의 타당도를 평가하는 데 활용할 수 있는 증거가 어떤 것들인지 열거하고 각각을 비교하시오.
4. 당신은 학교상담사로서 학생들의 자존감을 측정하는 새로운 검사를 개발하고자 한다. 외부 준거와 관련해서 수집할 수 있는 타당도의 증거가 무엇인지 기술하시오.
5. 어떤 종류의 검사에서 예측하는 증거가 가장 적합하다고 알려져 있는지 논하시오.
6. 어떤 검사의 타당도와 관련된 증거를 확보하기 위해 요인분석을 사용하는 것에 관해 이야기해 보시오.
7. 편포되었다고 생각되는 모집단과 변인을 열거해 보시오.
8. 한 교사가 시험보고서를 학교상담사에게 건네면서 "평균이 67.89입니다."라고 말했다. 학교상담사는 추가적으로 어떤 정보를 요구해야 하는가?
9. '변산도'라는 용어는 무엇을 의미하는가?
10. 어떤 학생이 평균이 60이고 표준편차가 15인 시험에서 75점의 점수를 받았다. 이 시험결과를 다른 방식으로 설명하면 어떻게 설명할 수 있는가? 이 학생의 표준점수는 무엇인가? 시험에서 이 학생은 몇 퍼센트의 학생들보다 더 좋은 성적을 받았는가?

유용한 참고 자료

Adams, K. A., & Lawrence, E. K. (2014). *Research methods, statistics, and applications*. Thousand Oaks, CA: Sage.

Aron, A. (2012). *Statistics for psychology* (6th. ed.). Upper Saddle River, NJ: Pearson.

Gravetter, F., & Wallnau, L. (2013). *Essentials of statistics for the behavioral sciences*. Belmont, CA: Wadsworth/Cengage Learning.

Healey, J. (2012). *The essentials of statistics: A tool for social reasearch*. Boston, MA: Cengage Learning.

Jackson, S. (2015). *Research methods and statistics: A critical thinking approach*. Boston, MA: Cengage Learning.

Pituch, K. A., Whittaker, T. A., & Stevens, J. P. (2013). *Intermediate statistics: A modern approach*. New York, NY: Routledge.

Stevens, J. P. (2012). *Applied multivariate statistics for the social sciences*. New York, NY: Routledge.

제2부

양적연구 설계

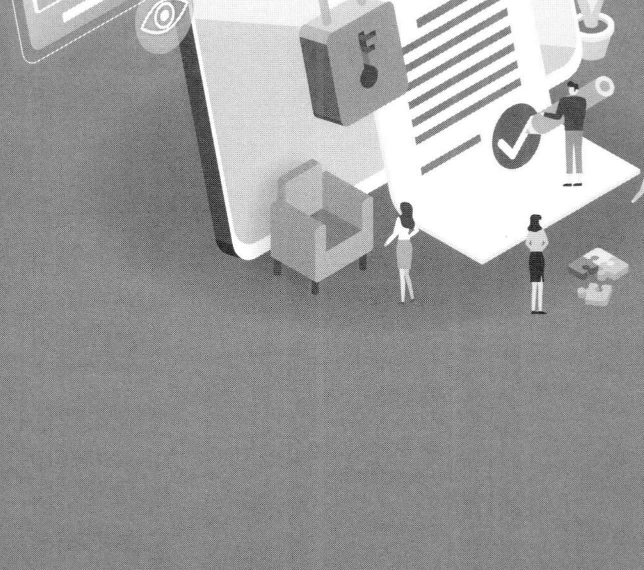

제6장

실험 설계

A. Stephen Lenz
Texas A&M University-Corpus Chiristi

목표

1. 실험 설계의 기초 원리를 이해할 수 있다.
2. 변인을 조작하거나 통제하는 방법을 이해할 수 있다.
3. 실험 설계 모형들을 이해할 수 있다.
4. 실험 설계의 타당도를 저해하는 요인을 이해할 수 있다.
5. 이러한 주제들이 상담 전문직에 시사하는 바를 이해할 수 있다.

실험 설계(experimental design)란 전문 상담사들이 사용하는 교육적 · 치료적 개입이 어느 정도 효과적인지 평가하는 데 사용하는 일련의 방법이다. 실험이라는 방법으로 상담사는 어떤 상황에서 누구에게 어떤 개입이 효과적인지 추론할 수 있으며, 그러한 추론은 다른 상담사들이 내담자에게 적용하는 치료방법을 결정하게끔 돕는다. 실험이라는 용어가 실험실 가운을 상기시키고 또한 실험을 해 보려고 하는 사람을 주눅 들게 하는 일이지만, 실험 설계를 할 수 있는 상황은 상담 장면에서 이미 존재하고 있다. 단지 우리가 할 일은 설계를 통해 측정하는 올바른 방법을 고안하는 것뿐이다. 연구의 소비자는 연구의 타당성, 통계적 유의성, 결과 논의에 초점을 맞추는 경우가 너무 많다. 그러나 사용하는 방법, 연구 결과의 타당성을 위협하는 요인에 관해 제대로 고려하지 않는다면, 양적 연구는 의미가 없다. 이 장은 실험 설계를 설계, 수행 및 비판할 때 고려할 사항에 관해 전반적으로 논의한다. 구체적으로는 ① 주요 개념, ② 변인의 조작방법과 개입의 영향을 통제하는 방법, ③ 실험 설계 모형, ④ 실험의 타당성을 위협하는 요소, ⑤ 다양한 모집단을 대상으로 상담 효과를 보여 줄 때 고려할 점과 시사점 등이다.

증거 확보의 위계 내에서 실험 설계

사람들은 상담 전문직이 제공하는 서비스의 유형과 분량에 관한 증거를 요구한다. 지역사회 기반 정신 건강 프로그램, 학교 기반 생활지도 교육과정, 그리고 장애인들에게 제공되는 서비스에 투입되는 재정적 · 인적 자원의 양을 고려할 때, 이는 타당한 요구이다. 이 책에서 논의하고 있는 모든 연구가 상담사에게 유용하지만, 여러 방법론이 산출하는 결과가 모두 같은 것은 아니다.

몇몇 학자(Chambless & Hollon, 1998; Chambless & Ollendick, 2001; Lenz, 2013; Rubin & Bellamy, 2012)는 치료 효과에 관한 인과적 추론을 할 수 있는 정도는 연속적 또는 위계적인 관계에 있다고 했다([그림 6-1] 참조). [그림 6-1]은 다양한 형태의 실험 또는 유사실험 설계가 연구자가 그들의 개입이 어떤 의도된 결과에 대해 일정한 수준의 영향력이 있음을 입증할 수 있는 가장 신중한 방법임을 나타낸다. 모든 경험적 방법이 전문 상담사에게 중요한 정보를 제공하지만(Rubin & Bellamy, 2012; Slife, Wiggins, & Graham, 2006), 실험 설계는 인과관계를 입증하는 데 특별히 유용하다. Chambless와 동료들(1996, 1998)은 상담 개입을 받는 집단과 대안적 개입을 받는 대기자 집단의 경험을 비교하게끔 집단 간 설계로 면밀하게 고안된 2개의 실험 설계결과를 종합하는 정도면 경험적 타당성이라는 기준을 부합하기에 충분하다는 결론을 내렸다. 이러한 연구 결과라면, 상담사들은 실험에서 밝혀진 특정 개입의 효과를 실험 참여자와 유사한 내담자의 모집단에 일반화할 수 있다.

실험 설계에 대해 일정 수준 이상으로 이해하고 있다면, 당신은 프로그램, 개입, 지침 등에 대해 이해 당사자가 요구하는 증거를 제공할 수 있을 것이다. 연구자로서 당신이 해야 할 과제는 모집단, 어떤 실험 설계가 당신이 상담하는 곳의 상황, 연구 목적 등의 요구에 가장 적합한 것인지 결정하는 것이다.

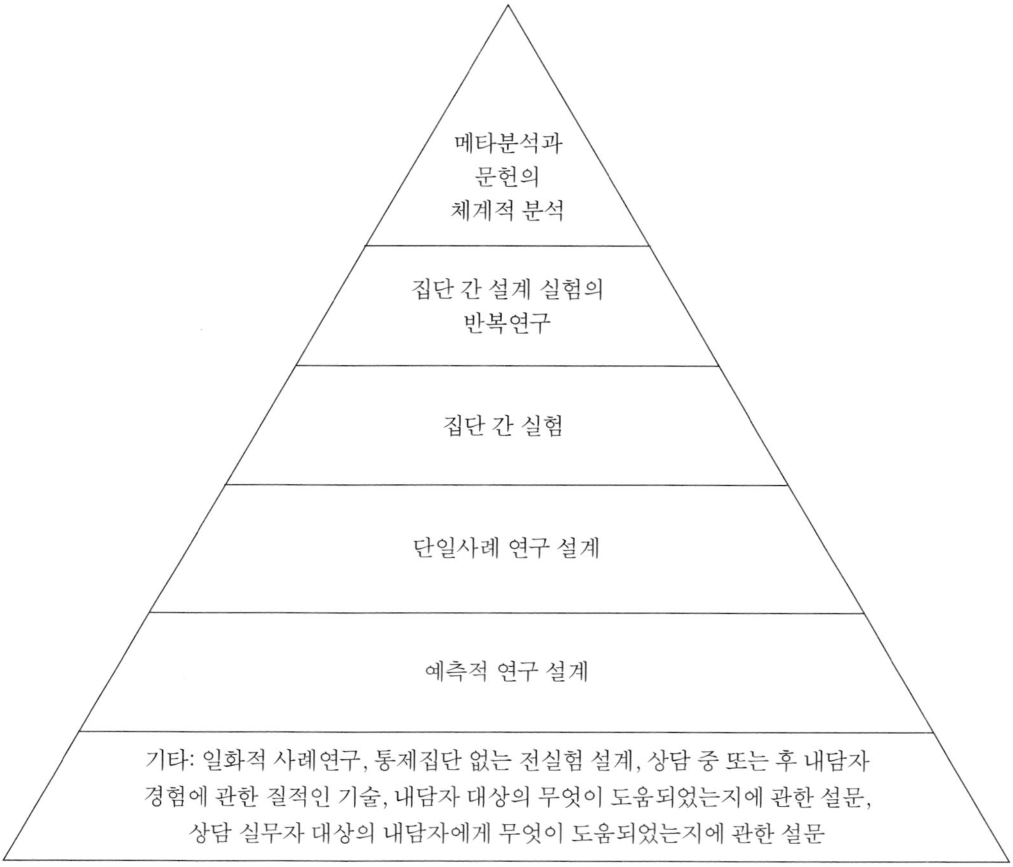

[그림 6-1] 양적연구의 기초

실험 설계의 기본 요소

앞서 언급했듯이 실험 설계는 기술이나 현상의 예측을 넘어 상담사가 변화를 일으킨 원인을 입증하게끔 한다. 이러한 인과적 추론을 가능하게 하는 몇 가지 근본적인 요소는 ① 무선할당, ② 개입/처치의 조작, ③ 효과의 측정, ④ 가외변인(extraneous variable)의 통제, ⑤ 참여자 집단 간의 비교이다. 다음과 같은 연구 주제가 있다고 하자.

한 학교 상담사가 낮은 학업 성취를 보이는 학생들을 위한 프로그램을 개선하려고 한다. 현재 학교 상담사는 학습 기술을 가르치는 심리교육 집단을 운영하고 있다. 참여자의 반응을 볼 때, 그는 학업 문제를 가진 학생들이 학습 기술이 아닌 다른 영역에서 어려움이 있다고 믿고 있다. 학교 상담사는 학습 기술 프로그램에 집단 상담 프로그램을 추가하기로 했으며, 집단 상담이 참여하는 학생들의 학업 성취 수준을 향상하는지 알아보고 싶다.

참여자 집단의 비교

대부분의 집단 설계는 앞서 제시한 학교 상담의 예처럼 둘 또는 그 이상의 참여자 집단의 효과를 비교한다. 한 집단의 학생은 학습 기술과 관련된 심리교육만 받으며, 다른 집단의 학생은 학습 기술과 집단 상담을 모두 경험한다. 만약 두 집단 모두 처음에는 비슷한 수준의 학업 성취를 보였지만, 프로그램을 마칠 때는 통계적으로 또는 실제적으로 유의한 차이를 보인다면, 상담사는 한쪽 개입이 다른 쪽 개입보다 더 효과적이라고 추론할 수 있다.

무선 할당

참여자의 무선 할당은 실험 설계의 초석이 되는 특성이다. 앞선 예에서 참여자를 무선으로 할당함으로써, 학교 상담사는 각 학생이 학습 기술 집단과 학습 기술에 집단 상담이 추가된 집단에 할당될 확률이 같음을 보장한다. 실험적 통제의 한 가지 방법으로, 무선 할당에 관해서는 이 장의 후반부에서 좀 더 상세히 설명할 것이다.

개입/처치의 조작

실험 설계는 최소한 한 가지 독립변인을 조작한다는 특성이 있다. 제4장에서 독립변인은 종속변인에 다른 수준의 변화를 유발할 것으로 연구자가 생각하는 개입 또는 처치라고 했다. 앞의 예에서 학교 상담사는 집단의 유형(독립변인)에 따라 나타나는 변화량의 차이를 측정하고 있다.

효과의 측정

실험에서 모든 참여자를 대상으로 종속변인을 측정함으로써, 연구자는 집단 간 개입 효과에 대해 다른 상담 전문가에게도 도움이 될 만한 추론을 할 수 있다. 앞의 예에서 측정하고 있는 효과(종속변인)는 학업 성취인데, 이는 학기 말 성적, 표준화 검사 점수, 또는 개입/처치와 관련된 변화량을 포착할 수 있는 다른 방법을 통해 평가할 수 있다.

가외변인의 통제

가외변인은 개입(독립변인)과 무관하지만, 연구의 효과(종속변인)에 영향을 끼치는 요인이다. 가외변인을 통제하면, 참여자의 집단 간 차이가 그들이 받은 개입의 종류와 관련된다는 사실의 개연성을 높임으로써 연구의 타당성을 높인다. 예를 들면, 오전에 학습 기술 집단에 참여한 학생들은, 방과 후에 학습 기술 집단과 추가적인 상담 집단에 참여한 학생보다 학습 기술을 더 많이 기억하고 활용할 개연성이 크다. 이처럼 개입 시간과 같은 가외변인을 통제하기 위해서 학교 상담사는 두 가지 개입 시간을 매일 교차해서, 격일마다 동일 시간에 제공하게끔 설계할 수 있다.

실험 설계의 유형

무선 할당과 비교집단을 활용하는 실험 설계를 진실험 설계(true experimental design)라고 한다. 앞에서 언급했듯이, 전통적인 실험 설계는 조작된 독립변인을 사용한다. 그리고 사회과학에서는 조작할 수 없는 독립변인의 효과를 검증하는 일이 다반사이다. 예를 들면, 만약 성별을 독립변인으로 사용한다면, 참여자는 남성 또는 여성으로 무선 할당할 수 없다.[1] 민족, 교육 수준, 사회경제적 지위를 기초로 차이를 조사할 때도 마찬가지이다. 무선 할당을 하지 않고 비교하는 두 집단을 구성하면, 그것은 준실험(quasi-experimental) 설계라고 한다. 준실험 설계를 사용할 때, 두 집단의 동일성을 보장하기 위해 추가적인 고려(예: 실험 초기에 여성과 남성, 또는 다양한 민족 간의 점수가 유사하다는 점)가 필요하다. 만약 두 집단이 동일 집단이 아니라면, 연구자가 통제되어야 하는 변인이 무엇인지 안다는 가정하에 집단 간 차이를 통제하기 위한 통계적 검증 절차를 밟을 수 있다.

개입이나 프로그램의 효과를 평가하기 위해 상담사가 사용할 수 있는 실험 설계에는 세 종류가 있다. ① 무선 할당이나 비교집단이 없는 전실험 설계(preexperimental design), ② 비교집단은 있지만 무선 할당이 아닌 준실험 설계(quasi-experimental desigh), ③ 무선 할당과 비교

---

1) 역자 주: 성별, 민족처럼 조작할 수 없는 변인을 기준으로 비교 대상 집단을 구성할 때에는 무선 할당(random assignment)이라고 하지 않고, 무선 선택(random selection)이라고 한다. 따라서 실험 설계에서는 독립변인이 종속변인의 '원인'이지만, 준실험 설계에서는 독립변인이 종속변인의 '지표(indicator)'이다. 그리고 실험 설계에서는 '독립변인이 종속변인에 영향을 미친다'라는 결론이 가능하지만, 준실험 설계에서는 '독립변인은 종속변인에 영향을 미치는 여러 원인 중 하나이다'로 해석한다.

집단을 모두 사용하는 진실험 설계(true experimental desigh)가 그것이다. 전실험 설계는 연구에 적용하기 쉽지만 비교집단이 없으므로 연구 결과가 측정하고자 한 것을 반영하지 않을 수 있다. 전실험 설계를 사용한 연구의 의미는 항상 의문시되어야 하는데, 그 이유는 결과가 일반화될 수 없기 때문이다. 전실험 설계에서 참여자들은 학습 기술과 집단 상담을 모두 경험할 것이다. 앞서 제시한 예에서는 모든 참여자가 학습 기술에 추가해서 집단 상담을 받을 것이다. 준실험 설계는 사회과학 연구에서 매우 많이 사용하는데, 그 이유는 조작할 수 없는 변인을 사용하기 때문에 독립변인을 기준으로 무선 할당을 할 수 없기 때문이다. 집단의 동질성을 확보하기 위해 특별히 유의할 필요가 있는데, 그 이유는 처치집단들이 동질해야 실험 결과를 일반화할 수 있기 때문이다. 준실험 설계에서 참여자는 학습 기술 프로그램과 집단 상담에 모두 노출되는 집단과 학습 기술 프로그램에만 노출되는 집단에 할당되지만, 그것이 무선이 아닌 방법으로 할당된다. 예를 들면, 학교 상담사는 시간표에 기초해서 이미 구성된 학급을 기준으로 집단을 구분할 수 있다. 학교 상담사는 교과목 평균이나 표준화 검사 점수를 기준으로 학업 성취 수준이 높아졌는지 확인하기 전에, 두 집단의 교과목 평균이나 검사 점수가 원래부터 유의미하게 높거나 낮지 않다는 것을 확인하는 통계분석을 해야 하는데, 그 이유는 이러한 기존 점수들이 결과를 왜곡할 수 있기 때문이다. 진실험 설계는 적용하기가 좀 더 복잡하다. 그러나 무선 할당 절차가 집단의 동질성을 보장하고, 비교집단을 사용하여 독립변인의 효과를 좀 더 쉽게 확인할 수 있기 때문에 연구 결과를 좀 더 쉽게 일반화할 수 있다. 진실험 설계에서 참여자는 학습 기술 프로그램과 집단 상담에 모두 노출되는 조건과 학습 기술 프로그램에만 노출되는 조건에 무선으로 할당된다. 따라서 모든 참여자는 학습 기술 프로그램과 집단 상담에 모두 노출되는 집단과 학습 기술 프로그램에만 노출되는 집단에 선택될 확률이 똑같다. 학교 상담사는 교과목 평균이나 표준화 검사 점수의 변화로 나타나는 학업 성취 수준이 개선됐는지 평가할 수 있다.

실험 설계 모형

실험 설계를 위한 모형은 두 개 또는 그 이상의 집단 간에 나타나는 결과를 비교하는 집단 간 설계(between groups), 그리고 한 집단 내에서 두 개 혹은 그 이상의 서로 다른 처치를 서로 다른 시점에 받은 후 결과를 측정하는 집단 내 설계(within groups)로 분류할 수 있다. 여기서 논의할 모형은 무선 할당과 비교집단을 채택한 진실험 설계를 사용하고 있다고 가정한다. 그러나 연구하고자 하는 요인의 범주적 특성(예: 민족성, 성별, 나이 등) 때문에 무선 할당이 항상 가능한 것은 아니다. 따라서 무선 할당이 어려울 때 그 설계를 준실험 설계라고 부른다. 준실험 설계를 사용할 때, 연구자는 무선 할당을 한다면 통제될 수 있는, 내적 타당도 저해 요인을 다룰 필요가 있다(Fraenkel & Wallen, 2006).

집단 간 설계

집단 간 설계에서 결과에 대한 처치나 개입의 효과는 집단 간 차이에 기초해서 평가한다. 진실험 설계에서 한 집단은 처치나 개입을 받고(처치집단), 비교집단은 일반적으로 아무런 처치도 받지 않는다(통제집단). 하지만 어떤 연구는 두 가지 별개의 처치를 비교하는 방식으로 수행될 수 있다.

예: 한 지역사회 상담 기관은 우울증 진단을 받은 내담자와 상담할 때, 인간중심 접근을 채택한 상담사가 인지행동 접근을 채택한 상담사보다 더 나은 효과를 보이는지 밝히고 싶다.

사후검사만 사용하는 설계 참여자들은 처치집단과 비교/통제집단에 무선 할당된다. 처치집단의 경우 특정한 조작이나 혹은 개입에 노출되는 한편, 통제집단은 아무런 처치도 받지 않는다. 그 후 처치의 영향력을 밝히기 위해 양적 측정방법을 사용한다. 이 경우, 양적 측정은 종속변인이 되며 처치 유무가 독립변인이 된다.

예: 도심지의 한 중학교에서 사회경제적으로 취약한 지역의 학생들을 돕고 있는 상담사는 멘토링 프로그램이 학생의 교우 관계 발달, 학급 분위기, 학업 성취 수준에 영향을 미치는 정도를 밝히고 싶다. 학교 상담사는 일주일에 한 번씩 15주 동안 멘토링하는 집단이나 책을 읽는 집단 중 하나에 학생들을 무선 할당할 수 있다. 15주 프로그램을 마친 후, 상담사는 관계 건강지표-청소년용(Relational Health Indices-Youth; Liang, Tracy, Kenny, Brogan, & Gatha, 2010), 학급 분위기 척도(Classroom Climate Scale; Vessels, 1998)를 작성하게 하고, 성취도 검사 점수도 구할 수 있다(〈표 6-1〉 참조).

표 6-1 **사후검사만 사용하는 설계**

	집단	처치	사후검사
무선 할당	처치집단	○	○
	통제집단	×	○

사후검사만 사용하는 설계는 사용하기 쉽고, 무선 할당을 했기 때문에 연구를 시작하는 시점에서 집단 간 동질성을 어느 정도 보장할 수 있다. 그러나 사전검사가 없으므로, 연구를 시작하는 시점에 처치집단과 통제집단 사이에서 관계 건강지표, 학급 분위기 척도 그리고 학업 성취 검사 점수의 동일성을 확신할 수 없다. 비록 무선 할당을 했지만, 집단의 동질성이 완전히 보장되지는 않는다. 무선 할당을 사용하지 않는다면, 세 가지 점수에 나타나는 변화를 독립변인 때문이라고 할 수 없다.

사전–사후검사 통제집단 설계 참여자들은 처치집단과 비교/통제집단에 무선으로 할당된다. 그리고 나서 종속변인을 측정하는 양적 측정 도구를 개입 이전(처치 전)과 연구 종료 시점(처치 후)에 사용한다. 이 모형에서는 처치집단과 통제집단 모두 사전측정과 사후측정을 한다. 처치집단은 특정 처치를 받는 한편, 통제집단은 아무런 처치도 받지 않는다. 이러한 경우에 두 집단은 사후검사를 바탕으로 비교하지만, 연구자는 연구 시작점에서 두 집단의 동질성 정도를 확신할 수 있다. 이러한 설계의 개요는 〈표 6–2〉를 참조하라.

표 6–2 사전–사후검사 통제집단 설계

	집단	사전검사	처치	사후검사
무선 할당	처치집단	○	○	○
	통제집단	○	×	○

예: 1학년 외국인 학생을 상담하는 한 대학 상담사는 사회 기술 개발을 위한 집단적 개입이 그들의 일반적 학습 기술 집단에 비해 학생들의 대학 생활 적응에 효과적인지 밝히고자 한다. 그 상담사는 신입생들에게 가을 학기 말에 대학 적응 질문지(Student Adaptation to College Questionnaire: SACQ; Baker & Siryk, 1999)를 작성하게 한 후, 그들을 봄 학기에 실시할 사회 기술 집단과 학습 기술 집단 중 하나에 무선 할당했다. 봄 학기 동안 학생들은 매주 1.5시간씩 격주로 각 집단에 맞는 상담 개입을 체험했다. 각 집단의 마지막 주, 학생들은 다시 한번 SACQ를 작성했다. 사전검사에서 양 집단의 SACQ 점수가 유사했기 때문에, 연구자는 각 집단의 처치 효과의 수준을 밝히기 위해 사후검사의 평균점수를 비교할 수 있었다.

사전–사후검사 통제집단 설계의 주요 이점은 연구 시작점에서 처치집단과 통제집단의 동질성을 확보할 수 있다는 점이다. 이 설계에서 사전검사를 사용하는 것은 준실험 설계일 때 좀 더 적절하다. 하지만 사전–사후검사 통제집단 설계는 검사 효과(testing effects) 면에서 취약할 수 있다. 이 설계의 한계는 사전검사에 노출된 참여자들이 사후검사에서 더 나아지거나 혹은 나빠진 것처럼 보이려고 어떻게 응답해야 하는지를 알 수도 있다는 점이다.

솔로몬 네 집단 설계 솔로몬 네 집단 설계(Solomon four group design)는 앞에서 논의한 사후검사만 사용하는 설계와 사전-사후검사 통제집단 설계의 방법을 결합하여 양자의 강점을 활용한 설계이다. 이 설계는 참여자를 다음의 네 집단 중 하나에 무선으로 할당한다. ① 사전검사와 사후검사를 모두 받는 처치집단, ② 사후검사만 받는 처치집단, ③ 사전검사와 사후검사를 모두 받는 통제집단, ④ 사후검사만 받는 통제집단. 따라서 사전검사는 처치집단 중 하나와 통제집단 중 하나에만 실시한다. 두 개의 처치집단은 특정 처치를 받고 두 개의 통제집단은 아무런 처치도 받지 않는다. 처치가 끝난 후, 네 개의 집단에 모두 사후검사를 실시한다. 이렇게 하면 집단들은 여전히 사후검사 점수에 기초하여 비교하지만, 연구자는 연구 시작점에서 집단의 동질성을 확인할 수 있으며 검사 효과가 있는지 확인하기 위해 사전검사의 영향력을 평가할 수 있다. 솔로몬 네 집단 설계에 대한 더 많은 정보는 〈표 6-3〉을 참조하라.

표 6-3 솔로몬 네 집단 설계

	집단	사전검사	처치	사후검사
무선 할당	처치집단	○	○	○
	처치집단	×	○	○
	통제집단	○	×	○
	통제집단	×	×	○

예: 범죄의 희생자가 되었던 사람을 위한 외상 상담센터의 센터장은 인지처리치료(Cognitive Processing Therapy: CPT)에 기초한 개입 절차가 변증법적 행동치료(Dialectal Behavioral Therapy: DBT) 프로그램과 비교해서 PTSD 증상 감소에 더 효과적인지에 관심이 있다. 그는 6주간 집중적인 프로그램을 적용하기로 하고, 적합한 대상자를 선별한 후, 내담자를 CPT와 DBT 집단에 무선으로 할당했다. 각 집단 내 참여자의 반은 사전검사를 위해 PTSD 증상 척도(PTSD Symptom Scale: PSS; Foa, Riggs, Dancu, & Rothbaum, 1993)를 작성했고, 나머지 반은 작성하지 않았다. 마지막 회기에서 모든 참여자는 그들이 무선 할당된 집단의 종류에 상관없이 모두 사후검사로 PSS를 작성했다.

솔로몬 네 집단 설계는 심지어 준실험 설계에서도 집단의 동질성을 확보할 수 있다는 점에서 강력한 설계이다. 그뿐만 아니라 연구자는 실제 개입의 효과가 아닌 사전검사 실시가 종속변인의 변화에 영향을 미치는지 확인할 수 있다. 이 설계가 강점이 많음에도 불구하고, 이 설계를 사용하려면 표본 크기가 커야 하고 비용도 많이 들기 때문에 제한적이다. 예를 들면, 각 집단이 같은 대표성을 가지려면 표본 크기가 두 배가 되어야 한다. 게다가 더 많은 측정 도구가 필요한데, 이 때문에 연구 비용도 커진다. 그러나 솔로몬 네 집단 설계는 개입의 효과와 관련된 인과관계를 추론하는 데 엄청난 함의를 제공하며, 어떤 연구자는 다른 대안에 비해 이것을 최상의 설계로 간주한다.

요인 설계 요인 설계(factorial design)는 집단 간 설계의 추가적인 요소로서, 연구자는 두 개 또는 그 이상의 독립변인에 의해 나타나는 종속변인의 변화를 확인할 수 있다. 연구자가 두 개 또는 그 이상의 변인을 동시에 연구하면, 하나의 변인에 의한 독립적 효과를 넘어서는 추론을 할 수 있으며, 연구의 결과와 관련된 다수의 독립변인 간의 상호작용 효과를 평가할 수 있다. 많은 경우, 변인을 추가함으로써 가외변인을 줄일 수 있는데, 가외변인이란 의도적으로 설계에 추가되지 않았을 때 효과를 설명할 수 없었던 변인을 의미한다.

예: 군인 및 참전용사 지원센터에서 근무하는 전문 상담사는 인간중심 접근 가족 상담과 내러티브 접근 가족 상담 중에서 어느 것이 적응, 심리적 경감, 협력적 의사소통에 도움이 되는지 밝히려고 한다. 그뿐만 아니라 상담사는 상담사 자신이 참전용사일 경우 가족들이 좀 더 상담에 협조적인지도 밝히고 싶다. 가족들은 인간중심 접근과 내러티브 접근(독립변인 1)에 무선으로 할당되었으며, 그 상황에서 상담사가 참전용사인 조건과 그렇지 않은 조건(독립변인 2)에 다시 할당되었다. 모든 내담자 가족은 접수면접과 종결, 그리고 3개월 추후면접 때 SCORE-15 가족기능 및 변화 지표(SCORE-15 Index of Family Functioning and Change; Stratton et al., 2014) 설문지를 작성했다.

요인 설계의 강점은 잠재적 가외변인을 적극적으로 고려하고, 독립변인 간의 상호작용 효과를 검증할 수 있다는 점이다. 한 개 이상의 독립변인을 동시에 연구할 때, 연구 결과는 모든 독립변인에 걸쳐 일반화할 수 없다. 이것은 상호작용 효과라고 하는데, 종속변인의 변화가 두 독립변인에서 같은 정도로 나타나지 않는 것을 의미한다. 이 개념을 보여 주는 가장 좋은 방법은 그래프를 그리는 것이다.

상호작용 효과가 없을 때, 결과는 모든 독립변인에 일반화할 수 있다([그림 6-2] 참조). 상담사가 참전용사일 때와 그렇지 않을 때 점수가 동일한 패턴을 나타내고 있음을 보라. 즉, 상담

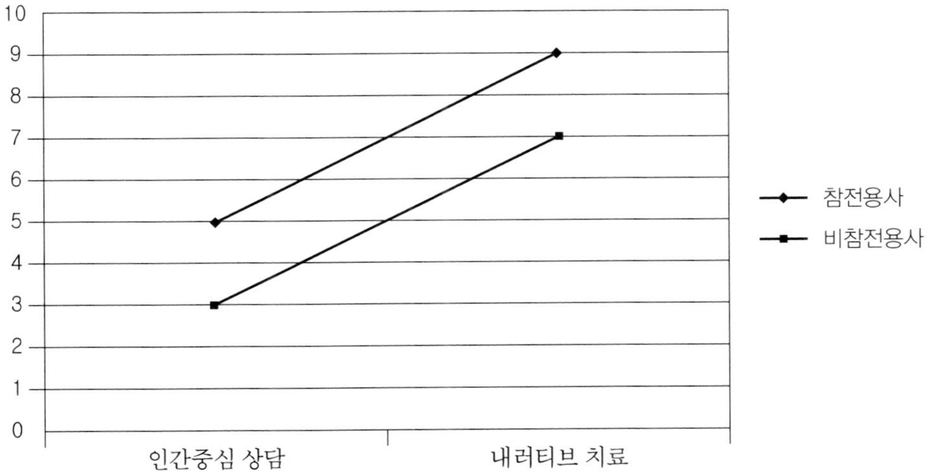

[그림 6-2] 유의미하지 않은 상호작용 효과

사가 참전용사이든 참전용사가 아니든 상관없이 인간중심 접근의 점수는 내러티브 접근의 점수에 비해 낮다. 따라서 연구자는 연구 결과를 모든 독립변인에 일반화할 수 있다. 연구자는 상담사가 참전용사인 경우와 그렇지 않은 경우에 통계적으로 유의한 차이가 있는지, 그리고 처치 유형 간에 통계적으로 유의한 차이가 있는지 밝힐 수 있다.

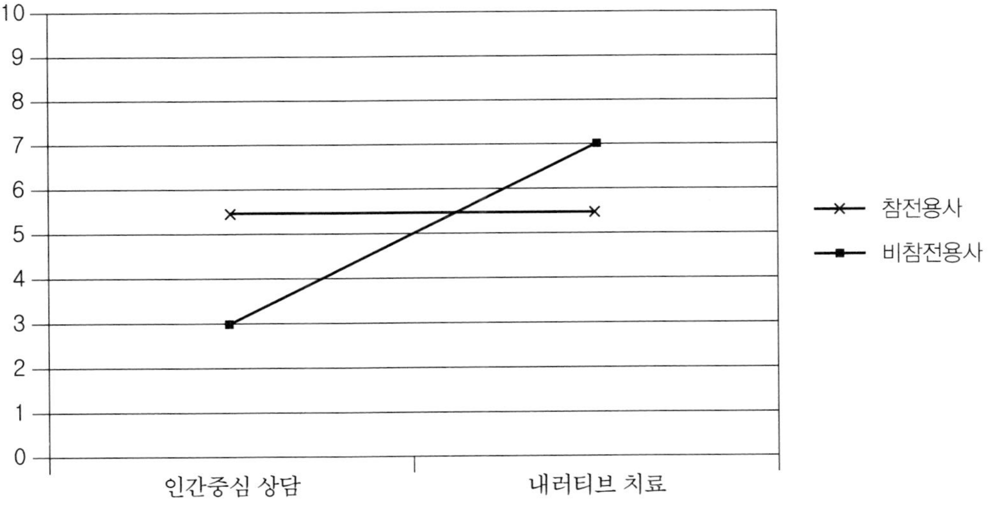

[그림 6-3] 유의미한 상호작용 효과

상호작용 효과가 있을 때, 연구자는 두 독립변인 모두에게 연구 결과를 일반화할 수 없다([그림 6-3] 참조). [그림 6-3]에서 참전용사 상담사의 경우 내러티브 접근이 인간중심 접근에 비해서 점수가 높다. 반면, 비참전용사 상담사의 경우 처치 유형의 점수에 차이가 나타나지 않았다. 이 경우, 연구자는 상담사가 참전용사인 경우와 비참전용사인 경우를 따로 검증할 필요가 있다.

요인 설계는 모든 실험 설계에 적용될 수 있으며, 하나 이상의 독립변인을 연구할 수 있어 좀 더 많은 정보를 얻을 수 있는 추가적 장점이 있다. 그러나 다른 독립변인을 추가함으로써 연구자는 표본의 크기를 크게 해야 하고, 그래야 타당하게 분석할 수 있다.

집단 내 설계

지금까지 우리는 연구 대상자들이 독립변인에 노출되었는지 여부에 따라서 종속변인으로부터 어떻게 영향을 받는지 살펴보았다. 그러고 나서 집단 간에 나타나는 종속변인의 변화를 비교할 수 있었다. 그러나 변화는 단지 독립변인에 의해서만 발생하는 것이 아니다. 변화는 시간에 지남에 따라 발생할 수도 있다. 집단 내 설계(within-group design)는 어떤 집단의 종속변인의 변화를 시간의 흐름에 따라 측정하거나 한 집단의 참여자가 둘 또는 그 이상의 처치를 동시에 받고 처치의 성과를 시간의 흐름에 따라 측정할 때 사용한다(Leedy & Ormrod, 2005). 어떤 집단 내 설계에서는 무선 할당을 사용하기도 한다. 그러나 집단 내 설계가 초점을 맞추는 부분은 처치의 순서나 배열이다(Creswell, 2005).

교차 설계 교차 설계(crossover design)에서는 한 집단 내에서 두 가지 처치의 영향력을 관찰할 수 있다. 이 설계에서 연구자는 두 가지 처치를 순서대로 제시하며, 그와 함께 효과 측정 도구도 시작 시점, 전환 시점 그리고 개입의 종료 시점에 실시한다. 이러한 각 시점에서 효과 측정 도구를 실시하는 것을 관찰이라고 한다. 이 설계를 통해 연구자는 시간의 흐름에 따라 나타나는 진전 현상을 추적할 수 있으며, 여러 번의 관찰 결과를 비교함으로써 차이도 측정할 수 있다. 이 전략은 상담 장면에서 비교집단이 없거나 참여자에게 서비스를 제공하지 않고 기다리게 할 수 없을 때 유용하게 사용할 수 있다. 교차 설계에 관한 추가적인 내용은 〈표 6-4〉를 참조하라.

표 6-4 교차 설계

관찰 1	처치 1	관찰 2	처치 2	관찰 3

예: 약물 남용 치료 상담사는 6주간 12회기 진행되는 인지행동치료(CBT) 집단이 같은 형식으로 이루어지는 대인관계 과정(InterPersonal Process: IPP) 집단보다 태도 변화와 회복과 관련된 행위 측면에서 더 효과적인지 밝히려고 한다. CBT 참여자는 초기 평가 시점과 6주 후 12회기를 마친 시점에 변화 준비도 단계와 치료적 열의 척도(Stages of Change Readiness And Treatment Eagerness Scale: SOCRATES; Miller & Tonigan, 1996)를 작성할 것이다. CBT 종료 시점에서 참여자는 IPP를 시작하기 전에 다시 한번 SOCRATES를 작성한다. IPP 집단을 실시한 후, 참여자는 다시 한번 SOCRATES를 사용하여 약물 남용으로부터의 회복과 관련된 태도와 행위를 평가할 것이다.

연구자는 이러한 설계를 함으로써 시간의 흐름에 따른 변화를 추적하고, 다양한 시점의 관찰 결과를 비교함으로써 차이를 평가할 수 있다. 그러나 처치의 순서 효과 때문에 처치 간 차이는 비교할 수 없다. 다시 말하면, 연구자는 변화가 CBT 또는 IPP 또는 이 두 가지 모두 때문에 나타난 것인지, 아니면 단순히 시간의 흐름 때문에 나타난 것인지 확실히 알 수 없다. 처치의 순서, 참여자의 개인적 이력, 성숙 등이 모두 혼재 변인이 될 수 있다. 내적 타당도를 위협하는 이러한 요인을 통제하는 한 가지 방법은 참여자를 무선 할당해서 다른 순서로 처치를 받게 함으로써 교차 설계에 균형을 맞추는 것이다(Cresswell, 2005). 즉, 집단 1은 CBT를 먼저 접한 후 IPP 처치를 받고, 집단 2는 IPP를 먼저 접한 후 CBT 처치를 받는다. 이 설계는 순서 효과를 제거하고, 연구자가 여러 관찰 점수와 개입을 비교할 수 있게 해 주는 장점이 있다(〈표 6-5〉 참조).

표 6-5 순서 효과를 상쇄한 교차 설계

무선 할당	집단 1	관찰 1	처치 1	관찰 2	처치 2	관찰 3
	집단 2	관찰 1	처치 2	관찰 2	처치 1	관찰 3

라틴 방격 설계 라틴 방격 설계(Latin square design)는 하나의 집단에 세 개 이상의 처치를 할 때 적절하다. 세 개 또는 그 이상의 처치를 연구할 때 라틴 방격 설계는 매우 복잡해질 수 있는데, 특히 연구자가 균형을 맞추는(counterbalancing) 방법을 적용하려고 할 때 꽤 복잡해진다. 세 개나 그 이상의 처치에 대해 균형을 맞추는 방법과 무선 할당 방법을 모두 사용하면 연구 설계가 훨씬 더 복잡해질 뿐만 아니라 표본의 크기도 훨씬 더 커져야 한다(Creswell, 2005). 라틴 방격 설계는 연구자가 가진 표본의 크기가 작지만, 셋 또는 그 이상의 개입을 평

가하고 싶을 때 이상적이다. 예를 들어, 앞서 언급했던 약물 남용 전문 상담사가 세 번째 처치, 즉 인지행동 접근과 대인관계 과정 집단에 심리교육을 추가한다고 가정하자. 그리고 연구자는 가장 처음 접하는 처치를 번갈아서 제시하고자 한다. ① 심리교육, ② 인지행동, ③ 대인관계 과정. 일반적으로 처음에 접하는 개입이 가장 효과적으로 나타나는 경향이 있기 때문에 첫 번째 개입을 번갈아서 제시함으로써 순서 효과를 부분적으로 제거할 수 있다(Creswell, 2005). 참여자들은 세 집단 중 하나의 집단에 무선 할당되며, 각 집단은 서로 다른 순서로 처치를 받는다. 청소년용 성과 자기보고형 질문지(Youth Outcome Questionnaire−Self Report−2.0: Y−OQ−SR−2.0)를 가지고 연구했던 앞의 예를 들어 설명하면, 연구자는 각각의 처치 전과 후에 참여자의 성과를 측정한다. 집단 1은 심리교육(처치 1), 인지행동(처치 2) 그리고 대인관계 과정(처치 3)의 순서로 처치에 접하고, 집단 2는 인지행동(처치 2), 대인관계 과정(처치 3) 그리고 심리교육(처치 1)의 순서로 처치에 접한다. 마지막으로, 집단 3은 대인관계과정(처치 3), 심리교육(처치 1) 그리고 인지행동(처치 2)의 순서로 처치에 접한다(〈표 6−6〉 참조).

표 6-6 라틴 방격 설계

	처치 순서			
무선 할당	집단 1	처치 1	처치 2	처치 3
	집단 2	처치 2	처치 3	처치 1
	집단 3	처치 3	처치 1	처치 2

여기서 연구자는 참여자를 처치에 무선 할당하는 것이 아니라 처치 순서에 무선 할당하는 것이다. 여기서 처치 순서의 효과가 완전히 제거되는 것은 아니다. 모든 처치는 번갈아서 첫 번째 순서에 제시했지만, 처치 1을 처치 2 직후에 제시한 적이 없으며, 그래서 순서 효과를 완전히 제거할 수 없다는 점을 주목하자. 그러나 이 설계를 사용하는 목적은 작은 표본 크기가 문제가 될 때 통계적 검정력(statistical power)을 높인다. 다시 말하면, 크기가 작은 표본을 가지고 서로 다른 집단을 대상으로 검사를 반복함으로써 실제로는 존재하지 않는 차이를 발견하는 개연성이 증가한다. 따라서 순서 효과가 중요한 고려 사항이지만 덜 중요한데, 그 이유는 대부분의 순서 효과는 이 설계를 통해서 설명되기 때문이다(Cresswell, 2005).

분할 설계 어떤 경우 진단 범주, 내담자가 받는 처치 유형, 또는 민족 배경 같은 조건 등은 요인 설계 방법을 사용해서 참여자를 무선 할당하기 어려울 수 있다. 그러나 연구자는 여러 개입방법의 효과를 한 집단 내에서 비교하는 동시에, 그 개입 방법들의 효과를 다른 집단과도 비교하고 싶다. 분할 설계(split plot design)는 한 실험에서 반복측정 설계와 요인 설계를 결합해서 이러한 목적을 달성한다. 분할 설계에서 참여자는 집단 내 변인은 변인의 모든 측면에 접하지만, 독립변인은 한 수준에만 접한다.

예: 한 대학상담실의 임상 수퍼바이저는 상담 기술 발전과 개인적 안녕감을 촉진하기 위한, 안녕감 기반 수퍼비전 모형(Wellness-based Model of Supervision: WELMS; Lenz, Sangganjanavanich, Balkin, Oliver, & Smith, 2012)의 효과를 밝히려고 한다. WELMS 조건에 할당된 모든 수련생은 훈련 과정의 하나로 안녕감 기반 모형에 근거한 수퍼비전을 정기적으로 받았다. 그리고 WELMS의 비교 대상 조건인 대안적 모형(Alternative Model of Supervision: AMS) 조건에 할당된 수련생은 각자 일하는 기관에서 AMS에 근거한 수퍼비전을 받았다. 인턴십을 시작한 두 번째 주에, 모든 참여자는 그들이 일하는 기관에 상관없이 안녕감 5요인 검사(Five Factor Wellness Inventory: 5F−WEL; Myers & Sweeney, 2005)를 작성했고, 한 회기의 상담을 녹음한 자료를 제출하여 상담기술 검사(Counseling Skill Scale: CSS; Eriksen & McAuliffe, 2003)의 기준에 따라 평가를 받았다. 각 참여자는 그들의 인턴십 기관과 관련된 특정 수준의 독립변인(즉, 수퍼비전 유형) 처치를 받았으며, 학기 마지막 시간에는 5F−WEL과 CSS를 사용하여 안녕감과 상담 기술 향상 정도를 평가받았다.

이 예에서 수퍼바이저는 시간의 흐름에 따라 안녕감과 기술 향상도를 추적할 수 있을 뿐만 아니라 두 집단이 시간의 흐름에 따라서 보이는 변화의 측면에서 두 집단을 비교할 수도 있다. 그러나 연구자는 어떤 변인은 무선 할당할 수 없으므로 독립변인이 집단 간 차이의 원인인지 확신할 수 없다. 이런 경우 이 설계는 준실험 설계가 된다. 왜냐하면 각 참여자는 그들의 인턴십 기관의 지역에 따라 서로 다른 수퍼비전을 받기 때문이다. 그러한 설계는 집단 간 차이는 포착할 수 있다. 그러나 연구자는 그것이 인과관계인 것처럼 전달하지 않도록 주의해야 한다. 그뿐만 아니라 그러한 설계는 앞의 요인분석에서 설명한 상호작용 효과 때문에 분석이 복잡할 수 있다.

실험 설계 타당도

실험 설계 모형을 살펴보기 전에 이러한 모형과 관련된 방법이 실험 설계의 타당성을 입증하기 위해 존재한다는 점을 이해해야 한다. 실험 설계 타당도란 연구 결과를 특정 요인, 즉 검증이나 조작(독립변인)을 통해 효과의 변화(종속변인)에 진정으로 영향을 끼쳤다고 간주할 수 있는 요인의 결과로 설명할 수 있는 정도, 그리고 연구 결과를 실험 장면 밖의 모집단에 일반화할 수 있는 정도를 의미한다. 다시 말하면, 타당도는 내적 타당도와 외적 타당도로 구분된다. 내적 타당도(internal validity)는 독립변인이 종속변인의 변화에 진정으로 영향을 끼치는 정도이며, 외적 타당도(external validity)는 연구를 다른 장면이나 모집단에 일반화할 수 있는 정도이다(Best & Kahn, 2006).

실험 설계의 내적 타당도 저해 요인

내적 타당도를 저해하는 요인들은 외생변인들 때문에 생긴다. 말하자면, 통제하지 않은 어떠한 변인들은 결과에 영향을 미칠 수 있다. 사회과학에서 발생 가능한 모든 가외변인을 통제하는 것은 불가능하다. 하지만 진실험 설계는 가외변인의 영향을 최소화할 수 있다. 가외변인의 영향을 이해하기 위해서, 이 장의 초반에 논의했던 집단 상담의 예를 생각해 보자. 이 경우 집단이 무선 할당되고, 학습 기술과 집단 상담 조건에 접한 참여자들이 학습 기술 조건만 접한 참여자들보다 학업 성취에서 더 나은 변화가 있었다 하더라도 학교 상담사는 학업 성취 수준의 변화가 집단 상담을 추가한 개입 때문이라고 확신할 수 있을까? Campbell과 Stanley(1966)는 내적 타당도를 저해하는 아홉 가지 요인을 확인하였다. 여기에 제시하는 대부분의 저해 요인은 무선 할당으로 통제할 수 있다.

성숙 성숙(maturation)은 시간의 흐름에 따라 나타나는 참여자의 변화를 말한다. 참여자는 연구를 진행하는 동안 단순히 시간의 경과에 따라 변화할 수 있다. 성숙에 관련된 요인에는 정서적 · 지적 · 신체적 기능의 변화나 연구에 참여함으로써 겪는 피로 등이 있다(LaFountain & Bartos, 2002). Kelly와 동료들(2000)의 연구에서 통제집단 참여자들은 어떠한 처치도 받지 않았는데 우울 증상이 통계적으로 유의한 수준으로 감소했다. 이러한 현상이 성장효과에 해당한다.

역사 연구 기간 중 발생하는 예상치 않은 사건은 결과에 영향을 미칠 수 있다. 연구 참여자는 실험 결과에 영향을 미치는 사건을 실험 상황 밖에서 경험할 수도 있다(LaFountain & Bartos, 2002). 예를 들어, 한 연구자가 고등학교 운동선수의 도덕 발달에 관한 연구를 수행한다고 하자. 이 연구를 진행하는 동안 연구에 참여하던 풋볼팀은 승리를 축하하는 파티를 열었다.

다음 날 학교장은 파티에서 몇몇 선수가 술에 만취했고, 한 여학생은 성추행을 당했다는 연락을 받았다. 이러한 사건은 연구자가 통제할 수 없다. 만일 그 사건이 처치집단과 통제집단 모두에 똑같이 영향을 미쳤다면 이 사건의 영향은 동일하다고 간주할 수 있을 것이다. 그러나 그렇지 않은 경우, 연구 결과는 예기치 않았던 사건으로 인해 교란된다(counfounded)(Best & Kahn, 2006).

검사 이 저해 요인은 사전검사를 사용하는 설계에서 일반적이다. 사전검사를 한번 해 보는 경험은 사후검사의 수행 수준에 영향을 미칠 수 있다. 참여자들은 응답 요령에 대한 지식을 더 갖게 되기 때문에 진전도가 좀 더 분명하게 나타날 수 있다. 예를 들어, 표준화 시험을 준비하기 위해 연습 문제를 푸는 경우, 참여자가 내용에 관한 지식이 없더라도 문제 형태에 익숙하다는 이유로 좀 더 나은 점수를 받을 수 있을 것이다. 하지만 만일 실험집단과 통제집단 모두가 똑같은 영향을 받는다면, 사전검사의 영향력은 통제할 수 있다. 같은 검사가 반복적으로 실시되거나 서로 다른 검사, 도구, 관찰이 하나의 시리즈로 시행될 때, 이러한 검사의 영향력을 때때로 순서 효과(sequencing effect)라고 부른다. 검사, 도구, 관찰을 실시하는 순서는 실험연구의 타당도에 영향을 미친다(Creswell, 2005). 처치 자체보다 처치 순서가 종속변인의 변화에 더 중요할 수 있다.

도구 연구에 사용하는 도구는 정확하고 일관되게 구인을 측정해야 한다. 신뢰도와 타당도의 증거가 부족한 도구는 잘못된 결과를 도출하기 쉽다. 집단 상담의 예에서 학업 수행에 대한 측정방법을 평균 성적으로 변경한 경우를 생각해 보자. 보충 과정에 있는 학생의 낮은 학업 성적은 심화 과정에 있는 학생의 낮은 학업 성적과는 분명 다르다. 따라서 수학 보충 과정에 있는 학생의 진전도는 심화 과정에 있는 학생의 진전도와 그 의미가 다르다. 이 예에서 각 학생은 서로 다른 과정에 있으므로 평균 성적은 그들의 학업 수행 변화를 측정하기에 좋은 도구가 아니다. 도구와 관련된 문제들은 사용하는 평정 체계 때문에 발생할 수도 있다. 평가자는 서로 다른 기준으로 평가를 할 수도 있으며, 연구와 관련 없는 다른 변인의 영향을 받을 수도 있다. 예를 들어, Riniolo, Johnson, Sherman과 Misso(2006)는 교수에 대한 학생의 평가에서 그들의 신체적인 매력이 영향을 미치는지 조사하였는데, 학생들은 신체적으로 매력이 있다고 인식한 강사들을 그렇지 않은 교수보다 낫게 평가한다는 점을 밝혔다. 강사에 대한 평가에서 신체적인 매력도를 학생들에게 질문하지 않았음에도 불구하고, 신체적 매력도에 대한 학생들의 인식의 차이는 강사에 대한 평가 결과에 영향을 미쳤다.

통계적 회귀 통계적 회귀(statistical regression)란 집단 내에서 매우 낮은 점수들과 매우 높은 점수들이 평균으로 접근하는 현상을 의미한다. 이러한 문제는 반복측정 방법을 사용할 때 자주 일어난다. 예를 들어, 집단 상담 예시에서 낮은 학업 수행을 보이는 학생들은 시간에 걸쳐 반복되는 측정으로 평균에 가까워지는 경향이 생긴다. 따라서 연구를 읽을 때 아주 낮은 점수나 아주 높은 점수의 참여자들이 선택된 연구 결과를 활용할 때 주의할 필요가 있다(Best & Kahn, 2006). 통계적 회기는 완전히 제거할 수는 없지만 이를 예방하기 위해 표본 내에서 다양성을 확보하는 것이 중요하다(LaFountain & Bartos, 2002). 점수가 매우 낮다는 것과 매우 높다는 것은 곧 점수가 극단적임을 기억하자. 만약 참여자들의 점수가 극단값을 가진다면, 집단을 분리한 후, 양쪽 극단값을 가진 참여자를 따로 분석할 필요가 있다.

선발 편향 선발 편향(selection bias)은 무선 할당을 하지 않고 있는 그대로의 집단을 사용하는 전실험 설계와 준실험 설계에서 일반적으로 나타나는 문제이다. 이 경우, 실험집단과 통제집단은 같은 수준 또는 비슷한 점수나 특성에서 시작하지 않는다. 집단 상담의 예시에서 만약 학습 기술 처치만 받은 집단의 평균 성적(GPA)이 1.2이고 학습 기술과 집단 상담을 모두 다룬 집단의 평균 성적이 1.2라고 할 때 어떤 상황이 일어났을지 생각해 보자. 성적이 더 높은 집단의 경우 그들은 이미 학습 기술을 더 습득하고 있으므로 더 나은 점수를 받았을 수 있다. 심지어 무선 할당이 되었다고 하더라도 두 집단이 똑같다는 보장은 할 수 없다. 연구자는 연구의 시작점에서 집단의 동질성을 검증하기 위해 사전검사를 실시하여 선발 편향의 영향을 가늠할 수 있다. 또한 연구자는 사전검사를 사용하여 상응하는 점수를 가진 참여자들을 매칭하는 방식으로 대응 집단(matching groups)을 사용할 수 있다. 참여자들은 집단 동질성을 확보하기 위해 각각의 집단에 무선 할당한다(LaFountatin & Bartos, 2002).

선발과 성숙의 상호작용 이 유형의 내적 타당도 저해 요인은 여러 집단 사이의 서로 다른 특성 때문에 발생할 수 있다. 예를 들어, 학습 기술 집단에 참여한 학생들은 대부분 3학년이고, 학습 기술과 집단 상담에 모두 참여하는 집단의 학생들은 대부분 5학년일 때, 학생들의 나이를 통제하지 않는다면 연구 결과에 오류를 초래할 수 있게 된다.

선발과의 상호작용은 사회과학 연구에서 일반적으로 나타나는 문제이다. 성별, 민족성, 사회경제적 지위와 같은 인구통계학적 변인을 자주 연구하지만, 그러한 연구들은 무선 할당을 충족하지 못할 수 있다. 연구하는 변인에 따라 집단 차이가 존재하지 않을 수도 있다. 다시 말해, 단순히 집단 차이가 존재한다는 사실이 그러한 차이가 특정 집단에 속하기 때문이라는 것을 의미하는 것은 아니다.

탈락률 연구 참여자들은 연구에 끝까지 참여하지 못하기도 한다. 사실상 참여자가 그만두고 싶은데도 연구를 완수하기 위해 참가를 강요하거나 영향을 미치는 것은 비윤리적이다. 그런데 어떤 집단에서 다른 집단보다 중도탈락이 더 많이 발생한다면 이들 집단이 여전히 동질적인지 확인할 필요가 있다. 만일 집단 상담과 학습 기술 조건에 참여한 학생들의 중도탈락 비율이 높고 학습 기술만 처치한 집단의 학생들은 탈락이 없다면, 이 두 집단은 동질성을 확보하지 못한 것일 수 있다. 장기간의 연구에서 참여자의 탈락이 일어날 수 있다. 종단연구에서 참여자의 탈락이 있을 경우, 초기 표본과 비교하는 일이 어려울 수 있다. 특히 표본 크기가 작을 경우, 남아 있는 참여자는 원래 표본을 대표하지 못할 수도 있다(LaFountain & Bartos, 2002).

실험자 편향 실험자 편향은 실험자가 참여자들을 특정 처치에 먼저 할당할 때 발생한다. 실험자 편향은 무선 할당을 하지 않을 때 일어나기 쉽다. 예를 들어, 한 학교 상담사가 집단 상담의 가치를 믿고 무선 할당을 하지 않을 경우, 학교 상담사는 자신이 집단 상담에 적합하다고 생각하는 참여자만 선발할 수 있다. 따라서 상담사의 신념이 연구 결과에 영향을 미친다. 실험자 편향은 사회과학 연구에서 제거하기가 어렵다. 특히 참여자의 필요 때문에 자원해서 상담 같은 처치를 받는 경우, 개입의 효과를 확실히 증명하는 것은 어려운 일이다. 자연스럽게, 참여자들은 개입이 효과가 있기를 바란다는 이유로 그 개입이 효과를 보일 수 있다.

실험 설계의 외적 타당도 저해 요인

외적 타당도를 저해하는 요인들은 실험 조건의 인위성과 관련된다. 예를 들어, 입원 환자들이 퇴원할 수 있을 만큼의 치료적 진전을 보였다. 그러나 입원 프로그램을 떠난 후 다시 이전의 고위험 행동으로 돌아갔다. 입원 환경에서 진전을 보였음에도 불구하고 치료적 진전은 현실 세계로 전환되지 못할 수 있으며, 구조화된 환경에 있었기 때문에 그러한 결과가 나타났던 것일 수 있다. 따라서 치료적 진전은 다른 환경에서 일반화되지 못했다. Campbell과 Stanley(1966)는 외적 타당도를 저해하는 다섯 가지 요인을 확인했다.

선 처치 간섭 이전 처치를 겪은 경험이 있는 참여자는 연구 결과에 영향을 미칠 수 있다. 특히 이전 처치 경험을 한 참여자가 처치집단과 통제집단에 골고루 분포하지 않는 경우 더욱 그렇다. 앞에서 제시한 예를 살펴보면, 이전에 상담 서비스를 받은 적이 있는 내담자는 병원 환경에 배치되었을 때 심리적으로 더 나아 보이기 위해 어떤 말을 해야 하는지에 대해 이해하고 있을 수 있다. 따라서 그 내담자는 실제 진전도는 피상적이지만 퇴원할 수 있다.

인위적 실험 환경 때로는 참여자의 변화가 연구 환경 때문에 발생할 수도 있다. 예를 들어, 학습 기술과 집단 상담을 모두 다루는 집단의 참여자들은 집단에서 자기개방을 긍정적으로 강화하기 때문에 학업 습관을 바꾸고 싶다는 바람을 표현할지도 모른다. 하지만 집단과 상담 장면을 떠났을 때, 지지가 훨씬 적은 실험실 밖에서는 학업 습관을 바꾸는 것이 어렵다는 것을 알게 될 수도 있다.

검사와 처치의 상호작용 효과 이 요인은 내적 타당도를 저해하는 요인 중에서 검사 요인, 즉 사전검사를 받은 경험이 나중에 실시되는 검사에 영향을 미치는 효과와 유사하다. 사전검사는 참여자가 연구에 대한 민감성을 갖게 할 수 있어서 연구 전반에 걸쳐 의도하지 않은 영향을 줄 수 있다(LaFountain & Bartos, 2002). 검사와 처치의 상호작용에서 사전검사는 실험집단과 통제집단에 상이하게 영향을 미칠 수 있다. 예를 들어, 연구자는 요가가 기억에 미치는 영향을 연구하고 싶다. 실험집단은 기억력 검사를 받고 2주 동안 요가에 참가한 후 또 다른 기억력 검사를 받았다. 통제집단은 기억력 검사를 받은 후 아무런 처치 없이 3주 후에 또 다른 기억력 검사를 받았다. 이때 처치집단이 두 번째 기억력 검사에서 더 높은 점수를 보였다고 할지라도, 높은 기억력 점수는 처치집단의 참여자들이 요가로 인해 높은 점수를 받았다기보다 사전검사의 방식에 좀 더 유의했기 때문일 수 있다는 점에 주의할 필요가 있다. 무선 할당은 이러한 위협 요인을 예방하기 위한 수단이다.

선발과 처치의 상호작용 사회과학 분야에서 연구는 복잡하다. 무선 표집과 무선 할당은 실제로 실시하기가 어렵다. 사회과학자들은 학교, 기관, 병원 등 외부 집단의 협조에 의지해야 하는 경우가 많다. 따라서 연구 참여자들은 종종 원래 있는 집단에서 구해진다(예: 특정 상담 클리닉의 내담자 전원). 사회과학자들은 종종 연구를 위한 협조를 얻기 위해 외부 기관과 관계를 맺게 된다. 표본은 종종 연구자가 외부 기관과 맺은 관계에 따라서 편리하게 구해진다. 이런 이유로 선발과 처치는 외적 타당도를 저해할 수 있다. 연구자는 참여자가 목표집단을 실제로 대표할 수 있는지를 증명할 필요가 있다. 인구학적 특성을 보고하는 것은 독자들이 이 연구를 다른 집단에 일반화할 수 있을지에 대한 정보를 제공한다. 어떤 연구가 어떤 특성을 가진 집단을 대상으로 실시되었다면, 이 연구는 그러한 특성을 가진 사람들에게만 일반화할 수 있다. 예를 들어, Balkin과 Roland(2005)는 급성 정신병동에서 청소년들에 대한 치료적 목표의 달성도가 남자 청소년과 여자 청소년 간에 차이가 있음을 보고했다. 이러한 연구 결과는 위기 병동에 있는 청소년들에게 제한되며, 이 연구가 특정 집단과 환경에서 이루어졌으므로 아동, 성인, 혹은 다른 치료적 환경에 일반화해서는 안 된다.

처치의 상호작용 하나 이상의 집단에서 처치를 제공할 경우, 한 연구자가 똑같은 방식으로 똑같은 처치를 제공하는 것이 어려울 수 있다. 예를 들어, 학교 상담사가 한 집단의 학습 기술 심리교육(예: 주의집중방법)은 동료에게 제공하게 하고, 자신은 다른 집단에 학습 기술 심리교육과 집단 상담을 실시하려고 한다. 같은 교재를 사용해서 학습 기술을 가르쳤다 하더라도 정보의 전달상 질적인 차이가 발생할 수 있다. 연구자들은 처치나 개입이 적절하게 실시되는지를 입증할 수 있는 절차를 확보할 필요가 있다(Best & Kahn, 2006).

실험 설계에서 통제방법

그 어떤 실험 설계도 실험의 타당성을 위협하는 내적·외적 요인의 영향을 받는다. 상담 연구자가 할 일은 이러한 위협 요인을 일정 수준에서 통제하는 방법을 적용해서 실무자에게 유용한 결과를 제공하는 것이다. 상담 연구자가 타당성을 위협하는 요인을 통제하기 위해 사용하는 방법은 두 개의 범주, 즉 실험적 통제(experimental control)와 통계적 통제(statistical control)로 구분된다. 실험적 통제는 연구자의 행위로 가외변인의 효과를 최소화하는 효과와 관련된다. 이러한 전략은 대체로 실험의 설계, 개발 그리고 수행 과정에서 적용하며, 가외변인이 결과에 끼치는 차별적 영향을 최소화하려는 의도가 있다. 통계적 통제는 결과 자료를 평가할 때 적합한 통계분석을 사용하는 방식으로 이루어진다. 이러한 전략은 잠재적인 교란 변인의 효과를 최소화하려는 의도가 있다.

실험적 통제 전략

비교집단 포함하기 연구자는 단일 집단에 기초하여 제공된 처치에 접한 내담자의 경험에 대해 어떤 진술을 할 수도 있지만, 가장 강력한 인과관계는 처치나 개입을 접한 사람들을 비교집단에 비교할 때 유추할 수 있다. 상담 연구자가 사용하는 일반적인 비교집단은 ① 무처치, ② 최소한의 조치, ③ 대안적 처치의 세 가지 범주로 구분된다.

무처치 무처치 집단 참여자는 실험 중에 상담 개입을 전혀 받지 않는다. 무처치 비교집단은 여러 가지 방법으로 설정할 수 있는데, 참여자를 처치 대기자 명단에 올리는 방식이나 모집단과 유사한 특성이 있지만, 처치에는 관심 없는 참여자를 찾는 방식이 있다.

최소한의 조치 처치로부터 도움을 받을 수 있는 사람에게 처치 개입을 하지 않는 것은 상담 연구자에게 윤리적 문제를 일으키므로 최소한의 조치 집단이 좀 더 유효한 대안이 될 수 있다. 이 방식에서 비교집단 참여자는 평가의 초점이 되는 처치를 받지 않지만, 필요한 지원, 의뢰, 연결, 심리교육 등을 받는다.

대안적 처치 대안적 처치집단은 무처치 통제집단에 비해 좀 더 강력한 비교가 가능하며, 그 결과 연구자는 개입 효과에 대해 강력한 추론을 할 수 있다. 일반적인 대안적 처치는 보통의 처치를 받는 참여자(예: 항우울 처방을 받은 내담자, 사례관리를 받고 있는 내담자), 다른 유형의 상담 개입을 받는 참여자, 또는 관련된 과제를 수행하는 참여자(예: 독서 집단, 지지 집단) 등을 포함한다.

어떤 연구 설계는 비교집단을 포함하지 않으며, 개선의 정도는 처치집단의 관찰이나 그 관찰점수를 기초선 점수와 비교함으로써 평가한다. 통제집단이 없으면 연구자는 특정 처치가 우울 증상의 감소에 효과적이라는 잘못된 결론을 내릴 수 있다. 설계가 비교집단을 포함하지 않으면, 그것은 전실험 설계로 알려져 있다. 전실험 설계는 조작(manipulation)이 없다. 그 결과 종속변인에서 발생하는 특정 변화가 독립변인 때문인지 알 방법이 없어 비판의 대상이 된다.

무선 할당 무선 할당이란 참여자가 처치집단이나 비교집단에 할당될 확률이 같다는 것을 의미한다. 무선 할당에서는 각 참여자가 같은 확률로 특정한 처치집단이나 무처치집단에 선택된다. 무선 할당은 집단을 동등하게 하는 수단을 제공하기 때문에 실험 설계의 타당성을 보장한다. 무선 할당은 선발 편향을 방지한다. 즉, 어떤 집단도 처지나 개입에 미리 배치되지 않는다. 그뿐만 아니라 무선 할당은 외생변인(extraneous variables)—측정되지 않지만, 연구 결과에 영향을 미칠 수 있는 변인이나 속성—의 영향을 막는다(Gall, Gall, & Borg, 2006). 무선 할당을 사용함으로써, 혼재변인(confounding variable)은 이론적으로 모든 집단에 동일하게 분산되며, 처치집단과 비교집단을 동등하게 만들 수 있다.

만약 무선 할당을 사용하지 않으면 선발 편향이 발생한다. 예를 들면, 처치집단은 통제집단보다 우울 증상이 더 적게(또는 그 반대) 보일 수 있고, 이렇게 되면 한 집단이 다른 집단보다 더 진전이 있는(또는 그 반대) 것처럼 보일 수 있다. 따라서 한 집단이 다른 집단보다 더 나은 진전도를 보였다는 부정확한 결과를 도출할 수도 있다. 무선 할당을 하면 비교되는 집단들의 특성이 대체로 같아진다. 무선 할당은 무선 표집과 유사하다. 무선 표집에서는 그 연구를 위한 연구 참여자가 접근 가능한 모집단으로부터 선발될 확률이 같다.

상쇄하기 상쇄하기(counterbalacing)는 참여자에게 나타나는 순서 효과를 배제하려는 목적으로 실험 절차에서 처치나 측정의 순서를 체계적으로 배치하는 것을 의미한다. 실험의 타당도는 참여자가 모든 수준의 독립변인에 접하거나 연구자가 처치와 관련된 변화를 밝히기 위해 반복측정을 사용할 때 훼손될 수 있다. 앞서 나온 예에서, 처치 B가 항상 두 번째로 제공된다면, 연구자는 처치 A가 처치 B에 비해서 더 효과적이라고 추론할 수 없을 것이다. 이러한 처치가 제공되는 순서 효과의 보정을 위해, 연구자는 한 집단에게는 처치 A를 먼저, B는 나중에 제공하고, 다른 집단에게는 처치 B를 먼저, A는 나중에 제공하여 순서 효과를 상쇄할 수 있다. 순서 효과는 참여자에게 제공되는 측정 도구의 순서와 관련해서도 발생할 수 있다. 각각 22문항, 67문항, 300문항으로 구성된 척도 세 개를 작성해야 하는 참여자의 예를 생각해 보자. 300문항 척도를 접한 참여자가 피로가 쌓여 무작위로 답할 것이라는 추론은 타당하다. 이 문제를 해결하기 위해 연구자는 참여자 대상 효과 변인의 측정 순서를 균형 있게 조정할 수 있다.

매칭 무선 할당을 하지 않으면, 연구자는 처치집단과 비교집단의 차이에 대해 확신할 수 없다. 매칭(matching)은 처치집단과 비교집단을 대표할 수 있는 참여자를 선택할 때 그들이 유사한 구체적 범주나 특성을 기준으로 선택하는 과정을 의미한다. 예를 들어, Lancaster, Balkin, Garcia와 Valarez(2011)는 청소년 경범죄나 중범죄 판결을 받은 청소년의 재범률을 줄이기 위해 지역사회 기반 심리교육 집단의 효과를 연구했다. 비교집단을 구성하기 위해 프로그램에 참여하지 않는 범죄자의 재범률을 측정했는데, 그때 비교집단의 참여자는 성별, 나이, 민족, 초범 여부 등의 주요 특성을 매칭하여 선발했다. Lancaster와 동료들은 참여자를 처치집단과 비교집단에 무선 할당하지 못했지만, 참여자를 연구와 관련된 주요 특성을 기준으로 매치하여 선발함으로써 그들의 표집이 모집단을 좀 더 잘 대표하게끔 구성할 수 있었다.

통계적 통제

통계적 통제란 실험에서 효과 자료를 평가할 때 적합한 통계적 분석을 적용함으로써 교란변인의 효과를 최소화하는 행위를 의미한다. 통계학자들이 사용하는 여러 가지 방법 중에서 가장 많이 사용하는 유용한 통계적 통제 방법은 사전검사 점수를 측정하는 것이다.

사전검사를 사용한 통제 처치를 제공하기 전에 결과변인을 측정하는 것을 사전검사라고 한다. 사전검사에서 참여자가 결과변인의 특성을 보유한 정도를 평가하는 것은 집단 간 차이를 통제하는 데 도움이 된다. 집단 간 차이를 평가할 때, 연구자는 모집단의 일반적인 특성을 많이 벗어난 점수를 보이는 참여자를 제외할 수 있다. 교대 시간 보고(end-of-shift debriefing) 프로그램이 119 응답 요원의 우울 증상 및 임무 누락의 경감에 효과적인지 밝히려는 연구자의 예를 생각해 보자. 참여자는 처치집단과 대기집단에 무선 할당되었다. 그러나 벡 우울검사(Beck Depression Inventory-II: BDI-II; Beck, Steer, & Brown, 1996) 결과, 연구자는 비교집단에서 전혀 증상이 없는 3명의 참여자를 제외하고, 거의 모든 참여자가 중간 이상의 우울을 보고한다는 사실을 알았다. 연구자는 3명의 참여자가 모집단에 속한 전형적인 사람들을 대표하지 않는다고 가정하여 이 참여자 3명을 연구에서 배제했다.

상담에서의 적용

연구는 상담 전문직에 매우 중요한 영역이다. 모든 상담사가 연구물을 생산하는 것은 아니지만, 상담사는 모두 연구의 적극적인 소비자가 될 필요가 있다. 사실 연구를 이해할 수 있고 연구를 실무에 적용하는 것은 상담사의 윤리적 책무이다(American Counseling Association, 2014). 상담사는 연구의 메커니즘을 이해할 뿐 아니라 연구에서 발견한 것을 그들의 내담자에게 일반화할 수 있는지 결정할 수 있어야 한다.

이 장을 시작하면서 우리는 당신에게 모든 유형의 연구가 상담 전문직에 기여한다는 관점을 전달했다. 그러나 연구가 증거 기반 실무에 제공하는 기여점을 생각해 보면 모든 효과가 똑같이 나타나지는 않는다. 자신의 상담 실무를 평가하기 위해 실험 설계를 적용하는 상담사는 모든 유형의 내담자를 대상으로 수행하는 치료적 작업을 표현하고, 대표성을 부여하는 특별한 위치에 있다. 그러한 행위의 결과는 당신이 속한 지역사회에서 상담 실무의 타당성을 높일 뿐 아니라 지역사회 외부에 있는 사람들의 최고의 성장과 안녕을 촉진하기에 유망한 시사점을 제공한다. 그 결과, 비용 상환과 자원의 배분 그리고 지속적인 보호관리를 위해 제3자에게 요구할 때, 새롭고 진화된 개입 방법을 좀 더 강력하고 탄탄하게 주장할 수 있을 것이다.

이 장의 대부분은 상담과 지도 활동을 통해 내담자에게 제공된 처치를 평가하기 위해 사용하는 실험연구 설계에 초점을 맞추었다. 그러나 실험설계 방법이나 그 방법이 증거기반실무에 제공하는 시사점은 상담사의 준비도, 교육, 훈련, 수퍼비전 정도와 관련된 활동에도 타당함을 아는 것이 중요하다. 그뿐만 아니라 사용된 설계 방법들은 개인적 처치개입뿐만 아니라 부분적 입원이나 지역사회 기반 상담 프로그램 같은 전체 프로그램을 평가하는 데도 효과적이다.

요약

실험 설계의 목적은 양적방법을 사용하여 어떤 아이디어를 검증하는 것이다(Creswell, 2005). 일반화 가능성은 무선 표집(random sampling), 도구(instrumentation), 실험 설계(experimental design), 통계 검증(statistical tests)에 달려 있다. 무선 표집은 연구 참여자들이 목표 집단을 대표한다는 것을 보장한다. 도구는 특정 현상을 연구하기 위해 정확한 측정 도구를 적절하게 사용하는 것을 말한다. 적절한 실험 설계를 통해 연구자는 어떤 현상의 변화가 처치나 연구되는 개입에 의한 것인지(내적 타당도)와 실험 상황 외의 상황에 적용 가능한지(외적 타당도)를 밝힐 수 있다. 통계적 검증은 연구 결과가 우연의 결과가 아니며, 연구가 다시 반복되었을 때 다시 발생할 가능성이 있음을 증명해 준다.

실험 설계 모형은 다양한 처치를 비교하고, 처치와 처치 효과를 구분하며(집단 간 설계), 시간에 따른 변화를 평가할 수 있게 한다(집단 내 설계). 실험의 타당도를 저해하는 요인이 최소화될 때 실험 설계는 일반화에 기여한다. 내적 타당도를 저해하는 요인은 독립변인이 진정으로 종속변인에 영향을 미치는지, 아니면 변화가 단지 가외변인에 의한 것인지의 문제를 말한다. 외적 타당도를 저해하는 요인은 실험 상황 외의 상황에서 연구 결과를 일반화할 가능성을 제한한다. 상담사는 연구 설계의 엄격성에 특별한 주의를 기울여야 한다. 이러한 문제에 주의를 소홀히 하면, 부적절하고 비윤리적으로 처치와 개입을 활용할 수 있다. 엄격한 연구방법론에 기초한 처치와 개입을 적용함으로써 상담 실무의 가치와 상담 전문직의 서비스를 받는 내담자의 안녕을 제고할 수 있다.

• 생각해 볼 문제 •

1. 연구의 일반화 가능성을 결정하는 다양한 측면을 설명하시오.
2. 무선 할당이 어떻게 내적 타당도를 저해하는 요인을 줄일 수 있는가? 어떻게 이것이 가능한지 설명하시오.
3. 어떤 연구가 실험 외의 상황에서 일반화될 수 있는지 아닌지를 확인할 방법에는 어떤 것들이 있는가?
4. 진실험 설계, 준실험 설계 그리고 사전실험 설계를 비교하고 차이를 설명하시오.
5. 어떤 상담사가 8회기 집단 상담에 참여할 10명의 청소년을 선발했다. 그는 집단 상담 첫 회기에 자존감 검사를 실시했다. 그리고 8회기를 마친 시점에서 다시 자존감 검사를 실시했다. 그러고 나서 상담사는 개입의 시작점과 종결점에서의 점수를 비교하여 청소년들의 자존감이 향상되었다는 결론을 내렸다. 당신은 이러한 결론에 동의하는가? 동의한다면 이유는 무엇이며, 동의하지 않는다면 이유는 무엇인가?
6. 실험 설계의 두 가지 일반적인 모형은 무엇인가? 이 두 가지는 어떻게 다른가?
7. 어떤 연구에서 사전검사를 실시하는 경우의 장점과 단점은 무엇인가? 시간에 따른 변화, 검사 효과, 집단의 동질성 확보라는 측면에서 이러한 문제를 논의하시오.
8. 단일 연구에서 어떻게 다중 처치가 평가될 수 있을지 논의하시오.
9. 준실험 설계를 사용할 경우 일반화 가능성을 높일 방안은 무엇인가?
10. ACA 윤리강령(ACA, 2014)을 검토하고 연구의 이해, 활용, 실시가 당신의 전문적 책무성에 영향을 미칠 수 있는 다양한 방식을 논의하시오.

제7장

예측 설계

Carl J. Sheperis
Lamar University
Joshua C. Watson
Texas A&M Corpus Christi
Laura Haddock
Walden University

목표

1. 예측 설계의 특성을 기술할 수 있다.
2. 상관과 예측 간의 관계를 기술할 수 있다.
3. 상관계수의 다양한 유형을 정의할 수 있고 각각의 유형을 어떤 조건에서 사용해야 하는지 설명할 수 있다.
4. 상관계수의 크기와 빈도를 해석할 수 있고 연구 설계에서 그것이 의미하는 바를 설명할 수 있다.
5. 예측변인(predictor)과 준거변인(criterion)이라는 용어를 정의할 수 있다.
6. 다중회귀분석의 목적과 사용해야 하는 경우를 설명할 수 있다.
7. 다중회귀분석의 가정들을 열거할 수 있다.
8. 요인분석의 목적과 그것을 사용해야 하는 경우를 설명할 수 있다.
9. 요인분석의 다양한 형태를 열거하고 각각이 어떻게 결과의 해석 가능성에 영향을 미치는지 설명할 수 있다.
10. 상담학연구에 어떻게 예측 설계가 적용될 수 있는지 기술할 수 있다.

이 장은 예측 설계에 대한 기본적인 이해와 연구에 적용하는 방법을 제공한다. 상관의 통계적 개념은 흔히 사용되는 이변량과 다변량 상관 설계의 개관에서 함께 다룰 것이다. 그리고 이러한 기법들을 특히 상담학연구에 어떻게 적용하는지 강조한다.

연구에서의 예측

예측 설계는 상관연구의 한 형태로서, 미래의 결과를 예상하기 위하여 변인 간의 관계에 대한 계산된 정보를 사용한다. 예측연구에서 연구자들은 일련의 변인 집합을 사용함으로써 특정 결과의 가능성을 추정한다. 이를 설명하기 위해 학생 유급연구의 예를 들어 보자. 지난 100년 동안 중등 후 교육 기관에서의 학생 유급률은 거의 50% 수준에 가깝게 유지되었다(Boden, 2011). 이는 대학에 들어가는 학생 절반가량이 과정을 끝마치거나 학위를 따지 못한다는 것을 의미한다. 결과적으로 몇몇 연구는 성공적으로 학위를 끝마치는 것과 관련된 요인들을 밝히기 위한 작업을 수행해 왔다(Alarcon & Edwards, 2013; Brown, 2012; Marsh, 2014; Mudric, 2013). 이러한 연구들은 지원 당시의 연령, 사회경제적 지위, 부모의 교육 수준, 민족, 전일제 학생 지위와 같은 요인들이 모두 학생의 유급을 예측한다는 것을 보여 주었다. 이 정보들은 대학 상담자와 학생 복지 담당자들에게 중요한 역할을 했다. 이제 그들은 위기에 처했을 가능성이 있는 학생들을 파악하고 적절한 개입 프로그램을 개발할 수 있게 되었기 때문이다. 예측연구는 주어진 결과를 가장 정확히 예측할 수 있는 변인들을 밝히는 것 외에도 평가도구나 치료 계획의 타당도를 검증하는 데도 쓰일 수 있다. 이러한 유형의 연구는 임상가들이 자신들이 사용하고 있는 도구나 기법이 정확하게 시행되고 있다는 자신감을 가질 수 있게 해 준다. 그러므로 예측연구는 연구자들에게 유용하며, 교육자, 상담자, 행정 담당자들에게도 유용하다.

예측연구를 설계할 때에는 그 연구에 사용될 변인을 먼저 찾는 것이 중요하다. 이 변인들을 준거변인과 예측변인으로 명명한다. 준거변인(criterion)은 측정되는 결과변인이다. 앞선 예에서 준거변인은 기관의 학생 유급률이 될 것이다. 전형적인 예측 설계는 하나의 준거변인을 가진다. 준거변인을 추정하는 데 쓰이는 변인을 예측변인(predictors)이라고 한다. 연구를 설계할 때 예측변인은 몇 개라도 상관없다. 이변량 모형과 다변량 모형을 둘 다 사용한 예측 설계에 대해 이후 논의할 것이다. 예측변인과 준거변인이 밝혀진 후에는 그들 간의 상관을 검토할 수 있다. 이 관계는 흔히 상관이라고 알려진 통계 기법을 활용하여 설명된다.

상관과 예측

상관(correlation)은 연구자들이 두 개나 그 이상의 변인 간의 관계의 정도에 관심이 있을 때 쓰는 통계 기법이다. 이는 거의 모든 예측 설계의 기초를 형성한다. 변인들 사이에 관계가 발견되었을 때 우리는 그들이 상관이 있다고 말한다. 상관은 공변량 또는 두 변인이 함께 변화하는 정도에 기초를 둔다(Adams & Lawrence, 2014). 변인들 간의 상관을 계산하기 위해 연구자들은 우선 자연 상태에서 각 변인의 자료를 수집해야 한다. 제6장에서 소개한 실험 설계와 달리 상관 설계는 변인을 조작하거나 통제하려는 어떠한 시도도 하지 않는다. 이 점에 대한 설명을 돕기 위해 다음의 예를 생각해 보자. 한 연구자가 개방형 질문의 사용과 내담자들이 상담자와의 회기에서 꺼내는 주제의 개수 사이의 관계에 관심이 있다고 해 보자. 이 연구자는 내담자들이 상담자가 폐쇄형 질문보다 개방형 질문을 더 많이 사용할 때 더 많은 주제를 꺼낼 것이라고 생각한다. 이 가설을 검증하기 위해 연구자는 일련의 상담 회기를 관찰한다. 관찰하면서 연구자는 각 회기에서 상담자가 사용하는 개방형 질문의 개수와 내담자가 꺼내는 개별 주제들의 개수를 기록한다. 당신은 연구자가 둘 중 어떤 변인(물어본 질문의 유형이나 언급된 주제의 개수)도 조작하지 않는다는 것을 주목해야 한다. 자료는 자연스럽게 나온 그대로 기록되기만 할 뿐이다.

연구자가 모든 자료를 수집하고 기록하고 나면 상관 분석을 할 수 있다. 이러한 상관 분석의 산물은 상관계수라고 알려진 통계량이다. 상관계수는 주로 r로 표기되는데, 둘 또는 그 이상의 변인이나 점수 사이의 관련성 정도를 설명한다. 변인들 간에 상관이 있는 것이 발견된다는 것은 그들이 공통의 변량을 공유한다는 뜻이다. 공유 분산(shared variance)이란 한 변인의 값의 변화가 다른 변인의 값에서의 구조적 변화를 수반할 것이라는 사실을 가리킨다. 앞선 예에서 연구자는 상담자가 사용하는 개방형 질문 개수의 변화가 상담 회기에서 내담자가 꺼내는 주제 개수의 변화에 상응할 것이라고 가정했다. 상관계수를 계산함으로써 연구자는 관찰한 변인들 간의 관계의 방향성과 정도 모두를 측정할 수 있다. 이러한 특성은 통계적 결과를 검토하거나 산포도상에 나타난 점수를 보면 발견할 수 있다. [그림 7-1]은 프로그램으로 산출한 결과 예시이다.

SPSS 상관분석 결과

기술 통계			
	평균	표준편차	N
SSI_Attractive	50.0000	7.53749	90
SSQ_Satisfaction	50.0000	1.24665	90

상관			
		SSI_Attractive	SSQ_Satisfaction
SSI_Attractive	Pearson Correlation	1	.20
	Sig. (1-tailed)		.130
	Sum of Squares and Cross-products	5056.430	100.515
	Covariance	56.814	1.129
	N	90	90
SSQ_Satisfaction	Pearson Correlation	.120	1
	Sig. (1-tailed)	.130	
	Sum of Squares and Cross-products	100.515138.318	
	Covariance	1.129	1.554
	N	90	90

엑셀 상관분석 결과

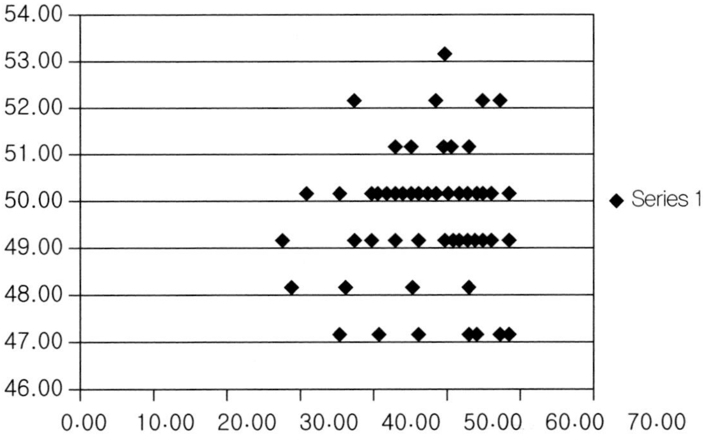

[그림 7-1] 엑셀 상관분석 결과와 SPSS 상관분석 결과

관계의 방향

관계의 방향은 상관계수 값 앞에 달려 있는 음양 표시('+' 혹은 '−' 표시)에 의해 결정된다. 정적인 상관('+' 표시로 축약되는)은 두 변인이 모두 같은 방향으로 움직이는 경향이 있는 상황을 가리킨다. *X*와 *Y*라는 두 개의 변인이 있다고 가정하자. 정적인 상관은 두 변인이 모두 같은 방향을 향하는 방식으로 연관되어 있음을 가리킨다. 즉, 변인 *X*가 증가할수록 *Y*의 값이 증가하고, 변인 *X*의 값이 감소할수록 *Y*의 값 또한 감소한다. 연구자들은 각 변인의 점수가 증가하거나 감소하는 것이 중요한 것이 아니라 그들이 같은 방향으로 변화한다는 것에 주목해야 하는데, 이를 정적 상관이라고 한다(Rosenthal, 2001). 정적 상관을 묘사하는 산포도가 [그림 7−2]에 제시되어 있다.

변인들이 반대 방향으로 변화할 때 부적 상관('−' 기호로 표시된다)이 존재한다. 부적 상관에서 하나의 변인 값은 다른 변인 값이 감소함에 따라 증가한다. 즉, 변인 *X*의 값이 증가할 때 변인 *Y*의 값이 감소하고, 변인 *X*의 값이 감소할 때 변인 *Y*의 값이 증가한다([그림 7−2] 참조).

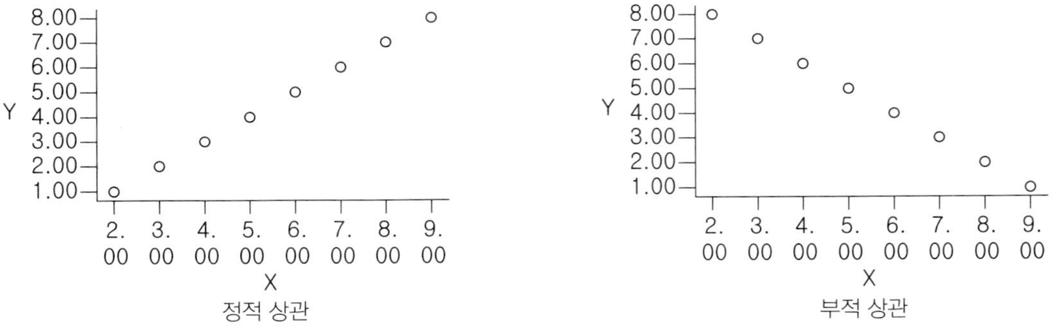

[그림 7−2] 정적 · 부적 상관의 산포도

관계의 정도

관계의 정도나 강도는 상관계수의 절댓값에 따라 결정된다. 이는 두 점수의 관계에서 발견되는 일관성이나 예측성의 측정치를 제공한다(Gravetter & Wallnau, 2013). 상관계수의 값은 정적 방향과 부적 방향 양쪽으로 0에서 1까지의 범위에 걸쳐 있다. −1.00의 값은 완벽한 부적 상관을 나타내며, +1.00 값은 완벽한 정적 상관을 나타낸다. 관계의 강도는 음양값과 상관없이 계산한 상관계수의 값이 양극 (−1.00과 +1.00)에 얼마나 근접하는지에 따라 결정된다. 강도는 상관이 −1.00이나 +1.00에 얼마나 근접하는지에 관련되므로, −.90의 상관계수는 +.85의 상관계수보다 더 강한 관계를 가리킨다. 0.00의 값은 두 변인 간에 아무 상관이 없음을 가리킨다. Rosenthal(2001)은 변인 간의 관계 정도를 측정하기 위한 좋은 참고 도표를 제공하였다. 이 도표는 〈표 7-1〉에 요약되어 있다.

표 7-1 상관계수에 따른 상관관계의 기준

상관	관계의 규모	관계의 강도
.10 ~ .29	작다	약하다
.30 ~ .49	중간	중간
.50 ~ .69	크다	강하다
.70 이상	매우 크다	매우 강하다

출처: Rosenthal (2001).

두 변인 간의 관계 정도는 상관계수에서 알 수 있지만 연구자들은 더 나아가 결정계수(r^2)를 계산하는 것을 선호한다. 결정계수는 다른 변인으로부터 예측될 수 있는 변인의 변량 총량의 측정치이다. 예를 들어, 두 개의 변인(X와 Y)이 .70의 상관을 가졌다고 가정하자. 이 변인들의 결정계수는 .49(.70²)가 된다. 이는 변인 Y의 변량의 49%가 변인 X에서 예측될 수 있다는 뜻이다. 결정계수가 클수록 기준값을 추정할 때의 예측력은 높아진다. 변량의 나머지 51%는 설명할 수 없다. 이는 내담자가 개방하는 주제의 수를 설명할 수 있는 또 다른 변인이나 변인 조합이 있을 수 있다는 것을 의미한다. 논의된 주제와 개방형 질문의 상관만을 계산했다면, 개방형 질문의 수가 논의된 주제를 예측하는 정도를 이해하지 못할 것이다. 단지 관계가 있다는 것만 알 뿐이다. 결정 계수가 클수록 예측변인(개방형 질문의 수)이 준거변인(논의된 주제의 수)을 더 강하게 추정한다. 결정계수는 대부분의 회귀분석에서 공통적으로 보고된다(이 장 후반부에서 더 논의될 것이다).

상관계수 해석하기

지금까지 상관계수가 변인 간의 관계에 대한 많은 정보를 제공한다는 것을 배웠다. 그러나 상관계수를 해석할 때 고려해야 할 추가적 이슈들이 있다. 첫 번째는 유의 수준이다. 가끔 뚜렷한 관계는 존재할지 몰라도 그 관계가 통계적으로 유의미하지 않을 수 있다. 예를 들어, 연구자가 연구를 수행한 결과, 학생들의 자존감과 그들의 평균 성적 간에 정적 상관이 있다는 것을, 즉 학생이 스스로에 대해 더 좋게 느낄수록 평균성적(GPAs)이 높음을 발견했다고 하자. 표면적으로는 두 변인(자존감과 GPA)이 관계가 있는 것처럼 보이지만, 좀 더 살펴볼 필요가 있다. [그림 7−3]에서 자존감과 GPA의 관계를 검토하라. 이 관계는 유의미한가? 자존감과 GPA의 관계는 우연히 발견된 것인가? 그 결과는 다른 학생 표본에서도 재현 가능한가?

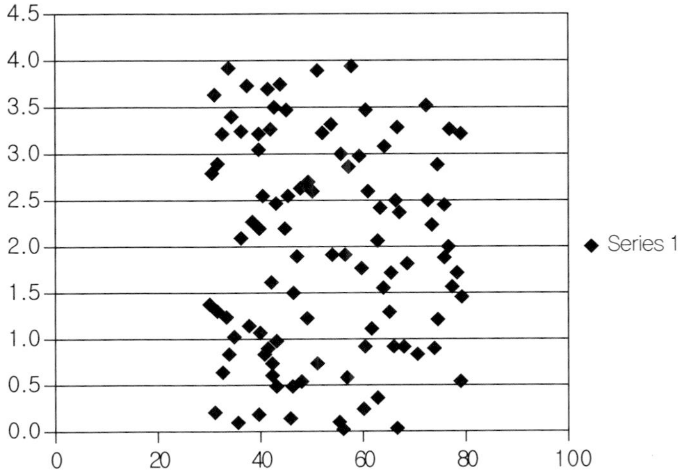

[그림 7−3] 자존감과 GPA의 관계

유의 수준 r은 관찰된 관계의 일관성, 즉 신뢰도를 잘 측정한다. 이는 계산된 상관값이 우연이나 표집 오류 때문일 가능성이 어느 정도인지 연구자에게 알려 준다. 유의 수준을 해석할 때에는 자료를 수집한 표본 크기를 고려하는 것이 중요하다. 간단히 말하면, 표본 크기가 클수록 산출된 상관계수의 신뢰도도 높아진다. 작은 크기의 표본을 사용했을 때 연구자는 거짓(허위) 상관을 발견할 위험을 감수하게 된다. 거짓 상관(spurious correlation)은 두 변인 간에 발견된 뚜렷한 관계가 사실은 예기치 못한 변인이나 오염변인 때문일 때 존재한다. 예를 들어, 연구자는 교실에서 아동의 낮은 성취가 그들의 자존감과 관련이 있을 수 있다고 결론지을 수 있다. 그러나 더 탐색해 보면 아동의 어려움은 학습장애나 단순한 공부량 부족과 더 관련이 있을 수 있다. 거짓 상관을 발견할 확률을 줄이기 위한 좋은 규칙은 상관연구를 할 때 최소한 100명 이상의 표본 크기를 활용하는 것이다. 이는 정규성 가정(두 변인 모두의 분포가 정규분포의 형태에 근접한다)을 더 확실히 충족시켜 준다. 표본 크기를 결정하기 위해 이와 같은 일반적인 규칙이 있지만, 연구자는 일반적으로 보다 구체적인 표본 크기 요구 사항을 얻기 위해 통계적 검정력 분석(power analysis)을 수행한다.

이변량 예측 모형

우리가 활용할 수 있는 이변량 상관 설계에는 여러 종류가 있다. 연구자는 답하고자 하는 연구 문제와 수집된 자료의 유형에 따라 설계의 종류를 선택한다. 특히 연구자들은 자료가 정량형(등간 수준 또는 비율 수준)인지 또는 범주형(명명 수준 또는 서열 수준)인지에 주의를 기울여야 한다. 통계적으로 적절한 상관계수를 고르면 연구자가 얻는 결과들의 해석 가능성이 증가한다. 요즘은 통계 소프트웨어(예: SPSS나 SAS)를 활용하여 다양한 상관계수를 구할 수 있지만, 어떻게 계산하는지 이해하면 도움이 된다. 그러므로 이 장에서는 수작업으로 상관계수를 계산하는 데 필요한 방법도 소개한다.

피어슨 적률상관계수

가장 흔히 쓰이는 상관계수는 적률상관계수(product moment correlation coefficient)이다. 때로 짧게 줄여서 피어슨 r(Pearson r)로도 불리는 적률상관계수는 측정된 변인 두 개의 자료가 모두 정량적이며 변인 간 선형적 관계가 있을 때 산출한다. 선형 관계(linear relationship)는 각 변인 값에서 서로 상응하는 증가나 감소가 있을 때 존재한다. 산포도에서 선형 관계는 직선으로 나타난다.

피어슨 r은 두 개의 변인 사이의 관계를 설명할 뿐 아니라 예측할 때에도 쓰일 수 있다. 상관계수 값은 하나의 변인(X)이 1표준편차 증가할 때 다른 변인(Y)이 1표준편차 안에서 변화하는 양을 설명한다(Rosenthal, 2001). 대학원 입학시험(GRE) 점수와 졸업평균학점(GPA)의 상관분석 결과 $r = .75$가 나왔다고 가정해 보자. 이는 GRE 점수에서의 1.0 표준편차 증가에 GPA 점수의 .75 표준편차의 증가가 수반된다는 것을 의미한다.

피어슨 상관계수를 계산하기 위한 몇 가지 공식이 존재한다. 가장 보편적으로 쓰는 공식 중 하나는 Z 점수를 활용한다. Z 점수는 표준화된 점수로, 가능한 모든 값이 정규분포상에서 어디에 정확히 위치하는지 설명한다. Z 점수는 해당 점수가 평균으로부터 얼마나, 어느 방향으로 떨어져 있는지를 구체적으로 알려 준다. Z 점수를 사용하여 피어슨 r을 구하는 공식은 다음과 같다.

$$r_{xy} = \frac{\sum (Z_X Z_y)}{N}$$

이 공식을 풀기 위해 다음 단계를 따라라.

① 두 변인(*X*와 *Y*)의 각 개별 점수를 표준화된 Z 점수로 변환하라.
② 각 참여자별로 *X*와 *Y*에서 산출된 Z 점수들을 곱하라.
③ 2단계에서 얻은 산출값을 합하라.
④ 3단계에서 얻은 값을 *N*(연구에서 모든 참여자의 수)으로 나누라.

실제 사례를 들어 이 공식을 설명하기 위해 한 상담 회기당 물어본 개방형 질문의 수와 내담자가 꺼낸 주제의 수 사이의 관계를 탐색했던 앞의 예를 다시 떠올려 보자. 다섯 상담 회기를 관찰한 후 연구자들은 다음과 같은 자료를 얻었다.

회기	개방형 질문의 수 (X)	내담자가 꺼낸 주제의 수 (Y)
1	9	4
2	13	5
3	7	1
4	15	6
5	11	4

첫째, 우리는 각 원점수를 Z 점수로 변환해야 한다. 다음 표는 각 개별 원점수를 계산해서 나온 Z 점수(굵은 글씨)를 보여 준다.

회기	개방형 질문의 수 (X)	내담자가 꺼낸 주제의 수 (Y)
1	9 (**−0.63**)	4 (**0.00**)
2	13 (**0.63**)	5 (**0.53**)
3	7 (**−1.27**)	1 (**−1.60**)
4	15 (**1.27**)	6 (**1.07**)
5	11 (**0.00**)	4 (**0.00**)

다음으로는 계산된 Z 점수들을 취한 다음 곱하여 각 회기별 곱셈값을 구하라.

회기	개방형 질문의 수(X)	내담자가 꺼낸 주제의 수(Y)	XY의 곱
1	−0.63	0.00	**0.00**
2	0.63	0.53	**0.33**
3	−1.27	−1.60	**2.03**
4	1.27	1.07	**1.36**
5	0.00	0.00	**0.00**

3단계는 계산한 곱셈값을 합하는 것(0.00 + 0.33 + 2.03 + 1.36 + 0.00 = 3.72)이다. 마지막 단계에서는 합한 값을 총 회기 수인 N으로 나누면 된다(3.72 ÷ 5 = 0.74). 이는 회기 안에서 상담자가 활용하는 개방형 질문의 수와 내담자가 꺼내는 주제의 수 사이에 상관이 있음을 말해준다. 〈표 7-1〉을 참고하면 두 변인 간에는 강한 상관이 있다고 결론 내릴 수 있다.

이 분석에서 한 단계 더 나아가 결정계수를 계산할 수 있다. 방금 계산한 피어슨 r(0.74)을 써서, 우리는 결정계수로 0.55(0.74^2)라는 값을 산출할 수 있다. 이는 변인 Y(내담자가 꺼낸 주제의 수)의 변량의 55%가 변인 X(상담자가 활용한 개방형 질문의 수)로부터 예측될 수 있다는 뜻이다.

스피어먼 로 계수

다른 유형의 상관계수에는 스피어먼 로(p)(r_s) 계수[Spearman Rho(r_s) coefficient]가 있다. 스피어먼 로는 두 변인 간 선형 관계를 측정하고자 할 때 두 변인 자료 중 하나가 서열 수준으로 측정될 때 적용하는 특별한 경우의 피어슨 r이다. 서열 자료는 크기나 빈도에 따라 순서대로 배열되어 있다. 순서대로 배열된 자료에서 각각의 점수는 점수 분포상에서의 각각의 위치를 알려 주는 순위로 정해진다. 스피어먼 로를 사용하면 두 종류의 점수들은 모두 최하점부터 최고점까지의 순위를 배정받는다. SPSS와 같은 통계 프로그램들은 실제로 얻은 점수보다는 참여자 측정치들의 순위 차이를 활용하여 상관계수를 계산한다. 스피어먼 로를 쓰는 것이 적절한 연구의 예로는 학생들의 반 등수와 그들의 ACT 점수 사이의 상관관계를 들 수 있다.

양류상관계수

양류상관계수(point biserial correlation coefficient, r_{pb})는 피어슨 r의 또 다른 변종이다. 두 가지 자료 중 하나는 연속적 정량 척도이고 다른 하나는 범주형이나 명명 척도일 때 양류상관계수를 사용한다. 이 모형에서 범주형 자료란 이분형 변인(dichotomous variable)을 나타낸다. 이

분형 변인은 오직 두 가지 값밖에 없으며 이것 아니면 저것, 남성/여성, 졸업자/미졸업자, 상담자/내담자 등의 예가 있다. 양류상관 모형에 자료를 입력할 때 이분형 변인의 자료는 두 개의 값이 0과 1이 되도록 입력한다. 이분형 변인을 코딩한 후에는 피어슨 r과 같은 원리를 적용한다. 두 변인 모두 정량적 척도로 취급되며, 그들 간의 선형 관계가 측정된다. 이러한 접근은 성별과 IQ 점수의 관계에 관한 연구 문제를 다룰 때 활용할 수 있다. 연구자로서, 대안 학교 배정을 위하여 학교 상담자에게 의뢰된 50명의 중학생 집단의 IQ 점수에 관심이 있다고 가정하자. 탐구할 수 있는 관심 변인 중 하나는 성별이다. 구체적으로 소년과 소녀 사이에 IQ 점수차가 존재하는지 알고 싶어 한다. 양류상관을 활용하여 이 상관관계를 구하려면 먼저 50명의 학생 모두의 실제 IQ 점수를 수집해야 한다. 다음으로, 각 학생들을 성별을 기준으로 코딩한다(예: 소년 = 0, 소녀 = 1). 마지막으로 두 개의 변인 간의 상관관계를 계산한다. 이러한 분석은 중학생 표본 집단 안에서 성별과 IQ 점수가 관련이 있는지 알려 줄 것이다.

파이 계수

파이 계수(Phi coefficient, Φ)는 두 종류의 자료가 모두 명명, 이분형 척도일 때 사용한다. 파이 상관계수를 계산하려면 두 이분형 변인으로부터 나온 자료를 분할표에 배열한다. 분할표(contingency table)는 하나의 변인에 대한 참여자의 반응을 다른 변인의 함수 값으로 나타내기 위한 시각 보조 자료이다. 대부분의 자료가 주 대각선의 칸(A와 D)에 들어간다면 정적 상관관계가 있는 것이다. 대부분의 자료 점수가 주 대각선의 반대 칸에 들어간다면(B와 C) 두 개의 변인 사이에 부적 관계가 있다고 결론 내릴 수 있다. [그림 7-4]는 기본 분할표의 배열을 보여준다.

	변수 $X(-)$	변수 $X(+)$	합계
변수 $Y(-)$	A	B	A + B
변수 $Y(+)$	C	D	C + D
TOTAL	A + C	B + D	A + B + C + D

[그림 7-4] 기본 분할표

분할표를 구성하고 나면 파이 상관계수를 산출할 수 있다. 이는 주 대각선 칸들의 곱셈값을 반대 칸들의 곱셈값과 비교하여 계산한다. [그림 7-5]은 성별과 상담 회기 출석일수 간의 관계를 조사하는 데에 관심이 있는 연구자가 만든 분할표를 보여 준다. 이 예에서 연구자는 남성이 첫 회기 상담 후 이후 회기에 나타나는 빈도가 더 낮을 것이라는 가설을 세웠다.

앞서 소개한 상관 모형들은 두 개의 변인을 사용할 때의 예측연구에서 유용하지만, 더 많은 개수의 변인들을 연구하는 상황에서는 추가적인 도구가 필요하다. 다음에서는 더 많은 변인을 측정할 때 쓸 수 있는 두 가지 방법을 자세히 설명하겠다.

	상담함	상담 안함	합계
남	10	36	46
여	35	19	54
총합	45	55	100

[그림 7-5] 성별과 상담 회기 출석일수 간의 분할표

다변량 예측 모형

다변량 자료 분석(multivariate data analysis)은 두 개 이상의 변인에서 나온 자료들을 분석하는 데 쓰이는 모든 통계적 기법을 말한다. 이는 본질적으로 두 개 이상의 변인이 연관되는 상황, 산물, 또는 결정이 존재하는 현실을 설명하는 체계를 만든다. 정보화 시대는 모든 분야에서 다량의 자료를 만들어 왔다. 이처럼 정보들이 많으면 어떤 정보가 사용하기에 가장 적절한지 판단하기가 어려워진다. 사용 가능한 정보들을 행렬로 구성된 데이터베이스 표에 저장하면 의미 있는 방식으로 정보를 처리하는 데에 다변량 분석을 사용할 수 있게 된다.

예측연구 계획하기

두 개의 변인이 높은 상관이 있다면 패턴의 예측에 하나의 변인을 사용하는 것이 가능하다. 예를 들어, 학부생들의 평균 학점은 대학원 입학시험의 점수를 예측하는 데에 사용할 수 있다. 결과를 예측하는 데에 쓰이는 변인은 **예측변인**(predictor) 또는 **독립변인**(independent), 그리고 예측되는 변인은 **준거변인**(criterion) 또는 **종속변인**(dependent)이라고 칭한다는 것을 상기하자. 예측연구들은 관계가 예측될 수 있는 범위나 준거변인의 예측변인이라고 예상되는 변인과 관련된 이론적 가설을 검증하는 등 다양한 목적으로 사용할 수 있다. 예측연구들은 또한 평가 도구의 예측 타당도를 검토하는 데에 쓰일 수도 있다. 예측연구의 결과는 때로 성공을 예측하는 데에 활용된다. 예를 들어, 특정 학급에서의 성취나 특정 훈련 프로그램에서 성공할 가능성이 있는 사람들의 수는 참여자 선별 과정을 결정하는 데에 도움을 줄 수 있다. 그러므로 예측연구는 연구자에게도 유용하지만, 교육자, 상담자, 행정 담당자들에게도 도움이 된다.

만약 두 개 이상의 변인이 준거변인과 상관관계를 가지고 있다면 그 변인들에 기반을 둔 예측은 그중 하나의 변인에만 기반을 둔 예측보다 더 정확할 것이다. 대학원 입학시험 성취를 예측하려는 이야기로 돌아가 보자. 축적된 학부 평균 학점, 졸업생 순위, 대학 입학시험 점수 등의 복합적 요소에 기초를 두고 대학원 입학시험에서의 가능한 성취를 예측하는 것은 그중 하나의 요소만 활용하는 것보다 더 강력한 예측변인이 될 수 있다. 예측연구와 상관연구 사이에는 상당한 차이가 있지만, 둘 다 공통적으로 인식된 다양한 변인과 복합변인 사이의 관계를 판단하는 것과 관련이 있다.

자료 수집

참여자들은 연구자의 가용성에 기초하여 연구와 관련된 모집단에서 선택된다. 관심변인을 타당하게 측정할 수 있는 도구를 선택하는 것 역시 중요하다. 표본 조사, 표준화 검사, 질문지, 관찰 도구 등은 예측변인과 준거변인을 측정하는 데 사용할 수 있다. 특히 중요한 것은 준거변인의 평가가 타당해야 한다는 점이다. 예측변인은 준거변인의 패턴이 나타나기 전에 측정되어야만 한다. 그렇지 않으면 그 척도가 패턴을 예측했다고 주장할 수 없다. 대학원 지원에 앞서 대학 입학시험과 학부 평균 학점 점수를 사용했기 때문에 이러한 변인들은 대학원 입학시험 성과를 예측할 수 있는 좋은 선택이 된다. 마지막으로, 가까운 미래에 일어날 행동의 예측은 더 먼 미래에 일어날 행동의 예측보다 더 정확해야 하는데, 이는 가까운 미래의 행동 예측이 더 용이하기 때문이다.

자료 분석

예측연구의 주요 자료 분석 도구에서 각각의 예측변인들은 준거변인과 상관관계가 있다. 우리가 설명했던 연구에서 평균 학점과 대학 입학시험 점수, 졸업생 순위(예측변인들)는 각각 대학원 입학시험 점수(준거변인)와 상관관계가 있다. 각각의 예측변인들은 학생의 대학원 입학시험 점수를 효과적으로 예측하기는 하지만, 그 수준은 보통 정도이다. 학생들의 대학 입학시험 점수가 전반적으로 조금 더 나은 예측변인이다.

변인 군집은 하나의 변인보다 대개 더 정확한 예측을 낳기 때문에 연구에서는 종종 다중회귀식(multiple regression equation)이라고 불리는 예측식을 산출한다. 다중회귀식은 준거변인을 독립적으로 예측하는 모든 변인을 사용하여 더 정확한 예측을 만든다. 다중회귀로 만들어진 예측은 완벽한 경우가 드문데, 이는 관계가 완벽한 경우가 드물기 때문에 당연한 것이다. 그러므로 예측된 점수는 보통 신뢰구간 안에 위치한다.

예를 들어, 예측된 대학원 입학시험 1,200점은 800점과 1,600점 사이의 구간에 위치할 것이다. 간단히 말해서, 1,200점의 대학원 입학시험 예측 점수를 가진 학생들은 800점과 1,600점 사이의 범위 어딘가의 점수를 얻을 것으로 예측될 것이다. 모든 지원자를 받아들이지 않는 대학원 프로그램은 커트라인 점수 아래의 학생들도 입학하면 성공적일 가능성이 높은데도 커트라인 입학 점수를 설정해 놓을 것이다. 개인의 성취에 대한 예측이 너무 높거나 낮을 수도 있지만, 지원자들의 전체 집단을 검토할 때 전반적으로 보면 예측은 꽤 정확하다. 성공할 것이라고 예측된 지원자들은 대부분 정말 잘한다. 전체 집단뿐 아니라 각각의 많은 하위 집단별로도 예측식을 만들 수 있다.

수축

예측연구는 다른 참여자 집단에서는 다시 발견되지 않을 수 있는 우연한 관계의 결과일 수 있는 초기 방정식(initial equation)을 생성할 수 있다. 이처럼 다른 집단에 사용했을 때는 부정확해지는 예측식의 발생을 수축(shrinkage)이라고 한다. 수축은 반복연구로 인해 예측 타당도가 낮아지는 경향으로 정의된다(Gall, Gall, & Borg, 2006). 수축의 가능성은 원래 표본 크기가 작고 예측변인의 수가 많을수록 증가한다. 그러므로 모든 예측 방정식은 교차 타당화되어야 한다. 그렇게 하려면 연구자들은 방정식에서 제거된 준거 척도와 크게 관련이 없는 변인들로 이루어진 다른 집단을 대상으로 자료를 타당화해야 한다.

다중회귀

회귀분석

회귀분석의 목적은 하나 이상의 독립변인에 대해 수집된 자료로부터 하나의 종속변인을 예측하는 데 도움이 되는 것이다. 연구 문제가 하나의 종속변인을 예측하는 하나의 독립변인에 관련되어 있는 경우의 통계적 기법을 **단일회귀분석**(simple regression analysis), 하나의 종속변인을 예측하는 둘 이상의 독립변인과 관련된 경우의 통계적 기법은 **다중회귀분석**(multiple regression analysis)이라고 한다.

변인들의 조합은 대개 하나의 변인보다 더 정확한 예측을 낳기 때문에 예측연구는 종종 다중회귀방정식을 사용한다. 다중회귀방정식에서 독립적으로 준거변인과 상관관계가 있다고 알려진 변인들은 더 정확한 예측을 만들기 위해 사용된다. 그 결과, 다중회귀분석은 교육학 연구에서 더 보편적으로 활용되는 통계 기법 중 하나가 되고 있다. 이 기법은 어떤 종류의 측정 도구를 가진 자료에서도 쓸 수 있으며, 실험, 원인 비교(causal comparative), 상관연구를 해석하기 위해서 쓸 수 있다. 이는 관계의 존재 여부와 통계적 유의도를 비롯하여 변인들이 관련된 범위를 결정한다.

연구에서 종속변인의 예측을 향상시키기 위하여 추가적인 독립변인들을 포함시킨다. 이러한 향상은 독립변인이 종속변인과 상관을 맺는 방식뿐 아니라 이미 회귀방정식 안에 있는 추가적 독립변인(들)의 상관관계와도 관련이 있다. 대학원 입학시험에서의 성취 예측에 관련된 예를 다시 떠올려 보자. 오로지 학급 등수만을 독립변인으로 삼은 연구를 상상해 보자. 이제 대학원 입학시험 점수와 대학 입학시험 점수와 같은 다른 독립변인들을 추가할 때 결과가 어떤 영향을 받을지 고려해 보자. 이러한 변인들의 추가는 종속변인의 예측을 향상시킨다. **공선성**(collinearity)은 두 개의 독립변인 간의 관계나 상관관계를 의미하고, **다중공선성**(multicollinearity)은 세 개 이상의 종속변인 간의 상관관계를 의미한다. 이 용어들을 호환해서 사용하는 것이 일반적이다. 두 개 변인의 상관계수가 1일 경우 이 두 변인은 완전한 공선성이 있다고 하며, 상관계수가 0일 경우 공선성이 전혀 없다고 본다.

다중회귀 모형은 상관에 대한 관계의 선형성, 독립변인들의 범위에서 관계의 수준이 같아야 함, 등간 척도 자료 또는 준등간 척도 자료, 자료의 범위가 앞뒤 잘리지 않고 완전할 것(not truncated)과 같은 모든 가정을 공유한다(Black, 1999; Hair, Anderson, Tatham, & Black, 1998; Heppner, Kivlighan, & Wampold, 1999). 구체적으로 다중회귀분석을 통계적으로 가설을 검정하는 데 사용하기 위해서는 다음의 가정들이 충족되어야 한다.

① **독립성**: 모든 특정 참여자의 점수는 다른 모든 참여자의 점수로부터 독립적이어야 한다.
② **정규성**: 모집단에서 종속변인의 점수는 *X*변인 수준의 각 조합에 대해 정규분포를 이루어야 한다.
③ **등분산성**: 모집단에서 종속변인의 분산은 *X*변인 수준의 각 조합별로 같아야 한다.
④ **선형성**: 모집단에서 종속변인과 독립변인 간의 관계는 다른 모든 독립변인이 상수로 유지될 때 선형이어야 한다.

다중회귀분석의 단계

다중회귀분석 수행에 대하여 제안할 전략들은 4단계의 과정으로 이루어진다. 우선 회귀계수를 구하여 회귀 모형을 결정한다. 회귀계수(regression coefficient)는 독립변인과 직접적으로 관련된 모든 모수추정(parameter estimate)의 절댓값을 의미한다. 두 번째 단계는 다중상관계수(multiple correlation coefficient, R)와 변량의 공유 비율(shared variance, R^2)을 결정하는 것이다. 상관계수(correlation coefficient, R)는 독립변인들과 종속변인들 간 관계 강도를 나타낸다. 결정계수(coefficient of determination, R^2)는 독립변인 또는 예측변인으로부터 설명되는 종속변인의 변량 비율을 측정할 것이다. 세 번째 단계는 다중상관계수(multiple R)의 통계적 유의도(statistical significance)를 결정하는 것이다. 상관계수는 0에서 1 사이의 값을 취할 수 있다. 만약 회귀 모형이 적절하게 적용되고 추정되었다면 R^2 값이 클수록 회귀방정식의 설명력이 더 커지고 준거변인의 예측이 더 나아진다. 마지막으로, 예측변인의 유의도가 검토된다. 이때 개별 회귀계수의 통계적 유의도가 검정될 것이다. 수정된 R^2을 최대화하는 조합을 확인된 최적, 최적합 모형으로 간주한다.

다중회귀의 종류

다중회귀분석에는 다양한 접근이 있다. 가장 흔히 쓰이는 다중회귀분석은 보통 최소자승법 회귀분석(least-squares regression)이라고 칭한다. 대개 이러한 회귀분석방법들은 준거변인의 측정치가 연속 척도이고 예측변인의 측정치가 연속 척도이거나 범주 척도이며, 예측변인과 준거변인 간의 관계가 선형적일 때 사용된다. 보편적으로 많이 쓰는 방법들로는 다음과 같은 것이 있다.

① **전진적 다중회귀**(step-up multiple regression): 전진적 다중회귀는 더 이상 통계적 유의성이 높아지지 않을 때까지 R값을 최대한 증가시켜 기존의 집단에 추가하는 것이다.

② **후진적 다중회귀**(step-down multiple regression): 후진적 다중회귀는 모든 가능한 예측변인을 먼저 분석에 넣은 후, R값을 가장 적게 감소시키는 변수들을 통계적으로 유의미한 감소가 나타날 때까지 구조적으로 제거하는 방법이다.

③ **단계별 다중회귀**(stepwise multiple regression): 단계별 다중회귀에서는 한동안 널리 사용되었음에도 불구하고, 통계학자들(Antonakis & Dietz, 2011; Thompson, 2013 참조)은 이 방법과 관련하여 몇 가지 중요한 문제를 발견하고 연구에서 이 방법의 사용을 강력히 항의했다. 그중 하나는 이 모형을 계산하는 절차가 계산된 Fs를 팽창시킨다는 것이다. 이러한

문제는 회귀모형잔차의 이분산성과 관련이 있고, 잘못된 분산추정치를 산출한다.

어떤 상황에 적용하느냐에 따라 다음과 같이 몇 개의 다중회귀분석이 고려된다.

④ **판별분석**(discriminant analysis): 판별분석은 준거변인의 측정치가 범주형이고 예측변인의 측정치가 연속적인 값을 가질 때 사용한다.
⑤ **로지스틱 회귀**(logistic regression): 로지스틱 회귀는 예측변인이 연속적이거나 범주형이고 준거변인의 측정치가 이분형일 때 사용한다.
⑥ **비선형 회귀**(nonlinear regression): 비선형 회귀는 예측변인과 준거변인 간에 곡선 관계(curvilinear relationship)를 가정할 때 사용한다.

연구 사례

다음의 사례는 다중회귀분석을 예측 설계에 적용한 경우를 보여 준다. 다중회귀분석의 활용은 Bardhoshi, Schweine과 Duncan(2014)이 수행한 관계 연구에서 나타난다. 이 연구에서는 혼합적 접근 방법이 사용되었지만, Bardhoshi 등(2014)은 정량적 자료 분석을 위해 위계적 다중회귀분석을 사용하였다. 이 연구의 주요 목적은 학교 상담사의 역할로 주어지는 비상담 관련 업무의 범위와 소진의 관계를 확인하는 것이었다. 전국의 학교 상담사들로부터 다양한 측정 방법으로 자료를 수집하고 분석하여, 비상담 관련 업무 수행이 학교 상담사의 소진을 예측하는 것으로 보았다. 이 연구에서 소진의 구성 요소는 피로, 부정적인 업무 환경, 사생활 침해로, 비상담 관련 업무는 사무, 행정, 관리로 이루어졌다.

다중회귀분석 과정을 더 자세히 설명하기 위해 Bardhoshi 등(2014)의 연구를 더 살펴보자. 저자들은 학교상담사 활동 평정 척도(School Counselor Activity Rating Scale: SCARS; Scarborough, 2005)로 측정된 비상담 업무가 상담사 소진 목록(Counselor Burnout Inventory: CBI; Lee et al., 2007) 점수를 예측한다는 가설을 세웠다. 이 가설을 검증하기 위해 각 소진 요소와 비상담 업무에 대한 다중선형회귀분석을 실시했다. 다중선형회귀분석 후, 방정식에 입력된 각 요인들의 부가 효과(additive effect)를 결정하기 위해 위계적 회귀분석을 실시하여, CBI에 의해 측정된 소진 요소 각각에 대해 특정 비상담 업무가 상담사 소진을 더 예측하는지를 결정하기 위해 위계적 회귀방정식을 계산했다.

보다 이해하기 쉽게, 종속변인(소진) 세 수준(1, 2, 3), 독립변인(SCARS 점수) 세 수준(X, Y, Z)이 있다고 하자. 예측을 보다 완전하게 설명하는 데 도움이 되는 몇 가지 추가 변인(예: 할당된 사례 수)도 조사하였다(A, B, C). 이 다양한 변인의 조합을 계산하려면 X가 1, 2 및 3을 예측하는 능력을 계산한 다음, X + A가 1, 2, 3을 예측하는 능력을 계산해야 한다. 이 조합은 가능한 모든 조합을 계산할 때까지 계속된다. 다행히, 통계 프로그램이 이런 복잡한 계산을 완성하는 데 적합하니, 연구자는 데이터를 입력하고 결과를 해석하는 데 능숙하면 된다.

Bardhoshi 등(2014)의 연구에 따르면, 비상담 업무는 소진을 크게 예측했지만 업무부하량을 추가하는 것은 비상담 업무를 단독으로 수행한 것보다 훨씬 더 많은 차이를 설명했다. 다시 말해, 학교 상담사의 소진은 단순한 현상이 아니다. 위계적 다중회귀분석과 같은 복잡한 분석 과정을 통해 저자들은 궁극적으로 학교 상담사의 소진을 예측하는 변인 간 상호작용을 설명할 수 있었다.

다중회귀를 사용할 때의 유의 사항

연구자들이 다중회귀를 사용할 때에 마주하는 가장 흔한 문제는 예측과 설명을 혼동하는 것이다. 예측 관계의 존재가 인과관계가 있음을 의미하는 것은 아니다. 만약 연구자가 특정 예측변인들이 준거변인에 대한 인과적 유의성을 포함한다는 가설을 세웠다면 특히 주의해야 한다. 당신이 다변량 상관 자료를 가지고 인과적 이론을 검증하고 싶다면, 다중회귀보다는 경로 분석이나 구조방정식 모형을 사용하는 것이 더 적합할 것이다.

연구에 포함될 예측변인의 수를 선택할 때에는 표본 크기를 고려하는 것이 중요하다. 한 가지 추천하는 것은 다중회귀분석에 포함되는 변인 하나당 최소 참여자 15명 이상으로 표본 크기를 늘려 가라는 것이다(Gall et al., 2006). 예를 들어, 4개의 예측변인이 있는 다중회귀분석을 하려면 최소한 60명이 넘는 참여자 표본을 골라야 한다.

요인 설계

요인연구(factorial experiment)는 종속변인에 대해 두 개 이상의 독립변인들이 가지는 영향(즉, 요인)을 결정하는 연구이며, 독립적인 영향과 상호작용적인 영향 둘 다를 본다. 종속변인에 대한 각 독립변인의 효과를 주효과(main effect)라고 한다. 두 개 이상의 독립변인이 종속변인에 대해 가지는 효과의 상호작용은 상호작용 효과(interaction effect)라고 부른다. 요인 설계(factorial designs)는 두 개 이상의 독립변인을 수반하며, 그중 적어도 한 개의 변인은 연구자에 의해 조작된다.

요인연구의 설계 및 분석은 복잡한 일이다. 당신은 수많은 요인 설계 가운데 하나를 고를 수 있다. 설계의 선택은 종속변인이나 요인의 수, 요인들이 고정되어 있는지 또는 무작위인지, 연구 참여자들이 같은 변인에 대해 반복 측정되는지, 각 연구 참여자들이 두 개 이상의 처치에 할당되는지 등 다양한 조건에 따라 달라진다. 고정 요인(fixed factor)은 그 값이 실험 밖으로 일반화되지 않을 독립변인을 뜻한다. 예를 들어, 성별은 실험 내의 요인이며, 남성 혹은 여성 두 개 값을 가진다. 일반화될 수 있는 다른 성별은 존재하지 않는다. 임의 효과(random effect)는 실험 밖으로 값이 일반화될 수 있는 독립변인을 뜻한다. 예를 들어, 교수방법을 연구할 때에 연구자는 교사 표본이 교사 모집단을 대표할 것이라는 의도를 가지고 교수방법을 활용할 교사 10명을 고른다. 고정 요인과 임의 요인을 구별하는 것은 결과 자료를 분석할 때 활용하는 통계적 기법에도 영향을 주기 때문에 특히 중요하다. 연구자들은 하나의 프로젝트에서 다수의 변인을 측정하는 경우가 자주 있기 때문에 요인 설계는 다변량 연구에서 보편적으로 활용되는 기법이다. 요인 분석(factor analysis)은 독립변인들을 직접 측정하지 않지만 종속변인에 영향을 주는 독립변인에 대한 어떤 것을 밝히려는 목적을 가지고 다수의 종속변인 사이의 관계 패턴을 연구하기 위해 사용하는 연구 접근법의 한 예이다. 요인 분석은 독립변인들을 직접 관찰했을 때보다 더 가설적이다. 요인 분석의 주된 목적은 자료의 축소 및 요약이다. 요인 분석은 많은 수의 변인 사이의 상호관계를 분석하고 그들 사이에 공통적으로 잠재하는 차원의 요인에 대해 설명하는 한 가지 방법이다.

요인 분석에서는 독립변인을 요인(factors)이라고 명명한다. 요인은 원래 변인들의 선적인 조합이다. 요인은 또한 관찰된 변인들의 원집합을 요약하거나 설명하는 공통 차원들(구인)을 나타낸다. 그 요인을 검토하고 나서 다른 변인이나 요인과의 조합을 연구하는 것도 종종 유용하다. 요인 분석은 다량의 데이터베이스로부터 효과적으로 정보를 추출하는 데 매우 실용적이고 영향력 있는 다변량 통계 기법이다. 대체로 요인 분석은 다음과 같은 몇 가지 질문에 대한 답을 제시한다.

① 이 변인들 사이의 관계를 설명하는 데 몇 개의 요인이 필요한가?
② 이 요인들의 속성은 무엇인가?
③ 가설 요인(hypothesized factors)들은 관찰된 자료를 얼마나 잘 설명하는가?
④ 관찰된 각 변인에 순전히 임의적이거나 고유분산이 얼마나 포함되는가?

어떤 변인들은 다른 수준에서 다르게 작용하므로 요인 분석은 원자료만을 검토하거나 상관행렬을 검토했을 때 분명하게 나타나지 않는 관계를 밝힐 수 있다. 예를 들어, 특정 교수법은 1주일 동안 하루 6시간씩 단기집중 수업으로 가르칠 때 더 효과적일 수 있는 반면, 다른 교수법은 한 주에 3시간씩 한 학기 동안 가르칠 때 더 효과적일 수 있다. [그림 7-6]에서 볼 수 있듯이 각각 두 개의 수준을 가진 두 개의 요인 설계는 2×2요인 설계라고 칭한다. 2×2는 가장 단순한 요인 설계이다. 이는 그림에서 나타나듯이 네 개의 집단을 필요로 한다. 각각의 집단은 한 요인의 한 수준과 다른 요인의 한 수준의 조합을 나타낸다. 같은 예시 자료로 연구자가 이번에는 두 개의 교수법 요인과 세 개의 수업 형태 요인(1주 단기집중반, 학기제, 주말반)들을 사용한다면 2×3요인 설계가 되는 것이다. 연구자가 세 개의 요인을 살펴보는데 그중 두 개는 세 가지 수준(세 개의 교수법과 세 개의 수업 형태)을 가지고 한 개는 두 가지 수준(성별)만 가진다면 3×3×2로 나타날 것이다.

[2×2 요인 설계]

	교수법	교수법
1주 단기집중반	집단 1	집단 2
학기제	집단 3	집단 4

[3×3×2 요인 설계]

	교수법	교수법	교수법
1주 단기집중반	집단 1	집단 2	집단 3
학기제	집단 4	집단 5	집단 6
주말반	집단 7	집단 8	집단 9

[그림 7-6] 기초 요인 설계의 두 가지 예

요인 분석은 적어도 서로 중간 정도의 상관관계가 있는 변인들을 결합함으로써 다수의 변인을 더 적은 수의 개별적인 요인으로 줄이기 위한 통계적 절차를 제공해 준다(Gall et al., 2006). 공유된 변인들의 모든 집합은 요인을 형성하는데, 이는 결합된 변인들의 공통적인 측면을 통계적으로 표현한 말이다. 요인 분석의 주된 목적은 자료의 축소 및 요약이다(Hair, Anderson, Tatham, & Black, 1998). 이는 연구자가 변인들의 모음(교수법, 시험 점수, 설문 응답) 속에서 상호연관성을 검토하고 이 변인들을 공통 차원(요인)으로 설명할 수 있게 해 준다. 다른 말로 하면, 요인 분석은 연구자가 실험변인의 효과가 통제변인의 모든 수준에서 일반화될 수 있는지, 아니면 그 효과는 통제변인의 특정한 수준에서만 한정되는 것인지 판단하는 것을 도와준다. 이는 또한 단독으로는 효과가 없었던 변인이 다른 변인과 유의미하게 상호작용하는지를 판단하는 데에도 유용하게 쓰인다.

	교수법		
	A	B	
1주 단기집중반	80	40	60
학기제	60	20	40
	70	30	

	교수법		
	A	B	
1주 단기집중반	80	60	70
학기제	20	40	30
	50	50	

[그림 7-7] 2×2요인 설계

다시 두 개의 수업 형태의 예로 돌아오자. [그림 7-7]은 2×2요인 설계 실험의 두 가지 가능한 결과를 보여 주며, 이 그림에서 각각의 네모 또는 칸에 있는 숫자는 해당 집단의 사후 평균 점수를 나타낸다. 그러므로 앞의 예에서 1주 단기집중반에서 교수법 A로 배운 학생들의 사후 평균점수는 80점이다. 앞선 예에서 처치에 상관없이 모든 1주 단기집중반 학생의 사후 점수의 평균을 내면 60점이 된다. 학기제 학생들의 평균점수는 40점이다. 교수법 A로 배운 학생들의 평균점수는 70점이며 교수법 B로 배운 학생들의 평균점수는 30점이다. 각 칸의 평균을 보면 교수법 A는 1주 단기집중반과 학기제 학생 모두의 경우에서 교수법 B보다 더 높은 사후 평균점수를 얻어 냈다. 사후 점수가 높을수록 교수법이 더 훌륭하다고 추론할 수 있다. 그러므로 A는 수업 형태에 관계없이 더 훌륭한 교수법이다. 교수법과 수업 형태 사이에는 상호작용 효과가 존재하지 않는다. 각각의 교수법으로 배운 1주 단기집중반 학생들은 각각의 교수법으로 배운 학기제 수업 학생들보다 더 높은 성취를 나타냈다. 우리는 그렇다면 동일한 형태에서 미래에 더 높은 점수를 예측할 수 있으므로 이 측정값을 예측 설계로 더 강화할 수 있다.

다음 예에서 1주 단기집중반 학생들의 경우에는 교수법 A가 더 나았다. 학기제 수업의 경우에는 교수법 B가 더 나았다. 1주 단기집중반 수업 학생들이 교수법에 상관없이 학기제 수업 학생보다 성취가 뛰어났지만, 그들의 성취가 뛰어난 정도는 그들이 받은 교수법에 따라 달랐다. 어떤 교수법이 더 나은지는 수업의 형태에 따라 달랐다. 요인 설계를 활용함으로써 변인들 사이에 상호작용이 발생하는 것으로 보이며, 각각의 교수법은 수업의 형태에 따라 더 효과적일 가능성이 있음이 판명되었다.

다른 종류의 다변량 기법들은 변인들을 서로 구분(예: 준거변인과 예측변인)하는 반면, 요인 분석은 그와 다르게 작용한다. 이는 모든 변인을 동시에 고려하는 상호 의존적 기법이다. 모든 변인은 어떤 이론적인 요인 집합의 함수인 종속변인으로 기능할 것으로 동등하게 고려된다. 예를 들어, 질문지는 50개의 문항으로 구성되고 각 문항은 서로 다른 범위로 요인들을 측정할 것이다. 요인 분석을 활용함으로써 연구자는 같은 질문지에 의해 측정된 것들의 개별적 차원들을 밝혀낼 수 있고, 각 질문 문항이 각 요인에 대하여 가지는 요인부하량을 구할 수 있다([그림 7-7] 참조).

연구 사례

요인 분석이 구현된 사례는 Starkey(2005)가 수행한 연구에 잘 나와 있다. 이 연구의 목적은 자기개방에 관련된 지각된 위험을 평가하기 위한 대인 간 위험 자각 설문지(Interpersonal Risk Awareness Survey: IRAS)를 개발하고 IRAS를 통하여 상담 전공 학생과 다른 전공 학생 사이에서 지각된 위험의 차이를 탐구하는 것이었다.

요인 분석은 신체, 돈, 성격에 관한 주제들에 관련된 자기개방 위험의 인식을 측정하기 위해 만들어진 문항들의 모음에서 공통성을 찾아내기 위하여 사용되었다. 사전 고려 사항으로 두 개의 요인 분석을 수행하였다. 사전 검토(priori considerations)란 연구자가 연구를 수행하기 전에 이론 그리고/또는 선행연구에 기초를 두고 요인 모형과 각 요인을 적재할 것이라고 예측되는 문항들을 사전에 알고 있을 경우에 쓰인다(Heppner et al., 1999). 학생 표본 집단은 각각의 문항에서 인식한 위험의 수준을 평정하였다. 첫째로, IRAS 요인부하량과 문항부하량(item loadings)을 기존의 연구 주제와 비교하였다. 요인부하량(factor loadings)은 원래의 변인과 요인 간의 상관관계이며, 특정 요인의 속성을 이해하는 데 있어 핵심이다. 둘째로, IRAS 요인부하량과 문항부하량을 연구자가 제안한 네 가지의 주제와 비교하였다. 이 주제들을 확장한 결과 네 개의 확인된 하위 척도를 가진 39문항의 도구를 만들어 냈다. 네 개의 문항은 요인을 적재하지 않았지만, 나머지 35개의 문항은 다른 요인과의 부하량을 공유하는 문항 없이 네 개의 하위 척도로 요인을 적재하였다. 하위 척도의 이름과 각 하위 척도의 예시 문항은 다음과 같다.

① 신체/외모: 내 몸에 대하여 생각하면 나는 ……하게 느낀다.

② 돈: 내가 받는 수입은…….

③ 성격(내면화된): 내가 저지른 행동 중에 가장 수치스러워하는 것은…….

④ 성격(외재화된): 내가 가장 통제하기 어려워하는 감정은…….

요인부하량과 요인점수

요인 분석의 계산은 서로 모두 상관관계가 있는 변인들의 집합을 찾아내는 것도 포함한다. 요인점수와 변인의 특정 척도점수 간의 개별 상관계수는 그 요인에 대한 각 변인의 부하량을 나타낸다. 〈표 7-2〉는 상응하는 문항부하량에 따른 요인행렬을 보여 준다.

표 7-2 **대인관계 위험 인식 설문에 대한 요인 행렬**

문항	요인 1	요인 2	요인 3	요인 4
1		0.613		
2				0.480
3			0.611	
4			0.485	
5				
6				
7				0.585
8			0.458	
9		0.525		
10		0.531		
11			0.483	
12	0.433			
13				0.539
14	0.575			
15				0.501
16			0.551	
17		0.692		
18	0.648			
19				0.523
20				
21		0.580		
22	0.482			
23				0.414
24				
25		0.572		
26	0.512			

27				0.556
28			0.442	
29		0.567		
30	0.658			
31				0.513
32			0.433	
33		0.521		
34	0.625			
35			0.619	
36			0.461	
37		0.604		
38				
39			0.460	
40			0.458	

요인 1 부하량의 평가는 문항 12, 14, 18, 22, 24, 26, 30, 34번이 요인 1과 중간 또는 높은 수준의 상관관계를 이룬다는 것을 나타낸다. 연구자는 상관관계를 해석하여 그 요인의 개념적 의미를 결정해야 한다. 이 연구 사례에서 연구자는 요인 1이 의미하는 구인은 신체/외모라고 결정했다. 이 하위 척도의 문항들은 개인이 자신을 타인에게 어떻게 드러내며, 그러한 드러냄이 어떻게 평가되는지와 관련되어 있다. 네 개의 확인된 요인은 더 큰 상관행렬에 담긴 정보들 중 다수를 반영한다. 각각의 설문 문항은 그에 결부된 점수와 함께 변인으로 취급되는데, 이는 요인점수(factor score)라고 불린다. 요인점수는 집단 간에 요인별로 차이가 있는지 알아보기 위한 t검증과 같은 추가적인 통계분석에 포함될 수 있다.

요인 분석 내의 다양한 방법

요인 분석을 수행하는 데에는 여러 방법이 있다. 요인 분석의 적용에 있어 첫 번째로 결정해야 할 것은 상관행렬을 계산하는 데 사용할 접근법을 정하는 것이다. 이는 두 개의 선택지가 있다.

① **R 요인 분석**(R factor analysis): 이는 가장 흔하게 사용되는 요인 분석의 유형이다. 이 방법에서는 변인들의 상관행렬에 요인 분석을 적용하여, 변인들 간에 내재된 관계를 나타내는 요인 패턴을 산출한다.

② **Q 요인 분석**(Q factor analysis): 이 방법에서 요인 분석은 참여자 개인별 반응의 상관행렬

에 요인 분석을 적용하여, 동질적인 사람들을 확인하는 요인행렬을 산출한다.

요인 해법(factor solution)을 얻기 위해 사용할 수 있는 기본 모형에는 두 가지가 있다. 적절한 모형을 선택하기 위해서 연구자는 분산을 고려해야 한다. 분산은 분포상의 점수들이 평균에서 벗어난 정도를 측정한 것이다. 이는 점수 분포의 표준편차를 제곱하여 계산한다.

① **성분 분석**(component analysis): 이는 예측 목적을 위하여 원래 정보의 대부분을 최소 개수의 요인으로 요약하고 싶을 때 사용한다. 연구자가 대표 변량의 최대 비율을 설명하는 데 필요한 최소 요인 수를 결정하는 데 관심이 있는 경우 사용하는 것이 적절하다.
② **공통요인 분석**(common factor analysis): 이는 쉽게 인식되지 않는 요인들을 밝히는 데 주로 사용한다. 원래 변인에 나타난 잠재된 구인을 밝혀내고 싶을 경우 사용하면 적절하다.

요인 모형을 선택하는 것 외에도 연구자는 요인들을 어떻게 추출할지를 정해야 한다. 주성분의 추출은 원래의 변인 공간을 변량 극대화(variance maximizing: varimax) 회전하는 방법으로 이루어진다. 연구 질문에 관련된 구체적인 필요성에 따라 적당한 방법을 선택해야 한다. 두 가지 선택지가 가능하다.

① **직각 요인**(orthogonal factors): 각 요인들의 의미나 결과 요인 간 상관관계에 구애받지 않고 원래 변인의 수를 줄이는 것이 목표일 때 사용된다. 이 해법은 연구자가 다른 요인들로 측정된 성분과 겹치지 않는(다중공선성을 피하는) 일련의 요인 집합을 찾는 경우 권장된다.
② **사각 요인**(oblique factors): 서로 상관관계가 있는 요인들을 가져옴으로써 몇 개의 이론적으로 의미 있는 요인들을 얻고 싶을 경우 사용하는 요인 분석이다. 이 해법은 요인들이 잠재된 성분에 어떻게 관련되는지 검토하고 싶은 연구자에게 적절한 해법이며, 추출된 요인들이 상관관계가 생기도록 계산된다.

마지막으로, 회전(rotation)은 요인 분석에서 의미 있는 요인을 명명하거나 기술할 수 있게 해 주는 단계이다. 이는 기준 축을 조작하거나 수정하여 더 간단하고 더 의미 있는 요인 해법을 얻게 해 주는 과정이다. 회전은 결과를 좀 더 이해할 수 있게 해 주고 대체로 요인의 해석을 가능하게 하려면 필요하다. 회전은 요인부하량을 변화시키는데, 요인부하량은 요인의 의미를 파악하는 데 사용되므로 회전에 따라 다른 의미가 요인에 부여된다. 요인 분석을 사용하는 경우, 연구자는 어떤 방법이 가장 해석 가능한 요인 구조를 가져오는지 알아보기 위하여 대안적인 회전 방법을 시험하기도 한다.

당신이 산포도에 요인부하량을 표시한다고 상상해 보자. 그 그림에서 각각의 변인은 점으로 표현된다. 연구자가 각 점의 상대적 위치를 바꾸지 않고 축을 어느 방향으로든 돌린다면 점들의 실제 좌표, 즉 요인부하량도 당연히 바뀔 것이다. 요인부하량(factor roadings)은 원래 변인과 요인 간의 상관관계로 특정 요인의 속성을 이해하는 데 핵심이다.

다음은 이제까지 제안된 다양한 회전 전략이다. 이 전략들의 목표는 부하량의 명확한 패턴을 얻게 해 주는 것인데, 이는 요인들은 어떻게든 몇 가지 변인의 높은 부하량과 다른 변인들의 낮은 부하량으로 명확하게 표시된다는 뜻이다. 다음은 몇 가지 회전 방법이다.

① **회전하지 않음**: SPSS의 기본 설정이지만, 보통 베리맥스와 같은 회전 방법을 선택해 주는 것이 좋다. 원래 그대로의 회전하지 않은 주성분 해법은 요인부하량 제곱합을 최대화하여 원래 변인의 분산을 최대한 많이 설명할 수 있는 요인 묶음을 효과적으로 만들어 낸다. 그러나 회전하지 않은 해법의 경우 변인이 여러 요인에 적재되는 경향이 있기 때문에 해석하는 것이 어렵다.

② **베리맥스 회전**(varimax rotation): 이는 요인축을 직각으로 돌려 요인행렬에서의 모든 변인의 요인부하량 제곱 분산을 최대화하는 방법으로, 원래 변인을 추출된 요인으로부터 구분하는 효과를 가져온다. 각각의 요인들은 어떤 변인의 크거나 작은 부하량을 가지는 경향이 있다. 베리맥스 해법은 각각의 변인을 가능한 한 쉽게 하나의 요인으로 식별할 수 있는 결과를 산출한다. 이는 가장 보편적으로 쓰이는 회전법이다.

③ **쿼티맥스 회전**(quartimax rotation): 직각 회전 방법으로서 각각의 변인을 설명하는 데 필요한 요인의 수를 최소화한다. 이 유형의 회전은 때로 대부분의 변인이 중간에서 높은 정도까지 적재되는 일반적인 요인을 생성한다. 이러한 요인 구조는 대체로는 연구 목적에 도움이 되지 않는다. 요인 패턴 행렬에서의 열을 단순화하는 데 초점이 있다.

④ **이퀴맥스 회전**(equimax rotation): 베리맥스와 쿼티맥스 기준 사이의 절충안이다. 행렬에서의 열이나 행 중 어느 하나만 단순화하기보다는 각각의 단순화를 어느 정도 취하려고 한다.

요인 분석에서의 유의 사항

요인 분석을 선택하기 전에 연구자는 이것이 복잡한 통계 분석임을 알고 있어야 한다. 요인 분석을 실행하기 위하여 수많은 기법 중 어느 것이 최선인가에 따라 연구는 바뀔 수 있다. 요인 분석은 많은 주관적 측면을 가지고 있으므로—어떤 요인을 제거하고 어떤 요인부하량이 유의미한지 판단하는 등—연구자는 결과 해석에 관련하여 서로 다른 의견을 가질 수 있다.

마지막으로, 신뢰도 문제는 요인 분석을 사용하는 데 중요하다. 요인 분석에 의해 생성된 요인들은 상관행렬에 들어간 변인만큼만 유용하고 의미 있다. 표본의 변화나 자료 수집 절차의 변화 때문에 자료가 바뀌면 분석 결과 역시 달라진다. 그러므로 그 어떤 하나의 분석 결과도 완벽하지 않다. 이 문제는 한 가지 요인 해법의 결과만 가능해 보일 때 특히 중요하게 부각된다. 실행 가능성이 신뢰도를 보장하지는 않는다는 것을 유념할 필요가 있다.

상담에서의 적용

예측 설계는 상담학 연구자와 상담 실무자에게 아주 유용할 수 있다. 미래의 성공이나 결과를 예측할 수 있는 능력은 상담자들이 증상의 출현 가능성을 알 수 있게 한다. 설명했듯이 특정 증상을 보고하는 내담자는 특정 질환으로 발전할 수 있다. 또는 이 설계는 2차적 외상 스트레스의 위기에 놓인 내담자를 돕는 데에도 도움이 될 수 있다. 또한 상담자들이 특정 유형의 내담자에게 특정 치료 계획이 성공적일지 여부를 예측하게 해 줄 수도 있다. 직접적인 내담자와의 상호작용에 도움이 될 뿐 아니라 예측연구들은 오늘날 사용되는 많은 평가 도구를 만드는 데에도 도움이 되어 왔다. 이러한 설계들 덕분에 연구자들과 검사 개발자들은 가장 정확한 결과를 내는 방식으로 구조화되고 진술된 도구들을 고안했고, 그 결과 많은 경우 치료법 선택이나 진단적 의사결정의 기반을 형성하였다.

요약

이 장에서 당신은 조사 및 연구에서 예측 설계가 무엇이고 어떻게 유용한지에 대하여 살펴보았다. 예측 설계는 변인 간의 관계 또는 상관에 기초를 두고 있다. 이러한 관계들은 하나의 변인에 대해 알려진 정보를 바탕으로 하여 다른 변인을 정확하게 예측하는 데 사용될 수 있다. 예측 설계는 변인의 수가 몇 개이든지 다 사용될 수 있다. 피어슨 r, 스피어먼 로, 양류상관계수, 파이 계수 등과 같은 통계 기법을 쓰는 접근들은 두 개의 변인이 평가되고 측정되었을 때에 효과적이다. 그 외의 변인들이 연구에 더 추가되면 다중회귀분석 및 요인분석과 같은 고급 통계 방식이 필요하다.

• 생각해 볼 문제 •

1. 어떤 종류의 연구 문제일 때 예측 설계가 사용되어야 하는가?
2. 왜 상관계수보다 결정계수가 더 자주 보고되고 해석되는가?
3. 다양한 상관계수가 각각 어떤 연구 유형에 필요한지 구별해 보시오.
4. 다중회귀분석에서 예측변인들은 어떻게 선택되는가? 얼마나 많은 예측변인이 포함되어야 하는가?
5. 요인 분석에서 요인들은 어떻게 결정되는가?

유용한 참고 자료

The American Educational Research Association

http://www.aera.net/

Educational Research Newsletter

http://www.ernweb.com

Methods in Behavioral Research

http://methods.fullerton.edu/noframesindex.html

Institute for Behavioral Research

http://www.ibr.uga.edu/

Institute for Social and Behavioral Research

http://www.isbr.iastate.edu

Galton, Pearson, and the Peas: A Brief History of Linear Regression for Statistics Instructors http://www.amstat.org/publications/jse/v9n3/stanton.html

Multivariate Statistics: Factor Analysis

http://www.socialresearchmethods.net/tutorial/Flynn/factor.htm

제8장

단일사례 연구 설계

Edina L. Renfro-Michel
Montclair State University
A. Stephen Lenz
Texas A&M University-Corpus Christi

목표

1. 단일사례 연구 설계의 목적을 기술할 수 있다.
2. 단일사례 연구 방법의 유형을 기술할 수 있다.
3. 단일사례 자료를 수집하는 다양한 접근을 설명할 수 있다.
4. 단일사례 연구를 완성하는 단계를 알 수 있다.
5. 단일사례 자료를 그래프를 사용해서 보여 주는 방식을 이해할 수 있다.

제6장에서 특정한 개입과 효과 간의 인과관계를 밝히는 방법으로 실험 설계를 소개했다. 물론 대규모 집단 간 연구로부터 얻을 수 있는 추론은 전문 상담사에게 매우 귀중한데, 그 이유는 여러 가지 문제를 해결하는 개입방법을 증거에 기반해서 지지할 수 있기 때문이다. 초·중·고등학교, 대학교, 공공기관, 재활 프로그램, 지방의 상담센터 등의 상황에서 상담사는 수많은 평가를 완수할 수 있는 충분한 수의 참여자를 구하기 어렵다. 더욱이 대규모 집단 간 연구는 실무자의 많은 시간, 평가 도구 구입 비용, 중상급의 통계 절차 관련 지식이 필요하다. 이러한 점을 생각해서, 우리는 상담 실무의 효과 입증 압박을 받는 상담사에게 단일사례 연구 설계(Single-Case Research Design: SCRD)를 소개한다.

일반적으로 SCRD는 한 사람의 내담자 또는 참여자에 대한 심층적 평가와 처치 시작 전과 처치 중에 종속변인에 대한 반복측정을 포함한다. 예를 들면, 센터에서 섭식장애 내담자를 돕는 상담사는 내담자에게 접수면접부터 첫 상담 회기 사이에 그들이 자신의 체형을 점검하는 빈도(예: 거울에 아랫배 비춰 보기, 팔목이나 쇄골 만지기, 앉아 있을 때 아래 내려다보기 등)에 관한 일지를 매일 작성하게 할 수 있다. 이러한 활동은 내담자가 자신의 체험 점검 행위를 스스로 모니터할 때 기준이 될 기초선을 설정해 준다. SCRD는 상담사에게 처치 효과 측정치뿐만 아니라 삶에서 어떤 사건이 문제 심각도에 영향을 미치는지에 관한 통찰을 제공한다. 이렇게 하면 상담사는 단순히 그의 연구 자료가 아니라 개입에 접하는 한 전체 개인에게 초점을 맞추어 연구할 수 있다.

SCRD는 설계, 적용, 분석의 용이성 외에 알아 두면 좋을 장점들이 있다. 첫째, SCRD는 증거에 기초하여 상담 실무의 효과성을 보여 줌으로써 제3지불자, 교육청, 대학 행정가, 이사회 같은 의사결정자가 인적·재정적 자원의 배당에 대해 내리는 결정을 정당화할 수 있다(Lenz, 2013). SCRD는 상관 설계, 일화적 사례연구, 또는 질적연구에서 하는 예측적 추론에 의지하지 않고, Chambless 등(1996, 1998)이 처치 효과를 입증하는 두 개 중 하나의 방법이라고 보장했던 수준의 엄격성을 제공한다. 그뿐만 아니라 SCRD는 잘 드러나지 않는 맥락인 상담사–내담자 관계를 좀 더 선명하게 드러낼 수 있다. 예를 들면, 지방이나 작은 지역사회에서 잘 드러나지 않는 인종 집단에 속한 내담자를 상담하거나, 새로운 처치방법을 사용하는 상담사는 SCRD를 통해 그들의 처치가 내담자의 삶에 어떤 인상적인 영향을 끼치는지 보여 줄 수 있다. 이와 같은 다문화 집단의 경험을 언어로 표현하는 작업이 가진 중요성은 결코 과소평가할 수 없다. 끝으로, 실무적 변화를 좀 더 강조하는 SCRD 연구자는 단순히 통계적 검증을 넘어 내담자 성장 경험의 이해라는 측면을 부각할 수 있다.

다음의 예를 살펴보자.

자격증을 소지한 한 전문 상담사는 집중적 외래 프로그램(Intensive Outpatient Program: IOP)에서 섭식장애 문제가 있는 여자 청소년을 상담하고 있었다. 상담사는 내담자의 폭식증을 이전에 겪었던 외상 경험이 외부로 표현되고 있는 것이라고 여겼지만, 그는 내담자를 의학적인 위험에까지 몰고 간 섭식 습관의 개선이 최우선 과제라고 생각했다. 내담자는 자신의 신체적 이미지를 정밀하게 조사함으로써 부적 자기대화를 자극했다. 부적 자기대화는 내담자의 극단적인 행동적 제약이나 경직된 행위를 조장할 뿐 아니라 불안, 우울, 피로감 그리고 신체적 건강 문제까지 초래하는 운동 습관도 형성했다. 내담자의 보험회사는 우선 12회기의 IOP(4주) 개입을 허용했고, 내담자가 비임상적인 수준에 이르는 개선을 보이면 이후 처치도 보상될 것이라고 알려 주었다.

단일사례 연구의 목적

단일사례 연구 설계는 몇 가지 다른 이름이 있는데, 한 사례 연구(n-of-one studies), 사례 연구(case studies), 시계열 설계(time series desings), 단일 대상 설계(single-subject designs), 집중적 설계(intensive design) 등이다. 그러나 가장 적합한 용어는 단일사례 연구 설계(Single-Case Research Designs: SCRD)일 것이다. 이 패러다임에 속한 설계는 반드시 집중적일 필요는 없지만 한 가지 공통적인 특성이 있는데, 그것은 이 설계가 시간의 경과를 고려하며, 한 사람 또는 한 개 집단에서 발생하는 변화를 평가한다는 점이다. 그뿐만 아니라 SCRD에서 개별 참여자는 처치 효과를 평가할 때 자기 자신이 비교집단 또는 통제집단의 기능을 한다. 앞서 논의한 실험연구 설계는 처치의 효과성을 추론하기 위해 다른 집단이나 개인이 필요하다는 점을 기억하라. 이 장에서 논의할 방법은 어떻게 처치 전과 처치 중에 보이는 진전도를 비교하여 처치를 지지하는 증거를 얻는지 알려 줄 것이다. 폭식증 내담자에 대한 앞의 예에서 상담사는 처치가 그 내담자에게 효과적이며 내담자의 안녕과 보호를 증진함을 보여 준다.

단일사례 연구 설계의 원리와 목표

SCRD를 적용할 때 상담 전문가가 사용하는 전략을 검토하기 전에 모든 방식에 내재하고 있는 몇 가지 기본 가정을 살펴보는 것이 좋을 것 같다. 설계방법은 다양하지만 모든 SCRD는 보편적인 공통적인 원리와 목표를 공유한다는 점을 유의하는 것이 중요하다.

원리

탈이론 역사적으로 정신분석과 행동주의에 뿌리를 두고 있지만, SCRD는 특정 이론이나 장면에 국한되지 않는 탈이론적(theory-free) 한 연구 전략이다(Lundervold & Belwood, 2000). 따라서 연구 역량을 개발하려고 하는 상담사는 광범위한 호소 문제, 처치방법, 종속변인을 평가하는 데 SCRD를 적용하는 것이 좋다.

통제 기능을 하는 연구 참여자 모든 SCRD에서는 시간의 경과에 따른 반복적·심층적 평가를 하며, 따라서 개별 참여자는 자기 자신이 처치 효과성 평가의 비교 또는 통제 기능을 한다(Morgan & Morgan, 2009; Ray, Minton, Schottelkorb, & Brown, 2010). 나중에 이 장에서 논의하겠지만, 이러한 비교는 처치를 시작하기 전에 기초선을 설정할 때 신뢰할 만한 종속변인을 설정함으로써 가능하다. 예를 들면, 주의력결핍 과잉행동장애(ADHD) 학생에 대한 처치를 평가하는 학교 상담사는 수업 중에 책상을 이탈하는 시간이나 다른 학생을 방해하는 행동의 양에 대한 자료를 일주일 동안 매일 수집할 수 있다. 일단 학생에 대한 개입이 시작되면, 치료적 변화 정도를 가늠하기 위해 목표 행동의 변화는 처치 전 행동 수준과 비교할 것이다.

시간의 흐름에 따른 체계적이고 반복적인 측정 처치의 효과는 처치 전 종속변인의 수준과 비교함으로써 추론할 수 있다고 할 때, 목표 행동 또는 구성개념에 대한 체계적이고 반복적인 측정은 반드시 필요하다. 보이는(예: 교사에 대한 방해) 또는 보이지 않는(예: 부적 자기대화) 행동이나 사고이든, 논리적이고 체계적인 측정이 필요하다. 예를 들면, 학교 상담사는 학생의 학교 일과 중 동일한 시간에 15분 간격을 두고 3회에 걸쳐 방해 행동을 관찰할 수 있다.

행동과 구성개념의 측정은 비율, 지속 기간, 잠재 기간, 또는 백분율로 기록한다. 비율은 전체 시간 내에서 표현된 행동의 양(예: 내담자가 자신의 체형을 점검하는 횟수)을 의미한다. 지속 기간은 표현된 행동이 발생해서 계속되는 시간의 길이(예: 한 아동이 5분 동안 계속 소리를 지른다)를 의미한다. 잠복 기간은 자극이 제시된 시점부터 시작해서 행위가 없는 시간(예: 음식이 제공된 시점부터 음식을 먹기 시작하는 시점 사이의 길이)을 의미한다. 백분율은 부분 또는 비율을 의미한다.

SCRD의 목표

SCRD에서 연구자는 상담사의 개입(독립변인) 이후, 내담자 행동이나 태도의 변화(종속변인) 간의 기능적 관련성을 보이려고 한다(Foster, 2010). 처치의 인과적 특성을 보이려고 할 때, ① 예측, ② 검증, ③ 반복의 세 가지 유형의 입증 절차를 사용한다. SCRD는 자료 수집 과정에서 자료를 바로 분석할 수 있어 예측에 적합하다. 일단 기초선이 결정되면, 상담사는 처치가 없을 때 내담자에게 나타나는 효과를 예측할 수 있다. 그뿐만 아니라 상담사는 현재 자료 점수를 기초로 앞으로 종속변인에 나타날 변화를 예측할 수 있다. 한 개 이상의 독립변인을 비교할 때, 상담사는 가장 효과적인 처치를 예측할 수 있다. 검증을 통해 상담사는 한 단계(기초선)에서 개입 단계로의 이동이 내담자 행동 변화의 원인이 되고 있음을 보여 주고, 그 비율을 높일 수 있다. 반복은 상담사에게 종속변인에서 나타나는 모든 변화가 개입이나 처치에 의한 것이라는 사실에 대한 확신을 주고 변화의 신뢰성을 보여 준다는 점에서 단일사례 연구의 중요한 요소이다. 그뿐만 아니라 처치가 안정적이라고 인정하기 위해 단일사례 연구는 동일한 내담자 및 여러 개별 사례에서 반복해야 한다.

개입의 단계

SCRD에는 단계를 크게 구분하는 두 범주가 있는데, 기초선과 처치이다. 각 단계는 상담사의 행위가 없는 일정 기간(기초선)과 있는 일정 기간(처치)을 의미한다. 기초선 단계와 처치 단계는 내담자 처치를 기준으로, 처치 전(기초선 단계), 처치 중(처치 단계), 처치 후(기초선 단계) 등과 같은 여러 시점에서 나타난다.

기초선 단계

SCRD에서 기초선 단계(예: 무처치)는 대체로 첫 단계이다. 기초선을 설정하는 이유는 처치 전 종속변인이 자연스러운 상태를 나타내기 위해서이다. 현재 기능 수준을 이해함으로써 처치의 적정한 목표를 설정할 수 있다. 기초선이 없다면, 당신은 제공한 처치가 의미 있는 차이를 유발했는지 나타내지 못한다. 기초선은 통제로도 기능해서 처치가 없을 때 내담자에게 나타나는 효과를 예측하는 동시에 처치가 효과를 내지 못하는 시점도 알려 준다. 따라서 첫 번째 제공되는 자료점은 대체로 기초선이며 알파벳 A로 표시한다([그림 8-1] 참조).

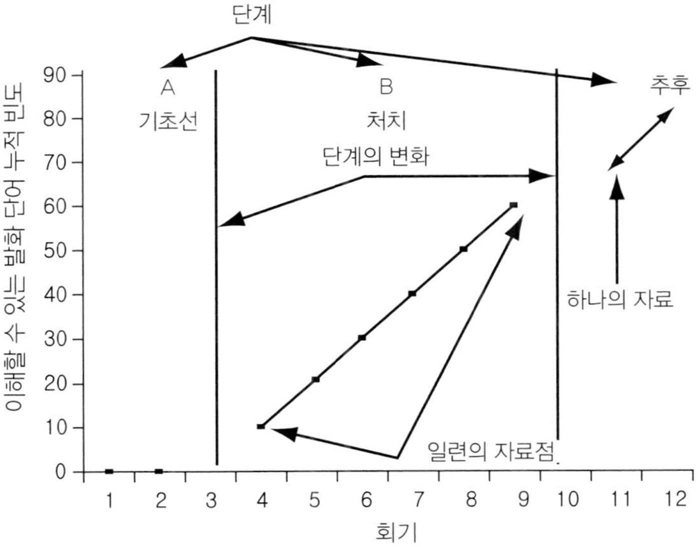

[그림 8-1] 단일사례 연구 설계(SCRD)의 도식

출처: Hayes, S. C., Barlow, D. H., & Nelson-Gray, R. O. (1999). *The Scientist Practioner Research and Accountability in the Age of Managed Care* (2nd ed.). Boston: Allyn & Bacon에서 발췌.

처치 단계

다음 단계 또는 조건 변화는 하나 또는 일련의 처치이다(예: 독립변인). 이후 제공되는 각 처치는 첫 번째 개입(B), 두 번째 개입(C)처럼 구별된 알파벳으로 나타낸다. 예를 들면, 당신이 ABAB 설계를 사용하고 있다면, 당신은 기초선(A) 이후에 하나의 개입(B)을 제공하고, 다시 개입을 철회했다가(A), 마지막으로 다시 같은 개입을 제공했다는(B) 것을 알 수 있다. 다른 예는 ABAC 설계이다. 이 부호는 기초선(A) 이후에 하나의 개입(B)을 제공하고, 다시 개입을 철회했다가(A), 마지막에는 (B와는 다른) 두 번째 개입(C)을 제공했다는 것을 알 수 있다(예: [그림 8-1]에서 용어, 기호 그리고 그래프의 요소 등 참조)

SCRD 연구 문제 개발

집단 간 연구와 유사한 SCRD는 연구를 시작하기 전에 아주 구체적으로 계획해야 한다. 목표 행동의 정의는 매우 구체적이어서, 제3자도 당신의 정의에 기초해서 종속변인의 의미를 이해하고 측정할 수 있어야 한다. 예를 들면, 당신이 내담자의 비합리적 신념을 감소하는 처치 절차의 효율성을 연구하기 위해 단일사례 설계를 사용하고 싶을 때, 당신은 비합리적 신념을 구체적이고 측정 가능한 용어로 명료하게 정의해야 할 것이다. 이 경우, 만약 내담자가 사회적 상황에서 비합리적 신념이 머리에 떠오른다고 말하면, 당신은 비합리적 신념의 구체적 특성뿐 아니라 사회적 상황과 비사회적 상황을 구분할 필요도 있다. 때때로 내담자가 구체적인 정의를 제공할 때도 있다. 내담자는 사고의 기제를 깨닫고 있으며, 그래서 정의를 짐작하는 위치에 있는 상담사보다 훨씬 더 구체적인 정의를 제시할 수 있다. 이 과정에 내담자를 참여시키면 연구 과정에 대한 책임 의식이 높아질 수 있으며, 내담자가 실제적인 비합리적 신념을 좀 더 자각할 수도 있다.

그뿐만 아니라 연구 문제도 분명하게 규정해야 한다. 앞의 예에서 내담자는 사회적 상황에서 비합리적 신념을 보고했다. 따라서 연구 질문은 다음과 같다.

① 특정 사회적 상황에서 내담자는 얼마나 자주 비합리적 신념을 가지는가?
② 내담자가 비합리적 신념을 가지기 직전에 내담자에게 어떤 생각이 떠오르는가?
③ 사고 중지 처치와 사고 대체(좀 더 긍정적 사고로) 처치 중 어느 것이 비합리적 신념을 경감하겠는가?

앞의 예는 질문의 형태가 매우 다양하다는 것을 보여 준다. 종속변인과 연구 문제가 정의된 후에야 연구자는 자료를 수집할 가장 좋은 자료 수집방법을 결정할 수 있다.

단일사례 연구를 수행하는 전략

SCRD는 처치의 효과를 밝히기 위해 여러 가지 유형의 처치 모형을 적용한다. 이어지는 절들에서는 SCRD에서 가장 많이 사용하는 모형의 예들을 제시한다.

단순 단계 변화

처치의 영향을 밝히는 가장 단순한 방법은 단순 단계 변화, 즉 AB 설계로서, A는 종속변인의 기초선 조건이고, B는 개입을 의미한다. 기초선 단계에서는 처치 전 종속변인의 빈도, 지속 기간, 또는 강도와 관련된 자료를 수집한다. 기초선 자료가 수집된 후, 개입 단계가 시작한다. 종속변인은 같은 빈도로 측정하고 기록한다. 개입 효과를 밝히기 위해 기초선 단계와 개입단계에서 수집한 자료를 비교한다.

예를 들면, 가족 상담사인 당신은 의사소통 기술 증진을 위해 6명으로 구성된 가족과 상담을 하고 있다. 여기서 종속변인인 의사소통은 다른 가족 구성원으로부터 충고를 받지 않은 채 최소한 3분간 오늘 있었던 일을 이야기하는 것으로 정의한다. 개입을 시작하기 전, 당신은 둘 또는 그 이상의 가족이 의사소통하는 시간을 매일 기록하라고 요구한다. 다음 회기에 당신은 6일간 수집한 자료(즉, 6개의 자료점, 단계 A)를 갖는다. 상담 회기에서 당신은 기본적 의사소통 기술을 가르치고 기초선 자료에 대해 논의하는 시간을 가진다. 다음 주 동안 가족 구성원들은 개입이 가족의 의사소통을 증진했는지 밝히기 위해 의사소통 자료(단계 B)를 수집한다.

기초선 자료 수집

기초선은 같은 시간 간격으로 반복해서 종속변인을 측정하는 것으로 설정한다. 자료를 수집할 측정 도구, 즉 자료를 수집하는 구체적인 방법, 자료를 수집하는 횟수, (필요할 때에는) 자료 수집의 간격 등을 고려해야 한다.

측정 점수(measurements)는 종속변인의 강도, 지속 기간, 빈도, 유무 등을 평가한다. 강도는 신념, 태도, 기분 또는 정서의 강도나 심각도를 의미한다. 지속 기간은 종속변인이 발생하는 시간의 길이를 의미하는 한편, 빈도는 종속변인이 특정 기간 내에 발생하는 숫자를 의미한다.

유무는 행동, 증상 또는 문제가 있는지 없는지를 의미한다(Tripodi, 1994).

Blythe와 Tripodi(1989)에 의하면, 기초선 자료를 위한 측정 점수는 다음과 같이 얻을 수 있다.

① 그 어떤 개입 이전에 이루어지는 평가에서 측정방법을 관찰하거나 수집함으로써
② 기초선과 다른 종속변인에 영향을 주려고 사용하는 별도의 개입을 하는 중에 측정방법을 관찰하거나 수집함으로써
③ 기록 파일에 있는 자료나 학교 성적, 결석, 징계 절차 회부 같은 기록에 근거하여 재구성함으로써
④ 질문지를 통해 목표로 삼는 종속변인과 관련된 기억을 수집함으로써

상담 연구자인 당신은 안정성을 확보하기 위해 기초선 기간 동안 충분한 측정 점수를 확보해 두어야 한다. 측정 점수가 유사하다면, 경향성을 밝히기 위해 최소 3개의 측정 지점이 필요하다(Barlow & Hersen, 1984; Jayaratne & Levy, 1979). 그러나 당신은 종속변인의 안정성을 확보하기 위해서는 최대한 많은 측정 점수를 수집해야 한다. 즉, 측정 점수는 그래프에서 x축에 평행한 선으로 나타나야 한다([그림 8-2] 참조). 그러나 만약 종속변인이 악화하면, 당신은 기초선 단계를 종료하고 기초선의 안정성을 확보하지 않은 채 개입을 시작해야 한다(Tripodi, 1994).

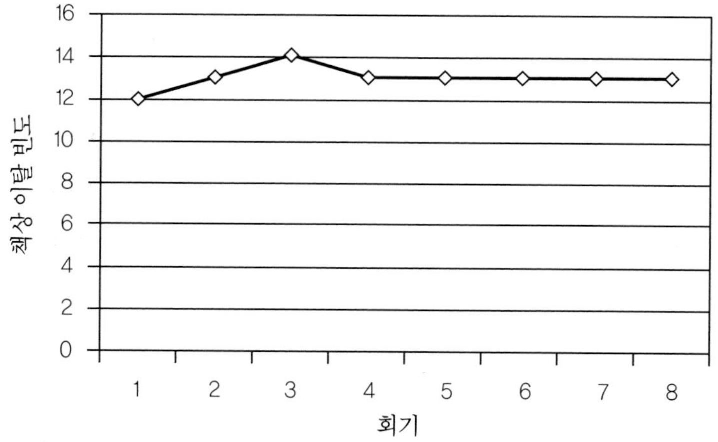

[그림 8-2] 8회기 동안 관찰한 책상 이탈 빈도의 기초선 자료

측정을 위한 적절한 시간 간격의 선택은 당신의 전문적 판단에 따른다. 시간 간격은 변화가 발생할 수 있는 충분한 시간이어야 함과 동시에 내담자의 문제와 관련하여 임상적으로 이해가 되는 시간 간격이어야 한다(Tripodi, 1994). 예를 들면, 측정을 매일 한다면, 경향성을 밝히기 위해서 자료는 1주 또는 2주 정도 수집해야 한다.

기초선 자료는 특정한 종속변인과 개입을 평가하기 위한 정보를 제공할 수 있다. 특정한 종속변인의 심각도와 지속성은 명확하게 점검할 수 있으며, 그 결과 명료한 평가 정보를 제공한다. 기초선 자료는 효과성 평가의 초점이 되는 개입의 전 · 중 · 후의 측정 점수를 비교할 때 기준이 될 수 있다(Bloom & Fischer, 1982).

개입 단계

기초선 단계가 지나면, 당신은 처치의 목표를 달성하기 위해 설계된 개입을 도입한다. 당신은 개입을 통해 변화를 이루려고 노력할 수도 있지만, 예방을 위한 개입일 경우에는 오히려 개입을 해서 아무런 변화가 없기를 바랄 수 있다. 당신은 개입을 제공하는 사람의 이름, 개입의 장소, 빈도, 지속 기간 그리고 실제 개입 전략에 관한 설명 등 개입에 관한 세부사항을 상세하게 기술해야 한다(Tripodi, 1983). 개입을 명료하게 기술함으로써 당신은 계획한 대로 일관성 있는 개입을 보장할 수 있으며, 그렇게 함으로써 신뢰도와 타당도를 높일 수 있다(Blythe & Tripodi, 1989). 당신은 일관성 있는 개입을 하기 위해 개입 지침에 대한 체크리스트를 만들거나(Blythe & Tripodi, 1989), 당신이 개입 지침을 잘 준수했는지 여부를 내담자에게 확인할 수 있는 질문지를 제작할 수도 있다(Tripodi, 1994).

개입 단계 중에 측정 점수를 수집하는 과정은 기초선 단계에서의 수집과정과 일관성이 있어야 한다. 종속변인의 종류나 측정 시기 간의 간격은 기초선 단계와 같아야 한다. 개입 단계에서 측정의 빈도는 종속변인의 변화(또는 예방연구에서는 무변화)를 관찰할 수 있을 것이라 기대할 때, 개입 중에 종속변인의 심각도가 악화되는 경우, 또는 처치 목표에 일찍 도달했을 때와 같은 상황에서 달라질 수 있다. 개입 단계의 측정치들은 안정적인 기초선과 비교했을 때 일관성 있는 성취를 나타내야 한다(Barlow & Hersen, 1984). 그러나 개입 단계에서 측정의 빈도는 최소한 기초선 단계의 빈도와 같아야 한다(Tripodi, 1994; [그림 8-3] 참조).

개입 단계에서 당신은 변화의 발생여부를 밝히기 위해 측정치를 검토해야 한다. 만약 종속변인이 변화하지 않았다면, 상담사는 그 이유를 밝히고 개입을 계속할지 또는 수정할지 등을 결정해야 한다. 만약 처치를 도입한 후 종속변인이 변화했다면, 개입이 종속변인에 영향을 주었다는 강력한 증거가 있는 것이다. 그러나 단순 단계 변화 설계는 개입과 목표 행동 간에 반

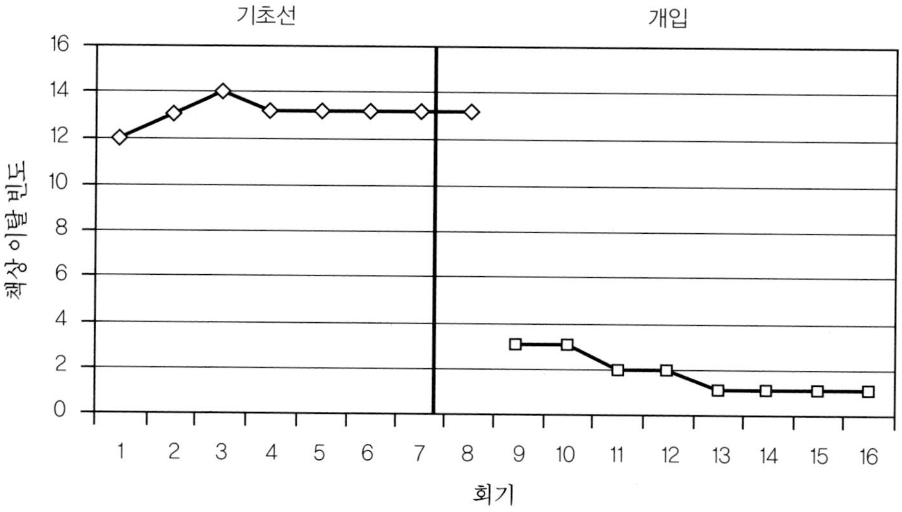

[그림 8-3] 16회기 동안 관찰한 책상 이탈 빈도의 기초선 및 개입 자료

드시 인과관계를 보여 주는 것은 아니다. 왜냐하면 다른 가외 조건이 행동에 영향을 미쳤을 수도 있기 때문이다. 당신은 AB 설계를 확장하여 ABA 또는 ABAB 설계를 도입하거나, 종속변인의 변화가 개입의 결과인지 또는 가외변인 때문인지를 밝혀서 처치의 안정성과 탄탄함을 보여 주려면 다른 내담자를 대상으로 개입함으로써 반복연구를 할 수도 있다.

ABA 설계

단일사례 연구 설계에서 추후 단계 또는 ABA 설계로 일컫는 세 번째 단계가 도입되는 경우가 많다. 이 단계는 개입이 없어도 종속변인이 변화하는지 밝히기 위해 개입을 제거한다. 개입 단계에서 처치목표가 지속적으로 달성되면, 개입은 제거할 수 있으며, 추후 단계를 위해 측정치 수집을 시작할 수 있다.

측정은 같은 종속변인, 같은 상담사, 그리고 기초선 단계와 개입 단계에 있었던 측정 시점과 같은 시간 간격으로 이루어져야 한다. 그러나 측정의 총 빈도는 달라질 수 있다. 처치 결과가 일정 기간 지속할 것이라는 점을 명시하고 있으면, 추수 단계를 위한 측정치는 특정 기간 간격을 두고 수집한다. 예를 들면, 만약 당신이 개입의 효과가 최소 6주간 지속할 것으로 기대한다면, 측정치는 최소 6주 간격을 두고 수집한다. 만약 처치 목표에서 기간을 명시하고 있지 않으면, 종속변인이 수평적인 안정성을 나타내거나 경향성을 포착하기 위해 최소 8회의 측정치를 수집한다(Tripodi, 1994; [그림 8-4] 참조).

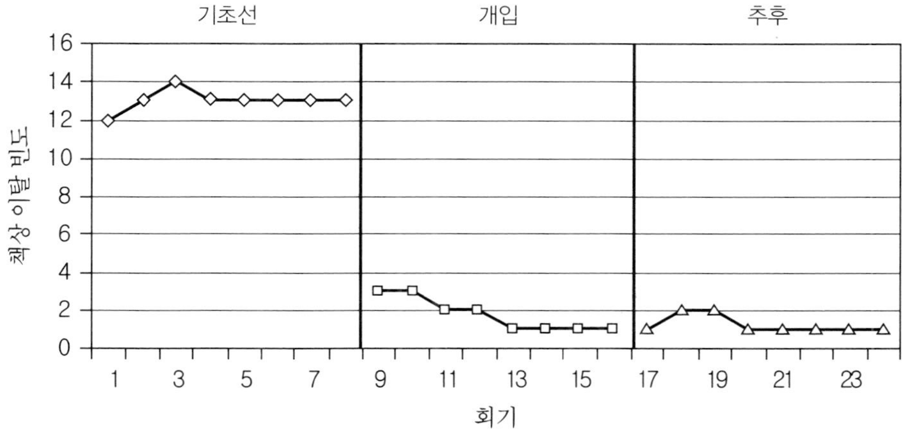

[그림 8-4] ABA 설계: 24회기 관찰로 수집한 책상 이탈 빈도의 기초선, 개입, 추후 시점 자료

ABA 설계는 개입의 제거가 종속변인이 기초선 단계의 측정치로 이동하게끔 하는 원인이 되는지, 그래서 개입이 제공될 때만 효과가 있다는 의미인지를 밝히기 위해 사용한다. 그러나 어떤 개입은 제거할 수 없다. 특히 개입이 내담자가 한번 학습해서 자신의 일상생활에 이미 적용하고 있는 인지적 전략 같은 것은 더욱더 그렇다. 이럴 때, 추후 단계는 특정 개입의 지속 효과를 밝혀 줄 뿐 아니라, 종속변인이 재발할 때 추가적인 처치를 제공하게끔 도와준다. 만약 처치가 다시 제공되면, 그것은 ABAB 설계가 된다.

ABAB 또는 철회-회복 설계

ABAB 설계[또는 철회-회복 설계(withdrawal-reversal design)]는 단순 단계 변화와 ABA 설계보다 강력한데, 그 이유는 ABAB 설계는 추후 측정치를 수집한 후 개입 단계를 반복하기 때문이다. 이 설계는 내적 타당도를 위협하는 여러 요인(성숙, 역사, 예측, 반복 처치 등)을 통제하며 개입과 목표 행동 간의 관련성을 더 분명하게 보여 준다. [그림 8-5]는 ABAB 설계의 예이다.

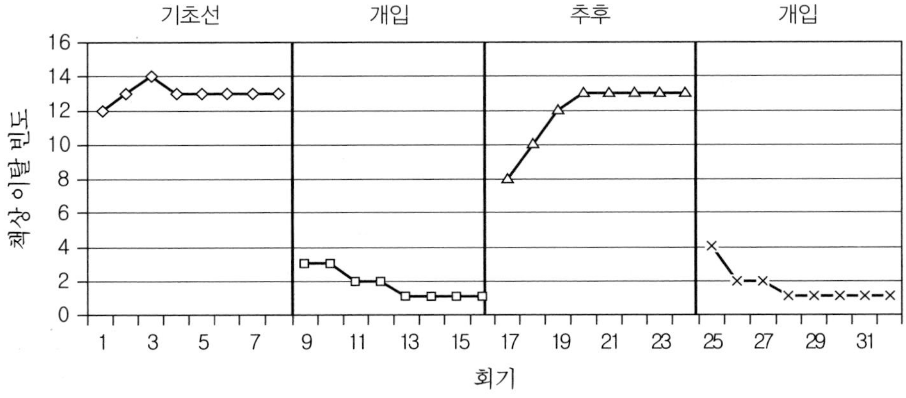

[그림 8-5] ABAB 설계: 32회기 관찰로 수집한 책상 이탈 빈도의 기초선, 개입, 추후, 개입 시점 자료

ABAC 또는 단순 단계 변화 결합 설계

단순 단계 변화 설계를 확장한 또 다른 설계는 단순 단계 변화 결합 설계(ABAC)이다. 이 설계는 서로 다른 두 개의 개입을 비교한다. 첫 번째 개입 전략을 적용한 후, 추후 단계를 완수하고, 그 후 새로운 개입(C)을 도입한다. 측정치는 이 단계에서 수집하며, 그 후 기초선, 첫 번째 개입 그리고 추후 단계와 비교한다. 이렇게 함으로 한 종류의 개입이 다른 종류의 개입보다 더 효과적인지 밝힐 수 있다. [그림 8-6]은 ABAC 설계의 예이다.

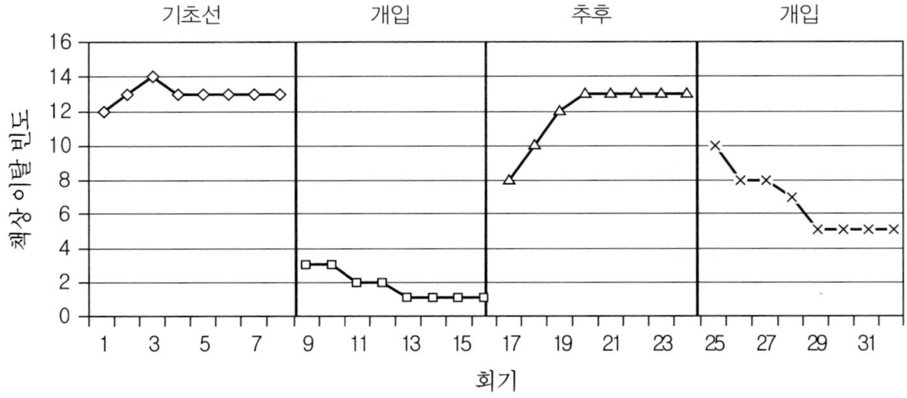

[그림 8-6] ABAC 설계: 32회기 관찰로 수집한 책상 이탈 빈도의 기초선, 개입 1, 추후, 개입 2 시점 자료

결론

단순 단계 변화 설계와 그것을 확장한 형태의 설계는 상담 실무자에게 매우 가치 있다. 설계가 단순하면서도 상담사는 문제 평가뿐만 아니라 각 내담자에게 제공한 개입의 효과에 관해 즉각적인 피드백을 받을 수 있어서 상담사의 효과성을 높인다.

그러나 단순 단계 변화 설계를 확장한 설계들은 개입 단계를 철회해야 해서 비윤리적일 수 있고, 때로는 적용하지 못할 수도 있다. 이와 비슷하게, 내담자가 학습해서 이미 자신의 일상생활에 적용하고 있는 인지 전략 같은 것은 제거할 수 없다. 이러한 조건에서 상담사는 중다기초선 설계를 활용할 수 있다.

중다기초선 설계

중다기초선 설계(multiple-baseline design)는 한마디로 ① 같은 사람의 다른 종속변인, ② 같은 사람의 다른 장면, 또는 ③ 여러 내담자에게서 나타나는 한 가지 종속변인을 대상을 반복 실행되는 일련의 AB 설계이다. 이 설계는 ABAB 설계가 불가하거나 개입의 철회가 비윤리적일 때 대안으로 고려한다(Foster, Watson, Meeks, & Young, 2002). 상담사와 연구자는 한 사람에게만 초점을 맞추는 설계와는 달리, 여러 행동, 여러 장면, 여러 내담자/학생의 자료를 수집함으로써 기초선 자료 역시 같은 시간 동안 각각의 행동, 장면, 사람으로부터 수집할 수 있다. 상담사는 모든 조건(행동, 장면, 개인들)에서 처치를 받을 때까지 시점을 바꾸어 가며 처치를 제공한다. 만약 각 조건에서 해당 처치가 제공된 직후에만 종속변인의 변화가 나타난다면, 그 처치는 변화의 원인으로 인정한다.

중다기초선 설계는 학교 상담사가 교실에서 여러 가지 부적응 행동을 보이는 학생에게 시간적 효율성, 사회적 타당도 그리고 처치 타당도를 고려했을 때, 학생의 모든 행동에 개별적으로 개입하고 싶지 않은 경우에 적용하기 좋다. 중다기초선 설계는 개입 효과를 여러 가지 행동에 일반화할 수 있어서 각 행동에 대해 별도로 개입할 필요를 줄인다는 추가적인 이점이 있다.

만약 몇몇 교사가 같은 학생에게 비슷한 문제를 동시에 겪고 있다면 중다기초선 설계를 적용할 수 있다. 예를 들면, 한 학생이 서로 다른 세 학급에서 수업에 지장을 주는 행동을 한다. 이런 상황에서 여러 장면에서의 중다기초선 설계는 기초선과 개입의 효과를 평가하기에 가장 좋은 설계이다. 모든 교실 장면의 자료를 기초선 단계에서 수집한 후, 그나마 가장 안정된 한

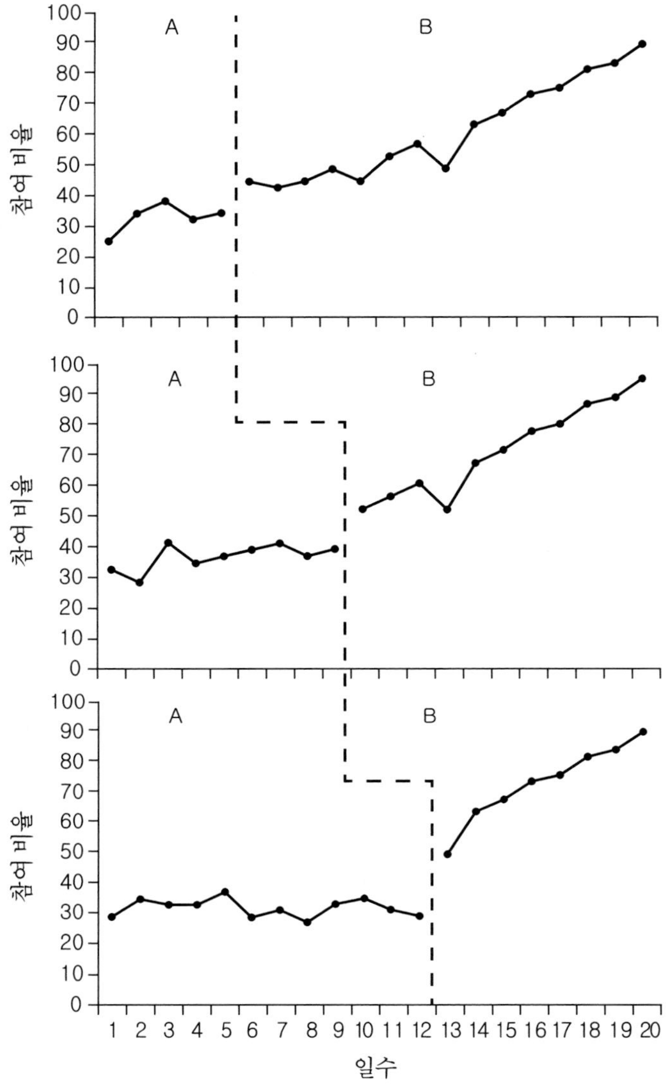

[그림 8-7] 여러 행동을 포함한 중다기초선 설계

출처: Hayes, S. C., Barlow, D. H., & Nelson-Gray, R. O. (1999). *The Scientist Practitioner Research and Accountability in the Age of Managed Care* (2nd ed.). Boston: Allyn & Bacon.

교실에서 처치를 제공한다. 그때 다른 두 교실에서는 기초선 자료를 수집한다. 그 처치는 학생의 목표 행동이 수용할 만하면서 동시에 수업을 마칠 즈음에는 보상을 받을 정도로 성취할 만한 수준으로 학생을 변화시킬 수 있다. 그러면 그 처치는 두 번째 수준으로 안정된 기초선 장면에 추가해서 적용하게 된다.

설계의 궁극적인 목표는 예측, 검증 그리고 반복이다. 이 세 가지 목표는 중다기초선 설계를 통해 성취할 수 있으며 설계 속에 원래부터 내재해 있다. 각 기초선 측정치의 시간 간격이 변하고 각 시점에서 행동의 변화가 안정적이 되면서, 우리는 개입이 행동 변화의 원인이라는 사실을 검증하고 또 반복적으로 확인한다. 끝으로, 우리는 행동이 원하는 방향으로 변하면 예측도 가능하다(Cooper, Heron, & Heward, 2007).

논의했던 다른 설계처럼, 중다기초선 설계도 장단점이 있다. 이 설계의 장점은 처치나 개입을 철회할 필요가 없다는 점이다. 더욱이 이 설계는 처치를 철회할 수 없을 때(예: 이미 학습이 일어난 경우)도 적용할 수 있다. 끝으로, 이 설계는 이해하기가 상대적으로 쉽다. 이러한 점들이 강력한 장점이지만, 몇 가지 한계점도 있다. 첫째, 중다기초선 설계는 다른 설계보다 시간이 많이 들고 더 많은 자원이 필요하다. 그뿐만 아니라 이 설계는 철회가 있는 것보다 약한 설계인데, 그 이유는 실험적 통제가 항상 분명하게 있는 것은 아니기 때문이다. [그림 8-7]은 중다기초선 설계의 예이다.

교차 처치 설계

당신은 때때로 다음과 같은 질문에 답하고 싶을 때가 있다. 어느 개입이 가장 효과적일까? 교차 처치 설계(Alternating Treatement Design: ATD)는 목표 행동에 나타나는 효과를 검증하면서 동시에 둘 또는 그 이상의 서로 다른 처치나 개입을 비교하기에 좋은 논리를 가지고 있다(Cooper et al., 2007). 다른 설계와 달리, 종속변인의 변화와 무관하게 처치를 교차해서 제공한다. 다른 처치를 몇 가지 방법으로 교차하는데, 그 방법에는 ① 날짜의 교차, ② 같은 날에 회기의 교차, ③ 같은 회기 내 교차 등이 있다. 중요한 요소 중 하나가 처치의 균형화인데, 이것은 절대로 처치를 같은 순서로 제공하지 않는 것이다. 만약 당신이 매일 또는 매회 동안 같은 순서로 제공하면 내담자는 순서 효과에만 반응할 수도 있다. 그러면 연구에 대한 신뢰가 감소한다.

ATD 설계는 시계열 설계의 궁극적 목적인 예측, 검증, 반복 등을 추구한다. 지속적으로 수집하는 자료점은 그 세 가지 역할을 모두 수행한다. 자료는 각 개입이 앞으로 보여 줄 성취를 예측하고, 당신의 예상을 검증하며, 이전에 얻었던 결과를 반복한다(Cooper et al., 2007).

ATD의 결과로부터 연구자가 얻을 수 있는 확신의 정도는 처치 간의 차별적 효과인데, 이것은 그래프에서 처치 사이에 보이는 수직적 거리로 측정한다. 차별적 효과는 제공된 처치 때문에 종속변인에서 나타나는 변화로 나타난다. 당연한 이야기이지만, 처치 간의 거리가 멀수록 결과에 대한 신뢰는 증가한다. 그러나 이 점은 종속변인의 특성에 따라 달라질 수 있음을 유의해야 한다. 예를 들면, ADT 설계에서 내담자가 시장을 볼 때의 스트레스 수준을 종속변인(1~10점 척도, 10점: 매우 심한 스트레스)으로 설정한 후, 두 가지의 스트레스 관리 처치를 제공했다. 만약 두 처치 간의 거리 차이가 4점(예: 4와 8)인데, 그 내담자가 낮은 점수를 보고할 때 시장 보기를 완수할 수 있는 상태임을 당신이 알고 있다면, 그 프로그램의 처치 효과는 매우 강력하다.

끝으로, ATD를 사용할 때 몇 가지 장점이 있다. 첫째, ATD는 기초선이 불필요하다. 당신은 다중 개입 또는 처치의 효과를 즉각 확인할 수 있다. 둘째, ATD는 윤리적 문제나 참여자가 이미 학습해서 처치를 철회할 수 없을 때도 사용할 수 있는 설계이다. 셋째, 여러 처치 간의 차별적 효과를 신속하게 관찰할 수 있어서 다른 설계에서 나타나는 순서 효과를 최소화할 수 있다. 마지막으로, ATD는 불안정한 자료에도 적용할 수 있다.

그러나 장점이 있으면 항상 단점이 있기 마련이다. 첫째, ATD는 여러 처치를 균형화한 방식으로 순서를 바꾸어 제시함으로써 처치가 인위적인 느낌을 준다. 둘째, 이 설계는 다른 변인들을 점검할 역량에 한계가 있다. 셋째, 처치가 서로 다른 결과를 나타내지 못하면 결과가 극도로 제한된다.

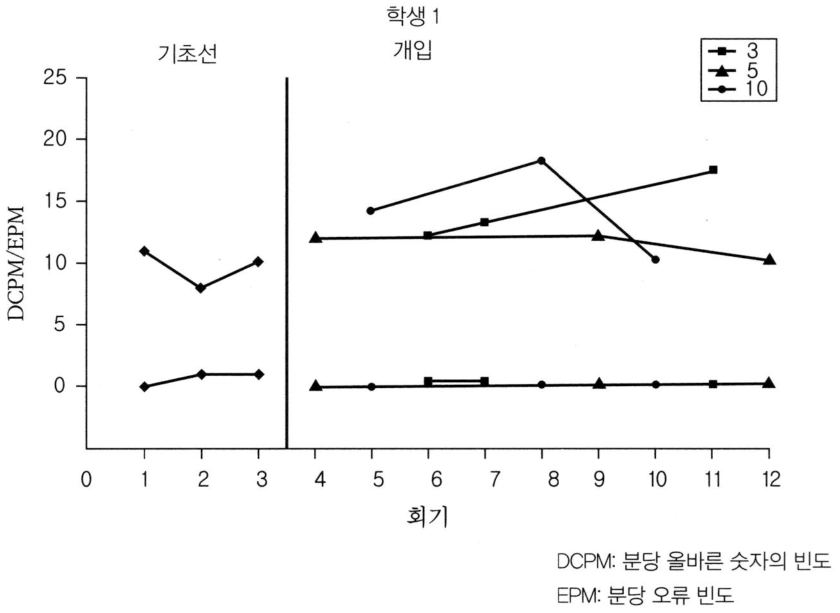

[그림 8-8] 교차 처치 설계의 예

[그림 8-8]은 기초선과 세 개의 처치를 포함한 ATD의 예를 보여 준다. 종속변인은 수학에서 분당 올바른 숫자의 빈도(number of Digits Correct Per Minute: DCPM)와 분당 오류 빈도(Errors Per Minute: EPM)이다. 개입은 아동이 성공할 때까지 필요한 시도의 수(예: 3, 5, 10)이다. 그림에서 볼 수 있듯이, 3회와 5회의 시도는 분명히 차가 있지만, 10회 시도는 겹치는 경우가 보인다. 10회 시도는 가장 성공적으로 보인다. 그러나 10회 시도는 성공 빈도의 변동 폭이 크지만, 3회와 5회 시도는 지속적인 경향성을 보인다.

자료 수집

연구 문제를 설정하고 종속변인을 규정하고 나면, 구체적인 측정 도구를 결정해야 한다. 측정 도구를 결정할 때, 양질의 평가 도구는 연구자가 양질의 연구를 하게끔 돕는다(Wendt & Miller, 2012). 각각의 단일사례 연구가 독특하므로 연구자는 사용할 구체적인 도구를 결정해야 한다. 일단 양질의 평가 도구를 선택하면, 연구자는 검사의 유형을 선택할 수 있다.

전통적으로 지필 검사를 사용했지만, 요즘에는 컴퓨터를 활용하거나 전자식 검사가 증가하고 있다(Wijndaele et al., 2007). 이 교재의 목적을 위해 우리는 컴퓨터, 태블릿, 휴대전화 또는 웹 기반 검사를 지칭하기 위해 전자식이라는 용어를 사용한다. 검사 배부 체계를 고려할 때, 전통적인 검사와 전자식 검사의 장단점과 현재 연구의 특성을 고려하는 것이 중요하다. 우울 검사나 ADHD 검사 같은 몇몇 검사는 표준화되어 있을 수도 있다. 표준화 검사라도 타당한 검사가 되려면, 당신이 연구하는 대상의 모집단에 적합한 규준이 있어야 한다는 점을 기억하라. 그러나 많은 경우 상담 실무자들은 내담자의 요구와 상담 목표에 기초하여 스스로 검사를 개발한다. 이렇든 저렇든 검사 도구는 내담자가 접근 가능해야 하고, 사용하기 쉬우며, 내담자의 목표에 직접적 관련이 있어야 한다.

전통적 검사

전통적인 지필 검사는 내담자에게 익숙하여 실시하기가 쉽다. 이러한 검사는 상담실에서 실시해도 되지만, 검사에 대해 설명한 후 집에 가서 작성하라고 해도 되기 때문에 상담 회기 시간을 절약할 수 있다.

대부분의 표준화 검사는 전통적인 양식으로 타당화 작업을 했다. 그러나 전통적 검사는 채점과 해석에 많은 시간이 소요되며 내담자가 해석이나 설명을 듣기 위해 별도로 상담실을 방문해야 한다. 이러한 시간 지연은 내담자의 처치에 매우 치명적일 수도 있다.

자신의 행동과 사고 과정을 추적하는 내담자는 지필 검사지나 일화 기록지를 직접 갖고 다니면서 시시때때로 활용할 수 있다. 내담자와 상담사는 상담 회기 중에 서로 협력하여 꽤 신속하게 검사 도구를 만들 수도 있다.

전자식 검사

표준화된 전자식 검사 도구는 많은 장점이 있다. 그것들은 상대적으로 저렴하며 채점과 해석이 비교적 쉽고 결과도 거의 즉시 받아 볼 수 있다. 그뿐만 아니라 전자식 검사는 피검자가 모든 문항에 답하게끔 설정할 수도 있어서 반응 누락으로 인한 오류를 줄일 수 있다. 전자식 검사는 (언어적으로 또는 시각적으로) 똑같은 지시를 내리고, 내담자의 질문에 대한 표준화된 답변을 포함함으로써 검사 도구의 표준화를 촉진한다. 검사 도구는 평가 중에 피검사자의 주저 행동, 응답 간의 시간, 응답 수정, 자판을 두드리는 강도를 포착하게끔 프로그램화할 수도 있다(Skinner & Pakula, 1986). 내담자는 전자식 검사를 받는 중에 제공되는 즉각적이고 개별화된 피드백에 대해 긍정적인 반응을 보였다(Koski-Jännes, Cunningham, Tolonen, & Bothas, 2007). 많은 표준화된 전자식 검사 도구가 있지만, 대부분은 전통적인 지필검사를 표준화한 것에 불과하다(Luce et al., 2007; Wijndaele et al., 2007). 전자식 검사의 신뢰도와 타당도가 확보되기 전까지는 전통적인 지필 검사를 사용하는 것이 신중한 조치일 것이다.

어떤 연구자(예: Skinner & Pakula, 1986)는 성 관련 경험 같은 민감한 주제는 면대면보다는 전자식 도구에 더 쉽게 보고한다고 했다. 이와 같은 사실은 컴퓨터를 사용할 때 익명성이 높아진다는 인식과 관련되는 것 같다. 전통적인 도구처럼 컴퓨터 기반 검사 도구는 상담사의 사무실이나 집에서 자주 사용한다. 그러나 집에 컴퓨터나 인터넷이 없는 경우, 내담자는 상담사의 사무실 밖에서 컴퓨터 검사 도구를 사용하는 데 한계가 있다.

검사 시행 방식의 유형을 결정할 때 다른 요소들도 중요하게 고려해야 한다. 성별, 나이 역시 선호하는 검사 시행 방식을 좌우하는 중요한 요인이다. 컴퓨터 사용과 관련하여, 여성이 더 불안이 높고 유능성은 낮다는 다소 논쟁이 될 만한 연구 결과도 있다(Brosnan, 1998; Durndell & Haag, 2002; Joiner et al., 2005). Wijndaele 등(2007)은 컴퓨터 검사 방식과 전통적인 방식 중에서 젊은 층 참여자(18~40세)는 컴퓨터 방식, 60세 이상 참여자는 전통적 방식을 선호하는 한편, 41~60세 참여자는 특정 선호가 없다는 사실을 밝혔다. 사회경제적 지위나 교육 수준이 낮은 내담자에게는 컴퓨터 방식의 검사가 그들에게 부적으로 편향된 결과를 보인다는 점을 유념할 필요가 있다(Skinner & Pakula, 1986).

그뿐만 아니라 컴퓨터 공포증은 심할 경우 진단 가능한 수준의 공포에 도달한다는 증거도 있다(Brosnan & Thorpe, 2006; Thorpe & Brosnan, 2007). Brosnan(1998)은 컴퓨터 불안과 컴퓨터 사용 기술은 데이터베이스를 접하여 검토할 때 나타내는 반응의 정확성과 직접 관련된다는 사실을 발견했다. 만약 내담자가 컴퓨터를 사용할 때 불안을 보이면, 당신은 전통적인 방식을 사용해야 한다. 또 다른 고려해야 할 점은 시각장애 같은 장애가 있는 내담자의 검사 접근성이다. 따라서 내담자의 필요와 목표를 고려할 때 최적의 검사를 결정하기 위해서 내담자와 함께 협력하는 것이 중요하다.

전자식 표준화 검사를 논의할 때, 고려하는 일반적인 검사 실시방법은 컴퓨터이다. 그러나 여러 가지 다른 전자식 도구를 사용할 수 있으며, 그것들에 대한 접근성과 익숙함은 계속 증가한다. 예를 들면, 내담자는 그들의 행동과 사고 과정을 추적하기 위해 전자수첩, 휴대전화, 태블릿을 사용할 수 있다. 행동 추적방법이나 다른 상담 개입방법이 계속 발달하면서, 내담자는 그들의 고유한 필요에 적합하고 수집한 자료를 상담사에게 직접 전송하게끔 설계된 앱을 사용할 수 있다. 이 시스템은 지필 검사보다 사용하기 쉽고, 눈에 덜 띄며 부피가 작다는 점, 그리고 상담사의 컴퓨터에 쉽게 내려받을 수 있다는 장점이 있다. 내담자에게 개별화된 평가 도구는 문서 작업 프로그램이나 스프레드시트 같은 프로그램을 사용해서 쉽게 제작할 수 있다. 앞에서 논의한 것도 중요하지만, 단일사례 설계에서 사용하는 평가 도구는 내담자에게 의미가 있고, 시행하기 쉬우며, 내담자의 특수한 필요에 기초해야 한다는 점이 가장 중요하다.

자료 기록

측정 도구와 달리 관찰 자료는 직접 관찰이나 비디오로 현장에서 수집해야 한다. 종속변인에 대한 관찰 자료는 회기 중에 기록된다. 종속변인의 정의는 정확한 자료 수집을 하기 위해서 매우 중요하다. 종속변인은 ① 사건 빈도, ② 지속 기간, ③ 잠재 기간, ④ 사건 간격의 네 가지 다른 방식으로 기록할 수 있다. 시점 선택 역시 연구 질문에 따라 달라진다. 자료를 수집하는 가장 적합한 시점을 결정하기 위해 쉬는 시간 중 20분 동안 이루어진 사회적 상호작용의 예를 사용할 것이다.

빈도/사건 기록법

질문 1: 쉬는 시간 중 내담자는 친구와 얼마나 자주 상호작용하는가 당신은 이 질문을 하면서 내담자가 친구와 상호작용하는 빈도 또는 횟수의 기록을 요구하고 있다. 이 종속변인을 정확히 정의한다면, 친구와 하는 상호작용은 분명한 시작 시점과 종료 시점이 있다. 그뿐만 아니라 연구자는 친구와 하는 상호작용이라는 사건이 발생한 사건의 수를 기록한다. 따라서 빈도 또는 사건 기록은 적합하다. 만약 종속변인이 빈도가 매우 높은 행동이라면, 사건 기록 방법(frequency/event recording)은 관찰자의 이동 때문에 부적합할 수 있다.

당신은 20분 동안 친구 사이에서 이루어진 사건의 전체 빈도를 세거나, 20분이라는 관찰 시간을 시작, 중간, 종료 등의 몇 개 단위로 나누어 내담자의 상호작용 빈도를 셀 수도 있다. 당신은 20분이라는 쉬는 시간을 1분 단위로 나누어 목표 행동을 측정하는 것이 가장 효과적인 방법이라고 결정할 수도 있다. 자료는 각 시간 단위 내에서 친구 간 상호작용이 발생한 빈도를 기록하여 수집한다. [그림 8-9]는 사건 기록을 통한 관찰의 예를 나타낸다. 이 자료를 그래프 위에 하나의 관찰 회기로 기록하려면, 친구 간 상호작용의 분당 발생 비율(Rate Per Minute: RPM)을

사건 기록 관찰

내담자: 리처드　　날짜: 4월 15일 월요일　　시간: 오후 12: 15~12: 24

장소: 수학 시간 203호

<table>
<tr><th>행동</th><th>1'00</th><th>2'00</th><th>3'00</th><th>4'00</th><th>5'00</th><th>6'00</th><th>7'00</th><th>8'00</th><th>9'00</th><th>10'00</th></tr>
<tr><td>친구 간 상호작용</td><td></td><td>|</td><td></td><td></td><td>|</td><td>|</td><td>|</td><td></td><td></td><td></td></tr>
<tr><td>친구 간 상호작용 기회</td><td>||</td><td></td><td></td><td>||</td><td></td><td></td><td>|</td><td></td><td>|</td><td></td></tr>
</table>

분당 빈도 계산(RPM)

4 / 10분 = 0.4 RPM

발생 빈도

4 / 6 × 100 = 66.7%

[그림 8-9] 사건 기록 예

계산해야 한다.

$$\text{분당 발생 비율(RPM)} = \frac{\text{목표 행동 발생 총 빈도}}{\text{총 관찰 시간(단위: 분)}}$$

만약 당신이 친구 간 상호작용(종속변인)을 할 기회를 고려해서 상호작용 빈도를 알고 싶다면, 식별할 조건을 활용한 사건 기록법을 사용할 것이다. 예를 들면, 관찰자인 당신은 친구가 상호작용하기 위해 내담자에게 접근한 빈도를 기록할 수 있다. 이 자료는 분당 빈도가 아닌 백분율로 표시한다.

$$\text{발생 비율} = \frac{\text{행동 발생 빈도}}{\text{주어진 기회 빈도}} \times 100$$

지속 기간 기록법

질문 2: 쉬는 시간에 내담자는 친구와 얼마나 오래 상호작용하는가 목표 행동의 지속 기간을 밝히려면 다른 접근 방법이 필요하다. 당신은 내담자가 친구와 얼마나 오래 상호작용했는지 기록하기 위해 초시계가 필요할 수 있다. 지속 기간 기록법(duration recording)은 내담자가 상호작용을 중지하는 시점, 친구가 중지하는 시점, 또는 제3자가 끼어드는 시점까지를 기록한다. 만약 개입 목표 중 하나가 내담자인 학생이 교우 간 상호작용을 증가시키는 것이라면, 상호작용의 시작 시점과 종료 시점도 기록해야 한다.

지속 기간 기록은 목표 행동의 시작과 종료를 가늠할 수 있는 정확한 정의가 필요하다. 일반적으로 연구자는 전체 시간을 분이나 초 단위로 계산하지 않고 평균 지속 기간을 사용한다.

$$\text{평균 지속 기간} = \frac{\text{행동의 총 지속 기간}}{\text{행동의 발생 빈도}}$$

잠재 기간 기록법

질문 3: 쉬는 시간에 친구가 다가왔을 때 내담자는 얼마나 신속하게 친구와 상호작용하는가 종속변인의 잠재 기간 기록법(latency recording)은 지속 기간과 비슷한 방법으로 수집한다. 잠재 기간은 자극을 제공한 시점부터 목표 행동(종속변인)을 시작하는 시점까지의 시간을 측정한다. 관찰자는 내담자의 친구가 내담자에게 접근하는 시점에 초시계를 시작해서 내담자가 친구에게 반응하는 시점에 중지한다(이것은 종속변인을 어떻게 정의하는지에 따라 달라질 수 있다). 그러나 만약 친구가 내담자에게 접근해서 첫마디를 끝맺기도 전에 내담자가 상호작용을 시작한다면, 당신은 다른 접근이 필요하다. 그럴 때 당신은 친구가 내담자에게 말을 시작할 때 초시계를 작동하고, 그 후 내담자가 친구에게 말을 시작할 때 작동을 중지해야 할 것이다.

앞의 예는 종속변인과 자극을 명료하게 정의해야 한다는 사실을 알려 준다. 개념 정의가 불분명하면, 잠재 기간의 기록은 부정확할 것이다. 예를 들면, 당신이 어떤 장면에서는 친구가 내담자에게 말을 꺼내는 시점부터, 다른 장면에서는 친구가 내담자에게 다가가는 시점부터 기록하기 시작한다면, 각각의 관찰에서 잠복 기간은 달라질 것이다. 자료 수집이 부정확하면 기초선이나 설계가 달라지고, 그 결과 자료 수집의 타당성이 훼손될 것이다.

잠재 기간 역시 평균으로 기록한다.

$$\text{평균 잠재 기간} = \frac{\text{행동의 총 잠재 기간}}{\text{발생 빈도}}$$

등간 기록법

질문 4: 쉬는 시간에 친구 간 상호작용이 발생하는가 일반적으로 등간 기록법(interval recording)은 종속변인이 시점과 종료점을 특정하기 어렵고(예: 아이의 떼쓰기), 지속 기간이 그때그때 다른 경우에 사용한다. 친구 간 상호작용은 시점과 종료 시점이 분명하지만, 상호작용의 지속성을 변인으로 할 때는 등간 기록법을 사용한다. 종속변인의 발생 여부를 조사하기 위해 당신은 20분의 쉬는 시간을 동일한 작은 단위로 나눈다. 단위의 길이는 연구자가 결정하지만, 자료를 정확하게 수집할 수 있을 정도의 작은 단위여야 한다. 간격은 대략 10초 단위로 구분하지만, 종속변인의 특성에 따라 더 길 수도 있다. 10초보다 짧은 시간 간격은 추천하지 않는다. 각 단위 시점에서 당신은 종속변인의 발생 여부를 기록하게 된다.

등간 기록법에는 ① 부분 등간 기록법과 ② 전체 등간 기록법이 있다. 부분 등간 기록법에서 관찰자는 해당 단위시간 동안 한 시점이라도 그 행동이 발생하면 발생한 것으로 기록한다. 해당 단위시간 내에 한 번도 목표 행동이 발생하지 않았을 때만 비발생으로 기록한다. 부분 등간 기록법은 행동 발생을 과대평가하는 경향이 있다.

반면, 전체 등간 기록법은 목표 행동의 발생을 과소평가하는 경향이 있다. 전체 등간 기록법은 단위 시간 동안 목표 행동이 지속할 때만 행동이 있었다고 기록한다. 그렇지 않은 경우는 행동이 없었다고 기록한다. 등간 기록 자료는 목표 행동이 발생한 비율을 백분율로 나타낸다.

$$\text{발생 백분율} = \frac{\text{발생한 시간 단위의 빈도}}{\text{관찰한 시간 단위의 총 빈도}}$$

순간 시간 표집법

순간 시간 표집법(MonenTary Sampling: MTS)은 등간 기록법보다 좀 더 정확할 수 있다(Murphy & Harrop, 1994). MTS에서 상담사는 선택한 단위시간(intervals)에서만 목표 행동을 관찰하고 발생과 비발생만 기록한다. 연구자는 관찰 시점의 간격과 빈도를 결정한다. 질문 4를 활용하면, 전체 쉬는 시간 중 1분마다 처음 15초 또는 한 번씩 건너뛴 15초마다 관찰한다. MTS의 장점은 관찰 시간을 빠뜨리지 않고 기록할 수 있다는 점이다. 그뿐만 아니라 등간 기록법과 비교해 볼 때, 관찰자는 MTS를 하는 동안 좀 더 집중하고 주의가 흩어지지 않는 경향이 있다. MTS를 하는 동안, 관찰 단위시간 내에서 목표 행동이 한 번이라도 발생하면 그 행동은 기록한다. 등간 기록법처럼 MTS도 단위시간의 백분율로 계산한다.

추가적 고려 사항

종속변인을 정확히 반영한 관찰 자료를 얻기 위해서는 며칠 또는 몇 주 동안 여러 차례의 관찰이 필요하다는 점을 인식하는 것이 중요하다. 환경이나 내담자의 기분 변화 때문에 한 번의 관찰은 정확하지 않을 것이다. 앞의 예에서 내담자는 쉬는 시간에 교실 안에서 게임을 할 때 좀 더 상호작용에 개방적이다. 쉬는 시간에 교실 밖에서 수집한 관찰 자료는 내담자의 행동에 대한 전반적 평가를 제공하지 못할 것이다. 연구자인 당신은 기초선 및 개입 결과를 정확히 묘사하기 위해 여러 날 동안 다양한 시점에서 내담자 행동을 관찰할 필요가 있다.

단일사례 연구 설계는 여러 가지 종속변인을 도입할 수 있다. 각각의 종속변인은 정확하게 정의하고 개별적으로 기록해야 한다. 여러 종속변인을 도입하면, 관찰 자료의 정확성은 훼손될 수 있다. 당신은 자료 수집을 시작하기 전에 기록할 종속변인의 수를 결정하고 꼭 필요한 종속변인만 포함해야 한다.

상담 연구자는 관찰의 정확성을 높이기 위해 시간 측정 시 보조도구를 사용한다. 관찰자는 각 구간 음(interval tones), 즉 오디오테이프를 듣는 헤드폰을 사용하거나 전자식 타이머를 사용하기도 한다. 즉, 테이프나 타이머는 각 관찰 단위의 시작 시점에 '삑' 하는 소리는 들려준다. 이 방법들은 관찰자가 시계를 확인하지 않고 내담자에게 집중할 수 있게 해 주어 관찰의 정확성을 증대시킨다.

여러 사람의 관찰자가 참여함으로써 측정의 정확성을 높일 수도 있다. 동시에 관찰하는 사람들 간의 관찰자간 일치도를 산출함으로써 정의의 부정확성, 관찰자의 주의 산만, 기록의 불일치 등을 쉽게 밝혀낼 수 있다.

관찰자간 일치도

상담사는 주로 자동적으로 측정할 수 없는 행동과 사회적 상호작용에 관심을 가지기 때문에, 연구자는 현실 세계의 행동을 측정하는 일련의 과정을 개발했다. 특정 행동이 일어나거나 일어나지 않는 빈도를 세려고 인간에게 의존할 때, 인간의 오류 가능성이 증가한다. 이러한 실수를 줄이기 위해 연구자는 발생 가능한 실수를 모니터하고 평가하는 단계를 거쳐야 한다. 관찰자간 일치도 자료를 수집함으로써, 연구자는 한 연구에서 특정 행동을 측정할 때의 일관성을 모니터할 수 있다. 때때로 평정자간 신뢰도라고 지칭하는 관찰자간 일치도는 특정 행동을 일관성 있게 측정하고 있는지 정도를 확인하는 데 도움을 준다.

관찰자간 일치도 자료의 수집을 위해, 당신은 관찰자들이 행동에 대해 같은 부호 및 기록 체계를 사용하게끔 그들을 훈련해야 한다. 그 후에 훈련된 관찰자들은 같은 시간에 같은 절차를 사용하여 독립적으로 세부적 행동을 관찰하고 기록한다. 전체 관찰 자료 중 최소한 20%(33%이면 더 좋다)는 관찰자간 일치도를 산출하기 위해 사용되어야 한다(Kennedy, 2005).

관찰자들이 행동에 대해 독립적으로 기록한 자료를 수집함으로써, 당신은 관찰자들이 측정 도구를 사용해서 행동을 어떻게 기록하고 있는지에 대한 객관적인 비교 자료를 얻을 수 있다. 그 후 행동 발생에 대한 관찰자간 일치도를 추정할 수 있다.

발생 여부에 대한 일치도는 관찰자간 일치도를 계산할 때 가장 엄격하고 또 선호되는 방법이다(Kennedy, 2005). 이 방법은 두 개의 일치도 계수(agreement coefficients)를 계산하는데, 하나는 반응의 발생에 관한 일치도 계수이며, 다른 하나는 반응의 비발생에 관한 일치도 계수이다. 행동 발생 여부에 대하여 두 관찰자의 판단이 일치하는 빈도뿐만 아니라 불일치하는 빈도도 기록된다. 일치도는 전체 일치 빈도를 전체 관찰 빈도(일치+불일치)로 나눈 후, 여기에 곱하기 100을 해서 산출한다.

$$\text{발생 일치도} = \frac{\text{전체 일치 빈도}}{\text{전체 관찰(일치+불일치) 빈도}} \times 100$$

비발생에 대한 일치도를 계산하기 위해, 두 관찰자의 비발생에 관해 동의한 빈도뿐만 아니라 관찰자의 일치 빈도도 기록한다. 비반응에 대한 일치도를 계산하기 위해, 전체 일치 빈도를 전체 관찰 빈도(일치+불일치)로 나눈 후, 여기에 곱하기 100을 한다.

$$\text{비발생 일치도} = \frac{\text{전체 일치 빈도}}{\text{전체 관찰(일치+불일치) 빈도}} \times 100$$

두 개의 백분율은 각각 보고되는데, 대부분의 연구자는 최소 80%의 관찰자간 일치도를 추천한다(Kennedy, 2005). 관찰자간 일치도의 정도가 높으면 높을수록, 측정 체계를 사용할 때 관찰자들이 더 일관적이었음을 의미한다. 그러므로 종속변인에서 나타나는 변화는 관찰자 변인이 아닌 개입(독립변인)에 의한 것일 가능성이 크다.

관찰자간 일치도를 계산하는 또 다른 방법은 카파(K) 값을 사용하는 것이다. Cohen(1960)이 개발한 카파 값은 Hartmann(1977)의 제안에 따라 관찰자간 일치도를 계산하는 데 사용하기 시작했는데, 카파 값을 사용하는 주된 목적은 관찰자간 일치도에 대한 양적 측정치를 제공하기 위해서이다. 카파는 −1에서 +1까지의 범위를 나타낸다. +1은 관찰자들 간의 완전한 일치도를 의미하며, 0은 우연한 일치, 그리고 −1은 불일치를 가리킨다. 〈표 8−1〉은 카파의 해석을 시각화하여 보여 준다(Viera & Garrett, 2005). 카파 값은 관찰자들 사이에서 우연에 의해 나타나는 일치와 실제로 존재하는 일치 간의 차이를 기초로 계산한다(Viera & Garrett, 2005). 다행스럽게도, 컴퓨터 프로그램을 사용해서 카파 값을 계산할 수 있다.

표 8−1 카파 값의 해석

카파	의미
<0	우연에 의한 일치(또는 불일치)
0.01~0.20	아주 약간 일치
0.21~0.40	약간 일치
0.41~0.60	보통 정도로 일치
0.61~0.80	꽤 많이 일치
0.81~0.99	거의 완벽하게 일치

결과 제시

SCRD 설계에서 자료는 대부분 그래프로 제시한다. 그래프는 의사소통과 결정을 촉진하기 위해 일곱 가지 요소를 포함한다. 첫 번째는 수평선 또는 x축으로 시간의 흐름(예: 회기, 날짜, 주)을 표시한다. x축은 제1일, 제2일, 제3일처럼 같은 간격으로 숫자를 매겨 명명한다. 세로축 또는 y축은 종속변인을 백분율, 비율, 지속 시간 등을 표시한다. 위로 올라가면서 새겨진 눈금은 수치가 같은 간격으로 올라감을 의미한다. 세 번째 요소는 단계 또는 변화된 조건을 표시하는 선으로, x축으로부터 시작해서 y축의 높이만큼 그려서 표시한다. 이 선들은 변화가 있었다는 것을 나타낸다. 예를 들면, 이 선은 기초선 단계에서 개입 단계로 바뀌었을 때 아래-위로 긋는다. 다른 예로, 한 가지 종류의 개입에서 다른 종류의 개입으로 바뀌었을 때, 또는 개입이 철회됐을 때 이 선을 긋는다.

네 번째 요소는 단계 또는 조건의 명명 표시이다. 각 단계는 그래프의 맨 윗부분에 명명 표시를 해서 나타내는데, 기초선, 개입(들), 철회 등의 이름이 붙는다. 다섯 번째 요소는 자료점(data point)이다. 자료점은 두 가지 중요한 측면을 표현한다. ① 수량화할 수 있는 목표 행동과 ② 측정치를 수집한 시점이다. 여섯 번째 요소는 자료의 경로인데, 이것은 자료 패턴의 유형에서 논의할 것이다. 가장 마지막 요소는 그래프의 추가 설명(caption)인데, 이것은 계획하지 않았지만 행동에 영향을 끼칠 만한 사건에 관한 간략한 설명이다(Cooper et al., 2007).

수많은 연구자가 결과를 해석하고 전달하기 위해 그래프를 사용하는 이점을 설명했다(예: Johnston, & Pennypacker, 1993; Parsonson, 2003; Parsonson & Baer, 1978). 그 어떤 SCRD 설계에서도 자료의 문서화나 종속변인의 변화에 관한 결정은 그래프를 통해서 이루어진다. 그래프는 시간의 흐름에 따라 나타나는 종속변인의 변화를 볼 수 있게 하고, 다른 사람들에게 결과를 조직하고 저장하며 해석하고 전달하는 간단한 도구로 기능한다. 그뿐만 아니라 그래프는 대부분 짧은 시간에 준비할 수 있고, 특별한 도구가 불필요하며 배우기도 쉽다.

그래프는 여러 가지 다른 매체로 그릴 수 있다. 여기서는 그중에 몇 가지만 논의하겠지만, 그래프를 그릴 때 여러 가지 소프트웨어를 사용할 수 있다. 여러 가지 중에서 세 가지를 선택하는 이유는 그것들이 쉽게 구할 수 있고 대부분 소프트웨어를 더 구입하지 않아도 사용할 수 있기 때문이다. 그래프를 그리고 축에 숫자를 매기며 자료점을 표시하는 데 가장 쉬운 방법은 그래프 용지를 사용하는 것이다. 단계를 표시하는 선도 그릴 수 있고, 그 후에 자료점을 표시할 수 있다. 그러나 종속변인을 그래프로 옮기는 다른 세 가지 방법이 있다.

그래프 용지 외에 인터넷을 찾아보면 온라인상에서 그래프를 그리는 도구를 발견할 수 있다. 예를 들면, 연구자들은 'Jim Wright(http://www.interventioncentral.org/)'에서 이미 제작된 인쇄 가능한 그래프를 사용할 수 있다. 학업성취도를 도표로 그릴 때, 자료를 집어넣으면 도표가 자동으로 생성된다. 그러나 이러한 자원들을 사용할 때 몇 가지 한계가 있다. 첫째, 손으로 그린 그래프가 다른 방법으로 그린 그래프만큼 전문적으로 보이지 않는다. 둘째, 웹사이트에 자료를 넣으려면, 최소 몇몇 자료점—또는 모든 자료점—을 그 시점에 준비하고 있어야 한다. 이 점 때문에 당신은 자료를 시각적으로 검토할 때 한계에 부딪히는데, 그 이유는 당신이 자료를 수집함과 동시에 이해하고 검토하기를 원하기 때문이다. 정확하고 타이밍에 맞는 결정을 내리기 위해 연구자는 전 과정에서 그래프를 시각적으로 끊임없이 검토할 필요가 있다. 웹사이트에 자료를 입력하는 것과 관련하여 누가 자료에 접근하며 어떻게 저장하는지에 따라 안전성/비밀보장의 문제도 있다. 이러한 문제를 제거하기 위해 연구자는 Ivan Johansen의 무료 프로그램인 '그래프'를 웹사이트(http://softpedia.com)에서 내려받거나 마이크로소프트의 엑셀 프로그램을 사용할 수 있다. 일반적으로 마이크로소프트 엑셀 프로그램은 사람들 대부분이 가지고 있으므로 선호하는 프로그램 중 하나이다. 마이크로소프트나 유튜브 또는 Howcast 같은 웹사이트에는 엑셀이나 다른 프로그램의 사용법을 알려 주는 동영상이 있으므로, 이 프로그램은 비교적 활용하기 쉽다.

결과 해석

상담 실무자와 연구자에게 SCRD가 가장 크게 도움이 되는 점 중 하나는 자료 해석이 비교적 쉽다는 점이다. 일단 내담자의 자료를 자료 관리 프로그램에 입력하여 그림으로 나타낸 후에는, 상담사는 시각적 자료가 보이는 경향성과 기초선과 개입 조건 사이에 자료가 중첩되는 비율을 분석함으로써 개입 효과에 관한 추론을 쉽게 할 수 있다. 우리는 상담사가 이와 같은 전략 중 하나가 아닌 두 가지 전략 모두를 활용하여 개입과 관련해서 나타나는 변화를 좀 더 온전하게 전달할 것을 추천한다.

시각적 경향 분석

몇몇 연구자는 SCRD 그래프를 시각적으로 분석하는 몇 가지 전략을 제공했지만(Brossart, Parker, Olson, & Mahadevan, 2006; O'Neill, McDonnell, Billingsley, & Jenson, 2010; Solanas,

Manolov, & Onghena, 2010), 해석 측면에서 볼 때 이들 전략에는 공통적인 특성이 있다. ① '그렇다/아니다'와 같은 방식의 결정보다 처치 효과의 양이나 정도를 추론하고, ② 기대하는 효과와 관련된 점수의 방향을 강조하며, ③ 기초선과 처치 점수 간에 나타난 범위 크기의 중요성을 강조하는 것 등이다. 참전용사의 전역 과정에서 일상적인 12주 프로그램의 하나로, 외상 후 스트레스 장애(PTSD) 치료를 받은 두 명의 참전용사에게 제공한 처치를 시각적으로 나타낸 [그림 8-11]을 예로 들어 보자. 12주 프로그램 중에 상담사가 설정한 목표 행동은 PTSD 증상의 감소였다.

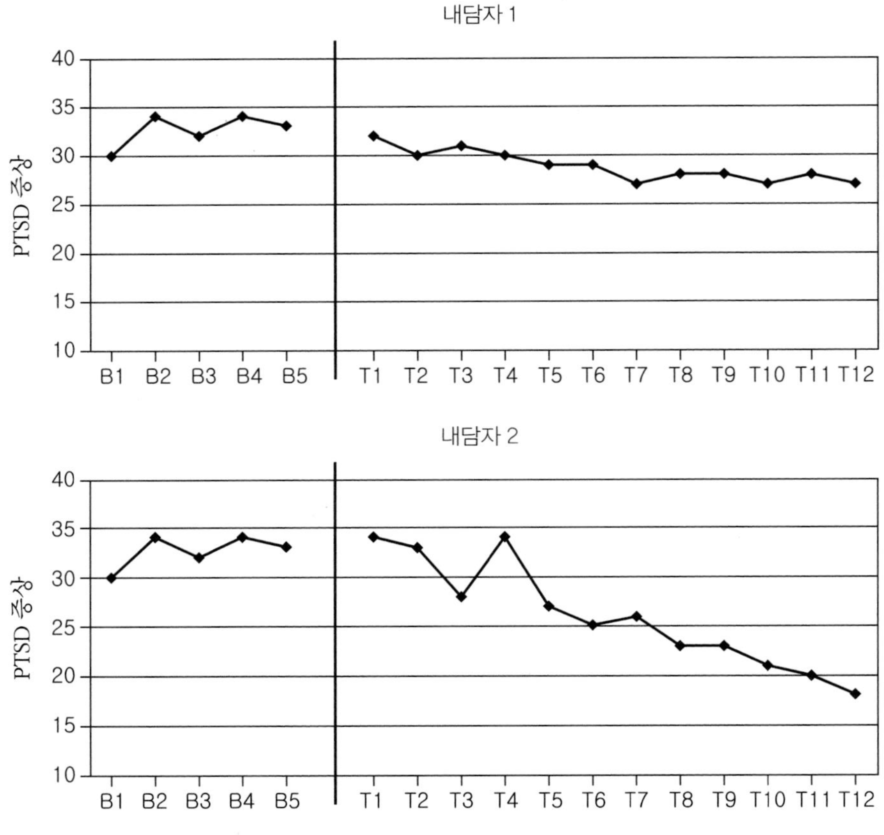

[그림 8-10] PTSD 증상 치료를 받은 두 내담자의 시각적 경향성과 비중첩 자료

내담자 1에서 당신은 내담자가 보고한 PTSD 증상의 정도가 분명히 감소했음을 볼 수 있다. 그러나 어떤 처치는 증상의 심각도는 감소했지만, 기초선과 처치 단계의 점수 범위의 크기는 그리 커 보이지 않는다. 내담자 1의 자료에서 상담사는 일정 수준에서 처치가 PTSD 증상의 심각도에 관련된다는 결론을 내릴 수 있다. 그러나 처치 단계에서 5점 정도의 범위 이내로 나타난 변화량은 그리 커 보이지 않는다. 순전히 시각적 경향성 분석에서만 보면, 내담자 1에게 처치 효과가 크다는 주장을 강력하게 하기 어려울 것이다. 내담자 2의 경우 처치 단계에서 수집한 자료를 시각적으로 표현한 그림을 보면, 기초선과 비교해 볼 때 처치의 효과를 좀 더 분명하게 보여 주고 있다. Brossart 등(2006), Solanas 등(2010), O'Neill 등(2010)이 제시한 기준을 적용하면, 우리는 기대하는 변화가 꽤 의미 있게 나타났다고 추론할 수 있다. [그림 8-11]을 좀 더 분석해 보면, 처치 단계에서 시간이 갈수록 점수가 점점 낮아져서 결국 14점 정도, 즉 중간에서 큰 범위의 점수차가 나타나고 있다.

비중첩 방법

시각적 경향성 분석 방법이 기초선과 처치 단계에서 나타나는 변화의 방향과 범위에 기초하여 처치 효과의 정도를 추론하려고 한다면, 비중첩 지표는 개인 내담자들 사이에서 나타나는 효과 크기에 관한 측정치를 제공한다. 비중첩 효과 크기는 기초선 단계와 처치 단계에서 기록된 자료점 간의 비중첩 정도를 고려한다(Lenz, 2013). Parker, Vannest와 Davis(2011)는 모든 비중첩 방법은 계산하기 쉽고 시각적 분석을 보완하는 좋은 방법이라는 장점을 공유한다고 했다. 그뿐만 아니라 모든 비중첩 방법은 분포곡선을 사용하지 않기 때문에 집단 간 연구에서 필요했던 수많은 통계적 가정들을 만족시키지 않아도 된다. Parker, Hagen-Burke와 Vannest(2007)는 시각적 분석만 할 때에 비해 비중첩 방법은 ① 처치 효과를 보여 주는 객관적 측정치, ② 측정의 정확도 증가, ③ 사례 간 평가가 가능, ④ SCRD 결과를 산출할 때 더 나은 신뢰도, ⑤ 좀 더 나은 개입 효과 보고 방법과 같은 장점을 포함한다고 했다. 상담사가 처치 효과를 보이는 양적인 수치를 산출할 능력이 있다면, 그는 상담이나 교육 장면에서 재정 지원을 하는 기관이나 프로그램 지원을 결정하는 다른 결정 주체에게 효과를 보고하는 능력도 있을 것이다.

여기에서 우리는 자주 사용하는 두 가지 전략을 논의한다. 비중첩 자료 백분율(Percentage of Nonoverlapping Data: PND; Scruggs, Mastropieri, & Casto, 1987)과 중앙값 초과 자료점 백분율(Percentage of Data Points Exceeding the Median: PEM; Ma, 2006). Scruggs와 Mastropieri(1998)는 산출된 수치를 해석할 때, .90 이상의 효과 크기는 매우 효과적인 처치, .70~89의 효과 크기는 중간 정도의 효과적 처치, .50~.69의 효과 크기는 논란이 있는 정도의 효과 크기, 그리고 .50보다 작은 효과 크기는 효과가 없음을 보여 준다고 했다.

비중첩 자료 백분율 PND 절차는 Scruggs 등(1987)이 시각적 경향성 분석을 보완하는 첫 번째 대안으로 제시한 것이다. 이것은 처치 단계에 나타난 점수 중에서 기초선 단계의 가장 높은 단일 점수를 넘어서는 점수의 비율로 개념화한다(〈표 8-2〉 참조). PND가 가진 가장 눈에 띄는 장점은 그것이 엑셀과 같은 프로그램을 사용하여 그래프를 그렸다면 그래프상에서 자, 연필, 직선 등으로 쉽게 계산할 수 있다는 점이다. 그뿐만 아니라 이 절차는 20개 이내의 측정치밖에 없는 작은 자료를 확보한 상담사에게 유용하다(Parker et al., 2011). 상담 및 상담사 교육 관련 문헌에서 PND 통계치의 적용 사례를 찾아볼 수 있다(Lenz, Oliver, & Nelson, 2011; Lenz, Perepiczka, & Balkin, 2013; Ray et al., 2010; Schottelkorb & Ray, 2009).

중앙값 초과 자료점 백분율 PEM 절차는 기초선 조건에 속한 점수 중 극단 점수가 개입에 관한 평가에 부적으로 영향을 끼치는 자료에 적용하기 위해 Ma(2006)가 제안했다. 이것은 처치 단계에 나타난 점수 중에서 기초선 단계 점수의 중앙값을 넘는 점수의 비율로 개념화한다(〈표 8-2〉 참조). Ma(2006)에 의하면, PEM은 개입이 효과적이라면 자료가 대부분 중앙값의 치료적 측면에 있는 한편, 개입이 비효과적이라면 처치 단계의 자료점이 기초선 중앙값의 위-아래로 출렁거릴 것이라는 가정에 기초한다. PND처럼 PEM도 산출하기 쉽고 작은 자료에도 적용할 수 있다. 이 지수는 비교적 새로운 것이기 때문에 PND만큼 많은 논문에서 발견하기 어렵다. 그러나 상담 및 상담사 교육 관련 문헌에서 몇 가지 예를 찾아볼 수 있다(Lenz,

표 8-2 PND와 PEM 절차의 적용

방법	절차	내담자 1에 적용한 예
PND	1. 기초선 단계로부터 처치 단계까지의 자료에서 의도하는 변화를 확인하라(점수의 증가 또는 감소).	내담자가 보고한 PTSD 증상의 감소
	2. 기초선 단계에서 (치료적 방향으로) 최대 또는 최소 측정치를 확인하라. 즉 처치의 목적이 점수의 감소라면 최대치, 처치의 목적이 점수의 증가라면 최소치를 선택하라.	30
	3. 앞 2단계에서 확인한 측정치로부터 치료 단계 쪽으로 직선을 그어라.	
	4. 앞 3단계에서 그은 직선의 위 또는 아래(치료적 방향으로)에 있는 측정치의 개수를 세라.	8
	5. 앞 4단계에서 나온 개수를 치료 단계의 전체 자료점의 개수로 나누라.	8/12=0.67
	효과 크기 해석	논란의 여지가 있는 효과 크기

		내담자 2에 적용한 예
PEM	1. 의도한 변화를 확인하라.	내담자가 보고한 PTSD 증상의 감소
	2. 기초선 단계의 측정치 중 중앙값을 확인하라.	33
	3. 앞 2단계에서 확인한 수준에서 기초선 단계와 처치 단계에 걸쳐 직선을 그어라.	
	4. 앞 3단계에서 그은 직선의 위 또는 아래(치료적 방향으로)에 있는 측정치의 개수를 세라.	9
	5. 앞 4단계에서 나온 개수를 치료 단계의 전체 자료점의 개수로 나누라.	9/12=0.75
	효과 크기 해석	효과적

2013; Lenz, Speciale, & Aguilar, 2012). SCRD 자료 그래프의 예는 [그림 8-11], [그림 8-12], [그림 8-13]을 참조하기 바란다.

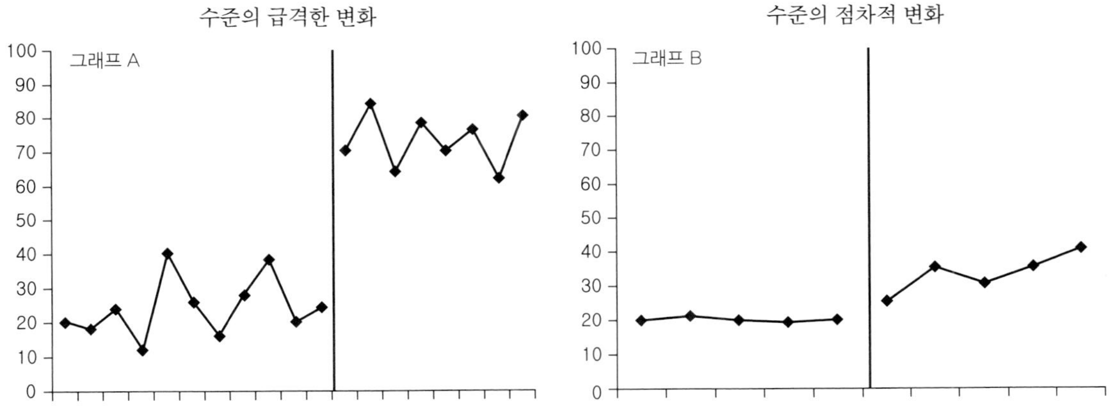

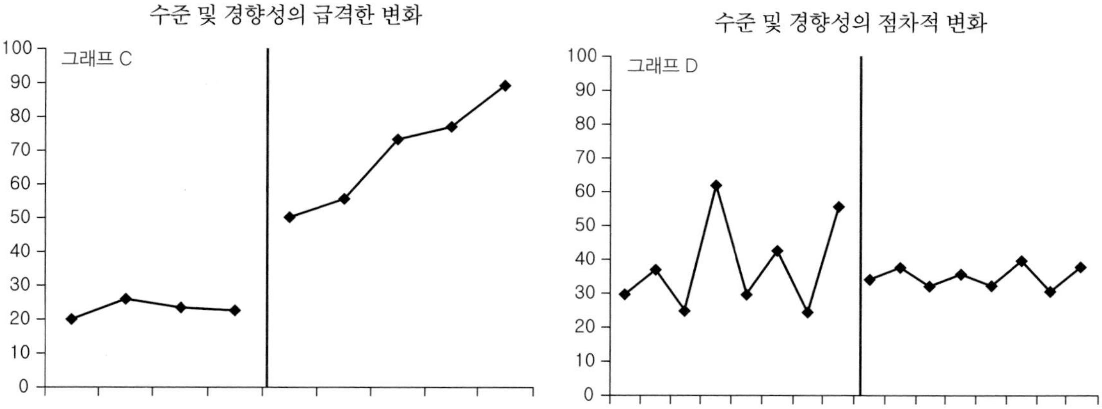

[그림 8-11] 수준, 경향성, 변동성의 표현

출처: Hayes, S. C., Barlow, D. H., & Nelson-Gray, R. O. (1999). *The Scientist Practitioner Research and Accountability in the Age of Managed Care* (2nd ed.). Boston: Allyn & Bacon.

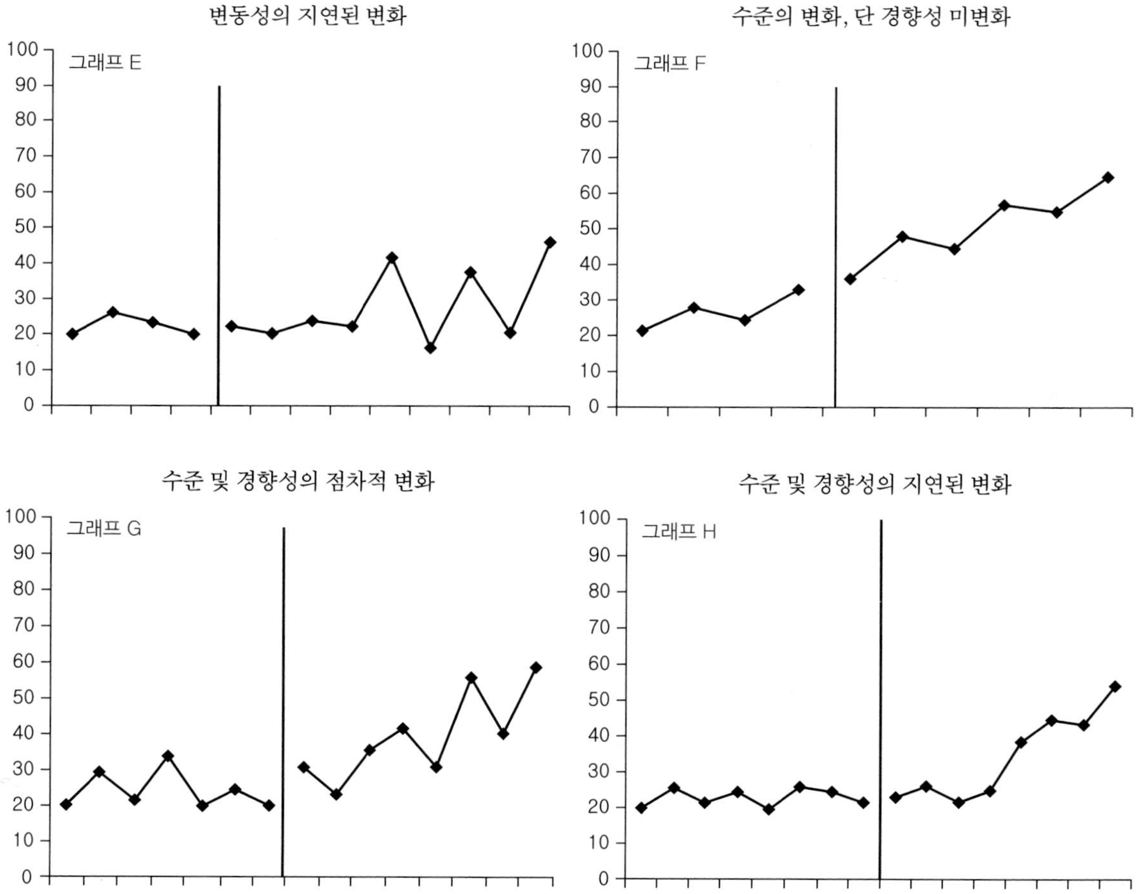

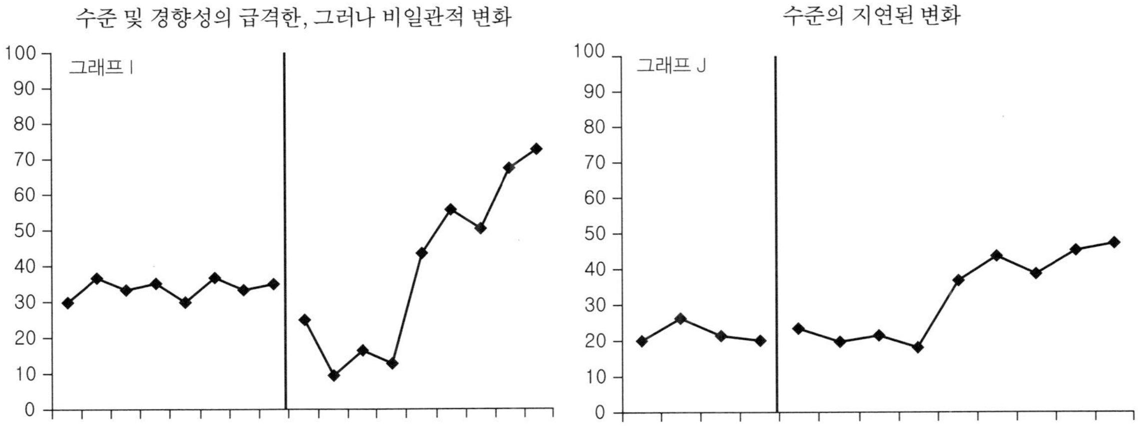

[그림 8-12] 수준, 경향성, 변동성에 나타난 변화

출처: Hayes, S. C., Barlow, D. H., & Nelson-Gray, R. O. (1999). *The Scientist Practitioner Research and Accountability in the Age of Managed Care* (2nd ed.). Boston: Allyn & Bacon.

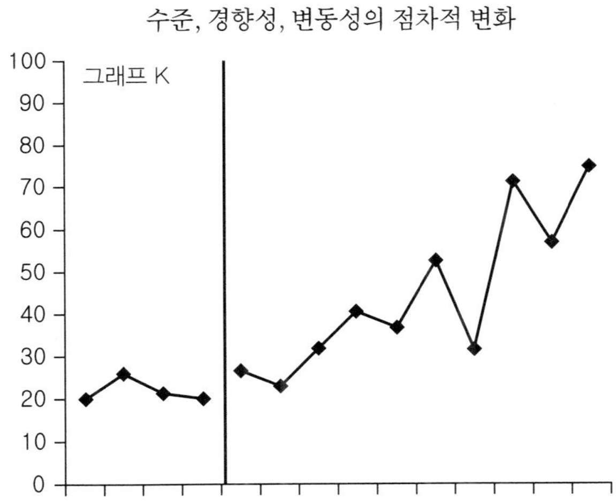

[그림 8-13] 수준, 경향성, 변동성에 나타난 변화

결과 보고

SCRD를 적용하는 상담 전문가는 대체로 개입 단계에서 매우 적극적이며, 상담 개입을 접하면서 내담자가 겪는 생생한 경험과 관련된 많은 양의 자료를 가지고 있는데, 그 자료는 양적 자료를 보완하는 좋은 자료들이다. 이런 이유로 SCRD 결과를 보고하는 상담사는 개입과 관련하여 질적 자료와 양적 자료를 모두 포함해야 한다. 내담자에 관한 적합한 정보, 개입 과정에 관한 내담자 경험, 효과성, 사회적 시사점 등을 포함할 때, 상담사와 의사결정자들은 충분한 정보를 바탕으로 자원의 배분에 관한 결정을 내릴 수 있다.

결과를 보고할 때 상담사는 참여자에 관한 풍부한 정보를 제공해야 하는데, 이 정보는 인적사항(예: 나이, 인종, 성별 등)뿐만 아니라 내담자의 배경, 처치에 대한 경험(예: 처치 관여 수준 또는 장애 등), 일반적 특성을 포함한다. 당신이 발견한 것의 일반화 수준을 높이기 위해 할 수 있는 가장 좋은 일은 나이, 인종, 성별뿐 아니라 장애 상태, 교육 수준, 사회경제적 지위, 장면 등을 보고하는 것이다(American Psychological Association, 2010). 내담자의 배경에 관한 정보 역시 당신이 관심 있는 종속변인에 대해 당신이 발견한 사항을 맥락 속에서 이해하는 데 도움이 된다. 예를 들면, 수업에 지장을 주는 행동 때문에 징계위원회에 회부되어 놀이치료를 받기 위해 학교 상담사에게 의뢰된 아동과 대체로 강건한 학생이지만 최근 부모가 별거하기 시작한 아동은 분명한 차이가 있다. 끝으로, 상담사는 내담자가 처치에 참여하고 있는 정도와 치료적 변화를 방해하는 장애물, 그리고 개입의 전체 과정에서 참여 정도와 장애물의 변화도 보고하는 것이 좋다. 예를 들면, 중독 상담사는 개입 초기에는 자신의 내담자가 프로그램에 대해 회의적이어서 잘 참여하지 않았지만, 경계를 설정하는 기술을 배우고 그것을 성공적으로 적용하는 것과 같은 의미 있는 순간을 경험한 후에는 내담자가 과제를 잘 완수하기 시작했고, 프로그램이 큰 도움이 된다고 보고하기 시작했다.

일단 당신이 내담자의 변화를 촉진한 맥락에 관한 정보 그리고 내담자가 개입에 접하면서 겪은 자신의 경험을 보고한 후에, 양적인 자료의 경향성, 효과의 해석 그리고 시사점 등에 관한 평가를 보고하는 것이 좋다. 자료의 경향성을 보고할 때, 변화의 전체적 방향, 내담자의 변화가 가진 의미의 기준이 되는 점수 변화의 범위도 함께 보고해야 함을 기억하라. 자료 해석을 설명한 부분에서 언급했듯이, 당신의 비중첩 자료 절차(예: PND 또는 PEM)의 결과를 보고함으로써 시각적 분석을 보완하여 개입 효과에 관해 신뢰할 만한 추론을 촉진할 수 있다. 각 내담자의 효과 크기를 보고하고 Scruggs와 Mastropieri(1998)가 제시한 지침에 근거하여 이러한 수치에 관한 해석을 독자에게 제공하라. 그 후, 추가 설명이 필요한 자료의 변동에 대한 통찰과 효과 크기 점수에 어떤 요인이 기여했을지에 관한 설명을 제공하는 것이 좋다. 끝으로, 당신이 발견한 내용의 사회적 시사점을 제공하라. 예를 들면, 우울 증상을 심각한 수준에서 약한 수준으로 낮추는 새로운 개입은 내담자가 자해할 위험을 감소시킬 뿐 아니라 직장 생활의 회복, 사회 활동의 관여 그리고 의사에게 항우울제를 중지할 수 있겠다는 제언의 가능성을 높인다.

장점과 제한점

단일사례 연구 설계(SCRD)는 실제로 상담하는 상담사에게 많은 장점이 있다. 이 설계는 당신의 일상적인 상담 장면에 적용하기 쉽고, 개인 내담자, 집단, 체계에 관한 개입의 효과를 평가하는 도구를 제공한다. SCRD는 내담자 평가, 처치의 적용 그리고 처치의 평가에 관한 의사결정에 사용할 수 있다. 당신은 특정 내담자와 상담할 때 내담자의 구체적인 문제와 개입에 관한 자료를 수집하고, 경험적으로 뒷받침된 개입모형을 개발할 수 있다. SCRD는 상담연구와 일상적인 실무 상담이 양립할 수 있게 한다.

그뿐만 아니라 SCRD는 당신이 적용한 처치의 효과를 내담자와 당신이 일하는 기관에 구체적으로 설명할 수 있게 해 준다(Bloom, Fisher, & Orme, 2005). 간단한 그래프를 사용함으로써 특정한 개입의 효과와 내담자 변화를 쉽게 설명할 수 있다. 그리고 처치 결과에 기초해서 개입의 문제점을 평가하고 개입에 변화를 가할 수도 있다.

SCRD는 실제 상담을 하는 상담사에게 여러 가지 장점이 있는 한편, 몇 가지 제한점도 있다. 하나의 사례에 대해서만 인과관계를 보여 주기 때문에 외적 타당도(일반화 가능성)가 낮아질 수 있다. 만약 여러 차례 관찰되고 있다는 사실을 내담자가 의식하는 경우, 내담자의 반응성과 민감성이 내담자의 응답에 영향을 미칠 수도 있는데, 이것은 내적 타당도를 낮출 수 있는 요소이다. 이 설계는 또한 통계적 통제집단이 없으므로, 그래프로 나타난 결과가 모호할 경우 처치의 영향에 대해 명확한 결론을 내릴 수 없다. 덧붙여 다음에서는 단일사례 설계로 연구할 때 논의해야 할 윤리적 고려 사항을 제시하고자 한다.

윤리적 고려 사항

상담사로서 당신의 첫 번째 의무는 내담자에게 피해를 주지 않는 것이다. 따라서 단일사례 설계를 적용하여 연구할 때 윤리적인 문제를 고려해야 한다. 고지에 기초한 동의나 연구윤리위원회(Institutional Review Board) 자문을 포함한 많은 윤리적인 주제는 모든 형태의 연구와 관련된다(연구의 윤리적 쟁점에 관한 논의는 제2장 참조). 그러나, 단일사례 연구에 특수한 윤리적 문제가 있다. 여기서는 이러한 윤리적 문제를 ACA 윤리규정(2014)에 따라 논의할 것이다.

개인 연구자(G.1.c.)

참여자의 권리를 보호하기 위해 모든 연구는 연구윤리위원회의 승인하에 이루어져야 한다. 그러나 만약 당신이 그 어떤 연구윤리위원회와도 관련이 없다면, 당신은 연구윤리위원회와 단일사례 설계에 익숙한 사람을 반드시 찾아 자문해야 한다.

다문화/다양성의 고려(G.1.g.)

단일사례 설계는 각 내담자에게 개별화되어 있으므로, 상담사는 구체적인 개입을 결정할 때 내담자의 문화나 가치관을 고려해야 한다. 상담사–내담자 관계가 강할 때라도, 상담사는 상담 과정에서 내담자의 가치관을 고려하지 않아 내담자에게 의도치 않게 불편함을 줄 수 있다. 따라서 연구에서 이 점을 고려할 필요가 있다. 개입과 평가 방법을 결정하는 과정에 내담자를 동반자로 참여시킴으로써 내담자의 힘을 북돋고 참여를 촉진할 뿐 아니라 개입과 연구에 내담자의 문화를 민감하게 반영할 수 있다.

고지에 기초한 동의(G.2.a.)

다른 연구에서처럼 모든 참여자는 연구 참여를 거절할 권리 또는 언제라도 참여를 중지할 권리를 가진다. 각 참여자는 고지에 기초한 동의를 하는 과정에서 이러한 정보를 알 권리가 있다. 단일사례 설계의 경우, 고지에 기초한 동의 절차에서 연구방법을 설명할 때 처치가 중단, 변경, 또는 감소할 수 있다는 점까지 구체적으로 알려 주어야 한다. 연구자는 참여자에게 비밀 유지의 한계, 연구 결과가 알려지는 범위, 연구의 이득과 위험성 등도 알려 주어야 한다. 추가로 하나 이상의 연구에 참여하는 경우, 연구자는 참여자에게 연구마다 처치와 결과에 대해 따로 알려 주어야 한다(Lackey, 1986). 내담자와 상담사 관계는 독특해서, 일단 연구를 시작하면 전문적 관계에서 각자의 역할에 변화가 있을 수 있으며, 이 점은 고지에 기초한 동의를 하는 과정에서 논의해야 한다. 그뿐만 아니라 상담사는 상담 관계에서 자주 나타나는 힘의 불균형으로 인해 내담자를 연구에 참여하거나 지속하게끔 압박을 줄 가능성이 있음을 유의해야 한다. 이 점은 특별히 단일사례 설계에서 유의해야 하는데, 그 이유는 연구와 처치가 내담자에게 개별화되어 있고, 내담자는 상담사를 화나게 하거나 실망하게 할지도 모른다는 두려움으로 처치를 거절하거나 중지하기 어려울 수 있기 때문이다.

내담자 참여(G.2.d.)

상담사가 특정 내담자에게 단일사례 설계를 적용하기로 할 때, 상담사는 그 내담자가 얻게 될 이득을 최우선으로 고려해야 한다. 만약 내담자에게 기대되는 이득이 적거나 다른 처치가 더 낫다면 그 연구를 수행해서는 안 된다. 일단 연구를 시작해서 제안했던 처치가 충분히 효과적이라면, 상담사는 처치의 종결이 연구에 미치는 영향에 상관없이 처치의 종결을 고려해야 한다.

처치 지연/철회

전통적으로 처치는 정확한 기초선 자료를 수집할 때까지 지연된다. 최소 3번의 자료 수집이 필수적인데, 이는 처치를 시작하기까지 몇 주가량 소요될 수도 있다는 뜻이다. 상담에서 내담자에게 처치를 보류하는 것은 비윤리적이며, 보류는 내담자의 이익에 최선이 되지도 않는 경우가 많다. Lundervold와 Belwood(2000)는 처치의 선택을 결정하고 평가를 진행하는 동안, 연구자와 참여자 간에 라포(rapport)를 형성할 시간을 가지라고 권고한다. 그러나 내담자는 상담사와 형성한 관계만으로도 변화할 수 있다. 관계가 기초선이나 처치에 영향을 미칠 수 있으므로, 단일사례 설계를 설계할 때 이러한 변화 가능성도 고려해야 한다.

단일사례 설계에서 나타나는 독특한 상황은 처치가 도입, 철회 그리고 자주 재도입된다는 점이다. 이런 상황은 집단연구 설계에서도 일어날 수 있지만, 단일사례 설계에서 가장 특징적이다. 유효한 처치가 철회되면, 내담자는 그것 때문에 버림받는 느낌을 받을 수도 있으며(A.1.a), 이 때문에 내담자가 피해를 받을 수도 있다(A.4.a.; Reagles & O'Neill, 1977; Sterling & McNally, 1992). 만약 처치가 내담자에게 도움이 되면 그것의 효과성을 평가하기 위해 처치를 철회해야 할까? 연구를 수행하는 상담사는 연구를 변경하거나 포기해야 하는 상황을 초래할지라도 내담자 또는 참여자의 복지를 가장 먼저 고려해야 할 윤리적인 책임이 있다.

비밀보장(B.1.c., B.1.d., B.7.d., G.2.e.)

자료를 수집하는 과정에서 연구자는 내담자에 관한 정보에 대해 비밀을 지켜야 한다. 어떤 장면에서는 비밀보장이 어려울 수 있다. 예를 들어, 학급을 관찰할 때 당신이 어떤 학생과 함께 작업할지 교사에게 알려야 할 수도 있다. 그 학생이 누구인지 당신이 알려 줄 필요가 없을 때라도, 어떤 때는 연구 수행 중에 참가 학생의 신분이 드러날 수도 있다. 예를 들어, 정해진 자리에 앉아서 한 학생을 주시하며 자료를 모을 때, 또는 그 학생의 학과 일정을 물어볼 때, 어쩔 수 없이 학생의 신분이 드러날 수 있다. 학생 역시 민감해서 당신의 의도를 알아차릴 수 있다. 그뿐만 아니라 연구 결과가 출판되면, 교사와 학생이 연구 내용에 접근하여 참여자의 비밀 정보를 알게 될 수도 있다. 전자식 평가 도구를 사용할 때, 내담자의 자료가 연구자가 아닌 사람에게 노출될 수도 있다. 연구자는 연구 전 · 중 · 후에 참여자의 비밀이 누설될 가능성에 대해서 참여자에게 미리 알릴 책임이 있다.

상담 성과에 적용하기

단일사례 설계는 상담 연구에서 가장 비밀이 잘 지켜지는 것으로 여겨진다(Foster, 2010; Lundervold & Belwood, 2000). 이 설계에서 상담사는 개별 내담자에게 초점을 맞출 수 있고, 개입의 효과를 즉시 평가할 수 있다. 상담사는 내담자를 변화시킨 원인을 분리해 내고, 객관적으로 어떤 처치가 가장 효과적인 행동 변화를 유발했는지 판단할 수 있다.

단일사례 설계는 연구자와 임상가 간 간격을 줄여 다리를 놓는 데 필수적인 설계이다. 상담사는 상담의 효과성을 평가하고 연구의 기초에 기여할 윤리적 책임이 있다(American Counseling Association, 2014). 하지만 실제 상담 실무를 하는 많은 상담사는 상담할 때 집단 연구 설계를 하기에 어려움을 겪는다. 단일사례 설계는 상담사에게 개별 내담자에게 초점을 맞추게 하고, 긍정적인 내담자 성과를 설명해 줄 건전한 경험적 자료를 제공한다.

단일사례 설계는 또한 상담사가 상담 실무에서 주요한 결정을 내리는 데 사용할 수 있는 정보를 제공한다. 상담사 효과성과 책무성의 주제는 점점 더 중요해지고 있다. 경험적인 증거는 효과를 증명하기 위해서 꼭 필요하다. 단일사례 설계는 상담사에게 그들의 책무성을 보여 주게끔 도와줄 것이다.

요약

이 장에서 우리는 단일사례 연구 설계(SCRD)를 사용해서 효과적으로 연구하는 데 필요한 지식을 소개하였다. 독자들은 이 방법의 기본적 요소, 단일사례 설계의 유형, 자료 수집 절차, 분석 기술 등을 알게 되었을 것이다. 다른 연구에서와 마찬가지로 단일사례 설계에 필요한 기술도 협력, 연습 그리고 지도감독을 통하여 가장 잘 체득할 수 있다. 단일사례 연구 설계는 실제로 상담하는 상담사에게 가장 적합하므로, 이미 사례들이 있다면 이런 설계의 연구를 수행하는 것이 상대적으로 쉬울 것이다. 연구를 시작하기 전에, 우리는 당신이 최근 유명 학술지에 게재된 연구물을 잘 참고할 것을 제안한다. 그렇게 함으로써 단일사례 연구방법에 대한 당신의 이해와 상담 현장에 관한 당신의 통찰력을 증진하기 바란다.

• 생각해 볼 문제 •

1. SCRD의 세 가지 주요 원칙을 설명하시오.
2. 행동을 표기하는 여러 가지 방법을 나열하고 설명하시오.
3. 연구를 시작하기 전에 기초선을 정하는 이유는 무엇인가?
4. 서로 다른 설계를 식별하기 위해 사용하는 글자는 무엇이며, 이 글자는 무엇을 의미하는가?
5. 그래프에 포함되는 요소는 무엇이며, 그것들은 어떻게 사용되는가?
6. 전통적인 지필식 평가 도구와 컴퓨터를 사용한 평가 도구의 장단점을 설명하시오.
7. 평가 도구 전달 시스템의 유형을 결정할 때 고려할 점을 설명하시오.
8. 네 가지 유형의 타이밍을 언제 사용하는지 설명하고 그 예를 드시오.
9. 관찰의 정확성을 증가하기 위해 어떤 방법을 사용할 수 있는가?
10. 관찰자간 일치도를 산출해야 하는 이유는 무엇인가?
11. 연구 자료를 그래프로 나타내는 것의 이점은 무엇인가?
12. 그래프를 그려 내는 두 가지 방법을 설명하시오.
13. 단일 단계 변화, 교대 처치 그리고 중다기초선 설계를 비교하여 설명하라.

14. 각 설계 모형들을 어떤 상황에서 적용하겠는가?

15. 몇 가지 단일사례 설계의 장단점을 기술하시오. 각각의 장단점을 검토한 후, 단일사례 설계가 효과적인 연구 설계인지에 관한 각자의 의견을 제시하시오.

16. 단일사례 연구에 대한 윤리적 문제들을 설명하시오.

17. 단일사례 연구가 상담연구 가운데 비밀을 가장 잘 유지할 수 있는 이유를 설명하시오.

• 학습활동 •

1. 당신은 초등학교의 학교 상담사로 일하고 있다. 특별 서비스 팀장은 당신에게 학기 초에 자폐증 학생을 새로운 학급으로 옮기는 가장 효과적인 개입을 결정해달라고 요청했다. 전통적으로 사례관리자는 새로운 환경에 대한 그림이나 설명이 있는 스토리보드나 책을 만든다. 그러나 해당 교육구는 그림과 글을 통합할 수 있을 뿐 아니라 오디오북도 통합할 수 있는 태블릿 앱을 활용할 수 있었다. 교육구가 새로운 프로그램에 대한 투자를 결정하기 전에 두 가지 개입을 비교할 필요가 있었다. 당신은 11명 아동의 부모나 보호자로부터 동의를 받았다. 그 아동 집단을 대상으로 어느 개입이 가장 성공적인지 밝힐 단일사례 연구를 설계하시오. 연구 문제, 연구 설계 그리고 연구방법을 결정하시오. 문화적으로 적합할 뿐 아니라 ACA 윤리 기준에 적합한 프로그램을 포함하시오.
2. 유명 학술지에 게재된 SCRD 연구 중 자신이 관심이 있는 모집단을 연구 대상으로 한 연구를 선택하시오.
   ① 당신이 선택한 연구를 살펴보시오. 그리고 다음 질문에 답하면서 그 연구를 평가하시오. 연구자는 그 연구를 얼마나 잘 설계했는가? 연구가 가진 문제점 중에서 논의 부분에서 언급하지 않은 것은 무엇인가? 그 자료와 논의된 결과는 얼마나 신뢰할 수 있는가? 윤리적 · 법적 · 문화적으로 고려할 사항은 무엇인가? 만약 당신이 이 연구를 반복한다면, 어떤 부분을 똑같이 하고 어떤 부분을 다르게 할 것 같은가?
   ② 강의에서 나눈 소집단에서 당신의 연구와 그것에 대한 정보를 논의하시오. 다른 참여자의 연구와 비교해서 어떤 유사점과 차이점을 찾아볼 수 있는가? 당신이 찾은 답을 강의 전체에서 논의할 준비를 하시오.

3. 당신은 지역사회 정신건강센터에서 부적응 행동으로 여러 차례 정학 처분을 받은 청소년 대상 외래 프로그램을 담당하는 상담사이다. 이 프로그램은 이들의 부적응 행동과 분노를 감소시킨 후, 이웃 학교로 전학하게 하는 집단 상담에 주로 초점을 둔다. 그러나 당신은 많은 청소년이 비록 진단을 받지는 않았지만, 우울 증상을 나타냄을 알게 되었다. 당신은 우울 증상에 초점을 두는 집단이 좀 더 장기적인 효과가 있을 것이라 믿으면서, 우울 증상에 초점을 둔 집단을 먼저 시작하려고 한다. 당신이 이러한 생각을 센터의 상사와 의논했을 때, 그는 당신에게 행동 초점 집단을 대체할 수 있는 9명의 청소년으로 구성된 집단을 구성할 기회를 주었다. 당신이 제안한 집단을 계속 운영하려면 당신은 효과성에 관한 증거를 보여 주어야 한다. 당신이 운영하는 집단이 우울 증상과 행동 문제에 효과적임을 밝힐 수 있는 단일사례 연구를 설계하시오. 연구 문제와 연구 설계 그리고 연구방법을 결정하시오. 당신의 작업이 문화적으로도 적절하고 ACA 윤리 기준에도 적합하게끔 설계하시오.
4. 당신은 중학교 상담사로서 다양한 문화원의 학생이 많은 교육구에서 근무한다. 당신은 네 명의 아동이 수학 클럽에서 친구와 상호작용하는 능력을 키우기 위한 사회적 기술 증진 집단을 개발해 달라는 요청을 받았다. 집단의 목표는 수학 클럽에서 응집력을 키워서 학생들이 개인적이기보다 팀으로 작업하게 하는 것이다. 현재 학생들은 사회적 기술이 부족해서 함께 작업하기에 어려움을 겪고 있다. 당신의 내담자들은 독립적이고, 다른 학생과 함께 작업하거나 어려운 수학 문제를 풀 때 친구의 피드백을 활용하는 데 어려움을 겪는다. 교장은 당신이 하는 일이 영향력이 있음을 알기 원하기 때문에 집단의 효과성을 입증할 자료를 원한다. 각 아동(남녀 각 두 명)은 사회적 기술 수준이 다르며, 각 학생의 목표 역시 다르다. 당신은 집단이 각 학생에게 미치는 영향을 입증하기 위해 단일사례 연구 설계를 사용할 것이다. 연구 문제, 연구 설계, 연구방법을 결정하시오. 그리고 당신의 연구와 관련된 윤리적 주제를 논의하시오.
5. 당신은 교외에 있는 중간 정도 규모 대학에서 학생의 숙소 문제(예: 기숙사, 월세 등)에서 일하는 상담사이다. 서로 다른 사회경제적 지위(SES)나 문화적 배경이 다른 룸메이트와 생활하는 학생들이 유사한 배경의 룸메이트와 생활하는 학생들보다 거주 실패율(즉, 학년이 끝나기 전에 방을 바꾸어 달라고 요구하는 학생의 비율)이 60% 더 높다는 사실을 확인한 후, 당신의 상사는 당신에게 이 문제를 다루어야겠다고 요구했다. 이러한 학생들의 많은 요구 때문에 거주 시설 전체에 지장이 발생했으며, 그러한 실패율은 학생의 다양성을 높이려고 노력하는 대학에 대해 나쁜 인상을 남겼다. 이러한 문제를 줄이기 위해 이전까지 했던 노력으로는 방을 배정하기 전에 학생이 원하는 룸메이트에 관해 설문조사를 실시하고, 룸

메이트 사이에 계약을 체결하게끔 하는 것이었다. 그뿐만 아니라 대학 전체와 기숙사 층별로 구성한 모임에서 다양성에 관한 워크숍도 실시했다. 불행하게도, 이 대학에서는 이와 같은 방법으로 거주 실패율을 낮추지 못했다. 당신의 상사는 새로운 내용의 다양성 워크숍보다 당신이 좀 더 개인적인 수준에서 할 수 있는 효과적인 개입방법을 개발하기를 원했다. 당신은 전반적인 개입 계획을 결정하기 전에 방 하나에 함께 머무는 규모의 학생들을 위한 새로운 개입을 개발하는 것이 최선이라고 생각했다. 당신의 상사는 반복적인 의견 충돌과 룸메이트 계약 협상 실패 때문에 방을 바꾸어 주기를 바라는 4명의 여학생을 당신에게 의뢰했다. 그 네 여학생은 다양한 문화적 배경(아프리카계, 백인계, 푸에르토리코계, 사우디아라비아계)의 가족이 있었을 뿐 아니라 사회적 지위 역시 중간 수준에서 높은 수준까지 걸쳐 있었다. 관련 문헌을 읽은 후, 당신은 세 가지 가능한 개입 전략을 선택했다. ① 집단적 계약의 타협 전략, ② 다양성과 의사소통을 강조한 집단 상담, ③ 개인 상담이 그것이다. 어느 개입이 가장 성공적인지 입증할 단일사례 연구를 설계하시오. 연구 문제, 연구 설계, 연구방법을 결정하시오. 문화적으로 적합한 방법을 적용하고 ACA 윤리 규준에 따라 연구하시오.

6. 당신은 입원 시설에서 일하는 중독 상담사로서, 6개월도 지나기 전에 재발하여 돌아오는 내담자를 보면서 크게 실망하고 있다. 당신의 프로그램에서 상담사들은 비슷한 이론적 접근을 사용하지만, 그중 영성을 그들의 작업에 적용하는 집단 지도자는 소수에 불과하다. 당신과 함께 일하는 관리자는 "반드시 종교적 의미가 있는 것은 아니더라도 영성을 삶에 통합시키는 개입을 접한 내담자가 상대적으로 병원으로 덜 돌아오는 경향이 있는 것 같습니다."라고 말했다. 당신은 단일사례 설계를 사용하여 이 문제를 연구하기로 했다. 당신의 목적은 어떤 처치가 프로그램을 완수한 후 6개월 이내에 내담자의 재입원 또는 재발을 감소시키는 가장 효과적인 처치인지 입증하는 것이다. 어느 개입이 가장 성공적인지 입증할 단일사례 연구를 설계하시오. 연구 문제, 연구 설계, 연구방법을 결정하시오. 문화적으로 적절하고 ACA 윤리 규준에도 적합한 방식으로 연구하시오.

제3부

질적연구 설계 및 프로그램 평가

제9장

사례연구법

Cheryl Pence Wolf
Western Kentucky University
M. Harry Daniels
University of Florida
Eric S. Thompson
Nova Southeastern University

목표

1. 사례연구법의 목적과 언제 그것을 사용할지를 이해한다.
2. 다양한 유형의 사례연구법을 설명할 수 있다.
3. 단일 사례, 집단 또는 기관을 대상으로 사례연구를 활용하는 것을 이해한다.
4. 사례연구법이 과학, 이론 및 상담 실제와 관련해서 어떤 이점과 한계를 가지고 있는지를 설명할 수 있다.
5. 사례연구가 다문화상담을 이해함에 있어서 어떻게 기여할 수 있는지를 이해한다.

지금까지 양적연구방법과 질적연구방법을 모두 살펴보았다. 비록 문헌에서는 양적연구들을 쉽게 찾아볼 수 있지만, 질적연구들은 균형 있는 접근을 제공한다는 측면에서 유용하다(Shuttleworth, 2008). 어떤 연구자들은 한 가지 방법이 다른 방법보다 선호된다고 주장했지만, 상황에 따라 그리고 연구 문제에 따라 각각의 설계는 이점을 가지고 있다. 혼합연구방법은 단일 연구 안에 양적방법과 질적방법의 장점을 모두 지니고 있는데, 좀 더 복잡한 연구 문제에 답을 제공하기 위해 다양한 자료를 활용할 수가 있다(Yin, 2009, pp. 62-63).

혼합연구방법은 한 연구에서 양적 자료와 질적 자료를 모두 활용해서 연구문제에 답을 한다. 어떤 경우에는 사례연구법이 관찰 및 면담 자료를 활용하기 때문에 질적연구방법으로 간주된다(Renata & Media, n.d.). 그러나 효과적인 사례연구들은 다양한 자료를 포함하고 있는데, 심리측정적 검사, 설문 반응, 서류, 역사 기록과 같은 양적인 증거들을 포함함으로서 특정 주제를 좀 더 명료하게 이해하고자 한다(Baxter & Jack, 2008; McLeod & Cooper, 2011; Yin, 2009). 따라서 우리가 이 장에서 질적증거와 양적증거를 모두 다루면서 혼합연구 설계의 관점에서 사례연구법을 바라보고자 한다.

사례연구는 복수의 자료를 활용해서 특정 사례, 집단 또는 사건과 관련된 현재의 현상을 기술하고 탐색하거나 설명하려고 한다(Baxter & Jack, 2008). 사례연구는 실제 임상 사례를 기술하고 그것을 압축적이고 신뢰할 수 있으면서 잊기 어려운 방식으로 제공한다(Stewart & Chambless, 2010). 이 방법은 특히 관련 현상과 맥락 간 경계가 명료하지 않을 때 유용하다(Yin, 2009, p. 18). 제1장에서 언급한 것처럼, 과학자-실무자는 새로운 자료를 생성하고, 연구를 활용하며, 치료가 효과적인지를 평가하는 데 관여한다. 결국, 상담사는 증거에 기반한 상담을 수행하고, 성과를 검토하며, 다른 연구자 및 실무자들과 결과를 공유함으로써, 연구가 지니고 있는 혜택을 내담자, 상담사 그리고 직업군 전체로 확장할 수 있다.

사례연구법은 증거기반 실무를 향상시키는 데 많은 기여를 할 수 있다. 예를 들어, Stewart와 Chambless(2010)는 742명의 실무자들이 참여한 연구에서 경험적인(empirical) 보고서와 사례연구 보고서를 사용하는 것을 비교하였다. 연구자들이 발견한 바로는, 증거기반 실무가 사례연구를 통해 제시되었을 때 실무자들이 해당 기법에 더 많은 관심을 보였고 그 기법을 습득해서 적용하는 것으로 나타났다. 그러나 통계적 검증을 실시해서 결과를 제시했을 때에는 해당 기법을 학습하려는 동기나 추가적인 훈련을 받으려는 동기에 어떤 영향도 미치지 않는 것으로 나타났다.

현장의 상담사들은 매우 다양한 개인, 커플, 가족, 집단, 기관들과 일을 한다. 이렇듯 내담자의 폭이 넓기 때문에, 관심 있는 현상을 탐색하고 결과를 공유함에 있어서 사례연구법이 이상적인 방법이 될 수 있다. 예를 들어, 당신이 중학교에 근무하고 있는 학교상담사라고 가정해 보자. 당신은 학교 안에서 발생하는 괴롭힘을 조사하고 싶다. 특히, 중학교 2학년 남학생들 사이에서 증가하고 있는 괴롭힘에 대해 더 잘 이해하고 싶다. 사례연구법을 활용해서 다음과 같은 질문에 답을 할 수가 있다. 우리 학교 중2 남학생들 사이에서 괴롭힘이 증가하는 데 영향을 미치는 요인들은 무엇인가? 이때 한 학생을 대상으로 괴롭힘 사건을 관찰할 수도 있고, 집단을 대상으로, 또는 중2 전체 학생들을 대상으로 사례연구법을 적용해서 학교에서 발생하는 괴롭힘 현상을 이해할 수 있을 것이다.

실제 괴롭힘 행동뿐 아니라 촉발 사건 및 그 결과, 가해자와 피해자의 특성, 학교 관계자의 개입(또는 미흡함) 및 기타 요인들을 관찰함으로써 통계검증을 위해 실시하는 대규모의 설문 조사를 통해 얻을 수 있는 것 이상으로 전체적인 조망을 할 수가 있다. 또한 학교 안에서 이러한 행동을 관찰함으로써 행동이 발생하는 곳에서 괴롭힘의 본질을 이해할 수 있을 것이다. 이때 학생들을 면접한 사람들과 익명의 설문, 과거 사건 기록 및 다른 종류의 증거 자료들이 괴롭힘 현상을 이해하는 데 많은 도움이 될 것이다. 괴롭힘의 실제 사건들을 관찰함으로써 다른 종류의 연구 설계를 사용했을 때에는 포착되지 않는 사건들을 관찰할 수 있을 것이다. 새로운 증거 또는 확증적 증거들을 제공하는 추가적인 자료들을 얻을 수 있고, 이를 통해 해당 사건에 대한 이해가 더욱 증진될 수 있다. 이러한 연구들은 사례연구법이 지닌 가치를 강화하고, 다양한 종류의 자료들을 사용해서 타당하고 유익한 결론에 도달하게 한다.

이 장에서 당신은 사례연구법의 목적을 학습하고, 다양한 유형의 사례연구를 살펴보며, 사례연구법을 설계하고 실행하는 단계들을 이해하고, 과학 및 상담실무와 관련해서 사례연구법이 가지고 있는 이점과 한계를 이해하게 될 것이다. 이 과정에서 실제 사례를 관찰하는 것이 어떻게 이론, 연구 및 상담사들의 실무에 기여할 수 있는지, 그리고 당신이 몸담고 있는 환경에서 해당 현상에 대한 이해가 증진될 수 있는지 경험하게 될 것이다.

사례연구의 목적

사례연구 설계는 한 세기 이상 경영학과 교육학 분야에서 활용되었다. 특정 주제를 심도 있게 관찰함으로써 가치 있는 통찰을 얻을 수 있었고, 사례들을 활용해서 사람들을 가르쳤다. 1960년대 중후반에 사회과학 분야 연구에서 사례연구를 사용하기 시작했는데 이때 Glaser와 Strauss(1967)는 사례연구 관찰 기법을 활용해서 이 책 초반에 언급한 근거이론 접근을 개발하였다. 이후 연구자들과 이론가들은 "그들의 작업을 반성적으로 성찰하고 동료들과 생각 및 경험을 공유하며 가르칠 목적으로 사례들을 제공하는 한 가지 방식으로 사례연구를 활용했다"(McLeod & Elliott, 2011, p. 1). 또한 실무자와 연구자들은 좀 더 체계적인 방식으로 사례연구를 사용해서 사건을 탐색하고, 심리학과 상담 직업 분야 내에서 새로운 이론과 모델, 처치기법을 개발하고 인간의 행동을 이해했다. 현존하는 상담 이론과 진단법, 그리고 현재 상담 분야에서 활용되는 처치기법들은 사례연구에서 활용되는 것과 유사한 관찰 및 경험적 기법에 기반을 두고 있거나 타당화되었다.

사례연구법은 단일 사례 또는 다수 사례들을 탐색하는 데 사용될 수 있는데, 사례는 개인,

집단, 프로그램, 기관, 과정, 또는 사건을 의미할 수 있다(Yin, 2009, p. 17). 또한 사례연구에서는 구체적인 "결정, 기간, 프로젝트, 정책, 제도, 또는 한 개 또는 그 이상의 방법으로 전체적으로 연구되는 시스템"을 탐색한다(Thomas, 2011, p. 513). 단일 사례 설계에서는 일련의 결론이 도출된다. 한편, 다수의 사례를 사용할 때는 모든 사례의 조합에 근거해서 일련의 결론이 도출된다. 다음과 같은 기준이 충족될 때 사례연구를 고려해야 한다(Yin, 2009, pp. 13-18).

- 어떤 현상이 어떻게 또는 왜 존재하는지 답해야 한다.
- 참여자들의 행동을 조작하거나 사건을 통제하기보다는 참여자들을 관찰할 의도가 있다.
- 참여자의 삶의 맥락 안에서 참여자와 관련된 현재의 현상을 연구하는 것이 가치가 있다.
- 연구가 다수의 자료 출처에 의존한다(예: 행동 관찰, 면접, 서류, 설문)

이 장 후반부에서 논하게 될 사례연구법의 한계점에 대해 비판하는 사람들이 있지만, 많은 연구자는 사례연구를 심리학과 사회과학 문헌에서 광범위하게 찾을 수 있는 타당한 연구방법으로 간주한다(Flyvbjerg, 2006; Shuttleworth, 2008; Yin, 2009). 사례연구들은 다음과 같이 다양한 목적을 가지고 있다.

- 특정 현상을 탐색하고, 기술하거나 설명함으로써 연구를 깊이 있게 이해하는 데 기여한다(Yin, 2009)
- 특정 개입이 어느 정도로 효과적이었는지를 결정한다(McLeod & Cooper, 2011)
- 전통적인 연구와 실무에 반할 수 있는 희귀한 사건 또는 조건을 기술한다(Christensen, 1994; Flyvbjerg, 2006)
- 새로운 이론을 만들거나 세운다(Flyvbjerg, 2006; MeLeod, 2013; Soy, 1997)
- 실제 삶의 맥락에서 이론과 모델을 검증 또는 도전한다(Shuttleworth, 2008)
- 광범위한 양적 평가와 초점화된 질적인 관점을 조화시킴으로써 전체적인(holistic) 접근을 제공한다(Shuttleworth, 2008)
- 진행 중인 사건 또는 문제를 자연스러운 맥락에서 조사한다(Yin, 2009)
- 개인, 집단, 조직의 경험을 탐색한다(McLeod & Cooper, 2011)

사례연구의 유형

사례연구에는 서로 구분되는 다양한 유형이 존재한다. 예를 들어, 사례연구법의 주요 저자들은 사례 유형을 다르게 개념화한다. Stake(1995)는 사례에 대한 맥락적 강조(내재적), 구체적인 이슈(도구적), 또는 사례 비교(집합적)에 기초해서 사례들을 기술했다. 반면, Yin(2009)은 사례 유형을 연구의 목적에 따라 그리고 그 목적이 탐색하는 것인지, 기술하는 것인지 아니면 설명하는 것이냐에 기초해서 사례의 유형들을 제안했다. 이렇게 개념화한 사례들은 서로 배타적인 것이 아니고 동시에 사용될 수 있다.

Box 9.1 사례연구 유형

맥락지향적 유형(Stake, 1995)

- 내재적(intrinsic): 문제(이슈)보다는 독특한 사례에 초점을 둠
- 도구적(instrumental): 개별 사례보다는 구체적인 이슈를 강조함
- 집합적(collective): 복수 사례들 간의 유사점과 차이점을 발견하기 위해 사례들을 비교함

목적지향적 유형(Yin, 2009)

- 탐색적(exploratory): 실제 맥락 내에서 특정 문제를 깊이 있게 탐색함
- 기술적(descriptive): 특정 문제를 현재의 맥락 내에서 묘사함
- 설명적(explanatory): 특정 문제를 자연스러운 맥락 안에서 좀 더 상세하게 설명하는 것을 의미하고, 인과적 연계를 명료하게 하는 데 도움이 됨

맥락지향적 유형

Stake(1995)는 사례연구를 내재적 · 도구적 또는 집합적 사례연구로 구분하였다. 이렇게 구분함으로써, 사례, 문제, 또는 사례들을 비교하는 것에 초점을 맞춘다. 각각의 유형을 다음에 제시하였다.

내재적 내재적 사례는 광범위한 문제를 조사해서 다른 사례들에 일반화시키기보다는 특정 사례를 조사하는 것에 초점을 둔다. 예를 들어, Aizenman(2009)은 손목을 베는 등의 자

해행동으로 인해 아버지로부터 의뢰된 여자 대학신입생에 대한 사례연구를 수행하였다. Aizenman은 이러한 행동을 상담센터에서 점점 더 자주 관찰된다고 보고했지만, 수치심 또는 자해가 심각한 행동이 아니라는 생각 때문에 그 심각성이 종종 간과되곤 한다. 4년 동안 이 사례를 지켜보면서 Aizenman은 학생과의 관계를 상세히 보고했고, 학생이 회피와 무관심에서 벗어나 자해행동을 초래한 요인들, 가령 아동기에 경험한 아버지의 태만, 분노, 좌절, 우울, 무망감, 무력감 등을 발견하게 되었다. Aizenman은 이 내담자에게 도움이 되었던 개입, 즉 삶을 긍정적인 시선으로 바라보고 자신의 감정을 개방적으로 표현하는 데 도움이 된 기법들을 공유할 수 있었다. 이 사례연구는 폭넓은 주제를 다루기 위해 모집단에 초점을 두기보다는 독특한 사례를 선택하고 초점을 두는 것의 가치를 실례로 보여 주고 있다.

도구적 도구적 연구는 개별 사례보다는 특정 주제(또는 문제)를 이해하는 것에 초점을 둔다. 이러한 유형의 사례연구는 이론을 세우거나 세련화하는 데 도움이 될 수 있고, 또는 사례를 연구의 초점이 아니라 특정 주제에 대한 틀로 활용해서 해당 현상에 대한 지식을 확장시키는 데 도움이 될 수 있다. 예를 들어, Larsen과 Stege (2012)는 10명의 내담자를 대상으로 한 상담회기 내에서 희망이라는 현상을 탐색하였다. 연구자들은 참여자들의 배경이나 호소하는 문제에 관심을 가진 것이 아니라, 희망이라는 주제에 대한 연구자들의 의문을 지지하기 위한 사례들을 선택했다. 참여자들의 연령은 30대에서 60대까지 분포했고, 상담에서의 호소문제는 애도, 약물남용, 진로 고민, 기타 등 광범위하게 분포하였다. 연구자들은 전반적인 주제에 초점을 맞추면서 참여자들이 경험한 희망과 관련된 주제들을 발견하였다. 이러한 주제들에는 상담관계, 정체성 발달, 관점의 변화 등이 포함되었다. 개별 사례에 초점을 두는 내재적 연구에서는 참여자의 구체적인 호소문제가 소중할 수 있지만, 도구적인 연구에서는 주제와 관련된 구체적인 역동이 본질적인 열쇠다.

집합적 집합적 연구는 연구자로 하여금 동시에 여러 사례를 비교하고 사례 간 차이점을 확인하는 것을 가능하게 한다. 예를 들어, Vilenica, Shakespeare-Finch와 Obst(2012)는 아동기 성학대에서 치유된 두 여성의 경험을 비교하였다. 연구자들은 학대의 영향 중 유사점을 발견했는데, 부정적 자아의식, 수치심, 신뢰감 결여, 남성들에게 '아니요'라고 말하지 못하는 것, 회피, 그 사건으로부터의 해리 등을 포함한다. 연구자들이 보고한 사례 간 차이점으로는 외상 후 증상 기간이 포함되었다. 치유를 위한 여정에서 두 여성은 자신의 과거를 수용하고 상담을 받았으며, 삶에서 의미를 찾을 수 있는 마음의 준비가 되어 있었다. 그러나 두 여성은 외상 사건을 직면하기 시작하면서 자신의 두려움을 다루는 방식에서 차이가 발생했다. 한 여성은 책과 고독을 통해 내적으로 두려움을 다룬 반면, 다른 여성은 강간당하는 것의 신체적 · 정서적 영향을 현실적으로 직면하였다. 집합적 접근은 유사하거나 차이가 있는 정보들을 수집함으로써 사례들을 비교하고, 이를 통해 해당 문제와 관련된 연구와 이론을 확장시킬 수 있다.

목적지향적 유형

Yin(2009, p. 21)은 맥락보다는 연구의 목적을 강조하는 사례연구법을 설명하였는데, 탐색적 · 기술적 · 설명적 유형이 그것이다. 그는 각각의 유형이 독특한 특징을 가지고 있지만 기능적인 측면에서는 겹치는 부분이 있다고 주장했다.

탐색적 탐색적연구에서 연구자는 실제 맥락 안에서 특정 문제를 탐색한다. 이러한 유형의 연구에서는 보통 구체적으로 기대하는 결과가 없고, 특정 문제를 둘러싼 새로운 증거를 수집한다. 예를 들어, Draper와 Faulkner(2009)는 작은 사립 가톨릭 여자대학에 재학 중인 경계선 성격장애 학생에 대한 치료적 개입을 탐색하였다. 이 연구는 작은 대학이라는 맥락에서 정신건강 문제를 조사하는 데 관심을 가졌기 때문에, 탐색적 특징이 잘 나타났다. 작은 사립대학교 환경은 적은 수의 교직원, 제한된 자원, 개별화된 관심에 대한 기대, 좀 더 친밀한 학생집단과 같은 특징이 있는데, 이 가운데 경계선 성격장애의 특징들이 나타났다. 이 연구를 통해 연구자들은 문제들이 발생한 자연스런 맥락 내에서 문제들을 조사할 수 있었다. 연구자들은 작은 규모의 대학상담센터에서 흔히 볼 수 있는 다양한 문제를 확인할 수 있었고, 유사한 상황에 처한 다른 상담사들에게 제언을 할 수 있었다.

기술적 기술적연구에서 연구자는 특정 문제의 현재 맥락을 이해하면서 그 문제를 철저히 기술한다. 예를 들어, Smart(2010)는 한 개인의 생물학적 · 심리 · 사회적 · 문화적 측면들을 탐색하는 Engel(1977)의 생물심리사회적 관점을 사용해서, 섭식장애를 가지고 있는 다문화 여성의 경험을 묘사하였다. Smart는 의학전문대학원에 다니고 있는 학생과의 15주에 걸친 상담을 진행했고, 신체상과 관련된 내담자의 문제가 다문화, 젠더, 사회경제적 지위와 관련이 있음을 알 수 있었다. Smart는 치료적 개입과 성과뿐 아니라 내담자의 자기인식, 타인과의 관계, 행동에 영향을 미친 다양한 문제를 기술하였다. 이러한 기술적 접근을 통해 탐색적연구보다 더욱 풍부하고 상세하게 해당 주제를 기술할 수 있었는데, 이는 섭식장애와 그러한 행동을 조장하는 환경을 깊이 있게 다루었기 때문이다.

설명적 설명연구에서 연구자는 특정 주제가 발생하는 자연스런 맥락 안에서 그 주제를 좀 더 상세히 설명한다. 이런 연구를 통해 다른 방법, 예를 들어 설문연구나 실험 설계를 통해서는 설명할 수 없는 인과적 연계를 타당화할 수 있다. 또한 이러한 연구는 특정 맥락 안에서 인과적 관계가 어떻게 그리고 왜 존재하는지를 조명해 준다. 예를 들어, Brady와 Whitman(2012)은 20대 초반의 남성 내담자의 불안을 다룸에 있어서 수용전념치료를 사용한 것을 조사했다. 연구자들은 치료의 긍정적인 효과를 지지하는 이론적 · 경험적 증거들을 발견했고, 내담자의 사회 불안을 줄이는 데 있어서 이 개입이 성공적이라는 것을 입증하는 사례연구를 수행하였다. 연구자들은 연구를 통해 이 개입이 성공적임을 보여 주었을 뿐 아니라, 이 치료가 어떻게 해서 효과적이고 왜 성공적인 치료적 경험이었는지를 설명할 수 있었다.

사례연구법을 설계하고 수행하는 단계

한 장소에서 다른 장소로 이동할 때 어느 경로가 가장 좋은 경로인지를 확인하는 데 있어서 지도가 도움이 되는 것처럼, 양질의 사례연구는 연구문제에서 출발해서 최종 결론에 이르기까지 계획을 고안하는 데 도움이 될 수 있다. 유명한 사례연구자들(Stake, 1995; Yin, 2009)은 성공적인 사례연구법을 계획하고 실행하기 위한 몇 개의 단계를 제안했다. 효과적인 연구설계로 이끌 수 있도록 각각의 단계를 아래에 기술하였다. 단일 사례뿐 아니라 다수의 사례, 집단, 조직 또는 사건들을 조사하기 위해 사례연구법을 사용할 수 있지만, 이 절에서 제시된 예들은 간편성을 위해 단일 사례연구에 초점을 맞추고 있다.

Box 9.2 사례연구법을 수행하는 단계

1. 연구문제와 명제를 정한다.
2. 사례(들)를 정한다.
3. 자료를 준비하고 수집한다.
4. 자료를 평가하고 분석한다.
5. 결과를 보고한다.

1단계: 연구문제와 명제를 정한다

사례연구를 포함해서 그 어떤 연구에서도 첫 번째 단계에서는, 연구를 통해 답하고자 하는 질문들을 명확하게 정할 필요가 있다. 연구문제를 통해 어떤 유형의 연구설계가 필요한지 확인할 수 있고, 연구의 초점을 좁힐 수 있다. 명제는 이러한 연구문제를 답하기 위해 연구해야 하는 구체적인 점들을 파악하는 데 도움을 준다(Yin, 2009, pp. 27-28).

연구문제　사례연구에서는 한 개 또는 그 이상의 문제에 답을 하는데, 종종 연구자가 관심을 가지고 있는 현상이나 사건에 대한 문헌연구에 기반을 두고 있다. 연구자는 치료에 대한 새로운 아이디어를 검토하기 위해, 현재의 증거기반 상담을 타당화하기 위해, 또는 특정 이슈를 좀 더 깊이 있게 탐색하기 위해 연구문제를 설정할 수 있다. 사례연구에서는 대화, 행동, 설문, 서류 검토 등 다양한 종류의 자료를 제공하는데, 이러한 자료를 토대로 결론을 도출한다. 따라서 주의 깊게 연구문제를 고안하면 가용한 모든 정보에서 길을 잃기보다는, 연구문제와 관련된 증거를 수집하는 데 집중할 수 있다.

사례연구법에서는 네 가지 유형의 연구문제가 유용한 지침서 역할을 한다. ① 성과 질문, ② 이론을 수립하는 질문, ③ 실용적인 질문, ④ 체험적 또는 내러티브 질문(McLeod, 2013; McLeod & Cooper, 2011). 예를 들어, 성과 질문은 특정 치료가 얼마나 효과적인지, 내담자의 행동이 얼마나 변화했는지를 정하는 데 도움이 된다. 이론을 수립하는 질문은 이론적인 모델을 만들거나 타당화하는 데 도움이 된다. 실용적인 질문은 사례의 실용적인 측면들을 탐색하는데, 사용한 절차, 적용한 기법, 연구를 수행하면서 따른 지침 등이 여기에 해당된다. 마지막으로, 체험적 또는 내러티브 질문은 참여자 자신의 관점을 통해 참여자의 경험을 탐색한다.

광범위한 주제를 다룰 경우 연구문제를 발전시키는 것이 어렵게 느껴질 수 있다. 따라서 주제를 몇 개의 단계로 쪼개서 연구를 좁히는 것이 도움이 될 수 있고, 연구를 수행하면서 쫓고 싶은 구체적인 방향을 정할 수가 있다. Yin(2009, pp. 27-28)은 세 가지 단계를 제안했다.

1. 문헌연구를 통해 관심사를 한 개의 주제로 좁힌다.
2. 주제와 관련된 주요 연구들을 검토해서 어떤 연구문제들을 묻고 답했는지, 후속 연구에서는 어떤 연구문제 또는 어떤 방향으로 연구할 것을 제안했는지 확인한다.
3. 같은 주제로 연구한 논문들을 추가로 검토한 후 연구의 방향을 정하거나 연구문제를 수정한다.

Soy(1997)와 Yin(2009)은 사례연구가 '누가, 무엇을, 또는 어디에'로 시작하는 질문보다는 어떻게 또는 왜로 시작하는 질문에 답하는 데 가장 잘 활용될 수 있다고 주장했다. 예를 들어, 당신이 한 커플을 상담하면서 이들 사이에서의 논쟁을 관찰했다면 왜 처음에 논쟁이 발생하는지를 알고 싶을 수 있다. 또한 그러한 논쟁이 두 사람 사이에서 어떤 방식으로 심해지는지에 관해 궁금해할 수 있다. 마지막으로, 논쟁을 통해 효과적인 전략들을 확인해 가면서 어떻게 그 커플이 갈등을 해결하는지 이해하는 것도 도움이 될 수 있다. 당신은 이러한 질문을 던짐으로써 커플의 관계를 개선하고, 커플 상담에 대한 당신의 실무역량을 향상시키며, 커플 의사소통에 대한 기존의 이론을 확증 또는 반박하거나, 또는 현재 현장에서 진행되고 있는 연구에 한몫을 더할 수 있다. 이 사례에서 연구문제는 다음과 같다.

- 왜 커플 사이에서 논쟁이 시작되는가?
- 논쟁은 어떤 방식으로 격화되는가?
- 논쟁이 시작된 후 커플은 어떻게 갈등을 해결하는가?

효과적인 연구문제는 광범위한 연구 영역을 매우 구체적인 영역으로 줄여 준다(Yin, 2009). 이러한 연구문제는 커플의 논쟁이 어떻게 시작되고 심해지며 줄어드는지, 이때 커플의 상호작용은 어떤지에 초점을 맞춘다. 결국, 연구문제와 관련이 없는 자료 수집이나 결과분석은 연구설계 측면에서 가외적이면서 불필요한 것으로 간주된다.

명제 비록 명료하게 정의된 연구문제가 연구를 통해 답하기 원하는 질문을 결정하는 데 도움이 되지만 명제는 이러한 문제에 답하기 위해 구체적으로 무엇을 연구할지 확인하는 데 도움이 된다(Yin, 2009, p. 28). 연구자는 명제를 사용해서 조사할 사례의 구체적인 요소들을 제안하는데, 이는 선행연구를 기반으로 하며, 연구에 대한 근거로 기능한다.

앞서 언급했던 연구문제들을 생각해 보자. 논쟁이 어떻게 심해지는가? 이 질문으로는 구체적으로 어떤 행동을 관찰할 방향을 잡기 어렵다. 대신, 이 주제와 관련된 다른 연구들을 언급하면 연구자의 초점을 좁힐 수 있고, 추후 연구에 대한 일련의 명제들을 도출할 수 있다. 예를 들어, 결혼의 안정성 및 이혼 예측의 주요 연구자인 Gottman(1999)은 커플 간 의사소통 패턴을 확인하기 위해 커플들을 관찰한다. 그는 수백 쌍의 커플을 관찰해서 그가 '네 명의 기수'라고 부른 공통의 의사소통 유형을 발견했는데, 이 유형들은 관계의 종말을 예측한다. 비난, 경멸, 방어, 완강한 거부가 그 유형에 해당된다.

사례연구법을 활용하면 Gottman의 연구에서 네 개 유형에 대한 증거에 초점을 맞춘 명제를 발전시킬 수 있을 것이다. 왜냐하면, 이러한 행동들은 질문에 답을 제공하는 데 적절해 보이기 때문이다. 이 경우 당신은 다음과 같은 명제를 제안할 수 있다. 커플이 비난, 경멸, 방어, 또는 서로를 완강히 거부할 때 논쟁이 심해질 수 있다. 이 명제를 통해 해당되는 구체적인 행동을 관찰할 수 있다. 이 행동들은 다른 커플들에게서도 갈등을 심화시키고, 따라서 당신이 연구를 진행하는 동안 커플 간 상호작용에 영향을 미칠 것이다.

효과적인 연구문제와 명제를 설정하면 연구 및 자료 수집의 방향성을 정하는 데 도움이 된다. 사례연구는 유연하고 새로운 발견에 개방되어 있다. 그러나 초점이 없다면 자료 수집을 하는 것이 당황스럽고 부담이 된다. 이 단계는 연구문제에 답을 제공하는 효과적인 연구설계를 고안하는 데 도움이 될 뿐 아니라, 불필요하게 주의를 흩트리지 않으면서 무관한 자료를 수집하고 평가하며 분석하지 않게 한다.

2단계: 사례를 찾는다

사례연구법이 당신의 연구문제에 답하기 위한 가장 유용한 설계라고 결정한 다음에는 연구에 가장 적합한 사례를 선정해야 한다(Baxter & Jack, 2008). 원하는 사례를 찾을 때는 몇 가지 요인을 고려한다. 이러한 요인에는 사례의 접근가능성과 적절성, 사례가 일반적인 상황 또는 비범한 경우를 대표하는지, 그리고 하나의 사례를 사용할지 아니면 여러 사례를 사용할지 등이 포함된다.

Box 9.3 사례를 선정할 때 고려해야 할 사항

- 사례는 연구문제에 답하는 데 유용한 자료를 제공하는가?
- 충분한 자료를 수집하기 위해 해당 사례에 접근할 수 있는가?
- 사례는 연구에 적합하고 관련된 자료를 제공할 수 있는가?
- 당신이 선정할 사례는 독특한 또는 일반적인 상황을 대표하는가?
- 하나의 사례를 사용할 것인가, 아니면 여러 사례를 사용할 것인가?
- 당신은 전체적인(holistic) 접근 아니면 내재된(embedded) 접근을 사용할 것인가?

접근성과 적합성 여러 독특한 사례에 눈이 가겠지만, 연구문제에 답하는 데 도움이 되는 자료를 제공하는 사례, 충분한 자료를 제공하는 사례를 찾아야 한다(Yin, 2009, pp. 91–93). 사례연구법은 다양한 자료원에 의존하는데, 가령 실생활에서 관찰할 수 있어야 하고, 연구주제와 관련해서 사람들을 면담해야 하며, 서류들을 검토하고 수집할 수 있어야 하고, 참여자들을 대상으로 설문을 실시하고, 연구문제에 답하기 위해 다른 관련 수단을 사용할 수 있어야 한다. 따라서 연구에 적합한 사례를 선정하되, 그 사례가 효과적인지에 대한 피드백을 얻을 수 있는 사례를 선정해야 한다. 더욱이, 연구에 적절한 사례에 충분히 접근할 수 있다는 확신이 생기면 충분히 가치 있는 자료를 수집할 수 있을 것이다.

Hays, Curry, Freeman과 Kuch(2010)는 대학에서의 알코올남용 문제를 조사했다. 이들은 동기강화 상담과 위해 감소법 및 단기 해결상담을 결합한 모델을 사용했는데, 이는 (대학캠퍼스에서는 오히려 역효과를 내는 것처럼 보이는) 절주모델과 차이가 있었다. 연구자들은 이 개입이 효과적인지를 조사하기 위해 치료에 적합한 사례를 찾아야했다. 연구자들은 20세의 여자대학생을 선택했는데, 그녀는 음주 문제로 상담센터를 방문했고, 친구들 또한 상담을 권유했다. 이전에 술을 덜 마시려고 시도했지만 성공하지 못했고, 따라서 그녀는 이 새로운 처치에 적절한 지원자처럼 보였다. 더욱이 그녀는 자신의 행동을 변화시키는 데 필요한 처치를 경험할 의향을 가지고 있었다.

어떤 기관의 지침이나 법적 또는 의료적 지침도 연구자들이 그녀와 연구하는 것을 막지 못했다. 그러나 기관에서 금지하는 사항이 있는지, 현재 진행 중인 법적인 문제가 있는지, 의료적인 염려사항이 있는지, 또는 그 밖의 다른 이유들 때문에 이 사례를 연구할 수 없고 연구에 적합하지 않는지를 확인할 필요는 있다.

독특한 사례 대 일반적인 사례 사례가 접근가능한지 적합한지를 확인하는 것 이외에도, 사례가 일반적인 상황을 대변할지 아니면 복잡하고 흔치 않으며 힘든 문제처럼 독특한 상황을 대표할지를 결정해야 한다(Soy, 1997). 평균적인 사례가 늘 최적의 정보를 제공하는 것을 아니다. 오히려 비범한 또는 예외적인 사례들이 특정 현상과 관련해서 좀 더 분명한 정보를 제공해 줄 수 있다. 예를 들어, 어떤 새로운 처치를 위해 사례를 선발했을 때, 그 목적이 해당 기법이 일반적인 내담자 또는 일반적인 문제를 다루는 데 있어서 효과가 있는지를 결정하는 것이라면, 다른 내담자와 가장 비슷하게 반응할 수 있는 사람을 사례로 선정하는 것이 도움이 될 수 있다. 그러나 연구의 목적이 해당 기법이 독특하고 힘든 사례에 효과가 있는지를 확인하는 데 있다면, 회복하는 데 좀 더 복잡한 문제를 제기하는 사람을 선발하는 것이 도움이 될 수 있다(Yin, 2009, pp. 47-49). 마지막으로, 특정 이론에 반하는 또는 그 이론에 도전하는 사례를 찾고 싶다면, 독특한 사례가 부합할 수 있다.

Stewart와 Chambless(2010, p. 75)는 실무자들이 통계적인 자료보다는 일화적이고 임상적인 경험을 선호하는 경향이 있다고 주장했는데, 왜냐하면 일화적이고 임상적인 경험은 추상적인 통계적 평균보다는 실제 사람과 동일시하기가 수월하기 때문이다. 그들은 "실무자들은 처치 성과 자료를 거부한다. 왜냐하면 그러한 개입이 연구에 참여한 평균적인 환자를 위해서는 효과가 있을지 모르지만 그들이 현장에서 만나는 복잡한 환자들에게는 효과적이지 않을 가능성이 많기 때문이다."라고 주장했다. 따라서 연구에 참여한 내담자뿐 아니라 개입에 대해 상세히 보고하는 사례연구법이 일반적인 통계적 증거보다 더 효과적일 수 있다.

단일사례 대 복수사례 연구목적에 부합하는 접근가능하고 적절한 사례를 찾는 것과 함께, 연구설계에서 요구되는 사례의 수를 생각해 보아야 한다. 단일사례 또는 복수의 사례를 선발할지를 결정하는 문제는 하나의 사례 또는 복수의 사례를 연구할지를 결정하는 것과 관련이 있다. 단일사례는 참여자의 수와 관계없이 단일 맥락 내에서 발생하는 반면, 복수의 사례는 평가되는 각 사례에 대해 다른 맥락이 포함된다. 이러한 결정은 연구를 위해 필요한 참여자와 맥락의 수를 정하는 데 영향을 미친다. 예를 들어, 상담대학원 프로그램의 교육과정을 연구할 때, 단일사례를 고려한다면 특정 수업에 있는 한 명 또는 그 이상의 참여자를 고려해야 할 것이다. 반면, 복수의 사례를 선택한다면 몇 개의 다른 수업에서 한 명 또는 그 이상의 참여자를 관찰해야 할 것이다.

목적과 원하는 성과에 따라 각각의 설계는 장점을 가지고 있다. Yin(2009, pp. 46-53)은 단일사례연구 활용에 대한 몇 가지 근거를 제안했다.

- 결정적(critical) 사례, 이 사례는 잘 알려진 이론을 타당화하거나 도전하거나 또는 확장시키는 데 활용될 수 있는데, 예를 들어 특정 치료에 반하는 또는 그것을 입증하는 예외 사항을 찾는 데 유용하다.
- 극단적 또는 독특한 사례, 이 사례는 흔하지 않은 정신장애처럼 조사할 가치가 있는 비범한 또는 일반적이지 않은 현상을 연구하는 데 유용하다.
- 전형적인 또는 보통의 사례는 큰 집단을 대표하는 사례인데, 가령 졸업 후 진로를 걱정하는 일반적인 대학생을 대상으로 한다.
- 드러내는(revelatory) 사례는 이전에 알려지지 않았거나 접근하기 어려웠던 문제에 대해 새로운 정보를 얻을 수 있는 사례인데, 예를 들어 인접 공동체들과 격리되었던 원주민들을 조사하는 것이 여기에 해당된다.

- 종단적(longitudinal) 사례는 시간을 두고 특정 문제나 사건을 평가할 때 유용한데, 상담개론 수업을 시작한 후 끝날 때까지 상담기술이 발달하는지 조사하는 등 변화를 조사할 때 유용하다.

단일사례 설계가 적합하지 않는 상황에서 복수의 사례를 활용하는 연구가 이점이 많은데, 특히 철저하고 강력한 연구를 하기 위해 재연(replication)이 요구될 때 그렇다. 단일사례보다는 재연이 좀 더 강력한 결과를 제공하는데, 말 그대로 유사한 연구 결과가 예상될 때도 그렇고, 이론적으로 반대되는 결과가 예상될 때도 그렇다(Yin, 2009, p. 54). 가장 간단한 설계는 두 개의 사례를 가지고 재연을 하는 것인데, 두 사례에서 유사한 결과가 예상될 때 사용한다. 이론적 재연에 기초한 설계 또는 많은 사례들을 가지고 하는 설계든 연구가 더 복잡해진다.

더욱이, Yin(2009, pp. 47-60)은 단일사례 또는 복수사례 접근 내에서도 서로 다른 유형의 접근들이 있다고 제안하였다. 전체적인(holistic) 접근은 단일 참여자, 집단 또는 실체(일반적으로는 '단위'로 불림)를 사례로 사용할 때 전체적인 접근을 활용한다. 여기에는 하나의 단위로 행동하는 한 개인, 가족, 집단 또는 기관이 포함될 수 있다. 내재된(embedded) 접근은 단일 사례/맥락의 범위 안에서 몇몇 참여자, 집단, 실체들을 연구하는 경우를 의미한다. 몇몇 단위들이 관찰되지만, 의도는 그러한 단위들을 개별 사례가 아니라 좀 더 큰 사례의 일부로 평가하는 것이다. 이는 복수사례와는 다른데, 각각의 사례가 다른 맥락에서 발생한다. 다음에 예를 제시하였다.

단일사례 설계와 복수사례 설계 모두 전체적인 접근 또는 내재된 접근을 포함한다. 이러한 설계들은 사례연구법을 위한 네 개 유형의 설계를 구성한다(Yin, 2009, pp. 50-52, 59-60). [그림 9-1]에서 단일사례는(예: 1)는 단일 맥락 내에서 발생하고, 복수사례(예: 1, 2, 3, 4) 각각은

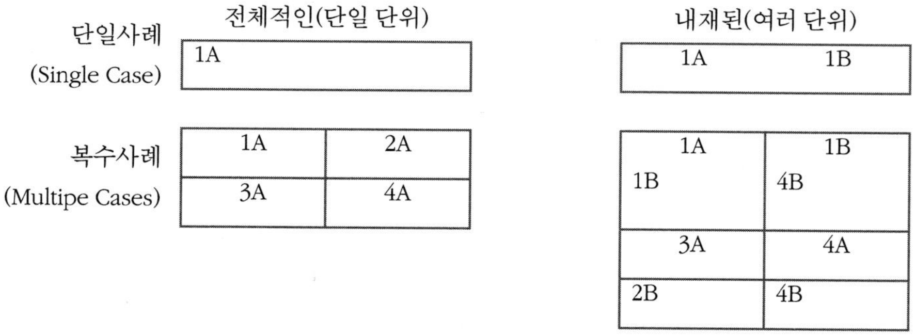

[그림 9-1] 사례연구 설계

몇 개의 맥락을 가지고 있음을 알 수가 있다. 각각의 설계 안에서 전체적인 접근은 사례 안에서 한 개의 단위(예: A)를 조사하는 반면, 내재된 접근에서는 사례(예: A, B) 안에서 몇 개의 단위들을 조사한다. 네 가지 사례 유형을 간략히 설명할 예정이다.

상담이라는 맥락 안에서 네 가지 유형을 간략히 설명하기 위해 상담 대학원이라는 맥락을 활용하고자 한다. 이 예는 훈련 중인 상담사들이 어떻게 자신의 대학원상담인턴과정을 경험하는지를 이해하는 데 초점을 두고 있다. 인턴은 참여자 또는 단위로서 기능하고, 상담인턴프로그램은 하나의 사례를 나타낸다.

유형 1: 단일사례 전체 설계 이 설계는 가장 단순하고 가장 유연한 설계로서 하나의 단위가 단일사례 안에서 조사된다. 이 설계는 어떤 사례를 복수의 단위로 쪼갤 수 없거나, 연구가 진행되면서 새로운 영역을 탐색할 필요가 발생해 유연성이 요구될 때 도움이 된다. 그러나 다른 단위나 사례들과 비교하지 않을 경우 이 설계는 한계점을 가질 수 있는데, 예를 들어 자료 수집 시 구조가 불명확할 가능성이 있고, 또는 연구문제에 답하려는 원래의 목적으로부터 벗어날 가능성이 있다는 것이다(Yin, 2009, pp. 51-52). 이 설계를 활용한 상담 사례에서 단일 상담인턴프로그램 내의 특정 인턴을 관찰할 수 있는데, 학생들의 일반적인 인턴 경험을 이해하는 데 활용할 수 있다. 연구 결과들은 해당 프로그램 내에서의 인턴의 개인적인 경험을 보여 줄 수 있다.

유형 2: 단일사례 내재 설계 특정 맥락 안에서 어떤 주제를 연구하기 위해 단일사례를 선택하지만, 그 사례에 대해 좀 더 폭넓은 통찰을 얻기 위해 맥락 안에서 몇 개의 단위들을 활용할 수 있다. 이러한 유형은 단일사례에 관해 추가적인 자료를 얻기 위해 다양한 단위들을 활용할 때 이롭다. 그러나 이 접근의 단점은 연구자가 해당 개인 단위에 지나치게 특정해서 초점을 맞추어서 좀 더 큰 사례의 구조 안에서 개별 단위들을 고려하는 것을 놓칠 수 있다는 것이다(Yin, 2009, p. 52). 예를 들어, 이 설계를 사용하면 몇몇 인턴을 관찰한 후 종합된 자료를 가지고 단일 상담프로그램에 속한 인턴들의 전반적인 경험을 기술할 수 것이다. 이 연구의 초점은 개별 인턴들의 개별적인 경험보다는 상담인턴프로그램 전체 사례에 있다.

유형 3: 복수사례 전체 설계 이 설계는 복수사례 설계 중에서 가장 단순한 설계로, 각 사례당 단일 단위를 조사한다(Yin, 2009, p. 59). 이 설계를 통해 단일사례 전체 설계의 한계점을 극복할 수 있는데, 왜냐하면 다른 사례들은 비교하기 위해 사용되거나 구조를 만들기 위한 지침으로 사용되기 때문이다. 그러나 사례의 수를 증가시키면 자료 수집이 복잡해지고, 각 사례를 개별적으로 평가해야 한다. 예를 들어, 이 설계를 활용해서 몇 개의 상담프로그램에서 인턴을 한 명씩 관찰할 수 있을 것이다. 연구를 통해 도출된 결과는 각각의 상담프로그램에서의 경험을 토대로 기술하고, 모든 사례에 걸친 전반적인 경험에 관해 결론을 내리게 된다.

유형 4: 복수사례 내재설계 이 설계는 더욱 복잡한데, 여러 사례 내에서 몇 개의 단위를 조사한다(Yin, 2009, p. 59). 복수사례 내재설계의 주요 이점은, 많은 사례로부터 상당한 양의 자료를 수집해서 사례들과 사례에 포함된 것들(단위들)을 서로 비교한다는 것이다. 그러나 추가적으로 자료를 수집하는 것과 관련해서 단점은, 압도될 정도로 많은 정보 때문에 산만해지지 않으면서 중요한 자료에 초점을 유지해야 한다는 것이다. 더욱이, 연구에 대한 전체적인 결론을 내리기 앞서 각각의 사례에 대한 평가 및 결과를 기술해야 한다. 이는 단일사례 내재설계를 보고하는 것 이상의 것을 요구하는데, 최종적인 연구 결론에 도달하기 위해 모든 사례를 요약하기 앞서 개별 사례에 속한 한 개의 단위들을 결합해서 요약해야 한다. 이 설계를 사용할 경우 다양한 상담프로그램에서 몇 명의 인턴을 관찰할 수 있을 것이다. 우선 각 상담프로그램에 속한 모든 인턴에 대한 결과물을 결합시킨 다음, 다른 상담프로그램에 대해서도 동일한 과정을 반복한다. 마지막으로, 복수의 사례를 검토해서 전체적인 결론과 시사점을 도출한다.

요약하면, 사례를 선정하는 일은 접근가능하고 적절할 뿐 아니라 해당 문제를 효과적인 방식으로 나타내는 사례(즉, 평범함 또는 독특한)를 찾는 것에서 시작된다. 또한 연구자는 단일사례 또는 복수사례 설계 중 어느 것이 가장 도움이 될지 결정해야 하고, 전체적인 접근을 해야 할지 아니면 내재된 접근을 취해야 할지를 결정해야 한다. 사례 선정 과정에서 이러한 결정을 내리는 것은 자료를 준비하고 수집하는 그다음 단계에 영향을 미친다.

3단계: 자료를 준비하고 수집한다

사례연구는 다양한 정보원으로부터 많은 양의 정보를 끌어낼 수 있다. 자료 수집에 대한 지침이 될 수 있는 연구문제와 명제가 없다면, 수집되는 정보의 양에 압도될 수 있다. 단계 1에서 효과적인 연구문제와 명제를 구성하고, 단계 2에서 적절한 사례를 주의 깊게 선별함으로써 연구문제에 효과적으로 답하는 데 필요한 구체적인 자료에 초점을 유지할 수 있다. 마찬가지로, 자료를 준비하고 수집하는 것은 타당하고 신뢰할 수 있는 결과를 얻는 데 필수적이다.

사례연구에서는 종종 다양한 정보원을 수집하는데, 관찰, 면담, 설문조사, 서류 검토 등이 여기에 해당된다. 따라서 자료를 준비하고 효과적으로 수집하는 과정에서 몇 가지 요인을 고려할 필요가 있다. 여기에는 연구의 유연성을 유지하고, 연구의 타당성과 신뢰도와 관련된 사례연구 실시 요강을 마련하고, 자료를 수집하는 사람들을 훈련시키고, 적절하게 자료를 수집하고 분류하는 것, 예비연구를 수행하는 것, 연구에 대한 허락을 득하는 것, 마지막으로 자료를 수집하는 것이 포함된다.

유연성을 유지한다 자료를 수집하면서 유연성이 요구되는 문제들이 발생할 수 있는데, 예를 들어 연구문제를 더 구체화하고, 서류들을 조정하고, 면담 질문을 수정하고, 자료 수집 방법을 개선하고, 연구 기한을 연장하는 것 등이 해당된다. 이는 사례연구의 한 가지 장점인데, 상황이 변하고 새롭게 발전하는 것들이 생기면서 연구가 진화할 수 있다는 점에서 그렇다. 예비연구 또는 이미 출판된 다른 연구와 현재의 사례를 비교함으로써 연구자는 다른 관점을 확인할 수 있고 이를 통해 새로운 정보를 수집하기 위해 연구설계를 확장하거나 수정할 수 있다. 이러한 변화에도 불구하고 유연성을 유지하면서도 연구의 질과 엄격함은 유지해야 한다(Yin, 2009, pp. 70-71).

실시 요강을 마련한다 실시 요강을 통해 각각의 사례 또는 사례 내 단위와 관련된 자료를 관찰하고 문서화하며 분석하고 연구 결과를 보고하는 기준을 확립한다. 양질의 실시 요강을 확보하는 것은 연구의 타당성과 신뢰도를 확립하는 데 필수적이다(McLeod, 2013). 다른 연구설계에서도 타당도와 신뢰도가 중요한 만큼, 의도적으로 자료 수집을 위한 구조를 세우게 되면 효과적인 연구설계를 확보하는 데 도움이 된다.

Box 9.4 실시 요강의 기본 요소

- 연구문제와 명제
- 이론적 틀과 연구의 목적
- 조사자에게 필요한 기술과 훈련
- 선별된 사례와 관찰이 진행될 장소
- 자료를 수집하고, 보고하고 정리하기 위한 절차
- 참여자들에게 할 질문, 관찰할 내용
- 평가와 분석을 위한 전략
- 사례연구 보고서 개요 및 증거

Yin(2009, pp. 40-45)은 사례연구법에서 네 개의 주요 검증을 제안했는데, 구인 타당도, 내적 타당도, 외적 타당도, 신뢰도가 해당된다. 이러한 것들은 연구를 위한 효율적인 실시 요강을 마련하는 데 도움이 된다. 각각을 설명하면서, 지역사회 내 이민자 가정에서 발생하는 십대 임신이라는 주제를 예로 들 것이다.

구인 타당도 연구자는 측정하려고 했던 것을 측정하는지 확신해야 한다. 사례연구에서 관찰 및 면담이 가지고 있는 주관적인 특징 때문에 구인 타당도를 확보하는 것이 쉽지 않을 수 있다. 그러나 자료를 수집하고 관찰자들을 훈련시키며, 연구 결과를 뒷받침하기 위해 다양한 정보원을 활용하는 등 일련의 목표들을 구조화하는 일은 의도한 방향으로 연구의 초점을 유지하는 데 도움이 된다. 예를 들어, 십대 임신을 연구할 때 십대 임신에 관한 일반적인 연구를 검토함으로써 이 주제와 관련된 자료 유형을 확인할 수 있다. 따라서 직접 십대 임신을 다루지 않는 주제 대신 구인 타당도를 지지하는 관련 위험 요인, 예를 들어 학업저성취, 열악한 경제적 자원, 이혼한/어린 부모와 같은 정보를 포착할 수 있다.

내적 타당도 내적 타당도는 인과적 관계를 논하기 위한 추론과 관련되기 때문에 특히 설명적인 사례연구에 해당된다. 따라서 그러한 추론이 증거를 통해 지지될 수 있는지, 대안적인 결론이 내려질 수 있는지, 인과적 관계를 설명할 때 관찰된 패턴이 예상했던 패턴과 부합하는지를 고려하는 것이 중요하다. 예를 들어, 십대 임신의 증가를 조사하는 양적 설문연구를 통해 십대 임신이 고등학교 퇴학률 증가, 높은 부모 이혼률, 경제불황 및 다른 환경요인과 인과적 관련성을 갖는지를 확인할 수 있다. 이러한 문제를 사례연구를 통해 조사할 경우 이러한 인과적 관련성이 왜 그리고 어떻게 이런 특정 맥락 안에서 존재하는지를 조명할 수 있다. 또한 기존 문헌들은 가족의 민족적 · 문화적 배경에 내재된 다문화적인 주제와 이 특정 공동체 안에서 작동하는 정치 · 사회 · 경제적인 문제들의 영향을 다루고 있지 않을 수 있다. 따라서 연구자는 이런 영역을 조사함으로써 연구의 내적 타당도를 향상시킬 수 있는 잠재적 대안 또는 확증적인 설명을 발견할 수 있다.

외적 타당도 연구자는 자신의 연구 결과를 더 폭넓은 이론이나 다른 맥락에 일반화하는 것이 중요하다고 생각할 수 있다. 따라서 추가적인 사례나 연구참여자들을 활용해서 유사한 연구결과를 재연한다면 외적 타당도와 관련해서 더 많은 증거를 제공할 수 있을 것이다. 예를 들어, 십대 임신이라는 주제를 연구함에 있어서 몇 명의 참여자, 학교 또는 공동체를 대상으로 연구하는 것이 한 명의 임신한 십대, 학교, 지역사회 공동체의 경험을 조사하는 것보다 더 강력하다. 다양한 정보원으로부터 이끌어낸 결과를 다른 참여자, 학교 및 지역사회에 일반화하는 것이 가능하기 때문에, 외적타당도를 향상시킨다.

신뢰도 동일한 사례를 사용해서 동일한 방식으로 연구를 재연해서 유사한 결과를 얻는다면 그 연구는 신뢰롭다고 간주할 수 있다. 신뢰도를 확보하는 것은 일관되고 정확한 자료 수집을 위해 필요하다. 신뢰도를 향상시키기 위해서는 실시 요강에 제시된 절차를 서류화하는 것이 필요한데, 그러한 절차들은 연구 결과의 신뢰도를 검증하는 데 사용될 수 있다.

예를 들어, 효과적인 실시 요강에는 연구문제, 기저의 이론 및 연구의 목적, 조사자에게 필요한 기술과 훈련, 사례 또는 장소의 수, 자료 수집 전략 및 질문, 분석 기법, 자료 수집 및 저장, 필요할 경우 현장에서의 절차 그리고 연구 결과보고서를 위한 개요 안 등을 포함하고 있다. 조사자가 한 명일 경우에는 이 정도로 충분할 수 있다(Yin, 2009, pp. 77-82). 그러나 조사자가 복수일 경우에는 어떤 유형의 증거를 수집할지, 그러한 증거를 어떻게 수집하고, 기록하고, 저장할지 그리고 절차상 어떤 편차가 예상되고 어떻게 대처할지 합의하는 것이 도움이 된다. 또한 다른 참여자와 학교 및 지역사회를 대상으로 유사한 결과를 얻음으로써 연구가 재연되기 위해서는 어떤 것이 입증하는 자료인지, 어떤 것이 불일치하는 결과인지 미리 합의를 하는 것이 필요하다.

조사자의 기술 및 훈련 효과적인 사례연구에는 연구자를 위한 준비와 훈련이 포함되는데, 이는 일반적인 연구 기술을 넘어 사례에 특화된 것들이 포함된다(Soy, 1997). 비록 사례연구가 개방적이고 유연할 수 있도록 계획되지만, 주관적이고 종종 예측하기 어려운 자료 수집의 특성 때문에 자료 수집에 어려움이 초래될 수 있다. 따라서 연구자가 기법을 익히고 특정 주제와 참여자 및 맥락에 필요한 훈련을 제공함으로써 연구의 효과를 증진시킬 수 있다.

Yin(2009, pp. 69-73)에 따르면, 유능한 연구자에게 필요한 기술은 사려 깊은 관찰을 수행하는 것, 잘 준비된 질문을 적절히 하는 것, 연구참여자가 의도한 방식대로 답변을 해석하는 것, 변하는 환경에서 유연성과 적응성을 유지하는 것, 연구하고 있는 관련 주제와 이론을 철저하게 아는 것, 그리고 불일치하는 자료들에 대해 편견 없이 개방적인 태도를 유지하는 것 등이 포함된다.

만일 직장에 복귀하는 고령의 내담자를 상담하는 진로상담사를 관찰하고 있다면, 자료분석을 위해 타당한 자료를 수집하고 있다고 확신하기 위해 다양한 기술이 필요할 수 있다. 당신은 연구의 다양한 지점에서 효과적인 질문을 던져야 한다. 이러한 시점들은 초기 연구문제를 발전시키는 동안, 진로상담사나 내담자를 면담하는 동안, 면담 후 상담사나 내담자가 했던 진술에 대해 후속 질문을 해야 할 때, 당신이 포착하고 싶어 하는 행동을 생각할 때, 그리고 평가와 분석을 진행하면서 해당 주제를 더 조사해야 할 때 필요하다. 더 나아가 연구자는 참여자가 말한 것을 단순히 경청하는 것이 아니라 참여자의 신체언어, 행동, 언어적·신체적 반응을 관찰한다. 이러한 반응에는 눈동자를 움직이는 것, 깊은 한숨, 초점 없는 시선, 말 속도의 변화, 또는 힘든 질문을 받은 이후에 이마에 땀을 흘리는 것 등이 포함된다. 이러한 기술은 사례가 의도했던 것처럼 진행되는지, 아니면 예상했던 방향을 벗어나고 있는지 결정하는 데 도움이 된다.

공식적인 승인을 득한다 인간을 대상으로 하는 대부분의 연구에서는 참여자들에게 불필요하게 해를 끼치지 않는 방식으로 연구가 설계되었는지를 확인하는 공식적인 검토와 승인이 진행된다. 연구를 재정적으로 지원하는 기관, 예를 들어 교육시설, 정부 지원 기관, 또는 연구비 지원 기관으로부터 연구수행에 대한 공식적인 검토와 승인을 득하는 것이 요구된다. 기관, 참여자, 참여자의 보호자로부터 동의를 구해야 할 수도 있다. 예를 들어, 만일 당신이 대학에서 일하고 있고 중학생들을 대상으로 연구를 수행하고 있다면, 대학, 중학교, 중학생 및 학생의 보호자로부터 공식적인 승인과 동의를 구해야 한다. 고지된 동의(informed consent) 절차를 통해 윤리적인 문제들을 다루고, 연구의 특성과 연구참여로 인해 얻을 수 있는 혜택 또는 잠재적인 위해, 사생활 및 비밀보장에 대한 권한 그리고 특별한 편의가 제공되는지를 충분히 이해했는지를 확인한다(McLeod & Cooper, 2011). 예비 연구 이전에 연구에 관한 공식적인 승인이 필요할 수 있고, 예비 연구 결과 연구 설계의 요소를 변경할 필요가 있다면 변경된다면 본 연구 이전에 다시 승인을 얻어야 한다.

예비연구를 수행한다 Soy(1997)는 성공적인 연구를 수행하는 데 있어서 잠재적인 장애물을 파악하고 제거하기 위해서는 참여자들을 관찰하거나 그들과 상호작용 하기 전에 예비연구를 수행할 것을 추천했다. 예비연구는 하나의 시운전으로 기능하는데, 서류를 수정할 필요가 있는지, 어디서 질문과 기법을 수정할지, 정확성을 담보하기 위해 어느 지점에서 답변을 해석하는 것을 연습할지, 연구문제에 답할 만큼 연구설계나 자료 수집이 충분한지, 연구를 통해 발견한 것을 좀 더 의미 있게 만들기 위해 추가적으로 질문이 필요한지, 그리고 효과적인 자료 보관 방법을 고안해서 평가와 분석을 위해 자료를 분류해야 하는지를 파악할 수 있다.

예비연구를 위한 사례는 편하게 선발할 수 있다. 좀 더 복잡한 사례를 연구하기 전에 기본적으로 수정할 것이 무엇인지 확인하기 위해서는 간단한 사례로 시작하는 것이 좋다. 대신, 복잡한 사례는 연구 중에 발생할 수 있는 잠재적인 문제를 예상하는 데 도움이 된다(Yin, 2009, pp. 92-94). 또한 연구를 위한 실시 요강을 온전하게 따르는 것이 도움이 되는데, 그래야만 요강의 효용성을 평가하고 수정할 수가 있다. 완전한 형태의 연구 실시 요강을 마련하기 위해서는 예비연구로부터 얻은 교훈을 포함한 보고서를 작성하는 것이 필요하다. 예비연구를 실시하고 필요한 수정을 했다면 본 연구를 수행할 준비가 된 것이다.

자료를 수집하고 저장한다 사례연구에서는 연구의 크기에 따라 많은 양의 양적 자료 또는 질적인 정보를 수집할 수 있다. 조사자는 그들의 대화와 행동, 직접 관찰을 통한 경험, 참여 관찰 또는 면담을 기록한다. 또한 조사자는 문서나 보관된 기록물, 인공물과 같이 다양한 자료원으로부터 자료를 수집한다. Yin(2009, pp. 101-114)은 사례연구에서 많이 활용되는 자료원을 여섯 가지로 기술하고 각각의 장단점을 설명하였다. 아래에 그 내용을 요약해서 제시하였다.

Box 9.5 사례연구를 위한 자료원

- 직접 관찰
- 참여 관찰
- 면담
- 문서
- 기록물
- 물리적 가공물

- **직접 관찰**을 통해 사례가 속해 있는 자연스러운 맥락, 즉 가정, 이웃, 교실, 상담실, 집단회기, 상담센터 또는 기관 미팅에서 참여자를 관찰할 수 있다. 관찰이 갖는 주요 이점은 실제 시간에 사례가 포함된 환경 맥락에서 정보를 수집할 수 있다는 것이다. 단점은 관찰에 시간이 많이 소요되고, 참여자들이 관찰되고 기록되고 있다는 사실을 알게 될 때 참여자의 행동에 영향을 미칠 수 있다는 것이다.

- **참여 관찰**은 조사자가 사례가 속한 맥락 안에서 특정 역할을 수행할 수 있는데, 예를 들어 상담기관 내 상담사, 집단회기 내 구성원, 교실 내 교사, 이웃에 있는 주민으로서 역할을 수행할 수 있다. 직접 관찰이 가지고 있는 이점과 한계에 더해, 참여자-관찰자는 참여자의 행동이나 동기에 관해 통찰을 얻게 된다. 그러나 참여자-관찰자는 잠재적으로 편향에 노출될 수 있는데, 의도적이거나 의도적이지 않은 조작으로 인해, 또는 사례인 참여자들 또는 사건에 대해 과하게 익숙하기 때문에 이러한 편향을 가질 수 있다. 더욱이, 조사자의 참여자의 역할로 인해 자료 수집을 위해 너무나 많은 시간을 들여야 할 수 있고, 또는 참여자의 역할과 조사자의 역할이 서로 충돌할 수 있는데, 같은 시간대에 한 사건에 대해서는 참여를 해야 하고 다른 사건에 대해서는 관찰을 해야 한다.
- **면담**을 통해 조사자는 참여자들로부터 직접적인 피드백을 얻을 수 있고 다른 자료원을 확인할 수 있는 증거를 수집할 수 있다. 면담자는 유연하고 대화적인 접근을 사용해서 사례 관련 주제에 관해 직접적으로 질문을 할 수 있는데, 주제가 떠오를 때까지 기다릴 필요가 없다. 이 과정에서 참여자들은 사건이나 인과관계에 대해 좀 더 많은 통찰을 제공할 수 있다. 그러나 면담의 단점으로는 효과적이지 않고 주도적이면서 위협적인 질문 때문에 발생하는 잠재적 편향과 다른 자료들과 충돌하는 잠재적 반응들, 또는 부정확하게 회상되는 사건 등이 있다.
- **문서**는 다른 자료들을 확증하거나 보완해 주는 기록된 증거들인데, 편지, 이메일, 일기, 달력, 사례노트, 상담계획서, 평가, 진행 상황을 기록한 것, 제안서, 회의록, 오려 낸 신문기사 등이 해당된다. 장점은 사례 참여자들에게 직접적으로 영향을 미치지 않으면서 정보를 얻을 수 있고, 자료를 반복해서 검토할 수 있으며, 좀 더 넓은 시간대를 커버할 수 있고, 상세한 자료를 제공할 수 있다는 데 있다. 단점은 서류를 찾거나 접근하는 데 어려움이 있을 수 있고, 자료의 정확성을 입증하기가 수월하지 않으며, 어떤 서류가 가장 적합한 것인지 알기가 어렵다는 것이다.
- **기록물**(archival records)은 서류 형태로 존재하지 않은 기록을 포함하는데, 예를 들어 컴퓨터 파일, 군 기록, 의료 기록, 병원 입원 치료 기록, 기관 또는 인사 기록, 문화 또는 지리적 지도 및 차트, 이전에 수집된 설문 자료, 통계청에서 수집한 인구조사 기록 등이 포함된다. 기록물의 장단점은 문서의 장단점과 유사하다. 그러나 사생활 보호 또는 비밀보장의 문제로 인해 어떤 기록들은 접근하는 것이 힘들 수 있다.
- **물리적 가공물**에는 문화적인 물건, 기술적인 장치, 예술작품, 사진, 또는 분석에 유용한 다른 물건 등 사례와 관련된 물리적 증거물이 포함된다. 비록 상담연구에서 가공물이 자주

사용되지는 않지만 유용할 수가 있는데, 가령 가족의 감정을 반영해 주는 아동의 그림, 중요한 관계를 묘사하고 있는 이미지, 다른 연구 결과를 지지하고 설명해 주며 명료하게 해 주는 문화 전시품이 여기에 해당된다. 반면, 어떤 가공물을 자료로 선별할지 결정하는 것, 평가와 분석을 위해 가공물을 확보하는 것 등이 힘들 수 있다.

다양한 유형의 자료를 활용하고 각각의 자료를 적절히 사용하는 것에 더해, Yin(2009, pp. 114-124)은 자료 활용을 극대화할 수 있는 자료 수집의 세 가지 원칙을 제안하였다. 이 세 가지 원칙은, ① 삼각측정, 즉 연구 결과를 확증하고 타당화하기 위해 다양한 자료를 활용하는 것, ② 사례연구 데이터베이스를 마련하는 것, ③ 일련의 증거들을 확보하는 것이다.

다양한 자료원을 사용한다는 것은 여섯 개의 자료원으로부터 다양한 자료를 수집하는 것뿐 아니라, 다양한 조사자로부터 자료를 수집하고, 다양한 관점으로부터 자료를 수집하고, 다양한 자료 수집 방식을 사용해서 자료를 수집하는 것을 의미한다. 사례연구 데이터베이스를 확립하는 것은 원자료를 조직적으로 저장하는 것을 의미하는데, 원자료에는 음향 또는 화상 기록, 참여자의 진술, 컴퓨터 파일, 조사자 노트, 문서, 설문 응답, 검사 점수, 표, 가공물, 연구자의 성찰 내용 등이 포함된다. 이러한 원자료는 원래 형태로 존재해야 이후 조사 또는 재연에 사용될 수 있다(Yin, 2009, pp. 114-118). 근거이론 연구에서처럼 패턴이나 주제별로 자료를 분류하는 것이 유용할 수 있는데, 여기에는 차트, 표, 또는 편집하기 쉽고 나중에 참고하기 쉬운 자료의 일부가 포함된다(Renata & Media, n.d.). 마지막으로, 일련의 증거를 마련해 놓음으로써 연구의 신뢰성을 향상시킬 수 있는데, 이를 통해 연구자는 연구 초반에 했던 질문에서 시작해서 최종 결론에 이르기까지 사례와 관련된 증거를 추적해 볼 수가 있다. 또한 연구자들은 자신만의 노트를 기록으로 남겨 두는 것이 도움이 될 수 있는데, 관찰한 것에 대한 개인적인 감정을 기록하고, 상황에 대한 직관적인 영감을 적고, 어떤 질문을 추가로 했고 또 하고 싶었는지를 기록해서 수집한 자료와 구분해서 보관하면, 연구 결과를 보완하거나 추가로 확인할 수 있는 자료로 검토해 볼 수 있다(Soy, 1997).

요약하면, 효과적인 자료 수집 전략을 세우는 것에는 연구의 결론을 입증하기 위해 다양한 자료를 활용하는 것, 적절하게 자료를 분류하고 저장하는 것 그리고 어떤 연구 결과가 어떤 연구 자료와 관련이 있고, 필요할 경우 추적하기 쉽게 조직하는 것 등이 포함된다. 이러한 절차로 자료가 수집되고 저장되면, 그다음 단계는 연구 결과를 탐색할 수 있도록 자료를 평가하고 분석하는 것이다.

4단계: 자료를 평가하고 분석한다

사례연구 자료를 분석하는 것은 사례연구에서 가장 어려운 일 중 하나인데, 왜냐하면 그 과정이 다른 방법에 비해 덜 발달되었고(Yin, 2009, p. 127), 다수의 자료원을 분석해야 하기 때문이다. 수집된 원자료의 양에 압도되는 느낌이 들 수 있다. 그러나 의도된 전략과 기법을 사용해서 효과적으로 자료를 분석하고 타당화고 신뢰할 수 있으며 적절한 결론에 도달할 수 있다. 폭넓은 분석 전략을 사용해서 자료를 분석하고 그런 다음 적절한 분석 기법을 선택하는 것이 도움이 된다. 다음 절에서는 사례연구 자료 분석에 활용되는 기법과 전략에 관해 기술하고자 한다.

분석 전략 자료를 분석할 수 있으려면 자료를 수집하기 전에 실시 요강에 분석 전략을 마련할 필요가 있다. 분석 단계에서는 이러한 전략이 도움이 될 수 있다. Miles와 Huberman(1994)은 우선 자료를 조작해서 시작 단계에서 순서가 나타나는지를 결정할 것을 제안하였다. 이러한 조작은 정보를 층이나 범주로 구분하는 것, 차트나 그래프를 만드는 것, 사건의 빈도나 평균, 변량을 계산하는 것, 사건을 시간상의 또는 연속적인 순서로 줄을 세우는 것 등이 포함된다. 조직적인 방식으로 자료를 순서대로 늘어놓으면 분석의 시작 시점을 파악하는 데 도움이 될 수 있다. 그러나 자료를 평가하고 분석하면서 나타나는 새로운 통찰과 모순적인 자료에 개방적인 태도를 견지하는 것이 필요하다(Soy, 1997).

Yin(2009, pp. 130-136)은 자료의 패턴을 파악할 수 있고 가장 좋은 분석 방법을 결정하는데 도움이 되는 네 가지 분석 전략을 제안하였다. 이러한 전략들은 서로 배타적이지 않고 서로 조합해서 사용할 수 있다. 자료가 질적이든 양적이든, 가장 선호되는 방식은 연구문제 및 명제와 가장 관련이 깊은 자료부터 시작하는 것이다. 연구와 자료 수집을 이끌었던 이론적인 명제들을 따르면 연구문제에 답하고 연구문제에 근거해서 결론을 이끌어 내는 것에 초점을 유지할 수 있다. 이를 통해 이론적인 명제를 확증할 수도 있고, 연구의 이론적 배경을 지지하거나 도전하는 대안적인 설명을 도출할 수 있다.

만일 연구의 시작 단계에서 연구문제나 명제가 명시되지 않아 첫 번째 전략이 효과적이지 않으면, 두 번째 전략은 사례를 기술해서 연구의 구조를 만드는 것이다. 사건들을 시간의 흐름에 따라 기술하거나, 또는 사건들을 순서대로 묶는 것인데 이 경우 마치 책을 챕터로 나누는 것처럼 사례의 내러티브를 만들거나 사건들을 유사한 집단으로 분산시키는 것이다.

세 번째 전략은 혼합연구방법을 활용하는 것이다. 혼합방법 분석이 질적 자료와 양적 자료를 모두 수집하는 사례연구 설계에 필요하지만, Yin(2009, pp. 132-133)은 양적 자료를 분석해서 객관적인 자료에 내재된 패턴을 발견하고, 좀 더 결정적인 질적 자료를 발견하는 데 초점을 둘 것을 제안했다.

마지막으로, 네 번째 전략은 대립하는 설명을 탐색하는 것이다. 이때 다른 방식으로 자료를 분류하고 분석해서 연구자의 가정을 도전하는 결과 및 불일치하는 증거를 찾을 필요가 있다(Soy 1997). 예를 들어, 질적인 결과와 불일치하는 양적 결과를 발견할 수가 있는데, 이는 다른 결론을 고려하게 한다.

연구자는 유용한 분석 전략을 도입함으로써 가장 의미 있게 보이는 요소에 관심을 집중할 수 있다. 나아가 패턴과 주제를 발견하게 되면 잘못 출발하는 것을 피할 수 있고, 연구문제나 최종 결론과는 관련이 없는 자료를 분석하는 데 시간을 낭비하는 것을 피할 수 있다. 분석 전략을 정하고 정보의 범주를 파악한 다음에는 다음 절에 기술할 분석 기법 중 하나를 활용할 수 있다.

분석 기법 수집된 자료에 따라 구체적인 분석 기법 또한 다를 수 있다. 질적인 자료에 대해서는 컴퓨터 지원 프로그램과 방법들이 자료 평가 및 분석에 도움이 될 수 있다. 예를 들어, 근거이론, 현상학 또는 내러티브 분석 절차들은 관찰과 면담 자료들을 검토하는 데 활용될 수 있고, 설문 절차는 연구 참여자들로부터 수집한 양적 또는 질적 설문 문항들을 탐색하는 데 활용될 수 있다.

Yin(2009, pp. 136-160)은 사례연구법에서 자료를 찾을 수 있는 다섯 가지 포괄적인 분석 기법을 제안했는데, 패턴 매칭, 설명 구축, 시계열 분석, 논리 모델, 사례 간 통합이 그것이다. 첫 번째 네 기법은 단일 또는 복수 사례연구에서 사용할 수 있고, 마지막 기법은 복수 사례에 대해서만 사용할 수 있다.

- 패턴매칭은 권장되는 기법이지만, 패턴매칭은 모든 기법에 포함되어 있다. 이 기법은 관찰된 패턴과 예상된 패턴을 비교해서 내적 타당도를 향상시키기 위해 패턴이 어디에서 중복되는지를 결정한다.
- 설명 구축(explanation building)은 인과적 관계를 설명함으로써 좀 더 복잡한 형태의 패턴 매칭을 적용한다. 이 기법은 주로 설명을 목적으로 하는 사례연구에 적합하다.
- 시계열 분석은 단일사례연구에서 볼 수 있는 시계열 설계와 유사한데, 시간의 흐름에 따른 변화를 추적할 수 있고, 기대했던 패턴과 실제 패턴을 비교한다.
- 논리 모델은 한 단계가 다른 단계로 이어지는 복잡한 일련의 사건을 측정하는 데 사용된

다. 일련의 사건이 발생하는 과정을 관찰하면서 인과적 관계와 패턴을 파악하는데, 그러한 사건들이 예상했던 패턴과 부합하는지를 결정한다.

- 사례간 통합(cross-case synthesis)은 패턴을 파악하기 위해 사례들을 살펴본다. 여기에는 동시에 수행된 사례연구뿐 아니라 별도로 수행된 독립적인 연구들이 포함될 수 있다. 이 분석은 양적연구에서 활용되는 교차실험설계와 유사하다.

종합하면, 분석에서 양질의 전략과 기법을 사용하는 것이 핵심이다. 또한 모든 가용한 증거들을 고려했는지를 보여 주어야 하는데, 연구문제에 주의를 기울였고, 명제를 수용하거나 반박했는지, 대립되는 설명들을 탐색했는지, 그리고 사전 경험을 활용해서 현재의 연구에 정보를 제공했는지 등을 고려해야 한다(Yin(2009, pp. 160-161). 더욱이, 복수의 연구팀을 운용해서 체계적으로 자료를 분석할 경우 수렴하는 자료를 통해 좀 더 강력한 결론을 내릴 수 있고, 서로 다른 해석을 통해 대안적인 설명이 가능한지를 탐색할 수 있다(McLeod, 2010; McLeod & Cooper, 2011).

5단계: 연구 결과를 보고한다

사례연구의 마지막 단계는 복잡한 주제를 쉽게 이해할 수 있는 일련의 연구 결과 및 결론으로 압축해서 보고하는 것인데, 이를 통해 독자들은 증거들을 검토하고 그들만의 결론에 도달할 수 있다(McLeod & Cooper, 2011; Soy, 1997). 각 단계를 사례연구에 포함시키는 것을 잊어서는 안 된다. 또한 보고서는 모두 합해서 마지막에 기술하기보다는 각각의 단계가 진행될 때 기술하는 것이 좋다(Yin, 2009, p. 165). 예를 들어, 연구문제와 명제를 발전시키면서 이것들을 보고서 초안에 기술하고, 이러한 작업을 매 단계에서 진행한다. 연구보고서는 이미 지정한 개요나 형식이 있는 것이 아니고, 글로 작성한 보고서일 수도 있고, 비디오테이프 또는 다른 멀티미디어의 형태일 수도 있다. 그러나 모든 사례연구보고서에 포함되어야 하는 요소들이 있다.

표적 청중 사례연구는 상담실무자, 내담자, 조직의 경영자, 프로그램 관리자, 정책입안자, 연구진흥기관 등 매우 다양한 사람들에게 적절하다(McLeod & Elliot, 2011; Yin, 2009, p. 167). 따라서 연구보고서를 어떤 청중에 맞춰 작성해야 하는지를 파악하는 것이 중요하다. 연구보고서에 익숙한 사람들에게는 복잡한 보고서가 더 읽기 쉬울 수 있지만, 연구보고서에 익숙하지 않은 사람들에게는 연구를 좀 더 간단하게 기술하는 것이 필요하다. 또한 보고서의 다른 요소들이 특정 청중에게 더 중요하다. 예를 들어, 상담실무자들은 향후 실무에 관한 시사점이 자신들의 욕구에 더 부합한다고 느낄 수 있는 반면, 학교에 있는 전문가들에게는 연구 방법 및 결과 부분이 더 흥미로울 수 있다. 따라서 한 명 이상의 청중을 위해 보고서를 작성할 때에는 각각의 집단을 대상으로 다양한 보고서를 작성하는 것이 도움이 된다. 이때 표적이 되는 집단에 속한 사람들로 하여금 보고서 초안을 읽게 해서 보고서의 내용이 정확한지, 가독성은 어떠한지, 그리고 수정할 내용은 없는지 확인하는 것이 도움이 될 수 있다(Soy, 1997).

또한 사례들의 정체를 밝힐 것인지 아니면 익명의 참여자로 제시할지를 결정하는 것이 중요하다. 연구에 참여한 개인과 기관의 실명을 공개하면 추후 연구를 용이하게 하고 독자들이 보고서를 읽었을 때 연구참여자들의 관점을 이해하는 데 도움이 될 수 있지만, 어떤 사례들은 익명성을 유지하는 것이 바람직하다. Yin(2009, pp. 181-182)은 완전한 익명성은 가장 바람직하지 않은 선택이라고 주장했는데, 그 이유는 중요한 배경정보를 제외함으로써 독자들에게 그러한 정보를 기술하는 것이 힘들어지기 때문이다. 따라서 타협을 하는 것이 도움이 될 수 있다. 예를 들어, 사생활보장이 개인, 기관, 또는 모두에게 요구되는지 결정하는 것이 도움이 될 수 있는데, 사례에서 개인은 위장하면서 기관을 제공하는 것이 충분할 수 있다. 또 다른 방식은, 참여자들의 실명은 공개하지만 그들이 구체적으로 어떤 진술을 했는지는 확인할 수 없도록 기술하는 것이다. 복수의 사례를 연구했을 경우, 사례들의 모음의 형태로 결과를 제시하면 개별 사례에 대해서는 비밀보장을 유지할 수가 있다. 어느 경우건, 이런 결정은 연구 초반에 내려져야 하는데, 그래야 개인과 조직, 기관연구심사위원회에서 적절한 승인을 받을 수 있다.

형식과 구조 연구보고서의 형식과 구조를 정하는 것 또한 도움이 된다. Yin(2009, pp. 170-172)은 네 가지 형식을 제안했다.

- 고전적인 단일사례 내러티브 형식은 사례연구에 대해 한 개의 기술을 제공한다.
- 복수사례 내러티브 형식은 한 사례에 대해 한 개의 내러티브를 제공하면서도 마지막 절에서는 모든 사례에 교차된 것을 논한다.
- 문답 형식은 단일사례와 복수사례연구에서 사용되는데, 질문을 던지고 답하는 일련의 과정을 따른다. 단일사례에 있어서는 이 과정은 한 번 발생하고, 복수사례에 대해서는 각각의 사례에 대해 동일한 형식과 질문을 사용해서 개별적으로 질문과 응답이 진행된다. 이를 통해 독자들은 각각의 사례를 검토해 가면서 사례에 대해 자신만의 결론을 내릴 수 있다.
- 교차사례 형식은 사례에 걸쳐 편집한 자료들만 다룬다. 보고서에서는 개별 사례들의 내러티브보다는 다른 주제들을 다룬다. 단일사례들에 대해서는 최소한으로 관심을 기울이

고, 다뤄야 한다면 짧게 다룬다.

연구보고서의 일반적인 형식을 정하는 것과 함께, 사례보고서에 정보를 어떻게 기술할지도 고민해야 한다. Yin(2009, p. 175-179)은 보고서에 활용할 수 있는 여섯 가지 구조를 제안하였다. 첫 세 개 형식은 독자들이 친숙한 구조인데, 탐색적이고, 설명적이고, 또는 묘사하는 사례연구에 사용될 수 있다.

- 선형-분석적(linear-analytic) 구조는 대부분의 학술지에서 사용하는 표준적인 접근이다. 이러한 구조는 연구할 주제에서 시작해서 문헌연구, 방법, 결과, 결론 및 시사점으로 이어지는 일련의 주제들로 구성된다.
- 비교(comparative) 구조는 동일한 사례연구를 다른 관점 또는 모델을 사용해서 여러 번 반복하는데, 매번 대안적인 기술 또는 설명과 비교한다.
- 연대기적(chronological) 구조는 사례와 관련된 사건들을 연구의 시작, 중반부, 종결 국면 등과 같이 시간적인 순서로 다룬다. 이 구조는 초반에 발생한 사건에서 초래되는 인과적 관계를 이해하는 데 있어서 사건의 순서가 중요할 때 유용하다.

마지막 세 개 구조는 좀 더 유연한 형식을 제공하는데, 사례연구의 이론, 결론 또는 기술과 관련된 정보를 드러내는 데 유용하다.

- 이론 수립(theory-building) 구조는 이론을 발전시키기 위한 논리를 세우는 것을 지향하는데, 각 절에서 이론을 지지하는 추가적인 증거를 제시할 수 있다. 이러한 접근은 탐색적이고 설명적인 사례연구에 활용될 수 있다.
- 긴장(suspense) 구조는 선형-분석적 구조와 정반대로, 마지막 결론이 먼저 제시된다. 이때 보고서의 나머지 부분은 결론에 도달하기 위해 취한 절차를 기술하는 데 할애한다. 이러한 과정은 보고서의 긴장감 넘치는(suspenseful) 부분이다. 이것은 설명적인 사례연구에 가장 적합한데, 인과적 관련성을 설명함에 있어서 결과가 중요하기 때문이다.
- 순서가 없는(unsequenced) 구조는 보고서에 특정한 순서를 요구하지 않는다. 그러나 완결성을 요구한다. 이 구조는 특정 사건을 정확하게 기술하기 위해 사건에 대한 논리적인 순서나 특정 구조가 반드시 필요하지 않는 기술적인 사례연구에 적합하다.

최종 검토 보고서를 작성하는 마지막 단계에서는 연구자 이외의 다른 사람, 즉 면접자, 정보 제공자, 동료, 연구 참여자가 보고서의 내용이 정확한지, 보고서의 가독성이 좋은지를 평가하는 것이 좋다. 검토한 사람들이 연구자의 결론이나 해석에 동의하지 않을 수는 있지만 연구를 통해 드러난 사실에 반대해서는 안 된다.

또한 검토자들은 자료 수집 단계에서 드러나지 않았거나 자료 분석 또는 보고서 작성 단계에서 간과했던 새로운 정보를 추가할 수도 있다. 연구자는 이들의 피드백을 수용해서 보고서를 수정하고 보고서의 정확성을 향상시킨다.

사례연구법의 한계

이 장에서 언급한 사례연구법의 몇 가지 장점이 있는데, 그 중 하나는 복잡한 일상생활 속에 존재하는 사례들을 자세히 연구한다는 것, 즉 다양한 시점에 걸쳐 현재 속해 있는 상황에서 다양한 정보를 구할 수 있다는 것이다(MeLeod & Elliott, 2011; Soy, 1997). 이렇듯 사례연구가 장점을 가지고 있지만, 비평가들(Diamond, 1996; Dogan & Pelassy, 1990; Flyvbjerg, 2006에서 재인용)은 이 방법의 몇 가지 한계를 지적한다. 한계에는 설계의 질적 측면과 엄격함, 다른 연구 설계와의 비교 그리고 더 큰 모집단에 일반화하기 어렵다는 것 등이 있다.

연구의 엄격함

사례연구는 다른 연구 설계에 비해 연구 설계를 엄격히 발전시키는 한계에 더 취약할 수 있다. 우선 타당하고 신뢰할 수 있는 사례연구법을 진행하는 데 도움을 줄 수 있는 교재가 거의 없다는 한계가 있는데, 이로 인해 연구자들은 양질의 연구를 계획하고 수행하는 데 어려움을 경험한다(Yin, 2009, p. 14). 이는 양질의 연구 설계를 계획하고 실천하는 데 많은 자원을 가지고 있는 다른 연구법과 비교된다. 사례연구법과 그것의 엄격함이 최근 들어 향상되었지만, 사례연구의 단점은 부적절한 정보, 사례연구를 활용해서 개인적인 현안을 개선하려고 하는 것(McLeod, 2013), 입증에 대한 주관적 편향(Diamond, 1996), 한 명의 상담사가 서툴게 고안하고 실행했으나 동료의 검토나 비평을 거치지 않은 것(McLeod & Cooper, 2011) 등 수많은 한계에 기인한다.

예를 들어, 특정 사안을 더 많이 알고 싶어 사례연구를 자세히 관찰하기로 결심했다고 가정하자. 당신은 대충 비공식적인 방식으로 자료를 수집할 수 있는데, 왜냐하면 그 연구는 당신이 알고 싶은 단일 또는 작은 연구이기 때문이다. 더욱이 당신은 그 사례에 많이 노출되었고, 특정한 결과를 선호하고, 또는 그 연구가 타당화고 신뢰할 수 있는 자원을 통해 발전된 것이 아니기 때문에, 편견을 가지고 사례에 다가갈 수 있다. 하지만 이 장에서 기술한 것과 같은 엄격함을 유지하면서 사례연구를 수행하고, 기존에 갖고 있던 믿음과 가정들을 적절하게 기술할 수 있다면, 타당하고 신뢰로운 연구로 발전시킬 수 있을 것이다.

Yin(2009, p. 14)은 사례연구법이 종종 사례연구 학습과 혼동된다고 주장했는데, 사례연구 학습에서는 사례들이 학습에서 필요로 하는 특정 시나리오에 맞게 수정될 수 있다. 학습환경에서는 이 교재에서 사용한 예시 사례와 매우 유사한 방식으로 학습목표를 예시하는 데 제한된 자료와 특정 관점을 사용할 수 있다. 그러나 엄격한 사례연구법에서는 특정 시나리오에 맞추기 위해 어떤 자료도 수정하지 않는 것이 필요하고, 모든 자료를 편견 없이 수집하는 것이 중요하다.

다른 연구 설계와 비교했을 때의 가치

어떤 연구자들은 실용적인 지식보다는 이론적인 지식을 선호한다. 이론을 선호하는 연구자들, 사례연구설계를 비판하는 사람들은 사례연구법이 다른 연구 설계에 비해 열등하다고 생각하는데, 사례연구는 단순히 탐색적이고 일관되지 않은 정보를 제공할 뿐이라고 주장한다(Flyvbjerg, 2006). 어떤 이론적 연구가들은 실험 양적 설계가 위계상 사례연구나 질적 설계에 비해 더 가치롭다고 주장한다(Yin, 2009, p. 6). 그러나 Flyvbjerg(2006)는 사례연구를 비판하는 사람들이 사례연구의 강점과 생존력(viability)을 명확히 이해하지 못한다고 주장했다. 그는 "훌륭한 사회과학은 문제 주도(problem driven)이지 방법론 주도(methodology driven)가 아니다."라고 주장한다(p. 242). 연구자들은 연구문제에 답하기 위해 최선의 방법을 채택할 필요가 있다는 것이다.

실험 설계와 사례연구법 모두 이점이 있다. 결국, 각각의 방법을 사용해야 할 적절한 시기가 있는 것이다. 양적 설계에서의 질문들은 종종 문헌연구에 기초하고 있으며, 구체적인 연구문제에 답하는 것이 초점을 둔다. 그러나 실제 사례를 좀 더 상세하게 관찰하게 되면 문헌들에서는 언급되지 않았던 이슈들을 발견할 수 있고, 그러한 이슈들을 탐색하고, 기술하거나 설명하는 데 있어서 더 유연할 수 있다(Shuttleworth, 2008). 특정 사례를 광범위하게 조사할 경우 순전히 양적 설문을 실시할 때보다는 좀 더 현실적이고 기대하지 않았던 결과들을 얻을 수 있다(Shuttleworth, 2008). 더욱이 실험연구와 사례연구는 서로를 보완하기 위해 사용될 수 있다. 실험 설계를 통해 특정 처치가 효과가 있는지 어느 정도로 효과가 있는지를 확인할 수 있다면, 사례연구법은 그 처치가 어떻게 그리고 왜 효과가 있는지 탐색하도록 도와줌으로써 처치의 효용성을 타당화할 수 있다(Yin, 2009, pp. 8-10). 따라서 사례연구법은 연구방법론에 가치 있는 기여를 한다고 볼 수 있다. 비판가들의 주장과 달리, 사례연구는 단순히 예비 조사를 위한, 통제되지 않은 탐색을 위한 방법론이 아니다(Flyvbjerg, 2006).

일반화 가능성

대부분의 질적연구 설계는 더 큰 모집단에 일반화하려는 의도를 반드시 가지고 있는 것은 아니다. 오히려 작지만 의미 있는 표본을 가지고 특정 주제를 풍부하고 복잡하게 탐색, 기술, 설명하고자 한다. 결과적으로 비평가들은 단일사례 또는 제한된 수의 사례를 통해서는 일관되고 일반화할 수 있는 결과를 도출할 수 없다고 주장한다(Diamond, 1996; Dogan & Pelassy, 1990, Flyvbjerg, 2006에서 재인용). 그러나 어떤 연구자들은(Flyvbjerg, 2006; Ruddin, 2006; Yin, 2009, pp. 38-39) 사례연구가 실제적인 경험을 통해 특정 주제에 관한 지식을 습득할 수 있는 방법이어서, 이론, 연구, 실제에 일반화할 수 있는 방식으로 기여한다고 주장했다.

Ruddin(2006)은 사례연구를 통해 도출한 결과를 가설연역적 추론(hypothetico-deductive reasoning: 통계적 추론이 아닌 오류임을 입증하는 방법)을 사용해서 일반화하는 것이 선호될 수 있다고 제안했다. 예를 들어, 사례연구법은 한 개의 사례를 타당화하거나 부인하는 것이 모든 사례를 입증 또는 부인하는 것을 의미할 때, 사례연구법은 일반화하는 데 사용될 수 있다. Flyvbjerg(2006)는 검은색 백조를 하나의 예로 들었다. 만일 한 마리의 흑색 백조가 존재한다면, 모든 백조가 하얀색이라는 이론은 부인될 수 있다. 각각의 개인이 의미 있는 존재인 상담 분야에서 사례연구법은 예외, 즉 '검정색 백조'를 발견하는 데 사용될 수 있는 귀중한 도구인데, 이러한 예외는 특정 주제를 상세하게 조사하지 않고서는 분명해지기 어렵다. 더욱이, 생생한 사례에서 나타나는 예상치 못한 주제들을 드러냄으로써 유용한 방식으로 이론을 도전하고 기여할 수 있다.

뿐만 아니라, 사례연구법이 일반화가능성을 뒷받침하는 방법들이 있다. 예를 들어, Yin(2009, p. 15)은 복수의 사례연구를 활용하면 더 강력한 결론에 이를 수 있고 결국 더 광범위한 이론이나 모집단에 일반화하는 것이 가능해진다고 주장했다.

요약하면, 비평가들은 사례연구법이 질적으로나 엄격함에 있어서 수준이 낮고, 다른 연구 설계에 비해 덜 가치가 있고, 더 많은 시간을 요하면서 복잡하고 더 큰 모집단에 일반화할 수 없다고 주장한다. 그러나 사례연구법 옹호자들은 이러한 주장에 반대하면서, 엄격한 단계에 따라 적절히 설계된 연구를 수행할 경우 사례연구법은 상담 분야에서 이론과 연구, 실제에 기여할 수 있는 적합한 도구가 될 수 있다고 주장한다.

요약

이 장에서는 사례연구법의 목적, 유형 및 수행 단계뿐 아니라 사례연구법이 상담 분야에 어떻게 적용될 수 있는지를 살펴보았다. 이 방법의 한계점을 지적하는 연구자들도 있지만, 사례연구가 적절한 방식으로 사용될 경우 그리고 다른 연구 설계에서 요구되는 엄격함을 갖출 경우 상담에서 유용한 도구라고 주장하는 연구자들 또한 존재한다(Flyvbjerg, 2006; Yin, 2009). 더욱이 사례연구법은 이론과 연구, 실제를 더 깊이 이해하는 데 기여하는 방법으로 묘사되어 왔다. 즉, 새로운 이론을 생성하고 확립하고, 기존의 이론과 연구 및 실제에 반하는 예외사항을 확인하는 등, 사례연구법은 실제 생활의 맥락에서 이론을 검증하고 도전하는 데 도움을 줄 수 있다.

Flyvbjerg(2006)는 "훌륭한 사회과학은 문제 주도이지 방법론 주도가 아니다."라고 주장했는데, 연구 설계는 연구자가 도출한 연구문제에 답하기 위한 최선의 방법으로 선택되기 때문이다(p. 242). 따라서 현재의 자연스러운 맥락 안에서 특정 현상을 탐색, 기술 또는 설명하고 싶다면, 그러한 현상이 어떻게 그리고 왜 발생하는지를 이해하고 싶다면, 그리고 참여자들의 행동을 조작하기보다는 관찰하고 싶다면, 사례연구 프로젝트를 고려해 봄 직하다. 이 장에서 설명한 단계에 따라 사례연구를 진행한다면 비공식적이고 엄격하지 않은 관찰의 위험을 피할 수 있을 것이다.

마지막으로 Yin(2009, pp. 190-285)은 기본이 되는 사례연구법의 일반적인 특징 다섯 개를 제안했다. 첫째, 모범이 되는 사례연구는 대중들이 관심을 가지고 있거나 국가적으로 중요한 분야에 의미 있는 기여를 할 수 있는 주제를 조사한다. 둘째, 모범이 되는 사례연구는 완전한 형태를 갖춰야 한다. 즉, 주제와 맥락이 명료하게 구분되어야 하고, 사례와 관련해서 가능한 한 많은 관점을 담은 다양한 자료를 수집해야 하며, 연구가 완료되어야 한다. 셋째, 모범이 되는 사례연구에서는 다른 관점들 또는 충돌하는 관점들을 고려하고 기술해야 한다. 넷째, 모범이 되는 사례연구에서 연구자는 타당한 결론에 이르기 위해 충분하고 확신을 줄 수 있는 다양한 증거를 편견 없이 확보해야 한다. 마지막으로, 독자들이 사례연구법과 결과물을 이해할 수 있도록 연구보고서를 매력적이면서도 명료하게 기술해야 한다. 이상의 특징들에 유의할 때 당신의 사례연구가 상담분야에서 의미 있는 기여를 할 수 있을 것이다.

제10장

근거이론방법론

Matthew R. Buckley
Walden University

목표

1. 전문적 훈련에서 이론의 중요성을 설명할 수 있다.
2. 근거이론연구에 적합한 연구 분야를 확인할 수 있다.
3. 근거이론을 질적연구방법의 하나로 이해할 수 있다.
4. 근거이론연구를 실행하기 위한 기본적인 원리, 방법 그리고 근거를 열거할 수 있다.
5. 잠정적 개념과 자료 사이에 적합성이 있는지 지속적으로 확인하는 일의 중요성을 알 수 있다.
6. 연구자의 편견이 연구에 대한 열정을 어떻게 높이고 또 이론의 개발에 어떻게 영향을 미칠 수 있는지 이해할 수 있다.

당신이 불임을 경험하고 있는 부부의 결혼 생활 역동을 연구하기로 했다고 가정하자. 그런 결정을 한 직후, 당신은 어떤 변인들을 어떤 방법으로 측정할지를 선택해야 하는 상황에 직면할 것이다. 당신은 선택한 변인(의사소통, 정서적 친밀함/거리, 불임에 대한 비난, 성적 곤란, 슬픔 및 상실 등)을 측정하기 위한 도구를 찾거나 직접 제작할 필요를 느끼게 된다. 게다가 당신은 인간 상호작용의 여러 가지 과정을 관찰하거나 객관적 측정이 가능한 행동으로 쉽게 바꿀 수 없음을 깨닫고 좌절할 것이다. 그러면 당신은 무엇을 해야 하는가?

이러한 도전에 직면한 20세기 후반의 연구자들은 그들에게 흥미로운 분야를 연구할 수 있는 일련의 비실험적인 방법을 고안했다. 인간 행동에 대해 좀 더 심도 있게 이해하기 위해 활용된 이러한 일군의 비실험적 연구방법은 '질적연구방법'으로 알려져 있다. 인간 행동의 여러 측면 중 '무엇을' '언제' '어디서'에 초점을 맞추는 실험적 연구방법론과 대조적으로 질적연구는 인간 상호작용의 '왜' 그리고 '어떻게'의 측면을 연구한다. 이를 위해 질적 연구자들은 대규모 무작위 표본(예: 치료를 받기 위해 여성 전문병원을 방문한 250명의 여성 중 불임을 겪는 여성들) 대신 규모가 작은 초점 표본(예: 불임 때문에 부부 생활의 어려움을 겪는 다섯 쌍의 부부)을 선발한다. 깊이 있는 자료를 수집하기 위해 질적 연구자들은 보통 ① 문제에 대한 구체적인 면접, ② 현상이 발생하는 상황에 참여하기, ③ 연구 대상에 대한 직접 관찰, 그리고 ④ 문헌이나 다른 기존 자료 분석 등의 방법으로 정보를 수집한다. 양적연구와 질적연구 간의 이러한 차이는 〈표 10-1〉에 요약되어 있다.

표 10-1 질적연구와 양적연구의 차이

질적연구	양적연구
주관적 경험	객관적 현상
인간 행동의 '왜'와 '어떻게' 측면에 관심	인간 행동의 '무엇' '언제' '어디' 측면에 관심
과정 지향	결과 지향
잠재성과 가능성을 위한 연구 맥락의 확장을 강조	정밀성과 확실성을 위한 연구 범위의 축소를 강조
구성주의 패러다임에 기초	실증주의에 패러다임에 기초
연구자는 연구 과정의 일부	연구자는 연구 과정으로부터 거리를 두려고 노력
자료에서부터 드러나는 주제에 관심	정의 및 검증 가능한 변인에 관심
풍부하고 맥락적 자료(텍스트)에 초점	숫자와 통계적 검증력에 초점
경험이 어떻게 전체 형태(gestalt)라는 맥락에서 이해될 수 있는지에 초점	예측, 설명, 인과관계 또는 상관관계에 초점
문헌 고찰은 자료에서 드러나는 것을 전체 맥락과 관련지으며, 연구 전체 과정에서 활용됨	문헌 고찰은 연구의 기초가 되며 연구 초기에 수행함
연구의 깊이를 더하고 이해를 증진하기 위해 작은 규모의 표본을 사용	검증력과 일반화 가능성을 높이기 위해 큰 규모의 표본 사용
연구 문제를 사용	가설을 사용
이론 개발에 초점	이론과 이론적 구성개념 검증에 초점
자연적 상황을 중시	상황을 통제하고 변인 조작을 중시
잠재성과 의미를 중시, 현실은 사회적으로 구성된다고 봄	실제성과 관찰된 현실을 중시

Ponterotto(2010)는 연구자가 사용할 특정 연구방법이 뿌리를 두고 있는 철학을 이해하는 것이 중요함을 지적했다. "(사회)과학의 인식론적 철학에 관한 깊은 지식이 없이도 양질의 질적연구를 수행할 수 있겠지만, 철학적 관점의 중요성에 관한 자각은 양질의 질적연구를 위해 필수적이다."(McLeod: Ponterotto, 2010, p. 581에서 재인용). 질적연구방법과 양적연구방법은 각각 일차적으로 구성주의와 실증주의 철학적 패러다임에 기초하고 있다. 구성주의 철학은 현실은 사회적으로 구성되는 과정이며 관찰자는 연구 대상에 영향을 미치고 맥락은 계속 변화한다는 관점에 기초한다. 반면, 실증주의 철학은 자연 세계는 객관적으로 관찰 가능하며, 정밀하게 규정된 변인에 초점을 맞추어 몇몇 변인을 조작함으로써 현실을 예측할 뿐 아니라 그 현실을 반복할 수 있는 기초를 확보할 수 있다고 본다. 따라서 질적연구는 현상의 복잡성을 이해하려고 하며, 양적연구는 인과관계 또는 상관관계의 맥락 속에서 변인을 측정하고 '수량화(quantify)'하려고 한다.

질적연구방법은 양적연구방법으로는 이해하기 어려운 현상을 이해할 수 있는 통로를 제공할 뿐 아니라 그 방법 자체는 인간의 상호작용을 촉진하고 서로 간의 이해를 증진하게 해 주는데, 바로 이 점은 사회과학과 심리학적 연구가 특징적으로 포괄하는 범위이다. Sciarra(1999)는 다문화의 관점에서 "질적연구에서 정서는 허용될 뿐 아니라 결정적으로 중요하다. 타인이 의미를 형성하는 세계에 들어가기 위해서는 공감이 필요하기 때문에, 질적연구자가 정서로부터 거리를 둔 채 자신의 목적을 성취할 방법은 생각조차 할 수 없다."(pp. 44-45)라고 진술했다. Ponterotto(2010)도 이와 유사하게 "(질적)연구자는 연구 참여자를 경청하고 그들의 목소리뿐 아니라 그들의 삶에서 발생한 사건에 대한 그들의 해석을 존중함으로써 참여자의 세계를 이해하려고 한다."(p. 583)라고 말했다.

비록 질적연구방법론에도 여러 부류가 존재하지만(즉, 현상학, 민족지학, 내러티브 분석, 스토리 텔링, 그림자 기법 등), 상담 실무에 가장 적절한 접근은 근거이론으로 알려져 있다. 근거이론(grounded theory)은 연구 수행 과정에서 자료로부터 이론을 생성하는 것을 중시하는 체계적인 질적연구방법론이다. 이러한 점에서 근거이론은 전통적인 연구와는 대조적인 방식으로 작동하며, 처음에는 과학적방법과 상반되는 것으로 보일 수 있다. 이론적 뼈대를 선택하고 가설을 설정하며 연구하려고 하는 현상에 모형을 적용함으로써 시작하는 다른 연구방법과 달리, 근거이론방법론의 첫 단계는 여러 가지 방법으로 자료를 수집하는 것이다. 자료를 수집한 후, 자료를 다시 살펴봄으로써 중요한 부분을 표시하거나 코딩한다. 코딩한 자료들은 서로 연관되는 개념으로 묶인다. 이렇게 묶인 개념들로부터 범주가 형성되는데, 이 범주는 연구 주제를 설명하는 이론을 생성하는 기초가 된다.

이 장에서 당신은 연구를 계획하는 방법과 자료 수집 절차, 자료 분석 방법 및 상담 분야에 주는 시사점을 비롯한 근거이론의 기초적인 원리를 학습할 것이다. 일반적으로 근거이론은 상담 연구자들이 현실 세계의 맥락에서 그 현상을 탐구함으로써 관심 있는 주제를 이해하게끔 돕는 질적연구방법론이다. 이 방법은 현상을 설명하기 위한 이론을 형성하는 데 유용하며, 나중에 실험적인 방법을 사용하여 이론을 타당화할 수 있다. 이러한 이유로 근거이론은 종종 상담 실천이나 훈련과 관련된 주제가 잘 알려지지 않았을 때 활용하는 연구방법이다.

근거이론 연구의 목적

이 장의 목적은 상담사를 비롯한 '조력' 전문가에게 근거이론 연구방법을 소개하는 것으로, 이 장에서 근거이론 연구방법 사용에 필요한 기초를 제시하고 근거이론의 핵심 개념과 연구 수행 방법을 설명하고자 한다. 근거이론방법론의 장점과 제한점을 논의하며, 근거이론 연구의 예들을 제시할 것이다(Buckley, 1997). 학생들은 지식이 어떻게 사회적으로 구성될 수 있으며, 연구자들이 어떻게 연구에 영향을 끼치고 또 그들이 수행한 연구로부터 영향을 받을 수 있는지에 대해 개방적인 관점을 가진다면, 이 장의 내용을 잘 이해할 수 있을 것이다. 질적연구방법론은 세계를 바라보는 다른 방법이며, 이러한 연구 관점은 여러 측면에서 상담사가 훈련을 받는 방식, 성장하는 방식 그리고 그들의 경험이 그들의 세계관을 강화하는 방식과 유사하다.

질적연구방법론은 전통적인 양적연구방법론으로 도달할 수 없었던 측면을 포착하는 핵심적인 과정(그 과정은 관찰되고 있는 현상에 내재하고 있다)을 기술함으로써 자료로부터 현실을 풍부하게 설명해 낸다. 예를 들어, 연구자인 당신이 법원으로부터 가정폭력 가해자로서 상담 서비스 명령을 받은 사람의 상담 참여 경험이 어떨지 이해하고자 한다고 가정해 보자. 만약 문헌조사를 했음에도 이 주제에 관해 쓸 만한 자료가 없다면, 이러한 내담자를 이해하는 가장 직접적인 방법은 그들을 면담하는 것이다. 그러나 이런 내담자 100명과 대화를 시도하는 것은 비현실적이다. 그래서 당신은 8~10명 정도의 내담자 및 그들의 상담사와 심층 면담을 하겠다고 할 수 있고, 그렇게 함으로써 그들을 상담하는 가장 좋은 방법에 대한 이론적 모형을 개발할 수 있다. 이 예에서 당신은 상담 실제에 기반한 또는 '근거한' 이론, 즉 **근거이론**을 구성하는 질적연구방법을 사용할 것이다. 즉, 근거이론을 사용할 것이다.

근거이론은 현장 관찰, 면접, 역사적 기록, 서신이나 일지 또는 활동 일지를 비롯하여 다양한 방식으로 수집한 자료를 사용한다. 응답자들은 특정 현상에 대해 그들이 경험한 것을 서술할 수 있는데, 이런 서술은 현상에 관한 생생한 정보를 제공하며 추가 탐색을 위한 연구 질문도 구성해 낸다(Haig, 1995). 근거이론은 "지속적인 비교분석"(Strauss & Corbin, 1994, p. 273)이라는 "체계적 방법으로 분석한 자료"(Haig, 1995, p. 1)에 근거해서 이론을 만들어 내는 것이 목표라는 점에서 특징적이다. 연구자는 이론적 민감성을 가지고 관심이 있는 특정 현상에 접근한다. 이것은 연구자가 개념적 · 경험적 기초가 견고함을 의미하는데, 이러한 기초들은 연구자가 어떤 질문을 할지를 알려 준다(Charmaz, 2006; Glaser, 1978). 자료를 수집하여 분석한 후 연구자가 이미 알고 있는 것과 비교해 보면, 새로운 질문들이 만들어지고 초점이 분명해지며, 중요한 과정을 보여 주는 패턴이 나타난다. 이러한 절차는 이론 개발의 기초가 되는데, 연구자는 이 이론을 연구 자료나 이미 존재하는 다른 이론과 비교한다. 이러한 지속적인—그 이론이 자료와 얼마나 잘 맞는지 확인하고 재확인하는—비교 과정이 곧 이론의 근거가 확보되는 방법이다.

근거이론의 기원

사회과학 분야에서 처음 시작한 근거이론은 Barney Glaser와 Anselm Strauss가 개발한, 서로 대립하는 것으로 보이는 두 가지 연구방법의 전통에서 발전했다. Glaser는 컬럼비아 대학교의 실증주의적 전통의 산물이었는데, 그 대학은 양적연구를 더 나은 연구방법으로 인정하고 권장하던 곳이었다. Anselm Strauss는 질적 현장연구의 전통이 있었던 시카고 대학교에서 훈련을 받았는데, 그 대학은 질적 사회과학연구의 전통이 강했다. Strauss는 참여자들이 단순히 그들 각각의 세계에 대해서 수동적인 관찰자가 아니라 현실을 만들어 가는 과정에서 적극적으로 활동하는 존재라고 생각했다. 그는 연구 참여자들이 있는 현장으로 들어가서 참여자의 눈으로 그들의 세계를 경험하고 그들의 특별한 현상학적 세계를 묘사하는 실용적인 자료수집 방법에 눈을 뜨게 되었다(Charmaz, 2006).

1960년대 중반, Glaser와 Strauss는 샌프란시스코에 있는 캘리포니아 대학교 의료센터에서 만났으며, 실제 원자료로부터 이론이 개발될 수 있다는 사실과 자료를 분석하는 구체적이고 체계적인 과정을 강조하는 근거이론 연구방법을 개발했다. Strauss와 Corbin(1998)은 Strauss가 개발했고 Glaser가 공유한 신념과 가치들을 다음과 같이 정의했다. 이러한 가치들은 근거이론가들이 그들의 연구에 대해 공통적으로 가지고 있는 믿음들이다.

① 실제로 일어나고 있는 것이 무엇인지 발견하기 위해 현장으로 뛰어들어야 할 필요성
② 자료에 근거한 이론의 적합성이 학문의 발전과 사회적 활동의 기반이 됨

③ 현상과 인간 행동이 복잡하고 다양함
④ 사람은 문제 상황에 적극적으로 반응하는 주체(존재)임
⑤ 사람은 의미에 기초하여 행동한다는 인식
⑥ 의미는 상호작용을 통해 정의되고 재정의된다는 인식
⑦ 사건들은 원래 진화하고 전개되는 속성을 가지고 있다는 사실에 대한 민감성
⑧ 조건(구조), 행동(과정) 그리고 결과 간 상호관련성에 대한 자각 (pp. 9-10)

근거이론가들은 연구 분야의 사건과 조건 그리고 결과들을 단순히 기술하기 위해 조사하지는 않는다. 그들은 이론을 개발하는 과정에서 이러한 현상을 분석하고 해석하는 것을 매우 중요한 책무로 여긴다.

상담사와 근거이론가의 특성

질적연구자들은 이론적 민감성을 발달시키기 위해 그들의 전문성과 삶의 경험을 사용한다(Morse & Field, 1995; Strauss & Corbin, 1998). 가치, 신념, 기대 그리고 경험은 모두 연구를 수행하는 과정과 자료 분석에 영향을 주기도 하고 그것들로부터 영향을 받기도 한다. Strauss와 Corbin(1998)은 근거이론가들의 핵심적인 특징들을 기술했다(〈표 10-2〉 참조). 또한 Egan(1998)은 숙련된 조력자의 자질 또는 그가 '조력자의 지혜'라고 명명했던 특징을 설명했다(〈표 10-2〉 참조). 상담사들은 실제 경험을 쌓으면서, 그들의 내담자에게 효과적인 것이 무엇인지에 대한 민감성을 발달시키는데, 그러한 민감성은 개입의 방향을 안내한다(Buckley, 1997). 이 두 부류의 특성을 비교하면, 상담사들이 상담사가 되기 위해 받는 훈련과 경험들이 훌륭한 근거이론가가 되는 과정에도 도움이 된다는 사실을 명확하게 알 수 있다. Strauss와 Corbin(1998), Egan(1998)은 이러한 각각의 특징들은 여러 해 동안의 경험을 통해 축적되는 것이며, 각각의 연구자와 상담사에 의해 개별화된다고 보았다.

표 10-2 근거이론가와 효과적인 조력가의 특성

근거이론가의 특성(Strauss & Corbin, 1998, p. 7)	효과적 조력가의 특성(Egan, 1998, pp. 19-20)
• 한 걸음 물러서서 상황을 비판적으로 분석하는 능력	• 상황을 '관통해서 보는' 능력, 사건의 의미를 이해하는 능력

• 편향성을 자각하는 능력	• 자기에 대한 지식, 성숙성, 실수를 인정할 용기와 그 실수로부터 학습할 수 있는 감각 • 편견에 빠지지 않음, 전체론적 사고(holistic thinking), 열린 마음, 맥락적 사고, '메타 사고' 또는 사고에 대해 사고하고 자각 상태를 자각하는 능력 • 관계성을 볼 수 있는 능력, 논증 과정의 오류를 발견하는 능력, 직관력, 통합 능력
• 추상적으로 사고하는 능력	• 문제를 작업 가능한 형태로 정의하는 능력, 정보를 재구성하는 능력
• 도움이 되는 비판에 유연하고 개방적일 수 있는 능력	• 모호함을 인정하고 그것을 수용한 상태에서 작업하는 능력, 정리되지 않고 체계적이지 않은 사례에 대해 편안할 수 있는, 즉 인간성의 본질적 지저분함을 수용하는 능력, 논리적이거나 관습적인 특성에 맞지 않는 사건에 대해 열린 마음을 유지할 수 있는 능력
• 응답자의 언어와 행동에 대한 민감성	• 타인에 대해 심리적이고 인간적인 이해, 인간의 상호작용에 관한 통찰
• 작업에 대한 몰입감과 집중	• 맹점(blind spot)이 경험을 왜곡하게끔 허용하지 않는 능력, 문제를 장기적 관점으로 조망하는 능력 • 상호 충돌하는 것처럼 보이는 조력자 역할(내담자를 보호하고 이해하면서도 동시에 도전하고 '좌절시키는')을 조화롭게 수행하는 능력

연구에서 이론의 중요성

이론의 기능에 대한 광범위한 논의는 이 장의 범위를 넘어선다. 그러나 몇몇 개념들은 근거이론방법론이 근거하고 있는 논리의 기초로서 중요성을 가진다. 이론은 체계적이고 논리적 행동수행의 기초를 제공한다. 그뿐만 아니라 특정 현상이 갖는 일관성과 변화에 관한 설명 체계를 제공하며, 그렇기 때문에 설명력과 예측력을 가진다(Charmaz, 2006; Creswell, 1994; Glaser & Strauss, 1967; Marshall & Rossman, 1995; Morse & Field, 1995; Strauss & Corbin, 1998). 이론의 설명력(explanatory power)이란 하나의 현상과 그것이 전개되는 과정을 정확하고 완벽하게 기술함으로써, 독자가 결론을 도출하고 그 이론을 다양한 상황에 적용할 수 있게 하는 능력을 의미한다. 이론의 예측력(predictive power)이란 행동을 취하고 핵심 요소와 과정에 내재한 인과관계를 예측하는 능력이다. 이론의 추상성(abstraction)은 다른 맥락 내에서도 그 이론이 넓게 적용되도록 허용한다.

연구를 수행하는 중에 이론을 사용하는 방식 역시 다양하다. 양적연구나 실증주의적 관점에서(Charmaz, 2006), 이론은 그 이론에서부터 나온 가설이나 연구 문제를 검증하기 위해 연역적으로 사용한다. 심사숙고하여 개발된 조작적 정의와 구념(constructs)들을 사용하여 변인을 조작하고 치료 효과를 양적으로 측정한다.

구성주의 관점 기반의 질적연구자들은 일반적인 관심 분야를 정하여 자료를 수집하고 질문을 던지며 자료로부터 범주를 만들고 과정을 묘사하여 이론을 개발하거나 새로 발견된 것을 기존 이론과 비교하는 방식, 즉 귀납적으로 이론을 사용한다(Creswell, 1994). 구성주의 기반의 근거이론가들은 자료와 그들의 분석을 현실의 사회적 구성체라고 가정하는데, 이는 연구자와 그들의 연구가 서로 영향을 미친다는 것을 의미하며, 그러한 반영성(reflexivity)은 이론을 구성하는 과정에서 연구자의 선입견, 편견 그리고 가치에 대해 거리를 가지고 보게 하는 데 도움이 된다. 반영성은 연구자들이 연구 과정, 판단과 해석, 그리고 그들의 "연구 관심, 관점, 연구에 영향을 주는 가정"의 범위를 면밀하게 점검할 때 발생한다(Charmaz, 2006, p. 189). 따라서 이론이 개념화되고 구성되는 방식은 다른 방법론적 맥락에서 그 이론이 사용되고 해석되는 방식에 영향을 미친다.

근거이론은 연구자들이 세상에 대해 사고하고 그들의 개념화에 대해 해석하는 방법이다. "이론화를 멈추고 숙고하며 다시 새롭게 생각하는 것을 의미한다. 우리는 이미 연구된 경험의 흐름을 멈춰 세우고 분리해 본다. 이론적 민감성을 얻기 위해 다양한 관점에서 이전에 연구된 삶을 다양한 관점에서 관찰하고 비교하며 실마리를 따라가면서 생각을 정립해 간다." (Charmaz, 2006, p. 135) 근거이론가들은 자료를 해석할 때 굳이 중립적인 관점을 취하려고 하지 않으며, 연구의 최종 결과물을 도출하는 과정에서 개인적인 경험과 학습, 영향력, 가치관, 편견, 문화 등을 반영한다. 근거이론의 핵심적인 목적은 이론의 생성이지만, 기존 이론을 확장할 수도 있고 그 이론의 가정에 대해 도전할 수도 있다. 근거이론 연구에서 이론은 체계적으로 수집·분석된 자료로부터 형성된다. 개념들, 범주들 그리고 자료에 기초해서 구성된 최종 이론은 그 적합성을 확인하기 위해 자료와 끊임없이 비교된다. 자료 수집과 분석 그리고 이론 구성 각각은 다른 것과 "상호적 관계"에 있다(Strauss & Corbin, 1998, p. 12). 생성된 이론을 그 이론을 도출한 자료와 계속 비교함으로써 이론은 현실과 가장 유사해지며, 이러한 점 때문에 '근거'라고 한다.

근거이론은 특히 사람과 사회적 구조 사이에서 발생하는 복잡한 사회적 과정을 분석할 때, 그리고 현상에 대한 적절한 이론이 없거나 아예 아무 이론도 없을 때 적합하다. 근거이론은 상담 전문직과 상담사 교육의 다음과 같은 분야에서 영역을 넓히고 많은 것을 발견했다. 상담 수련생의 정체성 발달(Auxier, Hughes, & Kline, 2003), 집단 수퍼비전에 대한 집단 상담사의 반응(Christensen, 1999; Christensen & Kline, 2000), 상담사와 내담자 간 상호 영향(Thorngren, 1999), 공동 지도자 간의 관계 발달(Okech, 2003; Okech & Kline, 2005), 전문가 집단의 리더십(Rubel, 2002), 개인 상담과 집단 상담 그리고 부부 상담 및 가족 상담에서 실제 상담 장면 수퍼비전에 대한 학생들의 인식(Champe, 2004) 등이 그것이다.

시작하기

대부분의 연구에서처럼 특정 주제에 관한 관심은 여러 가지 근원에서 발생한다. 특정 분야에 관한 개인적인 관심이 생기면 더 많은 연구 문헌을 읽게 된다. 예를 들어, 어떤 상담사가 일반적인 애착의 개념(예: 성장기에 양육자와의 관계가 어떻게 발달하고 어떻게 미래의 대인관계에 영향을 미치는지)에 흥미가 생긴 후, 애착 유형이 성인기 직업 선택에 어떤 영향을 미치는지 좀 더 구체적으로 연구하려고 할 수 있다. 상담 관련 학위 과정을 밟고 있는 이혼한 여성은 이혼녀이든 싱글맘이든 일하는 엄마가 겪는 특별한 스트레스 요인을 연구하고 싶을 수 있다. 상담 자원봉사자는 자연재해 피해자를 도왔던 경험에서 깊은 영향을 받아 취약한 집단에 대한 실질적인 관여의 확대 방안에 대해 흥미를 키워 나갈 수 있다. 연구의 관심사는 수업 시간에 보고서를 작성하거나 연구팀의 구성원이 되어 보는 것을 포함해서 여러 가지 방식으로 발전시킬 수 있다. 연구자가 연구에 관한 흥미를 발전시키는 방법은 다양하고 개인적인 문제이며 그 과정 자체도 연구 문제가 될 수 있다. Marshall과 Rossman(1995)은 직관과 상상력은 연구자의 예감을 촉발하고, 그러한 예감은 연구 주제에 관한 실질적인 내용과 초점을 제공한다고 했다.

양적연구방법론은 가설에 대한 논거를 세우고 연구의 기초를 놓기 위해 문헌에 대한 철저한 고찰이 필수적이다. 이와 반대로 근거이론은 특정 주제에 대한 흥미를 진작하고 자료 수집 과정을 시작할 질문들을 자극하기 위해 문헌을 고찰한다. 연구자들은 문헌연구에 몰입하다 보면 자료를 분석하는 동안 문헌연구와는 다른 방향으로 생길 수 있는 통찰을 방해할 수 있다는 사실을 인식해야 해서, 이 두 가지 접근에 대한 균형이 필요하다. 또한 문헌 고찰은 종종 자료 수집 과정 중에 생성된 개념과 코드들을 검증하는 데 활용된다. 문헌은 표집과 면접 질문의 구조화에도 도움이 된다. 연구가 진행되는 동안 문헌을 여러 번 검토함으로써 새롭게 생성되는 이론에 맥락을 더하고 이론을 더 풍성하게 할 수 있다.

근거이론 연구 과정을 보여 주기 위해, 나는 대학원 과정 이후에 상담사들이 어떻게 개인적인 상담 방식을 개발하는지를 연구한 나의 논문을 참고하고자 한다. 그 당시 나는 다양한 장면에서 4년 정도 상담 경험을 했던 상담사였기 때문에 그 특정 주제에 관해 관심을 두게 되었다. 이러한 개인적인 경험은 주제뿐만 아니라 근거이론방법론에 대한 입문의 계기가 되었다. 나 자신의 전문성 발달에서 중요했고 인생을 바꾸었던 요소들은 곧바로 다른 사람들의 전문적 성장 과정에서 그들이 겪었던 경험과 관점을 이해하려는 욕구로 발전했다. 논문 연구의 한 부분인 문헌 고찰을 통해, 나는 상담사들이 평생 어떻게 성장하며, 내담자와 상담할 때 반복적으로 작동하는 치료적 요인이 무엇인지에 대해 민감해졌다. 저명한 근거이론가인 William Kline 박사는 연구 전반에 대한 자문가의 역할을 했으며, 성찰적 사고와 통찰을 촉진했다는 점에서 매우 중요했다.

연구의 초기 질문은 다음과 같다.

'상담사들은 내담자를 위해 무엇이 치료적인지 결정할 때 어떤 과정을 거치며 무엇을 경험하는가?'

이와 관련된 질문들은 다음과 같다.

① 내담자와 무엇을 하고 무엇을 이야기할지에 대해 상담사는 어떤 결정을 내렸는가?
② 상담사는 어떻게 그들의 선택에 도달했는가?
③ 상담사는 무엇을 말하거나 어떤 행동을 했는가?
④ 내담자를 돕는 과정에서 어떤 것이 효과적이며 어떤 것이 비효과적인지와 관련해서 상담사의 경험(전문적인 것과 개인적인 것)이 상담사에게 가르쳐 준 것은 무엇인가?
⑤ 효과적인 상담사가 내담자와 성공적으로 작업하는 과정에서 활용하는 가장 중요한 치료적 요인이 무엇이라고 생각하는가?

이러한 질문은 상담사가 내담자와 상담할 때 왜, 어떻게 그리고 무엇을 해야 하는지에 대한 상담사들 사이의 논의를 촉진할 것으로 생각한다.

참여자 선정과 자료 수집

연구에서 자료를 수집하는 방법과 참여자를 선택하는 방법을 아는 것은 필수적이다. 앞서 논의한 것처럼, 자료 수집방법의 유형은 다양하며, 연구자들은 자료 수집방법을 선택할 때 의도가 분명해야 한다(Charmaz, 2006; Creswell, 1994; Marshall & Rossman, 1995). Glaser는 "모든 것이 자료이다."라는 생각을 받아들였으며(Sacky Holdiness, 개인적 대화, 2007. 9. 10), 생성하고 있는 이론을 개발할 때 사용할 수 없는 자료는 아무것도 없다고 했다. 역사적 문헌, 사례 노트, 일기 그리고 선행 연구에서 수집한 자료들은 비침습적(nonintrusive) 형태의 자료이다. 관찰 자료는 사회적 맥락에서의 행동 관찰과 관찰 대상의 행동에 대한 구체적 기록으로부터 생성한다. 일반적으로 참여자 면접으로부터 얻은 자료는 (연구하는 현상과 직접 관련된) 이해 당사자의 관점이 다양하다는 점 때문에 가장 풍성한 유형의 자료이다. 이해 당사자는 그들이 삶 속에서 깨달았던 통찰을 알려 줄 뿐 아니라, 보이지 않지만 중요한 과정에 관한 통찰을 깨우쳐 주었던 경험적 사건을 직접 기술해 준다. 현실은 구성된 현상으로 간주되는데, 이러한 관점은 인간이 역동적이고 자원이 많으며 성찰하는 존재일 뿐 아니라 상호작용을 통해 자신과 자신의 역할 그리고 사회 등을 구조화한다고 가정하는 상징적 상호작용주의의 기초가 된다. 현실은 상호작용을 통해 나타나기 때문에, 참여자 면접은 참여자들이 그들의 경험을 인식하는 방식에 관한 통찰을 제공하며, 참여자들은 그들 자신의 경험에 대해 자신이 하는 말을 들음으로써 질적으로 풍성해진다(Charmaz, 2006).

자료를 수집하는 동안, 참여자들은 연구자인 당신을 그들의 세계로 초대하기 때문에, 참여자들이 자료를 통해 자신에 대해 알려 줄 때 당신의 존중하는 태도와 민감성은 참여자들의 신뢰 축적과 개방 촉진을 위해 매우 중요하다. 이를 위해 신뢰를 쌓는 능력, 좋은 관계를 유지하는 능력, 사회적 규범에 대한 민감성, 고지에 의한 동의 획득, 윤리성 유지, 정직, 그리고 연구 장면에 신체적 · 심리적 진입의 중요성에 관한 자각 유지 등을 위한 기술 등이 필요하고 또 중요하다.

자료 수집을 위해 초점 집단 활용하기

Charmaz(2006)는 질적 연구자들이 "심층 면접 그리고 초점 집단(focus group) 면접"(p. 69)을 자료 수집을 위한 필수 불가결한 방법으로 간주하며 그 방법에 점점 더 많이 의존한다고 지적했다. 초점 집단은 유사한 특성을 공유하고 특정 주제 영역에 대해 신중한 논의를 할 사람들로 구성된다(Krueger, 1994). 예를 들어, 초점 집단은 필자가 논문을 작성할 때 자료를 수집하기 위해 사용했다. 미국 북서부 지역에서 활동하고 있는 12명(3명의 남성과 9명의 여성)의 전문 상담사(LPC, 미국의 여러 주에서 인가하는 정신건강 전문가)들을 그 연구 참여자로 초대했다. 필자는 상담사들에게 그들이 상담할 때 내담자에게 어떻게 접근하는지, 상담에서 개입방법을 선택할 때 그들이 의사결정을 내리는 과정 등을 포함하나 그들의 경험을 이야기해 줄 것을 요구했다.

연구 문헌 고찰은 표본을 선택할 때 기댈 지침을 주었다. 상담사 발달에 대한 선행 연구는 참여자들이 최소한 3년의 경력을 가지고 있어야 한다는 점을 제안했다. 수년의 경력을 가진 참여자들은 개별화 단계의 상담사에 속했다(Skovholt & Ronnestad, 1995). 상담사들은 유사한 특성을 공유하는 한편, 전문적인 훈련에 매몰되지 않고 '개인적으로 끊임없이 성장하고, 각각의 진로가 점진적이며 독특하게 분화한' 사람들이었다. 연구자들은 이러한 '개별화 단계'의 참여자들이 자신의 성장 과정에 관해 풍부하고 중요한 통찰을 제공할 것으로 기대했다.

두 개의 초점 집단이 구성되었는데, 이 두 집단은 각각 여섯 명의 구성원과 두 명의 독립적 관찰자로 이루어졌다. 두 집단의 평정자들에게는 각 집단의 자료를 독립적으로 확인하고 잠재적 차이를 기록하는 임무가 주어졌다. 필자는 집단의 촉진자와 중재자로 활동했다. 참여자 집단의 면접은 녹음되고 전사되었다(transcribed). 이러한 전사된 자료들은 일차 자료로 활용되었다. 성별과 코드로 각각을 확인하는 것 외에는 참여자들의 신분을 확인하는 정보는 어떤 것도 전사에 포함되지 않았다. 초기의 자료 수집은 첫 번째 초점 집단 면접 회기에 진행되었다. 분석이 이루어졌으며, 그 분석을 통해 나온 아이디어, 주제, 개념들은 더 세련된 추가적 자료 수집에 활용되었다. 연구 과정에 걸쳐 자료를 범주로 분류하기 위한 이러한 분석을 코딩이라고 부른다.

코딩

코딩(coding)은 자료가 연구자에게 알려 주는 것을 간단명료하게 기술함으로써 그 자료를 이해하는 과정이다. 코딩은 각각의 자료 조각을 분류하고 요약해서 자료의 조각들에 이름 붙이는 것을 포함한다. 이 과정에서 자료를 잘게 쪼갬으로써 연구자는 자료에 존재하는 미세한 차이점과 개념, 특성 그리고 차원들 사이의 복잡한 관계를 볼 수 있다.

개념이란 (분석되지 않은) 원자료 형태로 연구하는 현상에서 도출된 아이디어들이다(Strauss & Corbin, 1998). 응답자들이 사용하는 특정 언어, 그들이 자신들의 경험을 묘사하는 방법, 그리고 그들이 표현하지 않은 부분에 다양한 주제가 내재해 있을 수 있다. 이러한 것이 연구자가 범주들로 묶을 수 있는 개념들이다. 예를 들어, 나의 연구에서는 통찰, 효율성, 직관과 같은 몇 개의 개념이 도출되었다.

범주는 관련된 개념들의 집합인데, 그 개념은 자료에서부터 도출된 주제를 확인하게끔 도와준다. 내 연구가 도출한 범주는 '내담자의 변화를 축하하는 상담사' '상담사의 자기효능감을 증진하는 내담자 변화' 그리고 '상담사가 됨으로써 얻는 보상' 등이다. 범주는 특성과 차원을 갖는데, 그것들은 특정 범주의 풍성함을 더 잘 묘사해 주는 역할을 한다.

특성은 범주가 갖는 특징을 의미하며 범주의 본질, 풍성함 그리고 의미를 제공한다. 이러한 특징은 범주의 맥락적 이해를 확장하며 개념에 살을 붙인다. 차원은 한 범주의 특성이 변화하는 범위를 구성한다(Strauss & Corbin, 1998).

Charmaz(2006)에 의하면, 코딩은 연구자가 수행하는 분석의 '뼈'를 만드는 작업이며, 궁극적으로 드러날 '이론적 통합'은 이러한 뼈들을 '하나의 골격'으로 조립한 것이다(p. 45). 이러한 코딩 구조들은 모두 구체적이고 특별한 용도가 있는데, 이들의 용도는 연구의 초점이 되는 현상과 그러한 코딩 구조가 사용되는 순서에 좌우된다. 자료가 수집되면, 코딩 과정은 일차 코딩(initial coding)과 초점 코딩(focused coding)의 두 가지 방법으로 시작된다(Charmaz, 2006).

일차 코딩

일차 코딩 또는 '개방 코딩(open coding)'(Strauss & Corbin, 1998)을 하면서, 연구자들은 가능한 모든 분석적인 생각과 이론을 발전시킬 가능성을 가진 이론적 방법을 위한 자료를 찾아낸다. 일차 코딩은 연구자에게 추가 면접에서 더 탐구할 가치가 있는 부분에 대한 통찰을 제공한다. 일차 코딩은 이론적 표집(theoretical sampling)이 필요한데, 이에 대해서는 후반부에나 논의할 것이다. 자료는 '단어 단위 코딩(word-by-word coding)'(Charmaz, 2006)이나 '줄 단위 코딩(line-by-line coding)'(Charmaz, 2006; Strauss & Corbin, 1998) 방법으로 상세하게 분석할 수 있다.

과정 관찰자(process observer)는 응답자를 관찰하고 자료 수집 상황을 기록하는 보조자이다. 그들은 직감, 단어의 의미 그리고 초기 개념을 논의하기 위해 연구자와 함께 참여한다. 단어 단위 코딩은 자료를 전사할 때 가장 적합하게 활용된다. 면접에서 기록하는 연구자는 사전에 형성된 신념과 가치 그리고 사전 경험을 기초로 자료에 주의를 기울이게 되므로 협소한 관점으로 자료를 코딩할 개연성이 크다. 지루하더라도 전사된 자료를 상세하게 분석할수록 중요한 결과물을 얻을 수 있다. 문서나 인터넷 자료들 역시 단어 분석에 적합하다(Charmaz, 2006).

줄 단위 코딩은 자료 내의 중요한 과정을 찾아내기 위해 지문의 각 행에 명칭을 부여한다. 이는 대다수의 근거이론가가 일차 분석을 시작하는 지점이다. 대화로 구성된 줄(자료보다 더 큰 조각)은 단어 단위 코딩처럼 분석한다. 연구자는 명사 형태의 자리에 동명사를 사용함으로써 행위를 명명할 수 있다(Charmaz, 2006). 〈표 10-3〉은 줄 단위 코딩의 예를 보여 준다.

표 10-3 줄 단위 코딩 예

경외감을 경험함 내담자가 사회적 지지가 없음을 자각 내담자의 잠재력에 대한 믿음 (지지 체계에 대한) 내담자의 제한된 신념 상담 과정의 힘과 신비함에 대한 자각 작은 변화가 중요함에 대한 자각	여1: (내담자에 대해 이야기하면서) 그것은 정말 심오한 경험이었어요. 그래서 저는 그와 함께 있으면서 정말 진심으로 그에게 긍정적인 특성이 있다는 사실을 아는 단 한 사람이었다는 점, 그리고 그가 무엇인가 기대할 만한 것을 가지고 있다는 점을 기억할 수밖에 없어요. 그는 자신의 인생에서 그 누구도 자신을 그런 식으로 아는 사람이 없었어요. 그래서 저는 그것이 매우 강력하다고 생각하는데, 어떻게 그런 일이 생겼는지는 알 수 없어요. 저는 그런 일이 어떻게 발생했는지 알 수 없는데, 그것이 많은 것을 초월하기 때문이라고 생각해서에요. 즉, 만약 어떤 사람이 작은 한 걸음을 걸어 나가면, 그는 어떤 식으로든 진전이 있는…….
그 과정을 '강력한'이라고 묘사하는 것에 대한 동의 내담자의 염려에 대한 언급(보편적) 상담 과정을 신뢰하는 상담사(보편적) 자기효능감에 대한 믿음 내담자에 대한 힘과 영향력을 느낌 상담사가 된다는 것의 보상 내담자가 자신의 힘과 통제력을 느끼는 장면을 목도함 대리적 만족, 흥분, 성취, 성공	남2: 당신이 '강력하다'라는 단어를 사용한 점이 흥미로운데, 그 이유는 당신이 그것을 묘사할 때 저는 어떻게 그것이 …… 상담 전문직에 있는…… 많은 사람의 관심사가 될 수 있을까…… 라고 생각하고 있었거든요. 하지만 저한테는 정말 그 모든 것이 힘과 관련된 것이라고 생각해요. 우리가 우리의 일을 할 때나 우리가 우리 일을 잘하고 있다고 믿을 때 가지는 좋은 느낌, 그리고 우리가 어떤 힘을 가지고 있다는 좋은 느낌, 물론 전능하거나 영적인 것이 아닌 일종의 능력감이 있다는 느낌과 관계가 있어요. 그것이 우리에게는 귀중한 보상이 되는 느낌이기 때문에 우리가 내담자를 만날 때, 우리의 내담자는 그들의 삶에서 어느 정도의 힘이나 통제감을 가지고 있다는 느낌을 체험하는 것 같아요. 그것은 그들이 하려고 선택한 어떤 것, 무언가 다른 것, 심지어 그들이 힘이라고 할 만한 것을 이루었다는 것을 그들이 느끼고 있음을 우리가 볼 때 정말 희열을 느끼지요. 그들은 그것을 자긍심이나 또는 우리가 사용하는 여러 용어로 묘사할 수 있을 거예요. 그러나 그것은 매우 강력한 느낌이고, 당신이 누군가를 돕고 있다는 것을 두 사람이 모두 알고 있지요. 당신의 내담자가 그러한 것을 자각한다면 정말 좋은 일일 거예요.

내담자의 경험을 기술, 유사한 경험들에 대해 '강력한'이라는 용어 사용	여1: 그들이 조금 더 자라서 걸어 다니는 것을 보는 것 같은.
도울 때 성공감을 느낌	남2: 예.…… 그렇지요.
자각을 목격하는 것의 만족감 내담자가 자신의 내적인 힘을 발견할 때 만족감을 느낌 내담자와 상담사가 기뻐하고 자랑스러워함	여1: 그리고 당신도 조금 더 자라서 걸어 다니는 것 같은.
	남2: 예. …… 그렇지요.
	촉진자: 당신이 말했던 희망, 그들이 제대로 기능할 것이라는 믿음 등을 두드렸을 때, 일종의 깨어남이나 발견 같은 것의 특성을 좀 더 묘사하실 수 있어요?
내담자의 통찰이나 희망의 의미를 평가함 내담자의 자기효능감 구름 낀 이후의 햇살이라는 은유를 묘사함, 내담자의 자각	여2: 어떤 때 당신은 그것을 구름이 아닌 햇살이라고 묘사하려고 할 거예요. 아니면 그들을 깨우는 어떤 것이라고 할 수도 있고요.
	촉진자: 관점의 전환 같은 걸까요?
내담자 관점의 전환 '전부 아니면 아무것도 아닌'이라는 내담자 믿음 내담자가 변화 과정을 '받아들임' 변화와 관련하여 체중 감량이라는 은유를 묘사함 변화는 점진적	남1: 전환이라고 생각해요. 또 어떤 때는 그것은 '전부 아니면 아무것도 아닌(all or nothing)' 증후군이라고 할까요? 작은 걸음이 정말정말 중요하다는 것을 내담자가 믿게끔 하는 것이지요. 마치 체중 감량 같아서 당신이 30파운드를 감량하지는 않아도, 매주 5파운드를 감량해서 종국에는 최종 목표 지점까지 가는 것과 같아요. 당신은 내담자가 한 걸음을 디딜 때마다 상을 주고 축하하는 것이지요.
각 단계를 축하함 관계에서도 작은 변화가 나타남, 회기마다 작은 변화가 발생함	남2: 당신이 이전에는 볼 수 없었던 눈 맞춤 때문에 알아차리기도 하지요. 그것이 바로 당신이 말하고 있는 것이에요. 그것은 그들이 집에서만 하는 것이 아니라 '바로 여기에서 일어나는 것'이지요.
내담자의 변화를 자각하고 알아차리며 인식함	여4: "당신은 더 이상 벽을 바라보고 있지 않아요." (웃음)
변화를 인식하고 축하함, 상담사의 노력에 보상이 됨, 힘을 느낌	남2: 그것을 축하하지요. 정말 그것을 말이에요.

작은 변화를 타당화함 내담자에게 인내를 가르치는 것에 대해 다른 응답자의 언급을 떠올림 현실적인 기대를 가지게 함, 현대의 '인스턴트' 사회와의 충돌을 변화시킴	여4: 마치 여1처럼, 저는 그것이 정말 강력하다는 것을 알게 됐어요. 제 내담자가 이제 저를 쳐다보고 가끔 미소를 띠기도 해요. 그러면 저는 여기서 누군가가 당신은 인내해야 하고 내담자에게 인내하고 이러한 큰 변화를 하룻밤 사이에 이룰 수 없다는 것을 같아요. 그리고 또 이 사회는 인스턴트 사회이기 때문에 그런 인내는 정말 힘든 것 같아요. 바로 지금, 이제 모든 사람은 즉시 이루어지기를 기대하지요.
	촉진자: 당신은 그들을 보게끔 도와주고 있어요. 당신이 그들의 개선을 측정하기 위해 습득한 방법으로 그들이 자신의 개선을 가늠하게끔 돕는 것이지요.
내담자가 개선을 가늠하게끔 도움 내담자가 변화에 대해 현실적인 시각을 가지게 하고 상담 과정을 신뢰하게 함	여2: 그들이 체중을 감량하고 있다는 것을 잊지 않지요. 물론 내담자는 몇 파운드 다시 증가하기도 했지만, 그 자체가 하나의 과정이라는 것을 가르치고 그것을 인식하게끔 돕는 것이지요.

초점 집단에서 상담사들이 나눈 대화를 줄 단위 코딩한 결과는 Charmaz(2006)가 분석 과정의 가장 첫 부분을 '새롭고 무거운 분석 작업'(p. 68)이라고 불렀던 이유를 잘 보여 준다. 응답자들은 내담자들이 점진적인 통찰, 자기효능성에 대한 감각, 그리고 자기 자신과 상담 과정에 대한 깊은 신뢰가 형성될 때 그들과 그들의 내담자가 경험했던 큰 기쁨을 생생하게 묘사했다. 여러 가지 코드들은 응답자의 행동을 목록 기호로 구분할 정도의 작은 크기로 압축하는데, 이것들은 다음 단계의 분석에서 활용된다. 이런 전사 과정을 통해 줄 단위 코딩은 여러 가지 개념을 다음과 같은 잠재적 범주로 드러낸다. ① 내담자에게 일어나는 변화를 인식하고 타당화하는 상담사, ② 자신에게 일어나는 변화를 인식하는 내담자, ③ 내담자의 변화를 상담 작업의 타당성을 확보하는 근거로 사용하는 상담사, ④ 변화에 대해 현실적으로 인식하는 내담자. 이러한 가능한 범주들은 추후 질문과 추가적인 자료 수집을 위한 방향 설정에 사용된다. 이러한 코드들은 다각적인 면접을 통해 통합된다. 연구자들은 일차 면접을 마음에 기억한 상태에서 이차 면접 결과를 코딩하게 되며, 이후 모든 면접은 만들어지고 있는 이론과 비교되어야 한다(Sacky Holdiness, 개인적 대화, 2007. 9. 10.). 한 차례의 면접과 후속되는 면접을 비교하는 일은 근거이론에서 필수로 간주하는 계속적인 비교 과정의 일환이다.

일차 코딩에 속하는 또 다른 코딩 과정은 '사건 단위 코딩(incident-to-incident coding)'과 '실제 코딩(in vivo codes)'이 있는데, 이는 자료를 분석하는 데 있어 중요하다. 대화가 거의 없는 상태에서 행위를 구체적으로 묘사한 것 같은 자료는 단어 단위 코딩이나 줄 단위 코딩에 부적합하다. 사건에 대한 행동적 묘사는 현장 노트에 기록하는데, 이것은 연구자들이 자료를 수집하는 동안 그들 자신을 위해 만든 주석 같은 것이다. 연구자가 이러한 묘사에 어떻게 접근하는가는 중요하다. Charmaz(2006)는 다음과 같이 강조하였다. "그 어떤 초보자도 행동과 상호작용의 본질과 미묘한 차이를 기록할 수 있는 눈과 귀를 가지고 있지 않다. …… 분석하는 방법이 중요하다. 비교라는 방법은 연구자가 현상을 잘 관찰하게 하고, 관찰한 것을 새롭고 분석적인 방식으로 이해하게끔 돕는다."(p. 53) 비교방법은 유사하지 않은 사건뿐만 아니라 유사한 사건을 비교하는 것도 포함한다. 실제 코딩(Charmaz, 2006; Strauss & Corbin, 1998)은 면접을 하는 동안 응답자들이 사용한 특별한 언어를 코딩할 때 사용한다. 이러한 언어들과 그것들의 의미는 한 개념 또는 사건을 묘사하기 위해 보편적인 것으로 받아들여질 수도 있고, 은어나 "내부자들만 사용하는 약어"일 수도 있다(Charmaz, 2006, p. 55). 그 단어들은 중요하기 때문에 응답자들의 언어에 주목해야 하고, 그 의미를 분명히 하기 위해 분석되어야 한다. 실제 코딩은 단순히 독특하고 혁신적으로 보일 수 있다는 점 때문에 중요한 것으로 채택되는 것이 아니다. 이 코딩은 좀 더 일반성을 가지고 있지만 중요한 과정을 포착하는 범주를 나타내기 위해 사용된다.

코딩은 연구자들이 자료를 분석하는 과정에서 자신의 가정과 응답자들의 가정 사이에서 일어나는 상호적 영향을 끊임없이 인식하고, 응답자 관점의 복잡성과 적절한 맥락 내의 경험을 정확하게 전달할 언어를 사용해야 한다.

초점 코딩

초기 코딩 이후에 수행하는 초점 코딩(focused coding)은 드러나는 주제에 따라 코드들을 더 큰 조각으로 묶음으로써 범주들을 구성하는 데 도움이 된다. 선택 코딩(selective coding; Strauss & Corbin, 1998)으로도 알려진 초점 코딩(Strauss & Corbin, 1998)은 서로 다른 개념들이 묶여서 그 밑으로 들어갈 수 있는 범주를 구성하기 시작한다. "개념을 범주로 묶는 것은 분석자들이 작업할 때 다루어야 할 단위의 개수가 줄어들 수 있다는 점에서 중요하다. 게다가 범주는 분석력을 가지는데, 그 이유는 설명하고 예측할 수 있는 잠재력을 가지고 있기 때문이다."(Strauss & Corbin, 1998, p. 113) 전형적으로 한두 개의 핵심 범주가 나타나며 이는 주로 연구하는 현상의 중심 과정을 설명한다.

핵심 범주가 드러나면 그것은 이론을 형성하는 기초가 된다. 연구자들은 하나의 핵심 범주를 선택하려고 애쓰기보다 자료가 범주를 형성해 가도록 해야 한다(Glaser, 1978). 자료가 범주를 형성해 가도록 하는 것은 이론적 포화라는 개념에 이미 내재해 있다. 이론적 포화는 자료를 분석함으로써 하나의 핵심 범주에 대해 개념적으로 더 추가할 것이 없을 때 일어난다. 핵심 범주가 명명되고 포화되면서 관계없는 자료를 코딩하는 일은 중단되고 핵심 범주를 통합하는 과정이 시작된다(Dick, 2005; Sacky Holdiness, 개인적 대화, 2007. 9. 10). 범주를 일관성 있는 설명으로 통합하는 것은 이론적 코딩이라고 불리는 더 추상적인 과정을 포함한다. 연구자들은 범주들 사이의 관계에 대해 다음과 같이 가정한다. "실제적인 코드들이 어떻게 관계되어 있는지 개념화하는 것뿐만 아니라 이론적 방향을 따라 분석적 이야기를 만들어 간다." (Charmaz, 2006, p. 63)

개방 코딩을 통해 자료로부터 무엇이 드러났는지에 상관없이, 연구자들은 잠정적인 범주와 그것들의 차원 및 속성을 자료와 비교하고 검증하여 그것들의 적합성을 확보해야 한다. 개념들의 통합은 새로운 아이디어들을 발생시킬 수 있고, 또 다른 범주의 개발을 촉진하거나 새롭고 예상치 못했던 방향으로 연구자를 안내할 수도 있다(Charmaz, 2006).

상담사가 독특한 상담 방식을 개발하는 방법에 관한 나의 연구에서, 줄 단위 코딩은 중요한 잠정적인 범주를 도출했으며 이론적 코딩으로 연결해 주었다. 경험의 소화(assimilating experience)라는 핵심 범주를 분석하면서, 응답자들이 내담자를 상담하면서 그들이 결정을 내리기 위한 일차적 자원이 되었던 대학원 훈련에 덜 의존하는 반면, 그들의 개입을 가늠하기 위한 내담자의 반응을 일차적 기준으로 삼고 그것에 더 의존하게 된다는 것이 명확해졌다.

상담연구를 막 시작하는 연구자로서, 당신이 자료와 분석 과정에 당신 자신을 몰입시키는 만큼 질적자료의 속성에 대한 어떤 가설을 형성하기 시작한다는 점을 아는 것이 중요하다. 이러한 통찰력은 매우 유용하며 후속 질문을 만드는 데 도움이 된다. 초기 분석을 통해 나는 다른 핵심 범주가 상담사와 내담자 간 상호작용과 관련이 있다는 것을 발견했다. 자기에 관한 생각과 내담자에 관한 생각을 (하위 범주로) 묘사한 관계 가치(relationship values)는 응답자들이 그들의 효과적인 작업에 꼭 필요하다고 믿는 전제조건이라는 사실이 자료를 통해 드러났다. 이러한 전제조건에는 내담자에게 변화하는 힘이 있다는 신념, 상담 과정에 대한 신뢰 그리고 상담사 자신에 대한 신뢰와 그들 자신의 효능감 등의 하위 범주가 포함된다.

응답자들의 관점을 통해 관계 가치에 속한 초기 특질이 나타났다. 여기서 관계 가치는 어떻게 상담사와 내담자가 그들 자신의 효능감과 때때로 자기회의를 함께 경험하는지 설명했다. 상담사와 내담자 사이에서 발생하는 이러한 일치된 과정은 최근 부각되는 상호 영향(mutual influence)과 상호 관여(mutual investment)라는 하위 범주와 관련된다. 이것은 처음에는 잠정적인 범주였지만, 나중에는 관여 효과(involvement effect)라는 하위 범주로 묶였는데, 이 범주는 상담에 관여한다는 것이 어떻게 상담사와 내담자 모두에게 깊고 의미 있는 형태로 영향을 줄 수 있는지를 알려 준다. 이런 필수적인 코딩 과정을 통해 개발된 개념, 하위 범주 그리고 핵심 범주는 결과적으로 상담사 발달이론의 형태로 추상화된다. 이러한 추상화는 자료 수집과 분석 과정에 스며들어 있는 연구자의 메모 기록을 빌려 구체적 형태를 갖추고, 연구자와 초점 집단 관찰자의 직감을 언어로 표현함으로써 공식화한다.

현장 노트, 메모, 도표 작성하기

자료에서 발견할 수 있는 것에 대한 인상, 통찰, 묘사 등에 대한 기록과 개념 그리고 후속 질문들을 연결해서 이해하는 것은 자료를 코딩하면서 동시에 이루어진다. 근거이론 연구자들은 이러한 것을 현장 노트, 메모, 도표의 형태로 기록한다.

- 현장 노트(field notes)는 자료 수집 중에 발생하는 일에 관한 간략한 기술과 자료에서 느낄 수 있는 초기 인상 등으로 구성된다. 현장 노트는 잠정적이지만 중요한 통찰에서부터 연구자가 다음 면접에서 챙겨야 할 것들의 목록에 이르기까지 그 범위가 넓다. 그뿐만 아니라 현장 노트는 연구자들이 해당 연구의 대상이 되는 상황을 살펴보고 이에 대해 서로 대화를 주고받는 방법이기도 하다(Charmaz, 2006; Dick, 2005).
- 메모(memoing)는 현장 노트와 유사하지만, 코딩 과정에서 이루어지며 일종의 "분석의 결과물"인데, 이 결과물은 "단지 기술적(descriptive)이 아닌 분석적이고 개념적"인 것이 무엇인지에 관해 연구자에게 방향을 제시한다(Strauss & Corbin, 1998, p. 217).
- 도표(diagramming)는 시각적인 형태의 메모이며 자료에서 드러나는 것들을 잘 보여 주고 기술하는 개념적 지도를 잘 보여 준다. 도표는 원래 개념적으로 밀도 있으며 전체 과정을 한 번에 포착할 수 있다. 도표는 연구자가 드러나는 이론을 구성하는 중심적인 과정과 주변적인 과정에 속한 사건들의 순서를 함께 표현하려고 할 때 도움이 된다.

응답자들의 직접 인용은 메모에 포함될 수 있으며 종종 통찰과 아이디어를 풍부하게 한다. "풍부한 축어록은 당신의 추상적인 분석을 원자료에 '근거하게(ground)'하며 …… 메모 내용과 즉각적이고 면밀하게 비교할 수 있다."(Charmaz, 2006, p. 82) 메모는 종종 연구 결과를 최종적으로 발표하는 자료에 포함하기도 하지만, 최종적인 형식으로 다듬을 필요는 없다. 그러나 메모는 개념들을 통합하며, 최종적으로 작성되는 연구 결과의 근거로 제공할 수 있다.

상담사가 개인적인 상담 방식을 어떻게 개발하는가에 관한 연구에서, 초점 집단에 속한 관찰자들은 그들이 관찰한 것을 현장 노트로 작성하라는 지침을 받는다. 이러한 관찰 내용은 드러나는 개념과 범주를 강화하고 선명하게 만든다. 다음은 초점 집단의 한 회기가 끝난 후에 어느 관찰자가 기록한 노트 내용이다.

> 이것은 흥미로운 현상이다. 참여자들은 토론하고 있는 일반적인 주제에 대해 정말 동의한 것처럼 보이면서도 모두 그것에 대해 다른 방식으로 말하고 표현한다. 비슷하면서도 다르게 말이다. 이것은 집단의 각 참여자에게 고유하면서도 개인적이다. 그들의 개인적 특성은 그들의 반응과 집단 내에서의 의사소통을 통해 나타나는데, 이러한 특성과 방식은 그들이 말하는 자신의 상담 방식과 내담자와 의사소통하는 방식과 유사하다. 평행 과정(parallel)이다(Buckley, 1997, p. 210).

이러한 관찰은 소위 독특한 상담 방식을 개발하는 기초적인 과정을 분명하게 보여 준다. 다시 말해, 상담사 각자의 표현 속에는 공통적인 경험도 있지만 스타일에서 미묘한 차이가 있다. 초점 집단에서 기술한 자신의 경험이 어우러지는 과정과 초점 집단 참여자들이 성장 과정에 있는 상담사로서 겪은 공통적인 경험을 묘사할 때, 현실이 사회적으로 구성되고 있다는 점은 특기할 만하다.

세 번째 회기 동안 또 다른 관찰자는 상담사와 내담자가 상담 관계에서 서로에게 어떻게 영향을 주고받는지에 대해 깨달은 점을 간략히 기록했다.

> 상담사는 내담자가 무엇을 느끼고 생각하는지를 읽는다. 내담자는 자신이 느끼고 있는 것을 상담사가 언제 명확하게 이해하는지를 안다. 이것은 상담 관계를 강화한다. 관계가 형성된 후에는 상담사가 '어두운 장소'로 감으로써 내담자와 신뢰를 쌓는 일을 더 편안하게 느낀다(Buckley, 1997, p. 191).

관찰자의 노트는 자료(data)에 나타나는 주제들의 삼각검증을 돕는 근원 자료(source)이다. 삼각검증은 연구자가 그들의 결론을 확인하려는 목적으로 다양한 근원 자료를 채택해서 분석할 때 사용한다(Creswell, 1994). 응답자들은 자신의 고유한 상담방식이 있었지만 각 상담자의 고유한 상담 방식이 드러나는 과정을 합의하여 정의할 수 있었다. 이 주제는 초점 집단의 각 회기에서도 드러났다. 상담사가 내담자의 '단서'를 민감하게 포착하는 일에 능숙해지는 과정

표 10-4 **상담사 타당화 개념에 관한 메모의 예**

상담사 타당화

과정: 상담사는 내담자로부터 배우고 영향을 받는 강력한 과정을 묘사하고 있다. 상담사들이 그들의 경험을 이야기하는 장면을 보는 것은 매우 흥미로워서 눈을 뗄 수 없다. 공통적이면서도 독특한 상황에 대해서 상담사들이 이야기를 나눌 때는 그 경험이 도전적(부정적)일 때조차 어떤 식으로든 균형감 있게 이해했다. 그들은 집단에서 다른 상담사의 이야기에 덧붙여 자신의 이야기를 했다. 그들은 자주 다음과 같이 말했다. "맞아요. 좀 전에 당신이 했던 말을 들으면 저의 이런 경험이 생각나요." 또는 "저도 알아요. 하지만 저는 이런 방식으로도 생각해요……." 이러한 집단 과정은 이 상담사들에게 매우 강력한 타당화 과정이다. 마치 그들은 정해진 2시간이 지난 후에도 자리를 떠나지 않으려고 하는 것처럼 보였다. 이것은 상담사들이 그들의 전문적 경험(즉, 두려움, 갈등, 성공, 실패 등)을 집단에서 정리하기 위해 자주 만나고 싶은 욕구가 있음을 보여 준다. 그들은 정말 경험의 공유에 대한 허기를 느낀다. 나는 전문가의 고립과 타 전문가와의 연결됨의 욕구라는 생각을 좀 더 추적하고자 한다.

내용: 상담사들은 내담자를 상담하고 그들을 좀 더 깊이 아는 과정에서 내담자와 신뢰를 쌓는 일에 대해 논의한다. 여기서 신뢰란 내담자들이 스스로 생각하는 것보다 훨씬 강하다는 믿음을 의미하고, 상담사는 이러한 가정에 근거해서 상담한다. 어떤 상담사는 자신의 삶과 그의 내담자의 삶에서 있었던 변화의 개념에 대해 말했다.

> 여2: 제게 변화라는 것은 당신이 모든 것을 무너뜨린 후 그것을 새로운 방식으로 조정해서 다시 세우는 것이에요. 그리고 제 생각에, 저의 삶을 되돌아보았을 때, 제가 변화할 때는 모든 것을 무너뜨려요. 그리고 그것은 모든 것을 뒤집어요. 그 후 모든 것이 새로운 방식으로 세워져요. 그러고 나서 당신은 모든 것을 다시 재배치하는데, 제 생각에 내담자가 상담실에 와서 제가 말하거나 했던 것에 대해 할 수 있는 만큼 화를 내었다가 그것에 대해 작업을 하지요. 그 후 화난 채로 상담실을 떠났다가 긍정적인 변화를 보이면서 되돌아오지요. 정말 굉장해요. 저는 그러지 않았어요. 이제 저의 신념 체계 같은 것인데, 저는 무언가 변화를 하려면 처음에는 그것들이 완전히 뒤집혀야 하는데, 저는 그러한 것들이 어떻게 되돌아가야 하는지에 대해 책임을 질 수 없지요. 왜냐하면 그들이 필요할 때 그것들을 그들이 원하는 방식으로 제자리로 되돌려 놓는 것이 내담자의 힘이기 때문이지요…….

이것은 다른 상담사들이 그들의 내담자와 내담자의 힘과 잠재력에 대해 말한 것의 대표적인 사례이다. 변화가 내담자 내면의 불균형에서부터 비롯된다는 이러한 생각은 상담사가 변화하는 과정, 그들 자신의 상담 방식을 형성하고 강화하는 과정에도 평행적으로 적용된다. 그들은 그들의 균형을 완전히 무너뜨리는 무엇인가를 접하고, 과거에 통했던 해결책을 찾으며, 문헌을 찾거나 과거의 훈련 경험을 떠올리거나 자문하고, 상담 관계의 힘에 의지한다.

을 묘사한 관찰자의 현장 노트는 상담사와 내담자 사이의 관계 효과를 삼각 검증하는 또 다른 근원 자료가 되었다. '상담사 타당화(counselor validation)'라는 핵심 범주에 관한 메모의 예를 살펴보라(〈표 10-4〉 참조). 이 메모는 상담사가 그들의 내담자로부터 배우고 영향을 받는 방식이라는 핵심 범주에 초점을 맞추었다. 이것은 결국 상담사가 그들의 작업을 타당화하는 방식을 묘사한 내용의 중요한 핵심 범주로 드러났다.

군집화(clustering)는 시각적으로 브레인스토밍하고 범주들을 연결하는 방법으로, 연구자가 아이디어를 글로 기록하고 그 아이디어로부터 생각할 수 있는 모든 방식으로 확장하는 기법이다. 군집화가 완성되면, 그 형태는 대충 그린 도표처럼 보인다. 자유 기술(freewriting)은 짧은 시간 내에 관습적인 형식의 제한이 없이 글을 쓰는 것인데, 이것은 연구자의 의식으로 불쑥 떠오르는 것은 무엇이든 기술하게끔 권장하는 자유연상과 유사하다(이런 글쓰기 기법에 대한 더 상세한 설명은 Charmaz, 2006, pp. 85-91 참조). 자유 기술이나 노트, 도표, 메모 등은 연구자가 그 순간에 자료로부터 떠오르는 관련성을—종이나 컴퓨터에—자유롭게 생각하게끔 한다. 이론의 개발은 이론적 표집, 핵심 범주의 포화, 분류 등의 과정을 거쳐 마무리된다.

이론적 표집, 포화, 분류

이론적 표집

질적연구자로서 당신은 현장 노트와 메모 그리고 도표를 분석함으로써 당신이 만든 범주와 개념을 자료와 계속 비교한다. 이것은 어느 범주가 밀도 높게 묘사되고, 어느 범주가 개념적 밀도가 부족한지를 발견하게끔 도와줄 것이다. 두꺼움(thick)이나 빽빽함(dense) 같은 용어는 드러나는 범주의 층을 추가하거나, 자료에 내포된 복잡한 과정이나 미묘하면서도 중요한 차이를 추상적이지만 의미 있는 방식으로 해석하고 기술할 필요성을 시사한다. 개념적 밀도는 핵심 범주의 속성, 차원 그리고 과정이 가능한 한 풍성하고 완전하게 드러났을 때 성취된다. 개념적 밀도를 성취하려면, 연구자는 이론적 표집을 통해 더 많은 자료를 수집해야 하는 경우가 많다(Charmaz, 2006; Strauss & Corbin, 1998). 이론적 표집은 의도적이며 아직 덜 안정화된 범주를 대변해 줄 표본에 주의를 기울이게끔 유도한다. 부족한 부분에 대한 자료를 계속 수집함으로써 연구자들은 빈 간격을 메우고, 드러나는 범주들을 개선하며 새로운 개념적 관계를 발견한다. "이론적 표집은 당신이 가지고 있는 아이디어를 실제적인 현실에 비추어 확인하게끔 강요한다. 그래서 당신은 작업에서 활용할 충실한 자료와 건전한 아이디어를 가지게 된다.

당신은 당신이 수집한 자료에 대한 당신의 관점과 그 자료를 토대로 한 당신의 이론화에 있어서 자신감을 얻게 된다."(Charmaz, 2006, p. 110)

포화

하나의 범주가 포화 상태가 되면, 새로운 자료를 수집하는 방법으로는 이론적 통찰을 더 촉진할 수 없고, 드러나는 이론에 어떤 실질적인 것도 추가할 수 없게 된다(Charmaz, 2006; Glaser & Strauss, 1967; Strauss & Corbin, 1998). 포화는 반복적으로 같은 패턴을 여러 번 보는 불필요한 중복(redundancy)이 아니라 새로운 속성이 추가로 나오지 않는 동일 범주 내에서 여러 사건을 비교하는 것이다. 포화가 발생하면, 개념은 밀도가 높아지고 범주는 풍성하고 완전해진다(Charmaz, 2006). 근거이론방법론의 다른 측면처럼, 범주가 포화에 도달한 시점을 판단하기 어려울 때가 있다. 근거이론가들은 자료에 집중하고 분석에 초점을 맞추기 때문에 범주가 포화된 시점을 결정하는 일차적인 위치에 있다. 그래서 이러한 주제를 함께 신중히 검토하고 이 과정에 대한 비판적인 시각을 제공할 다른 믿을 만한 연구자가 있다면, 연구자가 포화 상태를 더 정확하게 가늠하는 데 도움이 될 수 있다. 연구자들은 포화에 대한 그들의 주장과 그 근거를 검토하는 것이 좋다. 포화 상태임을 선포하는 것은 그에 대한 증거를 제공하는 것과는 다르다(Morse: Charmaz, 2006에서 재인용). Charmaz 역시 포화도의 결정이라는 점에서 근거이론도 다른 접근들처럼 취약성을 가지고 있음을 지적하였다. 끝으로, 연구자들은 모호함을 참고 그들의 자료와 밀접하게 일하며, 개념과 범주가 자료와 맞지 않을 때는 기꺼이 이전의 추론을 재검토할 필요가 있다.

이론적 표집은 상담사가 그들의 대학원 훈련을 넘어서 독특한 상담 방식을 개발하는 방법에 관한 연구에서 상담사의 경험을 좀 더 완전하게 이해하기 위해 진행되었다.

[그림 10-1]은 수차례에 걸친 초점 집단 면접을 토대로 이루어진 연구(Buckley, 1997)의 과정을 설명해 준다. 자료 세트란 분석이 진행된 초점 집단 면접을 전사한 것이다. 나는 초점 집단의 첫 회기로부터 완전하지는 않지만 자료를 꽤 실질적이고 정확하게 나타내는 일차 범주들을 도출했다. 추가적인 표집은 중요하면서도, 개발이 덜 된 범주인 경험의 소화에 유의해서 진행할 것이다. 응답자들은 내담자와의 상담 경험이 축적되면서 초기에는 중요했던 대학원의 훈련 경험이 점점 덜 중요해진다고 말했다. 즉, 상담사가 받았던 전문적 훈련이 내담자로부터 얻은 학습 경험에 의해 수정된다는 의미에서, 내담자들은 상담사가 하는 학습의 일차적 근원이 되었다.

나는 잘 개발된 범주는 포화시키고, 타당화라는 중심 과정을 위해 세 번째 초점 집단을 진

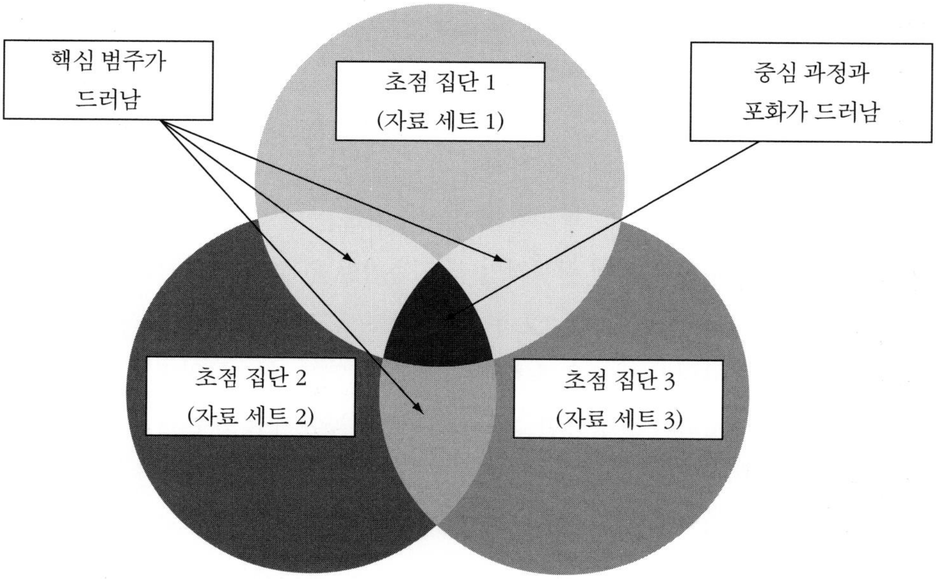

[그림 10-1] 상담 방식 발달단계에 관한 연구의 단계와 범주의 포화

행했다. 특히 상담사 자신이 할 일을 선택하는 방법, 내담자에게 성공적으로 개입하는 방법 그리고 그들의 선택이 효과적이었는지 평가하는 방법을 확인하기 위해서였다. 초점 집단의 내용을 전사한 자료를 분석해서 핵심 범주가 충분히 포화했다고 판단한 나는 사건의 순서나 상호관련성의 측면에서 범주와 범주의 차원 및 속성을 기술할 이론 개발을 위해 분석의 방향을 전환했다.

분류하기는 연구자들이 분석 노트와 메모, 도표를 논리적인 순서로 조직화하기 위해 사용하는 방법인데, 이러한 논리적인 순서는 개발 중인 이론과 연구 결과 보고서의 구성에 도움이 된다. 분류하기와 분석하기 그리고 표제화하기는 분석 단계 내에서 동시에 발생하는 상호 연관된 과정이며, 이론 개발을 목적으로 수행된다(Charmaz, 2006). 고유한 상담 방식을 개발하는 연구의 분석 단계에서는 범주의 이름과 속성, 차원 그리고 개념을 기록하는데, 편의를 위해 3×5 기록 카드와 색깔 코드를 사용한다. 이러한 카드는 이후의 분석을 수행할 때 사용되는데, 여기에는 범주화한 다양한 메모가 포함된다. 연구자는 이 카드들을 넓은 탁자에 펼친 후, 다양한 특성을 기준으로 분류하며 도표 형태로 기록한다. 숙련된 근거이론가들은 자료를 종합적으로 설명할 수 있는 정확한 배열이 만들어질 때까지 여러 방법으로 분류된 배열을 놓고 다른 연구자와 상의할 수도 있다. 마지막 분류 회기에서 연구자는 카드를 전체 자료의 뼈대를 구성할 수 있는 방식으로 벽에 붙여 배열한다. 타당화 과정을 묘사하기 위해 하나의 도표

(diagram)를 개발했다. 분석의 전 과정에서 각각의 범주는 자료와 비교된다. 예를 들면, 상담에서 내담자와 무엇을 할지 결정할 때 상담사들이 개입하는 과정을 도표로 나타냈다. 이 과정에서는 자료와 관찰(현장 노트)로부터 생성된 실제 경험을, 개발하고 있는 이론의 삼각검증 기능이 있는 정기적인 문헌 고찰과 면밀하게 대응시키는 일도 한다. 그 후 분류된 범주는 마지막으로 남은 단계인 최종 분석을 촉진한다. 최종 분석은 특정 범주 내에 있는 메모와 노트를 검토하고 이론적으로 개념화하는 방식으로 이루어진다. 이론의 구성은 엄격하고 어렵지만, 충분히 보상받는 여정의 최종 산출물이다.

이론 구성

이론 구성, 연구 결과 글쓰기, 새로운 발견에 대한 신뢰성의 보장은 근거이론연구의 마지막 단계이다. 이론적으로 생각하는 것은 중요한 기능이며(Glaser, 1978), 연구에서 자료 수집과 분석 단계를 통해 섬세하게 조율된다. "하나의 이론은 당신의 관점을 바꿀 수 있고 당신의 의식을 변화시킬 수 있다. 이론을 통해 당신은 다른 관점으로 세상을 볼 수 있고, 세상에서 새로운 의미를 창조할 수 있다. 이론은 내적 논리를 가지고 있으며, 다소간 일관성 있는 형태로 통합된다."(Charmaz, 2006, p. 128) 연구자의 이론적 민감성은 높아지며, 그들은 말 그대로 자료에 몰입한다. 이러한 몰입을 통해 연구자들은 현상을 특별하고 독특한 방법으로 묘사하게 하는 이론적 시각을 개발하는 데 민감해진다. 연구의 다른 모든 단계가 그러하듯이, 이론 구성도 계획적이며 메모와 표로 구성된 분석적인 작업으로부터 시작한다.

연구의 글쓰기는 작성해 둔 메모에서 시작한다. 비록 처음에는 지루한 과정이지만, 잘 작성된 메모는 공식적으로 알려지는 결과의 주요 부분을 구성하기에 도움이 된다. 범주와 기본적인 연구 과정이 꼼꼼하게 전개되며 풍부하게 묘사되고 수정되기 때문에, 최종 산출물은 결과를 공식화한 형식에 맞게 구체화하는 문제에 불과하다. 글쓰기가 쉽다고 말하려는 것이 아니다. 글쓰기는 매우 개인적인 노력이며 결과를 정리하고 논리적이고 설득력이 있으며 흥미로운 방식으로 그것들을 표현하기 위한 훈련이 필요하다. 연구를 글로 쓰기 위한 훌륭한 논의와 실제적인 지침은 Charmaz(2006)에서 찾아볼 수 있다.

결과의 신뢰성 보장하기

근거이론에서 타당성은 이론이 기초하고 있는 결론의 안정성을 기준으로 가늠한다. 다른 연구—질적연구이든 양적연구이든—의 분석 결과와 일치하는 것은 해당 연구의 분석을 통해 도출한 결론의 타당도와 신뢰도를 보장해 준다. Miles와 Huberman(1994)은 질적연구를 통해 얻은 발견의 견고함을 가늠할 수 있는 열세 가지 전략을 제시했다. 이 단계들은 서로 중복되는데, 이들은 연구에서 얻은 발견의 신뢰성을 높인다.

① 대표성을 확인하라.
② 연구자가 미치는 영향을 확인하라.
③ 결과를 삼각 검증하라.
④ 증거를 따져 보라.
⑤ 예외 값(outlier)들을 확인하라.
⑥ 극단적 사례를 활용하라.
⑦ 놀랄 만한 점은 좀 더 추적하라.
⑧ 부정적인 증거를 찾아보라.
⑨ '만약 ……하다면' 검증(if-then test)을 하라.
⑩ 겉으로만 그럴싸한(spurious) 결과를 배제하라.
⑪ 연구를 반복하여 같은 결과가 나오는지 확인하라.
⑫ 경쟁 가설과 설명을 확인하라.
⑬ 정보 제공자로부터 피드백을 받으라.

신뢰성을 점검할 때는 연구한 현상이 맥락에 기초하고 있으며 시간의 제한을 받는다는 사실을 받아들이는 것이 중요하다. 근거이론 연구의 풍성함을 더해 주는 것은 중심 과정에 대한 묘사와 응답자로부터 수집한 이야기들을 정확하게 표현하는 것이다. 연구 결과의 의미에 대해 자기의 고유한 통찰을 얻는 것은 독자의 몫이다. 나는 내 연구에서 앞서 제시한 전략 중 몇 가지를 사용했다.

타당화: 상담사 발달이론

나는 연구의 전 과정에서 자료상에 드러나고 있는 개념과 범주 그리고 중심 과정의 발달과 원자료를 지속적으로 비교했다. 세 번의 초점 집단 회기를 거치면서 이론적 표집을 진행했고, 연구 문제를 다듬었으며, 상담사가 그들의 훈련 이후에 성장하는 과정에 관한 최종적인 묘사와 중심 개념을 정교화를 했다.

경험 동화와 관계 가치는 초점 집단의 첫 회기에서 현저하게 나타난 두 개의 범주였다. 초점 집단의 두 번째 회기는 이들 범주에서 개념의 밀도를 높임과 동시에 세 번째 범주인 타당화가 드러났다. [그림 10-2]는 코딩의 결과를 타당화라는 중심 과정의 도표에 그려 넣은 것이다. 타당화 과정에 직접 관련된 개념들을 강조함으로써 독자들은 이론에 대한 논의 부분에서 타당화 과정에 유의하게 된다. 다른 범주들과 개념들은 고딕체로 표시함으로써 독자들이 도출된 근거이론의 필수적인 토대에 유의하게끔 했다.

경험의 소화

응답자들은 대학원 과정이나 졸업 이후의 경험에서 상담할 때 무엇이 유용하다고 배웠는지에 대한 그들의 생각과 인식을 기술했다. 경험의 소화(assimilating experience) 범주와 관련된 속성들은 훈련 경험, 내담자로부터 배우기, 학습 경험 소화하기, 자신에 대한 신뢰, 경험의 통합, 직관력 개발 등을 포함한다.

학습 경험의 소화는 상담사들이 전공 교육과정에서 시도한 적이 없는 새로운 기술과 개입을 실험적 방법으로 훈련할 때 발생한다. 응답자들은 모두 학습 경험의 소화 과정이 위험하다는 생각을 서로 나누었다. 위험은 그들에게 익숙하지 않은 기법을 사용할 때나 그들의 생각을 내담자와 즉흥적으로 나누면서 상담 관계의 즉시성이 높아질 때 발생했다. 이런 위험에 대한 내담자의 응답(즉, 내담자 반응)은 상담사가 자신의 상담 방식을 수정할지 또는 확정할지를 좌우했다([그림 10-2] 참조). 학습 경험의 소화는 상담사가 개별화된 상담 방식을 형성할 때 거쳐가는 과정 중 하나이다.

상담사들은 발달 과정에서 그들의 경험을 자신의 개인적 상담 방식에 통합하는 것을 편안하게 느끼는 단계에 도달한 경험에 대해서도 논의했다. 상담사가 상담에서 표현한 개인적 방식이나 상담사 행동은 내담자의 반응에 의해 지지되었다([그림 10-2] 참조). 상담사의 개입에 대해 내담자가 긍정적으로 반응하면, 상담사는 더 많은 개인적 기술과 개입을 활용하라는 격

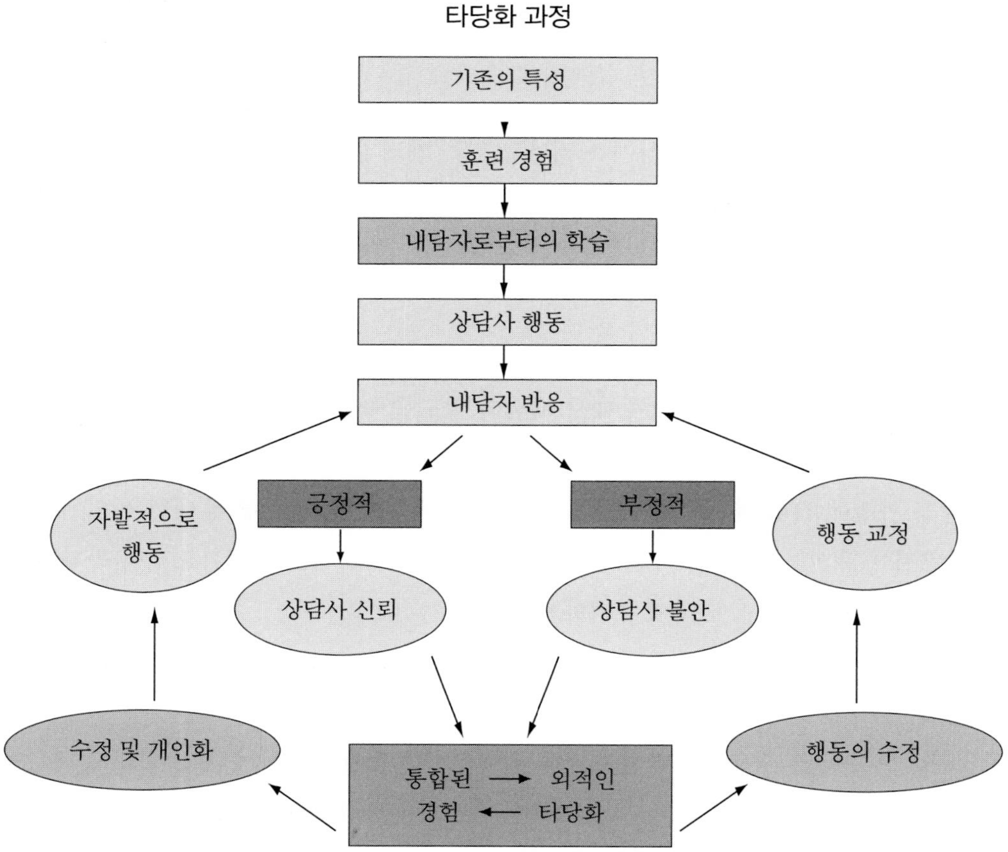

[그림 10-2] 타당화 과정

려를 받는다고 느꼈다([그림 10-2] 참조). 학습 경험의 통합과 소화는 서로 영향을 주고받는 과정이었다. 그들이 받은 훈련 경험에 기반을 두고 있던 상담사들은 실험을 통해 기법과 개입의 목록을 확장하였고 그것들은 점진적으로 그들 자신의 자연스러운 속성으로 자리 잡았다. 통합된 경험은 상담사가 자신의 능력에 대한 자신감의 느낌과 효능감에 대한 높은 수준의 신뢰 경험(즉, 상담사 신뢰)으로 특징지어진다([그림 10-2] 참조).

직관의 발달 또한 경험의 통합과 관련된 중요한 개념이다. 직관은 의식적 인지 과정이 관여하지 않은 깊은 통찰을 통해 내담자 문제를 지각하는 능력이다. 직관은 경험으로부터 발달했다. 연구에 참여한 상담사들의 직관력은 내담자가 그들의 개인적 방식에 긍정적으로 반응할 때 증가한다. 상담사들이 내담자의 필요를 알아차리고 직관적 인상을 언어로 표현하는 능력이 높아지면서, 내담자들은 상담 관계 및 상담사의 자기노출에 대해 더 깊은 신뢰, 대인관계와 관련된 새로운 행동과 관계 방법을 시도하려는 의지, 그리고 그들이 처한 삶의 조건에 대해 개인적 책임감을 받아들이려는 의지로 응한다.

관계 가치

관계 가치는 연구에 참여하는 상담사가 내담자와 하는 작업에 부여하는 가치를 의미한다. 이러한 가치는 상담사가 가지고 있는 신념으로서, 그들이 내담자와 상담할 때 그들의 행동을 안내한다. 상담사들은 그들의 가치관이나 직관에 따라 개별화된 개입을 사용한다. 내담자의 반응과 그에 대한 상담사의 반응은 관여 효과(involvement effect)의 기초가 된다. 관여 효과는 상담사가 자신의 개별화된 상담 방식을 형성할 때 타당화의 중요한 근거가 되었다.

상담사가 상담 관계에서 처음 하는 행동(즉, 상담사 행동)은 그들의 신념이나 가치와 연결되어 있었으며 그것에 의해 인도되었다. 행동에는 상담사가 내담자를 돕기 위해 사용하는 기법, 개입 및 역할들이 포함되었다. 상담사들이 내담자의 반응에 기초하여 그들의 행동을 수정하면서 상담 관계에 대한 그들의 신념도 수정되고 확정되었다. 상담사들이 신념을 수정하고 확정하면서, 그들은 자신과 자신의 훈련 경험을 이전과 다르게 보게 되었다. 상담사들은 상담 관계에 기초하여 상담이 좀 더 실용적이 되게끔 자신의 능력을 발전시켰다. 그들은 효과적인 것들을 사용했다. 상담사들은 기법, 개입, 역할을 개인화하는 과정을 그들의 성격이나 가치와 일관된 것으로 묘사했다.

상담사들은 또한 내담자와의 작업에서 관여 경험의 영향력을 일관되게 묘사했다. 그들은 또한 상담 관계에서 발생한 일에 대한 내담자의 반응을 중심으로 수행한 상담을 내담자들이 더 효과적인 것으로 인식한다고 믿었다. 상담사들은 상담하는 중에 통합된 경험([그림 10-2] 참조)을 계속해서 활용하는 한편, 내담자들은 상담사의 개인화된 양식에 대해 반응했다.

연구에 참여한 상담사가 묘사한 또 하나의 관여 효과는 불안이었다. 상담사 불안은 내담자가 상담 과정에 대해 부적인 방식으로 반응할 때 발생했다([그림 10-2] 참조). 상담사들은 내담자가 상담 관계로부터 정서적으로 철수하고, 저항, 두려움, 좌절을 표현하는 등의 부적 방식으로 반응할 때 상담 관계에 초점을 맞추고, 그들이 대학원 훈련 과정에서 습득했던 기초적 관계 개선 기술로 되돌아가 자신의 행동을 수정하는 것이 가장 효과적이라고 말했다([그림 10-2] 참조). 불안의 또 다른 측면은 상담사들이 자신의 한계와 상담이 갖는 한계를 깨닫는 것이었다. 상담사들은 자신이 모든 내담자를 도울 수는 없다는 것을 깨닫게 되며 때때로 이런 한계 때문에 좌절을 느낀다. 상담사들은 그들에게 효과적이었던 것으로 되돌아감으로써 자신의 불안을 다루었다. 상담 관계에서 내담자의 자기노출과 신뢰 수준이 높아지고, 문제에 대한 개인적 책임을 받아들이며, 통찰을 얻고, 통찰에 근거해서 행동의 변화를 나타내는 것과 같은 긍정적인 반응을 보일 때, 상담사들은 그들의 개인적 상담 방식을 더 자신감 있게 형성하고 표현했다. 상담사들은 내담자에게 도움이 되었다고 인식한 것을 토대로 상담 관계에서의 행동을 수정한다([그림 10−2] 참조). 관여 효과는 상담사들이 개인적 방식을 개발할 때 상담사에 대한 타당화의 중요한 자원이 되었다.

타당화

타당화는 하나의 범주로서만이 아니라 상담사가 개인적 상담 방식을 형성하기 위해 사용하는 또 다른 중심 과정으로 드러났다. 타당화는 상담사가 통합된 경험에 내재한 가치에 기초하여 행동했을 때 발생했다. 상담사들은 상담 관계 내에서 발생한 내적 타당화와 상담 관계 외부에 있는 자원에 포함된 자원에 기초하여 행동을 수정한다.

내적 타당화는 주로 내담자의 반응과 그에 대한 상담사의 내적 반응으로 구성된다. 상담사들은 그들이 내담자의 반응과 상담 관계에서 일어나는 자신의 내적 반응에 민감해짐으로써 내담자로부터 배우게 된다고 믿었다. 상담사들은 그들의 직관을 사용하며, 내담자 반응은 상담사의 생각과 행동을 승인하기도 하고 거부하기도 한다. 만약 내담자가 긍정적으로 반응하면, 상담사는 직관에서 자연스럽게 나온 행동을 활용하는 능력, 상담을 유용하게 활용하는 내담자의 능력, 그리고 상담 과정의 효능에 대한 자신감이 높아진다. 상담사들은 또한 내담자와의 작업에서 그들의 개입을 수정하고 개인화하는 능력에 대해서도 자신감을 가지게 된다([그림 10−2] 참조). 내담자가 상담사의 직관적인 언어적 반응이나 개입에 대해 부정적으로 반응하면, 상담사들은 그들의 경험에 기초하여 행동을 취한다. 만약 부정적인 내담자 반응이 그들의 경험 범위를 넘어서지 않으면 응답자들은 최소한의 불안을 경험하였다. 만약 내담자의 부정적인 반응이 예상하지 못한 것일 경우, 상담사들은 더 높은 수준의 불안을 경험했으며(즉, 상담사 불안), 초기에 학습을 통해 소화되고 검증된 개입으로 되돌아갔다. 상담사들은 이러한 과정에 대해 '관계를 형성하는 기본 기술'로 되돌아간다고 묘사했다. 상담사들은 그들이 상담 관계에 초점을 맞추었을 때 부정적인 내담자의 반응과 관련하여 명료하지 않던 것이 명료해졌으며, 이런 유형의 내적 타당과는 그들의 개인적 방식을 발달시키는 데 중요했다.

상담사는 또한 상담 관계의 외부에서 타당화의 자원을 찾는 것에 대해 묘사하였다. 외적 타당화는 수퍼비전, 동료 자문, 연구 문헌 그리고 전문가 워크숍 등을 포함한다([그림 10−2] 참조). 상담사들은 그들이 자신의 능력과 능률에 대해 불안할 때 외적인 타당화 자원을 활용한다고 말했다. 그리고 그들은 자신이 내담자에게 했던 행동의 효과성을 확인하기 위해서도 외적 타당화를 사용하였다. 상담사들은 자신의 인식과 개입을 다른 전문가들의 경험과 비교함으로써 그들의 인식과 개입에 대해 현실 검증(reality-test)의 과정을 거쳤다. 상담사들은 타당화를 위한 내적 · 외적 자원 모두 그들의 발전에 필수적이라고 일관성 있게 지각하였다.

경험의 소화, 관계 가치 그리고 타당화는 상담사 발달에 있어 필수적인 요인으로 확인되었다. 그것들은 타당화라는 상담사 발달에 대한 근거이론의 뼈대를 제공하였으며, 타당화는 상담사가 개인적인 상담 방식을 발달시킬 때 중요한 과정으로 드러났다.

범주가 정해지고 이론이 형태를 잡아 가면서, 상담사와 만나서 형태를 갖추어 가고 있는 이론을 설명하는 일은 연구 결과의 신뢰성을 확보하는 가장 중요한 방법이었다. 연구자가 상담사들의 경험을 정확하게 표현하고 그들의 내적 과정을 정확하게 개념화하고 있는지를 확인하기 위해 응답자에게 점검을 받는 것은 지속적인 비교 과정에서 필수적이며, 근거이론이 타당함을 확인할 수 있는 방법이다(William B. Kline, 개인적 대화, 2007. 10. 8.). 문헌 고찰과 상담사 발달 분야의 전문가와 하는 면담 또한 결과를 삼각 검증하고 자료로부터 이러한 범주와 개념이 도출하는 것이 정확하고 의미 있음을 확인해 준다.

근거이론방법론의 다양성과 다문화적 시사점

근거이론은 다양한 맥락에서 사용했으며, 다른 방법론(질적연구와 양적연구 모두 포함)과 함께 적용할 수 있을 뿐 아니라 다양한 사회적 · 문화적 상황에서 중요한 발견을 도출하기 위해 사용했다. 다양한 문화적 맥락에서 발생하는 과정에 대해 좀 더 분명한 감각을 개발하기 위해 근거이론을 어떻게 사용했는지 고찰하고, 수행 중인 연구를 예로 들어 가면서 개선할 수 있는 부분을 알아보는 것이 좋을 것 같다. 다음 연구 사례는 다음과 같은 주제를 포함한다. 중산층 엄마가 어떻게 홈스쿨링을 받아들이는가, 토론토 시내의 중국 및 타밀 이주자들은 정신건강 서비스에 어떻게 접근하는가, 미국 북동부에 거주하는 터키 이주자들의 경험과 그것이 그들의 정신 건강에 미치는 영향, 아프리카계와 백인계 미국 여성들은 그들의 정체성 발달 과정이 어떻게 다른가, 성적 행동의 문제를 보이는 청소년들과 작업하는 과정이 호주 및 미국 임상가들의 정신 건강에 미치는 영향, 상담 전공 학생들이 상담사 교육과정에서 백인 문화 관련 과목에 참여할 때 어떤 경험을 하는가 등이다. 이러한 예들은 다양한 사회적 맥락에서 근거이론을 사용하고자 하는 생각과 모든 문화적 맥락에서의 사회적 현상을 이해할 수 있는 강력한 도구로 활용할 수 있음을 보여 준다.

Lois(2010)는 자녀를 홈스쿨링으로 양육하는 엄마들과 그들이 자녀를 위해 '자신의 삶을 보류'할 때 겪는 정서적 스트레스를 어떻게 관리하는지를 연구하기 위해 근거이론을 사용했다. 연구자는 면담을 통해 엄마들이 "시간적 정서 작업(temporal emotion work)"이라는 과정을 거쳐 시간에 관한 그들의 개념을 수정함으로써 정서 반응을 처리했음을 발견했다(p. 434). 이 작업은 엄마들이 자녀의 필요에 기초해서 자신이 쏟는 시간을 분할하고 서로 영향을 주지 않게끔 구분해서 순서화하는 과정으로 이루어진다. 이러한 작업의 핵심적 부분은 엄마가 됨에 관해 향수(nostalgia)를 느끼는 것(예: "아이라는 시기는 금방 지나가. 그래서 아이가 어릴 때 즐길 수 있는 것은 즐기는 게 좋아.")과 후회를 피하는 것(예: "아이라는 시기는 금방 지나가. 그래서 나는 이 기회를 놓치고 싶지 않고, 나중에 내 삶을 돌아볼 때 후회하면서 이 시기를 돌아보고 싶지 않아.")이다. 시간을 이렇게 재구조화함으로써 엄마들은 홈스쿨링이라는 힘든 과정에 대해 불평하지 않고 자신의 삶(또는 개인적으로 필수적인 '내 시간')을 희생할 수 있으며, 매우 힘든 양육이 분명히 일정 시간 동안만 필요한 것이며 종료 시점이 있다는 사실을 깨달을 수 있다. 두 번째 정서적 작업은 무계획적이고 즉시적으로 자녀와 함께 하는 가치 있는 순간을 '음미'하고 그러한 자녀 양육기를 연장하는 것(예: 소파에서 껴안고 서로 파고드는 것이나 삶과 배움에 대해 계획 없이 서로 이야기하는 순간)이다.

Lois(2010)는 근거이론에서 '여행'이라는 개념과 범주를 도입했다(Charmaz, 2012). '여행'은 드러나는 이론의 개념과 범주가 기존의 이론을 다양한 맥락으로 확장할 수 있을 때 분명해진다. 예를 들면, Lois(2010)는 홈스쿨링을 하는 엄마가 억울한 마음 없이 집에서 자녀를 교육하기 위해 어떻게 시간과 정서적 반응을 조절할 수 있는지에 관한 이론을 개발했다. 그가 홈스쿨링을 하는 엄마의 시간적 · 정서적 작업은 중산층 대졸 여성의 정체성 발달과 관련된다는 점을 지적했다(Hamilton & Armstrong: Lois, 2010에서 재인용). 그들은 언젠가는 그들이 자신을 위해서는 거의 시간을 쓸 수 없는 아내나 엄마가 될 것이라는 자각 때문에 관계에 헌신하기를 피하고 '스스로 발전해야 한다는 관념'을 가진 사람들이다. 즉, 그들은 나중에 중요한 희생을 요구하고 자녀와 가족에게 헌신해야 하는 시점이 도래하기 때문에 지금은 신나게 사는 것이 좋다고 생각한다. Lois는 "그들의 연구는 엄마가 되기 전의 젊은 여성들이 집중적인 엄마 역할이라는 일정 기간 가지게 될 정체성을 사전에 인식함으로써 엄마가 되기 전 시기에 어떤 식으로 의사결정을 해 가는지를 밝혔다."(p. 442)라고 지적함으로써 Hamilton과 Armstrong의 연구에서 마련한 이론적 기초에 자신의 관점을 추가했다. 따라서 그들의 자녀를 홈스쿨링으로 양육하는 엄마들의 문화를 좀 더 풍부하게 이해할 수 있었으며, 면접에서 수집한 자료로부터 이론을 개발할 수 있었다. 그리고 근거이론 방법으로 개발한 이론은 중산층 보수적인 여성들이 생애 전반에서 정서적 · 시간적으로 어떻게 발달하는지에 대해 여러 가지 시사점을 제공했다.

Sadavoy, Meier와 Ong(2004)은 근거이론방법론을 활동연구(action research, 즉 사회적 문제를 해결하기 위해 개인 또는 팀으로 참여하게끔 설계한 방법)와 접목하여 토론토 도심 지역의 중국 또는 타밀 민족 노인들에게 적합한 정신건강 지원 서비스를 제공하려고 할 때 부딪히는 장벽을 밝혔다. 이 연구에서 근거이론방법론과 관련하여 중요한 점은 수집한 자료들이 문화적 규준, 전통, 난민 지위 그리고 정신 건강 문제에 관한 이해, 언어 장벽, 가족 내 역동과 전통, 서비스 접근 가능성, 그리고 서비스 제공자의 개입 시점 간의 복잡한 상호작용과 관련한 추후 연구 질문을 형성하기 위해 설계되었다는 점이다. 연구자들은 특히 부정확한 질문에 기초해서 만들어지는 부정확한 가정을 피하기 원했다. 근거이론방법론은 초점 집단 면접과 함께 사용하는데, 초점 집단은 문화적 공동체에 진입해서, 질문에 대해 정확한 설명을 제공할 수 있는 믿을 만한 응답자를 밝혀 줄 주요 관계자를 선발하는 '눈덩이 표집'으로 모집한다. 이러한 방법으로 근거이론은 추가 탐색의 기초를 다질 수 있다. 이 연구의 또 다른 중요한 측면은 다문화 맥락에서 근거이론이 얼마나 적합한지를 보여 준다는 점이다. 드러나는 주제와 주제들을 자료와 지속적으로 비교하기 위해 자료는 연구자가 이해할 수 있는 언어로 제시되어야 하고 다른 삼각화 기법이 적용되어야 한다(예: 원어민으로서 참여자가 하는 이야기, 사전 초점 집단 면접에 문화적 맥락을 알려 줌으로써 적합한 질문과 탐구의 방향, 관심 있는 문화에 관한 인구학적 자료의 분석, 한 지역 내 두 문화 집단 간 차이의 비교 등이 가능한 사람, 그리고 해당 지역과 지역사회 내에서 이미 자리를 잡은 사람과 새로 진입한 사람들의 활용 등). 이와 같은 방법으로 근거이론은 토론토 도심에 거주하는 중국과 타밀 문화권 구성원의 정신건강 서비스 접근을 방해하는 장벽에 대해 이해할 수 있는 도구가 되었다.

Petersen(2000)은 미국 백인과 아프리카계 미국인 여성의 전 생애에 걸친 정체성 발달을 근거이론방법론으로 연구했다. 그는 모든 백인과 아프리카계 미국인 여성의 정체성 발달 과정을 발견하는 연구뿐만 아니라 근거이론방법론이 없이는 이해하기 어려운 양적연구 가설의 검증에 근거이론을 활용했다(예: 사용할 수 있는 양적 자료의 크기가 제한적일 경우). 그의 연구는 미국 백인 여성은 결국 그들의 정체성을 개발하기 위해 가족의 가치를 포함한 그들의 문화적 · 사회적 규준을 버릴 것이며, 아프리카계 미국 여성은 그들의 개인적 정체성을 개발하기 위해 문화적인 지지와 지역사회의 지지를 훨씬 더 많이 받는다고 느낄 것이라는 가설을 세웠다(Petersen, 2000). 개별적인 면담이 이루어졌고, "타 집단으로부터 온 대비되는 구성원의 영향력이 없는" 특정 문화 집단의 구성원들을 이해하는 연구에서 수용되는 과정인 차이 모형(Difference Model; Oleyamade & Rosser: Petersen, 2000에서 재인용)으로 결과를 해석했다

(Petersen, 2000, p. 64). 이런 식으로 근거이론은 양적연구 방식으로는 포착할 수 없는 과정을 밝히기 위해 혼합연구방법으로 사용되기도 한다. 연구에서의 관찰자, 그리고 자료로부터 도출한 이론의 검증과 타당화를 위한 삼각검증의 일환으로 이 분야의 전문가들(즉, 다문화 경험이 풍부한 상담사)이 활용된다. 드러나는 이론과 자료를 지속적으로 비교함으로써 도출되는 주제, 개념, 범주들을 통해 얻은 발견에 기초하여 가설을 검증한다. 미국 백인 여성들은 가족이나 독립성을 지지하지 않는 문화적 제재로부터 개별화하기 위해 그들이 속했던 지역사회에서 벗어나 그들의 정체성에 좀 더 지지적인 다른 지역사회를 개발한다(예: 교육적 지역사회). 아프리카계 미국 여성은 주요 관계(일차적으로는 좀 더 나이 많고 멘토링을 제공하는 여성), 가족, 지역사회 등의 다양한 층으로부터 지지를 느낀다. 그러한 지지는 인종차별의 부정적 영향을 성공적으로 약화했을 뿐 아니라 교육, 사업 그리고 모성의 영역에서 성공할 여성의 회복탄력성을 강화하고 기념했다.

Sohtorik와 McWilliams(2011)는 터키 이민자의 경험, 즉 그들이 겪는 스트레스 요인, 정신건강 서비스를 받을 필요성과 의지 그리고 주류 문화에 대한 경험을 탐색했다. 연구자들은 터키 이민자들과 상담할 때 도움이 될 직접적인 시사점을 지닌 주제들, 예를 들면 비언어적 의사소통, 권위자에 대한 존경심, 나이 든 사람에게 하는 질문은 무례함의 표시라는 점의 자각, 대가족의 구성원으로 수용되는 일, 서구 문화와 주류 문화에 대한 개방성의 수준에 대한 민감성, 여성은 순종적이고 순응적임을 받아들이는 것, 내담자와 정신건강 전문가의 관계를 평등하게 형성하는 것이 치료에 대한 신뢰를 망가뜨릴 수도 있음에 민감해지는 것 그리고 문화적 규준을 병리로 이해하지 않도록 유의하는 것 등의 중요성을 강조했다.

응답자들은 향수병, 가족과 국가에 대한 그리움, 낯선 땅에서 산다는 것, 그들의 모국어로 서비스를 받을 수 없다는 것, 그들의 부족한 영어 능력, 사회적 또는 지역사회의 지원 등이 이민자로 사는 그들의 경험에 어떤 영향을 끼치는지 논의했다. 이 연구에서 근거이론방법론은 이 고유한 문화 집단의 집단적 이야기를 이해하게끔 돕고, 정신건강 개입을 위한 시사점을 제공하며, 다문화적 인식과 다문화 역량에 관한 연구를 더 강화하기에 도움이 된다.

Chassman, Kottler와 Madison(2010)은 호주와 미국에서 성 행동 문제(sexual behavior problem: SBP)를 보이는 청소년을 상담하는 상담사의 경험을 탐색하는 연구에서 근거이론방법을 적용했다. 이 특정 내담자들의 경험을 통해 내담자를 이해하려고 하기보다 상담사들을 연구의 초점으로 삼았다. 자료에서 도출된 주제는 ① 상담사의 학대 경험, ② 성 관련 정보를 듣는 것에 대한 상담사의 감정, ③ 자기점검과 자기보호 등이었다(Chassman, Kottler, & Madison, 2010). 연구자들은 근거이론방법을 사용했는데, 이 방법은 다양한 업무 상황, 상담

기간, 성, 접근 방법을 망라하는 참여자를 확보하기 위한 눈덩이 표집, 새로운 자료가 설정된 주제와 범주 외에 새로운 내용을 추가하지 않는다고 확인될 때 새로운 응답자를 만나지 않는 포화, 반구조화 방식의 반복된 면접, 면접 자료의 전사와 분석, 탐구하는 주제와 관련된 경험에 기초해서 생기는 기존의 가정을 '괄호 치기' 하는 일기 쓰기와 메모 작성 등을 포함한다. 연구자는 분석을 완료한 후, 자료의 신뢰성과 자료 분석을 위해 참여자에게 분석 결과를 보여 주었다(Chassman, Kottler, & Madison, 2010).

참여자들은 내담자와 상담하면서 경계를 분명히 하려는 노력을 묘사했다. 그들은 자신이 성적으로 이끌리고 흥분되며(회기 내에서 내담자를 만나면서 하게 되는 생각과 이미지에서부터 상담실 밖에서 겪는 성적인 꿈과 환상에 의해 흥분되는 느낌에 이르기까지), 그들의 성적 또는 다른 학대 경험을 직접적으로 드러내는 순간, 가해자와 피해자의 성적 행동에 관한 세부 사항을 듣는 순간, 그리고 자기보호 전략을 사용하거나 소진 현상을 억지로 방지하려고 하는 순간 그들의 경계를 분명히 하려고 했다. 이 연구는 호주와 미국의 상담사들 간에 유사한 주제도 보여 주었고, 두 집단 사이의 차이도 지적했다. 특히 성 행동 문제를 가진 청소년 내담자를 상담할 때 발생하는 어려움에 대한 전략으로서 수퍼비전을 도입하는 방식에는 차이점이 있었다(Chassman, Kottler, & Madison, 2010). 근거이론방법은 참여자의 이야기가 어떻게 더 풍부해지고, 특수한 문화적 맥락, 즉 인종 집단, 고유한 내담자 집단 내에서 어떻게 더 적합한 주제로 발전하는지 발견하기 위해 사용되었다.

끝으로, Rothman, Malott과 Paone(2012)는 상담 전공 학생을 대상으로 '백인 됨과 백인 정체성 발달(White Racial Identity Development: WRID)'이라는 문화 역량 증진 강좌의 영향력을 연구했다. 연구자들은 양적연구방법을 사용한 이전의 연구가 상담사 훈련 교육과정의 일부로 WRID가 필요하다는 점을 논의에서 밝혔으나, WRID에 긍정적 영향을 미친 구체적인 경험이 알려지지 않았다는 점에 주목했다. 근거이론은 백인 됨의 문화 강좌에서 학생들의 경험에 긍정적 영향을 끼친 요소를 발견하기에 완벽한 방법이었다. 문헌연구에서 그들은 다문화 내담자들이 견고한 백인 정체성을 보이는 백인 상담사와 상담할 때는 긍정적 효과를 보이며, 백인 정체성이 발달하지 않았거나 덜 발달한 백인 상담사의 상담은 부정적 효과를 보인다는 점에 주목했다. 연구팀의 구성원 3명은 한 학기 동안 진행된 강좌에 참여한 백인 학생의 초점 집단으로부터 수집한 자료를 개별적으로 코딩했다. 삼각검증 절차는 연구자들이 자료로부터 무엇을 보며 어떻게 코딩할 것인지에 대해 연구자들 간의 일치도를 높이는 것을 포함했다. 그뿐만 아니라 연구자들은 논의를 통해 그들이 가진 편견을 괄호 치기 했으며, 그렇게 함으로써 참여자로부터 얻은 발견과 주제에 대한 신뢰성을 확보했다. 연구자들은 그 교육과정이 모든 학급에 동일하게 도입되었음을 확인하고, 학급당 수강생을 10명으로 제한했으며, 강의 계획서를 따라서 강의가 진행되고 있는지 확인하고, 강의에서 소집단 활동 요소가 동일 집단 리더에 의해 진행되었는지 등을 확인함으로써 연구의 초반 작업에 역점을 두었다. 근거이론은 자료로부터 드러나는 것에 관한 발견에 기초하고 있지만, 연구자들은 학생들의 경험이 강좌의 다양성 때문에 발생하는 변수들을 최대한 피하려고 했다. 이러한 연구자의 조치들은 근거이론이 양적인 방법으로 포착할 수 없는 자료 분석이라는 일차적 목적에 부합하지만, 다양한 필요에 의해 수정될 수 있다는 것을 보여 주기도 한다.

참여자들은 구조화된 경험과 집단 작업 요소를 포함한 강좌 경험을 서로 나누었다. 참여자의 경험을 이론으로 만들어 가는 과정에서 ① 개인의 인종적 정체성에 대한 이해, ② 백인의 특권에 대한 이해, ③ 자기인식의 증진, ④ 옹호와 사회적 정의라는 네 개의 구별된 주제가 드러났다(Rothman, Malott & Paone, 2012). 참여자는 그들의 백인 됨이 그들의 정체성과 타인과의 관계에 영향을 미치는 방식, 그들이 백인의 특권에 대한 자각이 높아지는 방식(예: 죄책감 경험), 그리고 타인의 다름에 대해 '색맹'의 상태로 있으려고 하는 경향 등에 대해 서로 이야기를 나누었다. 참여자들은 인종에 관한 그들의 가정이 그들이 타인(인종적으로 다른 타인과 같은 타인 모두 포함해서)과 상호작용하는 방식에 어떻게 영향을 미치는지에 대해서도 이야기를 나누었다. 끝으로 참여자들은 사회적 옹호(social advocacy) 태도의 학습, 자신의 인종에 대한 자각, 전문적 · 개인적 맥락에서 인종차별을 접했을 때 그것을 직면하고 다루어 나가고자 하는 의도성을 개발하는 것 등에 대해서도 이야기를 나누었다. 참여자들은 그 강좌에서 특별히 의미가 있는 두 가지 점을 발견했다. 소집단 경험과 그들이 학습하고 인식한 것을 상대방에게 말로 표현하게끔 하는 경험적 활동이었다. 연구자들은 이러한 중요한 집단에 초점을 맞춘 수업 설계를 시사점으로 제시하고 그것에 대해 논의했다. 앞서 언급했듯이 이 연구에서 근거이론은 자료로부터 범주와 주요 주제를 이끌어 내는 데 도움이 되는 지속적인 비교방법을 통해 연구의 풍부한 맥락을 제공했다.

요약

근거이론은 이 방법론에 적합한 연구 아이디어를 가지고 시작하는데, 이 방법론은 과정을 발견하고 연구 참여자들의 이야기로부터 현실을 구성하며, 제한된 시간과 상황의 맥락에서 현상이 어떻게 발생하는지를 설명할 수 있는 이론을 개발하려는 의도로 이루어진다. 근거이론은 더 나은 발견으로 이끄는 새로운 시각과 관점을 자극한다. 상담사들은 상담 훈련을 통해 적극적 경청, 효과적 질문, 현상 간의 관계 이해, 모호함 견디기 등과 같은 자질을 학습할 기회를 얻는데, 이러한 자질은 그들이 강력한 근거이론가로 성장하는 데 큰 도움이 된다. 근거이론을 사용하는 사람들은 자료에서 드러나는 것을 소중히 다루며 그들이 찾아낸 자료를 개념, 범주, 속성, 범주와 주의 깊고 일관되며 꼼꼼하게 비교한다. 코딩은 사용 가능한 뼈대 내에서 개념들을 조직화하도록 돕는다. 노트 기록과 메모 작성 및 도표 그리기 등은 연구자에게 일어나는 사건을 다듬고, 이론을 개발하는 과정을 기록하며 결과를 기록하는 기초를 제공한다.

연구의 구체적인 단계들은 표집, 자료 수집, 자료 분석으로 구성되는데, 이들은 서로 영향을 미치고 서로를 풍부하게 한다. 상담사는 자신의 경험에 관한 기술을 상담사-내담자 관계에서 치료적 도구로 설정하며, 타당화 과정을 거치면서 그들의 통찰을 직관과 섞는다.

우리는 혼합방법을 적용한 연구에서 이 방법론의 융통성이 잘 드러난 연구 사례를 검토함으로써 양적연구로는 맛볼 수 없는 과정을 발견하게 하려고 노력했다. 이러한 연구들은 사회적 · 문화적 그리고 상담연구에 내재한 미묘한 과정에 관한 이해의 깊이를 더하기 위해 다양한 문화적 맥락에 어떻게 쉽게 적용할 수 있는지도 보여 주었다. 사회과학이나 다른 형태의 연구에서 연구방법들이 어떻게 사용되고 가치를 인정받는지에서 분명하게 불균형이 보이지만, 일반적인 질적연구, 특별히 근거이론은 후속 연구를 인도하고 자극하는 중요한 과정을 밝히는 수단을 계속 제공할 것이다.

필자는 전문상담사인 당신이 특정 내담자군에 대한 개입과 이론적 접근의 성과를 검증하기 위한 연구에 참여하고 그러한 연구를 활용하기를 바란다. "연구자가 자료를 수집하기 위해 다양한 도구를 사용할 수 있지만, 가장 기본적인 연구 도구는 연구자 자신이다."는 당신이 가지고 있어야 하는 매우 중요한 관점이다(Erlandson, Harris, Skipper, & Allen, 1993, p. 16). 근거이론방법론의 미래는 상담사와 상담 교육자들 그리고 수퍼바이저들이 우리의 전문 분야 내에서 발생하는 다양한 과정을 발견하고 해석하는 노력을 할 때 이 연구 관점을 어떻게 수용하고 활용하느냐에 의해 결정될 것이다.

• 생각해 볼 문제 •

1. 당신은 효과적인 근거이론가가 되기 위한 어떤 개인적 자질과 특성을 가지고 있는가?
2. 상담사가 언어적 그리고 비언어적 메시지에 주의를 기울이는 능력은 풍부한 자료를 수집하는 능력과 어떻게 일치하는가?
3. 연구자의 이론적 민감성은 어떻게 발달하는가? 근거이론연구를 수행할 때 당신은 연구자의 이론적 민감성의 중요성에 대해 어떻게 생각하는가?
4. 이야기 구술하기를 학습하는 것은 근거이론가에게 어떻게 도움이 되는가?
5. 근거이론연구에 적합한 연구 영역은 어떤 것들이 있다고 생각하는가? 어떤 연구 문제가 근거이론에 적합하지 않겠는가?
6. 근거이론가는 범주의 포화 여부를 어떻게 결정하는가?
7. 타당화나 검증 가능성이라는 개념은 원자료나 근거이론에서 도출되는 이론의 신뢰성과 관련되는가?
8. 어떤 특정한 연구가 근거이론이 중요한 연구방법론이 될 수 있다는 당신의 관점에 영향을 미쳤는가? 근거이론을 효과적으로 사용할 수 있는 다른 문화적·사회적 맥락은 어떤 것이 있는가?

제11장

현상학연구: 현상학연구의 철학

J. Scott Young
University of North Carolina at Greensboro

목표

1. 상담 분야에서 현상학연구의 중요성을 기술할 수 있다.
2. 현상학연구에 가장 적합한 연구 주제 영역을 확인할 수 있다.
3. 현상학을 하나의 질적연구방법으로 이해할 수 있다.
4. 현상학연구를 수행하는 데 필요한 기초 원리, 방법, 근거를 기술할 수 있다.
5. 자료의 적합성을 높이기 위해 가설적 개념을 지속적으로 확인하는 과정의 중요성을 인식할 수 있다.

현상학은 독일 철학자인 Edmund Husserl(1859~1938)의 저서에서 소개되었으며 철학의 한 분야로 제안되었다. Husserl(1970)은 최초로 현상학연구에 대한 정의를 내렸다. 그의 정의에 따르면, 현상학연구는 가설이나 선입견을 배제한 관점에서 시작되는 질문과 그 질문을 설명하기보다는 기술하는 것에 가까운 답으로 구성된다. Miller와 Salkind(2002)는 현상학을 "어떤 개념이나 현상과 밀접하게 관련되거나 이러한 현상을 직면하는 사람들을 둘러싼 체험의 의미를 기술하기 위한 방법"이라고 보다 간결하고 명료하게 정의하였다. Polkinghorne(1989)에 의하면, 현상학자는 인간 경험의 의식 구조를 탐색하는 사람이다. 따라서 현상학은 철학과 심리학에 뿌리를 둔 사조 이상으로 진화해 왔다. 현상학은 특히 개인의 주관적 경험에 초점을 두는 질적연구 영역 중 하나의 연구방법으로 볼 수 있다. 모든 질적연구가 개인의 경험에 주의를 기울이지만, 현상학은 "현상의 본질이나 구조를 이해하고자 한다."(Merriam & Associates,

2002, p. 93). 이 장에서 당신은 연구 설계방법, 자료 수집 절차, 자료 분석방법을 포함한 현상학의 기초 원리와 상담 전문 영역에서의 시사점을 학습하게 될 것이다.

현상학연구의 목적

현상학연구자는 한 개인과 그의 세계를 불가분의 관계로 보기 때문에 세계와 개인 각각에 초점을 두기보다는 세계와 개인 간 상호작용 의미의 본질을 탐색한다. 현상학은 참여자들의 경험과 환경에 대한 그들의 인식에 초점을 둔다(Creswell, 1998; Gay & Airasian, 2000; Merchant, 1997). 따라서 연구자의 과제는 개인과 세계 간의 상호작용과 대화를 민감성 있게 관찰하는 것이다. Van De Mescht(1999)는 이러한 연구자의 과제를 "엿듣는 것, 즉 귀 기울여 듣고 주체에 의해 인식된 것의 본질을 파악하는 것"이라고 표현했다(Merriam & Associates, 2002에서 재인용).

현상학연구의 목적은 '한 개인이나 다수의 개인에 의한 (특정) 현상의 생생한 경험의 의미, 구조, 본질은 무엇인가?'라는 질문에 대한 답을 찾는 것이다(Johnson & Christensen, 2004, p. 363). 따라서 현상학연구는 일상의 생생한 인간 경험에 관한 질문에 적용된다. 상담 교육자와 연구자가 수행하는 현상학연구의 예는 다음과 같다.

- 해외 유학 후에 자신의 체류 지역으로 돌아오는 이들의 경험(Christofi & Thompson, 2007)
- 다른 인종 상담자와의 상담에서 내담자의 경험(Chang & Alexandra, 2009)
- 숙련된 치료사가 임상 실제에서 개인 분석의 중요성을 어떻게 기술하는지(Rizq & Target, 2008)
- 아프리카계 미국인 부모의 놀이치료와 상담에 대한 인식(Brumfield, 2006)
- CACREP(Council for Accreditation of Counseling and Related Educational Programs)에서 인증한 공립, 사립 혹은 상담 대학원 프로그램에 다니는 정교회 기독교 학생들의 경험(Schaefer, 2006)
- 놀이치료에 대한 초등학교 학생의 인식(Green & Christensen, 2006)
- 사랑하는 사람의 죽음(Johnson & Christensen, 2004)

이러한 예들이 보여 주듯이, 현상학연구의 목적은 특정한 경험을 했던 참여자로부터 얻어질 수 있는 응답으로 적용될 수 있는 질문들을 다루는 것이다. Patton(2002)는 현상학을 다음과 같은 수단 혹은 방법으로 기술한다.

> 인간이 어떻게 경험을 지각하고 그 경험을 의식으로 전환하는지를 탐색하는 방법 혹은 수단이다. 이것은 개인별로 이루어질 수도 있고 공유된 의미일 수도 있다. 이러한 탐색은 인간이 어떻게 그 특정 현상을 경험하는지, 즉 그들이 그것을 어떻게 인식하고, 기술하고, 느끼고, 판단하고, 기억하고, 이해하고, 다른 사람들에게 이야기하는지를 방법론적으로, 조심스럽게, 빈틈없이 기술해야 한다(p. 104).

따라서 현상학은 상호작용적이고 연구자와 참여자의 관계를 필요로 한다(Merchant & Dupuy, 1996). 현상학 연구자는 "참여자 자신의 경험에 관한 그들의 전문성"을 인정하며 참여자의 피드백을 요청한다(p. 540). 이러한 과정은 연구자가 참여자의 신뢰를 얻고, 적극적인 경청 기술을 사용하며, 명료화하고 제시된 자료에 대한 깊은 이해를 통해 주제를 발견한다는 점에서 상담과 다르지 않다.

사실상 Merchant(1997)는 상담 분야에서 질적연구방법의 유용성을 보여 주었다. 특히 상담자 훈련 프로그램에서의 공통된 기술과 훈련이 이러한 탐색 과정에 적용될 수 있다. 상담자와 질적연구자는 모두 내담자 혹은 참여자에 의해 제공된 실마리를 알아차리고 정보를 제공하는 개인을 임파워링할 수 있어야 한다.

전문용어

Newsome, Hays와 Christensen(2008)이 현상학과 관련하여 설명했던 몇 가지 주요 용어를 살펴보자. 그중 하나는 삶 세계(life-world)의 뜻을 가진 독일어 'Lebenswelt'이다. '삶 세계'은 주어진 특정 시간에 한 개인에 의해 경험된 감정, 사고, 자기인식의 복합체를 말한다(Johnson & Christensen, 2004). 현상학자는 개인의 삶 세계를 깊이 있게 이해하고 그것이 특정 경험에 적용되는 대로 삶 세계를 기술하고자 한다. 현상학자는 참여자의 관점에서 그 세계의 의미를 진정으로 이해하기 위해서 연구 대상자의 실제 세계에 공감적으로 들어가야만 한다. 많은 면에서 현상학자의 역할은 치료적 도움을 제공하기 위해서 공감적이고 비판단적으로 내담자의 세계에 들어가는 상담자의 역할과 유사하다.

현상학과 관련된 또 하나의 용어는 괄호 치기 혹은 판단 중지(bracketing 혹은 epoche)의 과정이다. 이는 연구자가 자신의 선입견을 재고하고 현상을 그 자체의 내적 체제가 지니는 의미로 설명하고자 하는 의도적인 과정을 말한다(Merriam & Associates, 2002; Newsome et al., 2008). 연구자는 참여자의 생생한 세계에서 현상 그 자체가 의미하는 것이 무엇인지를 성찰하기 위해서 현상에 대한 자신의 가정이나 신념을 '보류하기' 할 때 괄호 치기를 한다(Christensen, 2005). 괄호 치기는 연구자가 참여자의 세계에 들어가기 전에 일어나며 연구자가 탐구하고자 하는 현상에 대한 고정관념, 선입견, 혹은 학습된 감정들을 보류하고 탐의식적으로 탐구 · 기록하는 것과 관련된다. 예를 들어, Brumfield(2006)는 놀이와 놀이치료, 상담에 대한 아프리카계 미국인 부모들의 인식에 관한 연구에서 자신의 성별, 인종, 연구자로서의 경험, 놀이와 놀이치료, 상담에 대한 자신의 신념 그리고 참여자들이 무엇을 이야기할지에 대한 가정 등 자신에 대한 특징을 밝히려는 노력을 보였다. 연구자들은 자신의 경험이 자료 수집과 분석 과정에 방해가 되지 않도록 하기 위해 어떠한 구체적인 단계들을 거쳤는지를 설명하는 것이 바람직하다. 이를 통해 연구자는 어떻게 자신이 참여자의 독특하고 생생한 경험을 깊이 있게 이해할 수 있을지를 기술할 수 있다.

현상학연구에서 개인들의 독특한 경험의 이해뿐만 아니라, 연구자는 경험들 안에 존재하는 공통점을 찾고자 할 수도 있다. 실제 경험의 공통점은 현상의 본질(essence)로 이해된다(Newsome et al., 2008). 다시 말해서, 연구자들은 경험의 보편적이고 핵심적인 요소를 찾고자 한다. 예를 들어, 사랑하는 사람의 죽음과 관련해서 애도(grief)와 슬픔(sorrow)은 핵심적인 요소였다(Johnson & Christensen, 2004). 어떤 경험의 본질을 찾는 것은 현상학을 결정짓는 특징들 중 하나이다. 현상학과 관련된 다른 용어들도 있지만, 그러한 용어들은 자료 수집과 분석 절차와 직접 관련되므로 다음 장에서 논의할 것이다.

현상학연구 수행

연구자의 역할

앞서 살펴본 바처럼, 현상학 연구자는 자신이 자료 수집과 분석에 주요한 도구가 되기 때문에 연구에서 매우 중요한 역할을 한다(Merchant, 1997; Miles & Huberman, 1994). 따라서 연구자는 자신의 인식을 괄호 치는 데 있어 핵심적인 단계로 자신의 편협된 가치와 신념을 개방하는 것이 좋다. 더 나아가 연구자는 적극적으로 경청하고 참여자 관점에서 이해하고자 노력하고 참여자가 기술하는 어떠한 개념에 관해 이해를 그려 냄으로써 참여자 경험의 중요한 점을 타당화해야 한다. 그림(illustration)은 개념을 정의하고 기술하기 위한 주제에 대해 시각적으로 표현하고, 결과에 대해 기술하고, 참여자의 언어를 사용하는 것을 포함한다.

질적연구를 준비하기 위한 방법으로서, Merchant(1997)는 상담자가 수련 과정에서 받게 되는 준비 과정과 유사하게 질적 연구자 훈련이 이루어짐을 설명했다. 좋은 상담자와 좋은 연구자에게 공통적으로 확인되는 몇 가지 특징은 다음을 포함한다. 그러나 꼭 이러한 특징들에 국한되는 것은 아니다.

- 자기 자신의 세계관에 대한 인식
- 내담자/참여자의 세계관에 들어가는 능력
- 인간 경험의 다차원성, 맥락적이며 비선형적인 특성
- 내러티브와 스토리의 사용
- 모호함을 견디는 힘
- 과정과 내용에 초점을 둠
- 임파워먼트를 목표로 함(pp. 12-14)

뿐만 아니라 Reisetter와 동료들(2004)은 세계관의 일치성, 이론과 기술의 일치성, 연구자 정체성과 전문가적 실행 능력, 인식과 경험에 대한 전체론적 특성은 상담자 교육 전공에서 박사논문을 쓸 때의 경험에 대한 기술에서 확인되곤 하는 주제들과 중첩된다는 점을 확인했다.

참여자 선정

때때로 공동 연구자라고 불리기도 하는 참여자들은 경험한 현상에 대해 연구하기도 하고 그것에 대한 생각이나 느낌을 공유하기도 하기 때문에 선택된다(Christensen, 2005). 참여자의 수는 다양할 수 있고, 연구의 성격에 따라서 달라질 수 있겠지만(Newsome et al., 2008), 질적 연구에서는 대체로 8~10명이 참여하는 것을 권장하고 있다(Creswell, 1998; Miller & Salkind, 2002). 그러나 Polkinghorne(1989)은 연구자들이 일반적으로 5~25명의 개인들을 조사 대상 집단으로 삼고 있다고 밝혔다. 대조적으로, Wertz(1985)는 "만약 한 사람의 경험에 대한 심도 있는 지식이 그 연구의 목적을 충분히 만족시킬 수 있다고 한다면, 한 명의 연구 참여자로도 충분하다."(p. 171)라고 진술했다.

목적 표집

질적연구의 표집은 표집의 목적 및 방법에서 양적연구에서의 표집의 목적 및 방법과 다르다. 양적연구에서 연구자들은 표집이 나타내는 경향을 광범위한 모집단에 대해 일반화하기 위해 확률 표집을 활용한다. 이 작업을 수행하기 위해 무작위 표집은 대표 모집단에서 선택된다(Newsome et al., 2008). 대조적으로, 질적 연구자들은 일반적으로 확률 표집을 사용하지 않는다. 대신에 그들은 연구 문제에 대해 가장 효과적으로 탐구할 수 있도록 목적 표본을 선택한다(Creswell, 1998). 현상학연구에서 준거 표집(criterion sampling)은 모든 참여자가 유사한 현상을 경험한 사실에 기반하여 의도적으로 선발된다. 예를 들면, 상담을 받은 초등학교 연령의 아동(Green & Christensen, 2006) 또는 사랑하는 사람의 죽음을 경험한 개인들(Johnson & Christensen, 2004)이다.

참여자의 안전을 유지하기 위한 조치

현상학연구에서는 연구 참여자에 대한 세부 사항이 드러날 수 있기 때문에, 참여자를 보호하고 익명을 유지하는 등의 특별한 조치가 필요하다. 자료 수집의 시작 전에 참여자들은 연구 과정에 익숙해져야 하고, 그들의 권리에 대해 안내받아야 하며, 어떤 연구 참여에도 잠재적 위험이 있음에 대한 경고를 받아야 한다. 예를 들어, 연구자가 사랑하는 사람과 사별한 경험(Johnson & Christensen, 2004)이 있는 참여자를 면접하기에 앞서, 연구자들은 만약 참여자가 이러한 서비스를 찾고 있었다면 지금까지 어떻게 해 왔고 상담이 어땠는지에 대한 토론의 결과로 발생할 수 있는 잠재적 불편감에 대해 알려 주어야 한다.

현상학의 경우, 참여자에게는 다음과 같은 사항이 보장되어야 한다.

① 비밀보장에 대한 권리와 이러한 종류의 연구에서 비밀보장과 관련된 한계에 대해 안내받아야 한다.
② 가명을 쓰도록 격려받고 자신의 신분을 보호할 수 있도록 하기 위한 조치가 취해져야 한다.
③ 결과가 나오기 전이라도 언제든지 연구를 그만둘 수 있는 권리를 보장받는다.

참여자 프로파일

많은 현상학연구에서 개인 및 집단 참여자의 프로파일은 연구 참여에 동의한 각 구성원에 대한 구체적인 설명을 제공하기 위해 만들어진다. 참여자들의 독특한 특성을 독자가 파악할 수 있게 하기 위해서이다(Alexander, 2002; Brumfield, 2006; Schaefer, 2006). 해당 프로파일은 참여자가 인구학적 설문조사 또는 초기 면접의 시작 부분에서 얻어지는 구체적인 질문, 자료 수집 과정에서 얻은 언어적 또는 비언어적 추가 정보로 작성된다. Seidman(1998)에 따르면, 참여자 프로파일은 참여자의 맥락에서 얻어진 자료를 (표나 그림으로) 표현하는 방법이다. 따라서 참여자 프로파일은 그들에게 나타나는 범주, 주제 그리고 패턴에 대한 이야기를 만드는 데 도움이 된다.

개인 프로파일 개인 프로파일은 인종/민족, 성별, 나이, 종교 관계, 자녀 수, 교육 수준, 직업 경험, 거주 지역 같은 참여자에 관한 일반적인 인구학적 조사 정보로 구성된다. 또한 개인 프로파일은 연구 중인 현상과 특정 정보에 의해 만들어질 수 있다. 예를 들어, 허리케인 카트리나의 영향을 받은 아이와 함께 한 상담에 대한 연구에서 프로파일에 아이들이 어디로 피신하였는지, 그들의 가정이 파괴되었는지, 학교가 파괴되었는지, 허리케인에 의해 가족을 잃었는지 등의 정보가 포함될 수 있다.

집단 프로파일 집단 프로파일은 모든 참여자와 관련된 특성만 포함한다. 집단 프로파일의 목표는 모든 참여자 간 비교를 제시하고 연구에 참가한 사람의 전반적인 모습을 제공하는 것이다. 현상학연구가 경험뿐만 아니라 참여자와 그들에게 주어진 경험과의 상호작용을 탐구하기 때문에 집단 프로파일은 다른 방법으로는 드러나지 않는 특성을 밝혀낼 수 있다. 전형적인 집단 프로파일에서 나타나는 정보의 중요성 때문에 현상학 연구자들은 참여자 집단의 특성을 전반적으로 보여 줄 수 있는 표나 다른 시각적으로 표현할 수 있는 방식을 선택하여야 한다. 〈표 11-1〉은 아프리카계 미국인 부모의 놀이치료 및 상담에 대한 인식연구(Brumfield, 2006)에 참가한 참여자들의 집단 프로파일을 기술한 내용이다.

표 11-1 **아프리카계 미국인 부모의 놀이치료 및 상담에 대한 인식연구 참여자들의 집단 프로파일**

참여자	이름(가명)	나이	성별	혼인 상태	교육적인 수준 직업 [배우자 정보]	자녀 수	자녀 연령/성별	자녀가 다니는 학교 유형	자녀의 이전 상담 여부
1	Tweety Byrd	35	여	기혼	M.Ed.; 대학교수 (의대생) [석사, 행정가]	2	9/남 11/여	공립	○
2	Patrice	32	여	이혼	석사, 무직(상담학위) [대학; 주방장]	2	5/여 11/여	공립 (허리케인 카트리나 이전 지역)	○
3	Mr. Jack	49	남	기혼	고등학교 목사, 버스 운전사; LPN	3	12/여 16/남 18/남	공립	×

4	Mrs. Brown	45	여	기혼	간호사[대학; 경찰관]	1	7/여	공립	○
5	Shawanda Wilson	36	여	기혼	대학, 행정 보조[대학, 중소기업 소유자]	2	12/여 14/여	차터스쿨 (허리케인 카트리나 이전 공공)	×
6	Kimberly	28	여	미혼	대학(현재 학생); 행정 보조[고등학교; 자영업]	1	5/여	사립 (가톨릭)	×
7	Mary	24	여	미혼	고등학교; SAHM [정보 제공 안 됨]	3	1/여 4/남 6/남	차터스쿨 (허리케인 카트리나 이전 공공)	○
8	Marion	48	여	기혼	고등학교; 간호조무사 [고등학교; 목수]	3 (손자 2)	10/여 11/남 (손자) 12/남 (손자)	사립 (가톨릭) 공립	○

자료 수집 방법

많은 질적 연구자는 자료를 수집하여 연구 결과의 신뢰성을 높이기 위해서 다양한 방법을 활용한다(Newsome et al., 2008).

개인 면접

많은 연구자에 따르면, 현상학연구를 위한 전형적인 자료 수집방법은 논의되는 현상을 경험한 참여자들을 반구조화된 개인 면담에 오랜 기간 참여시키는 것이다. 면담은 한 시간에서 두 시간 동안 지속되고, 참여자들은 한 번 이상 면담을 하게 된다. 대부분의 사례에서 면담은 음성 녹음을 하고 기록하게 된다. 면담 기록을 한 후, 그 테이프들을 축어록과 대조해서 확인하고 처분하는 경우가 종종 있다. 다수의 인간 대상 연구위원회와 ACA 윤리강령(2014)에 따르면, 축어록 원본과 다른 확인할 수 있는 정보들은 최소 5년 동안 안전한 방법으로 저장되어야만 한다.

면접자들은 풍부한 묘사와 구체적인 세부 사항들을 포함하는 정보를 이끌어 내는 데 숙련될 필요가 있다(Newsome et al., 2008). 면접자들은 참여자들에게 "당신의 경험에 대해 이야기해 주세요……."라고 말하면서 질문을 시작할 것이다. 면접자는 참여자가 그들의 설명을 확장하고 자세히 설명하도록 적극적으로 경청하고, 필요에 따라 촉진시키고 격려할 수 있어야 한다(Patton, 2002). 예를 들어, 당신이 저소득층 소수자 집단의 내담자들이 정신건강 시스템에서 어떠한 경험을 하는지에 대한 현상학연구를 수행한다고 가정해 보자. 당신이 상담자 훈련을 하면서 습득한 적극적 경험 기술을 활용한다는 것은 다음과 같은 개방형 질문이나 촉진적 대화를 포함할 수 있겠다.

> 정신건강 시스템과 상호작용했을 때의 개인적 경험에 대해서 좀 더 이야기해 주시겠어요?
>
> 당신이 예약을 하거나 취소하는 데 부분적으로는 쉽지 않았던 것처럼 들리네요. 만일 그것이 정확하다면, 이러한 어려움의 특성과 개인적으로 겪어 왔던 구체적인 어려움들을 제가 좀 더 이해할 수 있도록 도와주실 수 있으세요?
>
> 당신의 …… 경험에 대해 좀 더 이야기해 주실 수 있어요?
>
> 예를 들어 주시거나, 이 일이 당신에게 어떻게 일어났는지에 대한 이야기를 해 주시겠어요?
>
> 정신건강 시스템과 상호작용할 때 당신에게 가장 도움이 되었던 분이나 가장 도움이 되었던 일은 무엇이었나요?

면담 지침서는 연구 중인 현상에 따라 연구자들의 이론적 민감성을 기본으로 발전될 수 있다. 현상학적 연구에서 자료 수집과 분석은 동시에 일어나기 때문에, 각각의 면담은 참여자들의 범주, 주제, 기술들을 새롭게 만들고 발전시키는 촉진제가 된다. 이에 따라 자료는 일관성 있는 단위로 줄일 수 있고 후속 면접 질문을 만들어 내는 데 쓰인다. 이런 경우에 면담 지침서는 차후의 면접 목적을 반영해 개정되어야 한다.

초점 집단 면담

면밀한 개인 면담은 현상학적 연구에서 자료를 모으는 가장 흔한 형태이기는 하지만, 일부 조사자는 일부 또는 모든 참여자를 집단 면담에 참여시키는 초점 집단을 활용한다.

Atkinson, Heath와 Chenail(1991)에 따르면, 지식의 정당성은 모든 이해 당사자가 투입하는 동등한 기회를 가지는 평등한 과정이다. 따라서 집단 면접은 참여자들에게 명확하게 연구 결과의 정당성과 신뢰성을 확인하고 듣는 기회를 제공한다. 정신건강 시스템 서비스 소비자와 관련된 앞선 논의의 예를 가지고 계속 생각해 보자. 초점 집단 면접을 수행할 때 포함 기준(낮은 소득, 소수자 집단, 최소 6개월 이상의 내담자)에 맞는 6명, 8명, 혹은 10명의 세심하게 선택된 대표성을 갖는 집단을 모집해서 이러한 이해 당사자들에게 다음과 같은 질문을 할 수 있겠다.

> 당신이 정신건강 시스템에서 내담자였던 때를 되돌아보시고, 당신의 가장 즐거웠던 기억을 나누어 주세요(가장 즐거웠던 기억).
>
> 내담자였던 때를 되돌아보면서 가장 힘들었던 경험(들)을 나누어 주세요(추가 촉진 질문 사용)
>
> 만약 친구가 정신건강 시스템에서 서비스를 받으려고 고려 중이라고 이야기한다면, 그 친구에게 당신의 경험에 대해 뭐라고 이야기하시겠어요?
>
> 만약 상담을 더 좋은 경험으로 만들 수 있는 한 가지 변화를 만들 수 있다고 한다면 무엇을 하시겠어요?

관찰

많은 현상학연구자는 반성적 일지(reflective journal)에 관찰을 기록한다. 그것의 목적은 참여자들의 비언어적 의사소통의 기록과 함께 참여자들의 응답과 연구 과정에 대한 연구자들의 사고와 반응을 기록하기 위한 것이다.

Shank(2002)는 다음과 같이 기술했다.

> 관찰은 질적 연구자로 숙련되기 위한 가장 기본적이고 까다로운 기술이다. 인간이 존재하는 것처럼, 질적 연구자는 관찰이 프로그램화되어 있다. 우리가 관찰되는 것들을 지속적으로 무시하려고 하지 않는 한 우리는 주변 환경과 그 환경 속의 활동들을 무시할 수 없다(p. 19).

따라서 가까운 곳에 있는 현상과 그들의 연구에 포함된 참여자들에 관해 관찰하는 것은 연구자들의 자연스러운 경향으로 현상학 연구자들의 의무이다. 이러한 관찰은 환경에서 참여자들의 반응을 보기 위한 수단으로 연구자들이 면접을 수행하고 자연스러운 환경에서 참여자들의 상호작용을 수행하는 동안 이루어진다.

Merchant(1997)는 질적 연구자와 상담자의 특징 중 비슷한 것을 보여 주었다. 특히 상담자에게 공통적인 기술과 훈련은 특히 면접을 사용하는 질적연구에서 자료를 모으는 과정에서 적용된다. 질적 연구자와 상담자 모두 내담자나 참여자에 의해 주어진 단서들에 믿기 어려울 만큼 주의를 기울이고 관찰해야만 한다. 그리고 둘 다 제공된 정보에 의한 개인의 권한을 찾을 수 있도록 해야 한다.

Shank(2002)에 따르면, 관찰자의 여덟 가지 유형이 있다.

① 포용자(효과적으로 경험하고 기술해서 그/그녀가 상황을 '재경험'한다는 느낌을 갖도록 함)
② 사진사(경험의 의미를 만들어 내기 위해 시각적 자료를 사용함)
③ 테이프레코더(음성, 대화, 단어, 억양 등 경험과 연관된 소리를 그려 냄)
④ 분류자(그/그녀의 경험을 체계화하기 위한 정보 분류와 범주 만들기를 통해 관찰함)
⑤ 베이스라이너(일시적인 혹은 시간, 차원으로 분류해 정보를 체계화함)
⑥ 요약자(명백하게 구체화하고 범주화하기 위해 시도하지만 이 과정을 돕기 위한 감각운동 입력의 사용을 허용함)
⑦ 소통자(관찰이란 사람들에 관한 연구이자 그 사람들이 환경 및 타인과 일으키는 상호작용에 관한 연구라고 봄)
⑧ 반사경(다른 사람에 대한 보편적이고 중요한 것에 초점을 맞추고 반영함)

관찰은 현상학 연구자들에게 정보의 몇몇 영역을 제공하지만, 연구 참여자들이 탐구 중인 현상뿐만 아니라 관찰이 또 다른 자료 수집의 방법이 될 수 있을지 아닐지를 결정하게 될 것이다.

부수자료와 문헌 고찰

면담, 관찰과 마찬가지로 현상학자들은 추가 자료를 모으기 위해 문서와 부수자료(사진, 음악, 시 등)를 연구에 활용한다. 부수자료와 문헌 고찰은 연구의 현상을 직접적으로 적용하는 구체적인 문헌과 부수자료를 탐구하고 명백하게 검토하는 연구자의 능력이 요구된다. 예를 들어, 허리케인 카트리나의 영향을 받은 아동들을 치료하는 상담자의 인식을 탐구할 때, 상담 중에 아동 내담자가 그린 그림은 상담 과정에서 일어난 것을 시각적 묘사로 제공할 뿐 아니라 참여자의 특별한 기억을 촉발시킬지도 모른다.

문서들은 사례 노트, 저널, 짧은 이야기, 시, 신문에서 오려낸 기사와 같은 글로 표현된 무엇이든 포함될 수 있다. 일부 현상학 연구자는 참여자들이 그들의 경험에 대해 완벽한 글을 쓰게 하는 것이 불가능하다고 믿지만, 경험에 비추어 볼 때 참여자의 저널과 반영된 글들의 예는 참여자 스스로와 경험에 대한 그들의 인식에 대한 가치 있는 정보를 제공할 수도 있다. 따라서 참여자들이 경험한 특정한 현상에 대한 그들의 반영과 인식을 적용시키는 문서의 고찰은 추가적인 통찰력을 제공할 수 있다.

자료 분석과 해석

Miles와 Huberman(1994)은 현상학자들이 몇몇 단계를 통한 자료 분석에서 참여자들의 경험을 추출하고, 이를 통해 연구자들은 끊임없이 자료의 발생을 고찰하고 자신의 예상에 대해 검토한다고 설명했다. 또한 Creswell(1998)과 Newsome 등(2008)은 자료 모으기와 분석을 포함한 반복되는 본질을 언급했다.

질적연구가 철학적으로 포스트모더니즘을 전제로 하고 연역적 추리에 근거를 두고 있다는 사실로 인해서, 많은 현상학 연구자는 자료 분석 방법에서 그들 자신의 독특한 방법을 지니고 있다.

연구자에 상관없이, 모든 현상학자는 자료 분석을 형성하는 몇 가지 단계가 있다는 것에 동의한다. 그래서 그 단계들 이후에 우리가 참여하여 끊임없이 현상학적 조사의 구체적인 문헌을 기록하는 절차에 대한 포괄적인 개요 제공을 시도한다.

1단계: 괄호 치기

연구자들의 가정과 괄호 치기(bracketing)와 관련된 개념은 앞서 자료 수집 과정에서 논의되었다. 그러나 연구자들은 그들의 편견이 자료 분석을 방해하는 것을 막기 위해 그들의 논문들을 꾸준히 검토해야 한다(Ashworth, 1999; Christensen, 2005). 이 시점에서 연구자들은 또한 그들의 인식이 어떻게 참여자들과의 경험과 연구 과정에서 현상을 접하면서 변화하는지에 대해 탐색할지도 모른다. 현상학 연구자들은 또한 어떻게 그들의 인식이 자료 분석에 영향을 미치는지에 대해 탐구하고 그들의 편견을 괄호 치고 연구의 시작점에서 연구자 주관을 갖추기 위해 사용한 절차를 검토하도록 객관적으로 독려된다.

중서부의 중소도시에 있는 성소수자의 경험을 탐구하고자 하는 연구자에게 괄호 치기는 적극적 성찰과 연구자의 인식이 어떻게 연구 과정에 영향을 미칠지에 대해 확인하기 위해 성소수자과 관련된 그들 삶에서의 경험과 편견에 대해 일지를 쓰는 것을 포함할 것이다.

2단계: 자료 검토

Merriam과 동료들(2002)에 의하면, 연구자(또는 연구팀)는 면접 내용을 듣고 기록한다. 연구자들이 테이프를 듣고 완벽하게 기록한 것을 검토할 때, 연구자들은 넓은 범위에서 참여자들의 표현과 의미를 완전히 이해하려고 하는 것이다.

자료 검토를 할 때, 연구자는 참여자들이 성소수자로서 그들의 경험에 대해 무엇을 드러내는지를 확인하기 위해 성소수자 면접 축어록을 객관적으로(개인적 편견과 인식을 체크해 가면서) 검토할 것이다.

3단계: 현상학적 환원

다음으로, 연구자들은 끊임없이 경험의 본질로 돌아가서 그 경험의 초기 구조와 의미를 도출하기 위한 과정을 밟는다(Merriam & Associates, 2002). 그러고 나면, 탐구되는 현상들의 의미를 정확히 담아내기 위해 참여자들에 의해 만들어진 중요한 기술이나 짧은 구절을 확인하고 요약한다(Moustakas, 1994).

여기서 연구자는 참여자들에 의해 경험된 현상의 근본적인 특성을 확인하고자 그들의 단어, 구절, 개념을 활용하여 성소수자 참여자들 경험의 본질을 조심스럽게 뽑아 낸다.

4단계: 의미 단위 발췌

참여자들 반응의 본질을 이끌어 내기 위해 연구자들은 중복되거나 불필요한 의미 있는 기술들을 찾는다. 그리고 이 기술들을 의미 있는 분석 단위로 발췌하고 작성하여 '의미 단위'로 분류한다(Atkinson & Coffey, 1996; Miller & Salkind, 2002). 의미 단위는 연구된 현상과 관련된 중요한 기술(단어 또는 구절)이다. 그리고 연구자들은 어떻게 참여자들이 주제를 경험하고 있는지에 대한 의미 단위를 찾는다. 다음으로 수평 구조화(horizontalization)로 알려진 동등한 가치로서 각 기술을 다루는 것을 염두에 두는 동안, 연구자들은 의미 단위를 설명하는 중요한 기술들을 작성한다(Merriam & Associates, 2002).

마지막으로 이러한 의미 단위는 문장을 통해, 혹은 경험—일어난 일—에 대한 결을 살린 기술(textured description)로 알려진 담화(예: 축어록)를 통해 묘사된다. 묘사로부터의 직접적인 인용은 의미를 분석하고 확인한다. 그리고 그 단위는 다른 의미로 분석된 것으로 전달되어 묘사된다. 예를 들면, 놀이치료와 상담에 대한 아프리카계 미국인 부모의 인식을 주제로 한 Brumfield(2006)의 현상학연구에서 놀이의 발달적 이점에 대한 부모들의 인식과 상담에 대한 다른 아프리카계 미국인의 부정적 인식을 다루는 의미 단위가 나타났다. "내가 상담과 놀이치료가 효과적이라고 생각할지라도 대부분의 아프리카계 미국인은 그것을 믿지 않는다."(p. 98)

추가적으로, 앞서 논의한 성소수자 연구의 예로 살펴보면, 연구자는 참여자들에 의해 표현된 현상을 포착하기 위해 '성적 아웃사이더' '선입견으로부터의 해방' '지역사회에 대한 바람' 등을 포함하는 의미 단위를 만들어 내게 된다.

5단계: 주제 확인

의미 단위의 목록을 구성한 후에 연구자들은 의미 단위 중에서 주제를 조사하고 난 뒤 전반적인 주제의 묘사와 경험의 본질을 발달시킨다. 이 단계의 목표는 전체 집단의 본질을 결정하기 위한 것이다(Johnson & Christensen, 2004). 주제 조사에서 연구자는 참여자의 상황으로 완전히 들어가기 위해서 자신의 입장을 보류하려고 노력하면서 감정이입의 태도를 계속 유지한다(Wertz, 2005). Brumfield(2006)의 연구에서 드러난 주제는 교육의 부족과 놀이치료 및 상담의 노출, 문화적 영향, 놀이의 종합적인 이점 등이었다.

이 단계에서 성소수자 이슈의 연구자는 그들의 대화로부터 나타난 의미 단위가 이 특정 중서부 마을에서의 안전과 커뮤니티 결핍과 관련된 주제들을 드러낸다는 것을 발견하게 되고, 이러한 점은 그들의 차이를 넘어서 대중과 성소수자 간의 소통을 만들 수 있는 지역사회 기반 프로그램에 대한 요구를 보여 준다.

6단계: 자료 보여 주기

일단 주제들이 확인되면, 자료 보여 주기는 체계적인 자료 분석 결과와 주제의 시각적 묘사를 제공하기 위해 전개될 수 있다. 이것은 상담자의 창의적 변형(imaginative variation)을 이루는 데, 혹은 다른 관점이나 다른 참조의 틀에 따라 자료를 살펴보는 데 도움을 준다(Moustakas, 1994, p. 96). 기본적으로, 자료 보여 주기는 자료 분석과 결론을 끌어낼 때 연구자에게 도움이 된다(Miles & Huberman, 1994). 특별히 사례 내부 분석과 교차 사례 분석 보여 주기는 참여자의 경험을 분석할 때 특히 도움이 된다.

사례 내 분석 사례 내 분석(within-case analysis)에는 각각의 참여자 인식의 시각적 표현이 포함된다. 인식은 구체적인 의미, 관련 있는 개념, 주제, 직접적 인용, 자료 보고서의 군집, 그리고 자료 보고서와 관련된 간단한 요약과 관련되어 있다. 자료 보여 주기를 위한 구성 방식에 정해진 기준은 없다. 따라서 구성 방식은 참여자들에 의해 제공된 자료 유형과 조사의 현상에 따라 사용된다. 자료 보여 주기의 목적은 알려진 자료에 추가로 비교, 묘사, 탐구를 가능하게 하기 위한 것이다(Miles & Huberman, 1994).

예를 들어, 연구자는 한 명의 성소수자 참여자로부터 도출된 반응의 패턴을 중심으로 플로 차트를 만들 수 있겠다. 그러고 나서 이 주체가 다양한 경험의 측면과 어떻게 연결되고 조화가 되는지에 대한 관점을 얻게 된다.

교차 사례 분석 연구자들의 이해를 심화하고 참여자들의 경험의 본질을 찾는 것을 돕기 위해 교차 사례 분석(cross-case analysis)이 수행되곤 한다(Miles & Huberman, 1994). 교차 사례 제시는 참여자 면접 전반에 나타나는 개념, 주제 그리고 범주와 관련해 비교 수행된다. 교차 사례 분석을 활용해서 보여 주는 방식은 다양하지만, 전형적으로 모든 참여자의 반응에 따라 주제, 개념과 관련된 일관된 방식이 포함된다. 따라서 교차 사례 분석의 목표는 모든 참여자의 반응과 주제 중에 다른 것과 비슷한 것을 설명하고 표현하기 위한 방안을 제공하기 위한 것이다.

모든 질적연구는 자료 수집, 설명, 수정의 되풀이되는 패턴, 그리고 더 나아가 연구자와 참여자의 상호작용과 같은 자료 모으기가 포함된다(Newsome et al., 2008). 이 과정에서는 연구된 복잡한 경험에 내포된 관점의 파악을 위해 숨은 뜻을 알아내는 경우가 종종 있다. 그러므로 질적 연구자들은 중복(redundancy)이 일어날 때까지 분석 절차와 자료 수집을 통해 윤곽을 잡는 과정을 반복하는 경우가 종종 있다. 연구 결과의 '가치'를 보장하기 위해서, 질적 자료 분석은 또한 결과의 신뢰성을 확고히 하기 위한 구체적인 절차를 포함한다.

여기서 연구자는 각 개인들이 그 경험의 의미를 만들기 위해 사용하는 과정들 간의 관계를 찾기 위해 모든 성소수자 참여자로부터 도출된 반응의 패턴을 확인하는 행과 열로 구성된 차트를 만들게 된다.

연구 결과의 진실성 확립

질적연구에서 모든 연구의 적절성은 그것의 진실성에 의해 평가된다. Lincoln과 Guba(1985)는 질적연구의 진실성은 연구의 신뢰성, 전이(轉移) 가능성, 의존성과 일치성을 의미한다고 주장하였다. 즉, 질적연구자들은 신뢰성과 타당성과 반대로 사실적 가치(truth value), 적용 가능성(applicability), 일관성(consistency) 그리고 중립성(neutrality)과 관련하여 진실성을 추구한다(Lincoln & Guba, 1985).

사실적 가치는 "어떻게 연구가 이루어진 상황과 응답자에 대한 특정 조사로부터 얻어진 발견이 진실될까에 대한 신뢰를 구축할 수 있을까?"라는 질문을 수반한다(Lincoln & Guba, 1985, p. 290).

적용 가능성은 조사의 발견이 다른 상황과 응답자에게 적용될 수 있는 정도를 나타낸다.

일관성은 연구의 방법을 동일하거나 유사한 연구의 참여자들에게 적용할 수 있을 때 주제가 복제되거나 반복될 수 있는가에 대한 질문을 수반한다.

중립성은 질적연구에 관한 많은 비평에서 비롯된 질문, 즉 '연구의 발견이 단순히 연구자의 편견, 동기, 흥미, 관점을 반영하는 것이 아니라 진정으로 참여자를 반영하는 것임을 어떻게 확신할 수 있는가?'와 관련된다.

Miles와 Huberman(1994)은 그들이 질적연구의 진실성을 결정하는 데 도움이 되는 세 가지 질문을 만들 때 Lincoln과 Guba(1985)의 제안을 따랐다. ① 이 조사의 결과는 이치에 맞는가? ② 결과는 참여자로부터 수집된 정보를 충분히 설명하는가? ③ 결과는 연구의 내용을 정확히 반영하는가?

대부분의 질적 자료는 주관적인 방법으로 수집되고 해석되므로 연구 결과에 오류가 있는지에 관해 질적연구자들에게 조언한다는 것은 어려운 일이다(Maxwell, 1996). 특히 상담자로서 질적 연구를 수행하는 경우, 그들의 연구에 대한 진실성을 수립하는 데 있어 특정한 위험을 감수해야만 한다(Christensen, 2005). 타당성에 대한 위협은 자료 수집방법, 자료 출처, 연구자 편견, 연구 문제, 연구 목적 그리고 연구 패러다임에 대한 지침을 포함하는 모든 연구 설계 과정에서 발생할 수 있다. 20년 이상의 기간 동안 많은 질적 연구자는 질적 조사의 진실성을 확인하고 수립하기 위한 특정한 방법과 지침을 제공했다. 그리고 이러한 방법들은 연구의 신뢰성(credibility), 전이(轉移) 가능성(transferability), 감사 가능성(dependability) 그리고 일치성을 강화하는 데 초점을 두었다(Denzin & Lincoln, 2000).

신뢰성

신뢰성은 질적연구가 가진 의미의 분명한 결과를 확신하고 믿을 수 있게 입증하는 것이다(Glense, 1999). Lincoln과 Guba(1985)는 다섯 가지 요소를 제시했다. ① 지속적인 참여와 반복관찰, ② 삼각검증, ③ 전이 가능성, ④ 안정성, ⑤ 확증성. 이 다섯 가지 요소는 결론에 대한 신뢰성을 보증하는 데 도움을 주는 것이다.

지속적인 참여와 반복관찰 장시간 참여와 반복관찰은 연구자들이 충분한 시간을 투자한다는 것을 암시하는 과정이다. 그래서 결국 그/그녀가 인간 본성에 내재된 문화, 풍조, 사회화 과정과 연구의 현상에 대해 배우고 참여자와 신뢰를 쌓는 것이다. "장시간 참여는 범위(scope)를 제공하는 반면 반복관찰은 깊이를 제공한다."(Lincoln & Guba, 1985, p. 304) 예를 들어, 반복관찰은 연구자들이 연구의 현상과 가장 밀접하게 관련된 다양한 상황 안에서 특징을 발견하는 다양한 기회의 접근을 수반한다.

삼각검증 이 장의 앞부분에서 언급한 것과 같이, 삼각검증(triangulation)은 적절한 연구와 참여자의 정보와 연구자의 주장과 해석을 뒷받침하기 위해 사용되는 정보를 모으기 위해 다양한 자료, 방법, 연구자 그리고 이론을 사용하는 것이다(Christensen, 2005; Denzin & Lincoln, 2000).

- **동료 피드백과 협의**: 연구 과정과 연구자의 해석에서의 외부적 확인을 제공하는 목적으로 사용된다.
- **반증 사례 분석**: 또는 '뒤늦게 가설을 수정하는 것'. 반증 사례 분석은 활용 가능한 정보가 추가됨에 따라 가설을 수정하여 어떠한 예외도 없이 알려져 있는 사례를 모두 설명할 수 있도록 하는 것과 관련된다.
- **관련 자료의 적절성**: 결과에 대한 대안적인 설명을 탐구하기 위해서 보관된 '원자료', 이전 문헌 그리고 존재하는 연구와 비교하며 예비 결과와 해석을 확인하는 것이다. 이것은 또한 대립하는 가설들이나 현상에 대해서 존재하는 지식에 기초한 이론에 대한 다른 설명을 쉽게 찾을 수 있게 이끌어 줄 수 있다.
- **연구 참여자의 확인**: 해석과 결과의 적절성에 대한 직접적 테스트를 제공하기 위한 수단으로서 연구 참여자와의 지속적인 자문을 한다. 이것은 "참여자에게서 온 인간 근원에 대한 해석과 결과의 직접적인 실험"으로서 도움이 된다(Lincoln & Guba, 1985, p. 300). 그러므로 현상학 연구자들은 그들의 해석과 경험에 대한 설명을 검토하기 위해 참여자에게 질문할 수도 있다.

전이 가능성 Gay와 Airasian(2000)는 전이 가능성(transferability)을 다른 환경과 배경에서 일반화될 수 있는 단계로 정의했다. 하지만 많은 자연주의론자(naturalists)는 질적연구에서 전이는 외적 타당도 또는 일반화 가능성의 개념과는 매우 다르다고 생각한다(Lincoln & Guba, 1985). 이와 같이 질적 연구자의 역할은 그저 사람들이 전이가 가능할지 여부를 결정하는 데 필요한 자세한 설명을 제공하는 것이다(Lincoln & Guba, p. 316). 그러므로 질적 연구자들은 최대한 많은 세부 사항과 넓은 범위의 정보를 마지막 보고서의 결과와 자료의 해석들에 포함하여 함께 제공하는 것을 권장한다. 면접과 관찰이 이뤄지는 환경에 대한 풍부한 설명, 참여자들의 각 상호작용을 통해 밝혀지는 과정에 대한 세부 사항, 참여자들의 아주 자세한 설명(참여자 프로파일), 그리고 연구자들이 자료(재귀용법적인 저널 또는 메모)를 수집하고 해석하고 보고하는 동안 발생하는 자세한 단계는 연구자들이 연구 과정의 완벽한 설명을 제공할 수 있는 방법들 중 하나이다.

감사 가능성 Lincoln과 Guba(1985) Miles와 Huberman(1994)에 따르면, 안정성(dependability)은 시간의 경과와 연구자에 따라 나오는 결과들의 일관성과 관련된다. 주어진 연구의 안정성은 연구의 신뢰성과 뗄 수 없는 관계처럼 보이지만, 질적인 연구는 연구의 신뢰성을 수립하기 위해 이용된 것들을 능가하는 결과의 안정성을 수립하는 단계가 발생하도록 장려되어야 한다. 다른 또는 새로운 동료와의 자료의 분석과 해석을 통한 자문은 결과의 안정성을 보태기 위한 가치 있는 방법이 될 수 있다. 비슷하게, 자료 수집과 분석의 비슷한 방법 사용이 겹치는 다양한 연구원이나 연구팀들의 활용은 결과의 안정성을 향상시킬 수 있다. 예를 들어, 의심되는 아동학대를 찾고 보고하기 위한 교사 교육을 위해 수련 중인 상담자들을 위한 모형을 개발했던 상담 교육자(counselor educator)에게 시행되었던 연구에서 상담 교육자와 교사 교육자(teacher educator)였던 질적 연구자들이 자료를 분석하였다. 상담 교육자와 교사 교육자가 모형과 결과에 대한 아주 다른 지각을 가지고 있었지만, 그들이 자료 분석의 결과를 통합했을 때 마지막 결과물은 더욱더 포괄적이고 신뢰성이 있었다. 마지막으로, 질적 연구자들은 자료 수집과 분석 과정을 볼 수 있는 연구자들의 반성적 일지를 분석할 수 있는 감사자(auditor)의 도움을 이용하는 것을 권장하지만, 최종 보고서의 마지막 단계에서는 연구 결과가 감사 가능성이 있는지 확인한다.

확인 가능성 확인 가능성(confirmability)은 연구의 결과는 자연스러운 환경적 배경 안에서 참여자들의 관점이 성실하고 반영적이었다는 것을 가정한다. 보통 확증성은 연구자들의 성향과 주관성이 자료 수집과 분석을 방해하였는지를 직접적으로 다룬다. 연구자의 성향에 관하여, Creswell(1998)은 연구자가 그들의 의견, 현재 삶의 환경, 그리고 시작과 자료 수집과 분석 과정에서 연구에 영향을 미칠 수 있는 어떤 잠재적 편견 또는 가정들을 분리할 것을 권장했다. 그런 이유로, 질적 연구자들은 연구의 시작 이전에 다음의 사안에 대하여 그들의 지각을 진술할 의무가 있다.

- 곧 연구를 시행해야 할 어떤 개인적이거나 직업적인 동기와 이유가 있는지에 대해 토의하라.
- 참여자 그리고/또는 연구될 현상에 대한 개인적 또는 직업적 관계(제휴)가 있는지 설명하라.

- 가까운 미래 현상에 대한 편견(성향) 또는 가정을 진술하라.
- 참여자, 그리고 분석되어야 하는 현상에 관한 이론적 민감도에 기초하라(Glaser, 1987). 발견할 수 있을 것이라고 생각하는 것을 서술하라. 연구자는 이 연구의 결과로서 무엇을 찾는 것을 기대하는가?
- 연구자들의 초기 생각, 감정, 행동이 연구 과정을 어떻게 방해할 수 있는가 분석하라.

이 장에서는 미리 말했던 것처럼, 동료 해석자, 동료 자문가 그리고 전문 자문가들이 연구자들의 성향이 연구 과정과 결과를 어떻게 방해할 수 있는지 분석하는 것을 계속 할 수 있기 위해서 조사 기간 내내 연구자는 반성적 일지(reflexive journal)와 감사추적(audit trail)을 지속하도록 권장된다(Merchant, 1997). 동료 해석자, 동료 자문가들, 전문 자문가들은 연구자의 타당한 결과를 위해 경쟁 상대 또는 대안적인 설명을 분석하는 것 또한 권장한다. 이와 같이 연구자는 그들 자신의 통찰이 자료 수집과 분석을 어떻게 방해하거나 기여할 수 있는지 알기 위해서 그들 자신의 반성적 일지와 제3자의 검토 내용을 살펴보도록 권장된다.

내러티브 구성

연구의 결론에서 연구자는 연구 문제, 참여자들 그리고 정보 및 참여자 경험의 본질적 구조, 결과의 논의를 얻었던 방법들을 포함하는 설명적인 보고서를 작성한다(Johnson & Christensen, 2004). 내러티브는 연구자의 자료 분석 방법뿐만 아니라 참여자에 의해 제공된 축어록을 종종 포함한다(Wertz, 2005). 결론에서는 이전 연구와 이론, 그것들의 실질적인 결과 그리고 참여자에 대한 영향 간의 관계에 대해 논의된다. 또한 내러티브 보고는 연구의 신뢰성을 입증하기 위해 연구자들에 의해 사용된 자세한 방법을 포함한다.

문제점

현상학 설계는 훌륭한 도구가 될 수 있지만, 잠재적인 제한 또는 문제점이 있는 모든 연구처럼 질적연구자들은 경험의 정확한 본질의 이해를 얻어야만 한다. 문제점들은 참여자와 연구자 사이의 관계에 영향을 미칠 수 있을 뿐만 아니라 면접 과정에까지 관련될 수 있는데, 왜냐하면 면접은 현상학연구에서 자료를 수집하기 위한 최초의 수단이며 참여자들은 자료 수집의 최초의 도구이기 때문이다.

면담 과정

면담 과정에서 참여자가 산만해지거나 방해하는 것을 조절해야 하는 연구자의 무능력함 그리고 환경과 관련하여 문제가 발생할 수 있다. 예를 들어, Brumfield (2006)는 다양한 환경(학교 사적 장소, 커피숍, 참여자의 집, 공원 등)에서 아프리카계 미국인 부모들을 면접하게 되었다. 이러한 상황에서 비밀보장과 연관된 문제가 제기될 수 있지만, 환경 면에서 효과적인 면담 과정의 촉진에 최적인 상태는 아니었다.

복잡한 문제를 예정에 넣는 것, 참여자의 후속 면접 불가능, 그리고 연구 과정에서 참여자의 투입(시간, 노력) 부족은 현상학적인 연구자들이 직면하는 다른 문제점이 될 수 있다.

연구자와 참여자 관계의 영향

참여자들이 '너무 많이 알아차릴' 가능성이 있다(Christensen, 2005). 이 경우, 참여자는 '연기하거나/기쁘게 하기'에 대한 압박을 느끼거나 연구자들이 원하는 반응을 보이고자 할 수 있다. 예를 들어, Brumfield(2006)는 참여자들이 그녀에 대해 너무 많이 알아차릴 수 있다는 것을 우려했다. 왜냐하면 그녀는 아프리카계 미국인 부모들을 연구 중인 아프리카계 미국인 여성이었기 때문이다. 그녀가 상담자였기 때문에, Brumfield는 참여자들과의 관계를 고심하는 것에 대한 이슈를 직접적으로 다루었다. 또는 그녀가 진술한 것처럼, "상담 회기에서 '나처럼 보이는' 개인에 대해 내가 할 수 있는 것을 하였는데, 각 참여자에게 초기 면접에서 그것에 대하여 이야기했으며 '옳고 그름'에 대한 정답이 없다는 것과 나는 참여자의 지각에 진심으로 관심이 있다는 것을 설명했다."(p. 100).

다른 잠재적인 문제점은 연구자의 배경, 있을 수 있는 편견 그리고 사전에 형성된 가정들의 영향과 관련되어 있다. 연구자들이 괄호 치기, 연구 참여자 확인 그리고 동료 자문, 그 분야 전문가들의 방법을 사용할 수 있다는 사실에도 불구하고, 연구자들의 가정들과 특성을 완전하게 추출하는 것은 불가능하다. 불행하게도, 참여자의 지각에 영향을 줄 수 있는 모든 변인을 통제하는 것은 사실상 불가능하다.

다른 문제점은 연구자들의 능력 및 질적연구를 수행한 경험과 관련될 수 있다. 미숙한 현상학연구자는 면접 기술을 적절하게 이용하지 못하며 면접 과정을 용이하게 하는 방법을 알지 못할 수 있다. 게다가 면접 질문은 현상학연구의 중요한 요소인데, 초보 연구자들은 처음에 정확한 질문을 하지 않을 수도 있다. 모든 연구에서 나타날 수 있는 마지막 문제점은 연구자의 주관성이다. 예를 들어, 연구에 참여했던 부모들과 같은 지리적 환경에서 성장한 아프리카계 미국인 여성인 Brumfiled(2006)는 참여자와 유사한 경험을 가졌으며, 이는 참여자와의 관계에서 객관성을 견지해야 하는 그녀의 위치에 부정적인 영향을 미칠 수 있는 민감한 문제였다. 그녀는 다음과 같이 진술했다.

> 나의 인종과 지리학적 위치와 같은 '친숙함'은 부모들이 더 적극적으로 개방하는 데 긍정적인 영향을 주었을 수 있으며 면접 과정 동안 친숙함을 느꼈을 수 있다. 이러한 요소들은 또한 내가 바랐던 것만큼 객관성을 유지하기 위한 나의 능력에 방해가 되기도 한다(p. 101).

다른 문제점

아직 문제점이 하나 더 존재하는데, 그것은 현상학연구에서는 많은 양의 정보가 발생한다는 것이다. 면접 내용, 연구자들의 메모, 서류, 인공물에서 수집된 많은 정보에 압도될 수도 있다. 많은 정보의 분석은 심지어 경험 있는 질적 연구자들에게도 혼란과 좌절을 주며 골치 아프게 만들 수 있다. 자료는 간단한 범주로 나뉘지 않으며, 범주는 관찰 혹은 토론의 다른 부분으로 연결할 수 있는 무수히 많은 방법이 될 수 있다(Lester, 1999).

Lester(1999)는 현상학적 · 질적인 연구의 다른 유형과 현상학적 설계에서는 더 많이 유효한 중요한 부분을 언급했다.

> 사람들은 현상학이 무엇인지 이해하지 못하며 그들은 양적인 연구에 적용하는 것과 유사한 한계를 종종 기대한다. 상당히 흔한 언급은 표본 크기에 관한 것인데, 한자리 수의 표본이 유효하다는 것을 사람들에게 납득시키기 어려울 수 있다. 흔한 오해 중 하나가 표본 크기가 증가하면 결과가 통계학적으로 신뢰할 수 있거나 나아진다는 것이다(p. 16).

질적방법론에 대한 완전한 무지, 그리고 경험을 공유하기 위해 독려하는 사람의 영향력은 질적연구 결과의 관점을 어떻게든 방해할 수 있다.

이점

현상학연구의 잠재적인 난점에도 불구하고, 무수히 많은 이점도 있다. 구체적인 이점은 참여자의 이득, 연구자의 이득 그리고 현상학연구 설계를 통해 탐구될 수 있는 다수의 주제와 관련된다. 왜냐하면 현상학적 연구는 상호적이며(Merchant & Dupuy, 1996) 연구자와 참여자 사이의 관계에 의존하기 때문인데, 명확한 이득은 관계, 즉 연구자와 참여자의 관계에 있다. 이어지는 절들에서는 참여자와 연구자를 위한 현상학연구뿐만 아니라 일반적인 상담 분야의 이점에 대해 다뤄 본다.

참여자

현상학의 주요 이점 중 하나는 상담학의 효과적인 영향과 아주 밀접하다. 우선, 참여자의 체험에 대한 감정과 생각을 나누고 수용하는 기회를 가질 수 있다는 점에서 이점이 있다. 현상학연구에서 포함된 자료 수집 과정에서는 참여자가 지각을 나누고 피드백을 제공하는 것을 요청받는 곳에서 면담이 진행되며, 그러므로 그들의 경험의 가치를 인정하고 그들이 가진 '경험에 관한 전문 지식'을 존중해야 한다(Merchant & Dupuy, 1996, p. 540). 이것은 참여자에 대해 매우 큰 권한을 줄 수 있으며, 또한 상담 경험과 같은 이득을 볼 수 있다.

또한 현상학연구의 참여자는 그들 자신의 경험과 현상에 대한 깊은 이해를 얻기가 용이하다. 현상학연구는 내담자가 자신의 경험을 공유하는 것을 촉진하기 위해 상담자가 다양한 기술과 기법을 사용하는 상담과는 자료 수집 과정 측면에서 다르기 때문이다. 현상학연구자가 경청 기술, 명료화하기(seeking clarification) 그리고 주제 확인하기(identifying themes)를 이용하여 참여자의 신뢰를 얻음으로써, 참여자와 연구자 모두 쉽게 현상에 관한 이해를 향상시킬 수 있다. 이와 같은 방식으로 참여자는 종종 그들의 경험 및 그들 자신에 대한 통찰을 얻게 된다.

연구자

연구자들은 연구에서 혹은 일반적으로 무시되었거나 피했던 질문들을 감히 물어볼 수 있다. Lester(1999)는 "현상학적 접근은 중요한 이슈를 떠오르게 하거나 의견을 드러내서 말하게 하는 데 있어 탁월한 효과를 나타낸다. …… 현상학적 접근이 전통적 지혜의 답습을 지양하고, 행동을 촉진하며, 안주하려는 경향을 탈피하는 데 필요한 통찰을 가져올 수 있다는 점에 대해 많은 조직에서는 높은 평가를 내리고 있다."(p. 17)라고 기술했다. 게다가 현상학은 탐구하기 어려운 현상의 본질을 연구하는 것에 흥미를 가진 연구자에게 접근 방법을 제공한다. Gay와 Airasian(2000)에 따르면, 질적인 접근은 연구자가 관심 있는 현상에 대한 통찰을 얻기를 바라거나, 특히 그러한 통찰을 다른 연구 방법으로는 얻기 불가능할 때 가장 적절하다. Creswell(1998)은 현상학연구는 "복잡하고 전체론적인 상황"을 포착할 수 있다고 했다(p. 15). 게다가 Creswell은 질적연구, 특히 현상학은 전형적으로 더 다양하고 적은 사례에 초점을 두는 경향이 있다고 밝혔다.

상담학 분야

Merchant(1997)가 질적인 방법이 상담 분야에서 어떻게 유용한지를 제시했던 이 장의 앞부분을 상기해 보자. 다행히도, 현재 당신은 상담 수련 프로그램에서 흔한 기술과 수련이 특별히 현상학연구와 관련된 연구 과정에 적용되는 것을 알 수 있다. Merchant가 제안한 것처럼, 상담자 훈련은 질적연구를 위한 예습이다.

당신이 현상학의 세계를 탐구할 때, 우리는 당신의 세계관과 당신의 내담자의 세계관을 인지하는 것이 질적인 연구자이자 상담자라는 당신의 직업에 어떻게 도움이 되는지 알 수 있기를 바란다. 내담자의 경험에 연관된 다양한 체계를 이해하기 위해 다차원 렌즈를 통해 볼 때, 당신은 연구 참여자의 삶의 말과 이야기에서 다양한 관점을 찾아볼 수 있게 될 것이다. 상담 과정에서 애매모호한 상태를 인내해 봄으로써 얻어진 경험을 통해, 당신은 현상학적인 관점에 기반한 연구를 더욱 잘 탐구할 수 있을 것이다.

왜냐하면 면접과 관찰은 현상학연구에서 자료를 수집하는 가장 흔한 유형이기 때문인데, 이런 작업의 기술은 대부분 가치가 있다. 상담자들과 질적 연구자들은 내담자나 참여자에 의해 주어진 단서를 깨달아야 한다. 상담과 마찬가지로 현상학은 과정, 내용, 임파워먼트에 집중한다.

다문화적 고려 사항

게다가 현상학적 방법은 다양한 문화, 억압당하는 집단, 그리고 인간이 존재하면서 발생하는 많은 개념을 둘러싼 특이한 현상을 탐구하는 연구자들에게 이상적인 수단이다. Merchant와 Dupuy(1996)는 다른 문화의 신념 체계와 일치하지 않는 유럽 중심의 세계관에 기초한 양적연구의 전형적인 양식을 제시하며, 다문화적 쟁점들의 조사를 위해 질적연구방법의 사용을 제안한다. Jackson과 Meadows(1991)에 따르면, 백인 문화의 개념 체계는 다음과 같다.

> 백인 문화의 개념 체계는 물체의 습득에 가장 높은 가치(가치론)를 두는 물질 존재론을 강조한다. 외부 인식은 모든 인식(인식론)의 기초가 된다고 가정하며, 사람은 계산하고 측정하는 것을 통해 알 수 있다고 간주한다. 이 개념 체계의 논리는 이분법(양자택일)이며, 과정은 기술(technology)이다(모든 배경은 반복되고 재현될 수 있다). 이 개념 체계의 결과는 정체성, 그리고 외부 규준(예: 어떻게 보이는지, 무엇을 소유하는지, 위신 그리고 지위 상징)에 기초한 자기인식이다(p. 75).

이와 유사하게, Merchant와 Dupuy(1996)는 현상학방법, 자세하게는 현상학은 아프리카인의 세계관과 일치하며, 미국에서 하위 문화에 포함하는 비유럽인의 문화를 탐구하는 연구에 더 적합할 수도 있다고 주장해 왔다. Jackson과 Meadows(1991)에 따르면, 아프리카인의 개념 체계는 다음과 같은 특성이 있다.

> 남녀 사이의 대인관계에서 가장 중요한 가치(가치론, axiology)에 대해 정신적인 존재론(ontology)과 물질적인 존재론을 모두 강조한다. 자기인식은 상징적인 형상화와 리듬을 통해 알려진 모든 인지(인식론)의 기초가 된다고 가정한다. 그러므로 상담자의 주된 역점은 관계를 형성하고 내담자가 자신의 내면에 가지고 있는 인식의 중요함을 알아차리는 것이어야 한다. 이 개념 체계의 논리는 'diunital(반대의 결합)'이며, 과정은 'ntuology(모든 배경은 인간과 정신적 네트워크를 통한 밀접한 연관이 있다)'이다. 개념 체계의 결과는 정체성과 고유한 자아존중감이다(p. 75).

이 절은 아프리카계 미국인 문화에 관한 것이지만 그 시사점은 다른 많은 문화에도 적용될 수 있으며, 현상학연구가 다문화적 민감성을 촉진하는 방법을 제공할 수 있음을 강조하고 있다.

요약

이 장에서는 현상학으로 알려진 질적연구 접근방법의 간단한 소개를 제공하였다. 현상학연구 설계에 사용하기 위한 역사, 철학, 이론은 이 장의 첫 부분에 나와 있다. 참여자 선정 과정, 자료 수집 및 분석 그리고 검증 과정에 대한 자세한 설명을 제시하였다. 마지막으로, 문제점과 이점에 대해 서술하였다. 이 장은 특히 현상학이 어떻게 상담자, 내담자, 상담 교육 분야와 관련된 현상을 연구하는 효과적이고 실제적인 방법이 되었는지를 기술하는 상담연구와 관련한 시사점을 제공한다.

• 생각해 볼 문제 •

1. 상담, 상담 교육, 수퍼비전에 관련된 현상들을 연구할 때 현상학연구 설계를 사용하는 것의 다른 이점은 어떤 것인가?
2. 상담, 상담 교육, 수퍼비전에 관련된 현상들을 연구할 때 현상학연구 설계를 사용하는 것의 다른 문제점은 어떤 것인가?
3. 현상학은 그 밖의 질적연구 설계의 형태와 어떤 점에서 유사하고 어떤 점에서 다른가?
4. 질적연구자에게 중요한 수행의 하나로써 괄호 치기의 중요성은 무엇인가?
5. 연구의 신뢰성을 향상시키기 위해 현상학연구자가 사용할 수 있는 특정한 검증 절차가 있는가? 각각의 검증 절차에 대해 설명하라.
6. 당신이 현상학연구를 실시한다고 상상해 보자. 당신의 연구 문제는 무엇이고, 왜 그 연구 문제가 현상학연구 설계에 적합하다고 생각하는가?

제12장

내러티브연구: 생생한 경험의 해석

Kylie Dotson Blake
East Carolina University

목표

1. 내러티브연구의 원리를 이해할 수 있다.
2. 자연주의적 탐구의 개념을 이해할 수 있다.
3. 내러티브연구의 수행 과정을 이해할 수 있다.
4. 내러티브연구를 해석할 수 있다.
5. 내러티브연구의 기본 형식을 이해할 수 있다.
6. 사람들의 살아 있는 경험을 어떻게 해석하는지 이해할 수 있다.
7. 내러티브연구의 우수성을 어떻게 평가하는지 이해할 수 있다.
8. 상담 분야에서 내러티브연구를 어떻게 적용하는지 이해할 수 있다.

원시시대의 동굴벽화 이후, 이야기와 인간의 내러티브는 문화적 규범과 이해 그리고 사회적 정보를 전달하는 매체였다. 옛날이야기를 해 달라는 아이의 목소리는 양육자의 마음과 기억에 따뜻하게 남는다. 이야기(story)는 우리가 가족이나 지역사회의 구성원이라는 의식이 있을 때부터 우리와 함께 있었고, 그 결과 이러한 이야기는 세상에 관해 의미를 창출하는 방식에 영향을 미쳤다(Clandinin & Rosiek, 2007). 인간이 의사소통을 시작한 초기부터 이야기는 매우 강력한 영향력이 있었지만(Riessman, 1993), 20세기에 들어서야 사람들은 내러티브연구를 인간에 관한 과학적 연구 방법으로 수용하기 시작했다(Riessman & Speedy, 2007). 여러 영역의 연구자가 이 강력한 도구에 관한 탐구를 강화하기 시작한 것은 20년이 채 되지 않는다. 인간 관계에 관한 연구와 사회과학에 관심이 많은 연구자는 인간의 살아 있는 경험을 이해하기 위해 점점 더 빈번하게 이야기를 수집하기 시작했다. 내러티브연구를 사회과학연구에 통합하는 노력의 하나로, 이 장은 내러티브연구를 설계하는 방법, 자료 수집 절차, 자료 분석 방법 그리고 상담 전문직에 제공하는 시사점을 비롯한 기본적인 원리를 설명할 것이다.

경험을 말로 표현하기: 내러티브연구방법의 등장

내러티브연구(narrative inquiry)는 지난 30년간 많은 사람에게 알려지고 인기가 높아졌다. 1980년 후반, Bruner(1986)는 인간이 자신의 경험에 질서를 부여하여 목적 있는 인간 행위를 통일성 있게 이해하는 방법인 내러티브 인지(narrative cognition)라는 개념을 소개했다. Bakhtin(1986) 역시 인간의 대화는 맥락으로부터 고립되어 발생하는 것이 아니라 맥락적 변인에 의해 그 형태를 갖추어 간다는 점을 주장하면서, 인간 행위와 존재에서 대화의 중심성을 강조했다. 살아 있는 경험과 맥락적 변인을 이해할 기회는 대화를 나누는 사람 사이의 연결성 내에서 찾을 수 있다. 목소리, 언어 표현 그리고 수신자에 관한 Bakhtin의 심층적 탐색은 대화의 관계적 특성뿐만 아니라 이러한 관계적 요소가 개인이 세상을 이해하고 세상에 관여하는 방식에 어떻게 영향을 끼치는지에 관한 통찰을 제공했다. Bruner와 Bakhtin을 비롯한 여러 학자는 대화를 통해 관계를 탐색할 수 있고, 관계의 이해를 통해 인간 본성을 비롯한 사회과학의 여러 중요한 주제를 좀 더 깊이 이해할 수 있을 것이라는 근본적인 관점을 제시했다.

Bruner나 Bakhtin을 비롯한 여러 학자가 다져 놓은 기초 위에, Polkinghorne(1995)은 인간 상호작용에서 대화와 내러티브가 가지고 있는 핵심적 역할 때문에 내러티브연구는 인간의 목적 지향적 행동과 관여 현상을 이해하기에 논리적이고 적절하며 효과적인 방법임을 강조했다. 1980년대 이러한 학자와 연구자의 업적은 지난 20년간 내러티브연구의 기초가 되었다. 지난 몇십 년 사이에 내러티브연구는 그늘에서 벗어나 좀 더 많이 받아들여지고 활용되는 연구 방법으로 자리를 잡았다. Clandinin과 Connelly(2000)처럼 내러티브연구를 주로 하는 학자들은 내러티브 접근을 정의하면서, 최근 내러티브연구자들이 세 가지 차원, 즉 ① 상호작용(interaction), ② 연속성(continuity) 그리고 ③ 고유한 경험을 수집하고 순서를 잡아 응집성 있는 이야기로 만드는 상황(situation)이라는 차원을 활용한다고 설명했다. 이 정의는 다양한 접근의 내러티브연구를 포괄할 정도로 충분히 광범위하지만, 이 정의가 모든 내러티브연구자에게 보편적으로 적합한 것은 아니다.

내러티브연구에 대한 각 학문의 접근

내러티브를 둘러싼 모호함은 부분적으로는 내러티브연구방법을 연구에 적용하는 학문 분야가 다양해서 발생한다. 상담학, 교육학, 인류학, 사회학, 심리학, 역사학, 문학 그리고 사회언어학은 내러티브연구방법을 채택한 강력한 연구를 발견할 수 있는 대표적인 학문 분야이다. 인류학자가 수행하는 문화기술지 접근(ethnographic approach)은 내러티브연구를 강력하게 적용한 것으로 가장 잘 알려진 분야이다. 역사가들은 항상 구체적인 과거에 관한 설명을 구성하기 위해 이야기를 수집했다. 사회학자들은 문화권에 따라 이야기가 어떻게 그러한 모양으로 만들어지는지에 관심을 가졌다. 언어학자들은 구두로 전해지는 역사나 면담에서 언어 패턴의 분석을 강조한다. 민속학자들은 공연의 형태로 이루어지는 스토리텔링(storytelling)의 역할을 연구한다. 문학 이론가는 이전에는 당연히 진실로 여겨졌던 전기나 자서전 같은 내러티브를 연구하기 위해 텍스트 분석(text analysis) 방법을 사용한다(Gluck & Patai, 1991). 다학문적 연구에서 내러티브연구가 융성해지면서, 연구 방법 측면에서는 복합적이면서 때로는 모호한 인프라 구조가 발달했다. 이 구조는 여러 학문 영역에서 유사하고 공통적인 요소를 꿰뚫는 포괄적이면서 독특한 용어와 개념을 가지고 있다. 이 영역의 선구자인 D. Jean Clandinin과 F. Michael Connelly는 여러 학문 영역에 걸친 연구를 통해 다양한 배경의 내러티브연구자의 필요를 충족할 만한 용어와 구조를 만들었고, 그 결과 내러티브방법론에 대한 공통된 이해를 증진하는 중요한 역할을 했다.

스토리텔링은 정신분석의 유산 중 하나이다. 전문 상담사는 회기 중에 은유와 이야기를 사용해서 내담자의 통찰을 촉진하고 내담자의 기능에 영향을 끼친 내적 과정을 탐구하게 한다. 내담자는 자신의 이야기를 나누고 그들의 경험에 의미를 부여하기 위해 상담사를 찾는다. 이야기(story)와 발화(voice)는 상담사가 하는 일의 중요한 요소이며, 그것들로 인해 내러티브연구가 상담 연구에서 낯설지 않고 적합한 방법처럼 여겨진다. 내러티브연구에서 내러티브는 연구의 초점이 되는 현상인 동시에 연구의 방법이다(Connelly & Clandinin, 2006). 내러티브연구와 같은 연구 방법을 사용함으로써 상담사는 통계적 분석을 넘어 관계, 지각 그리고 살아있는 경험이라는 풍부하고 복합적인 영역으로 진입할 수 있다.

역사적으로 심리학이나 상담 영역의 학자가 사용한 일차적인 연구 방법은 특성상 실증주의적이었다. 초기 사회과학연구에서 Freud는 내러티브와 내러티브 분석을 광범위하게 사용했으며, 하버드 대학교의 의사이자 심리 클리닉의 원장이었던 Henry A. Murray는 의과학 발달의 중심이었던 내러티브 형식을 띤 사례연구가 심리학 발달의 핵심적 요인이었다고 말했다. 그러나 1950년대 구 소련의 스푸트니크호 발사 이후 심리학은 정규 과학의 특성에 해당하는 실증주의적 이론에만 집중했고, 외현적 행동과 객관적으로 관찰 가능한 자료에 관한 연구로 제한한 한편, 내러티브가 제공하는 형태의 자료는 배제했다.

Bruner, Bakhtin, Kvale, Polkinghorne을 비롯한 많은 사회과학자는 실증주의적 연구를 통해 수집한 자료를 넘는 수준까지 인간에 대한 이해를 확장할 수 있다고 느꼈다. 이 연구자들은 개인에 관한 특수하고 구체적인 자료를 제공하고, 자료에 체계적으로 접근할 수 있으며, 그동안 사용했던 사례연구방법의 한계로 지적되었던, 상담사의 관점을 확장하는 연구방법을 찾기 원했다. 결정적으로, 이 연구자들은 연구방법이 상담에 내재한 복잡한 치료적 과정도 잘 포착할 필요가 있다는 점을 이해하고 있었다. 내러티브연구는 이러한 요구 사항에 적합하다. 내러티브연구는 연구 진행 과정에서 특수하고 구체적인 부분을 다룰 수 있고, 체계적인 자료 분석이 가능하며 충분한 복잡성을 담아낼 수 있다(Lieblich, Tuval-Mashiach, & Zilber, 1998).

내러티브연구의 다양성

여러 문서 형식 중에서 내러티브연구자의 내러티브가 취하는 양식은 그의 이론적 성향에 영향을 받는다. 예를 들면, 교육학에서 내러티브연구자는 대체로 그들이 연구를 통해 발견한 것을 생애사 형태로 기록한다. Casey(1995/1996)는 내러티브연구양식의 방대한 목록을 다음과 같이 제시했다.

- 자서전(autobiographies)
- 전기(biographies)
- 삶에 대한 글(life writing)
- 개인적인 설명(personal accounts)
- 개인적인 내러티브(personal narratives)
- 내러티브 면접(narrative interview)
- 개인적인 문서(personal documents)
- 인생의 문서(documents of life)
- 인생 이야기와 삶의 역사(life stories and life histories)
- 구전 역사(oral histories)
- 민속역사학(ethnohistories)
- 민속전기기술지(ethnobiographies)
- 자문화기술지(autoethnographies)

- 민속심리학(ethnopsychologies)
- 사람 중심 문화기술지(person-centered ethnographies)
- 대중적 기억(popular memories)

다양한 문화권의 연구자들은 남아메리카의『testimonios』(역자 주: '구술'에 가깝다)처럼 일인칭 시점으로 펼쳐내는 영웅적인 삶의 이야기(Detwiler & Breckenridge, 2012), 폴란드의『pamietniki』같은 회고록 등 그들의 스토리텔링을 위한 문화적 규준에 맞는 고유한 형태로 내러티브연구를 수행한다(Wierzbicka, 2007). 그러나 이러한 양식을 구별해서 분류하기는 어렵다.

좀 더 정교한 분류를 위해, 내러티브연구자들은 계속해서 새로운 양식의 내러티브연구를 실험하고, 그들이 관여한 탐구 양식을 좀 더 정교하게 묘사하기 위해 '총체적 자서전(collaborative autobiography)' 같은 용어를 만든다(Butt & Raymond, 1989). 그렇다면 이러한 여러 가지 양식과 접근을 내러티브라는 것으로 묶는 것은 무엇인가? Cortazzi(1993)는 내러티브연구는 세 가지에 관한 관심, 즉 ① 개인적인 성찰, ② 사람들이 알고 있는 것 그리고 ③ 자신의 경험을 이야기하게끔 격려하는 일에 관한 관심에 기초한다고 주장했다. 같은 이야기도 말, 글, 그림, 춤 그리고 영화로 이야기할 수 있다. 다양한 분야의 내러티브연구자를 연결하는 필수 요소는 ① 살아 있는 경험의 이해와 ② 대화와 이야기를 통한 인간의 관계적 행위에 관한 이해에 초점을 둔다는 점이다(Clandinin & Rosiek, 2006).

용어 명료화

언어를 통한 의미 만들기에 관한 관심이 내러티브연구의 핵심이라면, 내러티브연구와 관련해서 수많은 언어적 용어가 진화됐다는 사실은 그리 놀라운 일이 아니다. 내러티브연구 맥락에서 이런 용어들의 의미는 다음과 같다.

- **이야기**(story): "특정 목적을 가지고 어떤 일을 하는 상황에서 사건들을 회상하고 사람에 관한 경험을 기술하기 위해 말로 구술한 내러티브"(Ollerenshaw & Lyons, 2002. p. 3).
- **내러티브**(narrative): 연구자가 채택하는 방법론인 동시에 연구자가 창조한 텍스트(Clandinin & Connelly, 2000).
- **플롯**(plot): "사람들이 삶에서 발생한 사건들과 그들이 했던 선택 간의 관계를 이해하고 기술할 때 활용하는 내러티브 구조"(Polkinghorne, 1995, p. 7).
- **이야기 재구성**(restorying): 문제, 등장인물, 장면, 행위, 해결 같은 문학적 요소들에 맞게 구

성된 내러티브연구에서 이미 수집된 이야기를 다시 말하는 것(Creswell, 2005).

경험의 해석

해석과 관련된 문제는 내러티브연구의 모든 단계에서 나타나며, 이 장 전체에서 계속 논의할 것이다. 특별한 개념(예: 자기, 진실성, 경험)에 대해 각자의 철학적 관점을 명확하게 하는 것은 내러티브연구를 수행할 때 반드시 선행해야 할 절차이다. 연구자의 자기이해도 중요하지만, 내러티브연구자는 반드시 참여자의 이야기에 영향을 미칠 만한 문화적 · 사회적 요소를 고려해야 한다.

자기에 관한 이해

대화로 밝혀지는 관계는 내러티브연구 과정의 핵심이다. 대화에 관한 Bakhtin(1986)의 개념을 완전히 이해하려면, 우리는 자기대화에서도 여러 가지 '목소리(vioces)'가 있음을 고려해야 한다(자기 자신의 실제 목소리, 개인의 의식에 있는 '목소리' 등). 내러티브연구자는 개인이 타인으로부터 고립해서 존재하고 개인이 단일 또는 고립된 자기를 가지고 있다는 생각을 거부한다(Britzman, 1992). 내러티브연구자는 관계 내 자기(self in relation to others)의 본질은 관계와 대화의 맥락에서 의미가 살아나고 이해할 수 있다고 주장한다. Josselson(1995)에 의하면, 각 연구 참여자의 자기(self)는 연구자에게 전할 모든 내러티브를 구성하면서 하는 모든 내면의 대화에 관여한다.

> 만약 우리가 모든 사람의 성장 과정을 추적하고 싶다면, 우리는 사람들이 완성된 존재라는 생각을 중단해야 하며, 다소 역설적이지만 우리는 내러티브 속에서 자기가 자신과 가장 분명하게 대화하고 있는 지점을 찾아야 한다. …… 이러한 대화 중에 여러 차원(plane)의 자기가 만나는 지점은 공감이나 이야기 전달의 어려움이 가장 커지는 지점이지만, 이와 동시에 타인에 대한 우리의 학습이 극대화하는 지점이기도 하다(p. 37).

이러한 자기 개념은 연구에서 참여자에게만 적용되는 것이 아니라 연구를 설계하고 수행하는 연구자 및 연구를 읽는 독자에게도 적용된다.

진실성의 이해

내러티브연구자는 내러티브의 진실성이 연속선상에서 이해할 수 있는 개념이며 내러티브가 해석과 분석에 대해 열려 있음을 받아들인다. Wiklund-Gustin은 내러티브연구를 하는 상담사들이 사건에 관한 해석학[hermeneutics, 즉 해석(interpretation)]과 그러한 해석의 연결성을 고려할 것을 권장한다. 발생한 사실과 행위로부터 이야기하는 사람을 구별하는 것이 어려워질 때 문제가 발생한다. 사적 내러티브 집단(Personal Narratives Group, 1989)[2)]의 구성원들은 내러티브연구 참여자가 다른 어느 인간과 유사하다는 점에 동의한다. 그들은 자신의 이야기에서 설명하고 있는 경험에 관련한 사실과 세부 사항을 잊어버릴 수도 있고, 혼동하거나 실수를 저지를 수 있으며, 연구에서는 객관적인 사실처럼 설명하고 있지만 실제로는 과거를 드러내지 않고 있을 수도 있다. 참여자가 인식하는 경험의 진실성은 무엇을 핵심으로 간주하는지이며, 연구자는 연구자의 관점과 참여자의 관점을 모두 보고함으로써 많은 어려움을 줄일 수 있다(Moen, 2006).

경험의 이해

내러티브연구는 개인의 경험을 이해하기에 가장 뛰어난 방법이다. 일반적으로, 내러티브연구에서 참여자는 자신의 경험을 이야기하는데, 그것은 좀 더 깊고 포괄적인 이해를 하게 하는 렌즈를 제공한다. 본질적으로 개인의 이야기 속에 사람들이 살아온 경험이 담겨 있다(Shuman, 1986). 그러나 경험만으로는 아무런 의미가 없다. 경험은 회상과 성찰을 통해서 의미가 생긴다. 자기와 진실성처럼 경험도 내러티브에 의해 구성되는 것인데, 그것은 개인의 삶 전체에 걸쳐 변화할 개연성이 크다. 모든 사람의 경험을 인식하고 그것에 가치를 부여하는 것은 내러티브연구가 가장 중요하게 여기는 것 중 하나이다.

문화의 영향

연구자와 참여자는 그들이 사는 문화, 시간, 장소의 산물이며, 이 점은 해석에 대해 논의할

2) 역자 주: Personal Narratives Group은 미국 미네소타 대학의 여성연구센터(Center for Advanced Feminist Studies)에 소속한 연구 집단이다. 1983년 설립한 이 센터는 여성학 연구를 촉진하고 협력하며 이 지역의 많은 여성주의 단체나 유사한 문제를 해결하려고 노력하는 개인들을 모아 함께 연구하게끔 돕는 역할을 하고 있다. 이 연구 집단은『여성의 삶의 해석: 여성주의 이론과 사적 내러티브(Interpreting Women's Lives: Feminist theory and personal narratives』(1989)라는 책을 출간했는데, 편집자를 개별 저자로 하지 않고 Personal Narratives Group이라고 표기하여 그 책이 공동 작업임을 강조한 것이 특징이다. 사적 내러티브 집단의 구성원이란 곧 이 연구 집단의 일원이라는 의미이다.

때 반드시 인식하고 있어야 한다. 어떤 연구자는 삶에서 발생하는 파편적인 사건에 내러티브 구조를 부과하는 것은 무질서하고 파편적인 현실을 이해하게끔 하는 문화적 행위라고 주장한다. 스토리텔링의 상징 체계가 문화에 뿌리를 내리고 있으므로, 내러티브연구는 이야기하는 사람의 문화적 맥락에 깊이 관여되어 있는 것으로 이해해야 한다(Blumenfeld-Jones, 1995). 내러티브연구자는 문화와 맥락의 영향을 반드시 고려해야 하며, 이야기하는 과정에서 전달되는 문화적 요소를 이해하려고 노력해야 한다. 참여자의 살아 있는 경험은 자신의 문화에 단단히 내포되어(embedded) 있다. 그러므로 내러티브연구자는 반드시 연구 참여자나 자신을 조형해 온 문화적 맥락에 대해 매우 해박해야 한다.

내러티브연구의 단계

질적연구 또는 양적연구를 포함한 모든 연구는 설계에 있어 다음과 같은 공통적인 요소를 포함한다. ① 연구 문제 선택, ② 연구 참여자 선정, ③ 관련 문헌 고찰, ④ 자료의 수집, 분석 및 해석, ⑤ 연구 보고서 작성. 연구는 이와 같은 단계를 거친 후, 연구를 적용할 영역의 독자와 전문가로부터 평가를 받는다. 각각의 연구 유형은 고유한 강점과 약점이 있는데, 연구자는 이것들을 반드시 고려해야 한다. 내러티브는 질적연구의 일종이기 때문에 일반적인 질적연구의 특성을 많이 가지고 있다. 그러나 이것은 독특한 양식의 연구방법이며, 연구의 단계마다 고유한 특성이 있다.

Reissman(1993)은 경험을 표상—경험의 표상은 내러티브연구의 핵심이다—하는 모형을 제안했는데, 그 모형은 주의 집중하기(attending), 말하기(telling), 받아쓰기(transcribing), 분석하기(analyzing), 읽기(reading)의 5수준으로 구성된다. 분석하기와 읽기 사이에 쓰기(writing)를 추가할 수도 있다. 각 수준을 좀 더 상세히 설명하기 위해 한 연구자가 상담사 교육 영역에서 수행한 내러티브연구의 예를 제시한다. 이것은 지방의 소규모 지역사회에 소재한 전진 고등학교(Progress High School)의 3학년 학생들이 진로 발달 계획 중에 겪었던 살아 있는 경험과 그들의 졸업 이후 계획을 탐구하기 위해 부모, 연구자, 교사 그리고 지역사회 지도자가 참여한 연구이다.

경험에 주의 집중하기

연구자는 그들이 내러티브연구로 탐색하기 원하는 경험에 주의를 집중하며, 정보 제공자(informant)는 연구가 초점을 두거나 연구자가 요구하는 특정 경험에 주의를 집중해야 한다. 주의집중이란 연구 과정에서 세 명의 주요 정보 제공자—연구자(inquirer), 연구 참여자(participant), 전문적 문헌(professional literature)—에 초점을 맞추는 것을 의미한다. 따라서 경험에 주의 집중하기는 내러티브연구의 설계 단계부터 시작해서 내러티브 자료의 수집까지 진행된다.

첫 번째 연구팀 회의에서 부모들은 무엇이 연구에 중요한지에 대해 연구자가 독자적으로 생각하는 바가 있어서 지역사회 지도자가 중시하는 생각은 탐색하지 않을 것이라고 여길 수 있다. 한편, 다른 연구팀 구성원은 이 연구에서 알려 주어야 할 중요한 경험이 무엇이어야 하는지에 대해 사람마다 다르게 기대하고 있으므로, 포괄적이고 응집성 있는 이해로 발전시킬 연구팀의 능력이 훼손될 것을 염려했다. 이러한 염려에 대해 연구팀이 생각하던 중, 연구 책임자가 입을 열었다. "우리 모두 어떤 경험이 중요하고 탐구할 만한 것인지 이야기한 후 그중에서 그 경험을 가장 응집성 있게 연결할 수 있는, 초점이 될 만한 경험을 결정하면 어떨까요?" 연구팀의 구성원들은 이것이 합리적인 접근이라고 동의했고, 연구 책임자는 부모 중 한 사람에게 그의 생각을 이야기해 달라고 초대했다.

이 사례의 연구 책임자의 말에서 우리는 첫 번째 단계부터 살아 있는 경험에 주의 집중하는 과정을 어떻게 시작해서 연구의 초점으로 옮겨 가는지 볼 수 있다. 연구 참여자가 자신의 이야기를 해 보라고 권장하는 질문을 구성하는 일이 간단한 것처럼 보일 수 있다. 그러나 참여자가 하는 이야기는 복잡하다. 그래서 연구의 모든 정보 제공자의 경험과 정보 중 어느 것이 더 크고 중요한 이야기에 빛을 비추어 줄지를 반드시 면밀하게 고려해야 한다.

연구의 정보 제공자: 연구자 일반적으로 연구자를 내러티브연구와 특정한 연구 문제로 끌어들인 것은 연구자 자신의 경험과 믿음이다. 어떤 연구자는 내러티브연구의 문학적 양식 때문에 내러티브연구에 이끌린다. 다른 연구자는 연구하는 주제가 연구자의 경험을 반영하기 때문에 내러티브연구에 끌린다. 결과적으로 내러티브연구자는 자전적(autobiographical) 성찰을 통해 연구 문제와의 자전적 연결성을 이야기한다. 이러한 자전적 성찰을 글로 쓰는 것은 내러티브연구에서 경험에 주의 집중하기 단계에서 첫 번째로 해야 할 일이다. 연구자 자신의 이야기를 어디에 얼마나 포함할지는 내러티브연구자들이 논의하는 중요한 질문이다. 연구가 자서전이 아니라면, 참여자의 이야기를 무색하게 만들 정도로 지나치게 방대한 자전적 성찰은 자기탐닉적이며 부적절하다. 그러나 대부분의 초보 연구자는 자신의 연구 보고서에 자기를

개방하는 내용을 포함하기 주저하는데, 그 이유는 그동안 그들이 익숙했던 전통적인 연구에서는 하지 않았던 일이기 때문이다. 이러한 주저함은 연구자들이 잠시 접어 두기를 권한다. 초점을 두는 주제와 연구자 사이의 연결성을 이야기함으로써 연구자는 자신의 경험을 드러낼 수 있으며, 이것은 연구자가 자료를 해석하는 방식을 알려 준다. 따라서 연구자의 적절한 자기개방은 독자에게 매우 유용하다. 편견과 주관성을 모니터하는 일은 매우 중요하며 내러티브연구자가 계속 수행해야 하는 과제이다. 이 점은 모든 질적연구자에게 중요하지만 내러티브연구자에게는 더욱 중요하고 필수적인데, 그 이유는 내러티브가 고도로 개인적인 연구 양식이기 때문이다(연구자의 주관성 모니터링하기에 관한 상세한 설명은 Peshkin, 1988 참조).

전진 고등학교 이야기로 돌아가서, 연구팀은 이 연구에 관해 각자가 기대하는 점을 계속 이야기했다. 그중 한 구성원이 이야기했다. "저는 우리 지역에 고등학교가 있어서 좋았고, 우리 학교를 해롭게 할 그 어떤 일도 하고 싶지 않았기 때문에 이 연구에서 거의 말을 하지 않았다는 점을 고백해야 할 것 같아요. 그러나 이 학교의 학생으로서, 제가 받은 진로 발달 프로그램이라고는 선생님 중 한 분이 저더러 제 가족이 농장 일에서 도움이 필요할 때가 있을 것이기 때문에 너무 멀리 있는 대학으로 진학하지 말라고 충고해 주신 것밖에 없어요. 어떤 때 저는 선생님들이 우리 중 그 누구도 부모님이 하시던 일 외에 다른 일을 할 거라고 여기지 않는 것 같아서, 사실상 진로 계획 같은 것은 아무런 소용이 없는 것 같아요." 교사 중 한 사람이 말하기 시작했다. "어떤 때 저는 이 지역의 모든 사람, 지역사회, 가족 그리고 교사들이 오랫동안 가지고 있던 기대, 즉 모든 학생이 결국 그들의 부모가 하던 일을 하게 될 것이고 그래서 다른 대안은 탐색할 필요가 없다는 기대와 싸우고 있는 것 같아요." 연구팀은 진로 대안에 관해 지역사회가 가지고 있는 신념을 탐색할 필요가 있겠다고 동의했다. 그리고 연구 책임자는 다음 주 회의 전까지 각 팀원은 자신이 이 주제와 어떻게 연결되는지 성찰해서 짧게 기록해서 올 것을 제안했다. 연구 책임자는 "우리는 이 성찰 노트를 발전시켜서, 우리의 경험과 생각이 연구 과정과 해석에 어떤 영향을 미치는지 돌아보는 데 사용할 것입니다."라고 설명했다.

연구의 정보 제공자: 연구 참여자 내러티브연구자는 참여자의 관련 특성이나 경험에도 주의를 집중해야 하며, 기준에 맞고 선정한 연구 문제와 관련해서 할 이야기가 있는 사람을 선정해야 한다. 내러티브연구자는 대체로 다른 질적연구의 경우보다 더 적은 수의 참여자를 선정하는데, 그 이유는 각 참여자로부터 수집할 정보의 폭이나 깊이 때문이다.

다음 주 팀 회의에서 주제는 참여자 선정에 초점이 맞추어졌다. 연구팀의 교사는 졸업반 전체에 관한 정보를 나눔으로써 이야기를 시작했다. 부모와 지역민들은 졸업반에서 가장 대표적인 특성을 가졌다고 생각하는 학생들의 특성을 이야기했다. 그 후 연구팀원 모두는 잠재적인 참여자가 누구일지 논의했고, 학생들의 경험을 충분히 이해하는 데 도움을 줄 만큼 깊고 폭넓은 정보를 제공할 수 있다고 생각하는 몇몇 학생에 대해 동의했다.

연구의 정보 제공자: 학술적 문헌 내러티브연구에서 문헌 고찰의 필요성은 연구자들 사이에 여전히 논쟁거리이다. 대부분의 질적연구처럼, 문헌 고찰은 내러티브연구에서 작지만 중요한 역할을 한다. 내러티브연구를 포함한 대부분의 질적연구에서 문헌 고찰의 중요성은 연구 방법과 과정의 엄격성을 지지하는 데 초점이 있다. 이 연구가 왜 중요한지, 왜 내러티브 연구방법이 이 연구에 가장 적합한지 등에 관해 전문적 문헌의 지지를 기초로 논리를 세우는 일은 필수적이다. 이러한 논리는 개인적 타당성, 실제적 타당성, 사회적 타당성(Clandinin & Huber, 2010) 그리고 방법론적 타당성과 같은 요소를 포함한다. 연구 논리에 대부분 포함되는 개인적 타당성은 주로 연구자의 자전적 진술과 연구 주제와의 개인적 연결성에 관한 설명으로부터 도출된다. 실제적 타당성과 사회적 타당성 요소는 연구 주제와 연구에 의해 영향을 받을 의사결정자와 관련된 전문적 문헌을 통합하는 기회를 제공한다(Clandinin & Huber, 2010). 방법론적 타당성은 내러티브방법론이 왜 연구 주제를 탐구하는 데 가장 좋은 연구 전략인지를 설명하는 데 초점이 있다.

모든 연구자는 그들의 연구에 영향을 미칠 특정 이론적 관점을 지지한다. 이 점은 정보 제공자가 했던 경험의 사적 의미를 찾으려고 하는 내러티브연구자에게는 자료를 해석할 때 딜레마가 되는데, 연구 참여자가 연구자의 사회·역사적이고 이론적인 관점의 중요성에 대해 같은 정도로 동의하지 않을 수 있기 때문이다(Blumenfeld-Jones, 1995). 따라서 내러티브연구자는 그들의 이론적인 영향과 정보 제공자가 주는 해석 사이에서 계속 균형을 유지하려고 노력해야 한다. 앞에서 소개했듯이, 전체 연구 과정에서 참여자가 관계, 의미의 명료화, 목적, 기대에 관한 "지속적인 타협"(Clandinin & Rosiek, 2007, p. 47) 과정에 참여하게끔 하는 것은 타당하고 의미가 있으며 정확한 자료를 생산하는 과정에서 매우 중요하다. 이 과정은 학술적 문헌에서 가지고 오거나 추론한 사회역사적이고 이론적인 관점 사이에 충분한 공통점이 있음을 보장하게끔 해 준다.

말하기: 경험을 말로 표현하기

대부분의 내러티브연구자는 언어가 현실을 묘사할 뿐 아니라 창조한다고 믿는다. 따라서 연구 참여자는 자신의 삶에 관해 이야기할 때 자신의 정체성을 창조하곤 한다(Bakhtin, 1986; Moen, 2006; Riessman, 1993; Wertsch, 1991). 연구 참여자의 개인적 내러티브, 즉 그들의 이야기는 참여자의 문화적 배경, 개인사, 사적 경험의 맥락에 내포되며, 참여자가 만들어 내고 타인과 공유한다(Riessman, 1993). Calndinin과 Connelly(1998)에 의하면, 말하는 행위는 사적-사회적 차원, 과거-현재-미래 차원, 장소 차원의 3개 차원에서 발생한다. Clandinin과 Rosiek(2007)은 사적-사회적 차원을 상호작용(interaction) 차원, 과거-현재-미래 차원을 지속성(continuity) 차원, 그리고 장소 차원을 상황(situation) 차원으로 좀 더 명료화했다. 상호작용, 지속성, 상황 차원을 염두에 두고 있으면, 우리는 장소, 시간. 타인, 사건과의 상호작용이 일어날 때 이러한 요소 간의 상호작용이 참여자의 발화(telling)에 영향을 미친다는 사실을 알아차릴 수 있다(Clandinin & Connelly, 2000). 이 세 차원이 이야기(story) 자체뿐만 아니라 이야기의 발화(telling)에 미치는 영향에 주의를 기울이지 않는다면 발화되고 있는 이야기를 연구할 수 없다. 내러티브연구자는 이러한 이야기를 구성하는 과정에서 자신이 수행하는 역할을 분명하게 이해할 필요가 있다. 연구자는 응답자가 구성한 이야기를 들을 뿐 아니라 그러한 대화에 참여하고 있다.

연구자와 정보 제공자의 관계는 이야기 발화 단계에서 그들의 내러티브가 공동으로 구성되는 방식에 크게 영향을 미친다. 모든 연구에서 정보 제공자는 연구자의 요구에 참여하며, 대부분의 연구자는 정보 제공자보다 더 많은 권위를 가진 위치에 있다. 이런 경우, 불균등한 권력 때문에 발생하는 긴장은 조절해야 한다. 특히 연구자와 정보 제공자가 성별 및 문화적·경제적·언어적 배경이 다를 때, 정보 제공자가 사용하는 단어들과 단어 이면의 감정들 사이에 괴리나 미묘한 차이가 있다. 이런 경우, 연구자는 그들이 의미하는 것과 단어에 붙은 감정을 명료화하는 질문을 존중하는 태도로, 그러나 분명하게 해야 한다. 이야기하는 사람이 자신의 이야기를 연구자에게 일임하면, 연구자는 그 이야기를 정확하면서도 이야기하는 사람의 인격을 존중하는 방식으로 해야 한다. 이야기하는 전 과정에서 구성원 점검(member-checking) 과정(연구 참여자가 이야기 축어록을 검토하고 성찰하며 의미를 명료화하기 위해 연구자의 자료 이해를 검토하는 과정에 구두로 참여하는 과정; Lincoln & Guba, 1985), 의미와 이해의 명료화는 연구자와 참여자의 협력적 관계를 강화하고 연구 중에 드러나는 자료 질의 수준을 높인다(Clandinin & Connelly, 2000).

구두로 하는 발화를 넘어 이야기를 확장하기: 현장 문서와 소장품 내러티브연구에서 참여자가 자신의 이야기를 공유하는 가장 일차적인 방법은 자신의 살아 있는 경험을 구두로 말하는 것(oral storytelling)이다. 그러나 내러티브연구자는 연구를 수행하면서 잡지에 실린 기사나 논문, 현장 노트, 사진 같은 여러 유형의 문서(또는 자료)를 조사하거나 만들 수 있다. 현장 문서(field note)와 인공물은 참여자의 기대와 지각에 관한 연구자의 이해를 확장하는 데 유용한 수단이다. 내러티브연구자는 이러한 자료를 활용하여 참여자와 나누는 대화의 수준을 참여자의 일상적인 삶의 맥락 속으로 확장할 수 있다. 이러한 자료는 살아 있는 경험의 시간적 특성을 포착하게 해 준다. 현장 문서와 소장품은 여러 가지 형태를 띨 수 있는데, Cladinin과 Connelly(2000)는 그 형태들을 다음과 같이 빠짐없이 정리했다.

- 구전 역사(oral histories)
- 연구 면접(research interview)
- 대화(conversations)
- 가족 이야기(family stories)
- 연대기(annals and chronicles)
- 자전적 글(autobiographical writing)
- 일지(journals)
- 일기(diaries)
- 편지(letters)
- 현장 노트(field notes)
- 사진(photographs)
- 기억 상자(memory boxes)
- 개인적 및 가족의 소장품(personal and family artifacts)

이 중에서 어느 것이 특정 연구에 적합한지 정하기 위해 연구자는 초점이 되는 살아 있는 경험과 관련해서 참여자가 어떤 방식으로 자신의 세계에 관여하는지를 탐색해야 한다. 수많은 현장 문서 중, 참여자는 말보다는 문서로 그들의 이야기를 전한다. 현장 문서는 연구자의 요구에 따라 연구 참여자가 자발적으로 만들거나 연구자와 협력해서 만든다. 특히 연구 참여자가 보내거나 받은 편지 또는 참여자가 보관하고 있는 일기를 연구자가 조사할 수도 있지만, 한 참여자가 다른 참여자나 연구자에게 일기를 써서 보내게끔 하거나 연구 기간에 계속해서 기록하라고 할 수도 있다.

참여자가 특별한 의미를 부여하는 사진, 기억 상자, 스크랩북, 또는 장신구 같은 소장품(artifacts)은 말로 전달할 이야기를 내포하고 있다. 왜냐하면 그것들은 특별한 기억을 자극하고 참여자의 삶에 대해 가치 있는 통찰을 연구자에게 제공할 수 있기 때문이다. 소장품은 연구 목적을 위해 특별히 제작된 것이거나 아니면 이전부터 참여자의 삶 속에 존재했던 것으로 지금의 연구 목적과 관련된 물건일 수도 있다. 여러 사람의 이야기를 담고 있는 소장품이 있을 때, 연구자는 참여자를 초대하여 그들 각각이 소장품에 부여하고 있는 이야기를 말로 직접 나누게끔 할 수도 있다. 글을 쓰고 읽는 능력, 글로 자신을 표현하는 일을 편안해하는 정도를 비롯한 여러 요인을 언제 고려할지 정하는 문제는 중요하다. 그뿐만 아니라 자신을 글로 표현하는 기술적인 방법은 연구 참여자 집단과 일치해야 한다. 끝으로, 연구자는 참여자에게 요구할 수 있는 시간 역시 유의해야 한다. 단순히 연구에 참여하는 것만도 시간을 소요하는 일이다. 일기나 편지처럼 추가적인 소장품을 만드는 일은 각 사람이 참여하고자 하는 수준을 넘어설 수 있다. 내러티브연구자는 정보 제공자에게 소장품을 공유하거나 만들라고 압력을 가할 수 없으며, 연구 관계의 특성상 연구자는 이와 같은 민감한 주제에 대해 유념해야 한다. 개인적 문서나 소장품이 내러티브연구의 깊이나 풍부함을 더하지만, 연구자는 그들이 원하는 만큼 이것들에 접근하지 못할 수 있다.

모든 참여자를 대상으로 1차 개별 면접을 한 후, 전진 고등학교의 연구팀은 구성원 점검과 자료 검토를 위해 함께 모였다. 연구 책임자는 팀원에게 질문했다. "우리가 참여자를 초청해서 기억을 되살릴 수 있는 자극에 반응하게 하거나 일기를 쓰게 하거나 또는 소장품을 공유한다면 그들의 살아 있는 경험에 관한 우리의 이해를 더 확장하는 데 도움이 될까요? 여기서 소장품이란 학창 시절에 진로 계획과 관련해서 그들에게 중요한 의미가 있었던 물건 같은 것을 의미해요." 팀원들이 그 질문을 잠시 생각한 후, 한 팀원이 말했다. "자신의 진로 계획과 관련해서 그들이 무엇을 하고 무엇을 생각하고 있는지 일기를 적어보라고 하면 그들의 경험을 이해하는 데 도움이 될 것 같아요." 자발적으로 참여한 부모 팀원은 "저는 각 참여자에게 노트를 사 줄 의향도 있어요."라고 제안했다. 교사 중 한 사람은 "사실 저는 그들이 자신의 감정과 생각을 올릴 수 있는 온라인 커뮤니티를 만들면 학생 참여자들로부터 좀 더 솔직한 정보를 얻을 수 있을 거라고 생각해요."라고 말했다. 그는 계속해서 "저는 학생들이 의사소통과 성찰을 위해서 이와 같은 포럼을 사용하고 있고, 또 제가 이전에 사용하던 전통적인 일기 쓰기 대신 이와 같은 포럼을 사용했을 때 학생들이 좀 더 지속적으로 참여하고 '진짜' 정보를 얻는다는 사실을 알았어요."라고 말했다. 연구팀은 학생 참여자가 글을 올릴 수 있는 비밀 온라인 그룹을 개설하고, 학생들에게 그들의 진로 개발 계획 경험에 의미가 있으면서 그들이 이야기를 나누고 싶은 소장품을 세 번째 면접에 가지고 오게끔 권하기로 동의했다.

경험을 전사하기

경험을 표현하는 Reissman(1993)의 모형에서 제3수준은 말로 수집한 이야기를 글로 전사(transcribe)하는 것이다. 경험을 말에서 글로 적어 내러티브로 변환하는 것은 어마어마하게 힘든 일이다. 이 수준에서 경험을 표현하고 변형하는 것은, 이전까지 정보 제공자 단독의 노력 또는 정보 제공자와 연구자의 협력적 노력에서 연구자 단독의 작업으로 하는 노력으로 과제의 성격이 전환된다.

Riessman은 내러티브연구에서 전사하는 과정과 전사가 함축하는 점에 대해 구체적으로 논의한 몇 되지 않는 사람 중 하나이다. 전사는 하나의 상징 체계(말 언어)에서 다른 상징 체계(글 언어)로 번역(translation)하는 과정이다. 상징 체계 간의 번역은 매체 전환(transmediation)으로 알려진 인지적 과정이다. 이 한 가지 과정만으로도 당신이 알 수 있듯이, 이야기를 전사하는 일은 연구자에게 복잡한 인지적 부하를 가한다.

대부분의 질적연구자처럼, 내러티브연구자는 면접 내용을 녹음기에 기록·보관하며, 그 후에 그 녹음 기록을 전사한다. 전사 기록(transcripts)은 대체로 원자료로 간주한다. 전사 기록에 표현된 경험은 네 수준을 거쳐 변형된다. ① 보고자(narrator)의 살아 있는 경험, ② 보고자가 선택적으로 주의를 기울인 세부 사항, ③ 연구자와 대화를 나누는 중에 보고자가 밖으로 표현한 이야기, 그리고 ④ 연구자가 작성한 전사 기록이다. 그런데 말로 하는 이야기는 분석하기 위해서 반드시 글로 변형해서 문서로 작성해야 한다. 전사 과정이 복잡하기 때문에, 많은 내러티브연구자는 이 과제를 전사 전문가에게 의뢰할 일은 아니라고 생각한다(Riessman, 1993). 내러티브연구의 중요한 특징 중 하나인, 전사를 하면서 자료에 깊이 관여하게 된다는 특징은 연구 과정에서 매우 가치 있는 요소이다.

글로 적은 전사 기록은 결코 언어로 표현한 대화를 정확하게 복제하지 못한다. Riessman(1993)은 대화를 전사하는 작업과 현상을 사진으로 촬영하는 작업을 비교했다. 이 두 작업은 모두 해석이 관여하는 일이다. 그리고 각각의 경우 연구자 또는 사진사는 연구를 읽는 독자나 사진을 보는 사람에게 모든 경험을 그대로 전하지 않고 일정한 테두리 내의 경험을 전한다. 예를 들면, 연구자는 자료를 수집할 때 들어간, '아……' 또는 '음……'과 같은 빈 곳을 채우는 소리를 포함할지, 몸짓이나 목소리의 색조, 전달되는 감정을 어떻게 표현할지 등을 결정해야 한다. 이것이 사소한 결정처럼 보일 수 있다. 그러나 이러한 결정은 독자가 정보 제공자의 이야기를 이해하는 방식에 영향을 미친다. 말에서 나타나는 뉘앙스에 유의하지 않으면, 독자가 이해하는 방식이 달라질 수 있다. 또한 Riessman은 내러티브연구자는 그들이 최종 보고서를 작성할 때 전사를 하면서 경험이 전환되는 과정에 대해 훨씬 더 적극적으로 말해야 한다고 했다.

구체적으로 말하면, Riessman(1993)은 전체 면접을 단어 하나뿐 아니라 전체적으로 보았을 때 가장 두드러진 면을 기록한 1차 초안을 작성할 것을 권장했다. 1차 초안을 작성한 후, 다시 돌아가서 구체적인 요소를 검토하고 다시 전사하여 세부적인 자료 분석을 하는 것이 좋다고 했다. 전사를 하려면 면접을 녹음한 테이프를 여러 차례 들어서 억양, 소리의 높낮이, 말의 중지, '이를테면……' '글쎄……' '그러니까……' 같은 담화 표지(discourse marker), 또는 '흠~~~' 같은 비어휘적(nonlexical) 표현 같은 언어학적 특성을 이해해야 할 것이다.

내러티브연구자의 첫 번째 분석은 부분적으로 현장 노트부터 시작한다. 느낌이나 특정 경험을 포착하는 모든 코멘트나 개인적 표현은 사적인 유추를 드러내며 연구자의 분석을 돕는다. 그러나 전사는 한 사람에 대한 자료를 분명하고 공식적으로 시도하는 한 단계이다. 많은 내러티브연구자는 면접 자체에 관한 질문, 코멘트, 인상 등을 전사 자료의 귀퉁이에 직접 적어 넣거나 이탤릭체로 또는 괄호에 넣어서 기록한다. 이것은 추가한 코멘트와 기록이 연구자가 한 것임을 표시하기 때문에 매우 중요하다. 이와 같은 기록들은 이후 면접에서 참여자에게 던질 질문으로 연결된다. 내러티브연구의 다른 측면과 함께 전사 중에 경험을 변형하는 방식은 연구자마다 독특하다. 그러나 이러한 과정은 연구 보고서에 분명하게 드러나야 한다.

전진 고등학교 연구팀은 전사 과정에 연구 책임자와 대학 연구팀원이 각 면접의 전사 자료 초안을 완성하고, 부모나 지역사회 팀원, 또는 교사 집단에 속한 또 다른 구성원은 전사의 정확성을 점검하기 위해 전사 자료와 녹음을 검토하기로 했다. 모든 전사자와 자료 검토자에게 전사 자료 귀퉁이에 직접 메모나 코멘트를 해 달라고 요청했다. 검토를 마친 후, 전사를 완성한 팀원들은 자료를 수정하고, 수정한 전사 기록은 분석할 자료 중 하나로 포함한다. 전 연구팀은 귀퉁이에 표시한 기록이나 전사 자료에 적은 코멘트에 대해 논의하고 연구 과정에 적합한 것으로 여겨지는 추가 질문이나 소장품을 결정하여 후속 연구 계획에 포함한다.

경험 분석하기

살아 있는 경험을 전환하는 네 번째 수준은 분석(analysis)이다. 비록 연구 참여자가 분석 과정에서 계속 관여하지만, 분석은 일차적으로 연구자가 한다. 내러티브연구에 관한 많은 문헌이 이야기의 수집 과정에 초점을 둔 한편, 이야기를 분석하는 방법에 관해서는 주의를 덜 기울였다. 분석 전략에 관해 관심이 적다는 측면은 질적연구 전체와 내러티브연구에 대한 비판의 주요 대상이 되었다. 내러티브 자료를 분석하는 구체적인 방법이나 지침은 없다. 대부분의 내러티브연구자는 자료 분석 방법을 통일하려는 움직임에 대해 강력히 반발한다(Gergen & Gergen, 2006). 참여자의 이야기로부터 자료를 의미 있는 단위로 부호화하는 표준적이고 처방적인 한 가지 분석 방법을 제안하는 것이 질서도 있고 또 바람직하게 보일 수 있지만, 그렇게 하면 개별 내러티브연구자가 참여자의 생생하고 복잡한 경험을 충분히 포착하는 분석 절차를 개발할 기회를 오히려 제한함으로써 내러티브연구 전체를 약화할 수 있다(Gergen, 2003). 내러티브 분석은 매우 사적이고 각 사람에게 고유한 과정이다. 연구 과정이 연구자별로 독특하다는 특징이 있지만, 연구자의 독특한 연구 과정은 모든 내러티브연구에서 분명하게 드러나야 한다. 과정의 투명성은 질적연구 과정, 특히 내러티브연구의 질을 높이고 연구를 온전하게 수행하는 데 매우 중요하다. 자료를 분석하는 방법을 분명하고 빠뜨리지 않고 기술함으로써 내러티브연구자는 연구의 수준과 학문적 발전에 크게 기여할 수 있다. 내러티브연구에서 자료 분석을 위해 활용할 수 있는 여러 가지 방법 중 네 개를 선택하여 다음에서 좀 더 상세하게 소개하려고 한다.

분석: 자료 배열하기 Cresswell(2005)은 내러티브연구가 다음 네 가지 분석 과정을 포함한다고 했다. ① 개인적 이야기의 재진술, ② 주제 확인하기, ③ 이야기를 구체적 상황에 위치시키기 그리고 ④ 개인적 삶의 사건을 연대순으로 배열하기. 그러나 앞에서도 말했지만, 내러티브연구는 그러한 정돈된 범주에 항상 맞아떨어지는 것 같지는 않다. 모든 내러티브연구자는 연구할 때 이러한 네 가지 분석 과정을 모두 적용하는 것은 아니며, 네 가지 분석 과정을 적용한다고 해도 각 과정에 동일한 정도의 시간과 지면을 할애하지 않는다. 개인적 이야기의 재진술, 이야기를 시간 순서로 배열하기, 이야기를 좀 더 큰 맥락에 위치시키기 등은 대부분의 내러티브연구가 따르는 전형적인 과정으로 간주한다. 그러나 연구자는 살아 있는 경험이 항상 또는 최소한 때때로라도 연대순으로 질서 있게 배열되거나 구조화되어 있지 않다는 점에 유의해야 한다. 따라서 연구자는 항상, 특히 분석 과정 중에는 상호작용의 시간성이나 지속성 차원에 주의를 기울여야 한다(Clandinin & Rosiek, 2007).

Riessman(1993)은 내러티브 자료에 적용할 수 있는 세 가지 순서 배열 방법을 제안했다. 시간적 배열(chronological ordering)은 한 사건 이후에 다른 사건을 배열하는 것이고, 인과적 순서 정하기(consequential ordering)는 한 사건이 다른 사건을 초래한 순서로 배열하는 것이다.

그리고 주제적 순서 정하기(thematic ordering)는 시간이나 인과적 연결이 아닌 주제별로 사건의 순서로 배열하는 것이다. 생애사 연구(life-history study)에서 자료는 대체로 시간을 기준으로 순서를 정한다. 그리고 이런 방식의 배열은 꽤 단순하고 분명한 과정이다. 인과적 순서 정하기 방식을 채택하는 내러티브연구자는 자료 분석을 면밀하게 함으로써 사건의 명시적 원인과 추론된 원인을 구별해야 한다. 내러티브연구자는 참여자가 자신의 삶에 대해 말할 때, 필요하고 가능하다면 언제나 그들의 이야기 속에서 나타나는 인과관계에 관해 구체적으로 질문해야 한다. 체계적 구조에 잘 들어맞지 않는 주제적 순서 정하기는 복잡하고 시간을 많이 소요하는 과정이며, 연구자 쪽에서 투명한 태도가 필요하다.

분석: 목소리 경청하기 다른 분석 방법 중 하나는 내러티브 속에서 목소리 경청하기(listening to voice)인데, 이것은 상담사에게 특히 적합하다(Brown & Gilligan, 1991). 이 방법은 연구 참여자가 경험을 어떻게 이해하는지에 초점을 많이 맞춘다. Brown과 Gilligan은 내담자/참여자로부터 각각 다른 시점에서 수집한 이야기를 경청하는 다음 네 가지 방식을 설명했다. ① 이야기를 이해하기 위해, ② 이야기 속의 자기를 위해, ③ 이야기 속의 관계를 위해, ④ 이야기 속의 문화적 체계(틀)를 위해. 타냐의 내러티브를 가지고 이 방법의 예를 설명하고자 한다. 12세 여자아이인 타냐는 집 생각에 빠진 7세 사촌동생이 집에 전화하는 것을 허락하지 않는 캠프 상담사에게 맞서 자신의 의견을 주장했다. 이 내러티브는 자신감 있고 영리한 어린 여성의 목소리였는데, 그 여성은 자신의 사촌과의 관계가 상담사에 대한 두려움보다 더 중요했다. 1년이 지난 후, 같은 어린 여성이 자신의 현재 삶을 이야기했을 때, 상담사(Gilligan)는 그녀로부터 주저와 불안 그리고 혼란으로 가득 찬 목소리를 들었다. Gilligan은 타냐로부터 관계에서 진실하지 못함 그리고 그 누구에게도 상처를 주거나 화나게 하고 싶지 않은 마음을 경청했다. 타냐는 자신의 감정을 말할 수 없었다. 그녀는 권위주의적 문화의 소리를 내면화하고 있었다. 목소리의 상실, 자기승인(self-authorization)의 상실, 실제적 관계에서 이상화된 관계로의 이동, 자신을 '완벽한 여자아이'의 모범으로 만들려는 태도 등은 어린 여성이 이 사회의 문화에 적응하는 과정에 관한 많은 메시지를 심리학자에게 전달했다.

분석: 플롯에 따른 조직화 모든 이야기는 시작, 중간 그리고 결말이 있으며, 내러티브연구자는 내러티브연구를 위해 수집한 방대한 자료에 경계를 지어야 한다. 이야기에는 또한 플롯(plot)이 있다. 플롯은 단지 이야기의 시작과 끝이 아니다. 플롯은 이야기에 포함할 사건을 선택하는 기준을 제공하며, 결말을 향해 가는 방향으로 사건을 순서에 맞게 전개한다. 그

리고 플롯은 각 사건이 전체 이야기에 제공하는 의미를 명확하고 분명하게 만든다(Cresswell, 2005). 자료를 플롯으로 구성하는 첫 번째 단계는 각 이야기의 시작과 끝을 정하는 일이다. Riessman(1993)은 참여자들이 자신의 이야기에 세우는 경계에 유의하게끔 하는 "입구와 출구 이야기"(p. 17)를 경청하라고 권유했다. 그러나 동시에 그는 탐구자 자신이 이야기의 시작과 끝을 정하고 있는 역할을 하고 있음을 명시해야 한다고 말했다. 질문을 끌어내는 참여자의 반응은 분석을 시작하기에 흥미로운 기회를 제공한다. 모든 자료가 이야기를 만들어 주는 것은 아니다. 연구자는—참여자와 협력하여—어떤 자료가 이야기에 적합한지 또는 적합하지 않은지를 결정하지만, 이야기의 주요 줄거리와 상충하는 자료라고 해서 배제할 수는 없다. 불필요한 일부 자료를 배제하는 것은 받아들일 만한데, 이것을 내러티브 다듬기(narrative smoothing)라고 한다(Spence, 1986).

Polkinghorne(1995)에 따르면, 개별 사건이 전체 이야기에서 얼마나 중요한지는 이전 사건과 뒤따르는 결과를 인과적으로 연결함으로써 결정할 수 있다. 한 사건이 다른 사건을 이끈다는 것이 플롯의 핵심이다. 이것은 단순히 한 사건 이후에 다른 사건이 있다는 것을 의미하는 일화(episode)와 다르다. 질적연구에서 인과관계를 설정하는 것은 대체로 주의해야 하지만, 플롯은 내러티브 분석의 핵심이다. 참여자가 자기 삶의 이야기에 붙이는 의미를 해석하려고 할 때, 내러티브연구자는 사람의 기억이 선택적이며 참여자의 현재 관점에서 구성하는 것임을 알아야 한다. 따라서 기억으로 떠올린 사건의 중요성은 원래 경험이 발생한 시점에서의 영향력과 다를 수 있다(Polkinghorne, 1995). 참여자가 자신의 삶을 이야기할 때, 그는 자주 한 사건을 다른 사건과 연결한다. 내러티브연구자가 경험의 순서를 배열하려고 할 때—실제로 사건이 발생한 시간 순서로 배열할 필요는 없고, 이야기하는 사람에게 의미가 통하는 순서대로 배열할 수 있다—많은 해석을 하게 된다. Blumenfeld-Jones(1995)에 의하면, "현실(reality) 자체에는 의미가 없다. 의미는 바로 순서 배열이라는 행위로부터 파생한다"(p. 29).

이야기 속에 포함하려고 선택한 사건, 사건의 시간적 배열, 관련된 사건의 연결 등에 기초해서, 내러티브연구자는 자신이 자료로 채울 지능적 구조(예: 플롯 개요)를 개발한다. 플롯의 개요가 채워지면, 자료에 있던 틈새나 취약한 부분이 드러난다. 이상적인 상황이라면, 연구자는 이러한 틈새를 채울 추가 자료를 수집할 것이다. 모든 질적연구처럼 내러티브 분석도 자료에서 분석을 거쳐 추가 자료의 수집으로 이어지고, 부분에서 전체로 반복적으로 오가는 재귀적(recursive) 과정이 필수적이다. 연구자는 여러 시점에서 플롯 개요를 다듬는데, 예를 들면 이야기의 결말에서부터 시작한 후에 이와 같은 결말을 유도하거나 가능하게 한 사건을 결정하는 식이다(Polkinghorne, 1995). 내러티브 자료를 분석할 때, 연구자는 같은 자료를 하나 이상의 플롯으로 구성할 수 있다는 점을 반드시 기억해야 한다.

분석: 주제 분석 Polkinghorne(1995)이 내러티브 분석(analysis of narratives)이라고 칭했던 주제 분석도 내러티브연구에서 때때로 사용한다. 내러티브 분석을 수행할 때, 이야기 자체가 자료로 수집되고 연구자는 이러한 이야기를 꿰뚫는 공통적인 주제를 분석한다. 연구자는 "어떻게 해서 이런 일이 발생했나요?" 또는 "왜 그 일이 발생했나요?"라는 질문을 함으로써 이러한 자료를 하나의 이야기로 변환한 후에 이러한 질문에 답을 줄 수 있는 정보를 탐색한다. Polkinghorne은 이야기 형태의 자료를 수집하고 주제를 찾기 위해 분석하는 것 또는 기술적 자료를 수집하고 분석을 통해 그것을 이야기로 변환하는 것에 대해 논의했다. Polkinghorne(1995)은 두 가지 유형의 주제 분석 또는 전형(paradigm) 분석이 가능하다고 했다. ① 기존의 틀에 맞추어 수집한 자료를 분석하는 것과 ② 자료로부터 귀납적으로 주제를 추출하는 것이다. 내러티브연구에서는 두 번째 방법을 가장 많이 사용한다. 주제를 찾기 위한 부호화는 대부분의 질적연구에서 하는 일이다. 내러티브연구에서 주제를 찾음으로써 복잡한 이야기에서 드러나는 개인의 경험에 대해 통찰을 얻을 수 있다(Creswell, 2005). 이야기 재구성(restoryinig)은 내러티브연구에서 수집한 자료를 응집성 있는 이야기로 전환하는 과정을 묘사하는 용어이다(Creswell, 2005). 이러한 자료는 원래 이야기 형태로 수집한 것일 수도 있고 그렇지 않을 수도 있다. 이야기의 형태로 자료가 수집된 경우라도, 내러티브연구자는 다양한 출처 또는 수차례에 걸친 연구 참여자와의 만남에서 수집한 자료를 통합하기 위해 이야기 재구성 과정에 관여해야 한다. 이야기 재구성은 선택한 순서로 자료를 배열하기, 시간이나 장소를 포함한 이야기의 풍부한 맥락을 묘사하기 등을 포함한다. 이야기 재구성은 자료를 어느 정도 부호화한 후에 시작한다.

Cresswell은 내러티브연구자가 연구의 기간에 따라, 5~7개의 주제를 찾을 것을 강조했지만, 3~5개 정도의 주제만으로 살아 있는 경험을 충분히 담아내는 내러티브연구도 있다.

전진 고등학교 프로젝트 분석 전진 고등학교의 연구팀은 첫 번째 면접의 전사를 마치고 자료를 부호화를 시작하는 시점에 다시 만났다. 처음에 연구자들은 개별적으로 작업을 했고 커다란 덩어리로 된 글 문서를 개별적인 이야기 조각으로 나누는 일에 집중했다. 연구자들은 반복해서 나타나는 단어, 어구, 감정들을 기록했다. 개별 참여자의 특성을 잘 나타낸다고 보이는 독특한 문단들은 강조 표시를 해 두었다. 예를 들면, 연구에 참여하고 있는 한 젊은 남성 참여자는 자신의 가족이 하는 사업이 농업이며, 그것이 고등학교를 졸업한 후 자기가 하려고 계획한 일이라는 점을 설명하면서 "물건을 파는 시장이 제 진로 상담사예요."라고 말했다. 다른 젊은 여성 참여자는 "나는 이 지역사회와 가족 그리고 친구를 떠나는 것이 두려웠어요. 그래서 고등학교 이후에 어떤 일이 있을지에 대해 생각하지 않으려고 했어요."라고 말했다. 진로 계획의 수립을 지연시킨 가족 사업과 관련된 기대나 불안 같은 주제가 여러 초기 면접 전사 자료에서 나타났다. 이와 함께 등장하기 시작한 다른 주제는 가족 사업을 강화하는 교육의 하나였는데, 한 참여자는 "저는 미국의 미래 농업(Future Farmers of America: FFA) 모임에서 우리 농장의 이익을 더 많이 산출하고, 농작물 수확과 관련한 과학의 첨단을 접하게 하는 농사업(agribusiness) 관련 학위가 있다는 이야기를 들었어요. 그래서 저는 제게 적합한 농사업 프로그램이 있는 대학을 찾으려고 진로 상담사와 매주 만났어요."라고 말했다. 연구팀이 자료를 부호화하고 정보를 순서에 맞게 조직하는 동안, 팀원 하나가 이야기했다. "제게 점점 분명해지는 점은 이 청소년들이 진로 발달 계획을 수립하게끔 영향을 미치는 많은 사람이 있다는 점이에요. 예를 들면, 청소년들의 상담사, 부모, 가족, 특별활동(예: FFA) 교사, 그들의 지역사회 구성원이 있죠. 이들 모두가 이 과정에서 각각 역할을 하는 것 같아요. 우리는 이 주제를 어떻게 포착해서 다룰 수 있을까요?" 팀원들은 이 질문을 생각했다. 그리고 한 팀원이 말했다. "우리가 우리 순서 배열의 각 수준에 층을 하나 더 추가해서 부호화하면 어떨까요? 만약 우리가 고등학교 입학부터 졸업 전까지의 시간을 몇 개의 시간대로 나누어 배열하고, 각 시간대 내에서 영향을 미쳤던 각 요소(사람)를 순서대로 배열해 볼 수 있을까요?" 연구팀은 그렇게 하면 그 경험을 상호작용과 지속성 차원에 적절하게 위치시킬 수 있을 것 같다는 점에 동의했다.

전 단계에 기초적 분석 요소 어떤 분석 방법을 사용하든, 모든 내러티브연구의 전사 자료나 현장 텍스트 자료는 여러 차례에 걸쳐 부호화하게 된다. 각 현장 텍스트와 전사 자료를 부호화하면서 새로운 주제가 등장하면, 이전에 부호화한 텍스트 자료로 돌아가 다시 분석하고 부호화해서 새로운 주제와 생각을 적절하게 통합해야 할 필요가 생긴다. 새로운 주제가 등장하지 않고 새로 등장하는 주제도 이전에 선택한 주제나 이해를 강화하는 기능만 한다고 연구자가 판단하면, 그는 적합한 수준의 포화 상태에 도달했다고 자신감을 가질 수 있다. 이 과정에서 자료 분석은 추가적인 자료 수집과 분석이 필요한데, 이것이 모든 질적탐구가 가지고 있는 재귀적 특성이다. Polkinghorne(1995)는 "마지막 이야기는 자료에 부합해야 함과 동시에 자료 자체만으로는 분명하게 드러나지 않는 질서(order)와 의미를 부여한다."(p. 16)라고 했다. 이러한 질서와 의미성의 발견이 곧 인간 지성이 추구하는 것이다. 주제를 찾으려고 할 때, 대부분의 질적연구자는 가능한 한 참여자의 언어를 그대로 사용하는 것이 참여자의 목소리를 자료 분석 과정에 도입하기에 좋고, 그럼으로써 자료로부터 드러나는 의미를 포착하기에 도움이 된다는 점을 안다. 내러티브연구자는 주제별 색인 카드(index card)를 사용하는 것부터 컴퓨터 프로그램을 사용해서 그림으로 나타내는 방법까지 다양한 방법의 분석 과정을 활용한다. 질적연구에 사용할 수 있는 분석 방법은 범위가 매우 넓어서, 내러티브연구자는 자신이 적용하는 분석 방법을 주의 깊게 살피고, 이러한 방법을 구체적으로 기록하기 위해 의식적인 노력을 반드시 기울여야 한다. 연구자가 관여했던 행위들을 비롯한 모든 분석 과정을 날짜별로 기록하는 방법은 연구자가 학술지 논문이나 연구 보고서를 작성할 때 방법론의 타당성을 확보하는 여러 가지 방법의 하나이다. 이렇게 주의 깊은 노력을 함으로써 연구자는 내러티브연구자들이 모인 학문적 공동체 내에서 다른 탐구자가 전문적으로 자료를 분석하는 방법을 이해하게끔 돕는다. 그뿐만 아니라 방법론과 분석 과정을 상세하게 기술함으로써 연구 과정이 얼마나 엄격한지를 이해하게 한다(Mishler, 1990).

구성원 점검(Lincoln & Guba, 1985)은 사용하는 구체적인 분석 방법의 유형과 무관하게 내러티브 분석의 또 다른 기본 요소이다. 앞에서 언급했듯이, 구성원 점검이란 참여자를 초청하여 자료의 의미를 재검토하고, 연구자와 참여자가 모두 자료를 더 명료히 이해하게끔 하려고 자료를 다시 살피는 것이다. 이 과정을 통해 연구자는 글로 쓰인 연구 보고서에 대한 정보 제공자의 반응을 확인하고, 연구자의 해석에서 발생할 수 있는 왜곡을 조정할 수 있다. Merriam (1988)은 구성원 점검을 "자료와 해석 결과를 원래 그 자료를 얻은 사람에게 보내서 결과가 타당한지를 묻는 것"으로 정의했다(p. 169). 전체 연구 과정에서 구성원 점검 단계를 거침으로써 연구 과정에서 높은 수준의 통일성과 엄격성을 보장할 수 있으며, 참여자의 살아 있는 경험에 대한 자신의 지각을 존중할 수 있다(Mishler, 1990).

경험을 글로 쓰기

내러티브연구 보고서 작성은 일차적으로 연구자가 해야 할 일이다. 그러나 연구자에 따라서는, 정도는 다르지만 보고서를 작성할 때 연구 참여자를 관여시키기도 한다. 사람들은 예술과 과학을 상호 배타적인 것으로 생각한다. 특히 연구에서는 더욱더 그렇다. 그러나 내러티브연구자는 과학과 예술의 경계선을 허물기 위해 계속 노력한다. 그러나 "예술가는 정확한 해석을 알려 주기보다 어느 한 방향으로 자극하기를 희망한다"는 점에서 예술은 과학과 다르다(Blumenfeld-Jones, 1995, p. 31). 내러티브연구 보고서를 작성할 때, 탐구자는 어느 한 방향으로 보게끔 자극하려고 하며 그러한 글쓰기는 재능과 기술이 필요하다. 모든 질적연구가 그렇듯 내러티브연구는 이해를 촉진하는 것이 목표이지만, 내러티브연구자는 특히 독자가 자신의 경험을 성찰하게 하고, 독자 자신의 해석을 생각해 보게 하는 방식으로 글을 쓴다. 내러티브 연구자는 조금도 방심하지 말고 연구 보고서의 구성에 자신이 기여한 정도를 묘사해야 한다. 그렇게 함으로써 독자는 최종 작성한 글이 그저 기록이 아닌 연구의 산물(product of research)임을 깨닫게 해야 한다(Zeller, 1995).

내러티브연구 글쓰기에 적합한 문학 형식(literary form) 최근 사회과학 내에서 내러티브연구자는 질적연구의 기본적 원리를 지킴과 동시에, 새로운 문화기술지, 문학적 저널리즘, 창조적 실화(nonfiction), 시, 소설 같은 새로운 글쓰기 형식을 실험하고 있다(Zeller, 1995). Emihovich(1995)는 이러한 다양한 형태의 내러티브연구를 인상주의 동화(impressionist tales)라고 했다. 그리고 그는 내러티브연구자는 우화, 대본, 시, 또는 다각도 서사(multiple perspective) 같은 문학적 관례를 채택하여 자료로 수집한 이야기도 극적인(dramatic) 이야기로 만들기에 유리한 위치에 있다고 보았다. Barone(2001)은 애팔래치아의 한 고등학교에 근무하는 미술 교사와 그가 학생들에게 오랫동안 끼친 영향을 연구하기 위해 학교를 떠난 지 십수 년이 지난 아홉 명의 졸업생을 면담했다. Barone은 그의 연구를 텍스트 문서, '영원을 터치하다(Touching Eternity)'로 제시했고, 내러티브 어조(narrative tone), 텍스트 서식(text formatting), 엠플롯먼트(emplotment) 등의 실험적인 방법을 포함해서 다양한 문학적 양식을 사용했다. 그리고 각 장은 모노로그, 시, 제3자 내러티브 등으로 구분해서 썼다. Ollerenshaw와 Lyons(2002)는 인디언 보호구역에서 근무하는 교수와 교사를 연구하면서 음악의 소나타 형식으로 텍스트를 구성했다. 텍스트 양식을 실험적으로 적용하는 것 외에, 내러티브연구자는 그들의 내러티브연구 보고서에서 플래시백, 대화, 복선과 같은 문학적 도구를 자주 적용한다. 어떤 비평가는 그러한 문학적 형식을 '연구'로 간주하지 않지만 많은 내러티브연구자는 이러한 유형의 연구 방법을 추구하는데, 그 이유는 그것이 탐구를 촉진하기 때문이다. 내러티브연구에서 글쓰기 요소는 연구자가 자료의 의미와 발견을 강력하고 창의적인 방법으로 전달하는 다양한 전략과 문학적 방법을 활용할 좋은 기회이다. 연구자가 사용할 문학적 방법을 고려할 때, 가장 중요한 점은 어떤 방법이 자료나 살아 있는 경험을 독자가 가장 잘 이해하게끔 해 줄 것인가이다. 사용한 방법과 연구 과정이 연구 주제에 대해 큰 통찰을 제공하기만 한다면, 연구자가 발휘하는 창의성은 매우 유용하고 강력하다. 그러나 살아 있는 경험과 연결하려는 의식적인 노력이 없이 단지 다른 연구와 달라지거나 독특해지기 위한 창의성은 독자의 초점을 흐리게 할 수 있음을 유의해야 한다.

경험에 대해 읽기

살아 있는 경험을 드러내는 방식에 대해 Riessman(1993)이 논의한 방식 중 마지막 수준은 경험에 대해 읽기(reading about experience)이다. 연구자가 이 수준에 도달할 때면, 살아 있는 경험은 특정한 서술자(narrator)가 주의를 기울이는 세부 사항, 경험을 풀어내서 이야기하는 방식 그리고 서술자가 계속 제공하는 의견이나 자료와 함께 이루어지는 탐구자의 전사, 분석, 글쓰기에 의해 변환된다. 이 단계의 연구 과정에서는 새로운 참여자, 즉 독자가 참여하는데, 연구자와 참여자는 모든 단계에서 독자의 반응을 기대한다. 내러티브연구에는 연구 참여자, 연구에 관심이 있는 독자 그리고 내러티브연구 영역의 전문가라는 세 유형의 잠재적 독자가 있다.

연구 참여자인 독자 내러티브연구자는 모든 연구를 시작하는 시점부터 참여자의 이야기에 대한 연구자의 해석을 참여자가 읽을 때 그가 어떻게 느낄 것인지를 의식한다. 참여자는 연구와 여러 가지 발견의 요소를 검토하는 구성원 점검 기능의 하나로 연구의 전체 과정에 관여한다. 그러나 완성된 결과를 읽는 경험은 또 다르다. 연구의 결론에 기술된 새로운 발견은 자료 분석과 자료에 대한 연구자의 관여를 통해 변형된다. 참여자가 연구의 발견을 읽을 때, 예전에는 그들 자신의 살아 있는 경험이며 변형된 이야기였던 것을 이야기로 읽는 당황스러운 과정일 수 있다. 내러티브연구자는 참여자가 제기하는 그 어떤 반대 의견도 심각하게 고려해야 하며, 참여자는 연구자—즉, 참여자 자신에게 사적으로 영향을 미쳤던 주제, 경험, 현상을 드러내어 사회도 그것들을 이해하게끔 하려는 연구자—에게 자신의 살아 있는 경험을 공유하는 중대한 일을 하고 있다는 점을 인정하고 존중할 필요가 있다.

그 주제에 관심을 가진 독자 내러티브연구의 독자 중 두 번째 범주는 그 연구에 관심을 가진 모든 사람이다. 이 범주에는 그 연구가 속하고 있는 영역의 학자뿐만 아니라 연구자의 동료, 친구, 가족도 포함될 수 있다. 두 번째 범주에 속하는 독자는 이야기 중에서 눈길을 끄는 요소에 초점을 맞추어 보고서를 평가하는 경향이 있다. 여러 학자 중에서 특히 Blumenfeld-Jones(1995), Creswell(2005), Dollard(1935), Polkinghorne(1995), Riessman(1993)은 내러티브 연구를 평가하는 기준을 다음과 같이 제시했다. 제시된 질문들은 연구자와 독자가 내러티브 연구를 평가하는 데 도움이 되는 질문이다.

① 이야기에 시작, 전개, 종결이 있는가?
② 연구자는 이야기가 발생하는 문화적 맥락을 포함하는가?

③ 연구자의 이야기는 그 이야기가 묘사하는 실제 역사적 사건에 충실한가?
④ 연구자는 주인공의 신체적 특성을 이야기에 포함하는가? (이것은 나이, 건강, 장애 그리고 주인공의 세계관에 영향을 미칠 만한 신체적 특성을 포함한다)
⑤ 연구자는 특정 장면에서 특정 주인공 간의 상호작용을 기술하는가? (그러한 기술은 필수적인데, 서로 다른 사람들은 같은 사건에 대해 다른 방식으로 반응할 것이기 때문이다)
⑥ 주인공의 이야기 속에 주요 타자가 포함되는가?
⑦ 연구자는 충분한 깊이를 가지고 연구를 기술하는가?
⑧ 연구자는 묘사한 사건을 개연성이 있고 이해할 만한 것으로 묘사하는가?
⑨ 연구자는 특정 결과가 어떻게 그리고 왜 나타났는지 언급하는가?
⑩ 연구자가 제공한 설명은 그러한 사건이 어떻게 발생·전개할 수 있었는지를 이해하고 싶은 독자의 주관적 욕구를 만족하는가?
⑪ 연구에서 제시한 설명은 설득력이 있는가?
⑫ 연구에서 제시한 설명은 미학적으로 만족스러운가?

내러티브연구의 특성을 고려하면, 이러한 질문에 대한 답변은 당연히 매우 주관적이다.

내러티브연구에 관심을 가진 독자라면 정도의 차이는 있겠지만, 앞서 제시한 질문을 중요하게 생각한다. Blumenfeld-Jones(1995), Bruner(1986), Grumet(1988)은 내러티브연구에 대한 독자의 반응에 가장 크게 영향을 미치는 특성을 설명했다. Bruner에 따르면, 논쟁에서는 진실(truth)이 바라는 결과인 한편, 내러티브를 통해서는 살아 있는 듯함(lifelikeness)이 바라는 결과이다. Grumet은 충실도(fidelity)가 자서전적 탐구가 가진 장점의 핵심 요소라고 했다. 살아 있는 듯함과 충실도는 모두 내러티브연구의 믿을 만함/신뢰성(believability), 즉 독자의 경험과 공명하는 구체적 이야기를 타당하게 풀어냈다는 평가에 이바지한다. Blumenfeld-Jones는 연구자가 제시하는 이야기가 독자 자신의 경험과 일치한다는 지각이 신뢰성에 직접 영향을 미친다고 주장했다. 다시 말하면, 신뢰성과 충실성은 독자의 다른 해석 때문에 훼손되는 것이 아니다. 내러티브연구에서 제시하는 이야기는 독자에게 그럴듯하게 보여야 한다.

내러티브연구의 독자가 그 이야기를 통해 공명을 경험하려면, 독자는 연구가 제시하는 이야기 속에서 자신의 이야기를 인식하거나, 이야기가 묘사하는 상황이 자신의 맥락과 유사하다고 볼 수 있어야 한다. 독자가 첫 번째 유형의 공명을 느끼지 못하더라도 두 번째 유형의 공명을 경험한다면, 내러티브연구 보고서는 충실성을 가진 보고서이다. 이것이 소위 살아 있는 듯함이다(충실성과 신뢰성에 대한 풍부한 논의는 Blumenfeld-Jones, 1995 참조).

전문가 또는 내러티브연구자인 독자 독자가 전문가인 경우, 그들은 대체로 연구방법의 엄격성, 연구 절차의 통일성을 기준으로 연구의 질을 평가할 것이다. 내러티브는 질적연구의 한 유형이기 때문에, 내러티브연구는 질적연구의 기준에 맞아야 하지만 내러티브연구 자체의 구체적인 기준에도 맞아야 한다. 내러티브연구가 반복해서 비판받는 것 중 하나는 이야기 구조나 주목을 이끄는 강렬한 특성 같은 평가 기준은 내러티브연구의 질 평가를 위해 전혀 불필요하다는 것이다(예: Phillips, 1994 참조). Riessman(1993)은 내러티브연구의 실용적인 유용성을 높일 수 있는 필요한 네 가지 사항을 제안했다. ① 해석에 도달한 방식을 기술하는 것, ② 연구자의 연구 과정을 명시하는 것, ③ 각 수준의 경험 변형이 어떻게 이루어졌는지 구체화하는 것, ④ 다른 연구자가 자료—테이프나 전사 기록 등—를 요청할 때 제공하는 것이다. 이 네 가지 기준에 맞고 효과적인 스토리텔링의 기준을 충족하는 내러티브연구는 특정 연구에 관심을 가진 일반 개인 독자의 이해에도 좋지만 엄격한 평가를 잘 견딜 것이다.

내러티브연구가 전문적 상담에 제공하는 시사점

내러티브가 상담 및 상담자 교육 영역에서 가장 많이 수행하는 연구 유형은 아니지만, 내러티브연구는 여러 가지 이유로 연구를 수행하는 상담사에게 특히 적합하다. 사실 심리학과 심리치료는 내러티브 이론에 뿌리가 있다. 내러티브연구는 상담사들이 습득한 많은 기술—라포 형성, 민감한 경청, 사람들의 이야기를 끌어내기, 현상에 관한 점진적 이해, 반응자의 이야기를 반응자의 삶에서 다른 측면과 통합하기 등—을 활용한다.

내러티브연구의 면접에서 정보 제공자가 말하는 이야기의 유형은 흔히 상담사가 흥미로워하고 상담을 찾는 내담자가 가지고 올 만한 주제를 포함한다. 상담사가 수집하는 내러티브는 상담사의 경험, 내담자의 경험 그리고 상담사와 내담자 간의 관계에 관한 이야기들을 포함한다. 끝으로, 가장 중요한 점은 내러티브연구를 착수하기 전에 상담 연구자가 유의할 많은 윤리적 주제가 있다는 것이다.

상담에서 진술되는 이야기

내러티브연구는 상담연구자에게 적절한 연구방법이다. 그 이유는 내러티브연구는 사람들이 자신의 삶에서 오랫동안 가장 중요했던 일에 대해 자신의 언어로 하는 이야기를 경청하는 과정을 포함하기 때문이다. 상담사는 내담자의 이야기를 다루면서 내담자가 겪었던 경험에 관해 자신이 가지고 있는 사적인 내러티브를 공유하고, 내담자의 필요를 더 잘 충족하는 방식으로 새로운 이야기와 경험을 면밀하면서도 적극적으로 구성할 것을 권장한다. 상담 경험에서 내담자는 상담사에게 말할 이야기를 가지고 상담에 참여한다. 내담자 치료의 일부는 초기에 앞뒤가 맞지 않고 불완전한 이야기를 온전하고 응집성 있는 이야기로 변형하는 일이다(Horrocks, 2001). 대화를 통해 내담자와 상담사는 내러티브를 변형한다. 내러티브의 해석적인 특성 때문에, 내러티브연구는 많은 측면에서 상담 관계와 유사하다.

상담사가 상담에서 내담자가 말하는 것 이면에 있는 암묵적 의미를 해석하는 것처럼, 연구자는 참여자가 하는 말 이면을 들여다보아야 한다. 상담에서처럼, 내러티브탐구에서 참여자는 정체성을 구성하고 과거 사건을 이해하며, 고통스러운 경험에 대응하기 위해 이야기를 한다. 사람들이 삶의 경험에서 의미를 만드는 일차적 방법은 그 이야기, 즉 내러티브를 말하는 것이다(Reissman, 1993). 이 점은 상담과 상담사 교육에서 전형적으로 사용하던 과정과 내러티브 심리치료가 일치하는 점이다. 개인적이면서 때때로 혼란스러운 경험에 관한 이야기를 함으로써 참여자는 자신의 삶에서 전환점, 매우 중요한 갈림길, 또는 전환하는 시점을 함께 나눌 수 있고, 내러티브연구자와 함께 작업하여 이러한 이야기들을 살아 있는 경험에 빛을 비추는 내러티브로 함께 공들여 만들어 낼 수 있다. 상담연구자는 내러티브연구 과정에서 참여자를 경청하고 해석하며 삶의 목격자라는 태도를 견지하고 지지하며 참여자와 함께 협력하게끔 준비된 유일무이한 사람이다.

상담사를 위한 윤리적 고려 사항

내러티브연구가 가지고 있는 민감한 특성은 상담연구자에게 특별한 문제를 야기하기도 한다. 연구에서 내러티브를 사용함으로써 당면하는 윤리적 문제는 상담 장면에서 급격히 증가한다. 연구자이면서 상담사이기도 한 내러티브연구자가 유의할 점들은 다음과 같다.

- 상담사/연구자는 내담자/참여자와 과정 동의(process consent)를 하면서 연구를 진행해야 한다. 과정 동의란 연구 이전에 얻는 고지에 의한 동의(informed consent)가 아니라, 연구의 전 과정에서 연구를 진행하면서 그때그때 상호 타협을 하는 과정을 의미한다.
- 상담사/연구자는 내담자/참여자가 자신의 이야기를 하는 과정에서 발생할 수 있는 불필요한 탐색으로부터 그들 및 그들의 이야기에 등장하는 제3의 인물을 보호할 책임이 있다.
- 상담사/연구자는 내담자가 연구 보고서를 검토하는 것과 관련된 결정에 책임을 져야 한다.
- 상담사/연구자는 분석 과정에서 연구자가 내러티브를 재서술할 것이라는 사실을 내담

자/참여자에게 충분히 설명해야 한다.

- 상담사/연구자는 내담자를 선택할 때 상담사가 수행할 연구에 적합한지뿐 아니라 내담자의 안녕과 치료적 동맹에 도움이 되는지도 고려하여 선택해야 한다.

내러티브연구가 자연스럽게 상담과 잘 맞아떨어지는 것처럼 보이지만, 상담 연구자는 그 어떤 연구 측면의 관심보다 내담자의 안녕과 복지를 먼저 고려해야 한다.

내러티브연구의 이점과 문제점

내러티브연구를 비판하는 사람들이 문제점으로 보는 것들을 내러티브연구자들은 강점으로 받아들이는 경우가 많다(Phillips, 1994). 어떤 점을 이점으로 볼지 또는 문제점으로 볼지는 대부분 관점의 문제이며, 내러티브연구에 관한 관점들은 하나의 연속선 위에서 다양한 차이를 보인다. 이런 주제의 대부분은 이미 앞에서 언급했다. 그러나 나는 ① 연구 주제에 대한 연구자의 열정, ② 내러티브탐구의 모호성, ③ 연구자와 참여자 간의 친밀한 관계 그리고 ④ 내러티브 분석을 위한 정해진 모형의 부재라는 네 가지 주제를 논의하려고 한다.

내러티브연구자의 열정

많은 내러티브연구자는 열정이 내러티브연구에서 절대로 간과할 수 없는 기본 요소라고 생각한다. 그러나 Clandinin과 Connelly(2000)는 내러티브연구자에게 연구 주제와 '사랑에 빠지라고' 강력히 권장하는 한편, 그들이 '냉정한 관찰'로 들어가야 하는 시점을 알아차리고 있어야 한다고 경고했다(p. 81). Emihovich(1995)는 사회과학은 지금까지 "열정과 거리를 두고, 관여함 없이 지식을 추구하며, 상상력의 접근을 막는 것에 관한 것이었다. 학문 공동체는 심장의 언어(language of heart)를 의심하는데, 그것이 이성이 결여된 감정의 복원을 시사하기 때문이다."(p. 40)라고 주장한다. 그러나 한편으로 그는 열정과 이성은 내러티브 자체를 통해 통합할 수 있다고 주장한다. 연구의 초점, 참여자, 연구 과정 등과 연구자의 연결성을 공유하는 연구자의 모두 진술(opening statement)은 연구자가 자신의 열정을 엄격한 연구 접근이라는 맥락에 의도적이면서 심사숙고하는 태도로 정치시킬 최초의 기회를 제공한다. 투명성과 연구자의 편견과 연결성 주제를 분명하게 언급하는 것은 자신의 작업을 학문 공동체의 전문적 담론이라는 맥락에 정치시키기에 매우 중요하다.

내러티브연구의 모호성

앞에서 언급했듯이, 내러티브연구방법은 많은 다양한 학문 영역에서 활용하고 있는데, 그 때문에 유사한 도구, 전략, 과정을 묘사할 때 여러 가지 다른 용어를 사용하게 되었다. 내러티브연구자가 자신의 연구를 묘사할 때 사용하는 용어의 광범위성 때문에 내러티브연구의 과정과 방법을 기술할 때 명료성과 정밀성이 사라지는 결과가 나타났다(Polkinghorne, 1995). 이 주제는 이 장에서 내러티브 접근의 철학적 관점(stance)과 해석적 실천의 관점에서 논의했던 주제이다. 모호함은 초보 연구자나 분명한 답을 원하는 연구자에게는 불편할 것이다. 간단하게 말하면, 모호함을 견딜 수 있는 연구자는 그렇지 않은 연구자보다 내러티브연구에 대해 더 편안하게 느낄 것이다. 그러나 Zeller(1995)는 내러티브연구에서조차 연구자들이 연구 과정에 수반되는 주관성과 모호함을 감추는 방식으로 글을 쓴다고 말했다. 내러티브연구자는 모호함 자체뿐만 아니라 모호함을 드러내는 것에 대해 얼마나 편안하게 느끼는지에도 주의를 기울여야 한다.

내러티브연구에서의 관계

내러티브연구에 참여하는 것, 그리고 연구 수행 중에 맺어진 밀접한 유대는 연구자와 응답자 모두에게 유익할 수 있다. 내러티브연구를 하면서 나눈 이야기들은 연구자와 참여자의 삶을 특정한 형태로 만들고 삶에 영향을 미친다(Creswell, 2005). 이러한 이야기는 독자의 삶에도 영향을 끼친다. Clandinin과 Connelly(2000)는 연구자와 응답자 간의 밀접한 유대가 양자 모두에게 도움이 된다는 점을 강조지만, 내러티브연구를 비판하는 사람들은 그러한 유대가 연구의 객관성을 훼손한다고 주장했다. 내러티브연구자들은 이러한 특정한 비판의 신빙성을 믿지 않는다. 왜냐하면 내러티브연구자는 '현실'에 대한 객관적인 설명을 하려고 하지 않기 때문이다. 그러나 연구 관계와 관련해서 내러티브연구자가 주목해야 하는 위험이 있다. 한 가지는 연구자가 연구로부터 얻는 이득이 참여자가 얻는 이득보다 항상 더 많다는 점이다. 내러티브연구는 특별히 취약하거나 소외된 참여자를 자주 포함하기 때문에, 연구자는 참여자가 연구에 참여함으로써 얻을 수 있는 가치를 더할 방법을 모색해야 한다. 또 다른 주제는 엿보는 재미(voyeurism)이다. 내러티브연구자는 자신의 학문적인 이득을 취하기 위해 참여자의 개인적 삶의 세세한 부분을 이용하지 말아야 할 책임이 있다.

내러티브연구의 모형

반복해서 언급한 것처럼, 내러티브연구에 대해 계속되는 비판은 구체적이고 세밀한 분석 과정에 주의를 기울이지 않는다는 점이다. 그뿐만 아니라 내러티브연구의 글쓰기에 대해서도 분명한 모형이 없다. 이 점은 내러티브연구자에게 이점이 될 수도 있지만, 문제점이 될 수도 있다. 많은 내러티브연구자는 내러티브연구 영역이 가지고 있는 개방성과 새로운 것을 계속 실험할 수 있다는 점에 이끌려서 이 영역에 발을 딛는다. 그러나 초보 연구자에게 내러티브연구의 수행과 글쓰기를 위한 모형이 없다는 점은 그들의 불안을 자극한다. 내러티브연구와 분석에 지침이 되는 정해진 과정이 없지만, 이 연구에 접근하는 방식에 관한 강력한 모형은 많으며, 초보 연구자들에게는 어떤 전략과 과정이 특정 연구와 그들의 스타일에 가장 적합한지 정하기 위해 내러티브방법론에 관한 전문적 문헌을 깊이 공부해 볼 것을 권한다. 모든 내러티브연구자에게 자신의 고유한 분석 과정을 명료하게 설명함으로써 분석 과정에 유의하지 않는다는 비판에 응답하고, 널리 적용되도록 만든 모형(One-Size-Fits-All model: OSFA)을 거부하며, 학문적이면서 문학적인 글쓰기 기술을 연마하고, 그들의 연구에서 새로운 글쓰기 방식을 추구하기를 강력히 바란다.

요약

이 장은 독자들에게 내러티브연구로 알려진 질적연구방법을 소개했다. 이 장의 도입부에서는 내러티브연구 설계를 사용하는 데 필요한 역사적 · 철학적 · 이론적 근거를 논의했다. 그 후 참여자 선정 절차와 자료 수집, 자료 분석 그리고 검증 절차에 관해 상세히 다루었다. 끝으로, 특별히 상담연구와 관련된 시사점을 제시했다. 이 장은 내러티브연구가 어떻게 상담사, 내담자 그리고 상담 교육 현장과 관련된 현상을 연구하는 효과적이고 실질적인 수단이 되는지에 관한 이해를 확장하는 목적으로 저술했다. 내러티브연구는 연구자가 탐구하고 싶은 현상 속의 살아 있는 경험을 가장 잘 보여 줄 참여자를 확인하고, 그 참여자가 자신의 살아 있는 경험을 이야기로 전하는 시간에 함께 참여할 기회를 연구자에게 제공한다. 이 연구는 강력하고 창의적이며, 시간, 관계, 상황이라는 차원 내에서 발생하는 살아 있는 경험을 이해하는 문을 열어 준다. 이러한 다측면적 이해는 사회과학 내의 여러 학문 영역을 비롯하여 상담연구에 특히 적합하다.

• 생각해 볼 문제 •

1. 나는 자기, 진실 그리고 경험의 개념을 어떻게 이해하고 있는가?
2. 어떤 점에서 자기는 내러티브로 구성되어 있다고 하는가? 언어를 통하지 않은 알려진 자기가 있는가? 어떻게 같은 이야기를 언어 외에 다른 여러 가지 방법으로 묘사할 수 있는가?
3. 나의 연구 참여자의 문화에 나는 얼마나 익숙한가? 그리고 나는 그들의 문화적 영향력에 관해 어떻게 배우겠는가?
4. 연구를 수행하면서 나는 나 자신의 문화적 편견을 어떻게 모니터하겠는가?
5. 내가 하고자 하는 연구 주제에 대한 나의 자서전적 연결성은 무엇인가?
6. 나는 내 연구에 나 자신의 이야기를 얼마나 포함하겠는가? 어디에 포함하겠는가?
7. 내 연구에 몇 명의 참여자를 선정하겠는가? 그리고 나는 그들을 어떤 기준으로 선정하겠는가?
8. 나는 내 연구에 적합한 문헌에 관한 개관을 포함하겠는가?
9. 나는 나의 이론적 관점과 정보 제공자의 관점 사이에서 균형을 맞추고 있는가? 어떤 방법으로 맞추고 있는가?
10. 나는 운동가적인 연구자인가? 이 연구를 통해 특정 집단에 속한 사람들을 옹호하기를 원하는가?
11. 나는 응답자의 이야기를 어떻게 수집하겠는가? 면접, 관찰, 문서의 고찰, 또는 이 방법들의 조합으로?
12. 나는 각 참여자에게 어떤 촉진적 질문을 던지면서 연구를 시작하겠는가?
13. 나는 어떤 방법으로 응답자와 협력 관계를 맺겠는가? 그리고 협력 관계의 특성을 어떻게 계속 재타협하겠는가?
14. 나는 연구에서 응답자의 인격을 어떻게 보호하겠는가?
15. 나는 특정한 연구에서 나타나는 권력과 위계 주제를 어떻게 탐구하겠는가?
16. 나는 응답자와 내가 각자 겪은 경험에 관한 이야기를 서로 나눌 때 초래될 취약함을 어떻게 다루겠는가?
17. 어떤 종류의 현장 텍스트를 만들기 원하는가? 그리고 이러한 현장 텍스트는 응답자에게 어떤 부담을 지우게 되는가?
18. 나는 서로 부합하지 않거나 모순되는 발견을 포함한 모든 발견에 대해 그럴듯한 설명을 만들어 낼 만큼 충분한 깊이로 나의 연구 주제를 탐구하기 위해 어떤 방법을 적용하겠는가?
19. 나는 내가 수집한 이야기를 어떻게 전사하겠는가? 그리고 나의 전사 과정을 어떻게 면밀하게 추적하고 기술하겠는가?

20. 나는 자료를 어떻게 분석하겠는가? 이야기나 주제 또는 두 가지 모두?
21. 나는 어떻게 자료를 분석하면서 동시에 분석 과정도 추적하겠는가?
22. 나는 연구 보고서에 나의 분석 과정을 어떻게 기술하겠는가?
23. 나는 내가 수집한 이야기에 어떤 경계를 세우겠는가?
24. 나는 연구 보고서에서 전달할 이야기의 순서를 어떻게 배열하겠는가?
25. 나는 연구 보고서에 포함할 내용과 배제할 내용을 어떻게 결정하고 기록하겠는가?
26. 나는 분석 과정에 참여자를 어떤 방식으로 참여시켜 계속 진화하는 해석을 점검하게 하겠는가?
27. 나는 연구 보고서를 어떻게 작성하겠는가? 나는 어떤 텍스트 양식과 문학적 기술을 탐색해 보겠는가?
28. 나는 수집한 이야기들의 형태를 만들어 가는 과정을 글쓰기 과정에서 어떻게 기술하겠는가?
29. 나는 연구의 설계와 글쓰기에 대해서 응답자, 다른 관심 있는 독자 그리고 해당 영역의 전문가를 포함한 독자들로부터 어떤 반응을 예상하는가?
30. 내러티브연구자로서 나는 연구자의 이익보다 응답자의 안녕과 복지를 우선할 것을 어떻게 보장하겠는가?

제4부

조사연구, 혼합설계

제13장

조사연구의 개요

J. Scott Young
University of North Carolina at Greensboro

목표

1. 조사연구의 목적에 대해 설명할 수 있다.
2. 조사방법의 여러 가지 유형에 대해 이해할 수 있다.
3. 조사연구의 자료 수집에 필요한 다양한 방법을 설명할 수 있다.
4. 조사연구 과정을 수행하는 단계를 이해할 수 있다.
5. 양질의 면담법, 우편조사법 그리고 인터넷 조사법의 특성들을 이해할 수 있다.
6. 높은 응답률을 얻기 위한 절차들을 숙지할 수 있다.

대부분의 독자는 설문조사와 같이 자료를 직접 수집하는 조사연구방법에 익숙하다. 우리는 음식점, 쇼핑몰, 업무단지와 같은, 일상에서 쉽게 접할 수 있는 곳에서 행해지는 설문조사들을 자주 접한다. 하지만 효과적인 조사연구를 계획하고 연구자에게 의미 있는 자료를 수집하기 위한 방법은 예상보다 훨씬 많다. 이 책에 소개되는 다른 연구방법과 마찬가지로 조사연구를 수행하기 위해서도 대단히 많은 노력이 필요하다. 그러므로 이 장의 목표는 전체적으로 조사연구의 방법을 소개하고 조사연구를 수행하는 데에 있어 연구자만의 효과적인 연구방법을 개발할 수 있도록 돕는 데에 있다.

상담 분야에서 조사연구는 상대적으로 여러 가지 연구 결과를 이해하기 쉬울 뿐만 아니라 대부분의 사람의 삶의 여러 측면과 관련된 직접적인 자료를 얻어 낼 수 있기 때문에 자주 사용된다. 예를 들어, 최근에 ACA는 회원들에게 내담자들에게 영적 · 종교적인 문제에 관련된 상담 서비스를 제공할 때 자신의 역량이 어느 정도라고 생각하는지에 대해 점수를 매기도록 하였다. 또한 상담 과정에서 상담자 역량의 중요성에 대해서도 점수를 매기도록 하였다(Young, Wiggins-Frame, & Cashwell, 2007). 이 연구에서 500명 중 53%의 조사 대상자가 자신의 능력에 맞추어 상담 서비스를 잘 수행할 수 있다고 대답하였다. 그리고 나머지 50%의 응답자는 그들 자신의 능력에 대해 확신하는 부분이 적었으며 추가적인 상담 훈련이 필요하다고 대답했다. 이러한 연구 결과는 현재 활동하고 있는 상담자들이 이론적으로 알고 있는 업무 역량과 관련하여 자신들의 수행을 어떻게 평가하고 있는지를 잘 보여 준다.

이 조사 결과는 상담자 개인의 역량과 전문적인 상담 훈련 모두가 중요하다는 점을 알려 준다. 조사연구에서 나온 결과 대부분은 상대적으로 이해하기 쉽기 때문에 대다수의 사람이 연구자가 의미 있는 조사연구를 수행하기 위해 사용했던 과학적 방법과 연구 과정에서의 노력에 대해 중요하게 생각하지 않는다. 그러나 조사연구를 통해 얻을 수 있는 자료의 수준은 다양하다. 조사연구가 잘 설계되지 않으면 응답률이 낮은 결과를 초래하거나 연구에서 알아보고자 하는 내용을 밝혀내지 못하는 자료들을 얻을 수도 있다. 그러므로 체계적인 연구 설계 과정과 연구 수행 과정은 조사연구에서 필수적이다. 이 장을 읽으며 내용을 숙달하게 되면 의미 있는 조사연구를 수행하기 위해서는 꼼꼼한 연구 설계와 체계적인 연구 수행 과정이 필요하다는 것을 알게 될 것이다.

조사연구의 목적

조사연구는 사회과학연구에서 사용되는 가장 중요한 측정 방법들 중의 하나이다. 이는 소위 '사람들의 입에서 바로 나온' 자료들을 수집할 수 있는 체계적인 과정을 포함하고 있기 때문이다. 조사연구에서 조사 대상자들은 연구자가 관심을 가지고 있는 분야와 직접적으로 관련된 중요한 경험적인 정보를 제공한다. 조사를 통해 수집된 자료들은 사람들의 성향을 탐구하고 다양한 이론변인의 관계를 설명하거나 여러 집단의 특성을 비교하기에 유용하다.

조사연구는 '기술적 연구'의 범주 내에 속한다. 이러한 조사연구의 목적은 연구 대상자가 평소에 잘 이해하고 있는 현상과 관련한 그의 의견이나 선호도에 대하여 있는 그대로 설명하는 것이다. 실험연구는 하나 이상의 독립변인이 종속변인에 영향을 미치는지를 비교·분석하여 변인들 사이에 인과관계가 존재하는지에 대해 연구하지만 조사연구는 그렇지 않다. 조사연구는 직접적으로 사람들의 의견을 묻거나 그들과 관련된 몇 개의 자료를 읽음으로써 정보를 얻는 방법이라고 할 수 있다. 관련된 자료들을 통해 정보를 얻는 방법 중 하나를 예로 들자면, 한 연구자가 상담자들에 의해 진단되는 심리적 문제들의 동향을 파악하기 위해 환자들의 과거 정신 건강 기록을 살펴보는 것이 있다.

조사연구는 보통 몇 개의 구체적인 목적 중 하나를 위해서 수행된다. 그중 몇 개는 다음의 범주들 안에 속한다.

- 존재하는 사회 현상과 관련된 정보를 얻고 그것을 설명하기 위해 사용된다. 심각한 우울증을 호소하는 환자들의 60%는 마음의 안정을 찾기 위해 세 종류 이상의 각기 다른 약물 치료를 받는다고 응답했다.
- 사람들이 겪고 있는 문제나 주요 관심사를 밝혀내기 위해 사용된다. 농촌에 거주하는 사람들 중 90%는 의료 서비스를 제공받는 데에 있어 가장 큰 걸림돌은 의료 시설을 왕복하는 교통수단이라고 응답했다.
- 현재의 환경과 체계를 지지하기 위해 사용된다. 우리 대학교 학생 중 75%는 교내 상담센터에서 예상했던 것보다 더 만족할 만한 서비스를 제공받았다고 응답했다.
- 대조하거나 평가하기 위해 사용된다. 어떤 지역에 속해 있는 초등학교 학부모들은 평균 60%가 자녀에게 책을 읽어 준다고 응답했고, 그러한 초등학교 중 하나인 해피타임 초등학교의 학부모들은 70%가 자녀에게 책을 읽어 준다고 응답했다.
- 유사한 문제나 상황에서 다른 사람들이 어떻게 행동하고 있는지 알아보고, 미래의 계획과 관련된 결정을 하거나 다른 사람들의 경험을 통하여 도움을 받기 위해 사용된다(Issac & Michael, 1997). 시골에 위치해 있는 정신병원 관리자들에 대한 최근 설문조사에 의하면, 그들 중 병원에 대한 환자 위탁률을 높이기 위한 방법은 마을에서 50마일 반경 안에 있는 병원들의 응급실 간호사들과 직원들에게 적어도 한 달에 한 번 점심을 사 주는 것이라고 92%가 응답했다.

조사연구의 목적이 무엇이든 간에, 조사 자료는 대체로 질문지나 면접을 통하여 얻어진다. 질문지법은 응답자들이 종이와 연필 또는 컴퓨터를 이용하여 직접 의견을 전달하는 자기보고식 조사이다. 대조적으로 면담법의 조사는 전문적인 훈련을 받은 면접자(in-terviewer)에 의해 서로 의사소통하는 방식으로 진행된다(Hulley & Cummings, 1988). 두 가지 조사방법 모두 빈번하게 사용되며 성공적인 조사 자료를 얻기 위해서는 조사자들이 각각 자신만의 효과적인 연구 기술을 발전시키는 것이 필요하다. 초보 연구자들이 하는 가장 흔한 실수는 연구의 조사 목표와 가장 잘 맞는 연구방법을 신중하게 고려하지 않은 채 성급하게 조사방법을 정하는 것이다. 그러므로 이제 연구자들이 사용 가능한 연구방법들과 연구 설계 과정에 대해 이해하는 것에 중점을 두기로 한다.

조사연구 설계의 여러 가지 유형

모든 조사연구는 두 가지 기본 유형에 따라 설계되는데, 그 두 가지는 종단연구 설계와 횡단연구 설계이다. 연구자는 연구자의 관심 연구 주제와 연구자가 생각하는 자료를 수집하는 데에 적당한 시간, 응답자와의 접근성, 비용을 모두 고려하여 두 가지 방법 중 하나를 선택하게 된다.

종단연구 설계

종단연구는 오랫동안 여러 시점에 걸쳐서 자료를 수집하는 방법이다(예: 한 집단의 아이들을 성인이 될 때까지 3년마다 조사하는 것). 물론 종단연구 조사를 수행하는 데에는 많은 시간과 자원이 든다는 것을 전제로 한다. 오랜 시간 동안 다양한 시점에서 자료를 수집하기 때문이다. 그러나 이러한 종단연구방법을 통해 얻어진 자료는 내용이 더욱 풍부하고 구체적이며 연구 문제에 관한 깊은 통찰력을 제공할 수 있다는 장점이 있다.

종단연구 설계는 ① 추이연구, ② 동질집단연구, ③ 패널연구의 세 가지 기본 연구방법으로 구분된다.

추이연구 추이연구는 시간의 흐름에 따라 특정한 집단 내에서 일어나는 변화를 관찰하는 것에 관심이 있을 때 사용하는 방법이다. 예를 들어, 당신이 학교 상담자로 근무하고 있는데 학업 또는 정신 건강 문제가 있는 중학생들의 인식과 상담을 통해 도움을 받으려고 하는 그들의 태도에 대해 깊이 연구하고 싶다고 가정해 보자. 당신이 학생들의 사고방식과 태도는 계속 변화할 것이라고 생각한다면 최소 5년 동안은 매년 중학생들의 상담 서비스 이용 태도와 방식에 관해 조사해야 하므로 적어도 현재 7학년인 중학교 1학년 학생들을 조사 대상으로 결정해야 할 것이다. 만약 매년 이전과 다른 학생들을 대상으로 연구한다고 하더라도 같은 모집단(중학교 학생들)이 조사될 것이다. 이러한 추이연구를 통해서 연구자는 시간의 흐름에 따른 중학생들의 태도 변화 양상에 대해 더욱 잘 이해할 수 있을 것이다. 이러한 연구방법의 장점은 조사에 필요한 대상을 쉽게 발견할 수 있으며 쉽게 접촉할 수 있다는 것이다. 모든 중학교 1학년 학생은 조사연구를 수행하는 데에 있어 어려움이 없을 것이기 때문이다. 하지만 이러한 추이연구의 단점은 구체적인 구성원 각 개인의 태도의 변화에 관해서는 정보를 얻기 어렵다는 것이다.

동질집단연구 종단연구 설계를 이용하는 또 다른 조사방법은 동질집단연구이다. 당신이 정신건강센터에서 상담자로 근무하고 있고 청소년 약물중독 치료 프로그램의 효과에 대해 관심이 있다고 가정해 보자. 동질집단연구를 진행하기 위해, 당신은 치료 프로그램을 시작하는 2015년을 기준으로 이전에 이미 약물 중독에 관련된 조기 치료를 받았고 사후관리 프로그램까지 마친 12~14세 내담자들을 선정할 것이다. 2년이 지난 2017년, 당신은 이제 2015년 기준으로 14~16세가 된 내담자들을 조사하게 될 것이다. 하지만 각 개인들의 회복 과정에 대한 정보를 얻어야 하는 것이 아니므로 반드시 이전에 조사했던 학생들을 조사할 필요는 없다. 이처럼 2019년에는 해당 연도를 기준으로 16~18세가 된 내담자들이 치료 프로그램을 통한 회복 과정의 지속성을 알아보기 위해 조사될 것이다. 이러한 방법을 사용하면 시간의 흐름에 따라 한 집단을 대표할 수 있는 사람들을 꾸준히 조사하게 된다. 동질집단연구의 장점은 반드시 특정한 사람들을 계속 연구해야 하는 것이 아니라 연구하려는 특성을 가진 모집단 내에 있는 어떤 대상자들이라도 연구의 대상으로 삼을 수 있다는 것이다. 이러한 연구방법은 전체적인 집단을 이해하는 데에 있어서는 유용하지만, 시간의 흐름에 따른 특정 개인들의 회복 과정을 지켜볼 수 없고 조사연구 결과 내에서의 응답 격차가 조사한 각 개인들의 독특성 때문인지(응답자들에게는 회복이 잘 일어나고 있는 경우) 혹은 실제로 집단 내에서 각 개인들의 격차를 반영하고 있는 것인지(비응답자들은 다시 상태가 악화되었다고 볼 수 있다) 잘 알 수 없다는 단점이 있다.

패널연구 패널연구는 동일한 조사 대상들을 정확한 시간의 변화에 따라 꾸준히 조사해야 한다는 점에서 세 가지 종단연구 조사방법 중에 가장 엄격하게 진행된다. 이전의 예를 살펴보면, 연구의 시작 시점에서 당신은 조사 집단으로 특정 청소년 집단을 선정하였다. 그러면 이 집단에 속해 있는 동일한 구성원들의 약물 중독 회복 과정을 세 번(2년 간격)의 자료 수집 과정을 통해 조사하게 된다. 시간의 변화에 따라 동일한 구성원들을 계속 조사하는 것이다. 패널연구의 가장 큰 장점은 선정된 조사 집단 구성원들만의 회복 과정에 대한 집약된 정보를 얻을 수 있다는 것이다. 이 연구의 가장 큰 단점은 비용이다. 또한 동일한 사람을 시간이 지나서 다시 연구하는 것은 쉽지 않다. 이 방법에서는 이전에 조사했던 대상을 찾아내는 것을 포함하여 동일한 조사 대상을 끊임없이 따라가면서 관찰하는 것이 근본적으로 연구의 중요한 성공 요인이기 때문에 다른 연구방법에 비해 많은 비용이 필요하다고 할 수 있다.

횡단연구 설계

다양한 종단연구방법이 나오고 있기는 하지만, 조사연구에서 더욱 흔하게 사용되는 연구방법은 횡단연구방법이다. 횡단연구방법에서는 특정한 시점에서 조사 자료가 수집된다. 예를 들어, 연구자가 속해 있는 주의 직업재활 시설의 이용자들을 대상으로 시설 내 직업 상담자들이 제공하는 구직 도움 제공의 효과 인식에 관한 조사를 하기를 원한다고 가정해 보자. 횡단연구 설계를 따르면 연구자는 전체 재활 시설의 이용자들 중에서 표본을 선출하여 자료를 수집할 것이고, 그 결과에 따라 기관에 더 많은 상담자를 고용한다거나 상담자들의 직무를 덜어준다거나 시설의 직원들에게 더 많은 교육을 제공하도록 요청하는 등의 다양한 결정을 내릴 수 있을 것이다.

횡단연구 설계는 조사 자료를 단기간에 수집할 수 있고 적당한 시간 내에 연구 결과를 생성할 수 있다는 점에서 유용하다. 또한 이 연구 설계는 현재의 상황에서 필요한 결정에 바로 사용될 수 있도록 현재 시점의 조사 대상자들의 사고방식, 의견, 신념 또는 행동들에 대한 정보를 제공해 줄 수 있다. 대부분의 횡단연구 설계는 다음의 내용을 포함한다.

- 현재의 생활 방식, 신념, 의견, 관행에 대한 조사(예: 자녀가 과제를 완성하는 데에 있어 부모가 도움을 주는 방식)
- 두 개 이상의 집단을 비교하기 위한 조사(예: 낮은 사회경제적 지위부터 높은 사회경제적 지위에 이르기까지 각각에 속한 성인들이 느끼고 있는 우울감의 정도)
- 공동체에 필요한 것을 알아보기 위한 조사(예: 미시시피의 농촌 지역에 살고 있는 사람들이 정신건강 서비스를 제공받는 데에 있어 장애물이라고 생각하는 것이 무엇인지 파악하기 위한 조사)
- 현재 진행되는 프로그램을 평가하기 위한 조사(예: 대학교 경력개발센터에서 제공하는 졸업 후 직업탐색 프로그램의 효과에 대한 대학생들의 의견)

• 광범위한 대상의 조사(예: 1999년에 Holcomb-McCoy와 Myers는 현재 일하고 있는 상담자들의 다문화상담 역량 자아인식에 대한 책을 출판했다. 그들은 민족성과 상담자들의 다문화 상담 역량 자아인식이 높은 연관이 있다는 것을 밝혀내었지만 연구 결과를 공식적으로 승인받지는 못했다)

조사 자료의 수집 방법

연구자가 연구를 수행하는 데에 적당하다고 생각하는 기본적인 연구 설계 모형(횡단연구 또는 종단연구)을 결정하고 나면 연구자는 두 가지의 기본적인 자료 수집 방법을 고려해야 한다. 자료 수집 방법에는 설문지법과 면담법이 있는데, 두 가지 형식 모두 자주 사용되며 각각 독특한 장점과 단점이 있을 뿐만 아니라 몇 가지 방법이 존재한다. 조사연구에서 사용되는 설문지법과 면담법의 자세한 내용은 다음과 같다.

자료 수집 방법 1: 자기보고식 설문지

각각의 설문지들마다 약간 차이점이 있기는 하지만 모든 질문지법은 응답자가 직접 설문지를 작성하여 그것을 다시 우편·온라인을 통하여 송부하거나, 또는 연구자에게 직접 설문지를 되돌려 주도록 하는 방식이다. 자기보고식 설문지는 미리 만들어 놓은 문항들에 휴대용 전자기기를 사용하거나(예: 휴대폰이나 아이패드) 컴퓨터상으로 마우스를 클릭하거나 연필로 표시하여 답을 하도록 되어 있다. 대부분의 독자는 조사연구의 자료 수집을 위해 이와 같은 방법들을 사용하여 조사를 진행해 본 경험이 있을 것이다. 자기보고식 설문지가 어떻게 조사연구에 사용되는지에 대해 더욱 구체적으로 알아보기 위해 이어지는 절들에 설문지법의 두 가지 형태를 소개한다.

우편 설문지법 설문의 대상이 되는 표본 집단에게 우편을 통해 질문하여 자료를 얻는다. 대부분 우편물 안에 설문지와 함께 설문에 참여해 달라는 일종의 요청문과 응답 회송용 봉투를 포함하고 있는 자기보고식 설문지는 다양한 연구 목적을 위해 광범위하게 이용되어 왔다.

우편 설문지법은 면담법을 통해서 조사하는 것보다 비용상 저렴하다는 큰 장점을 가지고 있고 다시 연구자에게 설문지를 보내기 전까지 응답자가 정해진 시간이 아니라 언제든 편한 시간에 자유롭게 문항들에 답을 할 수 있다는 장점이 있다. 설문지법의 가장 큰 단점은 응답자와 연구자 간에 상호작용이 있거나 서로가 중요한 관계를 유지하고 있는 것이 아니기 때문에 설문지를 회수하기 어려울 때가 많다는 것이다. 당신도 설문을 포함한 우편물을 받고 응답하지 않고 폐기한 적이 많을 것이다. 면접자가 있는 면담법과는 다르게 우편 조사에서는 응답자들이 설문지를 작성하면서 문항 속에 들어 있는 연구자의 의도를 확실히 파악할 수 없어도 직접 질문하기 어렵고 특정한 단어나 문항들의 의미에 대해 물어볼 기회가 없다.

그러므로 우편 조사에서 수집된 자료가 의미 있는 자료가 되도록 하려면 연구자들은 자기 자신에게 다음과 같은 질문들을 던져야 한다.

- **설문지 작성 방법이 명확하고 잘못된 부분이 없이 완벽한가:** 연구자는 자신의 설문을 요청받은 사람이 요청받은 사항에 대해 완전히 이해할 수 있을 것이라는 확신을 가져야 한다. 혼동되거나 애매한 작성 방법은 조사의 성공을 어렵게 만들 수도 있다.
- **설문지에 적혀 있는 단어들이 정확하게 잘 쓰였으며 단어의 뜻이 애매모호하지 않은가:** 연구자들은 때때로 자신의 질문이 명료하다고 생각하지만 응답자가 질문지를 작성하면서 몇몇 항목을 연구자가 의도한 부분과 다르게 이해하는 결과가 나오기도 한다.
- **점수를 매기는 척도가 포함되어 있을 때에 그것이 응답자들에게 익숙하고 쉽게 체크할 수 있는 것인가:** 예를 들어, 대부분의 사람은 질문에 대한 자신의 의견을 물어볼 때에 통상적으로 사용하는 '리커트 척도'에 익숙하다.

매우 동의한다		중간		전혀 동의하지 않는다
1	2	3	4	5

- **설문조사의 배열, 구성 방법에 대해 많은 주의를 기울였는가:** 만약 질문지가 읽고 작성하기에 어렵거나 응답을 완성하는 데에 오랜 시간이 필요하다면 연구자는 낮은 응답률을 얻을 확률이 매우 높다. 설문을 구성할 때는 최대한 단순하게 구성하는 것이 가장 바람직하다.
- **처음 조사에 대해 응답을 보내지 않았거나 두 번째 조사에서도 응답을 보내지 않았던 대상자들의 응답을 얻기 위해서는 어떻게 해야 하는가:** 보통 처음 한 번의 우편 조사에서 많은 양의 응답이 올 것이라고 기대하는 것은 불가능하다. 우편 조사법에서는 전체적으로 한 번 우편 설문을 보내는 것에서 그치지 않고 두 번 이상의 우편 설문조사를 시행하는 것이 보통이다.

이는 모든 조사 대상자들에게 처음에 우편을 통해 설문을 요청하는 것뿐만 아니라 요청한 일자까지 설문을 완료하지 않은 잠재적인 응답자들의 응답률까지 이끌어 내기 위함이다.

전자 설문지법 종이와 펜을 가지고 설문을 작성하도록 하는 설문지법과 인터넷상에서 이루어지는 전자 설문지법은 유사한 부분들이 많지만 그 차이점에 대해서도 생각해 볼 필요가 있다. 전자 설문은 한 번의 설문 요청으로도 많은 잠재적 응답자들과 연결될 수 있다는 시스템 자체의 유용성 덕분에 최근 몇 년간 빠른 속도로 성장해 왔다. 전자 설문지는 종이와 펜을 가지고 하는 설문과 유사하지만 웹사이트 형식이나 이메일 형식을 사용한다는 점에서 차이가 있다. 사람은 전자 설문에 참여할 수 있도록 하는 이메일을 받는다. 만약 설문에 대한 응답을 부탁하는 메일이 실제 설문 내용을 포함하고 있지 않을 때는 이메일 내용에 설문조사로 연결되는 홈페이지 링크가 포함되어 있기도 하다. 완성된 설문은 다시 연구자에게 답장으로 전달되거나 응답자가 작성한 내용이 자동적으로 저장되기도 한다.

전자 설문지는 ① 비용 절감, ② 관리하기 쉽고 빠름, ③ 익명성 보장, ④ 다양하고 많은 표본을 추출할 수 있음, ⑤ 다른 조사방법들을 사용하는 데에 어려움이 있는 특정 대상들과 소수의 요청이 있을 때 전자 설문을 통해 조사를 진행할 수 있음 등의 장점이 있다.

많은 장점에도 불구하고 이러한 조사 형식에도 단점은 존재한다. 우편 조사법에서도 언급했던 것처럼 전자 설문지법도 응답자와 연구자 상호 간에 의미 있는 관계가 형성되어 있지 않다는 단점이 있다. 그러므로 사람들을 전자 설문에 참여하도록 하는 것이 어려운 과제가 될 것이다. 우편 조사법과 마찬가지로 비응답자들의 응답을 이끌어 내기 위해서는 다양한 요청과 여러 번의 시도가 필요하다.

자료 수집 방법 2: 면담법

연구 자료를 수집하는 또 하나의 방법은 면담법이다. 면담법만의 가장 중요한 특징은 연구자(또는 숙련된 면접자)와 응답자의 많은 상호작용을 통해 서로 간의 심리적 거리가 가까워지기 때문에 우편 또는 전자 설문에서는 얻어질 수 없는 깊이 있는 정보를 얻을 수 있다는 것이다. 면담법은 설문지법에 비해 응답자에게 '설문을 완료해야 한다'는 의무감을 부여할 수 있다는 장점이 있다. 또 추가적인 장점 하나는 응답자가 면접자에게 직접 질문을 하거나 자신의 의견을 이야기할 수 있다는 것이다. 이것은 우편 또는 전자 설문에서는 이루어지기 힘들다.

면접자를 고용하고 교육시키는 데에 있어 많은 비용이 들어감에도 불구하고 면담법만의 많은 장점 때문에 조사자들이 일대일 면담을 통해 조사연구 자료를 얻는다.

일대일 면담법 일대일 면담법에서는 연구자 또는 숙련된 면접자가 응답자에게 미리 작성된 폐쇄형 질문(네-아니요로 대답할 수 있는 질문)을 하고 응답자의 응답을 기록한다. 숙련된 면접자는 다음의 능력을 갖추어야 한다.

- 응답자들에게 예의 바르게 행동하며 연구 내에서 라포를 형성한다.
- 면접 과정에 대한 지시 사항을 제공한다.
- 응답의 일관성과 지속성을 유지하기 위해 면접 중간 질문은 간결하게 한다.
- 명시된 면접 시간 내에 면접을 마친다.
- 면접 중에는 응답자들이 이야기하는 중간에 끼어드는 것을 피한다.
- 비밀을 보장한다.

여러 명의 면접 담당자가 면접을 할 경우 정해진 방법과 절차에 따라 조사 자료를 수집하는 데 숙련된 사람이어야 한다. 만약 그렇지 않다면 면접자가 연구 절차를 제대로 수행하지 못할 수도 있기 때문에 자료 수집에 있어 편차가 생길 수 있다.

이전에 언급했던 것처럼 일대일 면담법의 가장 큰 장점은 면접자와 응답자 간에 상호 유대감이 형성된다는 것이다. 이를 통해 조사 과정을 완성하는 데에 있어 응답자의 응답 시간이 훨씬 더 길어질 가능성이 있고 더욱 진실한 응답을 얻을 수 있다. 이 연구방법의 단점은 연구의 한계점과도 관련되는데, 몇몇 사람은 극도로 개인적인 주제에 있어서는 솔직한 이야기를 하는 것을 불편해하기도 한다는 것이다. 또한 일대일 면담법은 직접 얼굴을 보고 진행되기 때문에 익명성이 보장되지 않는다. 많은 사람에게 있어 성적인 문제, 물질 남용, 가정 폭력, 재정 상황과 관련된 문제와 같은 개인적인 주제들은 쉽게 다른 사람들과 공유할 수 있는 문제가 아니다.

초점 집단 면담법 성인 초기 사람들의 인종 관련 태도가 얼마나 나아지고 있는지 알고 싶다고 생각해 보자. 8~10명의 성인 초기 사람들과 미리 정해진 시간과 장소에서 집단으로 만나서 인종 주제와 관련된 질문에 대해 토론할 수 있다. 도시 환경에서 자란 아프리카계 미국인의 집단을 초대할 수 있다. 또 다른 시간에 시골에서 자란 백인 집단과 함께 같은 문제를 토론할 수 있다. 그러고 나서 각 집단 구성원들 중 몇 명이 함께 모여 이 문제를 토론할 수 있다. 참가자에게 2.5시간 만나고 참가 이후 사례로 영화관 기프트 카드를 제공한다고 안내한다. 이것은 초점 집단 면담법을 통해 자료를 수집하는 하나의 예시이다.

초점 집단 면담법(focus group interview)은 연구자가 관심을 가지고 있는 연구 주제에 어느 정도 지식이 있는 사람들을 조사 대상으로 하고 대상자들을 몇 개의 집단으로 묶어서 면담을 진행하는 방식으로 일대일 면담법의 대안적 방법이다. 모든 조사 대상자들은 연구 주제에 대한 적극적이고 다양한 토론이 이루어질 수 있도록 면담자의 질문에 그들의 의견을 자유롭게 이야기한다. 몇몇 응답자의 관점이 대부분의 응답자와 많은 차이가 있어도 모든 응답자의 의견을 존중하며 기록한다. 초점 집단 면담법을 사용하는 것은 하나의 문제에 대한 충분한 집단의 합의된 의견을 얻을 수 있다는 장점이 있기 때문에 이러한 면담법은 적절한 상황에서 연구자의 의도에 맞게 사용된다.

전화 면담법 선거 시기에 다양한 후보에 대한 의견을 묻는 설문조사전화를 받아 본 적이 있을 것이다. 이 설문조사에 참가하도록 권유하는 개인이나 기관이 어디인지 아마 거의 모르고 있을 것이다. 이것이 전화 면담법으로 자료를 수집하는 하나의 예시이다.

일대일 면담과 같이 전화 면담은 면담자와 응답자 간의 상호작용을 이끌어 낼 수 있다. 하지만 응답자를 직접 만나 면접을 진행하는 것과 다르게 전화 면담은 다양한 지역에 흩어진 광범위한 사람들에게서 자료를 수집할 수 있다는 장점이 있다. 전화 면담법의 가장 어려운 점 중 하나는 많은 응답자가 긴 시간 동안 전화에 응답하는 것을 꺼릴 수 있다는 점과 방해받기 싫어서 전화를 아예 안 받을 수 있어 응답자를 충분히 확보하기 어렵다는 점이다. 또한 응답자의 비언어적 표현 방법을 관찰할 기회도 없으며 전화상으로 면접자와 응답자가 유대 관계를 형성하는 것은 더욱 어렵다. 이러한 단점들이 있음에도 불구하고 전화 설문은 정치 관계자들과 여론조사 기관들뿐만 아니라 상담연구자들도 효과적으로 사용하고 있는 조사방법이다.

조사연구 수행 단계

연구자가 다양한 연구 목적 중 어떤 주제를 설정하고 연구 설계 방식과 조사방법 중에 어떤 것을 선택하더라도 조사연구를 수행하고 완성하기까지는 여덟 개의 표준화된 단계를 따라야 한다. 이러한 절차들을 충실히 따르면 양질의 연구 결과를 보장할 수 있고 연구자뿐만 아니라 관련 주제에 관심 있는 여러 전문가에 의해 연구 결과가 광범위하게 이용될 수 있을 것이다. 조사연구 수행 단계는 다음과 같다.

이러한 과정을 이해하기 위해, 당신이 상담센터에서 상담가로 일하고 있는 대학에서 대학생들이 상담 서비스를 찾게 되는 원인에 대해 이해하는 조사를 만든다고 생각해 보자. 상담센터장이 당신에게 학생들을 대상으로 설문지를 만들고 실시하여 어려움이 생길 때 상담센터로부터 서비스를 받을 의지가 있는지 알아볼 것을 요구하였다고 가정해 보자.

1단계: 알아내기 원하는 주제 설정하기

제1장에서 어떤 연구에서든지 연구 주제의 설정이 중요하다는 것에 대해 이야기해 왔다. 세부적인 연구 문항들을 개발하기에 앞서 특정 연구에서의 연구 주제는 신중하게 설정되어야 한다. 연구자가 연구에서 추구하는 것을 결정하기 위해 오랜 시간 동안 고민하게 되면 연구자는 연구 문항을 개발하는 데에 있어 더욱 명확한 관점을 가질 수 있게 된다. 또한 조사연구에서는 모든 관심 주제를 연구 과정에 포함시킬 수 없다는 것을 인식할 필요가 있다. 대신에 명확하게 선정된 연구 문제를 가지고 있게 되면 어떤 자료가 연구의 성공을 위한 중요한 자료가 될 것인지 알 수 있고 연구자의 의도를 담은 연구 문항들을 제작하는 데 도움이 된다. 또 연구 주제를 설정함으로써 연구 결과를 분석할 때 연구를 통해 어떤 결과를 얻었는지에 대해 직접 서술할 수 있게 된다.

1단계 예시: 센터장과 대화를 하면서 대학 관리자들이 학생 재학률에 대해 고민하고 있다는 것을 알게 된다. 이는 센터장이 설문조사를 하기로 결심한 가장 큰 동기이다. 또한 당신은 상담센터에 있는 다른 상담자들과 이야기하고 대학교수와 직원을 선정해서 설문조사의 목표가 구체적으로 다음의 다섯 가지 정보를 제공하는 것으로 결정한다.

① 학생들의 상담센터 인지 정도
② 센터에서 제공되는 서비스의 범위에 대한 학생들의 이해
③ 학생들이 고민을 위해 도움을 찾게 되는 조건
④ 학생들이 상담센터로부터 도움을 받는 것이 적절하다고 여기는 문제들
⑤ 학생들이 센터에 도움을 청하러 오는 데 방해가 되는 장벽들

2단계: 모집단과 표본 집단 선정하기

연구자가 무엇을 알고자 하는지 결정하고 나면 표본 집단(연구 문제를 탐구함에 있어 조사하고자 하는 대상)을 결정해야 한다. 대부분의 경우 집단을 구성하고 있는 모든 사람을 조사하는 것은 불가능하며 바람직하지도 않다. 대신에 모집단 내에서의 표본 선정 방법을 반드시 정해야 한다. 예를 들어, 연구자가 '청소년들의 관점에서 자발적인 상담 서비스 이용을 이끌어 내는 여러 요소'는 무엇인가에 대해 관심이 있다면, 연구자는 그 마을에 속한 모든 청소년과 이야기를 나누는 것보다 그들 중 250명(표본)을 조사하는 것이 더 낫다. 이는 조사에 소요되는 시간을 단축할 수 있으며 추출된 250명의 표본 집단이 그 지역에 사는 청소년들의 중요한 의견을 대변해 줄 수 있기 때문이다. 이러한 표본추출 과정을 통해 연구자는 전체 집단 내의 작은 표본 집단을 선정할 수 있고 이러한 표본 집단에 속한 사람들에게서 얻는 정보를 통해 전체 집단을 이해할 수 있다.

표본 집단을 사용한다 해도 설문조사를 하기 원하는 표본에 어떻게 접촉할 것인지 정해야 한다. 초보 연구자들은 때때로 어떻게 조사 대상자들과 접촉할 것인지에 대해 거의 계획하고 있지 않는 경우가 많아, 결국 연구에 필요한 참여자들과 실제로 연결될 수 있는 방법을 찾지 못하여 연구 과정을 지속하지 못하기도 한다.

예를 들어, 정신보건센터에서 근무하는 직원들의 직무만족도를 조사하기 위해서 모든 직원을 조사하는 것처럼 집단에 속한 모든 사람을 일일이 조사할 수 있는 시간적 여유가 있을 때가 있다. 이러한 방법은 연구자가 모집단 구성원 모두의 생각과 관점을 정확하게 파악할 수 있다는 점에서 이상적이다. 전체 집단의 의견을 조사하기 위해서 연구자는 모든 구성원과 접촉할 수 있는 방법을 마련해야 한다. 정신건강센터에 있는 직원들을 조사할 때 연구자는 센터의 인사부서에서 모든 직원의 명단을 받아 올 수 있다. 그다음에 직원들이 회사의 직무에 대해 어떻게 생각하는지 조사할 질문지를 작성한다. 그리고 모든 조사 참여자에게 답례품 제공과 함께 설문을 진행한다. 회수된 질문지의 숫자와 각각에 해당되는 직원의 수를 맞춰 봄으로

써 연구자는 정신건강센터에 속한 모든 직원의 조사 자료를 얻을 수 있다. 이러한 경우 연구자는 전체 집단(정신건강센터에 있는 모든 직원)을 표본 집단으로 삼았다. 이러한 방법은 모든 사람의 의견을 정확하게 수집할 수 있기 때문에 매우 이상적이라고 할 수 있다.

2단계 예시: 지난 5년간 상담 서비스를 받거나 의뢰를 받은 학생들(스스로 방문, 학습 지원 부서에서 의뢰, 학장 · 교수에 의해 의뢰 등)에 대한 센터의 기록을 살펴본 후에, 타깃 대상이 명확한 전공을 정하지 않은 상태로 대학에 들어온 1 · 2학년 학생이라고 결정한다. 이 학생들은 학교를 그만둘 가능성이 매우 높으나 상담센터에는 거의 찾아오지 않는다.
학생지원 서비스 부서로부터 전공을 정하지 못한 모든 1 · 2학년 학생의 이메일 주소를 얻을 수 있다는 것을 알게 된다. 이 모든 학생이 당신의 타깃 대상(N=1,100)이 되고, 그중 30%(n=330)를 표본으로 정한다.

3단계: 연구방법과 자료 수집 절차 결정하기

앞에서 이야기했던 대로 조사 자료를 수집하는 데에는 두 가지의 일반적인 방법이 있다(종단연구와 횡단연구). 어떤 연구방법을 사용할 것인지는 설문을 진행할 연구 주제에 따라 결정된다. 실질적으로 시간, 예산, 연구 과정에 할당되어 있는 인원들을 고려하는 것이 연구방법 선택에 영향을 미치기도 한다. 하지만 바람직한 연구 절차를 따르면 최대한 빠른 시간 내에 연구 문제에 효과적인 도움을 줄 수 있는 자료를 수집할 수 있는 연구방법을 선택할 수 있을 것이다.

3단계 예시: 대학에 와서 2년간 전공이 명확하지 않은 학생들의 이메일 주소를 구했기 때문에 학교 이메일을 통해 설문을 하는 방식으로 결정한다. 그러나 일반적인 교육 요구조사의 일부로 지필식 설문조사를 실시하는 것도 고려한다. 그러나 시간, 비용, 교수들이 수업 시간을 빼는 것을 어려워하는 문제로 인해 이 방법은 사용하지 않기로 한다.

4단계: 설문지 개발 또는 이전 연구에서 사용되었던 설문지 채택하기

자신만의 조사 도구를 개발하기로 결정했다면 연구자는 가능한 한 연구에 도움을 줄 수 있는 설문지를 제작하기 위해 다른 사람들에게서 수많은 조언을 구해야 하며 많은 고민을 해야 한다. 조사 도구를 개발하기 위한 방법은 이 장의 마지막에 설명할 것이다.

조사를 실시하는 또 다른 방법은 이전 연구에서 개발되었던 조사 도구를 채택하여 연구자의 목적에 맞도록 수정하는 것이다. 이미 잘 만들어진 설문지를 사용함으로써 연구자의 시간을 절약할 수 있고 양질의 설문 내용을 보장할 수 있다. 이를 위해서 연구자는 자신의 주제와 관련된 이전의 조사연구들에 대한 문헌 고찰을 해야 한다. 연구의 주제와 방향이 유사한 선행 연구를 발견하게 되면 그 연구에서 사용한 조사 도구를 사용해도 될지에 대해 저자에게 허락을 구할 필요가 있다. 대부분의 연구자는 자신의 조사 도구를 다른 연구자들과 공유하고 싶어 한다.

4단계 예시: 동료와 논의하여 응답자의 기본 인적사항과 6개 영역(1단계에서 설명) 25개의 설문 문항을 개발한다. 다음의 일반적인 질문으로 시작한다.

대학 상담센터에서 제공한 다음의 서비스들 중에 어떤 것을 알고 있습니까? 8~10개 서비스의 체크리스트를 제공합니다.

센터로부터 서비스를 받은 사람을 알고 있습니까? 경험은 어떠했습니까?

어떤 종류의 고민에 대해 상담센터를 찾고 싶습니까?

5단계: 예비조사 실시하기

예비조사란 연구자가 예상했던 연구 과정과 연구 수행의 실제가 일치하는지를 알아보기 위해 시험적인 설문을 진행하는 것이다. 예비조사 단계는 소수의 사람에게 연구자의 설문지를 응답하게 하고 질문지의 설계, 문항의 배열, 작성의 용이성 등에 대한 그들의 느낌에 관해 연구자에게 조언하는 과정을 포함한다. 예비조사를 수행함으로써 연구자는 본격적인 자료 수집 단계에 앞서 중요한 피드백을 얻을 수 있다. 예비조사를 통해 '응답자들이 이해하기 어려운 질문 문항들이 있는지' 또는 '예상했던 것보다 설문에 응답하는 시간이 오래 걸리는지' 등에 대해 알게 되는 것은 매우 효과적이다. 이러한 면에서 볼 때 예비조사를 대체할 만한 것은 없다.

나는 종종 대학원생들이 개발한 설문지를 검토해 달라는 요청을 받는다. 대체로 나는 모든 질문들에 답을 하며 설문지를 검토해 보고 더 나은 설문지를 만들기 위해 제안을 하기도 하고 다양한 문항에 담긴 그들의 의도를 물어보기도 한다. 때때로 학생들은 조언했던 내용을 수정하지 않은 설문지를 내가 승인하지 않으면 실망을 하기도 한다. 그러나 연구 설계 과정에서 사람들의 객관적인 의견을 얻는 것은 연구에서 사용되는 조사 도구를 더욱 성공적으로 만들 수 있는 지름길이다.

5단계 예시: 5명의 학생에게 준비한 설문지를 실시해 보게 한다. 온라인으로 설문지에 응답하게 하고 설문의 지시문이 혼란스럽거나 불확실하지는 않은지, 질문이 불명확하지는 않은지, 문항의 수는 어떠한지, 어떻게 표시하고 응답했는지 등을 확인한다. 그들이 제공한 피드백을 적는다. 예비조사에서 나온 피드백에 기초해서 설문지를 수정하고 최종 버전을 준비한다.

6단계: 자료 수집 및 관리하기

설문지 또는 조사 자료를 수집하는 것은 어떤 방법을 사용하느냐에 따라 단기간 내에 마칠 수도 있고 장기적인 과정이 될 수도 있다. 하지만 자료의 수집 및 관리 절차가 주의 깊게 수행되어야만 가장 의미 있는 연구 결과를 얻을 수 있다. 연구자는 수집된 모든 자료의 가치를 중요하게 여겨야 한다. 말이나 글로 명확하게 설문지 작성법을 제공하는 것, 설문을 작성하고 완료하기 쉽도록 지속적으로 여러 방법을 고안하는 것, 그리고 응답되지 않은 설문지와 응답된 설문지 모두에 대해 계속 주의를 기울이는 것은 연구의 진실성과 완전성에 중요한 영향을 미칠 수 있다.

6단계 예시: 설문지를 1,100명의 잠재적 응답자에게 보낸다. 1주 후에 다시 보낸다. 276명이 응답한 것을 확인한 후, 마지막으로 한 번 더 보내서 목표 수인 330명이 응답하도록 한다.

7단계: 자료 분석하기

자료가 수집되면, 연구자는 통계적인 절차를 사용하여 그 결과를 분석할 것이다. 설문 내용을 분석하는 가장 흔한 방법은 기술통계(평균, 중앙치, 백분위)를 사용하는 것이다. 예를 들어,

조사 대상자들의 '평균연령'이나 그들의 교육 수준의 '중앙값'과 같은 통계 수치는 당신의 연구 결과를 읽게 될 사람들에게 매우 중요한 사항이 될 수 있다. 또한 특정한 생각을 지지하거나 비슷한 사고방식을 공유하는 사람들의 비율을 나타내는 수치(백분위)도 흔하게 사용된다.

표본 집단의 통계 수치를 나타내기 위해서는 기술통계뿐만 아니라 연구자가 관심이 있는 여러 변인 사이의 관계를 분석하는 것(예: 상관분석)을 이용하기도 한다. 이전에 설명했던 대로 연구 주제와 관련된 여러 변인의 상관관계에 대한 호기심이 연구를 하는 목적이 되기도 한다. 기초적인 통계에 대해서는 제5장에서 다루었다.

7단계 예시: 전자 설문 프로그램을 이용하여 얻은 설문 자료를 분석한다. 전자 설문을 만들고 자료 수집을 해 주며, 응답자 인적 사항 프로파일과 각 문항에 대한 평균, 표준편차를 제공해 주는 프로그램을 활용한다.

8단계: 보고서 작성하기

조사연구의 마지막 단계는 관심 있는 연구자들에게 공유할 연구 결과 보고서를 작성하는 일이다. 설문 문항을 제작할 때와 마찬가지로 연구 결과를 보고할 때에도 명확함과 간결함이 필요하다. 정확하게 쓰인 보고서를 통해 연구에 관심이 있는 사람들이 관련 지식을 얻기도 하고 보고서에 기술된 연구 결과를 통해 중요한 결정을 내리기도 한다. 이어서 결정한 것에 대해 작성한 보고서에 표시를 해 둔다(보고서 작성에 대해서는 제18장에서 구체적으로 논의할 것이다). 또한 훌륭하게 쓰인 연구 보고서는 지나치게 약한 상관관계나 사소한 차이에 대해서는 언급하지 않고 의미 있는 연구 결과들만을 포함한다.

조사 문항의 제작

설문조사를 위한 설문지를 만드는 데에 필요한 문항들을 제작하는 것은 전체 조사연구 과정의 성공에 있어 가장 중요한 요소가 될 것이다. 응답자들이 대답할 조사 문항들을 제작하는 것은 간단해 보이지만, 정확하고 편견이 들어 있지 않고 응답자가 대답하기 쉬운 문항들을 만드는 데에는 과학적인 노력이 필요하다. 다양한 종류의 설문 문항에 의해 도출되는 응답의 미묘한 차이에 대해 설명하고 있는 다양한 서적과 연구가 있다. 관심 있는 독자들은 조사 문항들에 따른 응답의 미묘한 차이에 대해 구체적으로 서술한 저서(Dillman, 2007)를 읽어 보기 바란다. 기존에 만들어진 조사 문항을 수정하여 연구에 사용하거나 연구에 적합한 새로운 문항들을 제작할 때 모두 완성도가 높은 연구 문항들을 제작하여 의미 있는 연구 결과를 도출해 낼 수 있도록 하는 것이 중요하다는 점을 기억해야 한다. 다음에서 연구자가 효과적인 연구 문항들을 제작할 수 있는 방법들을 설명하고자 한다.

개방형 질문과 폐쇄형 질문

조사 문항을 제작하는 데에 있어서 첫 번째로 고려해야 할 사항은 조사연구에 적합한 기본적인 질문 구조를 결정하는 일이다. 자기보고식 설문지의 두 가지 기본적 질문 형태는 개방형 질문과 폐쇄형 질문이다.

개방형 질문의 예를 들면 다음과 같다.

당신이 조지아 대학교에 입학하게 된 이유는 무엇인가요?

이 예문에서 볼 때 질문 응답자는 자신이 조지아 대학교 입학을 결정하게 된 모든 이유 중에서 대답할 내용을 한두 개 정도로 추려내야 한다. 자기보고식 질문지의 개방형 질문에서는 면담법에서와 같이 깊이 있는 자신의 정보를 제공하도록 독려하는 면접자가 존재하지 않기 때문에 응답자가 상황에 적절하지 못한 응답을 할 수도 있다. 게다가 질문에 대한 대답을 길게 적는 것을 어려워하는 사람들도 많다. 이러한 이유로 많은 자기보고식 설문조사는 폐쇄형 질문을 채택하는 경향이 있다.

설문조사에서 사용하는 패쇄형 질문의 예를 들면 다음과 같다.

다음 항목들 중 당신이 조지아 대학교에 입학하는 데에 있어 가장 큰 영향을 미친 항목은 무엇인가요?

☐ 거주 지역과 가까움

☐ 학교의 명성

☐ 같은 대학에 다니는 가족

☐ 수업료

☐ 제공되는 학습 프로그램

폐쇄형 질문은 응답자들이 신속하게 작성할 수 있다는 장점을 가지고 있으며, 제대로 작성되었다면 연구자가 의도하는 내용을 잘 전달할 수 있다. 폐쇄형 질문에서 가장 중요하게 고려해야 할 부분은 응답자들이 문항에 제시된 항목들 안에서만 답을 할 수 있도록 되어 있다는 것이다. 그렇기 때문에 연구자들이 넓은 범주의 응답자들의 의견들을 대표할 수 있는 응답 항목을 제작하는 데 있어 책임감을 가지는 것이 중요하다.

질문 구성

조사 문항을 제작하면서 연구자는 질문지 또는 이메일을 통해 전달할 간결하고 명확한 질문을 만들어 내는 것이 생각했던 것보다 어렵다는 점을 깨달을 것이다. 설문 문항에서 응답자들을 배려하여야 할 사항은 질문의 길이, 적절한 용어사용, 응답자의 교육 수준, 전체 설문 문항의 길이, 질문의 형식, 주어진 질문에 응답할 수 있는 응답 항목 등으로 매우 다양하다. Dillman(2007)은 효과적인 연구 문항을 제작할 수 있는 안내 지침을 발표하였다. 다음 지침은 연구 경험을 통해 얻어진 것들이다.

- 전문용어보다는 응답자가 이해할 수 있는 단순한 용어를 사용해야 한다.
- 완결된 문장으로 질문해야 한다.
- 가능한 한 적은 개수의 단어로 문항을 제작하는 것이 좋다.
- 문법적으로도 정확하며 의미가 잘 전달되는 문항을 만들어야 한다.
- 한 질문에서 두 개 이상의 답을 요구하지 말아야 한다.
- 응답하기 쉽게 만들어진 문항들이어야 한다(응답자들이 너무 어렵게 생각하거나 너무 오랜 시간 생각하지 않도록 한다).
- 응답자들이 질문에 대답하고 싶지 않다는 마음이 생기지 않도록 최대한 부드러운 표현을 사용해야 한다.
- '~에 해당하지 않으시면' 또는 '~에 해당되시면 몇 번 문항을 따라가십시오.'라는 안내문을 넣어 모든 응답자가 모든 질문에 대답할 수 있도록 한다.
- 사람들은 응답 항목들 중 가장 처음 보이는 것들을 체크하는 경향이 있으므로 '적용되는 것에 모두 체크하세요.'와 같은 문항은 될 수 있으면 피한다.
- 응답이 중복되지 않도록 해야 한다. 다음 질문에 대한 중복되는 응답을 예로 들어 보자. '당신의 나이는 몇 살입니까?'

10세 미만 ________
10~20세 ________
20~30세 ________
30~40세 ________
40~50세 ________
50세 이상 ________

만약 현재 당신의 나이가 30세라면 어느 응답 항목에 표시해야 할지 선택하기가 어려울 것이다.

설문조사 응답률을 최대로 높이는 방법

연구자들은 많은 설문지가 회수되기를 바라면서 우편 또는 이메일로 연구와 관련된 중요한 설문지를 보낸다. 며칠이 지나고 몇 주가 지나도 회수율은 실망할 정도로 낮은 경우가 많다. 왜 이러한 결과가 발생하며, 어떻게 하면 이러한 결과를 피할 수 있을까? 사실 사람들이 설문조사에 응답하지 못하는 많은 이유가 있다. 그럼에도 불구하고 연구의 전체적인 신뢰도를 높이기 위해서는 가능한 한 응답회수율을 높여야 한다. 표본 집단으로부터 완성된 설문지 회수율이 높을수록 연구자는 조사하는 전체 집단의 태도, 의견, 개인적인 경험에 대해 확실히 알아냈다고 할 수 있다. 그러므로 높은 응답률을 얻는 것이 조사연구자들에게는 항상 중요한 관심사이다. 이제 연구자가 높은 응답률을 보장할 수 있는 방법들에 대해 이야기해 보자.

우리는 전체 설문지 중에서 응답을 받아 회수된 설문지가 차지하는 비율을 '응답률'이라고 한다. 낮은 응답률은 전체 집단을 거의 대변해 주기 어려우며 응답한 집단과 응답하지 않은 집단 사이에서 발생하는 차이 때문에 생기는 '비응답 편향'을 낳을 수 있다. 그렇다면 '무엇이 충분한 응답률을 얻을 수 있게 하는가?'라는 물음이 중요한 연구 쟁점이라고 할 수 있다. 사실 이 질문은 조사연구자들이 이전부터 끊임없이 관심을 가졌던 주제이며 그 해결 방법에 대하여도 다양한 의견이 있다. 보통 25%의 응답률은 4명 중에서 3명이 설문에 대해 응답을 하지 않았다는 것이므로 낮은 응답률로 간주한다. 응답률이 낮을 때 연구자는 반드시 소수의 응답자는 응답을 하는 데에 있어 충분히 동기부여가 되었고, 다수의 비응답자는 응답자들과 다르게 설문에 동기부여가 되지 않는 중요한 이유들이 있었을 것이며, 이러한 차이 때문에 낮은 응답률을 얻게 되었고, 낮은 응답률 때문에 왜곡된 연구 결과가 도출될 수도 있다는 것을 명심해야 한다. 대조적으로, 75% 이상의 응답률은 설문지를 받은 대부분의 사람이 응답을 하는 데에 있어 높은 동기부여가 되었다는 것이므로 보통 높은 응답률로 간주된다. 이제까지 발표된 대부분의 조사연구에서는 응답률이 50% 이상을 기록하였다(Creswell, 2005).

만족스러운 응답률을 보장하기 위해서는 자료 수집의 모든 절차적인 면에 주의를 기울이는 것이 굉장히 중요하다. 이는 조사에 참여하도록 유도하는 것, 표본 집단에 설문지를 보내는 것, 다시 설문지를 돌려받는 것, 비응답자들의 응답을 이끌어 내는 것을 모두 포함한다. Dillman(2007)은 실행 과정(예: 다양한 접촉 전략, 질문지 설계와 내용, 함께 동봉한 봉투), 스폰서, 개인 정보, 의사소통 과정의 다른 면들이 설문지 설계와 응답 편리성보다 더 응답률을 높이는 데 중요한 영향을 미친다고 하였다. 이는 설문조사 연구자로서 당신이 타깃 대상으로 설정한 접촉 수, 보낸 편지의 내용(전자 또는 종이), 봉투의 외형, 참가자에게 제공할 선물, 개인적 접촉(예: "당신은 선택되었다."라는 메시지 대신 이름을 넣는 것), 과정의 구성 요소로 예산을 제공한 기관 또는 개인 스폰서십 등을 매우 의도적으로 포함시켜 진행해야 한다는 것을 의미한다.

또한 자기보고식 설문지의 응답률을 높이기 위해서 연구자는 반드시 응답자와 신뢰감을 형성하고 라포를 형성할 수 있는 방법에 대해 연구해야 한다. 이와 관련하여 모든 조사연구 과정에서 놓치지 말아야 할 것은 매 순간 응답자들이 자신의 응답에 대한 감사함과 존중받는 느낌을 받을 수 있게 하는 것이다.

- 조사의 응답자로 선정된 사람들이 연구 주제에 대해 어느 정도 지식을 가지고 있어야 한다. 조사 자료의 수집을 위한 선부른 접근은 높은 응답률을 보장해 주지 못한다. 설계된 연구 절차, 설문지의 설계, 조사 문항들이 모두 훌륭하다고 하더라도 연구 분야와 관련이 없는 사람들이 관련 설문에 응답하는 것은 어려운 일이다. 그러므로 조사의 응답률을 높이기 위해서는 연구자가 연구하려는 분야에 대한 지식을 가지고 있는 사람들이 표집 대상이 되어야 하는 것은 물론이고 의견을 제공하는 데에 있어 동기부여가 된 사람들이어야 한다.
- 미리 설문에 대해 공지를 받은 응답자들일수록 설문 요청에 바로 응답을 해 줄 것이다. 설문에 참여하도록 선정되었다고 보내는 편지나 이메일은 응답자들이 다가올 설문에 대해 계속 인지하고 있을 수 있도록 도와준다. 또한 설문에 대한 예고는 연구의 목적과 중

요성에 대해 알려 줄 수 있는 좋은 기회가 될 수 있고 설문지를 작성하는 데에 소요되는 시간에 대한 정보를 제공할 수도 있다. 가능하다면 잠재적 응답자들과 편지를 주고받을 때 직접 그들의 이름을 적어 넣어서 연구자와 응답자 간에 심리적 유대감을 형성하도록 하는 것도 좋은 방법이다.

- 우편으로 보내는 설문지이건 이메일로 보내는 설문지이건 설문지와 함께 간단한 첨부 편지를 제공하는 것이 좋다. 자기보고식 설문지에서는 이메일로 보냈을 때라 할지라도 첨부편지가 가장 처음으로 잠재적 설문 대상자와 심리적으로 접촉하는 요소가 된다. 또한 이러한 첨부 편지를 전송하는 데에는 몇 가지 목적이 있다. ① 편지는 설문지를 작성할 수 있도록 독려하는 기능이 있고, ② 연구의 목적을 설명할 수 있으며, ③ 응답자에게 설문을 진행하는 것에 대한 사전 동의를 얻을 수 있고, ④ 응답자의 응답에 대한 비밀을 보장함을 알려 줄 수 있으며, ⑤ 연구를 지원하는 협회 또는 기관에 대한 정보를 포함할 수 있고, ⑥ 설문지를 작성하고 완성하는 데에 걸릴 시간에 대한 정보를 제공하고 다시 설문지를 보내는 데에 필요한 절차에 대한 정보를 제공한다([그림 13-1] 참조).
- 비응답자들에게 끊임없이 응답 요청을 할 수 있는 시스템을 구축해야 한다. 설문에 대해 응답자들은 보통 일정 기간 내에 설문지를 작성하고 완료하여 되돌려 보내도록 요청받는다. 2주가 지나면 비응답자들에게 다시 추가적인 설문지가 전달된다. 두 번째 응답 시간이 지나면 그때까지도 응답을 하지 않은 응답자들에게 세 번째 참가 요청을 보낸다. 이는 시간이 많이 걸리기도 하고 까다로운 과정이기도 하지만 높은 응답률을 얻기 위해서는 꼭 필요한 과정이다.
- 가능하다면 참가를 독려할 수 있는 답례금이나 답례품을 제공하는 것이 좋다. 비용이 드는 방법이기는 하지만 그동안의 연구 결과로 볼 때 설문을 완료했을 때 바로 1~2달러 정도의 참가비를 지급하는 것이 설문지가 되돌아오고 난 후에 일정 금액을 지급하겠다고 약속하는 것보다 응답률을 높이는 데 훨씬 효과적이었다(Dillman 2007). 설문을 완료한 사람에게 돈을 지급하는 것이 얻는 것에 비해 높은 비용을 지불하는 방법이라고 생각될 수 있으나 설문 봉투를 열었을 때 사람들에게 1달러씩 제공하는 방법은 설문 응답에 대한 약간의 의무감을 제공할 수 있기 때문에 설문지 작성에 효과적인 방법이 될 수 있다. 만약 설문에 대한 비용을 지급하는 것이 재정적으로 어렵다면 작은 선물도 효과적일 수 있다(볼펜, 스티커, 쿠폰 등).

2014년 3월 12일

Jane A. Smith

1584 Maple Street

Raleigh, NC 27616

제인 씨께,

며칠 안에 당신은 간단한 설문조사에 대한 요청 이메일을 받게 될 것입니다. 설문조사는 노스캐롤라이나 대학 그린보로에 있는 연구자들이 수행하는 중요한 프로젝트를 위한 것이며, 이메일에는 설문조사 링크가 포함되어 있을 것입니다. 우리는 현재 훈련 중인 상담가들에게 약물 의존의 어려운 문제를 다루는 데 대해 얼마나 준비되어 있다고 느끼는지를 살펴보기 위한 설문을 진행할 것입니다.

이 설문지를 작성해서 가능한 한 빨리 제출해 주시는 것이 매우 중요합니다. 우리가 연구에서 내리는 결론은 제공해 주신 모든 의견을 정확하게 대변하도록 할 것입니다. 약물 의존 내담자를 거의 만나 보지 못했거나 이러한 문제를 다루는 상담 방법을 잘 모르고 있다 할지라도 설문에 참여해 주시기 바랍니다. 상담가들이 현재 심각하게 증가하는 중독 문제를 다룰 수 있도록 훈련시키는 데 드는 노스캐롤라이나주의 예산을 확보하는 데 이 응답이 중요한 역할을 할 것이기 때문입니다.

설문지를 완성하는 데 시간을 들여 주시는 것에 대해 매우 감사합니다. 모든 응답은 성명이나 다른 정보들과 분리해서 활용할 것입니다. 설문 참여는 자발적으로 해 주시면 되며, 원하지 않으면 언제든 그만하실 수 있습니다. 추가적으로 궁금한 정보가 있다면 통합 연구소(www.irb.uncg)의 연구 책임자에게 연락하실 수 있습니다. 이 중요한 프로젝트가 성공할 수 있도록 상담가들의 친절한 도움이 필요합니다. 시간을 들여 고민해 주심에 감사드립니다.

마음을 담아,

교수 J. Scott Young, Ph.D.

[그림 13-1] 설문 첨부 편지

조사연구의 제한점

조사연구를 수행할 때 반드시 연구 목표, 활용할 수 있는 자원 그리고 조사연구에 사용 가능한 시간을 고려하여야 한다. 단순히 쉽게 생각되거나 연구 결과가 쉽게 도출될 것 같다는 이유로 연구를 결정하는 것은 연구자와 관련 연구 단체에 손상된 자료를 제공하는 결과를 낳을 수도 있다. 다른 모든 연구방법과 마찬가지로, 조사연구방법 역시도 모든 연구 주제를 탐구할 수 있는 방법이 아닐 수도 있다.

조사연구방법도 한계점을 가지고 있다. 이전 장에서 언급했던 대로 설문조사법은 다양한 변인 간의 관계를 기술하는 데에 있어서는 유용하지만 응답자가 설명하는 특정 현상의 원인에 대해서 밝혀내기에는 어려움이 있다. 예를 들어, 한 연구에서 한 아동이 운동을 하면서 보내는 시간이 그 아동이 학교 상담선생님을 방문하는 횟수와 통계적으로 높은 관련성이 있음을 밝혀냈다고 하자. 그렇지만 이러한 결과가 '아이들이 운동을 하는 것이 학교의 상담선생님을 방문하도록 만든다'는 주장을 증명하는 것은 아니다. 또한 이와 비슷하게 상관의 법칙을 이용하여 동일한 결과를 가지고 '학교 상담선생님에게 많이 찾아가는 학생일수록 운동을 하는 데에 더 많은 시간을 보낸다'는 주장을 할 수도 있다. 비록 자료 분석 결과에서는 상관관계가 있다는 결과가 나왔지만 두 가지 주장 모두 정확하다고 이야기할 수 없다.

두 번째로 설문조사 연구들은 '자기보고 형식의 자료'에 의존하는데, 이러한 자료의 신뢰도는 응답자가 얼마나 정직하고 정확하게 그들의 생활 태도, 사고방식, 행동에 대해 대답했느냐에 따라 달려 있다. 예를 들어, 몇몇 응답자는 질문에 고의로 사실과 다르게 대답하거나 부풀려 대답하는 경향이 있다. 그러나 연구 주제와 관련된 지식을 가지고 있는 사람들이 표본으로 선출되고 그들이 응답하기 쉽도록 질문지가 만들어졌다면 그러한 응답자 편향은 덜 발생한다. 응답자 편향은 응답자들이 문항을 건너뛰는 실수를 하거나 문항을 헷갈렸거나 잘못된 기억을 가지고 있을 수도 있기 때문에 완전히 제거하기 어렵다.

세 번째로 조사연구는 몇 가지의 편견에 오염되기 쉽다. 예를 들어, 응답자들은 자신이 조사 대상으로 선정되었다는 사실을 알게 되고 특정 질문에 '이 질문의 의도는 무엇일까?'라는 생각을 하게 되면 의식적·무의식적으로 자신이 가장 바람직한 사람으로 보이도록 응답하거나 사회적 규범에 맞추어 거짓으로 응답하기도 한다. 이러한 응답자들의 생각을 밝혀내기 위해 연구자는 자신이 계획한 대로 대답하도록 만드는 거짓말 탐지문항을 의도적으로 넣을 수도 있다.

네 번째로, 연구가 적절하게 수행되었을 때 연구 결과는 전체 집단의 의견과 생각을 대변할 수 있어야 한다. 그러나 이것이 수집된 모든 정보가 반드시 정확하다는 것을 뜻하지 않는다. 연구 자료가 사람들의 의견을 결정하고 확인하는 데에 사용되기는 하지만 전문가들의 판단이나 분석을 대신하지 못할 때도 많다.

결국 과학적인 조사연구를 수행하는 것은 쉬운 일이 아니다. 과학적인 조사연구는 철저한 준비 절차를 필요로 한다. 조사연구방법은 연구자들의 노력 없이는 이루어질 수 없는 조사 방법이다. 그리고 자료를 분석하는 데에 있어 몇 주, 몇 달, 몇 년이 걸릴 수도 있다. 대부분의 경우를 볼 때 실험연구보다 조사연구가 더 많은 연구 인력을 필요로 한다. 그러므로 하나의 연구에 포함된 시간과 노력은 결코 가볍게 여겨져서는 안 된다.

요약

이 장의 목표는 연구자가 효과적인 조사연구를 수행함에 있어 기본적으로 알아야 할 사항들을 살펴보도록 도와주는 것이었다. 이제 당신은 조사연구에서 연구방법을 구성하는 기본적인 요소들과 연구 문항의 개발, 그리고 연구 절차에 대해 친숙해졌을 것이다. 조사연구의 능숙함은 연구자들의 협동과 끊임없는 시행을 통해 얻어진다. 한 지도교수님이 "어떤 시도이든 그것은 성공한 것이다."라고 말하셨다. 초보 연구자들에게는 조사연구 과정을 시도하는 것이 연구에 참여할 때에 얻을 수 있는 경험을 쌓고 흥미로운 조사 수행 과정을 경험하며 관련 지식의 축적을 경험할 수 있는 좋은 기회가 될 것이다.

• 생각해 볼 문제 •

1. 조사연구의 다양한 방법에는 무엇이 있으며 각각 어떤 조사 환경에서 사용되는가?
2. 여러 연구방법 중 조사연구방법만의 장점과 단점은 무엇인가?
3. 종단적 접근(추이, 동질집단, 패널)과 횡단적 접근과 같은 조사연구 설계 접근에 따른 상대적 장점과 단점은 무엇인가?
4. 의미 있는 조사연구를 설계하고 수행하기 위해 어떤 단계를 거쳐야 하는가? 각 단계는 왜 중요한가?
5. 조사연구에서 최대의 응답률을 보장하기 위해 어떤 절차가 필요한가?

• 학습활동 •

1. 4~5명의 학생이 조를 짜서 설문조사를 통해 더 알아보기 원하는 주제를 선택해 보자. 수업을 듣는 학생들이 제공할 수 있는 정보에 대한 주제를 선택하자(예: 가장 좋아하는 학습 방법: 강의, 온라인 학습, 집단 토론 등). 조원들과 함께 설문조사를 개발하는 8단계를 시행해 보고, 표본에게서 자료를 수집하며 반에서 발표해 보자.
2. 설문조사연구가 가진 더 어려운 부분 중 하나는 효과적인 설문 문항을 개발하는 것이다. 전체 수업 학생들에게 흥미 있는 주제를 선택해서 소집단에서 이 주제에 대한 5~7개 질문을 만들어 보자. 그리고 이 질문들을 전체 학생에게 해 보고 가장 의미 있는 정보를 얻기에 효과적인 질문들인지 확인해 보자.
3. 현재 논란이 많은 주제(예: 의료보험 의무화)에 대해 초점 집단 면담을 실시해 보자. 미리 만들어 놓은 설문조사 질문, 자료 수집에 포함시킬 질문을 사용하여 주제에 대해 소집단으로 면담을 해보고 결과를 보고해 보자.
4. 두 온라인 설문조사 사이트를 방문해 보자[예: Survey Monkey(www.surveymonkey.com, My Survey www.mysurvey.com)]. 사용자들에게 제공하는 서비스 측면에서 두 웹사이트의 유사점과 차이점은 무엇인가?

제**14**장

혼합연구 설계

Carl J. Sheperis
Lamar University
April Heiselt
Mississippi State University

목표

1. 혼합연구 설계의 목표를 설명할 수 있다.
2. 혼합연구 설계에서 사용되는 용어들을 규정할 수 있다.
3. 혼합연구 설계에서 채택된 방법론의 유형들을 설명할 수 있다.
4. 혼합연구 설계 과제를 완성하기 위한 기준을 확인할 수 있다.
5. 혼합연구 설계를 사용한 연구 문제의 유형을 확인할 수 있다.
6. 혼합연구에서 표본의 유형이 적절한지 토의할 수 있다.
7. 혼합연구(양적 및 질적인) 자료 수집을 위한 다양한 접근을 설명할 수 있다.
8. 혼합연구(양적 및 질적인) 자료 분석을 위한 다양한 접근을 설명할 수 있다.

많은 상담 분야 연구자는 스스로 자신의 연구 접근이 양적 또는 질적인 방법이라고 정의한다. 양적인 연구 또는 질적인 연구로 구체화시킨 다양한 연구 설계를 읽었을 때, 당신은 분명 이들 각각의 이점과 한계점을 인식하게 되었을 것이다. 어쩌면 '두 가지를 합치는 게 어떨까?' 하는 의문이 들었을 수도 있다. 혼합연구 설계가 바로 그것이다. 이 장에서 혼합연구 설계의 기본적 원리에 대해 논의하고, 완벽한 혼합연구가 되기 위한 기준을 제공하고자 한다. 나아가 표본 크기 결정, 자료의 수집 및 분석을 완성하기 위한 절차들에 대해 소개하고자 한다.

혼합연구 설계의 원리

이 부분을 읽으며, 상담연구에서 사용된 양적이고 질적인 방법론에 대하여 배울 것이다. 우리는 학생으로서 어떤 방법이 더 좋은지 결정하기는 어려울 것이다. 반가운 소식은 여러분이 직접 선택해야만 하는 것은 아니라는 점이다. 만일 당신이 양적 및 질적인 두 가지 자료를 가지고 접근한다면, 혼합연구 설계를 사용할 수 있다. 물론 양적 또는 질적 방법을 독립적으로 사용할 때처럼, 혼합연구 설계를 사용할 때도 난점과 이점이 있다. 혼합연구 설계를 위해서는 양적이고 질적인 연구 모두를 다룰 수 있는 능력이 필요하다는 점은 물론이고, 자료를 얻고 분석하기 위한 추가적인 시간이 필요하다는 난점이 있다(Onwuegbuzie & Johnson, 2004; Teddlie & Tashakkori, 2003).

혼합연구 설계를 수행하기는 어려울 수 있지만, 그 어려움보다 혼합연구 설계의 이점이 더 크다. 양적인 연구와 질적인 연구 모두를 사용하게 되면, 다른 자료원을 사용하게 되어 현상에 대한 이해가 넓어지는 기회를 가지게 된다. 혼합연구 설계를 사용하게 되면 한 가지 연구 방법만을 사용하면 미해결 과제로 남을 수 있는 연구에 빛을 비춰 줄 수 있다.

질적인 연구와 양적인 연구 모두를 이용하는 방법의 유용성을 보여 주는 예로는 노스웨스턴 대학교의 연구자들에 의해 조사된 연구가 있다(Viadero, 2005). 내장형 혼합연구 설계를 이용하여(이 장 뒷부분의 '혼합연구 설계의 유형' 참조), Gibson-Davis와 Duncan(2005)은 가족에게 추가 급여, 보험 혜택, 보육 보조금이 제공되는 빈곤퇴치 프로그램에 참여하는 가족들을 연구하였다. 연구자들은 참여자들의 가족 수행과 아동복지에 초점을 둔 아동/가족 조사 질문지를 배포하였다. 설문 자료의 분석을 통해 연구자들은 연구된 소년들과 소녀들 간에 의미 있는 차이를 발견하였다.

빈곤퇴치 프로그램에 참여했던 가족의 소년들은 참여하지 않은 가족의 소년들보다 학교에서 더 나은 수행을 보였다. 반면, 소녀들의 경우에는 빈곤퇴치 프로그램에 그들의 가족이 참여했는지 여부와 수행결과가 상관이 없었다.

부모를 면접했던 연구자들이 이러한 결과를 공유했을 때, 그 차이에 대한 설명이 가능해졌다. 지역의 범죄 집단이 소년들에게 값비싼 신발과 다른 물건들을 제공함으로써 가입을 유도했다는 점이 발견되었다. 빈곤퇴치 프로그램으로부터 지원금을 받는 소년의 엄마들은 아들들에게 신발을 사 주었다. 반면, 소녀들은 범죄 집단의 멤버로 가입하라는 유혹을 받지 않았기에 새 신발이나 부가적인 사치품들을 받지 않았다. 결국 이러한 사실들이 연구에서 나타내는 성별의 차이를 설명해 주었다.

양적연구와 질적연구 모두를 사용하지 않았다면, 연구자들은 신발과 소년들의 학교 수행결과를 연결 짓거나, 이로 인해 연구에서 발생한 성별의 차이를 조명하지 못하였을 것이다. 이 사례에서 혼합연구의 사용은 연구자들에게 외견상 설명할 수 없는 현상에 대한 답을 제공하였다.

혼합연구 설계는 어려운 질문에 대한 해답을 찾아 명확히 밝히는 것을 도울 뿐만 아니라 연구자들이 두 종류의 자료를 모두 사용하여 현상을 설명해 낼 수 있게 하며(Sechrest & Sidana, 1995), 이론적 체계를 더 깊게 발전시키고 더 풍부한 자료를 만들어 낼 수 있게 해 준다(Jick, 1979; Madey, 1982).

혼합연구 설계의 배경

지금까지 다양한 이름으로 존재하여 간단히 정의하기 어렵지만, 혼합연구 설계는 20세기 초부터 존재해 왔다. 초기 연구자들은 질적 조사 자료의 활용을 양적 정보로 간주하고 분석하였다(Young, 1939). 이러한 연구는 오늘날 우리가 혼합연구로 여기는 것의 토대가 된다.

Campbell과 Fiske(1959)에 의해 시작된 다특질방법론은 성격 특성에 대한 심리학적 실험에서 복합적인 양적 방법으로 사용되었다. 이러한 연구는 단일 연구에서 여러 개의 양적인 방법을 사용한 최초의 연구였고, 다른 연구자들에게 복합적인 연구 기술에 관해 토의할 수 있는 기회를 만들어 주었다. 그러나 Campbell과 Fiske의 연구는 사실상 양적인 자료만 사용하기는 했지만, 미래의 연구자들을 위한 양적인 방법과 질적인 방법의 결합에 대한 여지를 제공했다.

몇 해 뒤 Sieber(1973)는 양적연구 체계와 질적연구 체계를 하나의 연구에서 통합하였다. Sieber는 "이러한 형태의 통합연구는 세 가지 각각의 주요 국면(설계, 자료의 수집 분석)에서 상호 이점을 주는 크나큰 기회"를 제공한다고 주장하였다(p. 1337).

1979년, Jick은 삼각검증(triangulation)이라는 용어를 도입했는데, 이는 그가 다른 연구(방법)들을 사용함으로써 "한 가지 연구로는 간과될 수 있었던 몇 가지 독특한 변량 발견"이 가능하다고 믿었기 때문이다(p. 603). Jick은 삼각검증의 사용을 실증하기 위해 각 부서 직원의 사내 통합 효과에 대한 연구를 했다. 그는 조사 자료를 모으고, 어느 정도 구조화된 면접을 진행하고, 참여 관찰법을 사용하며, 기록된 정보들을 조사하였다(Cizek, 1999). 그의 목적은 양적인 자료와 질적인 자료를 찾고, 하나의 연구방법만을 사용함으로 인해 발생 가능한 잠재적인 오차들을 제거하는 시도를 통해서 그의 결과들을 확인하고자 하는 것이었다.

시간이 지나면서 혼합연구 설계를 정의하기 위해 각각 새로운 용어를 사용하는 다른 연구자들이 나타났다. 이러한 용어에는 '통합된(integrated)' 또는 '결합된(combined)' 방식(Stecker, McLeroy, Goomdan, Bird, & McCormick, 1992), '방법론적 삼각검증(methodological triangulation)'(Morse, 1991), '결합연구(combined research)'(Creswell, 1994) 그리고 '혼합방법론(mixed methodology)'(Tashakkori & Teddlie, 1998)과 같은 것들이 포함된다.

상당한 양의 연구조사가 혼합연구 설계를 사용하여 진행되고 『사회 및 행동 혼합연구 방법론 핸드북(Handbook of Mixed Methods in Social and Behavioral Research)』(2003)이라는 책이 출간되었기 때문에, 혼합연구 설계(mixed method research)가 현재 가장 일반적으로 사용되는 용어가 되었다(Creswell & Plano Clark, 2007).

혼합연구 설계 적용 분야는 교육(Johnson & Onwuegbuzie, 2004), 사회학(Hunter & Brewer, 2003), 상담심리학(Haverkamp, Morrow, & Ponterotto, 2005)을 포함하며, 경영과 조직 연구(Currall & Towler, 2003), 보건, 사회 및 행동과학 분야에 의해 혼합연구 설계 체계가 자리를 잡게 되었다.

상담 분야의 역사를 통틀어 그동안 양적 연구가 대다수를 차지해 왔으나 이제는 질적 연구가 더 일반화되고 있는 추세이다(Kottler & Shepard, 2004). 게다가 Berrios와 Lucca(2006)는 네 개의 전문 상담 학술지 5년치를 조사한 연구에서 출간된 연구 논문 중 1/6 이상이 질적 연구에 초점을 맞추고 있으며, 이러한 연구물들이 점점 더 증가하고 있다는 것을 밝혔다.

Kottler와 Shepard(2004)는 상담자가 내담자를 대하며 어떻게 양적연구와 질적연구를 결합하고 반영할지에 대해 기술하였다. 예를 들어, 질적연구는 어떻게 상담자가 내담자와 상호작용하는지를 강조하는 반면, 양적연구는 상담자가 내담자의 문제를 어떻게 개념화하는지를 언급한다. 따라서 혼합연구 설계는 상담연구를 위한 이상적인 체계를 제공한다.

종종 상담연구자들은 질적방법이나 양적방법에 스스로를 묶어 두고, 자신들이 선택한 방법에 초점을 맞추어 작업을 한다. 이전 장에서 볼 수 있듯이, 각각의 연구방법에서는 배울 점이 상당히 많다. 혼합 방식을 사용하는 상담연구자는 질적 방식과 양적 방식의 두 가지 접근법에 능통해야 한다. 이 둘을 통합하기 위해서는 우선 혼합연구에서 쓰이는 전문용어를 이해하는 것이 필요하다.

용어의 정의

이 장에서 사용된 용어의 이해를 돕기 위해 다음의 정의를 제공한다. 보다시피 몇몇 용어는 모든 형태의 연구에서 공통으로 사용된다.

- **가설**: 두 가지 이상 변인의 관계에 대한 명제(Mason & Bramble, 1998)
- **방법론**: 광범위하고 다양한 연구 문제의 해답을 향한 특정 절차들의 적용
- **혼합연구 설계**: 조사자가 하나의 연구에서 자료를 수집 · 분석하고 연구 결과를 발표하기 위해 질적연구와 양적연구방법 모두를 채택한 연구 설계의 형태(Creswell, 1999; Creswell & Plano Clark, 2007)
- **모집단**: 단위 또는 집단들 전체. 연구에서 관심 있는 모든 개체를 포함함(예: 전체 학생, 전체 고객, 전체 직원)
- **목적 표본**: 연구에서 현상에 대한 경험을 갖고 있는 개체 집단
- **질적연구**: 사회 현상의 연구에 대한 개방된 접근. 몇 가지 측면은 드러나는 설계, 개인의 실제 경험에 근거, 다양한 방식 활용을 포함함. 자료는 서술 형태
- **양적연구**: 측정과 관찰을 위해 사전에 예정된 도구의 사용을 채택하는 연구. 몇 가지 측면은 실험, 예정된 도구를 사용한 조사 자료 수집을 포함함. 자료는 숫자 형태
- **연구 설계**: 자료의 수집과 분석을 위한 계획, 연구 목적에 따라 연구 설계 결정
- **연구 문제**: 연구자가 답을 얻고자 하는 문제
- **표본**: 모집단의 부분집합
- **삼각검증**: 수집된 자료의 신뢰성과 정확성을 보장하기 위해 혼합 방식을 사용(Creswell, 1998; Eisner, 1991; Lincoln & Guba, 1985). Denzin(1978)은 질적 및 양적 두 가지 사용 방법을 포함하는 방법들 간의 삼각검증에서 다양한 양적 또는 질적 접근을 참고하여 방법들 내 삼각검증을 제시함

연구 문제

연구 수행에서 거쳐야 할 첫 번째 단계 중 하나는 당면한 문제들을 정의하는 것이다. 혼합

연구 설계에서 연구 문제를 명확히 하는 것은 연구자가 당신이 양적이고 질적인 방법들을 어떻게 사용할지를 결정하도록 돕는다. 연구를 진정한 혼합연구 설계로 만들기 위해서는 양적 및 질적인 두 가지 연구 문제를 반드시 포함해야만 한다(Creswell, 1999).

질적연구 문제

이미 알고 있겠지만, '질적'이라는 용어는 질을 강조하는 것이다. 따라서 질적연구는 연구하는 현상의 의미와 과정을 고려할 때 사용할 필요가 있다. 이것은 생성되는 연구 문제의 유형을 포함한다.

질적연구는 그 대답이 특정한 현상의 과정[어떻게(how)] 또는 실체[무엇을(what)]에 관련되는 광범위한 개방형 질문들을 포함한다. 질적연구는 한 방향으로 구분하여 조사하기보다는 다양한 경로의 정보를 수집하고 정보가 이끄는 곳을 제약하지 않으면서 연구가 형성되는 것을 허용하는 데서 비롯된다(Lincoln & Guba, 1985; Marshall & Rossman, 1999). 질적연구의 특성은 그 맥락 내에서 우리가 의미들을 해석할 수 있도록 하는 것이다. 이러한 이유로 연구 계획을 자료 수집 과정이 시작되기 전에 마련하기는 어렵다(Patton, 1990). 그러나 이것은 질적연구 전략이 존재하지 않는다는 의미는 아니다. 질적연구 제안은 자료 수집 계획처럼 초기 질문들에서 정의될 수 있다.

질적연구는 여러 가지 형식을 취하며, 연구 문제는 조사자가 연구에서 수행한 설계와 관련이 있다(Creswell, 2005). 이 책의 질적연구 부분에서 알 수 있듯이, 현상학연구에 있어서 연구 문제는 근거이론에서 사용하는 것과 달라야 한다. 더 나아가 질적연구 유형과 관련된 차이를 더 분명히 알기 위해서는 이 책의 근거이론, 내러티브, 현상학 관련 내용을 살펴보면 된다.

질적연구 문제를 생성할 시 다음을 고려하라.

- '어떻게' 또는 '무엇을'이라는 말을 사용하여 질문을 시작하라. 이것은 제약을 두지 않은 질적연구의 본질을 보여 줄 것이고, 연구 참여자들에게 문제에 접근해 나가는 폭넓은 방법을 제공해 주는 수단이 된다.
- 질적연구 설계를 나타내는 단어를 사용하여 전달하라(연구자는 현상을 발견한다, 탐구한다, 또는 묘사한다; Creswell, 2005). 예를 들면, '이 연구에서 우리는 장애 아동의 부모들의 태도를 탐구할 것이다.'라는 문장을 사용할 수 있다.
- 하나 또는 두 개의 가장 핵심적인 연구 문제만을 제시하라. 단일한 연구에서 이 이상을 추구하기는 매우 어렵기 때문이다.

- 만약 원한다면, 여러 가지 하위 질문을 당신의 주요한 연구 문제들을 보완하기 위해 기술하라. Miles와 Huberman(1984)은 연구 문제가 모두 합쳐 12개를 넘지 않도록 제안했다.
- 연구 문제는 연구 면접과 초점 집단에게 적용된 질문과 연결시키라.
- 연구 문제를 연구방법과 연계하라. 예를 들어, 민족학적연구에서의 연구 문제들은 근거이론에 기초한 연구에서와는 다를 것이다.

질적연구 문제의 예는 다음과 같다.

- 대학 신입생들의 대처 전략에 대한 상담의 영향은 어떠한가?
- 또래 교육자들이 고등학교 학생에게 어떤 영향을 미치는가?

양적연구 문제

양적연구는 과정보다는 측정치와 변인을 강조한다(Denzin & Lincoln, 2003). 양적연구의 문제들은 방향성을 지닌다. 왜냐하면 2개 이상의 독립변인과 종속변인 간 관계나 혹은 2개 또는 그 이상의 종속변인 집단 간의 비교를 다루기 때문이다(Creswell, 1994).

양적연구자들은 폭넓은 질적연구 문제와는 상반되는 구체적인 연구 문제나 가설을 정의한다. 가설은 두 개 또는 그 이상의 변인에 관한 명제로 표현된다(Mason & Bramble, 1989). Creswell(1994)은 가설에 사용되는 네 가지 형식, 즉 "기술적 영가설, 기술적 대안가설, 조작적 영가설, 조작적 대안가설"을 제안하였다(p. 74). Creswel에 따르면, 기술적 영가설은 추상적인 변인을 표현하고, 조작적 형식에서의 가설은 연구 변인에 대한 구체적인 정보를 대표한다. 물론 영가설은 변인들 간의 관계에서 '유의한 차이가 없다' 또는 '관계가 없다'고 언급된다.

네 가지 가설 유형의 예는 다음과 같다.

- **기술적 영가설:** 이민 1세대 대학생들에게 있어서 학생지원 서비스와 학습 지속 간에는 관계가 없다.
- **기술적 대안 가설:** 이민 1세대 대학생들이 학생지원 서비스를 사용하면 할수록 학습이 더 지속될 것이다.
- **조작적 영가설:** 많은 시간을 학습지원센터에 투자한 이민 1세대 학생들과 그들의 입학 후 학습 지속 기간 사이에는 관계가 없다.
- **조작적 대안 가설:** 이민 1세대 대학생들이 학습지원센터를 이용하면 할수록 입학 이후에

도 계속적으로 학습을 해 나갈 것이다.

양적연구 문제 역시 변인과의 관계를 반영하지만, 내용은 질문의 형식으로 제시된다(Krathwohl, 1988). 양적연구에서는 서술적이고 다변인적인 연구 문제들이 생성될 수 있다. 각각의 독립변인 및 종속변인과 유의한 매개변인에 대해서도 기술적 질문들이 사용될 수 있다. 매개변인은 종속변인에 대한 독립변인 효과를 중재한다(Creswell, 2005).

이러한 연구 문제들은 변인들을 비교 또는 상관 짓는 다변인 질문들로 이어질 수 있다. 매개변인들을 포함한 연구 문제들은 다변인 질문 형태를 따른다. 양적연구 문제를 생성할 시 다음을 고려하라.

- 연구 문제 또는 가설 가운데 하나만 사용하라. 연구 문제와 가설을 둘 다 사용하는 것은 과하며 연구에 추가적인 정보를 제공하지 못할 수 있다.
- 독립변인과 종속변인을 독립적으로 측정하고 기술하라. 이를 통해서 원인과 효과의 관계를 쉽게 구분하여 알 수 있게 될 것이다(Creswell, 1998).
- 연구에서 사용하는 이론에 연구 문제와 가설을 연결시키라.

양적연구 문제들의 특징을 잘 이해하려면 Eaves, Emens와 Sheperis(2008)의 연구를 참고하라. 이들은 상담자들의 치료적인 기술을 발전시키는 가장 좋은 방법을 찾는 데 관심을 갖고 있다. 특히 이들은 증거 기반 문제해결 모형(Data-based Problem-Solving Model)에서 상담자 훈련 효과를 밝히고자 하였다. 그들의 연구 문제는 다음과 같다. '내담자 성과에 미친 상담자 훈련의 영향은 무엇인가?' 이 연구에서 연구자들은 수련 상담자를 두 집단으로 나누고, 처치집단 및 통제집단에서 내담자 증상(사전-사후 측정) 감소를 살펴보았다. 연구자들은 통계적으로 자료를 분석하기 위해 다변량 분석 절차를 사용했다. 연구 문제와 사용된 절차로부터 결과를 추론할 수 있을 때, 이것은 완전한 양적연구가 된다.

혼합연구 문제

만약 혼합연구 설계를 사용하기로 한다면, 연구 문제에는 양적인 측면과 질적인 측면 모두가 포함되어야 한다. 혼합연구 설계에서는 문제의 순서가 질적 혹은 양적 방법들의 우선순위에 따라 결정된다. 예를 들어, 만약 질적연구 문제를 처음에 쓰길 원한다면 이것은 연구 문제들에 대한 질적 대답들에 더욱 중점을 두어야 함을 의미한다.

혼합연구 설계를 사용하려고 한다면 연구 문제를 설정하는 일이 양적연구만큼 간단하지는 않다는 것을 알아차릴 수 있을 것이다. 혼합된 접근 방법을 위해 설정하는 연구 문제들이 설계에서 사용되는 혼합 방법의 종류에 따라 달라질 수 있다는 것을 말한다(뒤의 '혼합연구 설계의 유형' 참조).

혼합연구 설계의 가장 기본적인 결정 중 하나는 단일 단계를 사용할 것인가 혹은 다단계를 사용할 것인가에 대한 것이다. 단일 단계(뒤의 '삼각검증 설계' 참조) 접근을 이용하면 질적 문제와 양적 문제는 서로에게 의존하지 않고 하나의 연구 문제로 묶여서 정의될 수 있다. 예를 들어, Hertlein과 Lambert-Shute(2007)는 결혼과 가족 치료(Marriage and Family Therapy: MFT) 졸업생 훈련 프로그램에 등록하기로 한 학생들의 결정에 영향을 끼친 요인들을 검증하였다. 연구자들은 인터넷을 통해 단일 단계 접근을 사용했다. 양적인 측면에서 연구자들은 현재 선택 과정과 관련된 요소들과 MFT 프로그램에 등록된 학생들을 조사하였으며 자료를 분석하기 위한 기술통계를 사용하였다. 동시에 질적으로 조사 자료의 결과를 명확히 하는 데에 초점을 맞춘 한 묶음의 개방형 질문을 정하였다.

두 단계 접근은 설명적이고 탐색적인 첫 단계 연구 결과에 의거하여 두 번째 단계에서 내용을 정교화하는 것이다. 예를 들어, 이 장의 저자 중 한 명인 Carl Sheperis는 박사과정 학생들 중 한 명(Amy Davis)과 함께 자폐증(ASD) 치료 준비가 되어 있는 상담자들에 대한 혼합연구를 수행하고 있는 중이다. 이 연구의 첫 번째 단계에서는 연구자들이 연구 참여자인 전문 상담자들에게 ASD 아동과의 작업 수준, ASD 치료 훈련 단계, 그들의 전반적인 ASD 관련 지식 등에 대한 조사를 실시하였다. 연구자들은 ASD 아동과 같이 작업해 본 적이 있는 참여자들에게 두 번째 단계에 참여해 줄 것을 요청한다. 두 번째 단계에서 연구자들은 ASD 아동들과 함께 일했던 적이 있는 상담자들과 그들의 생생한 경험의 주제를 살펴보기 위하여 심층 면접을 실시한다.

잘 알려지지 않은 주제를 확인하는 과정은 다소 모호한 일일 수 있다. 따라서 두 단계 연구의 연구 문제는 사전에 구체화하기가 쉽지 않다. 연구자들은 대개 연구가 완성된 후에 양쪽 단계로부터 얻어진 연구 문제들을 제공할 수 있게 된다. 단일 단계나 혹은 두 단계의 혼합연구 설계 접근을 선택할 때 어느 설계이든지 당신이 혼합연구 설계 질문들을 설정할 때는 다음과 같은 점들을 고려해야만 한다.

- 혼합연구 설계 안에서 사용하는 설계 방법과 연구 문제 간의 연관성
- 사용할 설계 방법을 통해서 연구 문제들을 구체적이고 측정 가능한지의 확인

혼합연구 설계에 대한 의사결정 시 고려할 점

연구 문제들을 이해하는 것은 정말로 중요한 작업이다. 그러나 혼합연구를 고안하는 방법을 결정하기 전에 몇 가지 고려해야 할 것이 있다. Creswell (1999)은 혼합연구 설계에서 다음과 같은 질문 전략을 제안했다.

① 연구에서 양적 · 질적 측면을 어떻게 시행할지 체계를 정하라. 연구에서 양적 · 질적 자료를 어떻게 고를 것인가? 자료를 동시에 또는 순차적으로 수집할 것인가? 연구에서 양적 · 질적인 자료를 어떻게 수집하는가에 대한 의사결정에 따라 연구의 의도를 설명할 수 있을 것이다. 예를 들어, 먼저 질적 자료를 수집한다면, 연구의 초점은 연구의 깊이(심도 있는 연구)를 제공하고, 현상을 큰 개념에서 파악하려는 것이다. 이러한 개념은 많은 사람으로부터 얻어진 두 번째 단계의 양적 수집 자료를 기반으로 확장된다.

② 양적 · 질적 자료에 적용할 가중치를 결정하라. 이것은 자료를 수집하고 분석하는 단계에서 특히 중요하다. 즉, 연구에 각 자료를 어느 정도 비중으로 포함시킬지를 결정해야 한다. 연구 주제에서 도출되는 질문은 심도 있는(질적) 접근과 그에 수반되는 폭넓은(양적) 접근을 제공할 수 있는 것인가? 혹은 그 반대인가? 자료를 동시에 분석해야 하는가? 연구자는 이런 결정들을 할 때 자신의 관심사 잠재적인 독자들의 관심사 그리고 연구의 목적을 고려해야만 한다.

③ 두 유형의 자료를 어떻게 결합할 것인지 결정하라. 연구에서 밝혀낸 개념을 설명하기 위해서, 연구자는 이 두 가지 유형의 자료를 어떻게 결합할 것인지 결정해야만 한다. Creswell(1999)은 다음과 같은 예를 들었다. "자료 분석과 해석의 단계에서 자료를 결합하는 것은 질적인 주제(또는 코드)를 양적인 숫자로 변환시키거나 정보를 양적인 숫자 또는 결과와 비교하는 것을 포함한다."(p. 212) 언제 자료를 혼합해야 할까? 어떤 자료가 나머지 자료를 설명하는 데에 도움을 줄까?

④ 설계를 뒷받침할 이론을 정하라. 설계를 위해 선택된 이론은 연구에서 길잡이가 될 것이다. 혼합연구방법 연구자들은 그들의 이론을 명시적으로 드러내고 연구를 수행하는 방식에 있어서 그 이론을 지침으로 삼을 수 있다. 혼합연구방법에 사용되는 이론에는 민속학적 이론, 근거 이론 그리고 현상학적 이론이 포함된다.

연구 시작 단계에서 이러한 질문에 답하는 것은 혼합연구 설계 과정에서 여러 의사결정을 내릴 때에 좋은 방향 감각을 제공할 것이다.

혼합연구 설계의 유형

Tashakkori와 Teddlie(2003)는 『사회 및 행동 혼합연구 방법론 핸드북』을 검토하여 약 마흔 가지 혼합연구 설계 유형을 찾아 소개했다. 이 마흔 가지 설계는 보건 분야에서 교육 연구 분야에까지 걸쳐 있다. 각 설계는 특정 분야에서 각각 소개된 것이나, Creswell과 Plano Clark(2007)는 이 정보들을 네 개의 특정한 혼합연구 설계(specific mixed methods designs)로 통합 제시하였다. 이 네 가지 설계 각각은 세부 연구 설계들로 나뉠 수 있지만 지면상의 제약으로 인해 이 장에서는 논의되지 않을 것이다(하위 세부 설계에 대한 설명은 Creswell & Plano Clark,

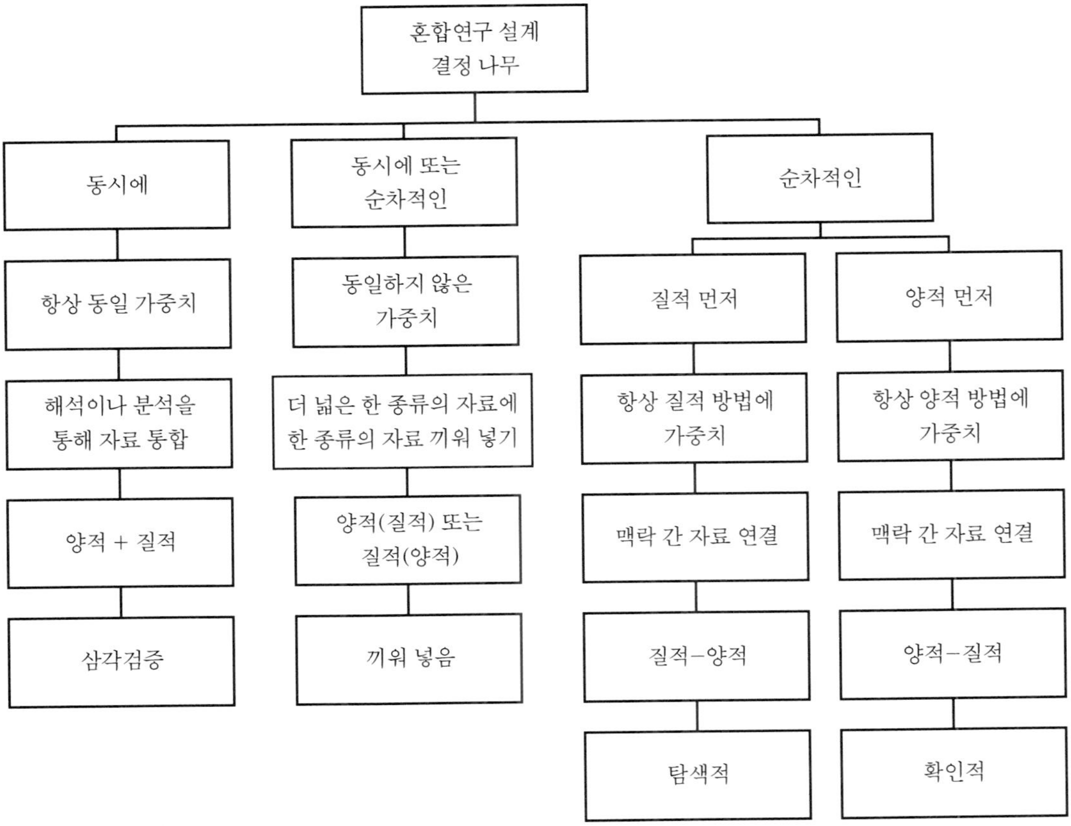

[그림 14-1] 혼합연구 설계 결정 나무

2007 참조). 연구 수행에 앞서 어떤 설계가 연구 문제와 목적에 가장 잘 부합하는지를 정하기 위해서 당신은 각 설계 방법을 신중하게 읽고 이해해야 한다.

[그림 14-1]은 이 장에서 소개하고 있는 네 가지 가장 일반적인 혼합연구 설계를 전반적으로 보여 주고 있다.

[그림 14-1]은 Creswell(2013)이 개발한 유형 분류 체계에 기반한 것이다.

삼각검증 설계

삼각검증은 4개 설계 유형 중에 가장 흔한 방법이다(Creswell & Plano Clark, 2007). 이 설계의 핵심은 "질적이고 양적인 자료를 동시에 모아서 자료를 혼합하고 연구 질문에 답하기 위해 그 결과들을 사용하는 것이다"(Creswell, 2005, p. 514). 이 설계는 양적연구의 단점(많은 참여자, 일반화)을 질적연구의 강점(소수의 참여자, 최신 설계)으로 보완한다.

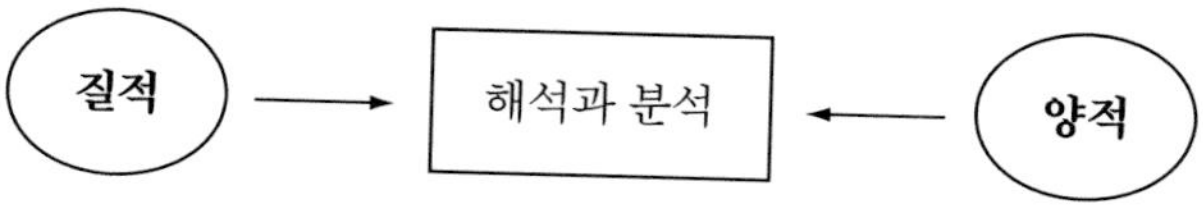

[그림 14-2] 삼각검증 설계

이것은 단일 단계 설계([그림 14-2] 참조), 즉 연구자가 연구에서 양적 · 질적 측면을 동시에 수행한다는 것이며, 연구의 두 측면 모두 균형을 가지고 있어야 함을 의미한다. Hitchcock, Sarkar, Nastasi, Burkholder, Varjas와 Jayasena(2006)는 이러한 방식으로 연구를 수행하였다. 그들은 연구에서 평가 도구에 의해 측정된 심리학적인 구성 요소들에 영향을 끼치는 문화적 요소가 무엇인지를 함께 조사하였다. 그들의 목표는 스리랑카에 살고 있는 청소년들을 위해 가치 있는 정신건강 평가 도구를 개발하는 것이었다. 이 평가 도구를 개발하기 위하여 연구자들은 질적 연구인 민속학적 연구 기술들과 도구 개발에 사용되는 양적 접근, 즉 요인분석적 접근을 혼합하여 사용했다. 연구자들은 질적 자료를 개별 면담과 초점 집단 면담을 통하여 수집하였고, 평가 척도를 통해 양적 자료를 모았다. 그러고 나서 연구자들은 질적 자료로부터 얻은 정보를 양적 자료의 확인을 위한 삼각검증에 사용하였다.

삼각검증 설계의 약점은 다음과 같다.

- 많은 노력이 요구되기 때문에 4개의 설계 중에서 가장 힘듦

- 양적 · 질적인 자료를 동시에 모아야 하기 때문에 연구 수행에 많은 시간이 필요함
- 양적 · 질적 연구 사이에 차이점을 명확히 밝히기 위해서는 추가 연구와 자료 수집이 필요할 수 있음

삼각검증 설계의 장점은 다음과 같다.

- 팀 단위 연구에서 자료 수집을 나눠 할 때 이상적임
- 양쪽 유형의 자료를 동시에 얻는다는 점에서 효율적임
- 한쪽 유형의 연구(양적)의 단점을 상대 유형의 연구(질적)로 보완할 수 있음

내장형 설계

내장형 설계(embedded design)를 이해하려면 잘 만들어진 영화를 떠올려 보라. 좋은 영화에서는 스토리를 이끌어 가는 스타급의 주연 배우가 있다. 그리고 주인공의 역할을 조금씩 뒷받침해 주는 조연 배우들이 등장한다. 이처럼 내장형 설계는 한쪽 유형의 자료를 주연으로, 그리고 다른 유형의 자료는 조연으로 두는 설계이다. 따라서 이 설계는 연구자들이 하나의 유형 자료에 초점을 둔 상태에서 또 다른 관점에서 연구 문제에 답을 하고자 할 때 사용된다. 이 연구의 설계는 연구자들이 양적 설계 내에 질적 요소를 끼워 넣거나 할 때 특히 유용하다(Creswell & Plano Clark, 2011). 양적 요소들을 질적연구 설계에 삽입하는 경우도 있지만 이것은 상대적으로 매우 드물다.

내장형 설계는 연구자들이 한 유형의 자료를 수집하면서 시작되고, 그 후 거기에 다른 자료 유형을 삽입한다. 자료들은 일단 주가 되는 자료 유형에 맞춰 분석 및 해석을 진행하고, 다른 유형의 자료는 그 결과를 보완하기 위해 사용된다([그림 14-3] 참조). 이 장의 도입부에 제시되었던, 노스웨스턴 대학교 연구자들의 빈곤퇴치 연구는 내장형 설계의 예이다.

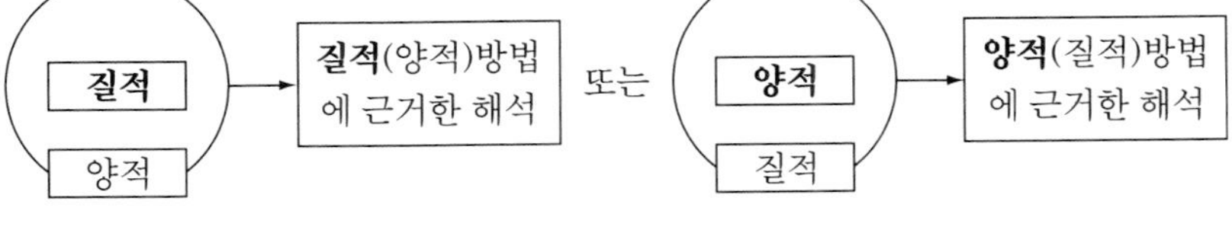

[그림 14-3] 내장형 설계

내장형 설계의 단점은 다음과 같다.

- 두 가지 방법이 각기 다른 연구 문제에 답하는 데 사용될 때 결과들을 통합하기가 어렵다.
- 질적인 자료를 양적인 자료로 통합한 예를 찾아보기 어렵다.

내장형 설계의 강점은 다음과 같다.

- 초기 연구 결과를 추적할 기회를 제공한다.
- 연구 시간과 노력을 줄여 줄 한 가지 설계 유형에 집중한다.
- 한쪽 방법이 다른 쪽 방법에 비해 적은 자료를 요구하기 때문에 운영상 더 용이하다.

설명적 설계

이것은 두 단계 혼합연구 설계인 설명적 설계는 주가 되는 양적 자료 결과들을 질적 자료로 보완하는 설계이다. 이 설계는 양적인 결과들을 설명하기 위해 추가적인 질적 자료를 탐색하는 연구자들에게 적합하다.

연구자로서 당신들은 양적인 자료들을 모으고 양적인 결과들을 설명하는 것을 돕기 위해 질적인 자료를 수집함으로써 설명적 설계를 시작한다. 양적인 자료는 연구 질문에 청사진을 제공하고, 질적인 추가 분석들은 연구의 전체 그림을 설명한다. 안타깝게도, 이 유형의 설계는 상담 연구에는 널리 적용되지 않는다. Ivankova, Creswell과 Stick(2006)은 순차적인 설명적 설계에 관심이 있는 연구자들을 위한 안내서를 개발했다. 거기에서 연구자들은 네브래스카-링컨 대학교 고등교육 과정에 개설된 교육 리더십 프로그램 원격 교육 박사과정 학생들의 학습 지속에 대한 기술적 연구 사례를 제시했다. 이 연구는 상담 관련 문제들을 포함하고 있지는 않다. 하지만 상담훈련 프로그램들이 수련 과정에서 상담을 가르치기 위해 온라인 포맷을 점점 더 사용하고 있는 추세이므로 상담자가 되기 위해 원격 교육에 관심 있는 이들에게 교육적일 수 있다.

이들 연구에서 Ivankova 등(2006)은 온라인 교육 프로그램에서 박사과정 학생들의 학습 지속과 관련 있는 요소들을 증명하는 데 관심이 있었다. 그들은 먼저 278명의 재학생과 학업 중단 학생들을 조사하였다. 여기서 얻어진 자료들을 통해 연구자들은 질적인 사례연구 참여자 4명을 선발했다. 양적인 단계에서 연구자들은 학습 지속과 관련 있는 내적·외적 변인들을 발견했고, 양적 사례연구들을 위해 이런 변인들에 기초한 질문들을 개발했다.

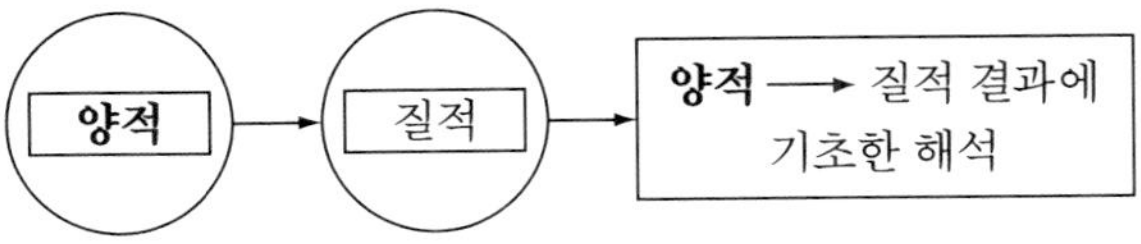

[그림 14-4] 설명적 설계

연속적인 설명적 혼합연구 설계는 겉으로는 쉬워 보일지 모르지만, 수행 측면에서는 복잡하다. 이런 유형의 연구를 진행하는 데 관심이 있는 이들이 있다면, 이론 단계에서 연구 실행까지의 과정을 잘 이해하기 위해서 Ivankova 등(2006)이 쓴 책을 찬찬히 복습할 것을 추천한다([그림 14-4] 참조).

설명적 설계의 단점은 다음과 같다.

- 양적 · 질적 자료 수집 기술을 갖도록 요구한다. 이 연구 설계는 노동 집약적이다.
- 가끔씩 질적연구의 보완점을 결정하기가 어렵다.
- 연구 참여자들을 두 단계의 조사에 모두 참여시켜야 하는지, 아니면 기존의 모집단을 대상으로 연구의 질적인 부분을 위한 새로운 표본을 얻어야 하는지를 결정해야 한다.
- 양적인 부분의 연구가 진행될 때까지 필요한 질적 참여자들의 수를 정할 수 없기 때문에 연구 검토위원회의 승인을 얻기가 힘들다(Creswell & Plano Clark, 2007).

설명적 설계의 강점은 다음과 같다.

- 독자들이 각 단계(양적 · 질적 연구 단계)를 구분하여 이해하기 쉽다.
- 두 종류의 자료를 통합할 필요가 없다.
- 연구방법들이 독립적으로 실행되기 때문에 팀 단위 연구가 필수적이지 않다.

탐색적 설계

설명적 설계와 비슷하게, 탐색적 설계는 두 단계 설계로서 질적인 결과들을 먼저 얻고, 그 자료들을 설명하기 위해서 양적인 결과들로 보완하는 설계이다. Creswell과 Plano Clark(2011)는 이 설계가 적절한 연구 측정 도구가 없을 때, 요인들이 알려지지 않았을 때, 연구 틀이나 활용 가능한 이론이 없을 때 사용된다고 하였다.

이 설계는 질적연구로 시작하여 풍부하고 자세하게 현상을 탐구한다. 그것은 연구자들이 도구들을 개발하며 시험하고, 요인들을 정의하고, 다른 집단을 대상으로 결과들을 일반화하거나, 현상적 이론을 검증할 수 있게 한다(Creswell, 2013). 질적인 연구에서 연구 편향 문제들을 제거하기 위해 연구자들은 가설 세우기를 거부하며, 자료의 섣부른 해석을 피하려고 애쓴다. 이것은 연구의 편향을 줄이고 연구 결과의 타당성을 높인다.

연구자는 연구 문제에 답하기 위해 우선 질적인 방법들을 사용한다. Sussman, Williams, Leverence, Gloyd와 Crabtree(2006)는 초기 관리 임상가의 예방적인 상담 결정들에 대한 연구를 수행하면서 탐색적 설계를 사용했다. 그들의 연구 목적은 초기 관리 면접 단계에서 임상가 예방적 상담을 하도록 결정케 하는 요인들을 찾아내는 것이었다.

Sussman 등(2006)은 예방적인 상담의 전달에 영향을 미치는 요소들을 밝히기 위해서 다양한 등급의 22명 임상가와 심층적인 개인 면접을 먼저 실시하였다. 참여자들은 사례연구로서 간략한 초기 관리 면접 상황에서의 요구 내용들을 회고해 냈다.

연구팀은 구술된 기록 내용을 읽고 분석했으며 거기서 드러난 몇 가지 주제를 발견했다. 주제에 입각하여 지속적으로 해석 내용을 검증하기 위해 면접 기록 내용은 조정되었다. 자료 수집은 연구팀이 이론적 체계를 개발할 때까지 계속되었다.

이 과정에서 연구팀은 이전에 면접을 하지 않은 10명의 임상가로 이뤄진 초점 집단 면담을 실시했다. 연구팀은 분석을 위한 새로운 자료를 얻는 동안 그들의 초기 해석들을 타당하게 확보하기 위해 이 임상가들을 포함시켰다. 다음에 팀은 초점 집단 자료를 분석했으며 면접과 초점 집단들로부터 얻어진 자료에 기초하여 조사 질문지를 만들었다. 그 설문은 연구의 질적인 면에서 확인되었던 요소들에 동의하는 빈도를 측정하는 데 초점이 맞춰졌다. 질문지는 예비 실시 과정을 거쳐서 연구 참여자들에게 발송되었다. 회수된 양적인 자료는 연구에서 예측변인들 간의 연관성을 결정하기 위해 다변량 회귀분석 방식을 거쳤으며, 요인분석 또한 실시되었다.

Sussman 등(2006)의 연구팀이 실시한 연구는 심층적이고 한 가지 방법만으로는 얻을 수 없는, 현상들에 대한 추가적 통찰을 제공했다([그림 14-5] 참조).

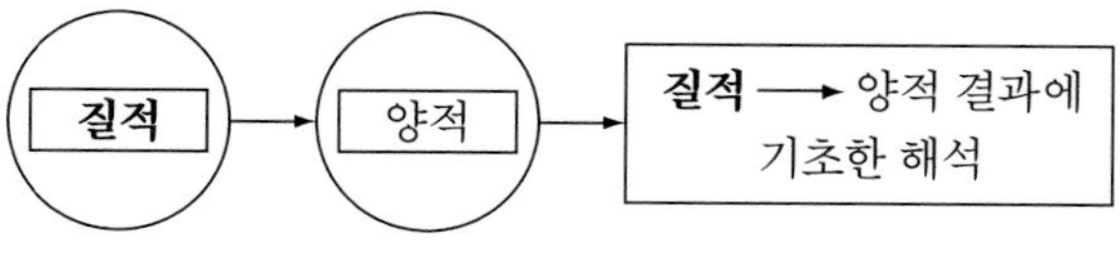

[그림 14-5] 설명적 설계

탐색적 설계의 단점은 다음과 같다.

- 실행하는 데 더 많은 시간을 필요로 하며, 특히 제한된 시간 내에 학위 논문을 쓰려고 할 때는 이 점을 고려해야 한다.
- 내부 검토위원회에 승인 신청을 할 때 양적인 단계의 절차를 구체적으로 명시하는 것이 어렵다.

탐색적 설계의 장점은 다음과 같다.

- 이 설계는 다단계와 단일 단계 연구들에 쉽게 적용 가능하다.
- 질적인 요소를 강조하고, 연구의 추가적 강점으로서 양적인 요소를 포함한다.

표집

혼합방법에 속하는 몇 가지 기본 설계를 소개하면서, 연구 참여자들을 어떻게 결정하는지를 함께 살펴보아야 한다. 우리는 일상에서 표집 활동에 참여하지만 잘 인식하지는 못한다. 예를 들면, 슈퍼마켓에 가서 최신 브랜드의 오렌지 주스를 시음한 후 질문을 받아 본 적이 있는가? 또는 구매를 목적으로 다른 종류의 차를 몰아 본 적이 있는가? 만약 우리가 자동차나 주스에 만족한다면 그러한 행위가 괜찮다고 일반화한다. 이 경우에 모든 품목을 확인해 보지 않은 채 자신이 경험한 정보를 대다수의 주스와 특정한 브랜드의 차에 연결 짓는다. 이것이 표집이다(Mertens, 2014).

다른 종류의 연구들과 마찬가지로, 표본은 혼합적 설계 방법에서 다양한 형태를 지닐 수 있다(예: 무작위, 계층화, 편향). 단일 접근 방법과 마찬가지의 똑같은 목적이 표본 선정 과정에 적용되며, 전체 대상을 편향되지 않고 대표할 수 있게 하고자 하는 것이 그 목적이다. 이 책의 다른 장에서 표집을 설명한 바 있지만, 이 장에서는 혼합연구 설계상에서 표집의 독특한 특징을 다루는 것이 필요하다.

의도적 표집

의도적 표집은 연구의 특정한 면을 밝히기 위해서 요구되는 어떤 요소들을 포함하는 대상을 고의로 표집하는 것이다. 따라서 의도적 표집을 사용할 때, 표본은 연구자의 편향에 좌우될 수 있다(Meyer, 2012).

'적절한' 표본 크기 정하기 아이들의 이야기 '금발머리와 곰 세 마리(Goldilocks and the Three Bears)'에서, 금발머리는 완벽한 아침 식사를 찾기 위해 애쓴다. 그녀는 몇 가지를 둘러보고 난 후에야 '적절한' 것을 찾았다. 자! 이와 같은 때에 넘치지 않으면서 충분한 정보를 제공할 수 있는 이상적인 양의 표본 크기는 얼마일까? 이상적인 표본 크기를 구하는 것은 사용하는 자료 수집 방법에 달려 있다.

양적 표집

양적연구에서는 더 엄격한 표집 방법이 사용된다. 연구 결과에 대한 추론을 위해서 사용하는 통계학적 절차들을 수행할 수 있을 만큼 표본은 충분히 커야 한다. 그리고 결과의 타당성과 신뢰성을 담보할 수 있는 적절한 신뢰 수준을 갖춰야 한다. 양적인 연구에서 적당한 표본 크기를 찾기 위해서는 통계 교재에서 제시하는 표본 크기 공식을 사용할 수 있다. 만약 설문 자료를 사용한다면, 표집 오류 공식이 연구를 위한 적절한 표본 크기를 구하는 데에 사용될 수 있다. 양적인 표본을 고려할 때는 다음을 고려하라.

① **표집 오류:** 표본 크기와 모집단 사이에 차이가 클수록 표집 오류가 커진다(모집단에 대한 표본의 대표성 측면에서)
② **자료 수집 방법:** 여러 명의 참여자 대상 면접 방법 같은 어떤 자료 수집 방법은 비용이 매우 많이 든다. 메일로 송부되는 설문 방법들은 비용이 상대적으로 덜 든다.
③ **연구 결과에 요구되는 정확도:** 만약 같은 주제에 대해 한 집단을 다른 집단과 비교하고자 할 경우, 연구 결과들이 보다 정확하기 위해서는 충분히 큰 표본을 사용하여 대표성을 확보해야 한다.

질적 표집

질적인 표본 선정은 연구의 목적 및 정보의 유용성에 달려 있다. 어떤 질적인 연구들은 심층적인 세부 사항들에 집중하기 때문에 더 작은 수의 참여자들을 대상으로 더 깊은 세부 사항들에 초점을 두게 된다. 다른 연구들에서는 어떤 현상을 자세하게 확인하기 위해 상대적으로 더 많은 수의 참여자를 포함시키면서 넓은 표집을 필요로 한다(양적연구만큼의 표본 크기는 아니더라도).

질적인 연구에서 주의해야 할 사항 중 하나는 참여자의 수가 커질수록 각 자료로부터 세세하고 깊은 자료 수집을 하기는 어려워진다는 것이다. 질적인 연구를 신뢰할 수 있게 하는 정해진 참여자 수는 없다. Patton(1990)은 "전형적인 질적연구는 매우 의도적으로 선택된 상대적으로 작은 표본, 심지어 단일사례(n=1)에 깊이 있게 집중한다."(p. 169)라고 제안하였다. 질적 연구의 이상적인 참여자는 연구에 사용된 접근법에 근거하여 정해진다. 예를 들면, 현상학 연구나 근거 이론에 기초한 질적연구의 참여자 수와 비교할 때, 사례연구에서는 보다 많은 참여자 수가 쓰인다(Kornbluh, 2015).

요약

연구와 전문적 상담에서 연구의 역할을 이해하는 과정에서 이 장에서는 양적연구와 질적연구의 개별 특성과 이 두 가지의 조합인 혼합연구 설계에 대해서 배웠다. 이 장 내용에서 추측할 수 있듯이 혼합연구 설계는 자료에 대한 더 폭넓은 이해를 돕지만 양적 · 질적인 두 가지 연구 과정에서보다 높은 기술을 가지고 있어야 한다. 결과적으로 혼합연구 설계는 더 상위 연구자들이나 논문 지도교수의 밀착된 지도 아래에 있는 박사과정생들이 자주 사용한다.

당신이 상담연구에서 어떤 혼합연구 설계를 사용할지 결정해야 한다면, 적절한 모형과 양적 · 질적 방법들 중에 무엇에 중점을 둘 것인가 하는 점들을 먼저 결정해야 한다. 이 장에서 우리는 이와 같은 결정을 하는 데 도움을 줄 일반적인 시각을 제공하였다. 그러나 만약 이 접근을 사용하기로 결정하였다면 어떤 연구에서라도 여러분은 혼합연구 설계를 직접 경험해 보아야 한다. 혼합연구 설계에 대한 좀 더 자세한 정보는 다음에 제시되는 참고 자료를 보면 된다.

• 생각해 볼 문제 •

1. 상담연구에서 혼합연구 설계를 사용하는 것과 관련된 장단점에는 무엇이 있는가?
2. 양적 · 질적 혼합연구 설계 접근은 어떻게 이루어지는가?
3. 불안 감소를 위한 인지행동치료의 효과를 연구하기 위해 혼합연구 설계를 사용한다고 가정하였을 때, 연구 문제는 무엇으로 정해야겠는가? 당신은 어떻게 표본을 추출할 것인가? 어떤 자료 수집 방법을 선택할 것인가?
4. 혼합연구 설계에 관한 도서관 자료들을 조사해 보라. 당신이 읽은 것과 다른 글들을 어떻게 비교할 수 있는가?
5. 네 가지의 혼합연구 설계의 접근법에 대해 비교하고 차이점을 찾아보라. 상대적으로 더 포괄적인 것이 있는가? 왜 그런가?
6. 단일 단계 연구 또는 다단계 연구를 시행할지 결정할 때, 고려해야 할 요소들은 무엇인가?

유용한 참고 자료

Clark, V. L., Creswell, J. W., Green, D. O., & Shope, R. J. (2008). Mixing quantitative and qualitative approaches: An introduction to emergent mixed methods research. In S. N. Hess-Biber & P. Leavy (Eds.), *Handbook of emergent methods* (pp. 363-387). New York: Guilford Press.

Creswell, J. W. (1999). Mixed-Method Research: Introduction and Application. In G. J. Cizek (Ed.), *Handbook of Educational Policy* (pp. 455-472). San Diego: Academic Press.

Creswell, J. W., Plano Clark, V., Gutmann, M., & Hanson, W. (2003). Advances in mixed methods research design. In A. Tashakkori & C. Teddlie (Eds.), *Handbook of mixed methods in social & behavioral sciences* (pp. 209-240). Thousand Oaks, CA: SAGE.

Tashakkori, A., & Teddlie, C. (2003). *Mixed methodology: Combining Qualitative and quantitative approaches*. Thousand Oaks, CA: Sage.

제15장

실행연구

Eric S. Thompson
Nova Southeastern University
Cheryl Pence Wolf
Western Kentucky University
M. Harry Daniels
University of Florida

목표

1. 실행연구를 정의할 수 있다.
2. 실행연구의 과정을 설명할 수 있다.
3. 실행연구 설계를 할 수 있다.
4. 1인칭, 2인칭, 3인칭 접근을 포함한 실행연구의 다른 접근들을 설명할 수 있다.
5. 실행연구의 역사와 사회적 정의, 지역사회 발달과의 관계를 설명할 수 있다.
6. 실행연구와 연관된 주요 용어와 개념을 알 수 있다.
7. 사람과 맥락의 관계를 이해하기 위해 양적 · 질적 · 혼합적 연구 방법을 사용하는 접근으로 실행연구를 이해할 수 있다.
8. 실행연구 과제를 실행하고 완료하는 데 필요한 다양한 요소를 확인할 수 있다.
9. 증거 기반 연구, 자료 중심 의사결정, 실행연구가 어떻게 연관되는지를 설명할 수 있다.

접근의 관점에서 볼 때 실행연구(action research)는 매우 풍부하고 광범위한 방법론이다. 실행연구는 연구자, 내담자, 지역사회 전문가들이 함께 문제를 공유하고 해결해 나가는 협력적 연구를 통해 다른 사람의 삶을 향상시키기를 원하는 상담사들에게 유용한 연구방법이다. 이 장의 목적은 상담사들에게 실행연구방법을 소개하는 것이며, 실행연구의 역사적 영향, 주요 개념, 실행연구 과정의 주요 구성 요소를 설명하는 것이다. 실행연구의 두 가지 주요 접근이 소개된다. 한 가지 접근은 상담사 발달을 강조하는 것이며, 다른 한 가지 접근은 주위의 지역사회 안에서 사회적 실행을 하는 것에 초점을 둔 것이다. 이 장을 통해서 연구 목표를 달성하기 위해 어떤 종류의 연구 설계를 선호하는지에 더해 어떤 개입의 영역을 선호하는지를 고려해 볼 수 있을 것이다. 이 장에는 실행연구 과제를 해 나갈 수 있도록 돕는 다양한 예시와 단계가 소개되어 있다. 이 장에 있는 마지막 예시는 학교 상담사들이 실행연구 과제를 해 나갈 수 있도록 단계를 소개하는 데 초점을 맞추고 있다. 이 예는 많은 영역의 상담에도 적용될 수 있을 것이다.

실행연구 도입

실행연구는 연구 목표에 따라 상담사가 상담 능력을 향상시키고 이론을 발달시키며 연구 능력을 확장하고 사회적 기여를 하는 종류의 연구방법이다. 실행연구 과정은 큰 두 개의 스펙트럼을 따른다. 첫째, 실행연구는 질적 · 양적 · 혼합적 연구 방법을 포함한 연구 스펙트럼 전체를 아우른다. 그렇게 하면서 실행연구는 다른 연구 배경과 능력을 가진 연구자들이 실행연구 과제에서 함께할 수 있도록 돕는다. 둘째, 실행연구는 개인적인 상담 능력 향상에서부터 주변 지역사회에 변화를 일으키는 것까지의 전문적인 활동들의 범위를 모두 아우른다. 이어지는 절들에서 상담 영역과 관련해서 실행연구의 종류와 목표를 살펴볼 것이다.

상담사로 성장해 나가는 과정의 어떤 시점에 우리는 이런 질문을 해 보고는 한다. “상담사로서 실력을 향상시키기 위해 자료나 정보들을 어떻게 사용할 수 있을까?” “상담 프로그램의 결과를 이해 당사자들에게 어떻게 보여 줄 수 있을까?” “이 지역사회가 필요로 하는 정신 건강 돌봄은 무엇인가? 그리고 이를 위해 나는 무엇을 할 수 있을까?” 실행연구는 상담사로서 상담 실제와 바로 관련된 방법으로 상담 능력을 향상시키고 전문적인 지식을 쌓도록 하는 질문에 대답하기 위한 방법이다.

실행연구는 최소한 다음의 단계를 포함하고 있다. ① 초점이나 문제 영역을 정의하고 실행 계획을 세운다. ② 관찰 또는 면접과 같은 자료를 수집하고 분석한다. ③ 발표 자료나 논문 등을 통해 결과를 해석하고 발견한 내용을 전한다. ④ 향후 연구를 발전시키기 위해 실행 결과를 평가하고 성찰한다. ⑤ 결과를 사용하여 실행 계획을 수정한다. ⑥ 새로운 실행을 진행한다 (Rowell, 2006). 실행연구는 마지막 단계가 또 다른 실행연구 사이클로 이끄는 순환적 과정이다.

실행연구의 목적

실행연구의 목적은 실행연구 과제에 관련된 사람들이 삶을 향상시킬 수 있는 개입방법을 찾아내는 것이다. 경험적연구와 다르게, 실행연구는 대부분 특수 맥락 연구이며, 따라서 결과는 전형적인 어떤 사람들에게 적용되고 더 많은 사람에게 일반화되지는 않는다. Ozanne과 Saatcioglu(2008)는 많은 종류의 실행연구에 다음의 네 가지 주요 원칙이 연결된다고 하였다.

① 현장 적용을 강조하는 과학적 방법의 사용
② 문제 정의, 자료 수집 및 분석, 자료 성찰, 기존의 연구 사이클로부터 수정된 실행 계획의 순환적 과정
③ 연구자와 참여자 간의 동등한 파워 역동. 참여자가 전문가로 간주되고 현장 지식을 위해 의견을 얻음
④ 문제와 성공적으로 간주되는 연구 과제의 해결책에 대해 연구자와 참여자 간의 상호 동의

Box 15.1 실행연구의 일반적인 6가지 단계

1. 초점 또는 문제 영역을 정의한다.
2. 자료를 수집하고 분석한다.
3. 결과를 해석하고 전달한다.
4. 결과를 성찰한다.
5. 결과를 사용하여 실행 계획을 수정한다.
6. 새로운 실행을 진행하고 사이클을 반복한다.

실행연구는 상담사와 임상 전문가들이 자신의 전문적 현장과 관련된 다음과 같은 질문을 해 보도록 돕는 일종의 탐구이다. 무엇이 일어나고 있는가, 변화를 위해 무엇이 필요한가, 그 문제를 어떻게 변화시킬 수 있는가(McNiff & Whitehead, 2011)등의 질문이다. 실행연구가 주목받는 측면은 다양하고 광범위한 연구 경험의 상담사들에게 접근가능하다는 것이다. 실행연구를 통한 탐구는 상담사들에게 힘을 북돋아 준다. 이 방법이 현장을 조사하고 전문적인 기술을 발달시킬 수 있도록 해 주며(Kaffenberger & Davis, 2012), 변화시키고자 하는 지역사회나 직

장 환경에 영향을 미칠 수 있기 때문이다.

상담 분야, 특히 학교 상담 분야는 질적연구에서 자료나 증거 기반 연구인 양적·혼합적 연구 방법으로 변화되어 왔다(Kaffenberger & Davis, 2012). 그러므로 학교 상담에 있어서 실행연구는 질적연구방법 위에 더 양적이고 경험적인 방법을 사용하도록 해 줄 수 있다. Kaffenberger와 Davis(2012)는 특히 학교 상담사들에게 현장연구에 대해서 언급하면서 이런 연구들이 경험적 방법에 초점을 맞춘다고 하였다. 예를 들어, 만약 당신이 학교 상담사이고 이해 당사자들에게 책임을 설명하기 원한다면, 상담 프로그램을 만들고 이를 향상시킬 수 있는 다양한 관점을 모으기 위해 혼합적연구방법을 사용할 수 있다(예: 가족/지역사회 설문조사, 면담, 기관 자료). 자료를 수집한 후에는 개입방법을 만들고 제공하며, 더 많은 자료를 모으고, 이를 수정하며, 그 후에 순환적 과정으로 더 많은 실행을 진행하면서 이해 당사자들과 함께 작업하게 될 것이다.

더 나아가 만약 저소득층 가정의 학생들을 위한 우수 과정을 만들고자 한다면, 이 과정에 등록이 적합한 저소득층 수준을 확인하고 교사와 이해 당사자들을 구하며, 이런 과정을 시작하기 위해 실행연구를 사용할 수 있다. 실행이 이루어지고 평가 자료가 모이면, 다른 개입과 관점을 포함하기 위해 기존의 초기 실행 계획을 수정할 수 있다. 이런 작업은 학교에서의 변화에 영향을 끼칠 수 있을 뿐만 아니라 당신의 상담 능력을 향상시키는 데에도 풍부한 자료를 제공해 줄 수 있다. 이러한 자료는 상담 프로그램의 영향을 이해 당사자들에게 보여 주는 데도 사용될 수 있다.

아니면 만약 정신건강 상담사라면, 질적연구를 통해 새로운 치료방법이나 실험적 치료방법에 참여한 내담자들의 경험을 이해하면서 자신의 상담 능력을 향상시킬 수 있다. 실행연구방법은 유연하고 다양한 이유로 사용될 수 있다. 학교 상담사는 실행연구를 사용해서 지도 프로그램을 향상시키고 이해 당사자들을 설득하기 위해 자료 기반 결정 모형을 제공할 수 있으며, 교사들은 실행연구를 사용하여 학생들이 교육방법 변화에 어떻게 반응하는지 연구하면서 교실에서의 수업방법을 향상시킬 수 있고, 정신건강 상담사들은 실행연구를 사용하여 주변 사람들의 정신건강에 대한 필요를 평가하기 위해 자신의 상담 능력을 성찰하고 지역사회와 함께 일할 수 있다.

실행연구와 경험적연구

이 책의 앞부분에서 논의한 것처럼, 실행연구는 그 자체로 전통적연구방법이나 역동과 구분된다. 실행연구를 하는 연구자들은 스스로의 역할을 조사 가운데 맥락의 한 부분으로 개념화하는 반면, 전통적인 경험적연구를 하는 연구자들은 가능한 한 질문의 결과에 영향을 미치지 않도록 노력하면서 연구의 독립성을 유지하려고 한다. 실행연구에서는 전문적인 연구팀 대신에 현장의 상담사들이 연구를 완성한다. 실행연구자들은 적극적인 참여자로서 연구에 합류한다. 그들은 자신의 상담을 성찰하고, 향상시켜야 할 영역을 찾으며, 진전도에 대한 기록을 한다. 사람들에게 어떤 상황인지, 어떤 부분이 변화되어야 하는지, 그러한 변화를 위해 무엇을 할 수 있는지, 실행이 이루어지면 어떤 결과가 있을 것 같은지를 묻는다. 〈표 15-1〉은 전통적인 경험적연구와 실행연구의 질문이 어떻게 다른지에 대한 몇 가지 예를 보여 준다.

표 15-1 경험적연구와 실행연구의 질문은 어떻게 다른가

경험적연구 질문	실행연구 질문
상담사 소진과 직장만족도 간의 관계는 어떠한가?	나는 상담사 소진을 줄이고 직장만족도를 높이기 위해 무엇을 하는가?
시험 불안은 학생의 읽기성취도 점수에 영향을 미치는가?	나는 학생들의 읽기성취도 점수를 높이기 위해 학교 상담 서비스를 어떻게 변화시키는가?
행동치료나 내담자중심치료는 우울을 더 효과적으로 다룰 수 있는가?	나는 다른 치료적 접근들을 찾아서 더 효과적으로 우울을 치료하는가?

실행연구 활용과 주제

Somekh와 Zeichner(2009)는 기존 문헌을 통해 실행연구를 이해하기 위해 2000년부터 2008년까지의 실행연구 논문 46편을 분석하였다. 각각의 논문은 다음의 여덟 가지를 중점으로 분석되었다(p. 11).

- 실행연구의 목적
- 내용
- 상담사들이 가진 철학과 학습
- 후원
- 참여자들을 위한 인센티브
- 질문방법(질적 또는 양적, 한 가지 초점 또는 여러 가지 초점)
- 실행연구와 다른 연구 과제의 관계
- 실행연구가 다른 사람들의 대표성을 갖는 방법

연구자들은 이런 분석을 통해 실행연구 주제를 다섯 가지로 분류했다. 첫 번째 주제는 정치적 격변과 전환의 시기에 이루어진 실행연구이다. 정부가 바뀌고 권력이 바뀌는 동안 이러한 연구들이 이루어졌다. 실행연구는 이런 변화의 시기에 사람들은 나라의 미래를 위한 비전을 찾으며, 일반적이거나 서로 공유하는 비전을 실현하는 과정을 시작하도록 도와준다.

두 번째 주제는 학교 개혁을 위해 주에서 후원을 받은 실행연구이다. 이 접근에서 실행연구는 다양한 성찰적 방법을 통해 고민에 빠진 교육자들의 협력을 끌어내고 교육자가 주체가 되는 성장을 이끌어 내면서 교사들을 실행가로서 발전시키도록 돕는 데 사용된다(Somekh & Zeichner, 2009). 이러한 종류의 포럼은 교사들이 전략을 세우고 이러한 교육을 현장에 적용할 수 있도록 돕는다.

세 번째 주제는 정치적 개혁의 목적을 위해 서부 정부와 학교 시스템이 실시한 실행연구이다. 한 가지 예는 '아동 낙오 방지(No Child Left Behind)' 운동을 위해 표준화된 시험 점수에 초점을 맞추고 있다. 이는 단지 교사가 시험 점수를 올리는 것 이상에 초점을 맞추는 데 관심을 갖는 것에 반대하는 운동이다. 이 접근은 보통 정치적 안건을 보조하는 데 편향되어 있고 상담연구에서 고려되는 방식은 아니다.

네 번째 주제는 대학의 변화를 이끌기 위해 실행연구를 통해 대학 주도적 변화를 이루는 것이다. 한 가지 예는 중국에서 Li-Peidong과 Laidlaw(2006)가 실시한 연구인데, 이 연구는 대학 수준에서 영어를 제2외국어로 가르치는 것과 관련이 있다. 대학교는 원어민 영어를 구사하는 강사와 일하기 위해 영어 강사의 필수 요건을 만들었다. 여러 문화 간 의사소통을 활성화시키기 위해, 연구자는 다른 문화적 가치가 멘토링 과정을 강화하고 대학의 요구를 충족시키는 데 어떻게 사용될 수 있는지를 이해하기 위해 생활교육이론 실행연구 접근을 사용했다.

실행연구의 마지막 주제는 지역에서 후원을 받아 시스템 개혁을 여러 차례 돕는 방식이다. 몇몇 교사가 학교의 전문적 발달의 매우 중요한 부분이 되고 학교의 목표에 부합하게 되는 실행연구를 진행하기 시작했다. 이때 실행연구는 소수민족 학생들의 성취에 초점을 맞추는 방식으로 사용되었다. 이러한 시도는 예산 삭감과 지역사회에서 시작된 다른 문제들에도 불구하고 여전히 적극적으로 진행되고 있다.

실행연구의 중요성

실행연구는 역동적이고 유연하며 상담사들이 임상가, 사회정의 주창자, 변화 주체, 연구자로서 자신의 기술을 사용하고 발달시키도록 돕는다. 실행연구는 1인칭 연구로서 개인적인 상담사의 목표에 초점을 맞추거나, 3인칭/지역사회 접근으로 연구를 확장시킬 수 있다. 이와 같이 실행연구는 양적 · 질적 · 혼합적 방법을 사용할 수 있다. 이러한 것들은 모두 상담사에게 연관된 방법들이다. 상담사는 실행연구를 통해서 자신의 전문성에 대해 질문하기 위해 배경과 강점을 사용하고 자신의 능력을 향상시키기 위해 관심을 갖는 현상에 대한 이해를 활용하도록 권한을 부여받는다. 마지막으로, 실행연구는 변화를 돕고자 하는 의도와 계획하고 실행하며 평가하고 실행을 수정하는 과정을 통해 변화를 만들어 나가기 위한 좋은 방법을 동시에 찾아가는 방식이다.

다음 절에서 실행연구의 역사, 종류, 단계에 대해서 설명할 것이다. 실행연구의 다양한 접근을 설명해 주는 예시들도 제시할 것이다. 이러한 예시들은 학교 상담사들이 개인적 능력을 향상시키는 것에서 스리랑카에서 정신건강 상담사들과 함께 일한 내용까지 다양하다.

실행연구의 기원

두 명의 선구적 실행연구자들이 있는데, Paulo Friere와 Kurt Lewin이다(McNiff & Whitehead, 2011; Ozanne & Saatcioglu, 2008). 더 나아가 Kurt Lewin은 실행연구라는 용어를 처음으로 만들었다. 그는 지역사회를 변화시키고 사회 운동을 강조하기를 원했는데, 실행연구를 통해 이 일을 하고 싶어 했다. 그의 실행연구들은 미국의 다양한 지역과 기업에서 활용되었다.

Paulo Freire

Paulo Friere는 학교 시스템을 개혁하기 위해 실행연구를 사용한 철학자이자 교육자이다. Paulo Freire는 브라질에서 태어났지만 1964년 브라질 군대에서 복역한 후에 칠레로 갔다. 1960년대와 1970년대에 Freire와 칠레의 교육자들은 사회 운동의 한 형태로 주제 연구 과제를 진행했다(Herr & Anderson, 2005). Freire는 각 문제들이 지역사회 구성원들에게 얼마나 중요한지에 대한 주제를 세웠다. 예를 들어, 칠레 리터러시(literacy, 문해력) 프로젝트는 새로운 읽고 쓰기 기술을 사용하여 문맹 성인들이 읽을 수 있도록 도우며 사회 운동을 실시하기 위해 개발된 것이다. Friere의 접근은 그 지역의 관점, 강점, 변화에 대한 요구를 포함하고 있다. 그리고 이 접근은 이후에 설명된 실행연구의 한 종류로 분류되곤 한다.

Kurt Lewin

Kurt Lewin은 지역사회에 긍정적 변화를 일으키기 원했던 사회심리학자였다(Lewin, 1946). 그는 사회심리학과 성격심리학의 창시자로 잘 알려져 있다(Snyder, 2009). Lewin은 실행연구가 "다양한 형태의 사회 운동 상황과 효과에 대한 비교연구이자 사회 운동을 이끄는 연구"라고 설명했다(Lewin, 1946, p. 35). 이처럼 실행연구는 실행을 진행하고, 평가하며, 다시 실행하는 과정을 통해 동시적으로 개입을 하는 과정이다. 이런 관점에서 실행연구는 다양한 형태의 사회 운동에 초점을 맞추며 또한 더 나은 상황으로 이끄는 실행에 초점을 맞춘다. Lewin은 다음과 같은 실행연구의 세 가지 목표를 제시했다(Sommer, 2009에서 재인용).

① 이론과 사회과학에 근거를 둔 연구에 공헌하면서 지식을 발전시킨다.
② 연구 이후에 참여자들이 더 나은 상태로 가도록 확신을 가지면서 상황을 향상시킨다.
③ 동료 평가 학술지와 관련 정기간행물 등에 등재하여 연구를 퍼뜨린다.

Lewin(1946)은 현장 경험적 접근의 지지자이며 자연적 상황에서 실행연구를 실시하는 것을 더 좋아했다. 일반적으로 실행연구자가 내용 맥락과 독립변인을 조작하여 실제 세계에서 완성하는 현장 실험을 진행한다. Lewin이 현장 실험을 진행했던 곳 중 한 곳은 하우드 제조회사(Harwood Manufacturing Corporation)였는데, 관리 방식이 회사의 생산 목표를 달성하는 데 어려움을 겪고 있으며, 관리자들이 다른 관리 스타일을 갖고 있다는 점을 토론을 통해 알아냈다. 주마다 여러 번 만나는 곳에서 의사결정을 내리는 두 관리자 집단 간에 관찰되는 다른 점들을 찾기 위해 현장 실험을 진행했다. 첫 번째 집단에서는 생산해야 하고 도달시켜야 할 목표 생산량에 대해 투표로 정했다. 이 집단은 목표량을 75개에서 87개로 올리기로 결정했다. 두 번째 집단에서는 마찬가지로 생산량과 결과물을 증가시키는 것에 대해 토론했으나, 첫 번째 집단과는 달리 리더가 결과물을 증가시키는 것에 대한 결정을 집단에게 맡기지 않았다. 첫 번째 집단은 생산량을 90개로 증가시켰고, 이후 약 6개월간 이 생산량을 유지했지만, 비교집단은 이 기간 동안 통계적으로 유의한 수치의 생산량 증가를 이루어 내지 못했다. Lewin은 기타 변인인 생산량 수치를 결정하는 방식이 집단으로 하여금 목표를 달성하며 유지하도록 하는 변인이라고 결론 내렸다.

실행연구 사이클 Lewin은 설문조사나 통계방법과 같은 전통적인 경험적 방법을 사용하는 대신에 사실 찾기, 계획, 탐색적 실행, 평가의 순환적 방식에 초점을 맞췄다(Lewin, 1946;

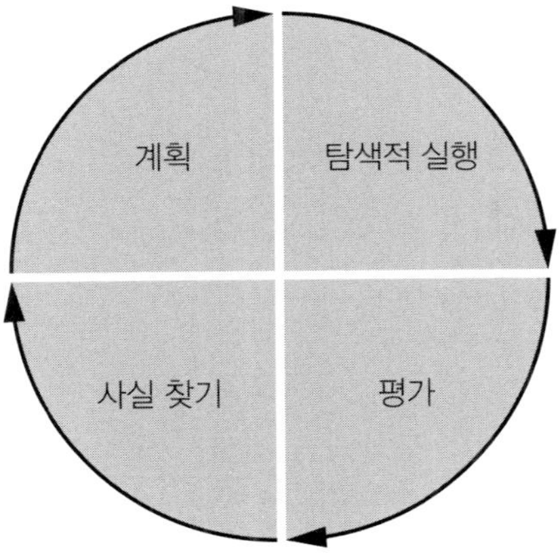

[그림 15-1] Lewin의 실행연구 사이클 모형

Somekh & Zeichner, 2009). 사실 발견의 과정은 전형적으로 개인, 대인 간, 또는 거시생태계적인 문제와 연결되는 연구 질문 주제를 찾아가는 것이다. 계획은 전략을 세우고, 자원을 평가하며, 과제를 전반적으로 구축하는 것이다. 현장 실행을 통해 문제를 찾아내고 발견한 것들을 평가해서 다음의 실행에서 변화를 일으키도록 한다. 이러한 단계는 서너 번의 사이클을 돌면서 반복적으로 완성된다. 목표가 달성되었거나 과제가 더 이상 필요하지 않는다고 실행연구자가 결정할 때 이러한 단계를 멈춘다.

Lewin 이론의 주요 초점은 사회적 관계의 구조와 역동을 구성하는 개인과 주어진 환경 요소 간의 관계에 대한 것이다. 구조는 물리적 구조(예: 빌딩)와 대인 간 구조(예: 가족 규모)를 포함한 다양한 형태를 언급한다. 역동은 개인, 집단, 기관, 지역사회 간의 상호작용 과정을 의미한다.

개인-환경 상호작용 Kurt Lewin(1946)은 행동이 개인과 환경의 기능이라고 주장하는 뼈대를 발전시켰다(Marrow, 1977). Lewin은 행동이 개개인과 주변 구조와 역동 또는 맥락의 산물이라는 공식 $B = f(P, E)$를 개발했다. 이 공식에서 B는 개인의 관찰 가능한 행동이다. Lewin은 개인의 행동을 관찰하면서 다른 사람들에게 지시를 받은 행동과 함께 외적인 사회 활동이 심리적 행동의 가장 흥미로운 유형이라고 믿었다(Kihlstrom, 2014). 외적인 활동은 또한 분석하고 연구하기가 쉽다. 방정식에서 P는 "개인 내적인 것에서부터 특성, 태도, 다른 행동적 기질뿐만 아니라 (인지, 정서, 동기적인) 모든 사람의 정신적 상태 등의 모든 인과 요인"을 포함하는 개인적 요인을 말한다(Kihlstrom, 2014, p. 5). 마지막으로, E는 개인 외부의 인과 요인으로 다음을 포함한다.

> 생태 환경(예: 온도, 습도, 고도 등)과 사회문화적 생태(예: 다른 사람의 존재와 행동, 사회 구조에 의해 부과된 제약, 사회적 역할, 상황적 요구와 기대, 사회적 인센티브 등)를 포함한 개인 외부의 세계에 존재하는 모든 인과 요인(Kihlstrom, 2010, p. 6).

Lewin은 환경 수준에서의 변화가 개인 수준에서의 변화에 영향을 미치며, 행동이 상호 의존적인 개인과 환경의 결과라고 하였다. 잠시 당신의 환경 맥락이 당신 자신의 결정, 행동, 발달에 어떻게 영향을 미치는지 생각해 보자. 경제적 부를 달성할 수 있는 정도가 삶에서의 독특한 성장 기회를 제공했는가? 어떤 대학을 다녔는지가 상담사가 되고자 하는 선택에 영향을 미쳤는가? 어느 나라 출신인지가 어떤 특정 사회적 성역할을 따르는 데 영향을 미쳤는가? 맥락은 행동과 강력한 관계가 있고 Bronfenbrenner의 생태학적 모델과 관련된 것처럼 보이는 Lewin의 공식 안에 잘 요약되어 있다.

생태학적 모델

Bronfenbrenner(1977)는 한 인간의 인생 주기를 걸쳐서 환경과 인간 발달 사이의 관계에 초점을 맞춘다. Bronfenbrenner는 1970년대에 인위적이고 친숙하지 않은 조건에서 이루어진 많은 실험이 다른 조건에서는 일반화되기 어렵다는 점에 대해서 비판했다. 그는 이런 방식의 과학적으로 엄격한 적용을 지나치게 강조하는 것이 "가장 짧은 시간 동안 낯선 어른들과 낯선 상황에서 낯선 아이의 행동을 확인하는 과학"이라고 결론 내렸다(p. 513). Bronfenbrenner는 또한 연구자들이 사회적 타당성 문제에 초점을 맞출 필요가 있다고 주장했다. 사회적 타당성에 초점을 맞추면 연구의 의미를 찾을 수 있으나, 굉장히 과학적 엄격성을 놓칠 수 있다. 그에 대한 대안으로 Bronfenbrenner는 경험적으로 엄격한 방법론을 사용하는 것과 현장 중심 연구 가운데 타협하는 안을 제안했다. 이런 타협안은 자연적 관찰법이었는데, 과학적 엄격함과 사회적 타당성을 분리해서 생각하지 않고 엄격하지만 다양한 맥락을 가진 자연적 조건에 의미를 가져올 수 있는 연구방법을 사용한다. 그는 자신의 생태학적 모델에서 자연적 관찰법을 사용해서 다양한 조건에서 다양한 사람의 상호작용과 교류를 조사하고 미시체계, 중간체계, 외체계, 거시체계라는 네 가지 구분된 체계를 개념화했다. 이 체계들은 당신이 연구하기 원하는 상호작용 수준을 선택하도록 도와주면서 실행연구에 도움을 준다.

미시체계 미시체계는 사람과 환경의 관계와 연관된다. 지역, 시기, 활동은 미시체계 안에 환경을 구성한다. 예를 들어, 만약 당신이 아이의 아침을 만들기 위해 일찍 일어나고 그 후에 경력 목표 워크숍을 이끄는 일터로 간다면, 이 시나리오에서 두 미시체계는 집에서 아이와 함께하는 아침식사 시간과 일터에서의 경력 워크숍을 포함한다.

중간체계 중간체계는 한 시기에 한 시점의 특별한 환경에서 사람들 간에 일어나는 상호작용을 말한다. 중간체계는 다양한 미시체계로 구성되어 있다. 상담사의 상호작용은 동료, 가족 구성원, 내담자 사이에서의 상호작용을 포함한다. 예를 들어, 상담사가 빈곤한 국가에서 전문적 상담사가 되기 위한 훈련을 제공하면서 대학원생들과 함께 일한다면, 이러한 몇 가지 미시체계가 결합하여 중간체계를 구성하는 곳에 연관되어 있다.

외체계 외체계는 개인보다 더 외부에 있고 미시체계에 간접적인 영향을 미친다. 미시체계와 중간체계에서 사람들은 경험을 구성하는 역할을 한다. 외체계는 이차적 수단을 통해 개인과 관계에 영향을 미친다. 예를 들어, 당신이 새로운 고소득 직업을 갖게 된다면 등록금 대출을 갚기 시작할 가능성을 열어 줄 것이다. 이 시나리오에서 고용 기회는 외체계로부터 나타났고 미시체계(예: 빚을 갚을 능력)에 영향을 미친다. 외체계는 이웃, 직장, 정부, 사회 네트워크를 포함한다.

거시체계 마지막으로, 거시체계는 다른 종류의 체계들과 다르다. 거시체계는 정치, 미디어, 종교를 포함하여 문화권이나 하위 문화권의 대단히 중요한 신념과 제도적 패턴을 언급한다. 당신이 다른 거시체계 출신의 내담자와 함께 작업한다면, 다른 사람과의 관계, 파워 역동의 인식, 상호 이해에 도달하는 것 등을 포함한 구체적 문화적 차이와 기대에 대해 인식할 필요가 있다.

생태학적 모델의 체계들은 실행연구자들이 연구 질문을 구성할 수준을 선택하는 데 도움을 주기 때문에 실행연구에 유용하다. 만약 실행연구자들이 자신의 상담 능력 개발에 관심이 있다면 미시체계에, 상호작용에 관심이 있다면 중간체계에, 지역사회와 더 큰 사회적 변화에 관심이 있다면 외체계와 거시체계에 초점을 맞추길 원할 것이다.

실행연구의 종류

실행연구는 참여적/지역사회, 임상가, 또는 체계적인 연구 등 수많은 종류를 포함하고 있으며 증거 기반 실천을 지지한다. 각 종류의 실행연구는 유사한 연구방법과 실행연구 원칙들을 따르지만 맥락과 환경 내의 개인에게 독특한 구분되는 초점과 목적을 갖고 개발되었다.

이 장에서는 실행연구의 두 가지 주요 특징에 초점을 맞추려고 한다. 두 가지 특징에는 주변 맥락에서 사회적 변화를 일으키고자 하는 것(즉, 참여적/지역사회 실행연구)과 실력을 향상시키는 것(즉, 임상가 실행연구, 체계적 실행연구)이 있다. Freire는 참여적/지역사회 실행연구를 강조했다. Freire와 Lewin은 각각 임상가 중심 실행연구 모델을 만들었다. 체계적 실행연구는 실행연구방법을 사용하는 한 종류인데 다음에서 간단히 논의한다.

체계적 실행연구

체계적 실행연구는 주로 양적방법이고 더 넓은 조직 수준에 초점을 맞추는 실행연구의 한 종류이다. 이 연구는 주로 규모가 큰 기관이나 회사에서 사용된다.

> 체계적 실행연구는 일부의 실행 질문을 더 넓은 조직에 두면서 조직이 일부 문제에 영향을 미치고 반대로도 영향을 미치게 하는 실행연구의 한 형태이다. 여기에는 큰 조직 실행연구와 네트워킹하는 체계적 질문이라는 두 가지 접근이 있다. 이러한 것들은 크고 복잡한 조직에서 효과적인 업무가 가능하도록 하기 위해 개발된다(Burns, 2007, p. 7).

반복해서 얘기하는 것을 피하기 위해, 체계적 실행연구는 뒤에서 다시 인용할 것이지만 이 장에서 구체적으로 논의하지는 않는다. 체계적 실행연구를 사용하는 사람들은 보통 이 장에서 이야기한 실행연구 단계와 원칙을 유사하게 따르고 있다.

참여적 실행연구

지역의 시각, 강점을 활용하고 변화를 일으키고자 하는 Freire의 접근은 참여적 실행연구로 알려져 있다. 참여적 실행연구 과정을 통해 지역사회와 연구자가 함께 적극적으로 참여하면서 문제를 해결해 나간다(Smith, Rosenzweig, & Schmidt, 2010). Brown과 Tandon(1983)에 따르면, 참여적 실행연구는 이탈에 초점을 두고 더 넓은 사회적 분석을 강조한다. Herr와

Anderson(2005)이 제시한 특징은 다음과 같다.

- 사회 현상은 거시 수준의 사회에 영향을 받는다.
- 사회 구조와 역동은 역사의 맥락과 연관된다.
- 이론과 실천은 동시에 연결된다.
- 주제와 대상 간의 대화는 하나의 주제-주제 관계로 변형된다.
- 연구와 실행은 하나의 과정이다.
- 지역사회와 연구자는 사회 변화를 위해 함께 지식을 만들어 낸다.
- 연구 결과는 즉시 구체적 상황에 적용된다.

참여적 실행연구는 평등, 사회 정의, 지역사회의 시각과 관련된다. 상담사들은 사회 정의와 내담자들의 복지에 전념한다[American Counseling Association (ACA), 2014, code A.1.; American School Counseling Association (ASCA), 2010, code E.2.]. 사회 정의의 관점에서 실행연구방법은 시민과 임상가들에게 주변 지역사회에서 공정한 결과를 얻도록 조직하고 실행을 하도록 북돋아 주는 독특한 역사를 지니고 있다(Lewin, 1946; Masters, 1995). 비록 참여적 실행연구가 독특하고 대부분 임상가 발달을 목적으로 하고 있기는 하지만, 실행연구의 또 다른 초점은 더 큰 규모에서 사회적 운동을 하는 것이다. 실행연구의 사회적 초점은 참여적연구와 독립적으로 보이거나 참여적연구의 보완물로 보일 수 있다. 사회 운동을 상기하면서 실행연구는 상담사와 지역사회 구성원들에게 사회 정의 이슈와 변화를 창조하기 위한 더 넓은 지역사회 고민에 초점을 맞추도록 해 준다. 한 가지 접근은 지역사회에서 일어나는 특정한 현상을 이해하기 위해 질적인 방법을 사용하는 것일 수 있다. 이런 종류의 실행연구는 지역사회에서 이러한 경험들을 인식하고 더 나은 변화를 일으키기 위한 정보 활용을 위해 직장에서의 차별의 실제 경험과 작업 환경에 초점을 맞춘다. 이러한 방법은 사회적으로 초점을 맞춘 실행연구의 가장 힘 있는 방법이다.

Reason과 Bradbury(2007, p. 1)는 참여적 실행연구를 지역사회 실행연구라고도 하면서, "가치 있는 인간의 목적을 추구하기 위해 발달하고 실제적으로 알아 가는 것과 관련된 참여적이고 민주적인 과정"이라고 했다. 이런 종류의 실행연구는 남반구에서 시작되어 교육 시스템의 변화, 평등, 사회 정의, 사회에서의 소외 문제에 초점을 맞췄다. 중요한 주제 중 하나는 해방에 초점을 맞추는 것이었다(Smith et al., 2010). 해방은 도움과 변화를 필요로 하는 세계에 관심을 가지며 스스로가 세계를 변화시키는 한 존재가 될 수 있다고 바라보는 발달적인 자기인식

과정이다. 참여적/지역사회 실행연구는 우선적으로 질적연구방법을 사용하는 경향이 있다.

사회 정의와 사회 운동에 초점을 맞추는 실행연구의 과정에서는 연구 참여자와 연구자를 변화의 대리인으로 바라본다. 변화 대리인들은 지배 집단에 의해 지배당하는 집단에서 소외당하는 부분을 인식하고, 참여자들의 과거에 대해 비판적으로 질문하며, 지역사회가 이러한 실행연구의 요구에 의해 문제를 확인하도록 만든다. Ozanne와 Saatioglu(2008)에 따르면, 사회에서 소외되는 경험은 변화를 위한 비전을 공유하게 만드는 기초가 된다. 참여적 실행연구와 함께 지역사회 또는 거시 체계에 대해 추가적으로 강조할 수 있다.

임상가 실행연구

실행연구에 대한 또 다른 접근은 Lewin(1946)에 의해 개발되었다. 이 접근은 임상가의 발달에 초점을 둔다. 실행연구에 대한 Lewin의 접근이 사회 운동의 요소들을 갖고 있기는 하지만 일하는 현장에서 능력을 향상시키는 방법을 찾는 데 목적을 두고 있다. 이는 인간-환경 상호작용의 원리에 초점을 준다. 이러한 종류의 상호작용은 Bronfenbrenner의 생태학적 모델을 연상시킨다. 생태학적 모델은 또한 개인과 인간의 관계를 설명하도록 도와주며 인간-환경 상호작용의 어떤 단계에 초점을 둘지 선택하는 데 유용한 이론이다.

임상가 실행연구의 구체적인 한 가지 유형은 학교 상담사 실행연구이다. 이러한 실행연구는 학교 상담사들에 의해 학교 안으로 들어가게 되었다(Kaffenberger & Davis, 2012). 문제를 해결하고 변화를 만들어 내는 혼합적연구방법을 사용한 연구와 함께 증거 기반 실천을 진행하는 것과 연결된다(Rowell, 2005). 상담사로서 우리는 상담 능력과 프로그램을 향상시켜 나가려고 노력한다. 임상가 실행연구는 상담사가 자신의 개인적인 목표와 더 넓은 맥락이나 지역사회에서 변화를 일으키고자 하는 의도를 성찰해 보도록 이끄는 효과적인 방법을 제공한다. 학교 상담사를 위해 개발되었지만 다른 상담 영역에도 적용될 수 있다. 예를 들어, 정신건강 상담사는 우울증 프로그램에서 관심사를 찾기 위해, 그리고 새로운 집단 형태를 찾고 사전·사후 우울증 검사 결과를 측정하며 동료나 관리자에게서 피드백을 얻는 등 내담자에게 더 효과적인 상담을 제공하기 위해 실행연구를 활용할 수 있다.

연구 패러다임

Ernest(1994)에 따르면, 실행연구는 세 가지 다른 패러다임, 즉 어떤 방법이 사용되는지, 지식이 어떻게 만들어지는지에 대한 어떤 다른 시각을 갖고 있는지, 어떤 방법에서 지식이 사용되는지와 관련된다. 패러다임은 연구의 과정을 이끌 수 있는 깔려 있는 이론적 구조라고 볼 수 있으며, 시간 및 맥락과 관련이 있다(Kuhn, 1976). 세 가지 패러다임은 다음과 같다.

- 기술적 · 합리적(경험적이라고 칭하는) 연구
- 해석적연구
- 비판적 이론연구

기술적 · 합리적(경험적) 연구는 연구자가 객관성을 유지하고 통제된 실험 환경을 유지하기 위해 참여자들로부터 거리를 유지한다. 이러한 접근은 만약 x가 일어나면 그 결과로 y가 일어날 것이다와 같은 변인들 간의 인과적 관계를 추정한다. 그리고 이러한 관계는 통계적 분석으로 관찰할 수 있다. 통계적 분석을 통해 도출된 지식은 더 많은 대상에게 일반화할 수 있다. 우주여행에서부터 맥주 샘플 테스트까지 다양한 영역에서 개개인을 돕는 유용한 방법으로 사용될 수 있다. 그러나 참여자에게 지지를 해 주는 위치에 연구를 두지는 않는다. 경험적연구는 실행연구에서 사용되는데, 특히 참여자와 거리를 두는 학교 상담에서 양적인 결과를 얻을 필요가 있을 때 사용된다. 이러한 접근들은 자료 중심 또는 경험 중심 접근이라고 볼 수 있다. 예를 들어, 학교 상담사는 어떤 학생이 학교를 그만둘 가능성이 많은지를 찾아서 연구 결과에 근거한 개입을 제공하기 위해 양적인 방법을 활용할 수 있다.

다음 패러다임은 해석적연구이다. 이 유형의 연구에서는 인간 행동을 묘사하고 설명하기 위한 자연적인 상황을 관찰한다. 자료 분석 방법은 원인-결과 관계를 확인하기 위해 양적 결과를 분석하기보다는 질적방법을 활용하여 행동의 의미를 더 상세히 살펴보는 데 초점을 두는 경향이 있다. 연구자와 참여자의 관계는 경험적방법을 쓸 때보다 더 평등하다. 참여자들이 해석에 약간의 통제를 가하기도 하지만 연구자가 마지막 이야기를 만들어 가는 '마지막 문장'을 만들어 낸다. 이러한 접근은 사례연구에 자주 사용되며 실행연구에서는 자주 사용되는 편은 아니다.

마지막으로, 비판적 이론연구 접근은 상황을 변화시키거나 통제하는 시도 이전에 상황과 맥락을 이해하는 것의 중요성을 강조한다. 이러한 더 구성주의적인 모델에서 사회적 상황은 다른 사람에 의해 만들어진 것이고, 따라서 그들에 의해 해체되거나 재구성될 수 있다. 이러한 모델은 현상을 일으키는 원인으로서 권력과 지배의 관계를 강조한다. 예를 들어, 국가의 정치적 정책들은 한 사람이 돈을 적게 벌거나 적당하게 버는 데 영향을 미칠 수 있다. 또한 수

돗물 사용이나 선거권 등과 같이 당연하게 얻을 수 있는 권리에 대한 질문을 일으킬 수 있다. 비판적 이론은 연구가 중립적이지 않으며 결과를 예측하고 통제하는 데 대한 관심과 자주 연결되는 구체적인 목적을 위해 사용된다고 주장한다. 이러한 방법은 실행연구에서 가장 자주 사용되는 패러다임이다.

많은 사람이 실행연구가 비판적 이론에서 나온 것이라는 점에 대해 동의하지만(McNiff & Whitehead, 2006), 어떤 사람들은 실행연구의 Lewin의 방법이 비판적 연구가 주장하는 것보다 더 실험적이고 현장에 기초한다고 이야기한다. 실행연구의 근원과 관계없이 비판적 이론은 실행연구자들이 수용하고 상담사와 관련이 있는 철학적 요소들을 포함하고 있다. 그러나 비판적 이론과 실행연구 사이에는 차이점이 존재한다. 실행연구는 더 낫고 적합한 결과를 얻기 위해 상황을 실제로 변화시키는 것을 강조하는 반면, 비판적 이론은 상황이나 맥락을 이해하는 데 초점을 두고 있다. 게다가 실행연구는 질적·양적·혼합적 연구방법을 통합하지만, 비판적 이론 연구는 일반적으로 질적연구를 활용한다.

연구자의 역할

실행연구자들은 연구하는 지역사회의 변화 과정에 깊게 관여하는 동등한 파트너로서 스스로를 바라보면서 비판적 이론 연구에서 강조하는 파워 역동의 관점을 수용해 왔다. 예를 들어, 파워 역동의 주요 특이점은 파워가 공유되고 사람들 간의 관계가 인식되는 것이다. McNiff와 Whitehead(2011, p. 42)는 다음과 같이 설명했다.

> 파워 공유는 모든 그룹이 다른 사람을 힘 있고 잠재적으로 스스로에게 이야기할 수 있으며 자신의 권리를 주장하고 또 다른 사람의 의견에 동의할 수 있는 존재로 인식할 때 일어난다. 또 파워 공유는 사람들이 스스로를 다른 사람과 관계하는 존재, 다른 사람의 삶의 세계를 창조하고 있는 참여자로 보기 때문에 생겨난다. 그들은 때로 자신이 다른 사람과 경쟁적 관계에 있다고 느낄 수 있지만, 적어도 관계에 대해 인식하는 것이 발전을 위한 시작이 될 수 있다. 한 집단이 다른 집단을 긍정적인 인간 발달을 위한 근원이 되지 못한다고 보며 사람으로 바라보지 않을 때 최악의 상황이 일어난다.

연구자와 참여자 사이의 역동은 전통적연구에서 보다 더 많이 연관된다. 파워 역동은 참여자와 함께 구성되는 상황에서는 수평적이다. 이는 참여자들의 관점에 초점을 맞춘다

(Guiffrida, Douthit, Lynch, & Mackie, 2011). 전통적 학술연구가 이론을 만들고 지식을 일반화하는 목표를 가지고 있는 것과 다르게, 실행연구는 지역사회 안에서 또는 이 연구가 활용될 맥락 안에서 의미 있고 유용한 지식을 만들어 낸다. 예를 들어, 학교 상담사들은 여름방학 동안 가족과 함께 독서를 권장하는 작업을 통해 학생에게 더 포괄적인 프로그램을 열 수 있다. 정신건강 상담사는 초점 집단에게 추가 인구조사 분석을 실행해서 특별한 지역사회의 정신 건강 필요를 이해할 수 있다. 그리고 부부 상담사는 가족 역동에 더 들어가면서 배우자가 위기 상황에서 헤쳐 나가도록 도울 수 있다.

실행연구는 실제 세계 환경에서 진행되고 체계적 변화를 이끌어 내면서 참여자의 삶을 향상시키고자 하는 개입을 제공한다(Guiffrida et al., 2011). 이러한 자연적인 환경은 해석적연구에서 더 일반적으로 사용되는 연구 실험실에 의해 통제되지 않는다. 그러므로 연구자는 변화 요구에 유연하게 적응할 수 있다. 실험실 환경에서 완전히 통제되거나 실행되지는 않지만, 실행연구의 실제 세계 환경은 잘 훈련된 연구자와 함께 방법론적 타당성을 확보할 수 있다. 실행연구는 상담사가 주어진 실행연구 프로젝트에서 갖고 있는 연구 질문에 가장 실용적인 방법을 선택하도록 힘을 실어 주며 다양한 방법(예: 양적 · 질적 · 혼합적)을 사용한다.

상호작용 수준

실행연구 접근의 역동을 고려하는 좋은 방법은 상호작용의 세 수준을 1인칭 또는 개인 내적 역동, 2인칭 또는 대인 간 역동, 그리고 3인칭 또는 개인 외적 역동으로 구분하는 것이다(Lerner, Freedheim, Weiner, Easterbrooks, & Mistry, 2003). 연구자는 초점을 맞출 영역이 개인적인 상담 실제와 목표에 있는지(개인 내적), 작업에서 관계를 향상시키는 데 있는지(대인 간), 지역사회 내 사회 정의 및 평등과 같은 더 넓은 문제에 있는지(개인 외적), 또는 셋 모두인지를 결정하면서 초점 맞추기를 원하는 수준을 정할 수 있다. 세 접근이 모두 요구되는 것은 아니나, 포괄적인 연구에서는 이 세 접근을 추천한다(Bradbury & Reason, 2002). 탐색하기 원하는 수준을 정한 후에 연구자는 문제를 확인하고 질적 · 양적 또는 혼합적 접근법 중 연구에 가장 적합한 방법을 포함시켜 실행연구 계획을 세워야 한다.

1인칭 접근

1인칭 실행연구는 연구자의 발달과 외부 세계로부터 들어온 것에 대해 언제 반응할지 통찰하는 능력에 초점을 맞춘다. Reason과 Bradbury는 "1인칭 질문은 행동의 영향을 관찰할 수 있는 기초적인 상담 실제와 원칙을 제공해 준다."라고 말했다(2007, p. 11). 기초적인 상담제와 우리의 행동이 내담자와 실제 상담에 어떤 영향을 미치는지에 대한 관심의 증가는 다양한 상담 환경에 중요한 자료를 제공해 준다.

1인칭 실행연구와 연관되는 접근은 생활교육이론이다. 이 접근의 파워 역동은 사회 정의와 함께 연결되며, 더 수평적인 역동은 연구 참여자들이 스스로를 의미 있고 실행 가능한 지식을 만들어 낼 수 있는 사람으로 바라보게 해 준다. 생활교육이론은 당신이 상담 실제에 대한 지식을 만들어 내도록 해 준다. 성찰과 실행을 통해 당신은 상담 실제에 대해 질문을 가지는 생활교육이론을 만들어 낼 수 있다. 이 이론에서 사용되는 주요 질문은 '어떻게 상담 실제를 더 향상시킬 수 있는가?'이다(McNiff & Whitehead, 2006). 실행연구는 개인적으로 또는 다른 사람과 함께 진행될 수 있고, 생활교육이론 방법론은 엄격한 편이다. 이 접근에서 상담 실제의 구체적인 면을 이해해 보면서 더 낫게 만드는 방법을 찾아볼 수 있고, 자료나 증거를 분석하고 나서 상담 실제를 변화시키기 위한 성찰을 할 수도 있다.

생활교육이론을 진행하는 것은 상담 실제의 강도와 중요성에 대해 생산적인 자기성찰을 해 나가는 과정으로 이어진다. 이러한 접근은 당신으로 하여금 현재 진행되는 상담 실제와 이를 변화시키거나 유지시키고자 하는 요구 간의 관계를 살펴보도록 도울 수 있다. 다음의 질문들을 통해 개인적 수준의 질문 과정을 이해해 볼 수 있다(McNiff & Whitehead, 2006).

- 맥락은 무엇인가?
- 왜 나는 고민하는가?
- 그 상황 자체를 보여 주면서 나는 어떤 경험을 묘사할 수 있는가?
- 나는 무엇을 할 수 있는가?
- 나는 무엇을 할 것인가?
- 상황이 펼쳐지는 대로 보여 주기 위해 어떻게 자료를 모을 것인가?
- 어떻게 내 잠재적인 영향을 평가할 것인가?
- 도달하는 결론이 합리적으로 공정성과 정확성을 확보하기 위해 어떻게 할 것인가?
- 내가 배운 내용의 타당성을 어떻게 평가할 것인가?
- 평가를 감안하여 내 고민, 생각, 상담 실제를 어떻게 수정할 것인가?

'맥락은 무엇인가?'는 실행연구가 수행되는 환경과 그 안에서의 당신의 역할을 단순히 묘사하는 것이다. 맥락에는 인구통계학적 자료, 문화적 신념과 기준, 지형적 위치 등이 포함된다. 예를 들어, 맥락을 다음과 같이 소개할 수 있다. "나는 큰 지역사회 상담실에서 일하는 신규 상담사입니다. 나는 아이들이 유치원에 들어가기 전에 읽기를 잘하도록 가르칠 수 있게 가족들을 훈련시키는 읽기 프로젝트를 지역사회에 더 효과적으로 전달하고자 합니다."

'왜 나는 고민하는가?'는 당신의 개인적인 고민을 말한다. 이는 주제에 대한 당신의 가치, 신념, 일반적인 생각에 초점을 맞출 수 있다. 문제가 당신에게 개인적으로 또는 전문적으로 어떻게 영향을 미치는지, 어떤 영향이 지역사회에 가는지, 어떤 상황이 일어나길 바라는지, 사회 정의 또는 어떤 다른 가치와 연결되어 있는지 등과 연결된다. 예를 들어, 다음과 같이 이야기할 수 있다. "나는 지역의 저소득층의 읽기 비율에 대해 고민하고 있습니다. 나는 어떤 배경의 아이들도 교육에서 충분히 능력을 발휘할 수 있는 기회를 가져야 한다고 믿습니다. 아이들이 유치원에 가기 전과 학교 여름방학 동안 읽기 훈련에 시간을 더 많이 보낼수록 학교에서 더 나은 성취를 하게 됩니다. 나는 저소득층 아이들이 이러한 읽기 훈련을 받을 기회를 더 얻을 수 있기를 바랍니다."

'그 상황 자체를 보여 주면서 나는 어떤 경험을 묘사할 수 있는가?'는 참여자들의 경험을 이해하기 위해 활용할 수 있는 방법을 의미한다. 현상을 탐색하기 위해 관찰, 면담, 초점 집단 면담법, 설문조사, 공예품, 책, 기타 자료들을 활용할 수 있다. 또 적절한 IRB 승인이 필요하며, 참여자들에게 연구에 대한 설명, 이익과 한계, 다른 유용한 정보들을 제공하는 동의서를 받아야 한다. 예를 들어, 다음과 같이 말하며 질문에 응답할 수 있다. "나는 네 명의 학생, 네 가족, 세 명의 교사에게 지역사회에서 이루어지는 부적절한 읽기 프로그램에 관한 의견과 아이들이 학교에서 더 높은 수준의 읽기 수행을 하기 위해 필요한 부분에 대한 생각을 물을 것이다. 또 부모와 가족에게 읽기 성취에 대한 지역사회 해결책에 대한 의견을 묻는 설문조사 링크를 이메일로 보낼 것이며, 어떤 학교 상담 프로그램이 읽기 능력을 향상시킬 수 있는지에 대한 피드백을 들을 것이다. 기관에서 IRB 승인을 얻을 것이며, 학교의 허가, 학생, 부모의 동의서를 받을 것이다."

'나는 무엇을 할 수 있는가?'는 문제를 해결하기 위한 방법에 대해 브레인스토밍하는 회기에 사용될 수 있다. 해결책에는 실행연구 과정에서 다른 사람들과 관계를 맺는 것, 다른 대안을 얻는 것, 다른 연구자들과 협력하는 것, 장학금이나 도서관 이용권을 얻는 것과 같은 다른 자원을 얻는 것 등이 포함된다. 당신은 문제 목록을 만들고 대안을 고민해 볼 수 있다. 예를 들어, 만약 저소득층 배경의 아이들이 여름방학 동안에 충분한 읽기 훈련을 받지 못하는 부분이 고민이 된다면, 가능한 대안에 대해 브레인스토밍을 하고 이 문제에 대한 가능한 해결책과 가능하지 않은 해결책을 찾아낼 수 있다.

'나는 무엇을 할 것인가?'는 앞에서 정해진 대안을 실행하고 이러한 실행이 유용한지 아닌지를 평가하는 데 초점을 맞춘다. 만약 이러한 대안이 읽기 수행 격차를 줄이기 위한 학교에 지역사회 차원의 회의를 만드는 것이라면, 회의 계획을 짜고, 이메일과 아이들이 집에 가져가서 가족 구성원에게 가져다줄 편지를 작성하며, 연구를 수행하고, 시 · 도청과 이해 당사자들에게 예산 보고서를 쓸 수 있다. 이러한 과정은 지역사회와 가족과 더 단단한 관계를 만들고 그들의 도움을 통해 더 읽기 점수를 향상시킬 수 있는 과정을 돕도록 하기 위한 것이다.

'상황이 펼쳐지는 대로 보여 주기 위해 어떻게 자료를 모을 것인가?'는 연구 과정을 의미하며 이 과정을 통해 일어나는 작은 변화들을 의미한다. 이는 또한 연구 과정이 어떻게 이 프로젝트에 참여한 사람들에게 영향을 미치는지를 보여 주기도 한다. 예를 들어, 당신은 이러한 과정이 다른 사람들에게 영향을 미치는 것을 보여 주기 위해 여러 다양한 종류의 자료(설문조사, 이메일 피드백, 감사 편지 등)를 사용할 수 있다.

'어떻게 내 잠재적인 영향을 평가할 것인가?'는 연구자로서 당신의 역할이 어떻게 참여자들의 변화를 일으켰는지에 대해 성찰하는 것이다. 더 많거나 더 적은 사람들이 프로그램에 참여하는 것이 나은지를 평가할 수 있고, 학생들이 여름방학 동안 더 많은 시간 동안 읽기를 할지 말지를 평가할 수 있다.

'도달하는 결론이 합리적으로 공정성과 정확성을 확보하기 위해 어떻게 할 것인가?'는 당신의 결과가 편향되거나 편견에 의해 판단되지 않도록 전문가 동료들의 비판적 피드백을 수용하는 것이다. 동료들은 실행연구 설계와 결과에 대해 건설적인 피드백을 제공할 수 있다. 피드백을 제공하는 전문가 집단은 타당화 집단이라고 불린다. 이 과정의 부분은 시간과 자원을 가진 전문가 집단을 함께 모으는 것이다.

'내가 배운 내용의 타당성을 어떻게 평가할 것인가?'는 연구로부터 학습하는 당신의 능력을 언급한다. 예를 들어, 만약 당신이 학생들이 여름 동안 수업을 듣도록 하기 위해 지역사회와 가족 구성원들을 조직했다면, 이러한 사회 정의 과정의 가치를 배웠는가? 더 나아가 상담사로서 상담 실제가 이끌어 내는 가치와 이론을 실제 상담 상황과 함께 놓고 있는가?

'평가를 감안하여 내 고민, 생각, 상담 실제를 어떻게 수정할 것인가?'는 이 프로젝트에서 받은 피드백을 기반으로 당신의 상담 실제를 어떻게 변화시킬 것인지에 대한 것이다. 이러한 과정은 더 많은 사람이 연구 과정에 합류하도록 돕고, 다른 관점의 생각들을 수용하며, 상담사로서 당신의 상담 실제를 수정해 나가는 것을 포함한다.

요약하면, 1인칭 접근은 개인적 수준에서의 변화에 초점을 맞춘다. 생활교육이론은 질문을 가지고 실제 현장에서의 성장에 초점을 맞추기 때문에 1인칭 조사 형태의 대표적인 방법이다. 자기와 실행가의 발달에 초점을 맞추는 것은 실행연구의 유용한 측면이다. 그러나 다른 사람과 지역사회와의 상호작용을 더 고려할 필요는 있다. 다음으로 2인칭 접근은 대인관계, 협력, 팀 성장에 초점을 맞춘다.

2인칭 접근

2인칭 접근은 두 명 이상의 사람들 간의 언어적 · 비언어적 상호작용과 그들이 문제에 대해서 어떻게 상호작용하는지에 초점을 맞춘다(Chandler & Torbert, 2003). 개인 내적 성찰을 하는 1인칭 연구와 반대로, 2인칭 실행연구는 사람들 간의 관계에 초점을 맞춘다. 2인칭 접근은 “상호 연관된 문제를 다루는 데 있어서 다른 사람들과 면대면으로 질문을 하는 능력”으로 묘사된다. “예를 들어, 우리의 개인적 그리고 전문적인 상담 실제를 향상시키고자 하는 서비스는 사람들 간의 대화로 시작되고 지역사회에서 질문을 일으키고 기관을 학습하는 것을 포함한다”(Reason & Bradbury, 2007, p. 11). 약물 남용을 다루는 상담사는 내담자가 상담 이후 재발을 일으키지 않도록 돕기 위한 지지 체계를 만들기 위해 가족과 지역사회 구성원들과의 관계를 구축할 수 있다. 내담자, 가족, 지역사회 구성원과의 관계를 발달시키는 문제는 2인칭 실행연구 접근에서 다뤄질 수 있다. 마찬가지로, 학교 상담사는 학교와 주변 가족, 지역사회 센터, 도서관과의 관계를 조사하여 관계를 향상시킬 수 있는 영역을 찾고, 대안적으로 방과후 학교 상담 프로그램이 조직될 수 있도록 할 수 있다.

연구자들은 2인칭 연구에서 사용되는 의사소통의 네 가지 영역을 다음과 같이 밝힌 바 있다(Chandler & Torbert, 2003; Reason & Bradbury, 2007). ① 구조화하기, ② 주창하기(advocating), ③ 예시로 설명하기, ④ 질문하기의 각 영역은 순서대로 상대방에게 진행된다. 예를 들어, 예를 설명하기 전에 목표를 구조화해서 설명하고 전략을 지지한다.

구조화하기 예술 세계에서 그림을 그리기 위해 구조를 잡는 것은 그림의 다양한 부분에 직접적인 주의를 기울이도록 돕는다. 파란 구조가 더 시원한 색깔을 강조해 주는 반면, 금색 구조는 따뜻함을 강조해 준다. 의사소통에 있어서 구조화하기는 집단의 초점이나 의도 또는 시기를 명확하게 해 준다. 초보 상담사로서 해야 할 목록을 세워 나가기 시작하면서 집단이나 실행 연구를 시작하기 원할 가능성이 높다. 그러나 회의의 목적, 목표, 예상되는 고민들을 구조화하면서 회기를 시작하는 것이 더 도움이 될 것이다.

주창하기 주창하기는 명쾌하게 의견, 제안, 느낌, 계획, 주장, 목표, 또는 일반적인 전략 추천을 말하는 것이다. 상담 수퍼비전 회기에서 주창하기의 명확한 형태는 다음과 같이 말하는 것이다. "나는 이 내담자를 도울 필요가 있어요. 나는 다음에 어떻게 진행해야 할지 확실히 모르는 것 같아요." 주창하기는 또한 주제나 시기에 대해 어떻게 느끼고 있는지와 연관된다. 예를 들어, 집단 상담 참여자들이 비웃음을 받는 것이 두려워서 자신의 의견을 나누기 두려워할 때, 그들이 "누군가가 나를 비웃었어요."라고 말하기보다는 "내가 말했을 때 나쁜 시선을 받을까 봐 두려워요."라고 말하도록 돕는 것이 더 효과적이다. 이렇게 말하는 것은 자신에게 초점을 돌리는 것이기 때문이다. 주창하기는 당신의 신념에 대해 책임을 가져가게 해 주고 다른 사람들도 그렇게 할 수 있도록 힘을 불어넣어 준다.

예시로 설명하기 예시로 설명하기는 더 구체적인 용어로 주제를 표현하는 이야기나 비유를 공유하는 것이다. 설명하기는 주제를 더 흥미롭게 연관 지을 수 있도록 만들면서 그림을 그릴 수 있게 해 주기 때문에 유용하다. 이 부분을 설명하기 위해 예시를 사용할 수 있다. 당신이 졸업 후에 취직하기를 원하지만 구직 과정이 익숙하지 않은 대학 졸업준비생을 상담하는 진로 상담사라고 생각해 보자. 그렇다면 데이트와 같이 내담자에게 좀 더 익숙한 다른 예시를 들어 그 과정을 설명하기를 선택할 수 있다. 입사지원서를 준비하는 과정을 자신의 강점을 찾고 새로운 옷으로 이러한 강점을 강조하는 것이나 다른 헤어스타일로 약점을 최소화하는 것과 유사하게 설명할 수 있다. 취직을 위해 입사지원서를 내는 것은 친구들, 인터넷을 통해서나 파티에 가면서 다른 사람들을 만날 방법을 찾는 것과 비유해서 생각해 볼 수 있다. 인터뷰를 따내고 가는 것은 데이트를 하고 좋은 첫인상을 남기는 것과 비슷하다. 합격 소식을 듣는 것은 청혼을 받는 것과 비슷하지만, 불합격하는 것은 차이는 것과 비슷하다. 마지막으로, 그 직장에서 일을 하기로 결정하는 것은 결혼을 하는 것에 비교될 수 있다. 이 결정으로 인해 당신은 그 직장에 헌신하고 거기서 많은 시간을 보내게 될 것이기 때문이다. 이러한 종류의 예시로 설명하기는 재미있기도 하고 과정을 더 의미 있게 만들어 주기도 한다.

질문하기 질문하기는 묻고, 조사하고, 정보를 찾는 과정을 통해 다른 사람에게서 피드백을 얻는 것이다. 당신의 가정이 타당한지, 아니면 수정될 필요가 있는지를 알아차리는 데 있어서 질문은 유용한 도움을 준다. 질문하는 과정은 참여자가 우리의 가설을 확인하고 타당화하는 데 도움이 될 뿐만 아니라 참여자의 가설을 이해하는 데도 도움이 된다. 실행연구의 여러 사례에서 참여자들의 의견은 객관적 현실보다 더 중요하다.

3인칭 접근

마지막으로, 3인칭 실행연구에서 강조하는 것은 더 작은 범위의 실행연구 결과를 통해 새로운 계획을 시작하고 지역사회에 영향을 미치거나 사회 운동을 일으키는 것이다. 3인칭 접근은 실행연구가 진행된 지역사회에서, 그리고 먼 거리에 있거나 떨어져 있는 지역에 있는 사람들의 주의를 끌면서 질문을 가지는 문화를 만드는 것을 추구한다. 3인칭 접근의 결과는 여러 질문으로부터 모은 정보의 결과를 전파하는 보고서로 나타난다.

> 3인칭 전략은 서로 면대면으로 알 수 없어서(말하자면, 더 크고 지역적으로 흩어져 있는 기관) 서로 개인적으로 관심이 없는 사람들에게서 서로에게 관련된 질문을 일으키는 더 넓은 지역사회를 만드는 것을 목적으로 한다. 이러한 질문들의 과정과 결과에 대해 작성하고 보고하는 것 또한 3인칭 질문의 중요한 형태이다(Reason & Bradbury, 2007, p. 11).

정신건강 상담사들은 실행연구를 활용해서 정신건강 영역에서 나타나는 어려움의 정도와 종류를 이해해 왔다. 예를 들어, 스리랑카의 아동들이 경험한 어려움이 그러하다. 실행연구 프로젝트는 스리랑카의 교육 시스템에 정신건강 서비스를 도입하기 위해 필요한 정보들을 제공하도록 도왔다. 스리랑카의 자살률이 아시아에서 가장 높으며 전 세계에서 두 번째로 나타난 시점에 정신건강 서비스는 거의 이루어지지 않고 있었다. 전문가의 부족으로 인해 정신건강 서비스는 매우 제한적으로 이루어졌다(Nastasi, Varjas, Sarkar, & Jayasena, 1998). 그러나 결국 이런 상황을 극복하고 이 나라는 무료 의료 및 교육 서비스를 제공했고 사회과학에서 의학 전문가들까지 다양한 전문가 사이에 협력적인 관계를 잘 만들어 냈다. 스리랑카의 정신 건강에 대한 고민을 해결하기 위해 실행연구자 그룹이 정신건강 서비스 공급의 필요에 관련된 자료를 수집했다. 이러한 자료는 참여자 관찰, 면담, 기타 자료 수집 등으로 이루어졌다.

이러한 자료들을 통해 스리랑카는 교육 시스템을 통해 쉽게 제공될 수 있는 낮은 자존감, 생활 스트레스 대처의 어려움, 알코올 중독을 포함하는 자살 문제에까지 이르는 다양한 고민에 대한 정신건강 서비스를 필요로 한다는 점을 밝혔다. 또 위기 학생들, 특히 15세 이상의 학생들은 자주 파괴적 행동과 폭력을 보였다. 면담을 통해서 밝힌 스트레스의 원인은 부모의 부재, 전쟁, 경제적 고민, 배우자의 알코올 중독, 교육과 고용에 대한 불확실성과 관련된 정신 건강 문제라는 점이었다. 개입에 대한 요구가 명확했지만, 대부분의 서비스는 심각한 문제의 지역사회 기반 정신과 치료에 제한되어 있었다. 연구 결과는 40명의 교사와 다른 학자들 집단에게 발표되었다. 세미나에 참여한 사람들은 연구자들의 발표에 영향을 받았고 이 문제를 해결하기 위한 연구팀에 참여했다. 세미나로 인해 더 작은 규모의 강의, 사회정서적 발달에 대한 부모와 교사 교육, 학교-지역사회-부모 협력, 정신건강 증진 프로그램의 증가, 정신 건강 고민에 대한 더 깊은 인식, 성과 관련된 특별한 역할을 부여하는 문화적 기준에 대한 재평가, 지역사회와 학교에 제대로 고용된 국가 차원의 정신건강 서비스 제공자의 증가, 훈련 프로그램 개발, 이러한 프로그램 개발을 위한 예산 편성 등의 수많은 아이디어가 나왔다. 결과적으로 참여자들은 국가 예산으로 운영되는 건강 돌봄과 교육 서비스에서 학교 기반 정신건강 서비스를 제공하는 모델을 개발하기로 하였다. 이러한 개입은 앞으로 이루어질 실행연구들이 전문가, 내담자, 지역사회, 정신 건강 영역의 투자자들에게 제공할 수 있는 부분들의 예시가 된다.

1인칭에서 3인칭 접근의 통합

실행연구 방법의 한 가지를 선택하는 대신, 연구 프로젝트에 세 가지 접근을 통합하는 것이 가장 좋다. 예를 들어, 상담실에 웰니스 프로그램을 제공하기 원한다면, 이 프로그램이 당신을 개인적으로 그리고 전문적으로 변화시키는 것을 어떻게 시작하고 촉진시킬지 관찰하기 위해 1인칭 질문을 사용할 수 있다. 2인칭 질문은 웰니스 프로그램 참여자, 강사, 촉진자 사이의 역동에 초점을 맞출 수 있다. 마지막으로, 3인칭 접근은 더 큰 지역사회에 주는 영향을 탐색하거나 연구의 결과를 퍼뜨리도록 도울 수 있다. 연구 과정에 대한 당신의 경험, 팀 구축 차원에서 참여자들 간의 역동에 대한 관찰, 사전 · 사후 조사를 통한 자료에 대해 구체적으로 묘사하는 보고서를 출판하거나 발표함으로써 이러한 결과를 널리 퍼트릴 수 있다.

실행연구의 과정은 연구 방법을 혼합하여 사용하거나 1인칭부터 3인칭 접근의 질문의 다양한 범위를 활용하는 데 있어서 유연하다. [그림 15-2]는 실행연구 접근의 다양한 종류에 대한 시각적인 지도이다. 두 개의 주요 차원에서 실행연구를 이해한다면 도움이 될 것이다.

첫 번째 차원은 1인칭 또는 개인적 접근에서 지역사회 또는 3인칭 접근까지이다. 이는 그래프의 세로축이다. 다음으로, 질적연구방법에서 양적연구방법에 이르는 두 번째 차원에서 고려해 볼 수 있다. 이는 그래프에서 가로축이다. 예를 들어, 당신은 상담 현장에서 개인적인 성장, 사람들 간의 상호작용, 또는 지역사회에 초점을 맞추기 원하는지를 자신에게 질문할 수 있다. 다음은 연구방법에 대한 고민이다. 당신은 질적 · 혼합적 또는 양적 방법을 조사를 위해 사용할 것인가?

만약 당신이 연구 프로젝트를 위해 혼합적방법을 선택한다면, 대부분 양적방법을 통해 얻은 자료들에 질적 설계를 대부분 활용할 것인지, 아니면 질적방법(예: 초점 집단 면담법)을 포함

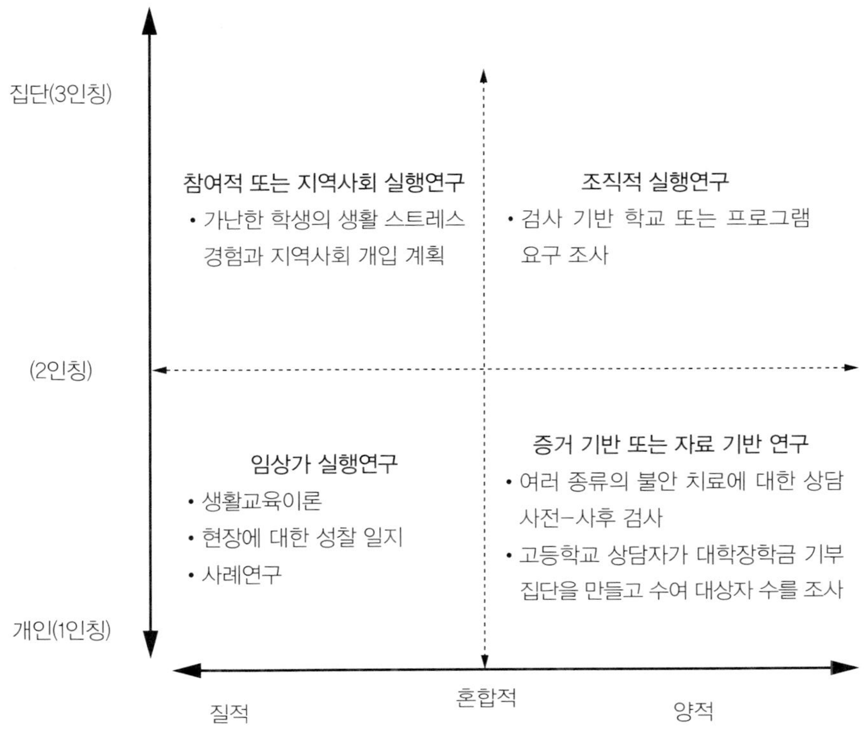

[그림 15-2] 실행연구의 두 차원과 연구 예시

하지만 양적 설계를 더 활용할 것인지를 결정할 수 있다. 예를 들어, 대부분 질적 설계를 활용하는 설계에서는 먼저 내러티브와 초점 집단 면담법 집단을 시작하고 나서 데이터베이스로부터 자료 조사나 분석을 하는 것과 같은 양적인 방법을 함께 활용할 수 있다. 일반적으로, 개인적 또는 1인칭 접근에서는 초점을 질적연구 설계에 두고 성찰 일지, 1인칭 질문, 개인 수준 개입, 또는 단일 대상 설계를 활용한다.

당신의 실행연구 프로젝트에 어떤 종류의 접근이 가장 나을지 [그림 15-2]를 통해 생각해 볼 수 있다. 개인적인 임상가 연구는 1인칭/질적 사분면에 있다. 이 연구는 임상가 또는 상담사의 개인적인 발달에 초점을 맞춘다. 3인칭 집단/질적 사분면은 가난한 학생들의 경험을 이해하고자 하는 참여적/지역사회 실행연구와 같이 학교나 지역사회에 초점을 맞추는 실행연구방법이다.

3인칭 집단/양적 사분면(오른쪽 위)은 지역사회 또는 학교에 대한 체계적 양적 평가가 대표적이다. 이 사분면은 초점 집단 면담법과 같은 질적방법도 사용할 수 있지만 대부분 양적방법과 숫자 자료를 활용한다. 이 사분면에서는 체계적 지역사회 또는 학교 차원의 초점을 강조하며 양적연구방법을 대부분 사용한다. 마지막으로, 오른쪽 아래 사분면, 1인칭/양적 접근에서는 양적방법을 사용하여 1인칭 관점을 강조한다. 예를 들어, 상담사는 우울증으로 고통받는 내담자와 함께 단일 대상 설계를 활용하여 다양한 치료를 실시하고 그 결과를 평가할 수 있다. 이 네 가지 사분면을 통해 실행연구 프로젝트에서 사용할 수 있는 다양한 방법을 이해할 수 있다. 강력한 실행연구 프로젝트는 모든 세 가지 관점(1인칭, 2인칭, 3인칭) 방법을 통합하면서 강력한 혼합적연구방법을 활용할 것이다. 그러나 초점을 좁혀서 결과를 살펴보려면 한 가지 사분면을 선택하는 것이 일반적이다.

개인적 상담 성과, 대인관계, 지역사회, 또는 세 가지 모두에 초점을 맞출지를 결정하면서 [그림 15-2]를 활용하여 실행연구 프로젝트를 계획할 수 있다. 또 질적 · 양적 · 혼합적 방법 중 무엇이 가장 유용할지를 확인할 수 있다. 예를 들어, 자료를 분석해서 상담기관에서 이루어지는 위기상담 서비스를 향상시키고자 하는 상담사는 이 책의 마지막 장에서 설명한 자료분석방법을 강조할 수 있다. 질문의 목표에 의지한다면, 대안적으로 체계적이고 양적인 초점을 가진 실행연구를 할 수 있다. 만약 개별 내담자에게 효과를 높일 수 있는 하나의 개입방법을 찾고 있다면 1인칭/양적 또는 혼합적 방법을 활용할 수 있다. 반면, 다문화 집단과 함께 상담을 하면서 사회 변화를 일으키거나 살아온 경험을 이해시키면서 위기에 대응하는 이론을 개발하고자 한다면 참여적 실행연구가 가장 유용한 접근이 될 수 있다.

실행연구 수준을 모니터링하기

다른 장에서 논의한 것처럼 타당도는 연구가 측정하기 원하는 것을 정확하게 측정하는 것을 의미한다. 다른 종류의 연구와 유사하게 실행연구의 가치를 결정하는 데 타당도는 중요한 의미를 지닌다. 실행연구에는 다섯 가지 종류의 타당도가 논의되고 있다(Ozanne & Saatcioglu, 2008). 다섯 가지 종류의 타당도를 모두 확인하는 것은 어렵지만 실행연구에서 확인할 수 있는 다양한 종류의 타당도에 대해 이해한다면 낮은 수준의 실행연구를 찾아내는 과정을 도울 수 있다.

결과 타당도(outcome validity)은 성공적인 해결책을 찾아내고 지식의 가치를 만들어 내는 것이다. 높은 결과 타당도를 얻기 위해 실행연구 과정은 프로젝트를 완성하고 기존 변화 대상 기관의 구체적 역할을 만들어 내면서 문제에 대한 효과적인 해결책을 보여 주게 된다. 예를 들어, 치료적 결과 목표나 행동 목표를 세우고 학교, 기관, 사설 상담 기관에서 문제를 해결하는 데 있어서 효과성을 측정할 수 있다.

민주적 타당도(democratic validity)은 이해 당사자들의 다양한 관점을 고려하는 것을 의미한다. 예를 들어, 당신의 상담 훈련은 다문화적 역량에 대한 인식을 포함할 수 있다. 소수민족과 사회적으로 고립된 지역의 목소리를 들으려고 하는 의지를 통해 민주적 타당도를 향상시키면서 이러한 역량을 키울 수 있다. 민주적 타당도를 갖추지 못한 실행연구 프로젝트는 집단 내 또는 집단 간 일부 의견에 편향되어 있고 배타적이거나 꽤 차별적 연구가 되어 버린다(Ozanne & Saatcioglu, 2008).

과정 타당도(process validity)는 문제를 조사하는 방법 안에 지속적 학습과 발전이 포함되어 있는지의 정도를 의미한다. 이러한 종류의 타당도는 실행연구가 가진 강력하고 도움이 되는 과정을 보여 주면서 확인될 수 있다. 질문의 과정이 긍정적 변화, 능력 발달, 치료 또는 치유 과정의 촉진에 영향을 주는지를 강조하면서 실행연구의 수준을 통제할 수 있다. 과정 타당도는 참여자와 연구 실행자 사이의 관계의 수준과 관련된다. 이러한 부분에서 당신은 상담자-내담자 관계와 적극적 경청, 공감, 연민과 같은 기술의 중요성을 알고 있다. 문제에 대해 더 깊이 이해하기 위해 이러한 기술을 사용하면 실행연구에서 더 효과적인 과정 타당도를 얻을 수 있다.

촉매 타당도(atalytic validity)는 실행연구 과정에 관련된 사람들이 연구 자체를 넘어서 지속적인 사회 변화를 일으키도록 돕기 위해 에너지를 얻고 있는지의 정도를 언급한다. 촉매 타당도는 실행연구가 변화를 시작하며 지역사회의 다른 사람들로 하여금 실행연구 과정을 통해 변화 과정을 일으킨다는 생각에 뿌리를 두고 있다. 만약 종교적 다양성을 수용하도록 이끄는 프로그램을 만들었다면, 이 집단에 참여한 사람들은 개인적으로 자신의 관점을 변화시키고, 다른 사람들과 함께 증오 범죄를 줄이고 지역사회의 소수 종교를 수용하도록 하려고 할 것이다. 촉매 타당도는 또한 연구 지역을 넘어서 더 넓고 더 거시적인 수준의 변화를 일으키는 과정과도 연결된다. 예를 들어, 작은 지역사회에서 종교적 다양성을 수용하게 되면 이는 쉽게 더 큰 지역사회와 체계로 퍼져 나갈 수 있다. 훈련을 받는 상담사로서 당신은 집단의 변화를 효과적으로 지속시켜 나가고 지역적 · 국가적 · 세계적 수준에서 사회 정의를 증진시켜 나가는 독특한 기술을 배울 것이다.

대화 타당도(dialogical validity)는 실행연구 결과와 내용에 대한 동료 평가와 피드백의 과정을 의미한다. 대화 타당도를 증가시키기 위해 실행연구자는 결과에 대해 토론하고 논의하는 실행연구 회의를 열고는 한다. 더 나아가 상담사는 자신의 연구를 동료 평가 학술지에 제출하거나 동료들에게 발표할 수 있다. 대화 타당도를 증가시킬 수 있는 또 다른 유용한 방법은 다학제적 팀과 함께 일하는 것이다. 팀 구성원들은 질문 과정에 대한 여러 종류의 전문 지식, 기술,

능력을 갖고 있기 때문에 이러한 팀은 대화 타당도를 높이는 데 도움이 된다. 다학제적 팀의 구성원들 사이에 동의가 이루어진다면, 연구 결과는 설득력이 있을 것이며, 구성원들 간 다양성은 문제가 일어날 때 대안적인 접근을 찾는 데 도움이 될 것이다(Ozanne & Saatcioglu, 2008).

실행연구 실시하기

실행연구를 실시하는 것은 적절한 방법을 선택하고 실행연구의 각 단계를 실행해 나가는 것이다. 다음에서 이 주제를 다루었다.

실행연구방법

실행연구방법은 참여자의 맥락과 요구에 따라 다양해질 수 있다. 실행연구에서 목표는 이론을 발전시키거나, 상담 능력을 향상시키거나, 사회적 상황을 향상시키도록 돕는 것일 수 있다. 연구방법을 선택하는 과정은 실행연구 프로젝트의 전반적인 목표를 성취하도록 도울 수 있을지 여부에 초점을 맞춰야 한다. 이러한 내용은 연구의 양적 · 질적 방법을 토론하는 것이었다. 실행연구는 연구를 실시하기 위해 혼합적방법을 포함하고 있다. 그러므로 이메일, 사진과 같은 자료들을 수집하고 분석하는 것과 같은 질적방법을 활용하는 것이 유용하다. 실행연구자는 또한 질적 자료를 수집하고 분석하기 위해 현장 노트, 면담 또는 초점 집단 면담법, 소시오그램 등을 활용할 수 있다. 실행연구에서 질적연구방법은 연구 결과를 더 깊이 있게 들여다보도록 돕는다. 질적인 방법을 활용하면 실행연구 과정으로부터 더 많은 의미를 찾을 수 있다. 질적연구방법에서는 맥락이 더 구체적으로 확인된다(James, Milenkiewicz, & Bucknam, 2008).

다음으로, 양적 자료의 사용은 시간에 걸친 집단의 행동에 대한 정보를 제공하도록 돕는다. 우등반 집단의 평균, 퍼센티지 등을 포함하여 중심경향성을 측정하기 위한 기술통계는 양적 방법에 포함된다. 연령, 민족 집단 내, 집단 간 점수 차이를 분석하기 위해서도 양적 자료를 사용할 수 있다. 실행연구에서 질문지나 조사를 활용하는 것은 일반적이며 추천하는 접근이다(James et al., 2008). 상관점수 또한 변인 간 관계를 관찰하는 데 유용하다. 예를 들어, 상담사 소진과 긍정적 대응 전략 간의 관계를 들여다볼 수 있다. 학교 상담사는 실행연구 프로젝트에서 양적 분석을 자주 사용한다.

표 15-2 **실행연구를 실시하기 위한 두 가지 접근**

기본적 실행연구 사이클 (Lowe, 2007, p. 106)	학교 상담 임상가 연구 (Kaffenberger, 2012, p. 60–61)
1. 문제/일반적 생각/초기 생각 확인	1. 연구 질문 확인
2. 사실 확인	2. 연구 프로젝트 목표 설정
3. 계획	3. 연구 계획: 자료 수집과 분석 방법 결정
4. 초기 실행 실시	4. 과정, 인식, 결과 등 자료 수집
5. 실행 결과 평가	5. 자료 분석
6. 계획 수정	6. 자료 공유
7. 실행 결과 평가	
8. 두 번째/수정된 실행 실시	

실행연구 단계 다음의 실행연구 과정은 학교 상담에서 활용되는 실행연구 단계들을 설명한 것이다. 이 과정은 양적 방법을 사용하여 상담사의 발달을 강조하는 방식이다. 〈표 15-2〉에서 실행, 평가, 결과 성찰, 수정된 실행 실시로 이루어지는 전통적 실행연구 사이클을 학교 상담에서 논의되는 임상가 실행연구 과정과 비교하였다. 학교 상담 임상가 연구가 자료를 어떻게 전파하는지를 살펴보길 바란다. 대부분의 실행연구 프로젝트는 또한 자료를 성찰하고 나서 실행연구 계획을 수정한다. 이 또한 전통적인 실행연구가 학교 상담 영역에서의 실행연구와 어떻게 다른지를 보여 주는 부분이다.

Kaffenberger와 Davis(2012)는 학교 상담 임상가 연구를 위해 구체적인 단계를 제시했다. 이러한 단계는 연구를 완성하는 데 체계적 접근을 할 수 있도록 학교 상담사들을 도와준다. 이 단계들은 또한 다른 영역의 상담사들에게도 유용한 모델을 제공해 줄 수 있다.

1단계: 연구를 설계하고 연구 질문을 확인한다. 이 단계에서 학교에 있는 문제를 확인하고(예: 민족 집단 간 규칙의 불균형, 우등반 관여, 시험 불안, 학생 수행), 프로젝트의 목표를 명확하게 할 수 있다. 학교 상담 프로그램을 평가하고, 개입이 유용한지 관찰하거나, 관리자에게 주장하거나 추천하기 위해 현상을 기술할 수 있다. 명확하고 실용적인 연구 질문을 만드는 것은 상담사가 연구 설계를 하고 연구의 나머지 부분을 수행하는 데 있어서 매우 중요한 역할을 한다.

2단계: 연구를 계획하고 연구 설계를 확인한다. 이 과정에서 양적 · 질적 · 또는 혼합적 방법을 사용할 것인지를 결정한다. 수집할 자료의 종류, 얼마나 많이 필요한지, 연구를 완성하는 데 충분한 자원을 갖고 있는지 등을 고려하는 것 또한 중요하다. 또 다른 주요 고려 사항은 자료를 어떻게 수집하고 분석할 것인지, 연구 윤리 심사, 실행 단계, 예시 설명, 시간표 등이다.

3단계: 자료를 수집한다. 미국학교상담학회(American School Counseling Association: ASCA)는 상담사가 연구 주제에 대한 결과를 확인하기 위해 적어도 자료를 세 가지 방법으로 수집하는 삼각검증을 사용하기를 추천한다. 예를 들어, 만약 당신이 중독으로 의심되는 행동을 보이는 아동을 관찰했다면, 이 정보를 확증하기 위해 다른 자료들도 확인할 것이다. 가설을 입증하기 전에 아동을 면담하고 아동과 함께 놀이치료를 진행하며 교사가 쓴 행동 보고서를 살펴볼 것이다(Denzin, 1970; Ett, 2008),

삼각검증을 사용하면 평가/연구 결과에 대한 확신을 높이기 위해 평가 과정에서 전형적으로 양적 · 질적 자료를 사용하게 된다는 장점이 있다(Thomas, 2004). 삼각검증은 문제를 확인하고 더 많은 관점을 포함시키는 데 유용하다. 삼각검증 과정은 다양한 방법의 질문을 활용하면서 문제를 확인하도록 도우며, 상담자로 하여금 한 문제에 대한 다양한 답을 찾도록 해 주고, 연구 프로젝트에 대한 더 많은 통찰을 일으키도록 해 준다. Carey, Carey와 Hatch(2007)는 학교 상담사가 삼각검증을 사용할 수 있는 한 가지 방법은 과정, 인식, 결과 자료를 포함하여 세 가지 또는 그 이상의 자료를 활용하는 것이라고 하였다. 학교 과정 자료는 얼마나 많은 학생이 영재 코스, 동아리, 또는 동료 매개 집단에 포함되어 있는지를 살펴보는 자료를 살펴보는 것과 같이 학교에 있는 학생들의 참여를 나타내는 자료이다. 인식 자료는 의도한 결과와 관련되는 집단의 다양성에 대한 인식을 의미한다. 결과 자료는 표준화된 주정부 시험 점수와 학년 평균 점수와 같이 다른 집단의 수행에 적용되는 정보이다.

이상적으로 이러한 삼각검증을 통해 학교나 다른 환경에서의 문제와 불공평을 확인할 수 있다. 예를 들어, 무료 또는 할인 급식을 먹는 학생들이 표준화된 주정부 시험의 수학 영역에서 낮은 점수를 받는 것을 살펴볼 수 있다. 이로 인해 당신은 과정 자료를 보는 방법을 선택하고, 12학년 수학 우등반에 무료 또는 할인 급식을 먹는 학생들의 퍼센티지가 낮은 것을 확인할 수 있다. 결국 교사에게 설문조사를 실시하기로 하고 많은 교사가 이러한 학생들이 더 부유한 학생들에 비해 대학에 갈 가능성이 적다고 믿는 것을 확인하게 될 수 있다. 이와 같이 세 가지 다른 방법을 통해 일관된 문제가 있다는 것을 확인하고 증거를 확인하게 되면 무료 또는 할인 급식을 먹는 학생들의 몇 퍼센트가 수학 점수 향상과 대학 및 직업 활동 준비를 위한 도움을 필요로 하는지를 정할 수 있다. 즉, 가난한 학생들이 부유한 학생들에 비해 수학을 더 못하게 되는 불공평이 있다. 이러한 자료는 현재의 상황을 해체하고 긴급한 변화를 일으키는 데 유용하다. 이러한 정보를 갖고 관리자나 이해 당사자들과 문제의 원인을 더 파악하고 성공적인 개입을 함께 구축해 나가도록 협력하는 방법을 토론할 수 있다.

4단계: 자료를 분석한다. 자료를 수집하고 나면, 다음 단계는 자료를 분석하는 것이다. 질적방법과 양적방법이 사용될 수 있기 때문에 여러 종류의 분석이 수행될 수 있다. 만약 양적방법을 사용했다면, 기술통계, 사전-사후 평균 비교, 집단별 퍼센티지, 변화율 등을 분석할 수 있다. 질적방법을 사용했다면, 사례연구, 로그, 초점 집단 면담법이 연구 프로젝트의 이 단계에서 도움이 된다.

5단계: 자료를 공유한다. 변화를 촉진시키는 한 가지 방법은 연구를 통해 얻은 효과적 해결책과 교훈을 퍼트리는 것이다. 자료는 학교, 지역사회 회의, 회람용 편지, 학교 웹사이트를 통해서 정보를 전달하는 등 다양한 방법으로 공유될 수 있다. 지역적인 보고에 더해, 연구 보고서를 학술지에 제출하거나 세계 또는 지역 학술대회에서 발표할 수 있다. 이러한 학술대회에는 미국학교상담학회(ASCA), 미국상담학회(American Counseling Association: ACA), 상담자교육 및 수퍼비전학회(Association for Counselor Education and Supervision: ACES), 학교상담전문가(Professional School Counseling: PSC) 등이 있다.

요약

실행연구는 상담 능력을 향상시키고 사회 운동을 일으키고자 고안된 과정이다. 이 장에서는 실행연구의 도입, 역사, 실행연구 접근의 종류, 상호작용 수준, 연구를 완성해 나가는 실시 단계 등을 소개했다. 실행연구 영역은 Paulo Freire와 Kurt Lewin의 연구에 의해 발달되었지만, Bronfenbrenner의 체계 이론과 학교 상담사 실행연구를 통해 확장되었다. 참여적/지역사회, 임상가, 체계적 방법 등 다양한 종류의 연구를 소개했지만, 실행연구의 참여적 방법과 임상가 방법이 요즈음 실행연구에서 계속 사용되는 기본적 모델이다. 실행연구의 1인칭, 2인칭, 3인칭 상호작용 수준은 개인, 대인관계, 지역사회 수준의 초점의 용어로 설명될 수 있다. 당신의 상황에 가장 관련 있는 실행연구의 수준을 확인하기 위해 양적 · 질적 및 혼합적 방법과 상호작용의 세 가지 수준을 함께 고려할 수 있다. 마지막으로, 실행연구의 수행 단계를 설명했다. 연구의 목표에 따라 실행연구는 당신의 상담 실력을 향상시켜 주거나, 이론을 개발하도록 하거나, 연구를 확장시키거나, 사회 운동을 하도록 도와줄 것이다.

제5부

자료분석

제16장

프로그램 평가

M. Harry Daniels
University of Florida
Eric S. Thompson
Nova Southeastern University
Cheryl Pence Wolf
Western Kentucky University

목표

1. 상담 성과 연구와 프로그램 평가의 차이점을 이해하고 각각의 예를 제공할 수 있다.
2. 외부 프로그램 평가 모델을 구분하고 그 목적을 알 수 있다.
3. 자료 기반 의사결정(책임성) 평가 모델의 특성들을 알 수 있다.
4. 증거 기반 프로그램(EBP) 평가의 특성들을 알 수 있다.
5. 프로그램 평가는 상태적 사건이며 동시에 과정이라는 것을 이해할 수 있다.
6. 프로그램 평가에서 맥락의 중요성을 이해할 수 있다.
7. 프로그램 평가 과정의 요소(단계)를 구분하여 설명할 수 있다.
8. 평가는 특정한 상담 개입 또는 전체 상담 프로그램/기관뿐만 아니라 프로그램의 일부 측면을 대상으로 할 수 있음을 이해할 수 있다.
9. 프로그램 평가를 수행하기 위한 윤리적 근거를 설명할 수 있다.
10. 프로그램 평가와 관련된 도전과 보상을 알 수 있다.

프로그램 평가는 모든 교육 및 조직 상담 프로그램의 필수 요소가 되어 왔으며 앞으로도 그러할 것이다. 상담사들은 내담자와의 작업에 대한 효과성을 확인하는 일에 관심을 가져왔던 것처럼, 프로그램 효율성을 평가하고 향상시키려는 노력 또한 지속해 왔다. 그러나 최근 상담 프로그램 내 이해 당사자들의 관심이 바뀌면서 프로그램 평가에 대한 확장된 시각이 필요해졌다. 상담은 지난 20년 동안 극적으로 변한 역동적인 직업 가운데 하나이다. 변화하는 직업 환경을 고려할 때, 프로그램 평가의 목표, 목적 및 방법이 시간이 지남에 따라 함께 변해 왔다는 것은 그리 놀랄 일은 아니다. 이 장에서는 평가 실행의 개혁을 이끈 원리를 포함하여 최근 및 현재의 프로그램 평가 전략을 학습하게 될 것이다. 그리고 상담에서 평가의 중요성을 이해하는 데 도움이 되는 전략의 예들이 제공될 것이다.

프로그램 평가와 상담연구

상담직은 과학자-실무자 틀에서 시작된다. 상담 분야에서 과학자-실무자가 된다는 것은 특히 상담사 수련 프로그램을 통해서 양성될 때 과학과 상담 실무 사이의 연관성을 소중히 여긴다는 것을 의미한다(Blair, 2010). 프로그램 평가 및 연구의 기원은 증거 기반의 결정에 관심을 지닌 과학자-실무자의 중요성을 강조하는 사회과학연구와 동일한 전통에서 비롯된다(Astramovich & Corker, 2007; Blair, 2010, Dimmitt, 2010, Fitzpatrick, Sanders, & Worthen, 2004). 이러한 공통된 토대에도 불구하고, 프로그램 평가와 연구 사이의 많은 중요한 차이점이 문헌에 기술되어 있다.

프로그램 평가와 상담연구의 첫 번째 차이점은 각각의 목적과 관련이 있다. 문헌에는 평가에 대한 다양한 정의가 있지만 일관성 있게 합의하여 용어의 의미를 정의한 것은 아니다(Fitzpatrick et al., 2004). 이러한 정의의 공통분모는 프로그램 평가가 특정한 맥락 내에서 개입 또는 프로그램의 가치를 입증하려고 한다는 것이다. Fitzpatrick과 동료들(2004)이 지적한 것처럼 "프로그램 평가의 주된 목적은 프로그램의 장점과 가치를 판단하는 것이다. 왜냐하면 평가는 프로그램의 가치 있는 구성 요소를 강조하기 때문이다……."(pp. 13-14). 간단히 말해서, 평가는 프로그램의 가치에 대한 판단을 위한 기초를 제공한다. Dimmitt(2010)은 학교 상담 프로그램 평가의 중요성에 대해서 기술하면서, "평가의 목적은 개입이나 프로그램에 대한 가치 결정을 위해서 관련 정보를 질서정연하고 계획적으로 수집하고 분석하는 것이다."(p. 45)라고 주장하였다. 프로그램 평가자는 프로그램의 요소, 성과 및 가치를 설명하는 데 중점을 둔다. 반면, 연구의 주요 목적은 새로운 지식을 개발하거나, 수련 또는 연구 분야의 발전을 위해서 기존 지식을 드러내고 타당성을 검증하는 것이다. 따라서 연구자들은 주로 새로운 지식을 창출하거나 현재 아이디어를 확장시키는 결론을 얻는 것에 관심이 있다.

프로그램 평가와 연구 간의 두 번째 중요한 차이점은 조사의 통제소재(locus of control)와 관련이 있다. 프로그램 평가의 통제권은 대다수의 이해 당사자에게 그 권한이 분산되어 있다.

많은 다른 집단이 특정 상담 프로그램의 효과와 가치에 관심을 가질 수 있기 때문에, 프로그램의 범위와 초점에 관심이 있는 모든 사람, 즉 이해 당사자들은 평가 결과에 관심을 가질 것이다. 반면, 연구에서는 조사의 통제권이 전적으로 연구자, 즉 실험을 설계하고 실행하는 개인에게 달려 있다.

프로그램 평가와 연구의 다른 본질적인 차이점은 결과가 다수의 대중에게 적용될 수 있는 정도를 결정하는 데 도움이 되는 맥락 및 만족도 기준의 중요성이다. 프로그램 평가자는 특정 프로그램의 효과를 설명하고 발견된 결과에 가치를 부여하는 데에만 관심이 있다. 평가는 적용 현장에 맞춰지기 때문에 평가 대상의 결과가 일반화될 수 있는지 여부는 중요하지 않으며, 프로그램이 그것을 제공받은 내담자들에게 효과적으로 기능했는지에 관심의 초점이 맞춰진다(Dimmitt, 2010). 이러한 관점에서 프로그램 평가의 적합성을 결정하는 데 사용되는 주요 기준은 다음과 같다(Fitzpatrick et al., 2004).

- 적절성(즉, 결과가 프로그램에 대한 정확한 설명을 제공하는가?)
- 유용성(즉, 결과는 사용자에게 쉽게 사용할 수 있는 실용적인 정보를 제공하는가?)
- 타당성(즉, 결과 및 권장 사항이 현실적이고 달성 가능한가?)
- 적절성(즉, 평가가 윤리적으로 적절한 방식으로 수행되었는가?)

반대로, 대부분의 양적연구에서 연구자는 표집 결과가 더 큰 집단 또는 모집단으로 확장되거나 일반화될 수 있음을 입증하는 것이 중요하다. 양적방법을 사용하는 연구자에게 그 목적은 현상을 자세히 조사, 기술 또는 설명하는 것이다. 연구자는 실험의 내적 및 외적 타당성에 주의를 기울임으로써 그러한 주장을 할 수 있게 된다.

Box 16.1 프로그램 평가와 상담연구 간 비교

구분	평가	연구
목적	(효과) 판단	새로운 지식 창출
통제(소재)	이해 당사자	연구자
맥락의 중요성	필수/맥락 특수적	중요, 그러나 통제됨
만족도 기준	정확성, 유용성, 실행 가능성	타당성 그리고 일반화 가능성

프로그램 평가와 상담연구의 가장 중요한 네 가지 차이점에 대한 요약은 Box 16.1에 제시되어 있다.

프로그램 평가는 연구와 크게 다르기 때문에 관련 용어들도 함께 진화해 왔다. 주요 용어 중 일부를 그 정의와 함께 다음에 제시한다.

- **맥락**(context)은 특정 개인이나 집단을 위해 중재나 프로그램이 제공되는 배경을 말한다. 프로그램 평가는 장소별로 다르기 때문에 맥락의 중요성은 아무리 강조해도 지나치지 않다. 즉, 평가 결과는 프로그램이 제공되고 자료가 수집된 배경과의 관련성에서만 의미를 지닌다. 이 장의 뒷부분에서 알 수 있듯이 도시의 학교 장면에서 작업할 때에는 맥락에 주의를 기울이는 것이 특히 중요하다(Thomas, 2004).
- **맥락 평가**(context evaluations)는 상담 프로그램 서비스를 제공받게 될 수혜자의 요구를 사정하고, 이러한 요구에 맞출 수 있는 프로그램이 이미 준비되어 있는지를 확인하며, 해당 프로그램을 제공할 충분한 기관 자원이 있는지에 대한 결정을 포함한다.
- **상담 개입**(counseling interventions)은 내담자의 행동, 지식, 태도 또는 기술을 변화시키기 위한 특정 조치 또는 활동을 말한다(Dimmitt, 2010).
- **상담 프로그램**(counseling programs)은 원하는 변화를 가져오도록 설계된 계획적이고 내적 정합성을 지닌 개입을 말한다(Gysbers & Henderson, 2000).
- **평가**(evaluation)는 상담 프로그램의 품질을 평가하고 상담 서비스 제공을 개선할 의사결정을 돕는 체계적인 증거 수집 행위이다.
- **평가 모델**(evaluation model)은 상담사가 프로그램을 평가하는 데 사용할 수 있는 대안 전략들을 말한다. 평가 모델은 ① 평가의 우선 목적, ② 가치(평가) 판단 기준, ③ 모델의 합의된 가정, ④ 평가의 예상 결과, ⑤ 평가를 수행하는 데 사용되는 방법에 따라서 차별화될 수 있다.
- **증거**(evidence)는 상담 프로그램의 가치와 성과에 대한 판단 또는 결정에 사용되는 양적・질적 또는 행동적 자료를 말한다.
- **투입 평가**(input evaluation)는 인력, 공간 및 시간 고려 사항을 포함하여 작업 환경에서 사용 가능한 환경 자원 평가를 말한다.
- **과정 평가**(process evaluation, **형성 평가라고도 함**)는 프로그램 실행과 관련된 문제들에 대한 답을 찾고, 실행 계획을 수정하기 위한 기회를 찾는 것을 말한다. 과정 평가는 계획된 활동 및 개입의 진행 상황과 성과를 모니터링하기 위해서도 활용될 수 있다.

- **산출 평가**(product evaluation, **총괄 또는 성과 평가**라고도 함)는 프로그램의 목표와 목표가 달성된 정도를 확인하여 프로그램 지속, 개선 또는 중단에 대한 결정을 내리는 데 사용된다. 결과 평가는 다음 두 가지 질문에 대한 답을 찾는다. 첫째, 프로그램의 목적 및 목표와 관련될 수 있는 대상 수혜자에 변화가 있는가? 둘째 그리고 더 중요하게는 관찰된 변화가 프로그램에 기인한 것인가?
- **이해 당사자**(stakeholder)는 상담 프로그램에 참여하거나 투자하거나 혜택을 받을 수 있는 사람을 말한다. 이해 당사자 목록은 상황과 서비스를 받는 수혜자에 따라 다르다. 예를 들어, 학교 상담의 경우 이해 당사자 목록에는 학생, 학부모, 교사, 행정가, 지역사회 구성원, 학교 상담가 및 기타 상담 전문가, 고용주 및 단과대학 · 기술학교 · 군대의 채용 담당자를 포함할 수 있다. 지역사회 정신건강센터에서 일하는 상담사의 경우 이해 당사자 목록에는 센터, 가족, 자금 지원 기관, 인증 기관, 기관 행정가 그리고 이사회 및 경찰, 청소년 사법부, 법원과 같은 기타 지역사회 기반에서 제공하는 서비스를 사용하는 사람들이 포함될 수 있다.

프로그램 평가-진화 과정

앞에서 프로그램 평가와 상담 연구의 몇 가지 근본적인 차이점을 이해했으므로, 이제 우리는 프로그램 평가 자체의 진화에 대한 개요를 제공하려고 한다. 곧 살펴보게 되겠지만, 상담 프로그램의 평가는 구분된 세 단계를 거쳐서 진화되어 왔다. 첫 번째 단계에서는 상담 배경에서 기존 평가 모델을 적용하는 데 중점을 두었었다. 두 번째 단계는 프로그램의 책무성을 문서화하는 것에 대한 새로운 강조가 중심이었다. 이 단계에는 맥락의 중요성과 자료 기반 의사결정 모델의 사용에 대해서 더욱 강조하게 된 것이 특징적이다. 프로그램 평가의 세 번째 단계는 증거 기반 실무의 도입과 관련이 있다. 상담 개입 및 프로그램은 특정 요구 사항을 해결하기 위해 목표가 정해질 수 있으므로, 프로그램 평가 전략도 목표 지향성이 더욱 강해질 수 있다.

1단계: 프로그램 평가 모델

역사적으로 많은 평가 모델이 관련 문헌에 소개되어 왔다. 대부분의 경우, 이러한 모델은 목표지향 모델, 관리지향 모델, 소비자 중심 모델, 전문가 중심 모델 및 참여자 중심 모델의 다섯 군집 중 하나로 분류될 수 있다(Fitzpatrick et al., 2004). 모델은 ① 평가의 우선 목적, ② 가치(평가) 판단 기준, ③ 모델의 합의된 가정, ④ 평가의 예상 결과, ⑤ 평가를 수행하는 데 사용되는 방법에 따라서 세분화될 수 있다(Fitzpatrick et al., 2004; House, 1983).

목표지향 모델 상담 프로그램 평가에서 목표지향 모델(objectives-oriented models)의 주요 목적은 프로그램 목표 달성 정도를 결정하는 것이다. 평가의 목표는 명시된 목표와 관찰된 결과 사이의 불일치를 확인하는 것이다. 이 모델은 모든 이해 당사자가 중요하다고 동의한 측정 가능한 목표를 정할 수 있고, 그에 대한 신뢰할 수 있고 타당한 자료를 수집하는 데 사용될 수 있는 객관적인 도구가 있다는 가정하에서 사용된다.

프로버스 불일치 모델(prorus discrepancy model)은 목표지향 모델 가운데에 하나의 예이다. 프로버스 불일치 모델의 주요 목적은 프로그램 또는 프로그램의 일부 요소를 개선, 유지 또는 중단할지 여부를 결정하는 것이다(Fitzpatrick et al., 2004). 예를 들어, 상담 기관은 보조금에 명시된 프로그램 목표를 충족한다는 것을 입증하기 위해 프로그램 평가를 수행해야 할 수 있다. 그들이 목표를 달성하고 있음을 입증할 수 있다면 지속적인 자금 지원을 받을 수 있다. 그러나 그들이 목표를 달성하지 못하면 자금 조달 기관은 해당 기관에 대한 재정 지원을 종료하기로 결정할 수 있다.

Box 16.2 프로그램 평가 모델

- 목표지향 모델(objectives-oriented models)은 프로그램 목표 달성 여부를 평가한다.
- 관리지향 모델(management-oriented models)은 프로그램에 대한 리더의 의사결정을 돕는다.
- 소비자 중심 모델(consumer-oriented models)은 소비자에게 프로그램에 대한 완전한 설명을 제공한다.
- 전문가 중심 모델(expertise-oriented models)은 전문가를 활용하여 프로그램 품질을 판단한다.
- 참여자 중심 모델(participant-oriented models)은 프로그램 참여자를 통해 통찰력을 얻는다.

관리지향 모델 관리지향 모델(management-oriented models)은 의사결정자가 프로그램에 대한 합리적인 결정을 내리고 프로그램 개발, 계획, 실시 및 관리, 성과 등 상담 프로그램의 모든 단계와 요소를 평가하기 위해 사용할 수 있는 정보를 제공하기 위해서 만들어졌다

(Fitzpatrick et al., 2004). 프로그램 관리자들은 포괄적인 초점, 의사결정자의 정보 요구에 대한 민감성 및 의사결정에 대한 체계적인 접근 방식으로 인해 관리지향 모델을 널리 사용해 왔다.

Stufflebeam(1971)의 CIPP 평가 모델(CIPP eraluation model)은 상담 프로그램 평가에서 널리 사용되는 관리지향 모델 가운데 하나이다(Fitzpatrick et al., 2004). CIPP는 맥락(Context), 투입(Input), 과정(Process) 및 산출 평가(Product evaluations)의 머리글자 약어이며 평가를 위한 개념틀을 제공한다. 이 모델은 수혜자에게 제공되는 맥락, 즉 인원, 공간 및 시간을 포함한 프로그램의 투입, 프로그램을 구현하는 과정, 목적과 목표가 달성된 정도와 같은 프로그램의 산출 또는 결과 등을 평가한다. 예를 들어, 방과 후 프로그램을 제공함으로써 저소득 가정의 아동들의 요구를 충족시키도록 설계된 초등학교 프로그램을 운영하는 상담사는 아동을 돌보는 학교 시설과 환경(맥락 평가), 프로그램을 위해 일하는 교사 및 자원봉사자 수와 아동의 요구에 따른 이들을 가용력(투입 평가), 아동들에게 추가적인 개인지도, 놀이 시간, 음식, 상담 및 개인적인 관심(과정 평가)을 제공하기 위한 지침과 절차, 프로그램의 의도된 결과가 달성되는 정도(산출 평가)를 평가할 수 있다. 이러한 평가 결과를 종합하여 상담사는 방과 후 프로그램의 가치에 대한 보다 완전한 평가를 얻게 된다. 이 장의 후반부에서 CIPP 모델이 어떤 면에서 책무성과 증거 기반 실무 평가에 적용되거나 활용되어 왔는지를 알게 될 것이다.

소비자 중심 모델 소비자 중심 모델(consumer-oriented models)의 주요 목적은 편향을 최소화하면서 프로그램의 효과를 가능한 한 완벽하게 소비자에게 제공하는 것이다(Fitzpatrick et al., 2004). 소비자 중심 평가 결과에 대한 대상은 일반적으로 다른 상담사, 잠재적 고객, 프로그램 관리자 및 외부 이해 당사자를 포함한 소비자로 구성된다. 학교 환경에서 외부 이해 당사자는 일반적으로 가족 및 지역사회 지도자를 말한다.

Scriven(1967, 1973)의 탈목표 모형(goal-free model)은 널리 사용되는 소비자 중심 평가의 한 예이다. Scriven의 목적은 내담자들에게 제품이나 프로그램에 대한 완벽하고 편파적이지 않은 관점을 제공하는 것이며, 이런 목표는 체크리스트를 사용하거나 신뢰할 만한 자료를 산출하는 제품(프로그램) 검증을 통해서 달성된다. Scriven의 탈목표 모형의 주된 장점은 평등주의 지향에 있다. 즉, 예측 불가능한 반응들을 포함하여 프로그램에 대한 모든 반응에 동등한 가중치를 둔다는 입장이다. Scriven 모형의 주요 한계는 내담자를 제품(프로그램)의 가치에 대한 최종 결정권자로 둔다는 것이다. 이런 입장이 직관적인 매력을 지니지만, 내담자들이 항상 그런 결정을 내리기에 가장 적합한 위치에 있는지에 대해서 의문을 던지는 사람이 있을지도 모른다. 예를 들어, 한 학교 상담사가 어느 특정 학교에서 2학년 학생 모두를 대상으로 진로 계획 세미나를 개최하고 있다면, 어떤 사람들은 그 프로그램에 참가한 학생들이 그 상담사가 제공하는 프로그램의 효과에 대해서 타당한 의견을 제시할 만큼 충분히 진로 계획에 대해서 알고 있는지 의문을 가질 수 있다. 마찬가지로 정신건강 상담사가 청소년 범법자에게 감정적 자기관리 능력을 가르치도록 고안된 프로그램을 진행하고 있다면, 그 프로그램에 참여한 사람들이 프로그램의 가치와 장점을 평가하기에 적절한 위치에 있는지에 대해 의문을 갖는 사람들이 있을지도 모른다.

전문가 중심 모델 전문가 중심 모델(expertise-oriented models)은 합의된 기준들과 프로그램의 품질을 서로 비교하는 전문가적 판단을 제공하도록 설계되었다. 일반적으로 전문가 중심 관점에서는 이러한 판단을 내릴 수 있을 만큼 숙련성을 지닌 경험 있는 전문가가 프로그램 품질에 대한 결정을 내리게 된다. 인증평가 모델(accreditation evaluation model)이 가장 오래된 전문가 중심 평가 모델 가운데 하나이다. 인증 운동의 뿌리는 19세기 후반에 의과대학 훈련을 표준화하려는 노력과 관련이 있다(Fitzpatrick et al., 2004). 인증 운동의 토대가 되는 주제는 직업이 해당 직업과 제휴하고자 하는 모든 사람에게 요구되는 교육 및 실습 기준을 확인하는 데 큰 관심을 가진다는 것이다. 미래의 구성원들은 필수 과목을 이수하고, 일정한 학습 경험을 충족시키고, 직업 실행에 필수적이라고 생각되는 기술의 능숙함을 입증함으로써 그 직종에 몸담게 된다.

다양한 방법을 사용하여 승인 평가를 하지만, 그 과정 자체는 명확한 순서를 따른다. 우선 해당 프로그램과 관련이 있는 사람이 프로그램 현황과 공인된 기준을 비교하는 자기연구를 끝마친다. 자기연구가 끝나면, 검토를 위해 이를 자격 승인 단체(혹은 인정된 평가자)에게 보낸다. 동시에 이 프로그램에서는 자기연구의 결과를 검증하기 위해 초대할 전문가 패널을 선정한다. 전문가 팀은 방문 후에 프로그램 관리자에게 자신들의 조사 결과를 서면으로 요약해 준다. 이들의 평가 결과는 자격 승인 단체의 모든 회원이 이용할 수 있다.

상담 및 관련 교육 프로그램 인증위원회(CACREP, 2009) 및 미국학교상담협회(ASCA, 2012)와 같은 인증 모델 및 표준은 상담 직업 내에서 사용되는 전문가 중심 모델의 친숙한 예들이다. 또한 전국교사교육인증위원회(NCATE)는 학교 상담 프로그램을 위한 준비 및 실무 표준을 마련했다.

참여자 중심 모델 앞서 말한 바와 같이 프로그램 평가의 기본적인 목적은 의사 결정자들이 프로그램의 과정과 결과에 대한 가치 판단을 할 수 있도록 자료를 제공하는 것이다. 물론

의사결정자들이 의도적인 평가의 대상이 되겠지만, 그 프로그램의 평가와 관련된 이해관계를 가진 또 다른 당사자들(프로그램의 참여자들)도 있다. 이러한 현상에 따라 새로운 프로그램 평가 접근법이 나타났는데, 그것은 프로그램의 방향과 목표와 활동들에 대한 개개인들의 경험을 직접적으로 관찰하는 데 초점을 맞춘다. 이 새로운 평가방법은 평가에 대한 참여자 중심 접근(participant-oriented approach)이라고 불린다.

Stake의 반응적 평가 모델(responsive evaluation model, 1981, 1990)은 참여자 중심 모델 중에서도 가장 널리 사용되는 모델 중의 하나이다. 반응적인 평가를 실행하는 것은 ① 초기 계획 세우기와 초점 맞추기, ② 관찰 실행하기, 그리고 ③ 결과들을 조직하고 보고하기의 세 단계를 따라서 이루어진다. 평가 과정이 다소 간소해 보일지라도, 평가 결과에 따라 평가의 초점이 유동적일 수도 있다는 것을 명심해야 한다. Fitzpatrick 등(2004)이 주장한 바와 같이, "반응적 평가의 목적, 체계, 핵심은 구성원들의 상호작용으로부터 나온다. 또한 이들의 상호작용과 그에 대한 관찰은 문제에 대한 지속적인 집중으로 이어진다"(p. 136).

반응적 평가 접근 방식의 주요 장점은 모든 이해 당사자의 의견을 고려하는 것이다. 이러한 접근 방식은 마치 평가자가 "나는 내가 받는 정보만을 기반으로 말하고, 당신이 해야만 할 얘기를 경청하기 위해 여기에 있다."라는 태도로 프로그램 평가에 들어가는 것과 같다. 이 접근 방식은 평가자와 이해 당사자 간의 지속적인 상호작용을 제공하는 평가 틀을 수립한다. 예를 들어, 대학 상담센터가 반응적 평가 모델을 사용하여 평가를 수행한 경우, 평가자는 ① 개별 치료, 집단치료, 교육 및 봉사 활동과 같은 참여자 서비스의 주요 요소에 대한 계획을 세우고, ② 이들 각 활동에 대한 관찰과 참여자 피드백 수집을 실행한다. 그리고 ③ 참여자를 염두에 두고 결과를 조직하여 보고한다.

요약하면, 앞에서 설명한 프로그램 평가 모델은 상담 실무자 대신 개별 평가자를 활용한 대규모 조직 평가에 사용하기 위해 개발되었다(Astramovich & Corker, 2007). 상담 실무자들이 평가 과정에서 그처럼 작은 역할을 했기 때문에 많은 상담사가 일상적인 프로그램 관리에서 프로그램 평가 방법을 활용하기를 꺼렸다(Loesch, 2001). 상담사의 의도치 않은 무관심 덕분에 상담 실무 과정과 성과 연구, 즉 상담 활동의 효과성에 대한 문서화 과정이 분리되었다.

동시에 상담 분야의 다른 사람들(예: Gysbers, Hughey, Starr, & Lapan, 1992; Hadley & Mitchell, 1995; Issacs, 2003; Lapan, 2001; Loesch, 2001; Myrick, 2003; Sink, 2009)은 프로그램의 효과를 문서화하는 데 사용될 수 있는 상담사 주도의 평가 전략을 개발하도록 상담사들을 격려했다. 다음 내용에서 알 수 있듯이 이 도전에 대한 전문가들의 대응은 상담의 책무성 운동으로 이어졌다.

2단계: 프로그램 책무성 모델

대부분의 경우, 프로그램 평가의 책무성 모델은 다음 측면에서 첫 단계에서 기술된 것들과는 다르다. 즉, ① 이 모형은 상담사의 프로그램 효과에 관한 즉각적인 정보(데이터) 요구에 더욱 반응적이며, ② 상담사가 정한 프로그램의 어떤 특성에 평가 초점을 구체적으로 맞출 수 있도록 해 주며, ③ 프로그램 참여자의 피드백을 활용하여 프로그램의 가치에 대한 결정을 내릴 수 있는 기회를 제공하고, ④ 전반적인 효과를 강화할 수 있도록 프로그램을 수정하게 한다는 점이다. 당신의 상담 프로그램이 역할을 다하고 있는지 그 책무성을 설명하도록 요청받았다고 가정해 보자. 프로그램 책무성 평가에 관한 몇 가지 특징을 염두에 두어야 할 것이다. 여기에는 고객의 요구에 대한 적절한 반응성, 즉 주기적인 계획, 실행, 평가, 피드백 제공 그리고 책무성의 증거를 제공하기 위한 자료 기반 의사결정 등이 포함된다. 이에 대해서는 다음에 더 자세히 살펴보겠다.

맥락적 반응 이 장의 앞부분에서 우리는 프로그램 평가에서 평가와 그것이 이루어지는 맥락 간의 연계가 중요하다는 점을 강조했다. 이러한 상호 연계 수립은 프로그램 책무성 모델에서 특히 중요하다. 여기서는 당신이 상담하게 될 사람들의 요구를 파악하는 데 사용할 수 있는 전략에 대해 학습하게 될 것이다. 아마도 내담자의 상담 요구를 확인하는 가장 쉬운 방법은 받고 싶은 서비스에 대해 직접 물어보는 것일 것이다. 연구자들은 내담자로부터 이러한 유형의 정보를 얻기 위한 다양한 전략을 개발했다. 가장 유용한 전략은 요구분석(Gupta, Sleezer, & Russ-Eft, 2007)을 수행하거나 상황에 맞는 반응적 평가를 통해 공동체의 주요 정보원으로부터 신중하게 얻은 정보를 활용하는 것이다(Royse, Thyer, & Padgett, 2010). 다른 선택지로는 프로그램 목적과 목표를 확인하는 데 활용할 수 있는 반응적 평가 틀을 만들도록 공동체의 이해 당사자를 참여시키는 것과 이들이 가치 있는 의견을 가지도록 공동 관심사를 구축하고, 문화적 · 맥락적 관련성을 시연하도록 하는 것이다.

Box 16.3 프로그램 책무성 모델의 주요 특징

- 맥락적 반응(contextual responsiveness): 특정 내담자의 요구에 초점을 맞춘다.
- 순환 패턴: 4단계 순서를 활용한다
- 전략 기획

- 프로그램 실행
- 프로그램 평가
- 프로그램 피드백
- 자료 기반 의사결정: 상담사가 확인한 프로그램 요구

요구조사 실시 요구조사에 기울이는 노력의 범위는 단순한 것부터 복잡한 것까지 폭이 넓다. 또한 요구조사를 수행하는 이유도 다양하다. 구체적인 예는 다음과 같다.

- **내담자 전체 집단과 관련된 문제의 범위를 탐색하라.** 최소한 요구조사는 상담 프로그램 상태에 대한 진단 평가 역할을 할 수 있다. 즉, 요구조사에는 사안 또는 개인들의 요구 조건에 대한 모집단의 관점을 비교하는 것이 포함된다(Gupta et al., 2007). 현재의 관점과 원하는 상태의 불일치는 개입이나 프로그램의 필요성을 확립한다.
- **서비스 또는 자원 할당에 대한 우선순위를 정하라.** 대부분의 경우 당신의 서비스에 대한 내담자 모집단의 요구가 당신이 상응할 수 있는 범위를 초과한다는 것을 알게 될 것이다. 따라서 에너지와 노력의 초점이 될 서비스를 결정하기 위한 전략을 개발하는 것이 중요하다. 요구 평가 결과는 내담자의 요구들 간의 상대적 중요성에 대한 명확한 증거를 제공해 줄 것이다.
- **개입/자원이 문제를 해결하는지 확인하라.** 제공되는 서비스의 차이에 대한 정보를 제공하는 것 외에도, 프로그램 및 개입의 효과에 대한 정보를 얻기 위해 요구 평가를 사용할 수 있다. 또한 평가 결과는 사용 중인 내용을 수정하기 위한 기초로 사용할 수 있다.
- **특정 목표 집단에 맞게 프로그램을 조정하기 위한 정보를 얻는다.** 상담사로서 당신은 당신이 서비스를 제공하는 전체 대상 집단 내의 특정 하위 집단의 요구를 해결하는 프로그램을 제공하고자 하며, 요구분석 결과는 당신이 제공하는 서비스 진입을 방해할 수 있는 장벽을 확인하는 데 도움이 된다.

다음 예는 앞서 나열한 네 가지 단계가 상담 프로그램을 확인하고 구성하는 데 어떻게 도움이 되는지를 보여 준다. 한 집단의 학교 상담사가 2학년 학생의 부모가 자녀의 고등교육 계획을 세울 수 있도록 지원하는 데 관심이 있었다. 부모가 가장 중요하게 생각한 문제를 파악

하기 위해 상담사는 부모에게 간단한 설문조사(요구조사 실시)에 응답하도록 요청했다. 설문조사 결과, 부모는 여러 가지 걱정이 있었지만 그 가운데 모든 응답자가 재정 비용과 대학 입학 기회에 대한 추가 정보가 필요하다고 지적했다(요구 우선순위). 이것은 대학생 1세대 경험을 지닌 부모에게 특히 그랬다. 상담사는 이들이 지닌 해당 주제에 대한 큰 관심을 고려하여 대학생 1세대 경험 부모에게 그들이 추구하는 관련 정보를 제공하는 프로그램 계획을 세웠다(자원 활용의 우선순위 결정). 처음에 상담사들은 방과 후 오후 늦게 프로그램을 제공할 예정이었다. 그러나 부모에게 보낸 요구 조사(요구사정) 결과에 따르면 대부분의 부모는 직장이나 육아 문제로 인해 그 시간에 참석할 수 없는 것으로 나타났다(계획된 개입이 필요를 충족시킬 것인지 결정). 조사 결과, 상담사는 계획을 변경하여 저녁 시간에 프로그램을 제공했다(예상 집단의 요구를 충족시키기 위한 맞춤형 프로그램).

맥락 반응적 평가 도시 배경에서 일할 상담사는 세심하게 요구조사를 실시하는 것이 특히 중요하다. 위험에 처한 학생 교육연구센터(Center for Research on the Eduction of Students Placed at Rist: CRESPAR)의 Veronica Thomas(2004)와 동료들이 지적한 것처럼, 프로그램 평가는 "도시 학군에 영향을 미치는 수많은 사회적 · 행동적 · 정치적 요인들에 대해 정보를 얻어야 한다."(p. 7). 또한 많은 빈곤층과 소외 계층이 살고 있는 지역사회나 학교에서 일하는 상담사를 포함한 개인들은 그러한 지역적 맥락 안에서 다문화 문제, 조직적 · 정치적 제약, 기존에 일했던 사람들이 직면한 우선순위의 상충 문제에 직면하게 된다(Thomas, 2004). 이런 경우 상담사는 중립적 관찰자가 될 수 없다. 대신 상담사는 "중요한 상황적 맥락에 상응하는 프로그램 목표를 명확히 하고, 프로그램을 계획하고 실행하는 사람들이 알아야 하는 중요하고 지역 배경과 관련성을 지닌 결과들을 확인하는 것을 도울 준비가 되어 있어야 한다."(p. 7). 다행히도, CRESPAR은 도시 배경에서 프로그램 평가를 수행하기 위한 일련의 지침을 마련했다. 이러한 원칙은 Box 16.4에 제시되어 있다.

Box 16.4 도시 배경에서의 프로그램 평가 지침

- 이해 당사자 참여
- 공동 관심사 구축 활동
- 문화적 · 맥락적 관련성 증명
- 이해 당사자의 관점 존중

이해 당사자 참여 미국상담학회 윤리강령(2014)의 원칙에 따라 상담사는 가난하고 여러 지역사회에 흩어져 있는 개인들이 자신들의 존엄성을 존중하고 복지를 증진시킬 수 있도록 참여시켜야 한다. 이 목표가 달성되더라도 상담사는 이해 당사자가 평가 제안서를 마련하도록 만드는 것에 어려움을 겪을 수 있다. 대부분의 경우 상담사가 협력적인 관계를 구축하기 위해서는 지역사회 구성원의 존중과 신뢰를 얻는 것이 필수적이다. Thomas(2004)는 신뢰를 얻는 가장 좋은 방법 중 하나는 개인들 모임 또는 이해 당사자 집단 공동체에서 주요 자문역(Royse et al., 2010)으로 여러 회의에 참여하는 것이라고 주장한다. 질문하고, 주의 깊게 듣고, 요구 사항에 대해 논의하고, 회의 결과를 기록하고, 결과에 대한 합의를 얻는 과정은 이해 당사자들의 존중을 얻는 수단들을 제공한다. 간단히 말해서, 프로그램을 평가할 목적으로 이해 당사자를 참여시킬 수 있는 상담사의 능력은 평가가 이루어지는 곳의 사람들과 배경 맥락으로부터 경청하고 배우려는 개방성과 관련이 된다.

공동 관심사 구축 CRESPAR에 의해 설명된 공동 관심사 구축은 학생, 가족, 교사, 행정가, 교직원들 그리고 이들 이해 당사자들이 프로그램의 체계적인 평가 노력에 진정성 있는 참여를 하도록 하기 위한 학습 과정에 영향을 줄 수 있는 지역사회 구성원들 간의 사회적 · 문화적 역동을 존중하는 과정이다(Thomas, 2004). 공동 관심사 구축은 주요 이해 당사자 집단과 협력하고 진정한 파트너십을 형성하는 평가자를 포함한다. 정신 건강 조직에서 이것은 내담자, 가족, 상담사 및 기관 지도자의 역동을 포함하는 것일 수 있다. 마지막으로 중요한 것은 공동 관심사 구축에는 평가자와 지역 구성원 간의 암묵적인 권력 역동(power dynamics)을 줄임으로써 권력을 재분배하는 측면이 포함된다. 실질적으로 공동 관심사 구축이란 모든 이해 당사자 집단이 평가 과정의 모든 측면에 공동으로 기여할 수 있는 기회를 갖게 되는 것을 의미한다. 예를 들어, 도시 학교 환경에서 학부모, 교사 및 교직원은 평가 과정의 모든 단계에서 목소리를 갖게 된다.

문화적 · 맥락적 관련성 증명 문화적 역량은 상담사가 집단 내 그리고 두 집단 및 여러 집단 간의 문화적 차이와 유사점을 이해하고 인식할 수 있도록 하는 지식과 기술을 갖추고, 공동체의 가치, 전통 및 관습에 기꺼이 수용하는 의지를 지닌 것 것으로 기술되어 왔다(Arredondo, Toporek, Brown, Jones, Locke, Sanchez, & Stadler, 1996; Schinke & Cole, 1992). 문화는 의미 있는 도시 학교 또는 기타 상황에 따른 평가의 필수적 측면이며 또한 그래야 한다. Moran(1992)은 문화적 민감성을 지닌 상담사가 되기 위해서는 지역사회 구성원의 삶에 영향을 주는 기관의 의미, 가치, 종교적 이상, 사고 습관, 예술적 표현 방식, 사회적 및 대인 관계의 패턴을 이해해야 한다고 강조하고 있다.

상황적 맥락은 프로젝트의 실행 및 평가의 일부인 여러 요소의 조합을 포함한다는 점에서 더 광범위하게 정의된다. 예들에서는 정치적 및 사회적 기후, 경제 상황, 최근 또는 현재 사건의 시기 및 지역적 위치가 포함된다. 실제적으로, 맥락은 평가가 이루어지는 환경과 관련이 있다.

평가 관련 학자들(예: Hood, 2001; Frierson, Hood, & Hughes, 2002)은 프로그램 평가는 프로그램을 제공받는 해당 문화의 대표자에 의해서 가장 잘 수행된다고 주장한다. 그러나 소규모의 실무자가 이끄는 연구의 경우에서는 목표를 달성하기 어려울 수 있다. 그러한 경우, 상담사는 고려 중인 대상자들의 문화적 규범과 경험을 이해하는 것이 중요하다. 가장 중요한 목표는 사람들과 평가가 이루어지는 환경에 대한 진정한 이해를 얻는 것이다.

이해 당사자의 관점 존중 상담사는 이해 당사자들의 관점을 주목하고 존중하며 대변함으로써 이들을 존중할 수 있게 된다(House, 2001). 이러한 존중을 통해 상담사는 이들의 요구, 필요 및 관심사에 집중하게 됨으로써 이해 당사자에 대한 반응성을 입증할 수 있게 된다. 상담사는 평가 전반에 걸쳐 반응적인 태도를 지니는 것이 중요하다. 이 중요한 목표는 이해 당사자와의 연락을 유지하고 그들의 요구에 부응함으로써 달성될 수 있다.

요구 평가를 요약하기 위해, 도시 학교 환경 또는 저소득층과 다양한 인구를 대상으로 하는 기타 환경에서 평가를 수행하기 위한 권장 사항 목록을 제공하고자 한다. 이 목록은 CRESPAR 관계자가 제공한 것으로 지난 수십 년 동안 많은 프로그램을 평가한 경험을 바탕으로 한다. 권고 사항과 각각의 근거에 대한 설명은 〈표 16-1〉에 제시되어 있다.

순환 과정 책무성 모델은 상담사가 내담자 전체 집단의 요구를 확인하고 맞추기 위해 사용할 수 있는 논리적 전략을 나타낸다. 잘 갖춰진 요구 평가는 프로그램 책무성을 문서화하는 측면에서 매우 중요한 단계이다. 프로그램 책무 범위를 정하기 위해서는 요구분석 결과를 상담 개입 또는 체계적으로 평가할 수 있는 프로그램으로 변환해야 한다. 하나 이상의 요구를 확인하여 평가 가능한 개입 또는 프로그램으로 변화하는 과정은 프로그램 계획, 프로그램 실행, 프로그램 평가 및 프로그램 환류를 포함한 여러 단계를 포함한다. 이것들을 함께 고려할 때, 이 네 단계는 모든 책무성 모델의 기초가 되는 순환 과정(cyclic pattern)이다(Box 16.3 참조). 순환 주기의 각 단계는 다음 절에 설명되어 있다.

표 16–1 **도시 지역에서 프로그램 평가 실행을 위한 권고**

권고 사항	설명
사전 노력 (front-load efforts)	평가 활동을 시작하기 전에 평가자는 주요 이해 당사자를 만나고 이들의 가족, 관련자 및 정치적 상황을 포함하여 해당 기관이나 소속 학교를 알아 나가는 시간을 가져야 한다.
이해 당사자를 평가 과정에 의미 있게 참여시키기	관여시키는 과정은 개별 회의, 소집단 모임 및 초점 집단을 포함하여 다양한 방식으로 이루어질 수 있다. 무엇보다도 관여 과정은 진정성 있게 진행되어야 하며 평가자는 이해 당사자의 관심사, 걱정 및 제안에 주목해야 한다.
공동 관심사 구축	이해 당사자는 평가 계획, 연구 질문 개발 및 결과의 배포 및 사용을 포함한 평가의 모든 측면에 참여할 수 있는 기회를 가져야 한다.
유무형의 방식으로 정보 환원	환원과정은 ① 이해 당사자의 요구, 소망 및 배경에 따른 적합한 평가를 수행하고, ② 이해 당사자들이 알고 싶어 하는 정보를 공유하고 의미를 갖도록 발견된 것을 잘 제시함으로써 이루어질 수 있다.
존중과 위엄을 갖춰 도시 이해 당사자들 모두를 대하기	프로그램 평가자는 미국상담학회의 윤리 규정과 일치하는 방식으로, 즉 인도적으로, 공정하게, 존엄과 그들의 복지에 대한 존중심을 가지고 이해 당사자를 대해야 한다.
모든 평가 관련자의 문화적 역량 갖추기	평가자는 최소한 그들이 일하는 문화와 상황 맥락을 이해하고 그 가치를 인정할 수 있어야 한다. 또한 평가 활동 및 자료는 서비스를 제공받는 개인의 문화적 배경과 일치해야 한다.
모호성과 변화에 대한 인내, 이해 그리고 높은 내성 지니기	도시 지역에서 일하는 평가자는 기관과 학교의 특징적인 변화 역학에 적응할 수 있도록 준비되어야 한다. 부적절한 자원 및 자금 조달, 우선순위 변화, 높은 직원 이직률 및 기타 문제로 인해 자주 위기 상황에서 운영을 하게 된다. 이러한 상황에서 평가자는 변화하는 환경에 유연하게 대처하고 적응하는 법을 배워야 한다.

프로그램 계획 가장 기본적인 수준에서 프로그램 계획은 확인된 요구를 해결하기 위해서 요구조사 결과를 실행 계획(Carey & Dimmitt, 2006)으로 변환하는 것이다. 실행 계획은 구체적인 요구에 따르며, 전체 프로그램의 특정한 부분에 맞춰 정해진다. 예를 들어, 고등학교 상담사는 신입생이 진로 계획 활동에 참여하도록 장려하기 위한 행동 계획을 개발할 수 있지만, 그러한 계획은 고등학교 상담사의 전반적인 사명, 목표 및 목표의 일부일 뿐이다. 그들은 프로그램의 각 요구를 맞추기 위한 몇 가지 실행 계획을 마련하게 될 것이다. 그럼에도 불구하고 실행 계획의 유용성은 조직의 비전 및 사명과 연계되어야 한다(Astramovich & Corker, 2007; Calley, 2009). 실행 계획에는 최소한 단기 및 장기 목표 목록과 예상 결과가 포함되어야 한다

(Calley, 2009). 예상되는 결과를 고려하는 것은 그에 걸맞게 적절한 결과 측정 방법을 찾아내는 데 특히 중요하다. 더불어 프로그램 계획에는 관심 모집단에 적합한 구체적인 상담 개입, 전략, 치료 또는 활동을 확인하는 것이 포함된다. 그리고 프로그램 계획 시에는 공간, 인력 및 시간을 포함하여 사용 가능한 투입 자원을 고려해야 한다(Stufflebeam, 1971; Royse et al., 2001).

프로그램 실행 일반적으로 실행이란 프로그램 구성 요소, 특정 실행 장면(Durlak & DuPre, 2008), 프로그램 실행 과정(Astramovich & Corker, 2007)을 포함하여 일컫는다. 일단 프로그램이 실행되면 과정 자체를 점검하여 제대로 과정을 밟아 가고 있는지 확인하는 것이 중요하다. 실행 과정을 점검함으로써 '치료 충실도'를 높일 수 있다(Poynton & Carey, 2006). 프로그램 평가 전문가들은 종종 프로그램 평가를 점검하기 위한 수단으로 형성 평가(과정 평가라고도 함)나 여러 평가 전략을 사용할 것을 권장한다. 이러한 평가들은 계획된 개입 및 활동들에 대한 과정 및 성과를 점검하는 데 사용될 수 있다. 이러한 진단적 평가를 수행하기 위해 따로 정해진 전략은 없지만 목적은 항상 동일하다. 즉, 프로그램의 내용, 활동 및 전달에 대한 프로그램 참여자의 반응 의견 정보를 얻는 것이다. 또한 이러한 종류의 자료를 사용하여 상담사는 실행 계획을 수정할 수 있다.

프로그램 평가 프로그램 평가는 성과 평가로 간주될 수 있다. 전체 순환 과정에서 프로그램 평가 단계의 목적은 프로그램이 설계된 목표와 목적을 달성했는지 여부를 결정하는 것이다. 따라서 프로그램 평가는 상담 프로그램의 총괄 평가에 중점을 둔다. 이 평가는 성과 점검을 목표로 하며 다양한 형태로 모든 참여자에게 프로그램의 결과에 대한 자료를 제공하기 위해 실시된다.

다음의 학교 상담 문헌의 두 가지 예는 프로그램 평가의 본질을 명확하게 하고 평가 목적을 달성하는 데 도움이 될 수 있다. Whiston과 Aricak(2008)는 학교 상담사에게 학생들의 학업 및 진로 발달 그리고 개인적/사회적 발달 요구를 프로그램이 다루는 정도를 평가할 수 있는 수단을 제공하기 위해서 학교상담 프로그램 평가 조사(School Counseling Program Evaluation Survey: SCoPES)를 개발했다. SCoPES에는 이러한 각 개발 영역에 대한 별도의 하위 검사가 포함되어 있다. 학교 상담 프로그램에 대한 국가 표준(National Standards for School Counseling Programs; Campbell & Dahir, 1997)에 명시된 바와 같이, 이 세 영역은 학교 상담 프로그램의 주요 초점이 된다. 학교 상담사는 SCoPES의 심리학적 특성을 고려하여 자신의 프로그램이 ASCA 기준을 충족시키는 정도에 대해 형성적 판단을 내리기 위해 이 도구를 사용할 수 있다.

또한 SCoPES의 구성은 상담사가 특정 연도의 상담 프로그램의 초점에 따라 하나 이상의 하위 검사를 사용할 수 있도록 해 준다.

두 번째 예는 Dahir와 Stone(2009)이 개발한 MEASURE 모델이다. MEASURE는 사명(Mission), 요소(Elements), 분석(Analyze), 이해 당사자들의 단합(Stakeholders unite), 결과(Results) 및 교육(Educate)의 약어이다. 함께 고려하면, MEASURE는 학교 상담사가 수행하는 행동들을 모두 포함하는 것이다. 이 모형의 개발자에 따르면, MEASURE는 "학교 상담사가 학교 기반 문제를 탐색하고, 가능한 실행 과정을 개발하며, 진행 상황과 결과를 모니터링할 수 있는 체계적이고 조직적인 방법을 제공한다"(p. 14). 이 사례에서 상담사는 자료에 기반한 평가를 사용하겠지만, 적절한 형성 및 총합/성과 평가 전략을 마련할 책임이 있다.

프로그램 환류 프로그램 환류(program feedback) 과정의 마지막 단계에는 세 가지 목적이 있다. 먼저 상담사는 프로그램 평가에서 얻은 자료를 분석해야 한다. 두 가지 유형의 분석이 권장된다. 첫 번째 분석은 개재 또는 프로그램 전후의 참여자 간 차이 검증에 중점을 둔다. 이 사전/사후 검증은 프로그램의 전반적인 효과에 대한 정보를 제공한다. 두 번째 분석은 자료를 분리하여 연령/학년, 인종 집단 또는 사회경제적 상태와 같은 개별 집단에 대한 기술 분석을 수행하는 것이다. 이 분석은 인구학적 정보에 따른 하위 참가 집단에 대한 프로그램의 차등 효과 정보를 제공한다. 예를 들어, 정신건강 상담사가 지역사회 내의 5개 중학교(6~8학년)에 있는 모든 학생에게 괴롭힘 방지 프로그램을 제공했다고 가정해 보자. 상담사는 두 가지, 즉 전체 집단 대상 기술 분석 및 하위 집단 분석을 실시할 수 있다. 전체 분석은 이 프로그램이 중학교 학생들의 집단 따돌림 감소에 긍정적인 영향을 미쳤는지를 보여 준다. 그리고 세부적으로 하위 집단을 분석함으로써 상담사는 8학년 학생들이 다른 학년보다 프로그램에 더 호의적으로 반응했음을 발견할 수 있다. 마찬가지로, 상담사는 무료 또는 할인된 점심을 제공받은 특정 하위 집단의 학생들이 다른 학교의 학생들보다 더 호의적으로 반응했음을 발견할 수 있다. 결과적으로 전체 분석과 하위 집단 분석은 모두 프로그램의 효과에 대한 귀중한 정보를 제공한다.

프로그램 환류의 두 번째 목적은 프로그램을 위한 개선 지침을 제공하는 것이다. 앞의 예를 고려할 때, 상담사가 프로그램을 추가로 수정하고 싶어 할 가능성이 높다. 예를 들어, 학년이 다른 경우, 그에 맞춰 다양한 프로그램을 설계하는 것이 중요할 수 있다. 마찬가지로 프로그램 형식이나 내용을 개별 학교에 맞춰서 수정해야 할 수도 있다. 프로그램 평가의 환류 단계에서 분석 결과는 전반적인 효율성을 향상시키기 위해 프로그램에 필요한 변경 사항을 알려 준다.

프로그램 환류의 최종 목적은 상담사가 자신의 노력 성과를 이해 당사자에게 보고할 수 있는 기회를 제공한다는 것이다. 이해 당사자에게 피드백을 제공하는 것은 모든 상담 프로그램의 중요한 측면이다. 그렇게 하면 상담사와 이해 당사자가 선택된 프로그램의 중요성에 대한 소통을 계속할 수 있는 동력을 제공받게 된다.

자료 기반 의사결정 프로그램 계획 및 평가 결과를 알리기 위해서 자료를 사용하는 것은 새로운 아이디어는 아니다. 실제로 평가 전문가들은 한동안 프로그램을 구성하고 평가하기 위해 자료를 사용하는 것이 중요하다고 여겨 왔다(Poynton & Carey, 2006). 그럼에도 불구하고 자료 기반 의사결정(Data-Based Decision Making: DBDM)을 위한 정식 모델을 개발하고 사용한 것은 비교적 최근에 이루어진 프로그램 평가 과학의 발전 덕분이다. 상담직 영역에서 자료 기반 의사결정 움직임은 표준 기반 교육개혁 운동(Poynton & Carey, 2006)과 임상 정신건강 상담 영역(Calley, 2009) 내의 실무 전문기관 인증단체[예: Community for Accreditation for Children and Family(COA), Joint Council on Accreditation of Health Organizations(JCAHO)]로부터 비롯되었다. 이러한 단체들의 영향을 고려하여 자료 기반 의사결정은 프로그램 평가의 고유하고 주된 특징으로 자리 잡게 되었다.

Dahlkemper(2002)는 자료 기반 의사결정을 "학교 개선을 위한 자료 수집, 분석, 보고 및 활용 과정"으로 정의했다(p. 1). Dahir와 Stone(2003), Isaacs(2003), Poynton과 Carey(2006)를 포함한 많은 전문가들이 자료기반 의사결정 모델을 개발하기 위한 기초로서 이 정의를 채택했다. 이들 각 모델은 실무자의 작업과 관련이 있는데, 우리는 Poynton과 Carey가 제안한 IDEAS 모델에 중점을 두고 소개를 하겠다.

〈표 16-2〉에 요약 제시된 IDEAS는 Poynton과 Carey(2006)의 자료 기반 의사결정 모형 5단

표 16-2 IDEAS 자료 기반 의사결정 모형의 단계

단계	실행
문제 확인(Identify a question)	프로그램의 사명과 목표 내에서 운영하되, 특정 영역의 요구를 확인하라.
계획 수립(Develop a plan)	목표 실현을 방해하는 요소를 확인하고 이를 제거할 수 있는 조치를 마련하라.
계획 실행(Execute the plan)	계획을 실행하라.
문제 응답(Answer the question)	개입이 의도한 목표를 달성한 정도를 평가하라.
결과 공유(Share the results)	모든 이해 당사자가 개입 효과와 전체 상담 프로그램에 대한 그 성과의 기여를 알도록 하라.

계 각각의 약어이다. Poynton과 Carey는 IDEAS 모델을 통해 자료 기반 의사결정이 이루어지도록 각 단계에서 상담사가 취해야 할 조치를 제시하고 있다.

1단계: 문제를 확인한다. 상담사는 학부모, 관리자, 교사 및 학생과 같은 이해 당사자 집단의 대표로 구성된 자료 기반 의사결정 팀을 구성하는 것이 좋다. 팀이 구성되면 상담 프로그램의 목표를 확인하는 작업을 수행한다. 마지막으로, 이 팀은 프로그램의 현재 상태를 설명하고 요구를 해결하기 위한 관심 문제를 정하기 위해 자료를 수집하고 해석한다. 상담사는 팀의 리더 역할을 하게 된다.

2단계: 계획을 수립하라. Poynton과 Carey는 계획 수립에 네 가지 가능한 조치를 제안한다. 첫 번째는 목표 달성의 방해 요소를 확인하는 것이다. 방해 요소는 모든 조직의 자연스러운 부분이다. 목표 달성은 종종 이러한 장벽을 제거 또는 극복하는 것과 관련이 있다. 1단계에서 얻은 자료를 분석하여 방해 요소를 확인한다. 다음 단계는 팀이 방해 요소를 제거할 개입을 정하는 것이다. 개입은 여타 환경에서 잠재적 방해 요소가 있음에도 불구하고 개입이 효과적이라는 증거를 바탕으로 선택되어야 한다. 증거 기반 실무는 이 장의 뒷부분에서 다룰 것이다. 다음으로, 팀은 개입이 계획대로 구현될 수 있도록 행동 계획을 수립한다. 마지막으로, 개입의 효과를 평가하는 데 사용할 수 있는 평가 계획을 개발해야 한다. 평가 계획은 명시적이어야 하며 개입 목적과 직접 연결되어야 한다.

3단계: 계획을 실행한다. 실행 일정을 작성하고 따름으로써 계획 실행이 촉진된다. 동시에 계획 실행 과정을 점검하는 것이 중요하다. 이 단계에는 개입이 계획대로 실행되고 있는지 확인하기 위해 형성 평가를 수행하는 것이 포함된다. 형성 평가의 내용과 종류에 대한 정보는 이미 이 장의 앞부분에 제시되어 있다. 그러나 개입을 개선하거나 실행 계획을 수정하는 데 수집된 자료를 사용할 수 있다는 측면에서 형성 평가의 중요성을 다시 언급하고자 한다.

4단계: 문제에 답하라. 프로그램이 다루려는 문제에 대한 답변을 제공하려면 두 가지 중요한 단계가 필요하다. 첫 번째는 자료를 분석하는 것이고, 두 번째는 결과를 해석하는 것이다. 자료 분석은 수집된 자료 유형과 상담사의 자료 분석 역량에 따라 달라진다. 일반적으로 자료 분석은 Microsoft Excel과 같은 스프레드시트 프로그램을 사용하여 관리할 수 있다. 분석 결과를 해석하면 자료 기반 의사결정 팀이 개입의 효과에 대해 판단할 수 있으며, 더불어 모델의 최종 단계로 이어지게 된다.

5단계: 결과를 공유하라. 모든 이해 당사자와 대중에게 개입의 결과를 전달하는 것은 두 가지 중요한 목적에 기여한다. 먼저, 이해 당사자 및 다른 사람들에게 개입의 효과에 대한 중요한 정보를 제공한다. 둘째, 이해 당사자에게 특정 개입의 성공을 알리면 전체 프로그램에 대한 신뢰성을 구축하는 데 도움이 된다. 요약하면, 자료 기반 의사결정은 상담사가 전문성 측면에서 지니고 있어야 하는 강력한 도구이다. 우리는 Poynton과 Carey(2006)와 함께 "자료 기반 의사결정 기술이 효과적인 상담 실무의 새로운 초석이 될 것이다"라는 신념을 공유한다(p. 10). 또한 이것은 이어지는 부분에서 다뤄지는 증거 기반 실무 모형의 기초를 제공한다.

3단계: 증거 기반 실무 모델

증거 기반 실무(Evidence-Based Practice models: EBP)의 주제는 이 책의 다른 장(제6장 참조)에서 특히 연구에 초점이 맞춰진 형태로 다뤄지고 있다. 하지만 우리는 증거 기반 실무가 상담 개입 및 프로그램 평가를 위한 가장 최근의 근거를 제공한다고 생각한다. 이러한 관점에서 우리는 ① 증거 기반 실무가 프로그램 평가 모델로 사용될 수 있는 이유에 대한 간단한 이론적 근거를 제공하고, ② 증거 기반 실무 평가 모델의 작동 방식을 설명하고, ③ 프로그램 효과를 문서화하는 데 사용된 다양한 사례를 제공하고자 한다.

Carey와 Dimmitt(2008)에 따르면, 증거 기반 실무의 기원은 의학 분야로부터 진화했다. 이러한 맥락에서 증거 기반 실무는 치료 계획 및 실무에 정보를 제공하기 위해 가능한 최상의 연구 증거를 활용하려는 임상가의 의도를 반영한다. 증거 기반 실무는 "가장 유용한 연구 증거를 임상 실무에 통합시키려는 이념이며 정보에 입각한 임상 결정을 내리는 과정"이라는 개념을 내포하고 있다(Yates, 2013, p. 41). 증거 기반 실무는 처음 사용된 이후, 정신건강(Aarons, Hurlburt, & Horwitz, 2011), 공중보건(Mitchell, 2011), 아동 및 청소년을 위한 심리 서비스(Kazak et al. , 2010), 학교 상담(Carey & Dimmitt, 2008) 등의 분야에서 그 성과를 점검하기 위한 선호 수단으로써 활용되어 왔다.

여러 대안을 감안할 때, 우리는 Carey와 Dimmitt(2008)이 학교 상담을 위해 개발한 증거 기반 실무 모델이 프로그램 평가에 증거 기반 실무를 적용하기 위한 적절한 틀을 제공한다고 생각한다. Carey와 Dimmitt에 따르면, 이 모델에는 3개의 상호 연결된 영역, 즉 ① 해결해야 할 문제 파악(즉, 문제 기술), ② 효과를 발생시키는 요소 파악(즉, 결과 연구의 활용), 그리고 ③ 차이를 만들어 내는가에 대한 개입 효과 파악(즉, 개입 평가)을 포함한다.

해결해야 할 문제 파악 앞서 자료 기반 의사결정에 대한 설명에서와 같이, 요구 평가나 학생 또는 내담자의 수행 및 행동에 관한 기관 자료를 살펴봄으로써 문제 확인을 할 수 있다. 예를 들어, 초등학교 상담사는 방과 전후 운동장에서의 싸움 발생률에 대한 정보를 수집할 수 있다. 또는 중학교 교사가 영재 교육과정 또는 특성화 교육 프로그램(magnet program)에 등록한 비주류 학생들의 수를 확인하고 싶을 수도 있다. 지역사회 환경에서 정신건강 상담사는 약물 관련 범죄에 대한 청소년 범죄율을 낮추는 데 관심이 있을 수도 있다. 이러한 각각 시나리오에서 상담사는 해결되어야 할 문제를 확인하는 데 필요한 관련 자료들을 활용할 수 있다.

효과를 발생시키는 요소 파악 개입의 효과 요소에 관한 지식은 상담 연구 문헌을 살펴봄으로써 얻을 수 있다(Sexton, Schofield, & Whiston, 1997). 일반적으로 정신건강 상담 분야에서 증거 기반 연구 논문은 특정 대상에게 맞춰진 중재에 초점을 맞추는 경향이 있다. 따라

표 16-3 연구 기반 개입 관련 자료 출처

출처	개입의 종류	웹 주소
WWC(What Works Clearing House)	사회도덕 교육을 포함한 광범위한 개입	http://www.whatworks.ed.gov/
만성질환 예방 및 건강증진 국립센터(National Center for Chronic Disease Prevention and Health Promotion)	학교 기반 개입/건강증진 개입	http://www.cdc.gov/HealthyYouth/
미 교육부 학교안전 및 마약예방부서(U.S. Department of Education's Office of Safe and Drug-Free Schools)	안전하고 마약 없는 학교 만들기 프로그램	http://www.ed.gov/about/offices/list/osdfs/index.html
중독 및 정신건강서비스에 대한 증거기반 프로그램 및 개입에 관한 국가 행정기관 등록출처(Substance Abuse and Mental Health Services Administration's National Registry of Evidence-Based Programs and Practices)	물질남용 예방 및 정신건강 증진 관련 광범위한 프로그램들	http://modelprograms.samhsa.gov/
학업, 사회 및 정서 학습을 위한 협력체(Collaborative for Academic, Social, and Emotional Learning)	관계/사회적 개입을 통한 학업성취도 증진 프로그램들	http://www.casel.org
학교상담성과연구센터(Center for School Counseling Outcome Research)	증거 기반 학교 상담 정보들	www.cscor.org

출처: Carey & Dimmitt (2008)에서 인용.

서 활용 가능한 상담 프로그램 효과 연구는 상대적으로 매우 적은 편이다(Garland et al., 2013; Mitchell, 2011). 반대로, 학교 상담 연구 문헌에서는 상담사가 활용할 수 있는 특정 개입 및 상담 프로그램의 효과에 대한 다수의 사례가 포함되어 있다. 상담사가 증거 기반 실무들에 대해서 나눠 살펴보는 데 활용할 수 있는 웹사이트 목록은 〈표 16-3〉에 제시되어 있다.

차이를 만들어 내는가에 대한 개입 효과 파악 일반적으로 증거 기반 개입을 사용하면 성공적인 결과를 얻을 수 있다. 증거 기반 개입은 타당한 연구 결과에 의해 지지되는 정도만큼 프로그램이 학생들의 행동, 지식 또는 기술의 변화의 원인이라고 주장할 수 있다. 예를 들어, 큰 학군의 한 학교 상담사가 중학교 학생들의 자기관리 기술과 주에서 규정한 표준화 성취도 시험에서의 성과 향상이라는 두 가지를 동시에 고려한 프로그램을 개발하려 한다고 가정해 보자. 증거 기반 개입을 활용하려는 의도를 가지고 상담사는 학업, 사회 및 자기관리 기술을 가르치기 위해 고안된 학생 성공 기술(Student Success Skills: SSS; Brigman & Campbell, 2003) 프로그램을 실행하기로 결정했다. 특정 목표를 달성하기 위한 수단으로 SSS 프로그램의 효과성을 밝히기 위해 상담사는 프로그램이 시행되기 전과 후에 평가치를 측정했다. 동시에 학생들이 SSS 프로그램에서 배운 기술을 어떻게 활용했는지도 알고 싶었기 때문에 상담사는 학교 성공 기술에서 학생관여(Student Engagement in School Success Skills: SESS) 측정 도구(Carey, Brigman, Webb, Villares, & Harrington, 2013)를 활용하기로 하였다. 도구 개발자에 따르면 SESS는 "일반적으로 학교 상담사가 학생들에게 가르치는 장기적인 학교 적응에 가장 중요한 것으로 알려진 기술과 전략 활용을 측정"하기 위해 개발되었다(p. 1). 제안된 프로그램을 실행하기 위한 수단으로 증거 기반 개입을 선택하고, 그 성과를 측정하기 위해 경험적으로 타당한 도구를 활용함으로써 상담사는 프로그램의 가치를 잘 문서화할 준비를 갖추게 된다.

요약 및 향후 방향

앞서 설명한 바와 같이 상담 프로그램 평가는 진화 과정을 통해 발전해 왔다. 상담 프로그램을 평가하기 위해 인증 평가 모델을 사용하는 것부터 시작하여, 프로그램 평가는 프로그램 책무성을 문서화하는 것을 점차 강조하게 되었다. 책무성 모델이 등장하면서 배경 맥락의 중요성, 그리고 그것이 프로그램 성과에 미치는 영향과 자료 기반 의사결정 모델의 사용에 더 많은 관심을 기울이게 되었다. 다음으로, 책무성 모델에 기초하여 증거 기반 실무 및 평가 활용을 탐색할 수 있는 기회가 만들어졌다. 여기서 상담사는 특정 요구를 해결하기 위한 상담 개입 및 프로그램을 목표로 삼기 시작했다. 마찬가지로, 프로그램 평가 전략도 더욱 관심을 받게 되었다. 실제로 당신은 이 모든 형태의 프로그램 평가를 사용할 수 있다. 그러나 증거 기반 실무와 증거 기반 평가 전략이 프로그램 평가의 미래를 반영하는 것은 분명해 보인다.

제17장

자료 관리와 자료 분석 소프트웨어

Rebecca K. Frels,
Lamar University

목표

1. SPSS와 같은 통계 컴퓨터 소프트웨어 프로그램을 사용할 때의 이점을 설명할 수 있다.
2. 컴퓨터 지원 질적 자료 분석 소프트웨어(CAQDAS)를 사용할 때의 이점과 제한점을 인식할 수 있다.
3. 자료 분석 소프트웨어를 시작하는 단계를 구분할 수 있다.
4. 양적 자료를 위한 코드북을 만들 수 있다.
5. SPSS, CAQDAS, Excel에 자료 파일을 준비할 수 있다.
6. SPSS, CAQDAS, Excel에 자료를 입력할 수 있다.
7. SPSS, CAQDAS, Excel을 사용하여 예비분석을 수행할 수 있다.
8. 다음 핵심 용어를 이해할 수 있다.
   - 코드북
   - 자료 보기
   - 변수 보기
   - 자료 입력
   - 질적 코딩
   - 변수
   - 분석 단위
   - 테마
   - 자료 관리
   - 설명적 분석
   - 자료 워크시트

이 장의 목적은 자료를 분석하는 데 있어 컴퓨터 기반 소프트웨어 프로그램을 사용해 양적 · 질적 그리고 혼합적방법 자료를 관리하는 지침을 제공하는 것이다. 이 장에서 다뤄질 것들은 대부분 수년 동안 초보 학생 연구자들에게 자료를 관리하는 바람직한 연구 실무와 분석 연구를 위한 컴퓨터 소프트웨어의 첫 활용법을 가르치면서 축적된 것이다. 먼저, 양적 자료의 분석을 위한 기초 자료 관리 기술은 사회과학을 위한 통계 패키지(Statistical Package for Social Sciences: SPSS; IBM Software, 2013)를 활용하여 이루어질 것이다. 다음으로, 질적 자료의 분석을 위한 기초 자료 관리 기술은 활용도가 높은 프로그램 중 하나인 컴퓨터 지원 질적 자료 분석 소프트웨어(Computer-Assisted Qualitative Data Analysis Software: CAQDAS) 패키지, 특히 QDA Miner(Provalis Research, 2011)를 참고하여 이루어질 것이다. 마지막으로, 자료 관리 소프트웨어 Excel은 (양적 · 질적) 자료의 혼합과 통합을 강조하면서, 양적 및 질적 자료를 분석하기 위해 제시되었다. 앞서 제시한 각각의 소프트웨어 프로그램은 교육학, 심리학 그리고 상담학을 포함하는 행동과학에서 널리 사용된다. 간단히 말해, SPSS, QDA Miner, Excel과 같은 컴퓨터 기반 패키지는 초보 연구자 혹은 숙련된 전문 연구자를 위해 수집된 자료 더미로부터 의미를 만들고 이해하려는 목적을 지닌 분석 도구이다. 컴퓨터 기반 소프트웨어 패키지를 사용하면 수집된 연구 자료를 관리하면서, 당신의 연구 질문에 답을 제공하기 위해 양적연구에서는 강력한 연구 기능을 제공할 수 있고, 질적연구에서는 코딩, 주석 달기 그리고 문서 및 이미지를 집계하여 광범위한 통계분석 결과를 제공할 수 있다. 전반적으로 이 장은 학생 연구자의 관점에서 가질 수 있는 질문들, 즉 왜 'SPSS인가?' 왜 'CAQDAS인가?' '자료가 준비되었다면 그다음 단계는 무엇인가?' 'SPSS와 CAQDAS에 어떻게 자료를 입력할 수 있는가?' 연구 문제의 답을 얻기 위해 컴퓨터 기반 분석 도구를 어떻게 활용해야 하는가?에 대한 내용으로 구성되었다. 이 장은 양적 및 질적 자료를 조직하고 분석하기 위한 컴퓨터 기반 도구로서 마이크로소프트(Microsoft, 2010) Excel에 대한 간략한 설명으로 마무리하게 된다.

양적 자료 분석 소프트웨어

컴퓨터와 통계분석 프로그램은 연구 분석에서 중요한 도구이다. 여러 통계분석 프로그램이 있으나, 이 가운데 상담 연구자들이 주로 이용하는 프로그램은 사회과학을 위한 통계 패키지(SPSS)이다. 모든 소프트웨어 프로그램의 활용을 살펴볼 수는 없기 때문에 이 장에서는 SPSS 활용을 안내하고자 하며, 이를 통해 다른 프로그램을 사용한 자료 분석을 차차 이해할 수 있도록 돕고자 한다. 우리는 SPSS 프로그램에 사용할 자료 파일을 준비하는 단계, 자료 입력 단계, 그리고 프로그램을 사용해서 기술통계를 실행하는 단계를 순차적으로 소개할 것이다. 이 단계는 통계를 이해하기 위한 입문서 또는 연구 질문에 가장 적합한 통계분석을 선택하는 방법을 설명하기 위한 것이 아니라 자료 수집과 처리 또는 자료 분석 간의 간격을 메우기 위한 것이다. 통계 소프트웨어를 사용하기 위한 이하의 정보에서 연구 자료, 통계 관련 내용 또는 소프트웨어 패키지 사용 설명이 모두 체계적으로 제시되어 있는 것은 아니다. 그럼에도 불구하고 이 장에서는 양적 분석과 질적 분석 모두를 다루고 있는데, 이 내용은 자료를 설정하고 원활하게 분석하는 데 중요하다. 양적 자료 분석을 위해 제시된 읽을거리들은 SPSS 최근 판에 적합하나 향후 버전을 이해하는 데에도 도움이 될 것이다.

왜 SPSS인가

SPSS는 자료 분석을 단순화하는 통계 소프트웨어 패키지이며 교육, 심리학 및 상담 분야를 포함한 행동과학에서 자주 사용된다. 이 장의 목적을 위해 SPSS를 양적 자료를 의미 있고 유용한 정보로 변환할 수 있는 연구방법 도구로 소개한다. SPSS를 사용하면 종이와 연필로 시간이 많이 걸리는 통계 수식을 적용하는 대신 자료를 입력하고 일부 조건을 설정하며 메뉴 기반 명령을 적용하여 통계 검증을 실시할 수 있다. 이러한 방식으로 SPSS를 적절히 사용하면 복잡한 수식이나 계산 시간을 절약할 수 있으므로 수집한 정보에 대한 질문 및 결론을 내리는 것에 에너지를 더욱 집중할 수 있다. 그러나 실행할 적절한 통계분석을 선택하려면 통계에 대한 개념적인 이해가 필요하다. 즉, 당신이 통계를 제대로 이해할 수 있어야 한다는 의미이다. SPSS는 숫자를 처리하는 강력한 도구이지만 실행할 통계를 마법처럼 결정해 주지는 않는다. 이 결정은 연구자인 당신의 일이다.

자료 분석은 그저 숫자 계산에 그치는 것이 아니다. 방법론과 설계를 기반으로 연구 질문에 대한 답을 찾는 것이다. 요청한 질문을 통해 설명하거나 탐색하려는 대상에 따라 통계분석은 숫자를 사용하여 자료에 의미를 부여하여 인간 행동에 대한 결론을 도출할 수 있다. 궁극적으로, 연구의 자료 분석 단계에서 자신의 연구 질문을 밝히고 답할 수 있는 흥미로운 결과를 얻게 된다. 당신이 실제 기초연구를 수행하는 경우, 연구 및 방법론 개념화, 도구 선택 그리고 자료 수집과 같은 연구의 모든 측면을 경험한 것과 같다. 이제 자료 분석을 즐겨 보자.

많은 기초연구에서 어떤 형태나 방식으로 수치를 가지거나 수치로 변형될 수 있는 양적 자료가 수집되었을 것이다. 예를 들어, 연구자인 대학 신입생들 사이의 사회 불안에 관심이 있어 자체 보고된 자료를 수집하였다. 이러한 자료에는 5개 대학의 전형적인 상황으로부터 얻어진 ① 연령, ② 성별, ③ 개인적인 관심사, ④ 이완에 도움이 된다고 인식되는 장소, ⑤ 불안을 유발하는 것으로 인식되는 장소, ⑥ 참여하는 동안 경험하는 감정과 같은 특정 속성, 조건 또는 인식이 포함될 수 있다. 이러한 특성 또는 잠재적 변수는 사람마다 다르다. 이러한 각 변수는 숫자(예: 연령)를 사용하여 보고되거나, 할당받은 숫자(예: 1 = 남자, 2 = 여자)로 보고될 수 있다. 범주형 또는 기술적 자료가 숫자로 변환될 때 하나 이상의 연구 질문에 답하기 위해 어떤 유형의 통계분석이 수행될 수 있도록 수량화된 것이다. 예를 들어, 앞에서 언급한 각 변수에 대해 100명의 참여자로부터 수집한 자료를 검증하는 경우, 모든 정보를 한눈에 이해하는 것이 얼마나 어려운 작업인지 곧 깨닫게 된다. SPSS와 같은 통계 소프트웨어 패키지를 사용하면 자료를 조직 및 요약할 수 있으므로 수집된 정보에서 패턴을 발견할 수 있다. 이러한 방식으로, 100개의 개별 정보를 전체적으로 관리할 수 있게 된다.

통계 지식 수준에 관계없이 SPSS는 기본적인 기술 분석(예: 빈도, 평균)을 제공한다는 점에서 사용하기 쉽다. 또한 연구 목표 및 자료에 따라 고급 추리 통계 기법(예: 다중회귀분석, 공분산분석)을 수행할 수 있다. 그러나 SPSS를 사용하기 전에 자료의 전체 특성을 비판적으로 점검하는 것이 도움이 된다. 예를 들어, 다음과 같은 질문을 할 수 있다. 어떤 패턴이 내 자료에 나타나는가? 전반적인 수치는 주로 무엇을 나타내는가? 어떤 사례들이 다른 사례들보다 더 두드러지는가? 또한 SPSS는 다음과 같은 보다 구체적인 질문에 답하는 데 도움이 될 수 있다. 처치 간에 차이가 있는가? 나이(또는 일부 변수)가 차이를 만들어 내는가? 어떤 경우든 SPSS를 사용하여 자료를 탐색하고 특정 연구 질문에 대한 답을 얻을 수 있다.

양적 자료가 준비되었다면 그다음 단계는 무엇인가

SPSS로 자료를 분석하기 전 완료해야 할 4단계

자료를 수집하고 문서화하게 되면 연구자는 분석 과정을 시작하고 싶을 것이다. 그러나 컴퓨터 기반 소프트웨어를 시작하기 전에 네 가지 유용한 팁으로 연구 및 자료 분석 과정을 촉진할 수 있다. 다음 제안을 따름으로써 신중한 통계분석을 위한 좋은 연구 습관을 익힐 수 있다. 광고 문구를 약간 변형하여 말하자면, 처음부터 생각 없이 뛰어들면 다시 자료 입력을 수행하느라 3시간을 잡아먹게 되고, 원자료를 잘 기록해 놓지 않아서 자료를 다시 살펴보느라 30분 동안 짜증이 나게 되며, 수집 자료의 변인명을 뭐라고 지정했는지 몰라서 두통을 겪을 수 있을 것이다. 다음의 전형적인 네 단계는 이 모든 수고를 피할 수 있게 해 준다는 점에서 매우 유용하다.

1단계: 개별 참여자와 그들에 대한 자료를 서로 연결해 두라

정확한 분석을 위해 모든 정보를 질서 있게 배열하되 해당 개인과 서로 연결시켜 두는 것이 매우 중요하다. 조사된 자료에 대해 참여자는 남자 12명과 여자 15명이며, 그 가운데 정신역동치료 대상자 5명, 행동치료 대상자 5명, 인지치료 대상자 5명 정도로 정보를 뭉뚱그려 알고 있는 것만으로는 부족하다. SPSS를 사용할 때는 참여자별로, 여성이고, 19세이며, 정신역동치료를 받았고, 사회불안 예비척도에서 12점으로 매우 높은 점수를 받았다는 등등 개인과 그에 대한 자료를 연결하여 구체적으로 알아야 한다. 즉, 개별적인 참여자의 각 변인 값에 대한 정확한 정보를 입력해 두어야 한다. 따라서 개인에 대한 정보들을 모을 때 신중해야만 하며, 그것을 컴퓨터를 통해 SPSS에 연결 지어 꼼꼼히 정보를 입력해 두어야 한다. 이것을 잘 이해해야만 SPSS를 사용하여 자료의 입력과 분석을 수월하게 할 수 있다.

2단계: 개별 참여자들에게 고유 번호를 부여하라(즉, 피험자 번호를 할당하라)

설문지를 수집하거나 어떤 정보를 개별 참여자와 연결 지을 경우, 각 개인에게 고유 번호를 부여하는 것이 좋다. 시작은 보통 숫자 '1'이다. 번호는 질문지 위에 직접 쓸 수 있으며, 이 고유 번호는 자료 묶음에 적혀 있는 참여자 이름을 대신한다. 따로 고유 번호와 명단을 가지고 있어야 한다. 그래야만 이후에 연구 윤리강령에 따라 자료 묶음에서 이름을 지울 수 있다. 연구를 수행할 때의 윤리적 고려 사항은 제2장을 참조하라.

연구 참여자들을 식별하기 위해 숫자를 할당하는 것에는 몇 가지 이점이 있다. 첫째로, 수집 자료에서 개인 정보를 분리함으로써 민감한 사안인 정보의 비밀 유지가 가능해진다. 또한 이름이 아닌 번호를 가지고 작업함으로써 자료의 수집 및 조사 과정에서 연구자의 의견, 감정, 편견들로 인해 고의로 혹은 비고의적으로 일어날 수 있는 잠재적 연구자 효과나 편향을 막을 수 있다. 당신이 윤리적인 연구자라면, 자료 분석 과정에서의 주된 책임 중 하나는 얻은 결과에 어떤 형태로든 영향을 줄 수 있는 행동을 피하는 것이다. 마지막으로, 각 개인에게 지정된 번호와 이름을 별도의 로그에 보관함으로써 자료 분석 과정에서 언제든지 다시 해당 자료를 확인할 수 있게 된다. 만약 우리가 연구 대상 번호 없이 자료를 입력했다면, 나중에 입력

자료의 오류를 찾았을 때 그것이 누구의 자료에서 발생한 것인지 확인하기 어려울 것이다.

몇몇 연구자는 대상 번호 안에 다른 정보(교실이나 집단 등)를 포함시키기도 하는데, 해당 집단 구분을 대표하기 위해 백 단위 자리 수를 할당하여(예: 처치집단은 200번대, 통제집단은 100번대와 같이) 101, 102, …… 199, 그리고 201, 202 …… 299의 할당된 수를 사용할 수도 있다. 단, 이 경우 집단당 가질 수 있는 참여자 개체 수는 99명임을 숙지해야 한다. 만약 참여자 수가 두 자리를 넘어서면 집단 구분과 참여자 자리 수를 함께 고려해야 하므로 네 자리를 할당해야 하며, 따라서 번호는 1001부터 매겨야 한다.

3단계: 코드북을 만들라

코드북은 SPSS를 사용하여 자료를 변수로 변환하는 데 도움이 되는 지정된 연구 변수의 개인 사전 유형이다. 특히 연구자가 자료 분석을 시작하고자 하는 경우 코드북을 만드는 데 약간의 시간이 소요될 수 있다. 기록 유지의 힘을 과소평가하지 말라. 기본적으로 코드는 SPSS 자료 파일에 입력된 숫자(컴퓨터는 숫자로 작업하는 것을 좋아함)이며 코드는 연구자가 설정된 숫자가 나타내는 것을 SPSS와 통신하는 방법이다. 코드북을 작성하는 과정을 변수 또는 구별 특성이 숫자가 되는 절차(예 : 매우 동의 = 5, 동의 = 4)로 간주하라. 그리고 각 범주에는 별명이 부여된다. 예를 들어, 설문조사에서 관련 문항들에 대한 자료를 수집한 경우 '사람들에게 공개적으로 말하는 것이 매우 편함' 문항에는 코드 또는 별명인 COMFORT가 주어질 수 있다.

요컨대, 코드북은 정보 저장을 돕기 위해 별도의 문서를 사용하여 모든 변수와 값에 지정된 이름과 그 설명을 추적하는 수단이다. '남성'이라는 변수가 0또는 1로 표시되는지 여부와 같은 자료를 분석하는 데 걸리는 시간 동안 주어진 별명을 잊어버리는 것은 매우 쉽다. 이 문서를 작성하고 유지 · 보수하면 향후 잠재적인 문제점 및 두통거리를 예방할 수 있다. 코드북을 작성하는 단계를 통해 연구자는 SPSS와 수집된 정보(예: 설문지 또는 심리검사) 사이에서 연구자의 기억에 부담을 주지 않으면서 작업할 수 있다.

자료 묶음이 작으면(변수가 15개 이하) 빈 설문지에 직접 코드북을 만들 수 있다. 또한 이 정보는 SPSS의 변수 보기 창에 저장될 수 있다(나중에 자세히 설명함). 대부분의 경우 자료에는 많은 변수가 포함되는데, 이때는 별도의 문서로 코드북을 작성해야 한다. 자료 분석에 대한 숙련도에 상관없이 초보 연구자와 숙련 연구자 모두는 코드북을 작성하는 것이 많은 변수, 특히 대규모 자료 묶음의 변환 과정이 너무 길어서 오랫동안 기억할 수 없을 때 도움이 된다는 것을 알게 된다. [그림 17-1]은 코드북의 일부를 보여 준다.

배경 정보	
변수명	응답자 번호
변수설명	식별번호
코딩	
변수명	나이
변수설명	연령
코딩	숫자변수
변수명	인종
변수설명	인종적 배경
코딩	1 = 아메리칸 인디언 또는 알래스카 원주민 2 = 아프리카계 미국인 3 = 히스패닉 4 = 아시아 또는 태평양 섬 주민 5 = 화이트/카쿠아시안 6 = 기타
변수명	처치
변수설명	4주간 받은 처치 유형
코딩	1 = 정신역동 2 = 인지 3 = 행동
변수명	사전불안점수
변수설명	불안이 급우들에게 얘기하는 것을 못하게 하는 정도
코딩(문제1~11번)	1 = 매우 동의하지 않음 2 = 동의하지 않음 3 = 동의함 4 = 매우 동의함
변수명	사후불안점수
	새로운 것을 시도하는 것에 편안함을 느끼는 정도
변수명	추수불안점수
	(처치 후) 불안이 급우들에게 얘기하는 것을 못하게 하는 정도

[그림 17-1] SPSS를 위한 간단한 코드북

4단계: 변수명을 신중하게 정하라

변수명을 지정하는 요령은 컴퓨터에 입력할 때 변수를 정확하게 설명하며 사용자 친화적으로 만드는 것이다. 개념과 관련된 설명으로 변수명을 지정하면 특히 많은 변수가 있는 자료(예: 참여자 연령은 age, 피험자 번호는 subjno, 성별은 gender)에 유용하다. 그러나 상호 관련된 설문지의 많은 항목에 대한 응답을 처리할 때는 문항 번호(예 : Q1, Q2)와 동일하게 변수명을 지정하는 것이 가장 쉽다. 그렇게 함으로써 연구자는 SPSS 분석을 실행할 때 특정 변수를 더 잘 찾을 수 있다. 또한 Q1이 정확히 무엇을 의미하는지 다시 참조할 수 있도록 코드북을 옆에 두고 작업을 하는 것이 도움이 된다. 또한 항목의 이름이 Q1, Q5, Q7 및 Q8인 경우 SPSS 분석 창에서 자기효능감, 자아개념, 자존감 등과 같은 문항내용을 기억하거나 또는 찾는 것이 더 쉬워진다. 또한 변수를 수정하고 이름을 변경해야 하는 경우 Q1r 또는 Q2rev와 같은 이름이 코드북상에서 쉽게 생성하고 찾고 표시할 수 있기 때문에 언어작업을 줄일 수 있다.

이 시점에서 분석을 실행하기 전에 대상으로 지정할 집단 소속 변수를 만드는 것이 좋다. 예를 들어, 정신역동, 인지 및 행동의 세 가지 상담 유형 중 하나에 참석하도록 참여자를 선택한 경우 해당 집단 할당을 반영하는 변수를 만들어야 한다. 이 변수 처치로 부르고 집단을 비교하기 위해 세 가지 유형의 상담(정신역동, 인지 및 행동)의 약식 이름을 하위변수로 지정할 수 있다. 일부 초심 연구자들은 실수로 집단 변수 지정이나 두 개의 다른 자료 묶음을 작성하는 것을 잊어버린다. 그러나 SPSS 또는 다른 소프트웨어가 집단 간 비교를 하려면 집단을 구별하는 변수가 제공되어야하며 변수 및 집단을 자료 묶음 및 다른 변수와 연관시키는 것이 가장 좋다.

어떻게 SPSS에 자료를 입력할 수 있는가

앞에서 자료 처리 요령을 살펴봤으므로 이제 컴퓨터 앞에 자리를 잡고 SPSS를 활용할 차례이다. 컴퓨터 마우스 조작 및 메뉴 구동 소프트웨어 조작 방법에 대한 기본 지식을 통해 편안하게 작업할 수 있다.

프로그램 시작하기

SPSS 소프트웨어는 두 가지 방법 중 하나로 접근할 수 있다. 데스크톱 컴퓨터 화면에 SPSS 아이콘이 있으면 아이콘을 두 번 클릭하여 SPSS를 시작하라. 그렇지 않은 경우 화면 왼쪽 하단에 있는 액세스 포인트인 '시작'을 한 번 클릭하라. 그런 다음 커서를 프로그램 또는 모든 프로그램 위로 가져가라. 왼쪽으로 다른 옵션의 좁은 행이 나타날 것이다. Windows용 SPSS를 선택하라. SPSS에 접근하면 두 화면이 동시에 나타나고 '시작' 메시지가 표시될 것이다.

자료 편집기를 이용하라

격자무늬와 같은 화면에는 SPSS 자료 편집기라는 스프레드시트가 표시될 것이다. 이 화면에 접근하려면 '기존 자료 소스' 또는 '다른 파일 유형 열기' 옵션 가운데 하나를 선택해야 한다. 상단 도구 모음에는 파일, 편집, 보기, 자료, 변환, 분석, 그래프, 유틸리티, 애드온, 창 및 도움말을 포함한 소프트웨어 탐색 옵션이 나타난다. 이러한 옵션을 메뉴 명령이라고 한다. 각 메뉴 명령은 SPSS 자료 처리를 위한 고유 작업에 도움이 된다. 각 메뉴 명령에 대한 간략한 개요는 〈표 17-1〉을 참조하라.

표 17-1 SPSS 메뉴

파일	데이터 파일 열기, 생성, 저장 및 인쇄와 관련된 작업에 유용
편집	복사, 잘라 내기, 붙여 넣기, 변수 삽입 또는 케이스 삽입 등의 기능을 사용하여 데이터 파일을 편집 가능. 이러한 편집 기능은 데이터 편집기 화면 내에서 또는 다른 파일 및 프로그램과 함께 적용 가능. 또한 편집 메뉴를 사용하면 옵션을 한 번 클릭하기만 하면 오류를 실행 취소하거나 SPSS 편집기 화면에서 마지막 작업을 다시 실행 가능
보기	데이터 보기에서 변수 보기로 변경 가능. 값 레이블을 선택하여 데이터 입력의 값 레이블을 표시하도록 선택 가능. 그러면 변수 보기에 입력한 코드에서 실제 값으로 보기가 변경됨
데이터	이 명령은 데이터 입력에서 사례를 정의, 정렬 및 가중치를 측정하는 작업을 수행하는 데 유용. 파일을 병합하거나 집계하는 데도 유용
변환	이 명령은 일반적으로 기본 산술부터 고도로 지정된 통계 수식에 이르기까지 모든 것을 계산하는 데 사용됨. 이 명령 아래에서 데이터 케이스의 순위를 매기는 옵션도 찾을 수 있음
분석	이 명령은 SPSS에서 가장 자주 사용하게 됨. 모든 데이터 분석은 이 명령을 선택하여 시작하게 됨
그래프	막대 차트, 파이 그래프 및 히스토그램과 같은 그래프를 만드는 데 사용할 수 있음
유틸리티	이 메뉴 명령은 초급자는 사용하지 않을 수도 있음. 이 명령은 매우 복잡한 통계 절차가 필요한 작업에 도움이 됨
확장프로그램 (Add-ons)	SPSS 내에서 제공되지 않는 분석 절차에 대한 다른 통계 프로그램의 옵션을 제공
창	SPSS 창 화면을 최소화 가능
도움말	SPSS를 사용하면서 난관에 부딪치거나 적용 가능한 통계 절차에 대한 지침이 필요할 때 선택할 수 있는 옵션

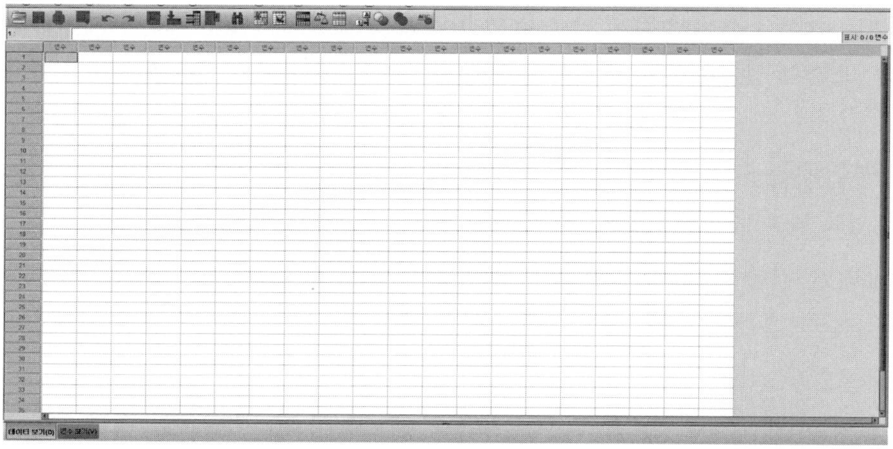

[그림 17-2] SPSS 데이터 보기 창

[그림 17-3] SPSS 변수보기 창

메뉴 바로 아래에는 메뉴 명령에 있는 일부 옵션에 대한 바로 가기 역할을 하는 아이콘이 표시된다. 아이콘의 동작이 확실하지 않은 경우 커서를 사진 위로 가져가면 아이콘의 기능을 설명하는 텍스트가 나타난다.

스프레드시트의 또 다른 특수 기능은 화면 왼쪽 하단에 있다. 두 개의 탭이 있을 것이다. 하나의 탭에는 현재 사용 중인 '자료 보기'가 표시되고 다른 탭에는 '변수 보기'가 표시된다. 자료 보기([그림 17-2])는 입력 또는 업로드된 자료를 표시하는 창이며 통계분석이 실행되는 창이다. 변수 보기([그림 17-3])는 변수에 대한 표기법을 지정할 수 있는 창이다. 많은 학생이 정보가 올바르게 입력되지 않는 이유를 찾지 못하기 때문에 SPSS 작업에서 혼란을 느낀다. 하지만 그것은 단순히 올바른 화면(창)을 보고 있지 않기 때문이다. 올바른 화면에서 작업하고 있는지 확인하려면 작업 중인 스프레드시트 화면의 왼쪽 하단 탭 중 어디가 굵게 표시되어 있는지 확인하면 된다. 이러한 옵션과 해당 위치에 익숙해지는 것이 도움이 될 것이다(이런 것들이 불필요하게 많은 정보로 여겨질 수 있지만, SPSS를 많이 사용할수록 이러한 프로그램의 특성이 익숙해질 것이다).

당신이 자료 보기 창에 있을 때, 자료 편집기 화면 상단에 가로 스프레드시트 칸에는 변수를 나타내는 '변수(VAR)'가 표시되어 있을 것이다. 입력한 자료의 변수명은 이 칸에 '변수(VAR)'이라는 표기 대신 나타난다. 또한 스프레드시트의 세로로는 1부터 시작하는 숫자가 쓰여 있다. 이 칸은 자료 묶음에서 각 참여자 또는 연구 대상의 누적 수를 나타낸다. 각 행(row)은 참여자를 나타내고 각 열(column)은 각 변수를 나타낸다. 각 칸은 단일 참여자 및 단일 변수에 대한 정보를 나타낸다. SPSS에 자료를 입력하기 전에 이들 셀(cell)의 개념을 이해하는 것이 매우 중요하다.

변인 정의하기

이제 자료를 정의할 준비가 되었다. 변수를 입력하고 값을 정의한 변수 보기 탭을 한 번 클릭하라. 격자 상단의 열에는 이미 설명이 지정되었거나 태그가 지정되어 있다. 태그에는 이름, 유형, 너비, 소수점 이하 자리, 설명, 값, 결측값, 열, 맞춤 그리고 측도가 포함된다. SPSS 소개를 위해서 모든 태그를 살펴보는 것이 좋겠지만, 이름, 소수점 이하 자리 설명 그리고 값은 다른 태그보다 더 깊이 살펴보게 될 것이다. 이 태그는 코드북을 생성하는 소프트웨어이

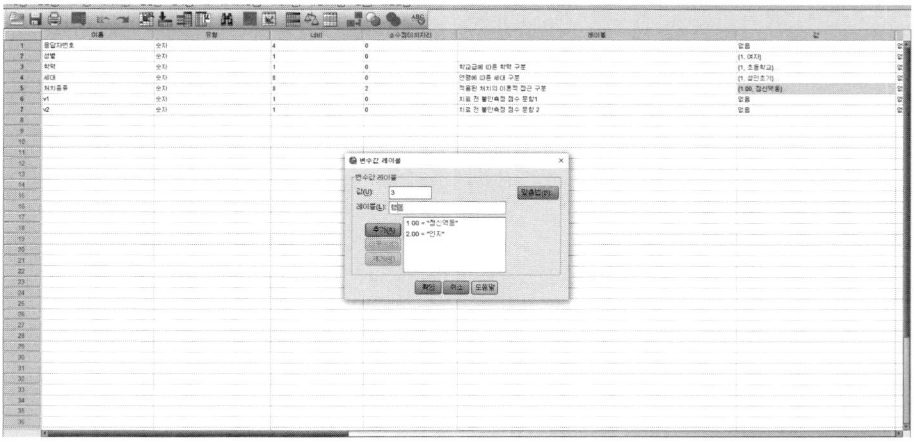

[그림 17-4] SPSS 변수명 만들기

므로 이 태그에 할당한 정보는 이미 생성한 별도의 코드북에 기록된 정보와 일치해야 한다. SPSS에 익숙해지면 상대적으로 작은 자료 묶음이 있다고 가정했을 때 코드북 단계를 건너뛰고 이 태그에 직접 작업할 수 있다. 자료가 많은 변수로 인해 밀도가 높은 경우 실제로 생성된 코드북과 태그를 모두 사용하는 것이 도움이 된다.

이름(Name) 이 태그를 사용하면 변수명을 지정할 수 있다. 시작하려면 이름(Name) 아래의 첫 번째 셀을 한 번 클릭하고 첫 번째 변수의 제목을 입력하라. 이름은 코드북에서 지정한 변수명과 일치해야 한다. 앞서 제시한 코드북 예시에서 첫 번째 변수는 subjno이다([그림 17-1] 참조). 따라서 이름(Name)에 입력할 첫 번째 변수는 subjno이다([그림 17-4] 참조). 이 열 전체에서 셀당 하나의 변수명만 입력하라. 다음 셀로 전환하려면 커서 키(cursor keys)를 사용하거나 다음 셀을 한 번 클릭하면 된다. 사용 중인 SPSS 버전이나 기본 설정에 따라 기본적으로 입력할 수 있는 글자 수(약 10자)가 제한된다. SPSS는 대소문자를 구분하지 않는다. 즉, AGE는 age 및 Age와 동일하게 읽힌다.

소수점 이하 자리(Decimals) 각 변수마다 소수점 이하 자릿수를 설정해야 한다. SPSS 기본 설정은 소수점 이하 두 자리이다(예: 1.00). 그러나 변경할 소수점 이하 자리의 셀을 한 번 클릭하여 설정을 변경할 수 있다. 다음으로, 셀의 오른쪽 모서리에 두 개의 파란색 화살표가 나타날 것이다. 화살표를 위 또는 아래로 눌러서 자릿수를 조정하라. 불연속 값(성별과 같은 정수 또는 범주 값)을 입력하는 경우 소수점 이하 자릿수를 0으로 설정하는 것이 가장 좋다. 정수뿐만 아니라 학점 평균과 같이 소수값을 포함하는 변수 값을 가지고 작업하는 경우, 소수점 이하 자릿수를 늘릴 수 있다. 이러한 방식으로 자료 보기 화면을 볼 때 각 변수의 측정 척도 단위를 상기하게 될 수 있다.

설명(Label) 이 태그는 각 변수를 기억하는 데 도움이 된다. 예를 들어, 불안 척도에서 점수를 입력하고 SPSS가 이름 아래에만 점수를 입력할 수 있는 경우 설명(Label) 아래 '치료 전 불안 측정 점수'와 같은 설명을 입력할 수 있다([그림 17-4] 참조). 설명(Label)은 많은 변수로 작업할 때 특히 유용하다. 또한 변수명이 다소 까다로운 경우(예: Q1preanx) 설명(Label)을 사용하면 변수를 더 자세히 설명할 수 있다(예: 사전 시험 불안 평가에 대한 질문 1). SPSS 분석 창 명령과 출력 테이블 모두에서 변수명 외에 변수 설명을 인쇄할 수 있다.

값(Values) SPSS의 모든 자료가 원래 숫자 값인 것은 아니다. SPSS를 사용하면 변수의 다른 수준이나 조건에 숫자를 할당할 수 있도록 변수 값을 정의할 수 있다. 값 옵션은 변수 수준을 코딩할 때 사용된다(예: 치료 : 1 = 정신역동, 2 =인지, 3 = 행동). 값 자체는 각 수준에 할당한 부호이다. 이들은 명목상의 변수이므로 할당이 변수의 실제 의미를 변경하지 않는다. 다시 말해서, 1 내지 정신역동적 중재 및 2 내지 인지적 개입의 수치 표기 값은 인지치료가 정신역동치료보다 수치 값 크기에 따라 더 가치가 있다는 것을 의미하지는 않는다. 단지 SPSS가 변수의 레벨을 읽을 수 있게 할 뿐이다.

자료 입력하기

스프레드시트 프로그램(예: Excel)에서 자료를 업로드하거나 수동으로 입력할 수 있다. 8주 동안 사회 불안에 대한 치료를 받은 65명의 내담자로부터 정보를 수집했다고 가정하자. 우리는 처치된 세 가지 치료법의 효과를 비교하는 데 관심이 있다. 성별, 연령, 치료 유형 그리고 사회불안 척도에 대한 사전, 중간 및 사후 점수에 대한 자료를 수집했다.

자료를 입력하는 과정을 시작하려면 먼저 첫 번째 변수를 정의해야 한다. 주어진 예에서 첫 번째 변수는 연구 대상 번호(subjno)이다. 이름 아래의 첫 번째 칸을 한 번 클릭하여 셀을 선택하고 코드북(subjno)에서 지정한 대로 첫 번째 변수를 입력하라. 이 과정에 대한 그림은 [그림 17-4]를 참조하라. 그런 다음 소수점 이하 자리 칸에서 강조 표시를 하고 0이 나타날 때까지 아래쪽 화살표를 한 번 클릭하여 소수점 이하 자릿수를 0으로 설정하라. 여기에는 추가 정보가 필요하지 않다. 연구 대상 번호는 참여자의 식별 번호이며 각 번호는 각 사례마다 달라야 한다.

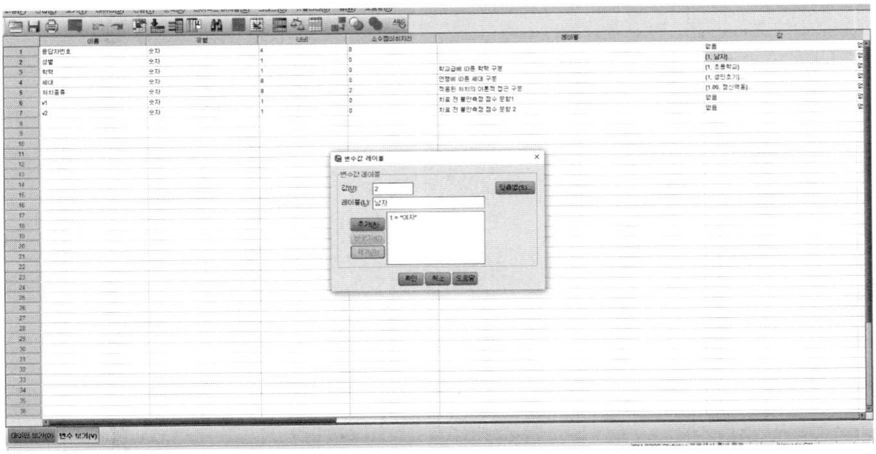

[그림 17-5] SPSS 변수 값 설명 보기

두 번째 변수는 성별, 숫자 값이 변수의 수준 또는 특성에 할당되는 명목 변수이다. 먼저 변수명(성별)을 입력하라. 그런 다음 소수점 이하 자릿수를 0으로 설정한 다음 값(Value) 메뉴를 한 번 클릭하라. 셀의 오른쪽 모서리에 작은 회색 상자가 나타날 것이다. 작은 회색 상자를 한 번 클릭하라. 값에 대한 설명을 입력할 수 있는 상자가 나타날 것이다([그림 17-5] 참조). 값(Values) 옆의 좁은 흰색 상자를 한 번 클릭하고 숫자 1과 같은 숫자 값을 지정하라. 그리고 설명(Label) 메뉴 옆에 있는 다음 흰색 상자를 한 번 클릭하고 값에 대한 설명(예: 여성)을 입력하라. 값과 설명을 모두 입력했으면 추가를 한 번 클릭하라. 입력한 정보가 큰 흰색 상자에 나타나고 다음 항목에 대한 값과 설명을 만들 수 있다. 여성은 1, 남성은 2를 사용하도록 선택할 수 있다. 하나의 묶음 자료로 작업할 때마다 성별에 대해 같은 숫자를 사용하는 습관을 들이는 것이 좋다. 시간이 지나면서 혼동하지 않도록 주의하라. 확인을 한 번 클릭하라. 이러한 변수는 코드북에서 생성한 정보(동일한 변수명 및 설명 및 할당된 값 등)와 일치해야 한다.

다른 명목 변수에 대해 매번 동일한 절차를 사용하라. 일부 명목 변수의 경우 특성에 숫자를 할당하지만 해당 특성 간에 실제 정량적 차이는 없다. SPSS는 숫자만 사용하는 통계 소프트웨어이기 때문에 숫자를 사용하지 않으면 계산을 수행할 수 없다. 연령과 같이 이미 숫자 값이 있는 변수의 경우 값은 이미 정량적 값이므로 변경할 필요가 없다. 따라서 설명 없이 그대로 수치 값(예: 38)을 입력하면 된다.

변수의 숫자를 입력한 후 화면 왼쪽 하단에 있는 자료 보기 탭을 한 번 클릭하여 사전 및 사후 점수와 같은 다른 자료를 입력할 수 있다. 변수 보기 창에서 입력하여 정의한 것들이 자료 보기 창 상단의 변수명에 기재되어 나타날 것이다. 사례별로 각각 자료(즉, 각 변수의 값)를 입력하라. 이것은 각 개인이 하나의 행으로 표시되고 행을 가로질러 자료를 입력한다는 것을 의미한다.

앞에서 언급했듯이 각 셀에는 단일 정보를 입력한다. 이 단계에서는 원자료 또는 문서 자료와 인쇄 또는 컴퓨터에 입력한 형태의 코드북을 사용하여 자료 값을 전송한다. 변수명과 설명을 확인하려면 코드북을 자주 참조해야 한다. 이 과정은 시간이 지나면서 더 쉽고 효율성을 가지게 될 것이다. 실제 자료를 사용하여 단계별로 연습하고 하나의 항목을 완료한 경우 다음 항목으로 넘어가기 전에 잠깐 멈추고 입력 사항을 다시 읽어 볼 수 있다. 이 절에서는 원활한 자료 입력을 돕기 위한 조언을 제공하고자 한다.

자료 입력에 대한 조언

1. **행으로 자료를 입력하라.** 변수가 아닌 개인/사례별로 SPSS에 자료를 입력하는 것이 중요하다. SPSS에 자료를 행을 가로질러 입력해야 한다(키보드의 화살표 키를 사용하여 자료 베이스

위를 이동할 수 있다). 통계로 답해야 할 연구 문제에는 일반적으로 변수 간의 관계 또는 집단 간의 차이를 파악하는 것이 포함된다. 어느 쪽이든, 의미 있는 통계분석을 수행할 수 있도록 개인과 자료를 일치시켜 올바르게 연결하는 것이 중요하다. 연속으로 자료를 입력하면 한 사람의 정보를 실수로 다른 사람에게 할당할 가능성을 최소화할 수 있다. 이는 한 번에 한 명의 개인 자료 또는 설문지를 입력하는 것을 의미한다.

2. **원자료의 형식과 순서를 따르라.** SPSS에 변수를 원래 양식에 표시된 순서대로 입력하라. 이렇게 하면 오류(잘못된 값을 입력함)의 여지가 줄어든다. 변수 순서를 바꾸려면 자료 입력 후 SPSS에서 순서를 다시 정렬할 수 있다. 설문지에 표시되는 순서대로 변수를 입력하여 숫자를 오류 없이 입력하고 가능한 한 신경 쓰지 않도록 하는 것이 가장 좋다. 또한 작성한 코드북을 사용하라. 다시 말하지만, 목표는 너무 많은 주의를 기울이지 않으면서 자료 입력 과정을 가능한 한 오류 없이 실행하는 것이다. 앞에 놓인 원본 설문지 또는 자료를 원래 순서대로 작업함으로써 연구자인 당신은 정확하고 체계적으로 자료를 입력하는 데 전적으로 집중하게 된다.

3. **변수 수정은 기다렸다가 나중에 SPSS 프로그램을 이용하여 실시하라.** 일부 변수를 수정하려는 경우가 있다. 처음에 특정 변수를 입력한 방법이 선택한 자료 분석에 적합하지 않을 수 있다. 좋은 소식은 SPSS가 더 빠르고 효율적이며 정확하게 변수 수정을 해내도록 돕는다는 것이다. 이러한 작업을 소프트웨어에 맡김으로써 연구자인 당신은 더 쉽게 오류를 줄이면서 작업할 수 있다. 다른 조언으로, 나이(AGE)와 같은 자료는 통계분석 유형에 따라서 실행 가능한 더 많은 옵션이 있기 때문에 범주형(예: 18~24, 25~31)이 아닌 연속형 자료(예: 30)로 입력해야 한다. 다시 강조하지만, 변인 수정은 신중하게 하는 것이 좋다. 자료 입력을 염두에 두고 체계적으로 유지하라.

4. **자료를 저장하라.** 의미 있는 파일 이름과 숫자(예: 날짜, 버전 1)를 사용하여 SPSS를 사용할 때 작업을 자주 저장하는 것이 중요하고 합리적이다. 다른 파일과 마찬가지로 외장하드(USB 메모리 스틱, 디스크 등) 또는 컴퓨터 하드 드라이브에 직접 저장하는 것이 가능하다. 컴퓨터의 기본 설정이 당신이 원하는 설정이 아닐 수 있으므로 자료를 저장할 적절한 위치를 지정하라. 많은 경우 초보 연구자들은 실제로 의도한 위치가 아닌 기본 설정으로 실수로 자료를 저장했을 때 자료를 분실했다고 생각하곤 한다.

SPSS 원자료는 .sav 파일로 저장된다. 이 확장명을 사용하면 컴퓨터와 프로그램에서 파일 형식을 인식할 수 있다(.pdf가 Adobe Acrobat 파일인 것처럼). 따라서 파일 이름에 마침표(.)를 사용하지 말고 .sav 접미사를 지우면 안 된다. 만일 그렇게 하면 SPSS가 파일을 자료 파일로 인식하지 못하므로 추후에 파일을 불러올 때 자료 인식의 문제가 발생한다. 서버나 플래시 드라이브와 같은 다른 곳에 파일을 백업하는 것이 좋다. 컴퓨터실에서 원격으로 작업하는 경우 자료 파일을 자신에게 전자 메일로 보내거나 안정적인 다른 외부 드라이브에 저장하는 것이 좋다. 또한 안전한 개인 장소에 5년 동안 원본(입력 원자료/문서) 자료를 보관해야 한다. 이후에 원자료를 다시 찾아봐야 할 수도 있기 때문이다.

5. **자료를 반복 점검하라.** 효과적인 자료 입력의 마지막 단계는 마지막 숫자를 입력하지 않는 것이다. 대신 자료를 검증하거나 재확인하는 데 시간을 좀 더 쓰는 것이다. 자료를 확인하는 두 가지 방법은 다음과 같은데, 이 둘은 개별적 또는 대체적이 아닌 상호 보완적으로 쓰인다. 첫 번째 방법은 컴퓨터에 입력한 내용이 원본 문서에 표시된 것과 정확히 동일한 정보인지 눈으로 확인하는 것이다. 정방향과 역방향으로 이 단계를 완료하는 것이 도움이 된다. 전체 사례의 약 20% 정도의 검증을 이러한 방식으로 실시해 보라. 이 과정에서 원자료에 없는 추가 입력값 또는 자료의 결측치를 찾아라. 이것은 특히 마지막 부분에서 발생하는 경향이 있고, 연속된 빈 셀[마침표(.)가 있는 셀]처럼 보일 수 있다. SPSS에 맨 왼쪽의 해당 행에 강조 표시/할당된 번호가 있지만 제목 번호 변수에 자료점이나 해당 행에 입력된 값이 없기 때문에 알 수 있다.

지료를 확인하는 두 번째 방법은 첫 번째 방법과 함께 활용할 수 있다. 모든 변수에 대해 간단한 기술 분석(다음 참조)을 수행하여 평균, 최솟값 및 최댓값 및 총 사례 수(*N*)가 맞는지를 확인하는 것이다. 자문해야 할 질문은 다음과 같다. 변수에서 나올 수 있는 값과 일치하는가? 분석 결과는 자료 입력 오류를 빠르게 찾을 수 있는 방법을 제공한다. 예를 들어, 1에서 5까지인 리커트 척도 문항의 최댓값으로 55가 표시되면 실수를 한 것이다. 그럴 경우 자료에서 해당 변수의 열을 분석하여 55를 찾고 연구대상 번호를 찾아본다. 원문서 자료의 해당 문항으로 돌아가 올바른 값을 수정 입력할 수 있다. 입력 오류 문항 옆의 다른 문항들도 확인하는 것이 중요하다. 해당 참여자의 자료 입력에 다른 오류가 발생했을 수 있기 때문이다. 또한 변수에 대해 나열된 사례 수(*N*)는 해당 변수에 대해 입력한 참여자 수와 일치해야 한다.

6. **결측 자료를 완성하라.** 연구자들이 완전한 자료를 수집하려고 노력하지만 때때로 자료가 누락되기도 한다. 일반적으로 예비자료 수집, 명확한 문항 기술 그리고 자료 수집 전에 도구 점검을 통해서 자료의 누락 문제를 피할 수 있다. 그러나 연구대상의 응답 과정에서 하나 이

상의 자료 누락이 언제든 발생할 수 있다. 자료가 누락된 이유와 결측 자료 패턴(예: 대규모 설문조사 자료 분석에서)은 종종 우려할 만한 일이다[Field(2013)과 같은 추가 문헌은 결측치 분석을 잘 수행하는 방법에 대한 참고 자료가 될 수 있음]. 어쨌든 SPSS에서는 결측 정보에 대해 특정 번호(코드)를 할당할 수 있다. 이 절차는 변수 보기 창에서 수행할 수 있다. 결측 자료를 코딩을 통해 정의하면 연구자가 결측 자료 분석을 수행할 수 있다. 누락된 정보가 문제가 되지 않는 경우가 종종 있으며, 드물게 발생하는 경우 해당 문항의 셀을 비워 둘 수 있다. 셀을 비워 두면 SPSS는 셀에 점(.)을 표기하고 자료 출력에서 빈 셀이 반영되어 계산이 이루어진다(예: 해당 변수의 사례 수는 49명이지만 참여자는 50명으로 표기되는 방식으로). SPSS는 해당 값을 유효한 것으로 간주하고 변수에 입력된 숫자나 코드처럼 취급한다.

연구 문제의 답을 얻기 위해 SPSS를 어떻게 활용해야 하는가

SPSS를 통한 단순분석과 기술통계 값 얻기

이제 모든 변수 및 연구 대상 정보가 SPSS 자료 파일로 저장되는 입력 과정이 체계적으로 완료되었다. 이제 자료는 사용자 친화적인 SPSS 형식을 갖추게 되었으며, 분석 질문에 대한 답변을 산출할 수 있도록 준비가 되었다. 다음 절에서는 SPSS를 사용하여 변수를 수정하고(이전 절에서 언급한) 기술통계를 수행하는 단계를 소개할 것이다.

변인 수정하기

이전 절까지 모든 자료를 우선 입력하고, SPSS를 사용하여 이들 변수를 수정할 수 있기까지 실행을 미루도록 권했다. 유용한 메뉴 내 도구 중 하나는 '다른 변수로 코딩 변경' 옵션으로, 나이와 같은 기존 변수를 분할하여 새 변수를 작성하는 데 도움이 된다. SPSS 프로그램을 사용하면 이미 자료 묶음의 일부인 변수에서 발견되는 숫자 범위를 기반으로 새 범주 또는 집단을 나눠 코딩할 수 있다. 예를 들어, 연령 변수의 경우 1에서 99까지의 범위를 포함하는 하나의 변수 대신 연령을 범주로 세분화하는 새 변수를 구성할 수 있다. 따라서 새로운 변수 또는 집단에는 13~17세의 청소년 범주를 배정하고 다른 변수에는 18~24세의 청소년 등을 할당하여 구성할 수 있다. 생성된 그룹은 전적으로 연구자의 세분화 방식에 의존한다. SPSS의 또 다른 유용한 도구는 변수 계산 기능으로, 연구자는 계산기 없이 산술 연산을 빠르고 효율적으로 수행할 수 있다. 예를 들어, 자료 묶음의 여러 변수에 대한 점수를 결합하려는 경우 SPSS가 대신 작업을 수행할 수 있다. 또한 더 복잡한 산술 연산을 실행할 수도 있다(자료 기록 및/또는 계산 기능에 대한 추가 지침은 George & Mallery, 2006 참조).

기술통계

기술통계량은 연구 표본에 대한 이해를 높이기 위해 자료를 수리적으로 구성·요약하는 수단이다(제5장 '기초 통계 개념과 기술통계' 참조). 기술통계 내용은 중심경향치, 변량/분산, 산포도의 측정을 포함한다. 측정 척도를 올바르게 해석할 수 있도록 소프트웨어를 통해 분석을 수행하기 전에 기술통계를 개념적으로 이해하는 것이 중요하다. 소프트웨어 SPSS는 또한 분석 결과를 막대 차트, 히스토그램, 다양한 차트 및 그래프로 보여 주어 자료를 설명하는 데 도움을 줄 수 있다.

자료 유형 및 측정 수준(예: 명목 또는 서열인 범주 자료, 등간 또는 등비인 척도 자료)은 사용된 요약 통계 또는 기술통계에 영향을 준다. 예를 들어, 범주형 자료에 대한 가장 일반적인 요약 측정값은 각 범주의 백분율 또는 사례 수이다. 분석 > 기술통계 > 빈도를 클릭하여 사례 수와 백분율을 모두 표시하는 빈도표를 작성할 수 있다. 계산할 변수를 선택하거나 강조 표시하고 화살표를 한 번 클릭하여 열린 상자로 옮기고 확인을 클릭하라. 빈도표를 표시하려면 빈도표 표시 상자가 선택되어 있는지 확인하라. 그런 다음 통계를 열라. 새로운 메뉴 상자가 나타날 것이다. 이 새 메뉴 상자에서 다양한 기술통계 기능이 제공된다. 이러한 옵션에는 백분위수값, 중심경향 측정, 분산 및 분포가 포함된다. 자료 특성과 관련된 측정값을 선택하라. 예를 들어, 중심경향의 척도는 각 변수의 평균값(평균), 분포의 하반부를 분포의 상반부(중앙값)와 구분하는 값, 그리고 가장 자주 주어지는 값(최빈값)을 나타냈다. 중심경향의 측정값—① 평균, ② 중앙값, ③ 최빈값—을 선택하라. 계속을 한 번 클릭하면 원래 빈도 분석 메뉴 상자가 나타날 것이다. 확인을 한 번 클릭하면 자료 파일을 요약하고 중심 경향에 대한 보고서를 제공하는 그래픽이 나타날 것이다. 최신 버전의 IBM SPSS는 설명 자료의 차트를 작성하기 위해 분석 > 기술통계 > 빈도를 선택하여 접근할 수 있는 차트 작성기를 제공한다. 메뉴 상자에서 그래프 > 차트 작성기를 클릭하고 차트 종류를 선택한 후 계속을 클릭하라. 막대 차트는 명목 및 서열 변수에 적용되며 히스토그램은 등간 및 등비 값에 적용된다.

다른 기술 분석은 범위 측정, 범위, 표준편차 및 분산과 관련된다. 중심경향의 측정값이 자료 값 사이의 변동을 설명하지 않기 때문에 이러한 통계 검증은 중요하다. 즉, 변동성 검증을 실행하면 값이 어떻게 분산되는지 확인할 수 있다. 이러한 측정을 수행하려면 분석 > 기술통계 > 설명을 클릭한 후 변수를 선택하고 화살표 아이콘을 한 번 클릭하라. 변수를 선택했으면 옵션을 클릭하라. 옵션 상자에는 선택해야 하는 여러 통계 작업이 표시될 것이다. 계속>확인을 클릭하라.

앞서 언급한 바와 같이, 척도 자료(즉, 등간 및 등비 변수)에 대한 기술통계를 사용하여 각 변수의 평균, 표준편차, 최소, 최대 및 사례 수를 문서화하는 것이 좋다. 히스토그램은 또한 자료가 정상적으로 분산되는지 여부를 확인하도록 돕는다. 명목 또는 서열 변수에 대해 같은 단계를 수행하면 백분율 및 막대그래프를 통해 자료를 탐색할 수 있다. 따라서 기술통계는 뛰어난 하나의 완결형 분석 절차이다. 또한 SPSS가 표본의 확률, 신뢰구간 및 통계적 유의성에 대한 추리 통계(예: t 검증, ANOVA)를 고려할 때 기술 통계치를 먼저 검토하는 것이 또한 매우 중요하다.

이 절에서는 자료 준비, 자료 입력 및 기술통계에 필요한 초기 단계의 자료 관리 및 기본 통계분석 절차와 방법을 소개했다. 다음 절에서는 비슷한 방식으로 질적 및 혼합적 연구법 자료 분석에 대해 포괄적인 개요를 제공하고자 한다.

질적 자료 분석 소프트웨어

양적 자료 분석 소프트웨어를 이해하기 위해 구체적인 체계적 절차가 설명되었으며, 대부분 이 단계는 공식과 매우 유사하게 사용할 수 있다. 예를 들어, 중심경향치 및 분산을 측정할 때마다 각 분석 단계는 일반적으로 동일하게 이루어진다. 반대로, 질적 자료 분석을 위한 소프트웨어 응용 프로그램은 연구자가 자료를 분석할 때마다 해야 하는 결정에 전적으로 의존한다. 또한 질적 전통 내에서 대부분의 자료 분석은 특정 연구 설계와 직접 연관 지어진다. 예를 들어, 지속적인 비교 분석은 담론 분석과는 다른 분석 기법을 포함하는 근거이론(Glaser & Strauss, 1967)과 관련이 있다(Gee, 2010). 다음 절은 특정한 어느 하나의 자료 분석 방법과도 일치하지 않지만, 컴퓨터 지원 질적 자료 분석 소프트웨어(CAQDAS) 프로그램의 기본적인 기술과 개념을 익혀서 어느 정도의 확신을 가지고 사용할 수 있도록 하는 의도에서 마련되었다.

왜 CAQDAS인가

방법론에 관계없이 CAQDAS는 자료와 관련된 아이디어를 관리, 구성 및 코딩하는 데 도움이 되며 연구자는 자료를 더 작고 관리 가능한 분절로 나눌 수 있다. 대부분의 CAQDAS 프로그램은 코딩할 때 위계적 조망을 설정한다. 이 조망에서는 나무기둥(주된 코드) 및 줄기(하위 코드)와 같은 형태로 텍스트 단위로부터 범주를 이끌어 낸다. 또한 CAQDAS를 사용하면 연구자는 텍스트 문서를 분석할 뿐만 아니라 사진, 예술, 또는 손으로 그린 그림과 같은 이미지를 분석할 수 있다. 통계 소프트웨어와 마찬가지로 CAQDAS를 사용하면 군집화가 용이하고 연구자가 자료에 대한 결론을 시각화하고 도출할 수 있다.

질적 분석 기법들에는 가장 작은 단위로 자료를 분해하여 단어를 음미하는 수준에서 생생한 스토리 전체를 얘기하는 것까지 다양한 종류가 있다. 텍스트를 어떤 단위와 분절들로 나눠 코딩하기 전에, 연구의 목표나 목적에 맞게 코딩을 하기 위해서는 방법론적 문제를 다시 상기해야 한다. 대량의 질적 자료 묶음을 가지고 작업할 때 CAQDAS는 패턴을 식별하고 빈도(예: 여러 번 말한 단어)를 검사하고 가설을 검증하는 데 매우 도움이 되며, 코딩 및 집계된 코드 분절과 연구자가 작성한 개인 메모를 저장한다. CAQDAS 프로그램은 또한 평정자간 신뢰도를 산출하고, 두 명 이상의 연구자가 코딩 과정에서 얼마나 자주 일치하는지를 계산해 줌으로써 분석 결과에 대한 신뢰성을 높인다. CAQDAS를 사용하면 자료 분석에 더 많은 가능성이 열리고, SPSS와 매우 유사하게 시각적 그래프와 디스플레이를 제공하여 자료를 더 잘 이해할 수 있다. SPSS가 실행할 통계를 마법처럼 결정하게 되는 것은 아니라고 언급한 것처럼 CAQDAS 역시 코딩할 텍스트를 마법으로 결정하지 않는다. 다시 말하지만, 연구자로서의 결정 및 이와 관련해서 파생되는 더 많은 결정들은 결국 당신의 몫이다.

CAQDAS를 사용해 자료를 분석하기 전에 명심해 둘 것

자료를 수집하여 문서화 및 저장한 후 CAQDAS를 사용하기 전에 질적연구자는 몇몇 지점에서 명확해져야 한다. 연구자는 간혹 질적인 자료를 대할 때 압도되는 느낌을 받을 수 있기 때문에 이러한 점은 집중하는 데 중요하다. 질적 자료는 전사 면접, 개방형 설문조사 질문, 현장 기록, 관찰 또는 기타 창의적인 수단에 의해 얻어진 형태일 수 있다. 당신이 상상할 수 있듯이, 질적 자료는 내가 어디에서 시작해야 하는지에 대한 의문을 남길 수 있다. 망망대해에서 배를 타고 있는 것처럼 느껴질 수도 있다. 가장 중요한 것은 목적지를 아는 것이다. 여행에서 목적지를 찾는 데 사용할 수 있는 도구(예: 나침반, 차트, 눈금자)는 자료 분석 도구와 매우 유사하다. 도구는 답변을 제공할 수 없지만 사용 방법을 알고 있으면 최종 목적지에 도달하는 데 매우 도움이 될 수 있다.

연구가 어떤 일이 발생하는 이유 또는 방법을 설명하는 것을 목표로 하는 경우, 현상에 대한 고유한 설명과 같이 숫자를 넘어(또는 그에 더하여) 정보를 나타내는 자료를 수집했을 가능성이 높다. 대학 신입생들의 사회 불안을 자기보고식 질문 자료를 사용해서 살펴보려던 예로 되돌아가면, 자료 수집이 설문조사를 통해 이루어졌을 수 있다. 설문조사에서 참여자는 불안을 유발한 하나 이상의 특정 상황을 설명하도록 요청받을 수 있다. 설문조사에서 양적 자료를 얻을 수 있지만(이전 내용에서 설명했듯이), 연구자는 불안과 관련하여 어떤 상황이 특정 상황과 인간 경험에 영향을 줄 수 있는지에 대해 더 깊이 파고들고 싶어 할 수 있다. 이 경우 경험적 자기보고 자료는 분석을 위해 문서화된다. 정량적 자료를 분석하기 전에 묻는 질문과 비슷하게 다음과 같은 질문을 하는 것이 도움이 될 수 있다. 내 자료에 어떤 패턴이 나타나는가? 전반적인 응답이 우선적으로 드러내는 것은 무엇인가? 다른 사례들보다 두드러지는 사례가 있는가? 어떻게 그렇게 된 것인가? 전체 장면에서 이런 사례는 어떤 모습인가? 이렇게 만드는 조건이 따로 있는가? 이러한 질문을 탐색할 때 코딩이 잘라 내기 및 붙여 넣기 도구를 사용하여 풍부한 일화의 예를 추출하는 하이라이터 유형이라는 점에서 CAQDAS는 도움이 된다. 선택된 분절 또는 텍스트 단위는 여러 참여자들의 결합 사례들이거나 합한 사례들의 개별 분절들일 수 있다. CAQDAS를 사용하면 일종의 회계감사 방식으로 연구의 중요한 절차적 결정을 축적하는 데 도움이 되는데, 이것을 결국 투명하고 신뢰할 수 있는 연구를 수행하는 데 있어서 중요한 부분이 된다.

질적 자료가 준비되었다면 그다음 단계는 무엇인가

종종 질적 자료는 음성(예: 면접, 포커스 그룹, 인터넷 블로그 사이트), 관찰(예: 연구자의 현장 기록, 점검 목록, 사진), 기록 문서(예: 신문, 법원 소송) 또는 미디어(음성, 뉴스 자원) 등의 다양한 형식으로 되어 있다. 요점은 질적 자료의 형태와 크기가 다양하기 때문에 작업의 모든 측면에서 체계적이고 상세하게 구성하는 것이 좋은 연구 관행이 된다는 것이다. 무엇보다도 자료를 분석하기 전에 자료 분석을 안내하는 기본틀을 설정하는 것(방법론 및 설계를 기반으로)이 가장 좋다.

질적 자료 분석은 단순히 코딩하여 상응하는 주제를 찾는 것이 아니다. 연구 질문(연구 진행에 따라 바뀔 수도 있는)에 기초하여 자료에 투영된 결과물을 찾는 것이다. 또한 그것은 철학적 입장, 방법론 및 설계에서 비롯된 연관성, 범주 및 메모 작성에 관한 것이다. 양적 자료의 분석과 마찬가지로, 질적 자료의 분석 과정은 연구에 대한 답변을 제시하고 종종 예상치 못한 일부 발견을 보여 주는 흥미로운 연구 단계를 포함한다. 따라서 질적인 방법과 혼합적(즉, 양적 자료와 질적 자료를 결합한) 방법을 활용하는 연구자는 CAQDAS를 사용하기 전에 다음 네 가지 요점에 대해서 명확히 알아야 한다.

요점 1: 당신의 철학적 입장 혹은 이론적 관점을 정하라

의심의 여지 없이 상담 실무자는 이론적 관점과 접근 방식이 치료 목표와 내담자 성과를 위한 접근틀로서 선택한 중재의 기초가 된다는 것을 이해한다. 질적 자료 분석은 선택한 방법론에 대한 인식론적 신념 또는 우리가 알고 있는 것을 어떻게 알고 있는지에 대한 본질과 범위의 산물이다. 당신이 선택한 특정 상담 이론적 입장에 따라 보고 듣고 생각하는 것에 영향을 받고 이끌리는 것처럼, 질적 자료 분석에서도 당신이 선택한 입장에 따라 수집, 코딩 및 해석하는 자료의 특정 조건에 끌리게 된다(철학적이고 이론적인 자세에 대한 자세한 내용은 Ritchie, Lewis, Nicholls, & Ormston, 2013 참조).

요점 2: 설계 및 긴급한 사안을 처리하는 방법을 결정하라

앞서 언급한 바와 같이, 자료 수집 및 분석은 연구 설계의 산물로, 초기연구 질문에 직접 연결된다. 질적연구에서는 어떤 분석이든지 분석 전략이 선택되고 의미가 드러나도록 하는 설계 범위 내에서 이루어진다. 연구자는 다양한 관점에서 해석을 최적화하고 자료를 기반으로 해석을 논할 수 있도록 분석 전략을 선택한다. 이 과정은 아이디어에 대한 피드백을 받고, 코드를 식별하고, 정보를 요약하며, 빈도를 세고, 범주끼리 관련짓고, 자료를 정리해서 보여 주는 것까지를 포함할 수 있다(자료 분석에 대한 광범위한 개요는 Creswell, 2005 참조; 자료 관리 및 시각적 디스플레이에서 고려해야 할 예는 Miles, Huberman, & Saldaňa, 2013 참조).

연구자가 내리는 한 가지 결정은 코드가 연역적인 방식(즉, 일반 정보로부터 결론 도출 후 개별 확증)으로 개발되는지 또는 귀납적 방식(즉, 개별 정보를 통해 관찰하고 일반 결론을 도출)으로 개발되는지를 결정하는 것이다. 일부 코딩 전략은 다른 것보다 체계적일 수 있다. 어떤 방식을 취하든 두 방법 모두 자기만의 코딩이 이루어지며, 질적 자료 분석 단계에 대한 로드맵은 없다. 그것은 수행 과정을 통해서 얻어지는 것이다. 따라서 중간에 시작점을 두고 일종의 설계 스케치 또는 개념도를 그리는 것이 현명하다. 연구자의 철학 및 이론적인 틀에 기초하여 어떤 구인들이 중요한가 숙고하라. 이 지도는 코딩 방향을 정하고 자료에 존재할 수 있는 간격을 확인하는 데 도움이 된다. 코딩 과정에서 예상치 못한 아이디어가 떠오를 때 개념도로 돌아가서 설계를 기반으로 아이디어를 처리하는 방법에 대한 결정을 내릴 수 있다(개념도에 대한 자세한 내용은 Maxwell, 2012 참조).

요점 3: 당신의 연구 질문에 집중하라

코딩하기 전에 연구의 초점을 다시 확인하여 자료 수집 및 자료 분석을 하는 것이 도움이 된다. 그렇지 않으면 자료 속에서 길을 잃게 될 수 있다. 초기 직감과 힘의 역동, 또는 드러나지 않은 일부 예상되는 문제를 알고 있는 것이 좋다. 그런 다음 자료를 검토한 후 연구 질문을 다시 확인하여 재설계하라. 이런 식으로 당신은 잘못된 질문에 빠지는 것을 막을 수 있을 것이다. 당신의 초기 질문이 출발점이었다는 사실을 명심하라. 선택한 방향에 대한 실질적인 영향에 대해 생각하라. 연구 과정과 질적 분석은 유연하고 반복적이며 재귀적이고 이론과 자료에 근거해야 한다.

요점 4: 개별 문서를 읽고 또 읽으라

일부 초보 연구자들은 과도한 코딩이나 자료 해부를 함으로써 연구의 더 큰 그림과 맥락을 잃게 될 수 있다. 코딩 직전뿐만 아니라 코딩 과정 중에 여러 번 모든 자료를 전체적으로 읽으라. 코드를 작성할 때 단위나 코드가 의미를 지니도록 충분한 텍스트를 그대로 유지하라. 코딩된 단위에서 적은 텍스트보다는 더 많은 텍스트를 유지하는 것이 좋다.

어떻게 CAQDAS에 자료를 입력할 수 있는가

CAQDAS 작업을 시작하기 전에 명심해야 할 몇 가지 중요한 개념이 있다. 텍스트의 특정 부분을 강조 표시하고 코딩하기 때문에 코드 이름이 변경될 수 있으나 반드시 새로운 주제는 아니라는 것이다. 분석 단위는 일반적으로 우선은 코드로 불린다. 여러 유형의 분석에서 범주라는 용어는 코드가 결합되거나 더 넓은 아이디어로 그룹화될 때 쓰인다. 그러나 코딩 및 이들을 묶어낸 후, 다음 단계에서 연구자는 이것들을 어떤 방식으로든 상호 연결 및/또는 통합되는 주제로 도출해 내는 것이다. 대개는 주제 빈도(예: 내용 분석)가 사례 또는 참여자 수에 의해 보고됨으로써 주제를 어떤 식으로든 드러내 준다. 다음에 이어지는 단계를 위해서 프로발리스 리서치(Provalis Research, 2011)가 설계한 질적 및 혼합 분석 소프트웨어의 무료 버전인 QDA Miner Lite라는 CAQDAS 프로그램 중 하나를 소개할 것이다. 이 단계는 소프트웨어를 조작하기 위한 기술적 단계이며, 활용 가능한 여러 연구 설계의 중심 내용이 된다.

프로그램을 시작하기

프로그램을 설치하고 프로그램을 열면 ① 새 프로젝트 생성, ② 기존 프로젝트 열기 또는 ③ 최근에 열었던 프로젝트 다시 열기 옵션 중 하나를 선택하라는 화면이 나타난다. 이 소프트웨어를 사용하면 자료를 긁어 붙이거나 또는 대화 상자에 직접 입력하거나, Excel, Word, pdf 등과 같은 다른 파일 형식으로 저장된 기존 자료나 문서를 업로드할 수 있다. 당신은 업로드할 하나 이상의 전자 자료 파일이 있을 수 있다. 참여자가 둘 이상인 경우 소프트웨어가 파일 이름을 사례 번호로 인식해서 변환하므로 개별 사례를 각각 별도의 텍스트로 유지하는 것이 좋다. 예를 들어, 각각 3명씩 정신역동치료, 행동치료, 인지치료를 받은 전체 9명의 내담자를 면담한 경우 각 전사된 면담 자료를 별도의 파일로 유지하면 소프트웨어가 9개 파일로 인식하여 사례를 불러온다. 사례 내 및 사례 간 차이를 두기 위해서 각 사례를 구별해 두는 것이 중요하다.

첫 번째 프로젝트를 시작하려면 프로젝트 메뉴에서 새로 만들기 명령을 선택하라. 그러면 컴퓨터에 파일 찾기 새 창이 나타난다. 목록에서 폴더를 한 번 클릭하고 추가 버튼을 클릭하라. 분석할 자료 파일이 두 개 이상인 경우 각 파일을 강조 표시하고 추가를 클릭할 수 있다. 프로젝트에 포함시키려는 각 파일에 대해 이 단계를 반복한다. 이러한 파일이 QDA Miner에 표시되면 성별, 연령, 인종, 또는 기타 인구 통계학적 특성의 중요한 탐색 변수를 식별할 수 있

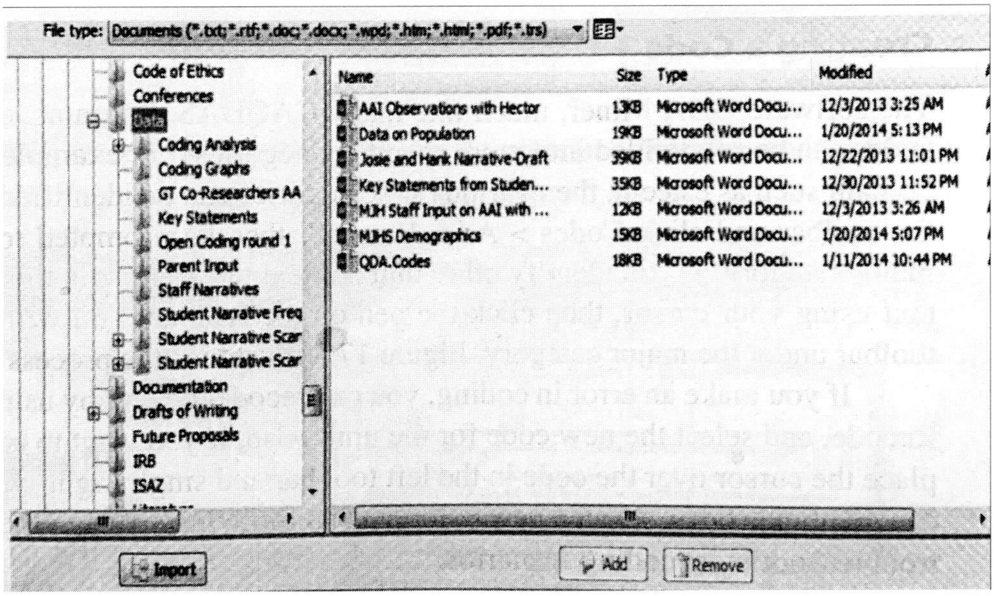

[그림 17-6] QDA Miner의 파일 가져오기 프로세스/코딩 목적으로 파일 강조하기

는 고유한 사례가 된다. [그림 17-6]은 파일을 가져오는 과정의 예시 그림이다.

QDA Miner로 파일을 가져온 후 특정한 분석을 시작하기 전에 파일을 변경할 수 있다. 예를 들어 텍스트 마이닝 유형인 응답 단어 수 세기 메뉴를 수행하는 경우, 연구자가 한 질문을 삭제할 수 있다. 이렇게 함으로써 응답자의 단어만 계산할 수 있게 된다. 단어를 삭제하려면 문장 끝에 커서를 놓고 백스페이스를 사용하기만 하면 된다.

변수 만들기

SPSS용 코드북을 만드는 것과 마찬가지로 각 사례의 변수 구분 및 사례별 파일 유지를 해야 한다. 예를 들어, 정신역동치료를 받는 세 명의 참여자가 불안을 다루기 위해 사용하는 대처 도구에 대해 면담을 했다면 연령, 성별, 평가 점수 또는 기타 관련 정보와 같은 특성을 아는 것이 중요하다. 변수 생성을 구별하면 다른 참여자과 구분되는 정신역동치료 내담자들의 고유한 주제나 경험을 밝힐 수 있게 된다. QDA Miner에서 변수를 생성하려면 도구 모음으로 이동하고 변수 도구 모음에서 추가를 클릭하라. 다음으로 성별, 연령 또는 기타 변수의 이름을 지정하라는 메시지가 표시된다. 또한 변수 성격, 즉 명목/서열, 숫자, 날짜, 불리언(Boolean) 자료형, 짧은 문자열, 문서 또는 이미지인지를 구별해야 한다. 왼쪽 툴바에 변수가 추가된 것을 볼 수 있을 것이다. 변수 오른쪽의 공백을 두 번 클릭하고 [그림 17-7]에서 볼 수 있듯이 성별 항목에 남성과 같은 분류를 입력하라. 또한 이 그림에서 사례 1이 강조 표시되어 있음을 알 수 있다. 코드북을 참고하면, 사례 1은 아프리카계 미국인이고 나이는 22세라는 것을 알 수 있다. 이와 동일한 절차를 반복하여 변수를 추가할 수 있다.

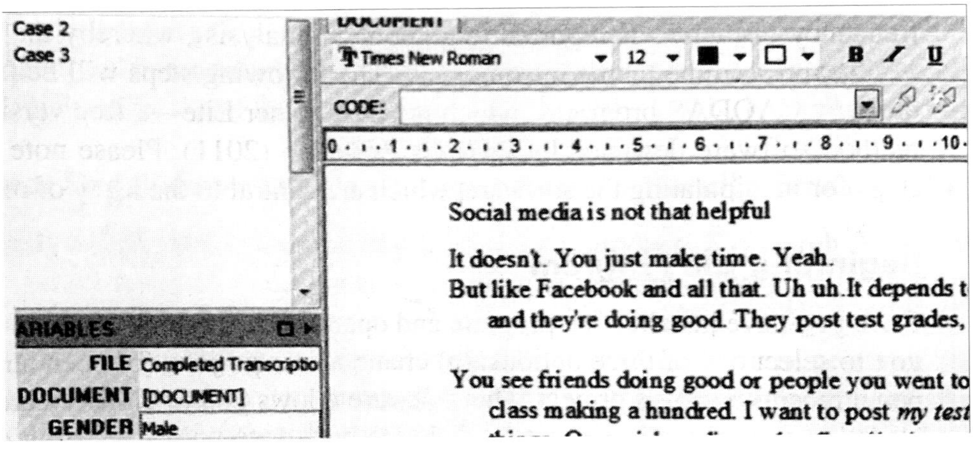

[그림 17-7] 각 사례의 개별 특성를 구분하기 위한 QDA Miner의 변수 상자

코드 만들기

많은 CAQDAS 프로그램과 마찬가지로 소프트웨어 QDA Miner는 코드를 보다 구체적인 범주로 세분할 수 있는 나무가지 구조를 사용한다. 예를 들어, 어떤 단위가 존중감과 같은 주 영역에서 코딩되면 다양한 하위 범주로 분류될 수 있다. 코드 작성을 시작하려면 도구 모음으로 이동하여 코드>추가를 클릭하라. 그러면 코드 이름을 지정하고 주요 범주에 넣으라는 메시지가 표시될 것이다. 이 코드에 속하는 다른 텍스트 단위를 구분하는 경우 커서를 사용하여 텍스트를 강조 표시한 다음 도구 모음에서 펜을 클릭하라. 왼쪽 툴바의 주요 카테고리 아래에 코드가 표시될 것이다. [그림 17-8]은 코드를 생성하고 이름을 지정하는 과정을 보여 준다.

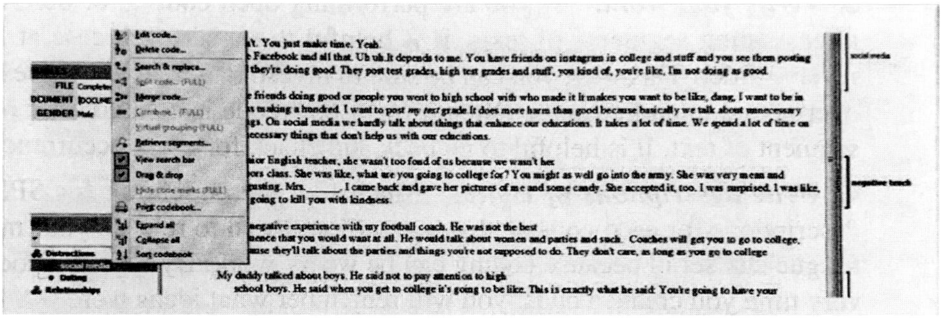

[그림 17-8] 텍스트 분할 또는 단위를 선택/강조 표시하고 범주 및 하위 범주를 만드는 코딩 과정

코딩 오류가 발생하면 즉시 클릭 한 번으로 재코딩할 수 있다. 마우스 왼쪽 버튼을 클릭하고 해당 단위에 대한 새 코드를 선택하라. 또한 어떤 방식으로든 코드를 편집하려면 왼쪽 도구 모음의 코드 위에 커서를 놓고 오른쪽 마우스를 한 번 클릭하면 된다. 코드를 결합하고 새 색상을 선택할 수 있는 상자가 나타날 것이다. 사용자 설명서를 참조하면 대부분의 코딩 과정과 관련된 문제들을 신속하게 처리하고 해결할 수 있다.

소프트웨어 활용 요령

1. 의심이 들 때에는 오른쪽 클릭을 하라. 많은 기능으로 인해 새로운 소프트웨어 시스템을 익히기가 어려울 수 있다. 대부분의 소프트웨어에서 마우스 오른쪽 버튼을 클릭하면 다양한 명령이 포함된 팝업 메뉴가 표시될 것이다. 길을 잃었다고 느낄 때, 마우스 오른쪽 버튼을 클릭하면 방향을 찾는 데 도움이 된다. 앞에서 언급한 예([그림 17-8])에서 코드를 강조 표시하고 오른쪽 마우스를 한 번 클릭하면 맨 위 도구 모음에서도 찾을 수 있는 여러 도구가 표시된다.

2. **메모를 해 두라.** 코딩 분석 과정 동안, 당신은 비언어적 표현 반응이나 다양한 특정 경험에 대한 강조 등 여러 중요한 정보나 이에 대해 떠오르는 아이디어를 메모해 두고 싶을 것이다. 이럴 때에는 주석 기능을 사용할 수 있다. 또한 주석을 사용하면 여러 코딩 작업자가 동일한 프로젝트에서 작업할 때 도움이 될 수 있는데, 이를테면 코드에 대한 질문이 있을 때 어떤 코딩 작업자가 주석으로 메모를 해 둘 수 있다. [그림 17-9]는 메모할 텍스트를 강조 표시하고 마우스 오른쪽 단추를 클릭하여 작성된 메모를 보여 준다. 주석을 선택하고 당신의 생각을 입력하라. [그림 17-10]의 두 번째 화면은 주석 모서리에서 나가기 X를 클릭한 후 텍스트 오른쪽의 코드 위에 노란색 막대가 표시되는 것을 보여 준다. 커서를 노란색 막대 위에 놓고 굴리면 메모가 나타난다.

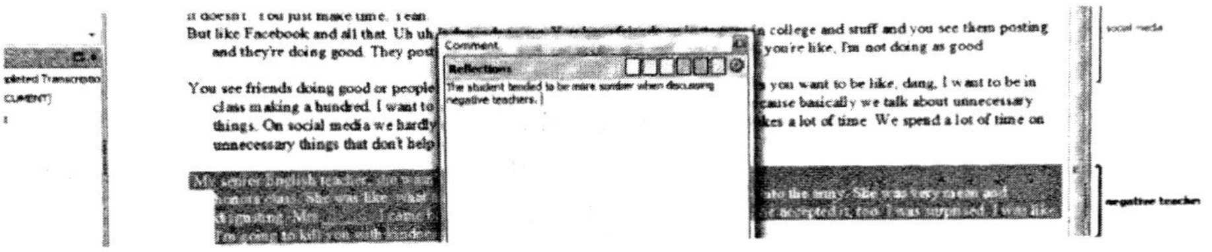

[그림 17-9] 생각과 질문을 문서화하는 메모 기능

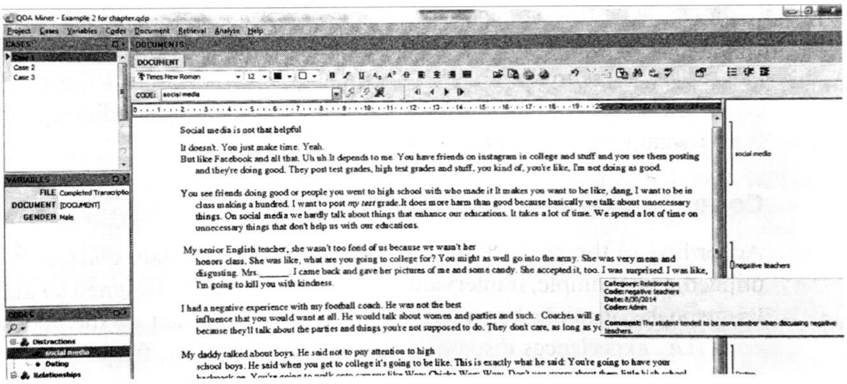

[그림 17-10] 기존 댓글/메모를 찾는 절차

3. **작업을 확인하라.** 텍스트 일부분을 읽은 후 개방 코딩을 수행하거나 거기서 드러난 코드를 결정하게 될 때, 각 사례를 한 번 이상 다시 역순으로 살펴보는 것이 좋다. 이런 식으로 이 코드의 어떤 사례가 이전 단위에서 간과되지는 않았는지를 검토할 수 있다. 풍부하고 의미 있는 텍스트 부분을 읽은 후 새로운 코드가 생성되는 경우가 종종 있다. 돌아가서 해당 부분에서 다른 새로운 코드가 발생할 여지를 확인하는 것이 좋다.

4. **코드에 대한 설명을 해 두라.** SPSS의 코드북과 마찬가지로 각 코드에 대한 간단한 설명을 사용하면 일일이 기억하고 있을 필요가 없다. 질적 코딩에서는 코딩 작업이 고될 수 있기 때문에 피로가 쌓일 수 있다. 코드를 만들 때 상자에 코드 설명을 입력해 두면, 추후 코드를 생성할 당시에 떠올랐던 아이디어를 상기할 수 있을 것이다. 실제로 미리 결정된 코드의 사례에 맞춰 텍스트를 검색하는 연역적 방식으로 코딩하는 경우, 더 명확하고 집중적으로 코딩할 수 있도록 설명을 입력해 두는 것이 도움이 된다.

사회 불안과 참여자 면접 자료를 이해하려던 연구 예시로 다시 돌아가 적용해 보면, (텍스트를 전체적으로 읽은 후) 그 일부를 코딩하기 전에 각 코드에 우선 이름을 부여하는 목적 코딩을 실시하도록 결정하는 것이다. 사회 불안이 경험되는 방법에 관심이 있다면 상황이라는 코드를 주된 아이디어로, 내부 및 외부를 분류 코드로 설정할 수 있을 것이다. 다음으로, 각각의 경우에 해당하는 부분과 그 주변의 패턴을 찾아갈 수 있다. 어쨌든 참여자의 생각, 자발적인 비판 등으로 정해질 수도 있는 내부 코드에 어떤 아이디어가 수반되는지를 기억해 두는 것이 중요하다.

5. **숫자에 관심이 없더라도 코드 빈도 도구를 활용하라.** 빈도 도구를 사용하면 활용도가 낮은 코드를 식별할 수 있으므로 숫자에 관심이 없는 경우에도 도움이 될 수 있다. 코드를 자주 사용하지 않는 경우 QDA Miner를 사용하면 이 코드를 다른 코드와 결합할 수 있어 단위를 처음 단계에서 다시 코딩할 필요가 없어진다.

내 연구를 위해 CAQDAS를 어떻게 활용해야 하는가

CAQDAS 사용에서 발생할 수 있는 여러 가지 가능성을 탐색하기 위해서는 소프트웨어를 작업 환경으로 간주하여 거기서 당신이 자료를 보고, 관리하고, 코딩하고, 검색하고, 분석해

보는 것이 도움이 된다. 작업 공간에 문서를 업로드하거나 작업 공간에서 수동으로 텍스트를 작성할 수 있다. CAQDAS는 검색, 검사, 해석, 질문, 개발, 통합, 삼각측량 등의 코딩 결과를 제공한다. 다음 내용들은 CAQDAS 중 무료 버전인 QDA Miner Lite의 특징적 기능을 파악하는 데 도움이 된다. 이 내용들은 일단 시작일 뿐이며 기술과 자신감이 커짐에 따라 확실히 이해가 확장될 것이다.

코드 추출

무료 버전 QDA Miner Lite에서 코딩 검색 도구를 사용하여 특정 코드 또는 코드 그룹의 모든 단위를 검색하여 사례 내 또는 사례 간 분석을 위해 집계할 수 있다. 코드를 검색하려면 검색 > 코딩 추출을 한 번 클릭하라. 상자 오른쪽 아래에 있는 캐럿(caret)을 한 번 클릭하면 검색 위치(예: 문서) 및 검색할 코드를 선택할 수 있는 상자가 나타날 것이다. 또한 검색과 관련된 특정 기준을 지정하려는 경우 조건 및 변수(예: 성별, 연령)를 설정할 수 있다.

코드 빈도

연구 목적과 수집된 자료 유형에 따라 빈도 도구가 활용될 수 있다. 예를 들어, 면접 질문이 특정 응답에 포함되지 않도록 광범위하게 설계된 경우 더 중요한 단위(즉, 더 자주 논의되는 경험)를 식별하기 위해 코드 빈도를 계산하는 것이 유용할 수 있다. 그러나 한 참여자가 특정 개념을 강조한 반면 다른 참여자는 그렇지 않을 수 있는 경우, 빈도는 주의 깊게 해석되어야 한다. 왜냐하면 이 개념이 모든 사례에서 중요하게 나타난다는 식의 해석은 잘못된 것일 수 있기 때문이다. 이러한 이유로 해당 개념을 강조한 특정 참여자의 특성을 밝히기 위해 변수에 가중치가 부여되어야 한다. 빈도 차트를 작성할 때 QDA Miner는 텍스트 맥락에서 빈도를 해석할 수 있도록 개수, 백분율, 사례 및 사례 백분율을 표시한다. [그림 17-11]은 상단 도구 모음으로 이동하여 생성된 빈도 차트를 보여 준다. 왼쪽 마우스를 한 번 누른 후 분석 > 코딩 빈

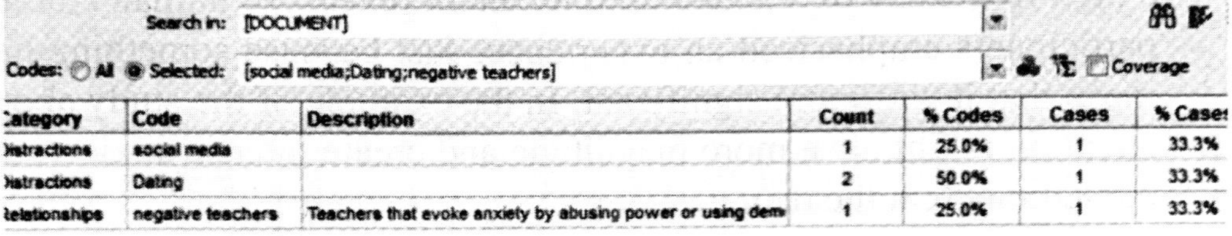

[그림 17-11] 선택한 코드 및 빈도 산출 상자

도를 클릭하라. 빈도수를 실행할 코드를 선택하는 드롭다운 캐럿이 있는 상자가 나타날 것이다. 계산할 코드를 선택하고 검색을 클릭하라.

자료 디스플레이와 그래프를 사용하라

빈도 도구에서 QDA Lite 버전을 사용하면 그래프를 시각적 디스플레이로 작성하여 패턴을 해석할 수 있다. 코드의 개별 행에 커서를 놓으면 행이 강조 표시된다. Shift 키를 누른 상태에서 추가 행을 강조 표시하라. 그래프를 표시하는 상단의 아이콘을 한 번 클릭하라.

이 장에서 설명하는 것들은 CAQDAS의 여러 기능 중 몇 가지 기본 기능이다. QDA Miner 정식 버전에서는 지오태깅(Geotagging: 코드화된 텍스트를 지리적 위치 및/또는 특정 시간에 링크), 타임 라인 만들기(관련 텍스트와 시간순으로 표시되도록 사건 연결), 군집 분석(즉, 함께 나타나는 경향이 있는 코드에 대해 계층적 군집 또는 덴드로그램 생성) 공동 발생 분석(유사성을 식별하기 위해 특정 코드의 근접성에 대한 정보를 기록함), 코딩 작업자 간 동의(차이 또는 모호성에 대해 여러 코딩 작업자 간의 코딩 일관성 비교), 텍스트 마이닝(콘텐츠 양적 분석을 위한 단어 또는 구 분석), 대응 분석(하위 그룹과 코드 간의 관계 검증) 및 자동 텍스트 분류(소프트웨어가 검색된 텍스트 부분들을 자동 분류할 수 있도록 함) 등과 같은 분석 도구를 사용하여 복잡한 분석을 수행할 수 있다.

CAQDAS 사용 과정에서 연구자가 빠질 수 있는 함정

양적 · 질적 또는 혼합적 방법을 포함한 모든 연구에서 소프트웨어에 대한 과용과 오용 문제는 항상 발생할 수 있다. GIGO(Garbage In Garbage Out, 쓰레기를 넣으면 쓰레기가 나온다)라는 일반적인 문구는 특히 연구 영역에서는 연구자가 분석에 대한 개념적인 이해가 없이 컴퓨터 기반 소프트웨어를 오용하면서 발생할 수 있는 문제와 관련된다. CAQDAS에 대한 명령이 의도적으로 선택되거나, 자료를 의도적으로 해석하는 것이 그 예이다. 요컨대, 컴퓨터는 당신에게 답변을 제공하지는 않으며, 연구자에 의해 자료 내에서 잠정적으로 답변이 만들어지는 것이다. 다음 개념들은 QDA를 사용할 때 몇 가지 잠재적인 함정을 보여 줄 것이다.

주제에 대한 가중치

간단히 말해, 연구자는 어떤 형태나 방식을 따라서 결과를 제시해야 한다. 그러므로 독자들은 연구자가 드러난 주제를 보고서에 담을 때 먼저 제시된 주제를 가장 중요한 것으로 인식하게 된다는 점을 이해하고 주제 제시를 결정할 수 있어야 한다. 하지만 이렇게 하는 것이 쉽지 않고, 드러난 주제를 순서대로 나열하는 과정에서 주제에 따른 가중치가 적용되지도 않는다.

CAQDAS가 높은 빈도로 코딩된 부분을 공개하더라도 인간의 감정이나 여러 참여자가 각자의 경험을 강조한 방식을 밝힐 수는 없다. 무언가가 더 자주 발생한다고 해서 더 중요하다는 의미는 아니다. 불안 관련 상황에 대한 앞선 연구 예에서, 더 큰 규모를 가지고 강렬한 불안을 유발할 수 있으나 한 번만 발생한 사건은 정작 자료에서는 많이 논의되지 않을 수 있다.

자료가 아닌 것을 보지 않기

질적 자료를 서면 형식으로 전환할 때 종종 단어와 항목이 문서의 일부이지만 분석의 일부가 되어서는 안 된다. 예를 들어, 면접 질문에 사회적 상황이라는 용어를 사용하는 경우 단어 빈도 분석을 수행하기 전에 모든 면접 질문을 제거하는 것이 도움이 된다. 반대로, 코딩된 자료가 면접 질문에 직접 연결되는 경우 코딩할 때에는 참여자의 응답에 대한 맥락을 유지하는 것이 중요하다.

대안적인 설명을 간과하기

연구자는 코딩된 부분들이 같은 아이디어를 반복하거나, 더 이상 새로운 주제가 나타나지 않는 지점에서 목적에 따라 코드를 작성하거나 대안적인 설명을 생각할 수 있어야 한다. CAQDAS를 사용하는 연구자들이 빠지는 일반적인 함정에는 분석과정을 체계화할 수 있다거나 자료 입력을 한 SPSS를 통해 우리가 찾는 것을 이룰 수 있다고 여기는 것이다. 그러나 자료분석이 과도하게 체계화되면 연구자는 다른 설명을 놓치거나 포화가 발생했다고 잘못 판단할 수 있다.

주제, 해석 및 원자료 간의 연결 짓기 실패

양적 연구 보고서와 달리 질적 연구 보고서는 창의적인 과정이 될 수 있다. 일부 초보 연구자는 원자료에서 간단한 예시만을 추출하여 주제 목록을 연결하는 식으로 제시하는 실수를 한다. 그러나 주제는 맥락과 과정에 담겨져 있는 어떤 유형의 의미를 확립해야 한다. 때로는 CAQDAS를 사용하는 연구자는 그 작업 환경의 안락함에 빠질 수 있다. 반성적으로 연구 학술지를 살펴본다면 이러한 함정을 벗어나는 데 도움을 얻을 수 있다.

자료의 본질에 천착하는 또 다른 방법은 전체 글쓰기 과정에서 자료에 대해 계속 생각하는 것이다. 질적 연구자들은 쓰인 이야기에 감정, 목소리, 행동 및 상호작용, 상황 및 세부 사항의 예가 포함된다는 의미로 '밀도 있고 풍부한 기술'이라는 문구를 사용하곤 한다. 요컨대, 주제가 참여자의 음성과 분리되거나 축소되는 경우 밀도 있는 설명을 유지하기란 어려워진다.

해석 대상이 된 특정 삽화 또는 텍스트 일부분을 선택하여 자료 분석을 통해 이루어진 해석에 대해서 논쟁적으로 논의를 해 보는 것이 이론적 설명과 적용에 대한 신뢰성을 확립하는 데 도움이 된다.

간단히 둘러보는 마이크로소프트 Excel

자료 분석을 위한 또 다른 도구는 Excel 프로그램(Microsoft Excel)이다. Excel은 양적 · 질적 및 혼합 분석법 자료를 저장, 추적, 분석 및 시각적 자료 구축을 하는 기능을 제공한다.

실제로 QDA Miner로 코딩한 후 코딩 부분들을 Excel 형식(.xlsx)으로 컴퓨터에 저장하여 추후 쉽게 재접속하고 추가로 분석할 수 있다. SPSS 및 QDA Miner에 덧붙여, Excel에 대한 다음 내용들을 이해함으로써 연구자들은 체계적이고 창의적으로 자료 분석, 해석 및 보고서 작성 작업을 할 수 있는 또 하나의 옵션을 얻게 된다.

떠안게 될 여러 작업을 고려하면, 연구자가 모든 부분을 일일이 관리하는 것은 상당히 과중한 일이 된다. 예를 들어, 연구 준비 단계에서 문헌 고찰을 수행했을 가능성이 있다. 즉, 주제 정의, 관련된 역사, 사회적 경향과 맥락 같은 연구 배경의 이해와 관련된 정보 자료들을 수집했을 수 있다. 이 모든 정보 자원은 연구의 근거를 제공하는 데 도움이 되는 이차 자료 유형으로 간주될 수 있다. Excel은 여러 항목을 행과 열로 형식화하는 방식을 사용하기 때문에 중요한 출처 로그를 유지하도록 편리하고 효율적인 저장소로 사용된다. 자료의 경향, 패턴 및 시간 흐름을 확인해 볼 수 있기 때문에 연구자들은 Excel을 활용해 문헌들을 연구 전통, 설계, 연도, 맥락 또는 기타 변수로 재구성할 수 있다. [그림 17-12]는 Excel을 사용하여 잠재적인 정보 자료들을 문서화하고 저장하는 예시를 보여 준다. 이 예에서 열은 형식이 지정된 참고문헌을 포함하여 정보 출처의 특성 또는 설명을 담고 있다.

연구자는 관심 사안과 관련된 자료/문서의 모든 특성을 Excel상에 입력하여 남겨두는 것이 좋다. 입력된 자료는 불필요한 경우 나중에 언제든지 삭제할 수 있으나, 다시 추가하기는 상대적으로 더 어렵기 때문이다. Excel 프로그램은 이에 맞춰 입력 자료 정렬 및 필터링 도구를 제공한다. [그림 17-12]에서 문서는 연도별로 정렬되었다. 재정렬하려면 왼쪽을 한 번 클릭하여 정렬 메뉴를 클릭하라. 하나 이상의 변수 또는 정렬 수준을 입력할 수 있는 팝업 상자가 나타날 것이다. 아래쪽 캐럿 위에 커서를 놓으면 입력한 열이 나타난다. 연도와 같은 최상위 분류를 선택하라. 다음으로, 방법별로 연구를 설명하고 묶으려면 수준을 추가하면 스프레드시트

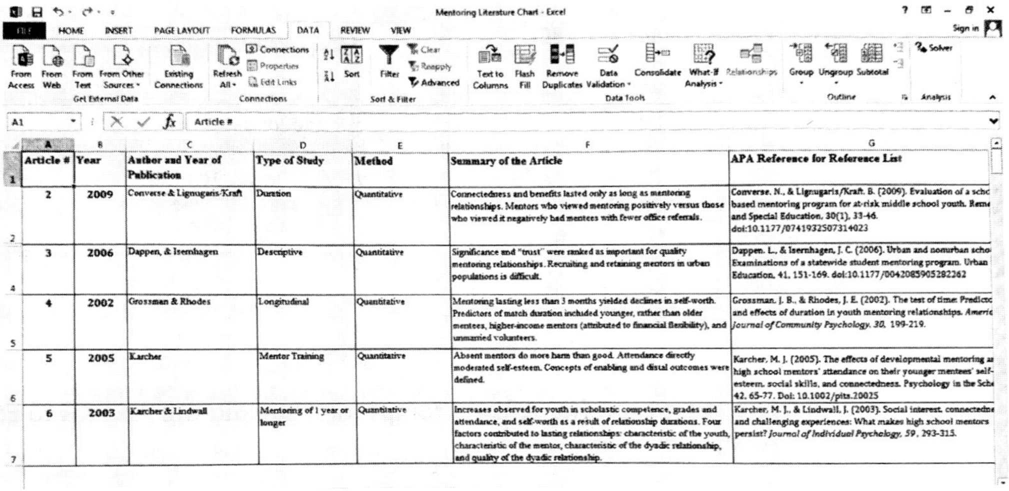

[그림 17-12] 중요 변수 또는 정보 자원 기록 설정을 위한 Excel 관리 시스템 활용 예

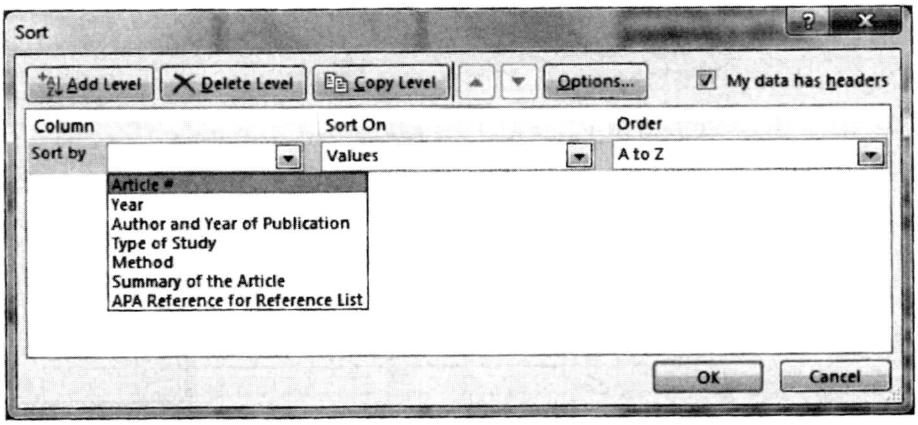

[그림 17-13] 변수 값을 기반으로 알파벳순으로 정렬된 첫 번째 수준의 기준 선택을 위한 Excel의 정렬 기능 화면

에서 연도별로 항목을 정렬한 다음 방법별로 정렬한다. [그림 17-13]은 이 과정을 보여 준다.

Excel을 사용한 통계분석

Excel 프로그램은 통계분석 도구이지만 SPSS에 대한 설명 부분에서 언급했듯이 사용자는 원하는 작업에 대한 개념적인 이해를 먼저 지니고 있어야 한다. Excel로 통계를 수행하는 단계는 간단히 설명되고 있으나 SPSS 설명에서 안내한 단계와 매우 유사하다. 최신 버전의

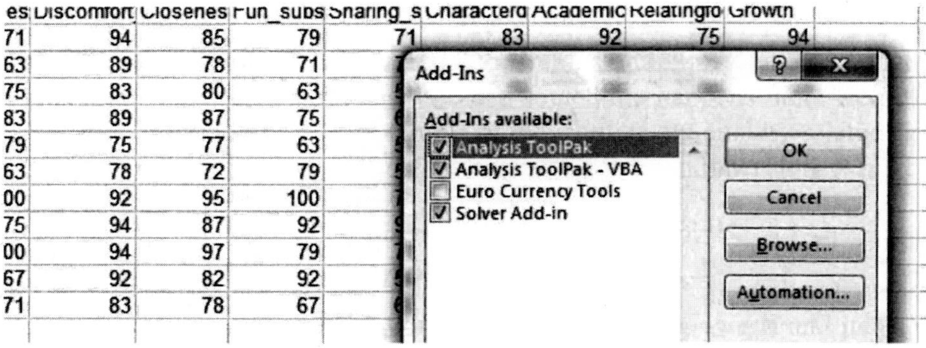

[그림 17-14] Excel에서 데이터 분석을 사용하도록 추가 기능을 설치하라는 화면 프롬프트

Excel에서는 자료 분석을 수행하기 전에 자료 분석 도구를 설치해야 한다. 파일>옵션>추가 기능으로 이동하라. 창의 맨 아래로 화면을 내려서 관리 창을 보라. 상자에 Excel 추가 기능이 표시될 것이다. 실행을 한 번 클릭하라. 다른 상자가 나타날 것이다. 분석 도구(Analysis ToolPak), 분석 도구 Visual Basic 편집기(Analysis ToolPak-VBA) 및 해 찾기 추가 기능(Solver Add-In) 상자를 선택하라. 확인을 한 번 클릭하라. [그림 17-14]는 Excel에 분석 추가 기능을 설치하기 위한 화면 예시이다.

Excel을 사용하여 기술통계를 실행하려면 SPSS 절에 소개된 숫자에 대한 중요한 개념(예: 결과 해석을 위한 명목, 서열 및 범주형 자료의 차이)을 상기하라. Excel에서 자료 보기 창으로 이동하고 자료 분석을 클릭하라. 분석 도구와 함께 새 상자가 나타날 것이다. 기술통계를 한 번 클릭하고 확인을 클릭하라. 입력 범위를 선택하라는 새 상자가 나타날 것이다. 이는 자료 시트에 커서를 다시 놓고 설명할 열을 강조 표시하며 수행된다. 기술통계 창에 범위가 자동으로 나타날 것이다. 해당 변수를 강조 표시한 경우 첫 번째 행의 설명(Label) 상자에 확인 표시를 하라. 새 워크시트를 확인하고 요약 통계 상자에 변수명[예: 열 설명(Label)]을 입력하라. 요약 통계를 확인하고 확인을 클릭하라. [그림 17-15]는 관련 화면과 기술통계 프롬프트를 나타낸다.

통합 문서라고 하는 Excel 프로젝트 파일에서 중심경향치(즉, 평균, 중앙값, 모드) 및 변동 측정 값(표준편차, 분산)이 포함된 새 워크시트가 나타날 것이다. 이 새로운 워크시트는 SPSS의 결과 보기와 유사하다. [그림 17-16]은 점수 변수에 대한 일변량 기술통계치들에 대한 설명을 보여 준다. 이 자료는 전체 사례 수와 불안 척도의 총점을 나타낸다. 이 척도는 0에서 100까지의 점수 범위를 지닌다. 이 그림에서 볼 수 있듯이 전체 사례(10명)는 자료 워크시트 번호와 일치한다. SPSS에서 자료를 확인하기 위해 제시된 단계는 Excel 작업에도 적용된다. Excel 사용

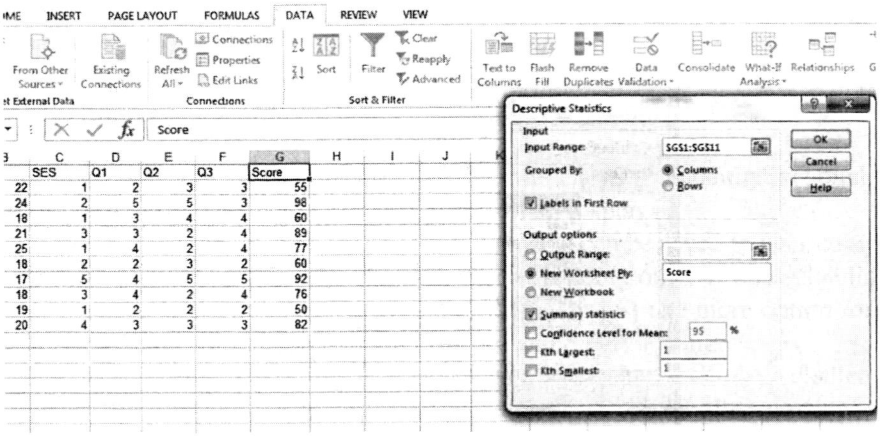

[그림 17-15] Excel에서 기술통계 옵션을 정하기 위한 데이터 화면 및 팝업 상자 보기

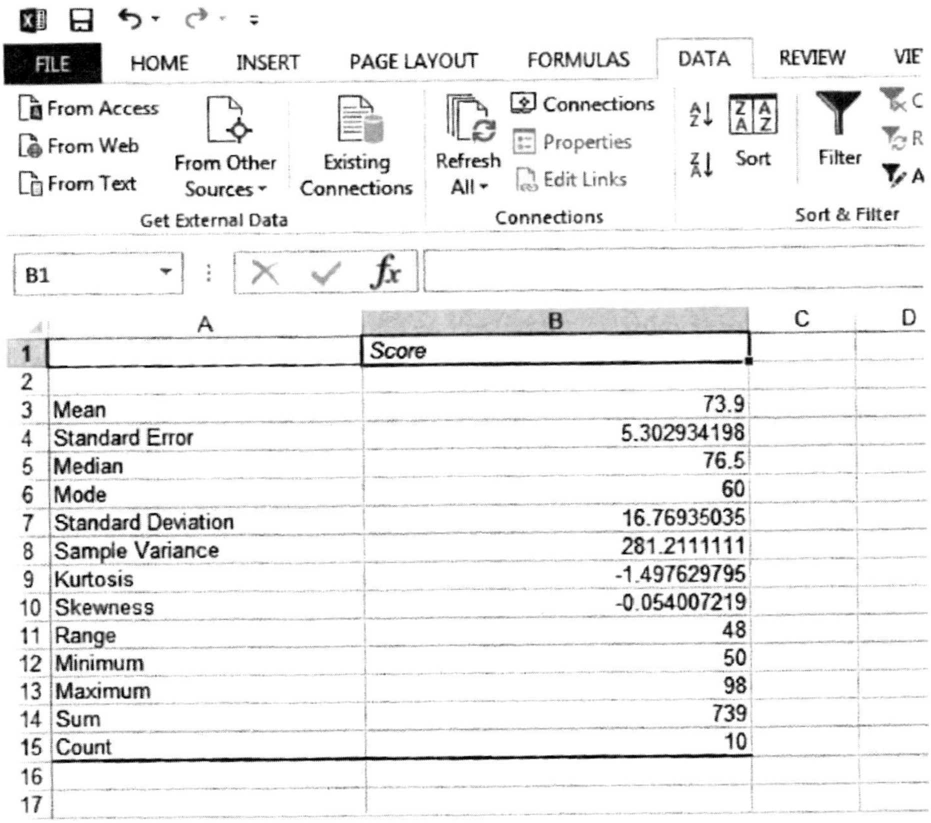

[그림 17-16] 중심경향치 및 분산 측정을 포함하는 Excel을 사용한 결과 화면 및 기술 통계의 예

에 대한 가장 좋은 소식은 독자들 대다수가 쉽게 프로그램에 액세스할 수 있으며 공개된 툴킷만 추가하면 된다는 것이다.

Excel을 사용한 질적 및 혼합적 방법 분석

상상할 수 있듯이 질적 및 혼합적 방법에서 Excel과 같은 스프레드시트 프로그램의 활용 가능성이 매우 다양하다. 이 장의 목적상 여기서는 Excel에 대한 간단한 소개만 제공되지만, 이러한 안내를 통해서 연구자인 당신이 컴퓨터 기반 분석 도구가 연구 작업에 매우 중요하다는 인식을 갖게 되길 희망한다. 질적연구자들에게는 필터 메뉴와 같은 Excel 도구를 사용하여 정신역동치료를 받은 참여자들이 보고한 불안 수준과 같은 묶음 자료의 기준을 설정할 수 있다. 또한 Excel은 혼합 분석법을 적용하려는 연구자가 양적 및 질적 자료를 통합하여 의미 있는 해석을 풍부하게 하고, 여러 출처의 정보들을 서로 비교하고, 세분화 및 명료화하거나, 잠재적 모순을 발견할 수 있는 훌륭한 수단을 제공한다. 그리고 이를 통해서 혼합연구에 대한 원리적 근거를 마련하게 된다.

요약

이 장에서는 초급 연구자가 컴퓨터 기반 분석을 양적 · 질적 및 혼합적 분석법 연구에 사용할 수 있는 가장 기본적인 수준의 도움말을 제공한다. 내용상으로 연구 과정에서 주요 단계인 자료 분석에 익숙해지기 위한 일종의 도움닫기이다. 이 장에 제시된 단계와 사례는 사회과학 및 상담 연구에서 사용되는 컴퓨터 기반 응용 프로그램에서 제공되는 사용자 설명서를 보완하여 이해를 돕는 데 유용할 것이다. 이 장에서 소개한 통계 소프트웨어 IBM SPSS 및 질적/혼합적 분석에 쓰이는 QDA Miner 등은 연구자들이 결과, 한계 및 시사점을 이끌어 내는 자료를 입력, 탐색 및 해석할 수 있는 다양한 자료 관리 수단을 제공할 것이다.

• 생각해 볼 문제 •

1. 양적 자료 분석을 준비하는 몇 가지 단계에는 어떤 것이 있는가? 컴퓨터를 시작하기 전에 무엇을 해야 하는가?

2. 연구자는 SPSS 화면의 자료 보기 창에 어떤 정보를 입력하는가? 변수 보기 창의 목적은 무엇인가?

3. 저자가 체계적인 양적 자료 입력 절차를 권장하는 이유는 무엇인가?

4. CAQDAS의 목적과 기능은 무엇인가? 소프트웨어의 역할 한계와 연구자의 책임 범위는 어디까지인가?

5. 양적 자료와 질적 자료 간의 분석상 차이점은 무엇인가?

6. 귀납적 코딩과 연역적 코딩의 장점 및 한계는 무엇인가?

7. 질적 자료 단위를 선택/코딩할 때 고려해야 할 사항은 무엇인가?

8. Excel은 어떤 면에서 SPSS와 유사한가? 그리고 CAQDAS와의 유사점과 차이점은 무엇인가?

제18장

연구 보고서 작성

Craig S. Cashwell
University of North Carolina at Greensboro
Kerrie K. Fuenfhausen
Lenoir-Rhyne University

목표

1. 연구 보고서의 목적을 기술할 수 있다.
2. 연구 보고서의 종류와 그것들 간의 차이점을 구별할 수 있다.
3. 연구 보고서의 각 부분들을 구분하여 토론할 수 있다.
4. 연구 보고서의 각 부분에 들어가야 할 적절한 내용을 알 수 있다.
5. 연구 보고서를 작성하면서 생기는 일반적인 실수들을 미리 알 수 있다.
6. 학술지 심사 과정을 기술할 수 있다.

연구 시작, 문헌 고찰 그리고 연구방법들을 정하는 것까지 살펴보았다면 이제 연구 보고서를 어떻게 작성할 것인지를 익혀야 한다. 만약 연구 프로젝트가 미숙하게 설계되었고 심각한 방법론적 결함을 가지고 있다면 보고서의 질을 고려하는 것은 무의미해진다. 즉, 아무리 훌륭한 보고서라도 질 낮은 연구를 살려 낼 수는 없다. 반면에, 잘 설계되어 실행된 연구가 제대로 된 보고서로 문서화되지 못할 경우에는 연구의 신뢰성을 잃게 된다. 잘 설계된 연구 결과가 부적절한 보고서 작성으로 인해 유용성이 떨어지는 것은 바람직하지 못하다. 따라서 이 장의 초점은 앞선 내용들에 이어서 연구자가 적절하게 연구 보고서를 잘 작성하도록 돕는 것이다.

연구 보고서의 목적

연구 보고서는 영구적인 상담연구의 기록이다. 가령, 보고서는 다른 과학자-임상가를 위한 연구의 참고문헌이 될 수 있다. 비록 보고서의 질은 전형적으로 학술지 편집자나 학회 심사위원들로부터 약간의 심사 의견을 받긴 하지만, 이것들이 간과되는 경우들도 많아서 결과적으로 미숙하게 쓰인 보고서들(그리고 미숙하게 설계된 연구들)가 흔히 나온다. 연구 과정을 배우는 초보 상담자나 학생들이 이런 연구물들을 접하게 될 때, 잘못된 가정에 기반한 정보를 가진 상담 실무자들을 배출하게 되는 것이다. 그러므로 연구자는 책임감을 갖고 탄탄한 연구 설계와 효율적인 보고서를 작성해야 한다. 이 책을 통해 익힌 바와 같이 연구 및 결과 보고서의 질을 결정하는 것은 당신의 책임이다.

이 장은 동료 심사를 위해 제출되는 원고 작성에 초점을 두고 있다. 동시에 우리는 학위 논문, 학회지 및 정책 담당자들을 위한 보고서를 포함하는 연구 보고서의 다양한 형태에 대해 개략적으로 알아볼 것이다. 또한 이 장은 연구 보고서 형식과 관련한 세부 사항과 연구 보고서를 작성하기 위한 실질적인 지침을 포함할 것이다.

연구 보고서의 유형

연구 보고서는 상담연구자가 자신의 경력에서 중점을 두는 부분, 그리고 해당 주제에 관심을 두고 있는 독자에 따라 형식을 달리 취할 수 있다. 연구 보고서에는 다양한 유형이 있기는 하지만, 가장 많이 쓰이는 세 가지 유형은 학술지 논문, 졸업 및 학위 논문, 그리고 졸업 및 학위 논문 제안서이다.

학술지 논문

연구 보고서를 출간하기 위한 가장 흔하고 폭넓게 선택되는 방식은 학술지에 의뢰하는 것이다. 대개의 전문적인 단체와 그 단체들의 하위 분과들은 정기적으로 자신들의 분야와 세부 관심 영역에 대한 학술지를 출판한다. 예를 들면, ACA와 그 하위 분과는 현재 10개의 학술지를 가지고 있다. 각각의 학술지는 편집자들과 심사 의뢰된 원고의 심사자 역할을 하는 다수의 그 분야 전문가를 보유하고 있다. 심사 과정은 이 장의 뒷부분에서 보다 구체적으로 논의될 것이므로, 여기서는 동료 심사 과정이 연구물에 대한 출판 기준, 진실성 그리고 질을 유지하기 위해 설계된다는 점을 언급하는 것으로 끝내겠다.

졸업 및 학위 논문

일부 석사과정 학생들과 모든 박사과정 학생들은 졸업 전에 최종 필수 요건으로서 졸업 논문이나 학위 논문에 담길 연구 프로젝트를 완성시켜야 한다. 개별 교육 기관은 이 프로젝트에 대한 그들만의 정책과 지침을 가지고 있으나, 분명한 공통점들이 있다. 대부분의 졸업 및 학위 논문은 서론과 문헌 고찰이 다른 장에 포함되는지에 따라 넷 또는 다섯 장으로 구성된다. 연구 보고서의 주요 부분에 해당하는 이 장들은 뒤에서 다시 논의하도록 하겠다.

졸업 및 학위 논문 제안서

연구를 진행하기 전에, 대학원 학생들은 전형적으로 졸업 및 학위 논문의 초반의 세 장(서론, 문헌 고찰, 연구방법)을 포함하는 연구 제안서를 쓴다. 만약 당신이 학위를 받기 위해 졸업 및 학위 논문을 반드시 제출해야 한다면, 이를 위한 제안서는 피드백과 연구 승인을 얻기 위해 교수진이나 박사논문 심사위원회 같은 사전 선발 집단에 제출될 것이다. 종종 학생들은 예비연구를 실시하고 제안서 작성 과정에서 예비 연구 결과를 보고하기도 한다.

연구 발표

서면 보고서 외에도 많은 연구자가 전문 학술대회에서 자신의 연구 작업을 발표한다. 이러한 회의는 전문 학회 조직 또는 연관 분과학회의 특정 지역, 국가 또는 국제 회의일 수 있다(예: 미국상담협회, 상담 교육 및 수련감독 협회, 집단상담전문가협회). 회의에서는 교육 회기, 원탁 토론, 포스터 발표 등 다양한 형식으로 연구를 발표할 수 있는 기회를 제공한다. 회기 시간은 회의에 따라 크게 다르지만, 일반적으로 교육 회기에서는 연구자가 연구의 중요한 요소(예: 목적, 연구 문제, 가설, 방법론, 결과 및 논의)에 대해 설명하도록 50~90분 정도 발표 시간이 주어진다. 원탁 회의에서는 특정 주제에 대해 소집단으로 토론할 수 있다. 연구자는 비공식적이고 대화하는 형태로 연구에 대한 정보를 공유하고 참석자들은 토론에 참여하고 질문할 수 있는 기회를 갖게 된다. 마지막으로, 포스터 발표는 일반적으로 하나의 큰 공간에 12명 이상의 발표자가 함께 배정되어 실행된다. 연구자는 대형 게시판에 정보를 시각적으로 정리하고 참석자들에게 유인물을 제공한다. 포스터 발표에는 두 가지 일반적인 형식이 있다. 첫 번째로, 참석자들은 발표 영역을 돌아다니며 질문을 하거나 관심이 있는 연구에 대해 자유롭게 토론할 수 있으며, 연구자는 한 번에 몇 분씩을 할애하여 방문자와 상호작용하게 된다. 두 번째 형식에서는 종종 포스터 앞에 좌석이 있으며 발표 방식은 보다 형식을 갖추게 되어 교육 회기와 유사하다. 많은 연구자는 투고를 위해 원고를 준비하거나 동료 심사 및 출판 과정의 결과를 기다리는 동안 회의에서 자신의 작업을 발표하는 것을 즐기게 된다.

연습 18.1

관심 있는 기존 경험적연구를 선택하시오. 이 연구를 수행했으며 다가오는 학술회의에서 포스터 회기를 발표할 예정이라고 상상해 보시오. 이 연구를 기반으로 포스터 형태를 개발해 보시오.

연구 보고서의 형식

연구 설계 형태와 예상되는 청중이 누구인지에 따라 연구 보고서의 형식과 구성은 다양할 수 있다. 그러나 일반적으로 연구 보고서에는 다음의 기본적인 요소들, 즉 제목 표지, 초록, 서론, 문헌 고찰, 연구방법, 결과, 논의 또는 결론 그리고 참고문헌을 포함해야 한다.

제목 표지

연구 프로젝트의 제목은 매우 중요한 세부 항목이다. 미래의 연구자와 임상자들에게 유용한 연구가 되기 위해서는 무엇보다도 그 연구가 접근 가능한 것이어야 한다. 연구 목적에 부합하다고 판단되는 제목을 정하기 위해 연구자가 얼마나 많이 목차, 참고문헌 목록, 또는 검색 엔진 결과들을 살펴보았는지를 고려하라. 초록과 정보 데이터베이스는 모두 색인이나 자료를 조직화할 때 연구 제목을 사용하며, 그 제목을 통해 해당 연구물에 접근할 수 있도록 한다. 따라서 가장 적절한 연구 제목은 내용 정보를 제공하고, 기억하기 쉽고, 독립변인과 종속변인, 연구 대상, 설계, 연구 결과에 대한 단서들 같은 중요한 세부 사항들을 포함하고 있어야 한다. 『APA 논문작성법』(APA, 2010)에서 제안한 대로, 10~12단어로 제목을 압축하되 여기에 주요한 연구 정보를 담아내기 위해서는 '~의 연구(a study of)' 또는 '~의 결과(a result of)' 같은 중요하지 않거나 불필요한 단어를 피하는 것이 좋다. 예를 들어, '촉진적 기술에 대한 연구(A Study of Facilitative Skills)'는 연구 내용을 잘 담아내지 못하고 있기 때문에 적절한 제목으로 보기 어렵다. 그보다는 '석사과정 상담 인턴들의 촉진적 기술(Facilitative Skills Among Master's

Level Counseling Interns)'이 더 좋은 제목이 될 것이다.

초록

초록은 독자에게 전체적인 글의 주요 내용을 간명하게 제공하는 것을 목표로 한다. 제목을 제외하고 초록은 연구 보고서에서 가장 흔히 읽히는 부분이다. 독자는 종종 초록을 읽고 나서 나머지 연구 전체 내용을 읽을 것인지를 결정하게 된다. 제목과 마찬가지로 초록은 적절하게 정보를 검색할 수 있도록 글 목록을 작성하고, 색인을 만들기 위한 정보 데이터베이스로 사용된다. 초록은 간명해야 하며, 구성을 규모 있게 해야 하고, 연구 내용을 정확하게 담고 있어야 한다. 그래야만 읽는 사람들이 초록을 적절한 연구 보고서의 개요로 간주할 것이다. 사실 초록은 연구 보고서의 대부분의 주요 내용, 즉 서론(연구 목적, 연구 문제나 가설), 방법(연구 대상, 연구 유형, 연구 설계), 결과(결과는 무엇인가?), 그리고 논의(연구의 영향은 무엇인가?) 등을 담아낸다. 그러나 초록은 보고서에 담겨 있지 않은 다른 추가 정보는 포함하지 않는다. 초록은 또한 그 자체로 충분해야 한다. 다시 말해, 독자는 초록을 이해하기 위해서 다른 추가적인 정보를 찾을 필요가 없어야 한다. 축약어나 약어는 풀어서 정의되지 못할 경우 사용해서는 안 된다. 『APA 논문작성법』(APA, 2001)에서는 초록에 120단어 이상 사용하면 안 된다고 제안하고 있기는 하지만, 어떤 학술지는 때때로 다른 분량 기준을 갖기도 한다. 다음은 간략하게 서술된 초록의 예이다.

> 무작위 표집된 505명의 ACA 회원은 영성과 종교의 문제들을 상담 장면에서 효과적으로 설명하기 위한 모임인 영성 지도자 모임(Summit on Spirituality; G. Miller, 1999; "Summit Results", 1995)에서 개발한 아홉 가지 역량의 중요성 평정 척도를 완성했다. 결과는 전반적으로 ACA 회원들이 효과적인 상담 실행을 위해 영적 기능들의 중요성을 강하게 지지함을 보여 주었다.

서론

연구 저자로서 당신은 아마도 깔끔하고 잘 조직화된 서론이 논문의 나머지를 위한 틀을 제공한다는 것을 이미 알고 있을 것이다. 이 점은 연구 보고서 작성에도 동일하게 적용된다. 서론은 문제의 진술과 함께 시작되고("당신이 여기 있다!"라고 말하는 신호를 상상하라), 적절한 연구 맥락의 지점으로 독자를 안내하며, 문제를 다루는 연구자의 전략에 대한 이정표로 간주될 수 있다. 대부분의 연구 보고서에서 서론은 몇 단락 정도에 불과하지만, 그것은 중요한 가치를 지닌 정보를 포함한다. 서론은 대체로 문제의 진술, 관련 연구의 개관, 이론적 토대, 그리고 연구 문제와 가설로 구성된다.

문제의 진술 연구 내용을 서술하기 전에, 연구자는 먼저 연구를 실행하기 위한 근거를 제공해야 한다. 문제의 진술은 연구 주제와 관련된 현재의 지식 상태의 서술이다. 영업과 마케팅에서라면, 이것은 독자의 관심을 잡고 주제에 대한 흥미를 자극하는 '걸쇠 고리(hook)'로 간주될 것이다. 문제의 진술을 전개할 때, 당신은 독자에게 다음의 질문에 대한 대답을 제공해야 한다. 왜 이 주제가 중요한가? 이 주제는 누구에게 영향을 줄 것인가? 이 연구의 목적은 무엇인가? 연구자가 연구를 통해 드러날 것으로 기대하는 실제적 결과는 무엇인가?

관련 연구의 개관 일단 당신이 다루려는 연구 문제를 소개했다면, 다음 단계는 연구를 통해 이 특별한 문제를 어떻게 다룰 것인지에 대한 틀을 쌓기 시작하는 것이다. 이 틀은 선택된 연구 주제에 대한 경험적이고 이론적인 연구의 개요를 제공하면서 전개된다. 몇몇의 연구자는 문헌 개관이라는 용어에 반대한다. 왜냐하면 그 용어는 모든 관련 연구의 포괄적인 요약과 통합적인 내용을 제공할 것이라는 암시를 담고 있기 때문인데, 실제로 그런 경우는 드물기 때문이다. 전형적으로, 글의 개관에서 기대되는 것은 간결하나 빈틈없는 이전 연구 결과의 서술, 이전 연구와 관련된 방법론적인 주제이다(예: 변인을 명확하게 기술하는 조작적 정의, 대상 모집단으로부터의 일반적인 표집 문제, 이전에 사용된 측정 도구의 한계, 그리고 선정한 연구 주제를 어떻게 다룰 것인지에 관한 연구자의 결정을 알리는 중요한 결론). 문헌 개관에서는 연구 변인이나 이론적 기반을 담고 있는 해당 연구들을 포함할 것이다. 이 모든 배경 정보는 연구자가 연구에 접근하기 위해 사용하는 틀을 강화하기 위해 제공된다. 이 부분에서 '허점은 없는가?' 또는 '기존 연구에서 빠진 것은 무엇인가?' '이 문제를 다루는 데 있어 논리적으로 다음 단계는 무엇인가?'와 같은 질문들에 대한 답을 제시해야 한다.

문제의 진술과 관련 문헌의 개관은 독자가 연구자의 현 연구에 대한 근거를 따라갈 수 있게 매우 명확하고 논리적으로 구성 및 기술되어야 한다. 이쯤에서 독자는 연구 문제와 가설이 무엇인지 추측할 수 있다. 문헌 개관의 길이는 보고서의 유형에 따라 달라질 수 있다. 예를 들어, 쪽수가 제한되는 학술지 연구보다 학위 논문은 상대적으로 더 길고 좀 더 깊이가 있다.

연구 문제와 가설 연구의 고정된 틀과 근거를 갖춘 후, 다음 단계는 연구의 나머지를 끌고 갈 연구 문제 또는 가설을 서술하는 것이다. 연구 문제는 연구 목적을 중심으로 보고서의 나머지 부분에 초점을 맞추도록 한다. 문제는 구체적이고 명확하게 기술되어야 하며, 서론 및 근거와 논리적으로 잘 이어져야 한다. 만약 그것들이 사전에 진술된 것들이 아니라면 각각의 변인에 대해 명확하고 조작 가능한 정의가 제공되어야 한다. 변인의 조작적 정의의 사례들은 다음과 같다.

- 벡 우울 척도(Beck Depression Inventory)에 의해 측정된 우울증
- 7점 리커트 척도[0(매우 낮은 에너지)부터 7(매우 높은 에너지)]에 의해 측정된 신체적 에너지 수준

연구방법

잘 쓰인 연구 보고서의 모든 부분에서 명료성은 필수적이기는 하지만, 특별히 연구방법은 독자에게 연구의 명료성을 비평하고 그것을 반복 검증할 수 있는 적절한 정보를 제공하기 위해 명확하고 충분히 세분화되어야 한다. 연구방법 부분은 독자가 연구 보고서의 각 단계를 밟아 가게 하는 '사용설명서'에 비유될 수 있다. 연구방법의 네 개 주요 영역은 대상, 도구, 연구설계 그리고 절차이다.

대상　이 세부 항목에서 당신은 다음 질문에 대답할 것이다. 이 연구의 대상은 누구인가? 그들은 어떻게 선별되었는가? 얼마나 많은 대상을 표집하였는가? 다른 대상 집단, 이를테면 실험집단과 통제집단 또는 다른 유형의 비교집단이 있는가? 만약 그렇다면 각 집단에는 얼마나 많은 대상이 포함되었는가? 나이, 성별, 민족 배경, 거주 지역, 또는 다른 연관된 특성 같은 표본의 인구통계학적 정보는 무엇인가? 대상 세부 항목은 보통 상당히 간단명료하기는 하지만, 결과의 오해석을 피하기 위해서는 대상에 관한 정보가 빈틈없고 정확해야 한다.

도구 또는 측정　연구 보고서의 이 부분에 이르게 되면 연구 문제에서 언급된 것, 즉 연구자가 측정하고자 하는 대상을 잘 알 수 있게 된다. 그러나 변인이 구체적으로 어떻게 측정될 것인지는 비로소 이 부분에서 기술된다. 이 부분을 유용하게 구성하기 위해서는 각 구인이나 변인을 설명한 후 사용한 측정 도구 설명을 최소한 한 단락 정도 배정하는 것이 바람직하다. 도구 설명에는 최소한 도구의 전체 이름, 저자, 인용 출처, 신뢰할 만한 선행 문헌과 측정의 타당성, 그것이 규준화된 표본에 관한 정보, 문항 수 그리고 문항 형태(예: 리커트 척도)를 포함해야 한다.

연구 설계 이 부분에서 연구자는 사용한 연구 설계를 독자에게 설명하게 된다. 다시 말하면, '연구 문제에 답하기 위해 연구자가 변인들을 어떻게 구성했는가?' '설계가 상관 설계, 사전-사후 설계, 인과비교 설계, 실험 설계, 준실험 설계 가운데 어떤 것인가?' 등 연구 설계에 관한 간단한 한 문장으로도, 연구자는 연구에 관한 풍부한 정보를 독자에게 전달할 수 있다.

절차 마지막으로, 절차 부분은 어떻게 연구가 진행되었는지에 관한 세부적이고 단계적인 안내를 독자에게 제공한다. 이 부분에서 연구자는 정확히 무엇이, 언제, 어디서 행해졌고, 각 단계가 어떻게 완성되었는지를 설명해야 한다. 그리고 연구 대상 접촉 방법(예: 전화, 메일 설문, 전자 설문, 면대면, 직접 또는 간접, 부모 · 고용주 · 선생님 또는 학교 관리자를 통한 접촉 등), 어떻게 연구 동의서와 부모의 허락(해당된다면)을 받았는지, 어떻게 어떤 순서로 도구가 실시되었는지, 참여자에게 주어진 지침, 어떻게 실험 조건을 다루었는지를 포함한다. 만약 여러 가지 방법을 사용하여 다양한 시간대에 자료를 수집하였다면, 차트나 그래프를 사용함으로써 연구 과정을 분명히 보여 줄 수 있다. 덧붙여 연구자는 대상 응답이나 연구 도구에 영향을 주었을 정보들(예: 대상에게 제공된 인센티브)을 밝혀야 한다. 가능할 경우, 사전 동의서, 대상에게 주어진 지시, 사용한 도구 내용을 문서의 부록에 포함시켜야 한다.

결과 마지막으로 모두가 기다리는 것, 바로 결과이다. 이것은 연구에서 발견한 것을 다루는 부분이다. 어떤 통계 검증을 실행했고 분석 결과는 무엇인가? 당신은 독자에게 통계적 유의도, 효과 크기 그리고 검증력과 같은 통계 결과의 요약 정보를 함께 제공해야 한다. 연구자는 독자가 연구 문제와 연구 결과를 연결 지어 살펴보고, 더불어 연구 결과가 가설을 지지하는지 여부를 쉽게 판단할 수 있도록 해야 한다. 결론이 논의 부분에서 도출되는 데 반하여 결과에서는 사실적 정보만이 다뤄진다.

논의 이 부분에서 연구자는 연구 결과에 기초하여 결론을 도출하고(예: 결과가 의미하는 것은 무엇인가?) 서론에서 서술했던 기존 연구 내용과 자신의 연구 결과를 연결할 기회를 갖는다. 덧붙여 연구자는 다음의 문제들을 다룰 수 있다. 도출된 결론에 영향을 준 연구 한계(신뢰도, 내적 · 외적 타당도 문제, 낮은 검증력, 작은 효과 크기, 작은 표본 크기, 다른 표집 문제)는 무엇인가? 결과 해석에 영향을 준 윤리적 문제는 무엇인가? 연구 결과가 실무자들에게 주는 시사점은 무엇인가? 이 연구에 이은 향후 연구 방향 혹은 제안은 무엇인가?

질적연구 보고서

질적연구 보고서는 양적연구 보고서와 대비되는 몇 가지 중요한 특징이 있다. 질적연구는 고유한 철학, 목적, 방법이 있다. 질적연구 보고서는 이러한 독특성을 반영한다. 명백한 차이점에는 언어의 중요성(연구자들과 참여자들의 언어), 편향 가능성의 인정, 독자 등이 포함된다.

질적연구의 목적은 개인적 경험을 이해하는 것이기 때문에, 이러한 경험들을 묘사하기 위해 사용되는 언어가 매우 중요하다. 비록 질적 연구자들은 참여자들의 말에서 패턴과 주제들을 밝혀내기 위해 노력하지만, 참여자들에게 직접 발췌된 언어가 종종 그대로 보고된다. 만약 질적연구 프로젝트를 수행한다면, 자료를 수나 통계적으로 압축하려 하기보다는 독자들이 참여자들이 말하고자 하는 것 속에 담긴 감정과 개인적 성향에 접근하도록 이끌어야 한다.

참여자들의 목소리(voice)와 함께, 연구자의 목소리 역시 독자들에게 좀 더 밀착 가능하다. 질적 연구자들은 양적 연구자들에 비해 좀 더 상호적용적이고 주관적이며 참여적인데, 이것을 문체와 어조에 분명하게 나타낸다. 종종 질적 연구자들은 1인칭 관점을 쓰고 연구 주제에서 연구자가 투입한 개인적 자원을 독자에 전달한다. 이것은 연구자가 사회의 변화를 촉진하는 적극적인 역할을 하도록 한다.

만약 독자들이 스스로 '흠, 나에게는 연구자 편견처럼 들리는군.'이라고 생각한다면, 당신이 맞다. 질적 연구자들은 그들의 글에 편견이 존재한다는 것을 열린 마음으로 인식하고 수용한다. 질적연구의 구성주의 철학에 충실한 그들은 사적 의미의 구성이 참여자들의 경험을 이해하고 해석하는 방법에 영향을 줄 것이라는 것을 인정한다.

문제가 있는 사회 구조를 비판하고 변화시키는 질적연구 목표와 더불어, 질적연구는 대상 독자의 폭이 양적연구보다 더 넓다. 학술위원, 선임 연구자, 임상가들에 따르면, 질적연구의 수행은 종종 정책 입안자, 지역 단체 그리고 공공기관을 목표로 한다. 사실 질적연구의 참여자들은 그들의 사회적 질서 인식을 조절하고 적응하는 참여 과정을 통해서 동시에 가장 영향력 있는 독자가 될 수 있다.

철학, 목적, 방법 그리고 발표의 일관성을 유지하기 위해서 질적연구 보고서 작성은 구성주의와 비판 이론의 기저 가치를 반영해야 한다. 우리는 언어의 중요성과 편향 가능성의 수용, 그리고 목표로 하는 독자와 같은 질적연구 보고서의 독특한 요소들에 대해 설명하였다.

효과적인 보고서 작성을 위한 기술 쌓기

연구 보고서의 전형적인 부분과 각 부분에 포함되는 내용이 무엇인지에 대한 이해에 덧붙여, 연구 보고서를 작성하는 데 도움이 되는 수많은 일반적인 지침들이 있다. 세 가지 중요한 부분으로는 글쓴이로서 성장하기(developing as a writer), 미리 준비하기(preparing in advance), 그리고 지침 작성하기(writing guidelines)가 있다.

글쓴이로서 성장하기

종종 사용되는 연구 보고서 작성과 관련된 금언이 있다.

> 질문: 카네기홀에 서기까지 어떻게 하면 되나요?
>
> 대답: 연습, 연습, 연습.

불행하게도, 몇몇 연구자는 특히 초기에, 연구 보고서의 최종 결과에만 초점을 맞춘다. 즉, 연구가 출판을 위해 승인될 것인지 아닌지에 대해서 말이다. 연구 보고서 작성 기술은 다른 기술처럼 오랜 시간과 예견 가능한 과정을 통해 개발된다. 보고서 작성 기술을 오랜 시간 연마하기 위해서는 피드백 기회를 마련하고, 수정 가능성에 대비하며, 자기 장벽을 피하는 것 등이 중요하다.

피드백을 받아 실천하라 종종 초보 연구자들은 논문 심사 과정에서 심사자를 통해 받게 되는 심사 내용을 최초 심사로 잘못 간주한다. 사실 대부분의 연구자는 학술지에 제출하기 이전에 이미 동료들에게 검토를 부탁하곤 한다. 따라서 연구에 대해 솔직하게 피드백을 줄 친구와 동료들과의 협력적인 관계를 발전시키는 것이 중요하다. 많은 경우, 그 동료가 해당 분야의 전문가일 필요는 없다. 연구자가 글쓰기 과정에서 자기 관점을 잃곤 하기 때문에 전문가가 아닌 일반 독자들이 글을 읽고 제시하는 검토들도 유용할 수 있다. 때때로 '내용 전문가(content experts)'는 그들의 검토에 영향을 줄 수 있는 편견을 갖고 있다. 논의되는 내용 영역에서는 전문가가 반드시 필요하지 않지만, 연구 보고서 작성에서는 해당 영역 전문가의 검토가 도움이 된다. 동시에 이들의 사전 검토는 특정한 독자에게 연구가 초점을 맞추거나 사용한 방식의 적절성 여부에 대한 유용한 통찰력을 제공할 수 있다.

재작성 가능성에 대비하라 일단 심사 의뢰 전에 학문적 검토를 받은 후 연구 보고서가 적절하다고 판단되었다면, 이 장의 뒷부분에 자세히 설명될 연구 심사를 위해 제출된다. 많은 초보 연구자는 학술지의 경우 8~12% 정도의 낮은 비율로 게재 승낙이 이루어진다는 것을 모른다. 학술지는 엄격한 심사 과정에서 보고서의 개선과 연구자의 보고서 작성 기술을 위한 세부적인 피드백을 제공한다. 불행하게도, 일부 심사자들은 심사 과정에서 연구자의 전문적인 발전을 지원해 주기보다 그들 자신의 전문성을 증명하는 것 같기도 하다. 비록 보고서가 잘 작성되었어도 보고서의 질과 상관없이 연구자를 격려하고 더욱 발전할 수 있는 방향으로 피드백이 제시된다. 이 피드백을 신중하게 검토하고 보고서를 수정하면서 연구자는 상당한 학습의 기회를 얻게 된다.

좀 더 엄격한 심사를 거치는 학술지의 경우에는 저자에게 수정을 요구하지 않은 채 연구 보고서들에 대해 게재 불가 판정을 내리기도 한다. 심사 결과가 전향적이더라도 여전히 연구 내용을 수정하여 개선시킬 수 있다. 대부분의 편집자는 제안된 수정 사항들이 모두 이행되어야 한다고 단정 짓지는 않는다. 연구 저자는 심사 의견대로 수정할지 여부를 신중하게 숙고해야 한다. 제안을 받아들이지 않았을 때는 그 근거를 상세하게 써서 수정안을 보낼 때 편집자에게 알려야 한다.

자기 장벽을 피하라 연구 과학자를 포함하여 어떤 분야에서든 모든 작성자는 컴퓨터의 빈 화면에 깜박이는 커서를 응시하면서 도전에 직면한다. 연구 보고서 작성 과정은 시간 소모적이며 힘에 부친 작업일 수 있다. 일단 시작이 쉽지 않다는 점에서 연구자 자신이 연구 수행의 방해물이 되는 경우가 흔히 발생한다. 일반적 지침은 어느 인기 있는 신발 브랜드의 광고처럼 '위험을 무릅쓰고 일단 시작하는 것(Just Do It)'이다. 즉, 일단 쓰라. 특히 초보 연구자들은 첫 번째 초안이 최종 보고서라도 되는 듯 잘못 생각하는 것 같다. 그러나 첫 번째 초안을 편집·수정하는 것은 그 첫 번째 초안을 작성하는 것보다 훨씬 쉽다. 이 장의 저자는 초안을 아예 보고서라고 여기지도 않으며, 대신 컴퓨터 화면에 아이디어를 골라 하나씩 간단하게 적어 넣곤 한다. 이러한 아이디어들이 점차 모양을 갖추고 편집 과정에서 개선되고 사용할 만한 진짜 초안으로 바뀌게 된다. 또한 한 장의 종이에 아이디어들을 적으면서 작업을 향상시키는 데 도움을 주기 위해 사전 심사를 해 줄 수 있는 다른 사람들의 지지를 구하는 것도 좋은 출발이 될 수 있다.

미리 준비하기

작성 기술 개발을 위해서 주어진 피드백을 실천하는 것이 중요하다는 점을 인식해야 한다. 더불어 연구 보고서의 작성상 내용 전개를 위해 미리 준비하는 것도 필요하다. 구체적으로 잠재적 독자들을 미리 예측하고, 출판 형태 및 저자를 위한 지침과 출판 지침을 미리 숙지하는 것이 중요하다.

독자를 미리 알고 고려하라 연구 보고서를 작성하기 전에 대상 독자와 출판 형태를 고려해야 한다. 이러한 태도를 갖춤으로써, 특히 독자의 관심에 맞는 언어를 쓰는 것이 가능해진다.

출판 지침 대부분의 학술지는 구체적인 출판 양식을 고수한다. 상담 전문 분야에서는 『APA 논문작성법』(APA, 2010)에 기초한다. 연구 보고서를 작성하기 전에 이 출판 지침을 익혀야 한다. 글쓰기 방식에 대한 이상적 기준이 사람마다 다를 수 있으나 출판 규정에 맞춰 가면서 글쓰기의 비일관성은 사라지게 된다.

저자 지침 투고 규정 외에도 학술지와 함께 제공되는 기타 지침들이 있다. 일단 잠재적인 출판 형태를 인식한 상태라면 출판을 위한 연구자 지침을 검토하는 것이 중요하다. 엄격한 지침을 따른다고 미흡한 설계를 따른 연구를 되살려 낼 수 있는 것은 아니지만, 이러한 지침을 따르지 않을 경우 출판이 어려워지거나 상당한 수정 작업을 해야 한다. 특정한 지침들, 가령 최대 페이지 수나 다른 요구 사항들은 보고서를 준비할 때 엄격히 따라야 한다.

지침 작성하기

일단 연구자가 연습과 피드백을 통해 점차 보고서 작성 능력이 향상될 것을 생각하면서 출판 지침과 출판 형태에 맞춰 준비 작업을 해 왔다면, 이제 실제 연구 보고서 작성을 강화할 수 있는 추가적인 일반 지침이 있다. 뒷부분에 일반적인 실수를 피하는 방법들이 제시되고 있으나, 우선 우리는 여기서 세 가지 작성 지침, 즉 **연구로 가는 다리 놓기**(build a bridge to your study), **기존 자료의 해석과 제언**, **솔직해지기**(be transparent)를 소개하고자 한다.

연구로 가는 다리 놓기 연구의 방법론에 대해 논의하기 시작한 이 시점에서, 독자는 왜 이 연구가 설계되었고 중요한가에 대해서 아직 안내받은 것이 없다. 연구 개념을 잘 조직화하는 과정에서 연구 실행의 당위성으로 이끄는 연결 다리가 생긴다. 무엇보다 중요한 질문은

'왜 지금 이 연구를 하는가?'이다. 즉, 다른 연구자들이 이미 검토해 온 결과가 존재하는 상황에서 어떻게 이 연구가 현재의 지식 기반을 논리적으로 확대시키는가 등을 검토하는 것은 연구의 목적을 명확하게 그려 내는 간명한 진술을 통해서 명징하게 드러난다. 다리 놓기의 예는 다음과 같은데, 이는 예를 들기 위한 목적으로 만들어진 것이다.

> 이전의 연구자들은 우울증의 단계에서 정신적 연습의 효과를 고안했다(Cashwell & Young, 2008). 그러나 연구자들은 마음챙김과 정서 표현이 우울 증상에 영향을 줄 때 어떤 상호작용을 나타내는지에 대해서는 고려하지 않았다. 따라서 이 연구의 목적은 초기 우울증 성인을 대상으로 정신적 연습, 마음챙김 그리고 정서 표현의 영향 효과(주 효과와 상호작용 효과)를 조사하는 것이다.

기존 자료의 해석과 제언　연구 보고서의 논의 부분으로 저자들은 대개 연구 결과에서 상담 현장에 적용 가능한 의의를 도출하고 향후 연구를 위한 제언을 한다. 이러한 해석과 제언은 연구 보고서에서 중요하다. 그러나 이들 해석과 제언들은 반드시 본 연구나 이전 연구들의 결과와 일관성을 지녀야 한다. 상식적인 얘기로 들리겠지만, 보고서 작성에서는 사실 분석 결과를 넘어서는 해석과 제언을 써 놓는 문제가 흔히 발생한다.

솔직해지기　대다수의 학자 역시 자신이 수행한 연구의 제한점을 보고하지 못하며, 진짜 제한점이 아닌 것을 제한점으로 규정하거나 혹은 제한점을 최소화하는 일이 발생한다. 모든 연구 프로젝트들은 연구의 초기 단계나 그 전개 과정에서 방법론적 제한점을 가지게 된다. 따라서 연구자는 자기 연구의 제한점들을 보고서에 명확히 기술해야 한다.

연구 보고서상의 일반적인 실수

연구 보고서에서 일상적으로 나타나는 실수는 매우 다양하다. 구분해 보면 거기에는 일반적인 글쓰기, 기존 문헌 고찰, 연구 방법과 논의 기술 등에서의 문제가 포함된다.

일반적인 글쓰기 문제

가장 흔한 실수는 전반적인 글쓰기 양식과 연구 보고서의 어조 측면에서 발생한다. 흔히 연구자 지침 및 출판 지침을 따르지 않는 것, 차별적인 언어 사용, 글의 전개와 표제의 문제, 빈약한 초록 등이 이 범주에 포함된다.

연구자 지침을 따르지 않는 것 모든 학술지는 연구자 지침을 발간한다. 대개는 학술지 맨 뒷면에 나와 있으며, 인터넷을 통해서도 이용 가능하다. 일반적인 지침들은 최대 페이지 수나 표와 그림 제시 방법 등과 같이 출판 비용과 관련된 내용들이다. 그러나 일반적으로 학술지 편집자들은 제한된 페이지 수를 초과하거나 불필요한 표와 그림을 제시하는 것도 허용하는 편이다. 그러나 연구 보고서의 질에 관계없이 연구자 지침을 따르지 않을 경우 게재 가능성이 낮아질 수 있다.

관련 출판 지침을 따르지 않는 것 연구자 지침에서 세부적으로 기록되는 것 가운데 한 가지는 바로 출판 양식이다. 대다수의 상담 연구는 APA 양식(APA, 2010)을 따른다. 사소한 양식 문제는 심사 과정에서 원고를 교정하면서 함께 쉽게 해결될 수 있다. 그러나 글의 주요 양식 문제는 검토 과정에 부정적인 영향을 미칠 수 있다(Miller, 2006).

차별적 언어 사용 또 다른 일반적인 문제는 연구 저자가 자연스레 차별적 언어를 사용하는 것이다. 예를 들어, '동성연애(homosexual)'라는 표현은 비난을 내포한 것으로 여겨질 수 있다. 그리고 대부분의 투고 규정은 동성연애라는 표현 대신 '레즈비언(lesbian)'과 '동성애 남성(gay men)' 등의 표현을 사용하도록 제안한다. 마찬가지로 '아프리카계 미국인'과 같은 용어를 사용하면 연구 대상의 특성을 잃게 된다. 이 문제를 피하는 한 가지 방법은 명명이 아닌 기술 목적으로 형용사를 사용하는 것이다(예: 아프리카계 미국인 참여자). 그러한 언어 사용의 문제점은 명확하다. 대개는 부정적 의도 없이도 사용되는 경향이 있다는 점이다. 이러한 종류의 문제는 교정 과정에서 쉽게 수정된다. 그러나 심사자가 부정적 편견을 만들지도 모르는 차별적 언어에 강하게 반발할 경우, 심사 과정에서 연구에 대한 부정 편향적인 의견을 갖게 될 수도 있다.

글의 전개와 표제 문제 연구에서 가장 흔한 글쓰기 문제는 보고서의 전반적인 흐름에 부주의한 경우이다. 즉, 전체 흐름을 고려하지 않고 각 부분을 단절적으로 쓰는 것을 말한다. 이럴 경우, 개별 문장과 문단은 잘 작성될지도 모르지만 전체적인 보고서의 흐름이 좋지 않게 된다. 이러한 문제점들은 도입부의 문장들에 주의를 기울이고, 앞뒤 부분의 연결을 부드럽게 이어 주는 문장과 구를 사용함으로써 해결할 수 있다. 표제를 잘 쓰는 것 또한 독자들이 다음

부분들로 순조롭게 옮겨 가는 데 도움이 된다. 그 예로서 이 장의 이 절에서 사용된 세 단계의 표제를 살펴볼 수 있을 것이다.

빈약한 초록 많은 저자가 초록의 중요성을 간과한다. 따라서 초록을 잘 쓰는 데 시간을 거의 들이지 않는다. 초록 작성 시에는 연구자 지침을 따라야만 한다. 특히 분량 면에서 간략하게 연구 내용을 기술해야 한다. 온라인 데이터베이스 시대인 지금 초록은 잠재적인 독자들이 논문 전체를 다운받을지를 결정할 때 이용 가능한 유일한 자료 정보라는 점을 염두에 두어야 한다. 그것이 인쇄된 형태이건 혹은 전자 논문이건, 독자들은 초록이 연구 내용을 정확하고 충실히 담고 있지 않다는 점에 놀라서는 안 된다.

기존 문헌 고찰상의 문제

문제는 또한 문헌 개관에서 일어나기도 한다. 보고서의 이 부분에서 발생하는 일반적인 문제에는 연구에 대해서 논리적인 주장을 구축하지 못하거나, 기존 문헌을 편향되게 개관하는 것들이 포함된다.

연구 한계점에 대한 논증 실패 앞서 언급했듯이, 문헌에 대한 소개와 고찰은 연구 보고서에서 중요한 영역이다. 연구 보고의 방법론적인 부분을 읽는 독자들이 '왜 지금 이 연구를 하는가?'라는 질문에 대해 명확히 이해할 수 있어야 한다. 이 질문에 답할 수 있기 위해서 연구자는 기존의 실증적이고 이론적인 문헌을 바탕으로 논거를 세울 수 있어야 한다. 좀 더 분명히 말하자면, 이것은 보고를 하는 사람에게뿐만 아니라 연구의 기본적인 개념을 확립하는 데에도 중요한 일이다. 독자들에게 이 논거를 명확하고 명쾌하게 기술하는 것이 중요하다. 연구에 대한 맥락이 없이는 독자들은 연구에 대해 전문적으로 알 수 없다. 이러한 부분에 기초해서 연구자는 어느 부분에 초점을 두고 결과를 논의해야 할 것인지에 대한 토대를 마련하게 되며, 향후 연구와 실무자들에게 조언을 해 줄 수 있게 된다.

편향된 문헌 고찰 문헌 고찰과 관련된 또 다른 문제는 기존의 실증적이고 이론적인 문헌들을 둘러싼 편견이다. 대부분은 아니지만, 사회과학의 많은 부분에서 겉보기에 모순적인 연구들이 있다. 불행한 예로 보고를 하는 사람들이 그들의 연구 결과를 지지하기 위해 자신이 바라는 논거들을 지지해 주는 연구 결과들만 검토해 보기도 한다. 한편으로는 저자의 모순적인 의견들을 찾아내기 위해 선행연구의 제한점을 과장하기도 하고 혹은 제한점을 최소화하기도 한다. 선행연구에 대해 객관적인 방법론적 한계점을 밝힘으로써 문헌 고찰에 대한 균형적이고 공정한 관점을 제공하는 것은 연구 보고자의 중요한 책임이다.

방법론적 부분에서의 일반적인 문제

연구방법 부분은 이 연구가 어떻게 진행되었는지에 대한 청사진을 제공하기 때문에 연구 보고서에서 필수적인 부분이다. 연구 보고서의 방법론적 부분에 대한 일반적인 문제는 방법론적 측면에서 불충분한 세부 사항들과 측정 도구의 타당도 및 신뢰도 정보를 누락하는 것이다.

연구방법에 대한 불충분한 세부 사항 기존 연구들에 대한 반복과 확장은 사회과학 분야의 주요 특징이다. 연구방법 부분을 기술하는 목적은 연구의 반복 및 재연을 가능하게 하는 충분한 정보들을 제공하는 것이다. 독자로 하여금 그 연구를 반복하기 위해 무엇이 필요한지 확실하게 알 수 있도록 해야 한다. 그 실험을 하고자 하는 다른 사람들에 의해서도 쉽게 재연될 수 있도록 참여자, 실험방법, 과정에 대한 충분한 세부 사항들이 제공되어야 한다. 지면상의 제한으로 실험 재연에 필요한 모든 정보를 포함하는 것이 불가능할 경우 이를 명료하게 제시하여야 한다.

측정 도구의 타당도와 신뢰도 정보 누락 연구 보고서에서 일반적인 실수는 측정 도구의 타당도와 신뢰도에 대해서 적절하게 정보를 제공하지 못하는 것이다. 이러한 실수는 한두 가지 형태로 나타난다. 첫 번째로 연구 보고자가 타당도와 신뢰도에 대해서 아무런 근거도 제시하지 못하는 경우가 있다. 두 번째 흔한 실수는 연구 보고자가 기존의 연구에서 제시된 타당도와 신뢰도만을 제시하는 것이다. 연구 도구는 표본에 적용된 후에야 타당도와 신뢰도를 갖게 된다. 이러한 이유 때문에 각각의 연구 표본에 대한 심리측정 정보들을 기록해야 한다. 그렇지 못할 경우, 연구 결과는 심리측정학적으로 신뢰할 수 없으며, 따라서 부적절한 정보를 바탕으로 한 쓸모없는 결론을 얻게 될 수도 있다.

결과 부분에서의 일반적인 문제

연구 보고서의 결과 부분은 연구 보고서의 심장이라 할 수 있다. 연구 결과 부분에서의 일반적인 문제에는 통계적 유의성 대 임상적 유의성, 그리고 결과 부분에서의 논의 제공과 관련이 있다.

통계적 유의성 대 임상적 유의성 역사적으로 연구자들은 유의 수준으로 보통 .05를 확립하였고, 이에 따라서 통계적 유의성 검증을 시행하였다. 이 접근법에 따른 한 가지 문제는 이러한 통계적 수치가 임상적인 유의성과는 다를 수 있다는 것이다. 예를 들어, 연구 결과 통계적 유의성 수치는 표본의 크기에 영향을 받게 되는데, 유의한 F값이나 단순적률상관값이 나오더라도 임상적으로는 의미 없을 수 있다. 이 장의 앞부분에서 언급한 가설적 연구를 예로 들면, 저자가 매우 큰 표본을 모을 수 있었고, 우울 수준 변화에서 정신적 연습이 차지하는 변량이 5% 정도였다는 것을 알 수 있었다고 하자. 충분히 큰 표본이 주어진다면, 이 정도 변화도 통계적으로 유의해질 수 있다. 하지만 임상 실제에서는 이 결과가 별로 유의미하지 않다. 그 이유는 우울감 변화에 미치는 심리적 연습의 영향이 미미하다고 여겨지기 때문이다. 따라서 연구자들은 유의성 검증에 대한 대안책으로 효과 크기를 기록해야 한다. 이러한 효과 크기에 대한 내용은 이장의 범위를 넘는 것이므로, 효과 크기에 대한 추가적인 정보는 Thompson(2006a, 2006b)을 참고하기 바란다.

결과 부분에서의 논의 제공 또 다른 일반적인 문제는 연구 결과에 대한 해석과 의미를 설명하는 논의 내용을 결과 부분에서 제공하는 것이다. 연구 결과 부분과 논의 부분을 뒤섞는 형태는 APA의 기준에 부합하지 않는다. 단, 저자 지침 부분에서는 편집자의 선호에 따라 예외적으로 결과 및 논의 부분을 하나로 제시하기도 한다. 하지만 일반적으로 연구 결과에 대한 모든 해석과 의미의 분석은 결과 부분보다는 논의 부분에 포함시키는 것이 바람직하다.

논의 부분에서의 일반적인 문제

많은 문제가 연구 보고서의 논의 부분에 존재한다. 이 부분에서의 문제에는 연구의 제한점에 대한 미비한 기술, 연구 범위 외의 내용 기술 문제, 임상가들을 위한 시사점 및 향후 연구 제언 미비가 포함된다.

연구의 제한점에 대한 미비한 기술 앞서 언급했듯이 연구 보고자는 연구의 방법론적 제한점에 대하여 명확한 태도를 취해야 하고 솔직해져야 한다. 연구의 제한점에 대한 논의는 연구 결과에 대한 맥락을 제공해 주는 것뿐만 아니라 향후 연구 방향의 정보를 제공하는 것이기도 하다. 연구 제한점에 대한 논의는 연구의 내적 또는 외적 타당도에 영향을 준다는 점에서 특히 중요하다. 예를 들어, 표본에 18세에서 25세 백인 남성만 포함이 되었다면, 연구자는 해당 표집을 넘어서까지 연구 결과가 일반화될 수는 없다는 점을 명시해야 한다. 연구의 제한점이 미비하게 기술될 경우 전문성이 손상된다. 이후 연구자들은 이 연구에 대한 잠재적인 제한점들을 모두 인식하지 못하게 되며, 따라서 임상가들은 결점이 있는 연구 결과를 바탕으로 임상적인 결정을 내리게 된다. 연구의 제한점에 대해서 미비하게 논의하는 경우, ① 연구의 비현실적인 완벽성, ② 제한점 기술 미비에 대한 연구자의 의도성, ③ 연구 제한점 기술 중요성에 대한 부주의 등을 모두 독자들이 판단하도록 떠넘기게 된다. 솔직하게 제한점에 대해 논의하지 못할 경우, 독자에게는 상당한 문제로 보일 수 있다. 반면, 너무 솔직해지려는 생각에 일부 연구자는 방법론적인 제한점을 과장하기도 하며, 그 결과 의미 있는 연구 내용 및 해석이 주의를 끌지 못하고 간과되는 경우도 있다.

연구 범위 외의 내용 기술 문제 연구자가 연구의 결과에 대한 해석과 연구와 임상 실제에 대한 조언을 제공할 것이지만, 이러한 결과들은 현재 연구의 결과와 기존 연구의 결과의 범위 내에서 구성되어야 한다. 때때로 연구자들은 연구 범위를 넘어선 내용이나 기존의 사례와 부합되지 않는, 문제가 있는 해석이나 조언을 내놓는 실수를 하게 된다. 이것은 보통 연구자들의 편향 때문에 발생하게 되며, 연구 보고의 엄격한 규칙에 따를 경우, 게재를 불가능하게 하는 아주 치명적인 약점이 될 수도 있다.

임상가들을 위한 시사점 및 연구 제언 미비 연구 범위 외의 내용 기술 문제는 연구자가 실무자들을 위한 시사점 및 향후 연구 제언을 할 때에도 문제를 일으킬 수 있다. 연구자는 논의 부분을 쓸 때, 문헌을 검토하고, 기존의 지식을 활용하여 연구를 개념화하며, 연구를 완성하기 위한 구체적인 방법론들을 발전시키고, 사례를 모으고 분석하고 결과 부분을 써 내려간다. 이러한 노력의 결과로, 보고서 작성자는 상담 실무자를 위한 시사점과 후속 연구에 대한 제안을 할 수 있는 고유한 위치에 연구자를 위치시키는 내용 영역에 대한 지식과 전문성을 개발했다. 만약 연구의 결과가 연구의 '무엇(what)'이라면, 연구의 제언을 하는 임상가들은 연구의 '그래서 무엇을(so what)'과 함께 '그럼 이제는(now what)'을 고려하는 것이다. '그래서 무엇을(so what)'의 예를 들면 다음과 같다.

> 정서적 표현, 마음챙김 그리고 정신적인 연습은 우울증 수준 변화를 유의하게 예측하는 것으로 나타났기 때문에 상담사(임상가)는 우울증 내담자의 이러한 속성을 평가하는 것이 필요하다. 특히 정서적 위축이 우울감의 변량 대부분을 설명하기 때문에 내담자의 경험 수용과 정서 표현 능력에 대한 평가는 매우 중요해 보인다.

이와 관련하여 '그럼 이제는(now what)'은 다음과 같을 수 있다.

본 연구에서 정서 표현, 마음챙김 그리고 정신적인 연습은 우울증 수준 변화를 유의하게 예측하는 것으로 나타났다. 본 연구는 우울증에 대한 상관연구이다. 향후 내담자의 정서 표현과 마음챙김을 촉진하고 정신적 삶을 개발하는 프로그램이 우울증 수준을 변화시키는지 밝히는 연구가 필요하다.

이러한 시사점과 제언은 현재 및 선행 연구로부터 얻어진 지식과 명료하게 연결되어야 한다. 시사점과 제언이 미비한 경우 연구 보고서의 영향을 제한하게 된다.

원고 심사 과정

이 절의 목적은 원고 심사 과정에 대해 기술하는 것이다. 앞에서 언급했듯이 여러 종류의 연구 보고서가 있기 때문에 어떻게 그것들을 심사할 것인지에 대해서도 상당한 차이가 있으며, 따라서 연구자는 각 연구 과정의 독특한 표현법에 익숙해져야 한다. 비록 차이가 분명히 존재하지만, 원고 심사는 전형적으로 좀 더 규격화되어 있다. 이 절에서는 이러한 부분에 초점을 맞춰서 설명하겠다.

원고가 완성되면 학술지 편집자에게 제출되는데, 전형적으로 그 분야의 상위 학자가 맡게 된다. 최근에는 온라인상으로 원고 제출이 이루어지는 학술지들이 증가하고 있는데, 그 이유는 시간과 가격 측면에서의 효율성 때문이다. 연구자는 적절한 원고 제출 형식을 알아야 한다. 연구자에게 우선 필요한 것은 언제 원고가 제출되었는지 기록해 두는 것이지만, 원고가 심사자들의 평가를 거치기까지 대략 3개월 정도가 소요된다는 것을 염두에 두어야 한다. 때때로 심사가 이것보다 짧아질 수도 있지만, 결과를 통보받기까지는 대개 3개월가량이 소요되며, 편집자에 따라서 더 오래 걸릴 수도 있다. 저자는 편집자와 빈번하게 접촉하지 않는 것이 좋지만, 3개월 정도가 지나면 원고의 상황에 대해서 물어보는 것도 무방하다.

전형적으로 원고가 접수되면, 편집자는 원고를 어떤 심사자들에게 할당할지 결정하게 된다. 학술지 성격에 맞지 않거나 원고의 질이 현저히 낮은 경우 보통 편집자가 원고 심사 의뢰를 하지 않기로 결정하고 이것을 연구자에게 통보하는 경우도 있다. 동시에 미비한 보고 내용이나 설계가 잘못된 연구가 종종 심사위원의 검토에 포함되기도 한다. 이때 검토의 목적은 보고서에 대한 발전적인 피드백을 제공함으로써 연구자의 발전을 돕기 위해서이다. 말하자면, 연구자에게 연구의 과학적인 이점에 대해서, 또는 쓰인 연구 보고서의 질에 관해서 이후 연구와 관련한 제언과 피드백을 제공하는 것은 심사위원들의 책임이다(Kaplan, 2005).

제출된 원고들은 2~4명의 통상 편집위원 내 심사자들에게 맡겨진다. 대부분의 학술지에서 심사 과정은 비밀리에 이루어지며, 심사자는 연구자의 신분을 알 수 없도록 되어 있으며, 연구자 또한 마찬가지이다. 하지만 다른 학술지에서는 심사자와 연구자의 이름을 공개하고 좀 더 투명한 심사 과정을 밟기도 한다. 심사자는 연구 보고서를 읽고 심사하며, 편집자에게 연구의 이점과 쓰인 보고서의 질에 대한 피드백을 포함하여 세세한 심사 내용을 제출한다. 심사의 공정성, 객관성, 연구 발전과 개선을 돕기 위한 기술 형태 등의 심사 지침이 있다. 하지만 가끔 심사자의 가치관이나 편견 혹은 불필요할 정도로 신랄하거나 비판적인 편집자 태도가 심사 의견에 반영되는 경우도 있다. 비록 감내하기 어렵다 하더라도, 심사자의 부정적인 어투를 사적으로 기분 나쁘게 받아들이지 않는 것이 좋다.

편집자는 심사 의견에 따르며, 많은 경우 직접 심사를 하기도 한다. 이에 따라 편집자는 원고에 대한 판단을 담고 있으며 수정을 요청하는 내용의 의견서를 작성한다. 대부분의 일반적인 결정은 '게재가, 수정 후 게재가, 수정 후 재심, 또는 게재불가'이다. 만약 수정을 요구받을 경우, 다시 수정 원고 제출 기한이 정해진다. 원고가 게재불가 판정을 받은 경우, 윤리적으로는 한 번에 한 학술지에서 심사가 이루어져야 하지만 다른 학술지에 다시 제출되는 경우가 많다. 같은 학술지에 다시 제출할지, 다른 학술지에 제출할지를 결정할 때, 연구자는 편집자와 심사자의 의견을 신중히 고려하게 되며, 원고를 다시 제출하기로 결정한 경우에는 신중하게 원고를 수정·제출해야 한다. 하지만 그렇다고 해서 의견서 사항대로 모든 내용을 수정해야 한다는 뜻은 아니다. 같은 학술지에 수정된 원고를 제출할 때, 연구자는 편집자에게 수정 사항에 대한 자세한 내용과 편집자의 수정 권고를 따르지 않은 것에 대한 합리적 이유를 근거와 함께 제시해야 한다.

대다수의 연구 보고서는 많은 수정과 심사 과정을 거치며, 수개월에서 1년 이상 소요되기도 한다. 연구와 심사 과정에 소요되는 시간 외에도 경우에 따라서는 연구 보고서 출판 지연으로 1년 이상이 소요되기도 한다. 이러한 문제는 연구 사례가 시간에 민감한 자료일 경우 잠재적인 문제를 야기할 수 있다. 그렇지 않은 경우에는 연구의 질적 관리나 연구 보고서의 개선을 위해서 반드시 철저한 심사 과정이 필요하다.

요약

이 장의 목적은 연구 결과 보고서를 더 개선시키기 위한 지식 및 정보들을 얻도록 도와주는 것이다. 이 장에서 가장 중요한 것은 연구 보고서 작성이 일종의 기술로서, 다른 기술들처럼 경험과 연습, 피드백 그리고 다시 또 많은 연습을 통해서 형성될 수 있다는 점이다. 연구 경험이 많고 논문 작성에 익숙한 연구자들조차도 심사 과정에서 많은 도전과 시련을 경험하게 되며, 결국 파일함에 미게재 논문을 쌓아 놓게 되기도 한다.

하지만 이러한 기술들을 익혀 나가는 것은 매우 귀중한 과정이다. 잘 쓰인 논문을 갖고 연구의 질에 대한 의견을 교환함으로써 상담 전문가는 상담과 상담자 교육에서 오랜 전통을 지닌 임상가-과학자 접근을 따르는 여정을 지속해 나갈 수 있을 것이다.

• 생각해 볼 문제 •

1. 어떻게 학자들은 그들의 연구를 다른 사람과 공유할까?
2. 학술지 출판을 고려할 때, 연구 프로젝트는 어떤 단계를 거치게 되는가?
3. 연구 보고서의 주요 부분들에는 무엇이 있으며 어떤 하위 목록이 각각의 부분에 포함될 수 있는가?
4. 당신이 개인적으로 연구 보고서를 써 나갈 때 주의를 기울여야 할 어려움에는 어떤 것이 있는가?
5. 글쓰기 측면에서 일반 연구 보고서와 석사 졸업 논문은 어떻게 다른가?

상담 연구 관련 자료

American Counseling Association 웹 사이트

http: www.counselling.org

Association for Assessment and Research in Counseling

www.aarc-counseling.org/

부록 A

2014년 미국상담협회 윤리강령 서문 및 연구 부분

ACA 윤리강령 서문

미국상담협회(ACA)는 다양한 환경에서 일하고 여러 역할을 수행하는 회원들로 구성된 교육적이고 과학적인 전문 조직이다. 상담은 다양한 개인, 가족 및 집단이 정신 건강, 웰빙, 교육 및 진로 목표를 달성할 수 있도록 힘을 북돋는 전문적 관계이다. 직업적 가치는 윤리적 약속을 실천하는 중요한 삶의 방식이다.

다음은 상담 직업의 핵심적인 전문적 가치이다.

① 전 생애적인 인간 발달 강화
② 다양성을 존중하고 사회적·문화적 맥락에서 사람들의 가치, 존엄성, 잠재력 및 독창성을 지원하는 다문화 접근 방식 수용
③ 사회 정의 증진
④ 상담사–내담자 관계 보호
⑤ 유능하고 윤리적인 방식으로 실무 진행

이러한 전문적 가치는 다음에 열거된 윤리 원칙의 개념적 기반을 제공한다. 이들 원칙은 윤리적 행동과 의사결정의 기초가 된다. 직업 윤리적 행동의 기본 원칙은 다음과 같다.

- 자율성 또는 자신의 삶의 방향을 스스로 통제할 권리 육성
- 무해성, 또는 해를 끼치는 행동 금지
- 자혜성, 또는 정신 건강과 복지를 증진함으로써 개인과 사회의 이익을 위해 일하는 것
- 공정성, 또는 개인을 공평하게 대우하고 공정과 평등 장려
- 충실성, 또는 전문적인 관계에서 신뢰에 대한 책임을 다하는 것을 포함한 책무 달성과 약속 이행
- 정직성, 또는 상담사가 전문적으로 접촉하는 개인을 진실하게 다루거나 진실하게 대하는 것.

G 섹션

연구와 출판

소개

연구를 수행하는 상담사는 전문직의 지식 기반에 기여하며, 건강하고 보다 정의로운 사회를 실현하기 위한 조건에 대한 명확한 이해를 촉진할 것으로 기대된다. 상담사는 가능한 한 충분히 그리고 능동적으로 참여함으로써 연구자들의 노력을 지원한다. 상담사는 연구 프로그램을 설계하고 실시하는 데 있어서 편향을 최소화하고 다양성을 존중한다.

G.1. 연구 책임

G.1.a. 연구 수행. 상담사는 관련 윤리 원칙, 연방 및 주 법률, 소속 기관 규정 및 연구에 적용되는 과학 표준과 일치하는 방식으로 연구를 계획, 설계, 수행 및 보고한다.

G.1.b. 연구의 기밀 유지. 상담사는 연구 기밀 유지에 관한 주, 연방, 기관 또는 기관 정책 또는 해당 지침을 이해하고 준수할 책임이 있다.

G.1.c. 독립 연구자. 상담사가 독립적으로 연구를 수행하여 기관 검토위원회(institutional review board)에 접근할 수 없는 경우, 그들은 연구 계획, 설계, 수행 및 보고에 관해서 동일한 윤리 원칙과 연방 및 주 법률을 따라야 한다.

G.1.d. 표준 실무 이탈. 연구 목적으로 표준 또는 수용 가능한 통상적 상담에서 벗어나는 것이 필요할 경우, 연구 참여자의 권리를 보호하기 위해 자문을 구하고 엄격한 보호 조치를 준수한다.

G.1.e. 부상 방지를 위한 예방 조치. 연구를 수행하는 상담사는 연구 과정 전반에 걸쳐 참여자 복지에 대한 책임을 지게 되며 참여자에게 정서적 · 신체적 또는 사회적 피해를 주지 않도록 합당한 예방 조치를 취해야 한다.

G.1.f. 연구 책임자의 책무. 윤리적인 연구 수행의 최종 책무는 연구 책임자에게 있다. 연구 활동과 관련된 다른 모든 사람은 자신의 행동에 대한 윤리적 의무와 책임을 서로 공유하게 된다.

G.2. 연구 참여자의 권리

G.2.a. 연구에 대한 사전 동의 개인은 연구 참여자로서의 요청을 거부할 권리가 있다. 동의를 구할 때 상담사는 ① 목적과 절차를 정확하게 설명하고, ② 실험적이거나 상대적으로 시도되지 않은 절차를 알려 주며, ③ 연구 참여로 발생하는 불편감, 위험 그리고 연구자와 참여자 간의 힘의 불균형을 기술하고, ④ 합리적으로 예상될 수 있는 개인 또는 조직의 혜택 또는 변화를 설명하며, ⑤ 참여자에게 유리할 적절한 대안 절차를 공개하고, ⑥ 절차에 관한 어떤 문의에도 답변을 제공하며, ⑦ 비밀보장의 한계를 설명하고, ⑧ 연구 결과의 발표 형식과 잠재적인 독자를 설명하며, ⑨ 참여자들에게 자신의 참여 동의를 불이익 없이 자유롭게 철회하여 프로젝트 참여를 중단할 수 있음을 안내한다.

G.2.b. 학생/수련생 참여 연구에 학생 또는 수련생을 참여시키는 연구자는 연구 활동 참여에 관한 결정이 학업적 지위나 수련감독 관계에 영향을 미치지 않는다는 점을 분명히 한다. 연구에 참여하지 않기로 선택한 학생 또는 수련생에게는 학업 또는 임상 요건을 충족할 수 있는 적절한 대안이 제공된다.

G.2.c. 내담자 참여 내담자와 관련된 연구를 수행하는 상담사는 내담자가 연구 활동에 참여할지 여부를 자유롭게 선택할 수 있음을 사전 동의 과정에서 명확히 한다. 상담사는 참여를 거부하거나 철회할 때 발생하는 불이익으로부터 고객을 보호하기 위해 필요한 예방 조치를 취한다.

G.2.e. 사전 동의를 할 수 없는 사람 연구 참여자가 사전 동의를 할 수 없는 경우 상담사는 대신 법적 권한이 부연된 사람에게 적절한 설명을 제공하고 참여에 대한 동의를 구함으로써 적절한 승인을 얻는다.

G.2.f. 참여자에 대한 책무 상담사는 연구 참여자에 대한 모든 책무를 이해하기 위해 합리적인 조치를 취한다.

G.2.g. 자료 수집 후 설명 자료가 수집된 후 상담사는 참여자가 연구에 대해 가질 수 있는 오해를 제거하기 위해 연구의 성격에 대한 완전한 설명을 참여자에게 제공한다. 과학적 또는 인간적 가치가 정보 지연 또는 보류를 정당화하는 경우 상담사는 참여자에게 해를 입히지 않도록 합리적인 조치를 취한다.

G.2.h. 후원자에게 알리기 상담사는 후원자, 기관 및 출판소에 연구 절차 및 결과에 대해 알린다. 상담사는 적절한 기관과 관련자에게 관련 정보 및 감사의 뜻을 전한다.

G.2.i. 연구 기록 관리자 적절한 경우 연구자는 무능력, 퇴직 또는 사망 시를 대비한 연구 자료 이첩 계획을 준비하여 확인된 동료 또는 기록 관리자에게 배포한다.

G.3. 경계 관리 및 유지

G.3.a. 연구자-참여자 경계 확장 연구자들은 기존의 틀을 넘어 현 연구 관계를 확장할 경우 그 위험과 이점을 고려한다. 연구자와 연구 참여자 간의 비전문적 상호작용이 잠재적으로 이익이 될 수도 있을 때, 연구자는 그런 상호작용을 시작하기 전에 상호작용을 해야 하는 합당한 근거, 잠재적인 이익 그리고 기대되는 결과에 대해 문서로 작성해야 한다. 그러한 상호작용을 시작할 때에는 연구 참여자의 적절한 동의가 있어야 한다. 비전문적 상호작용으로 인해

연구 참여자에게 의도하지 않은 해를 입히게 되면, 연구자는 그러한 해를 제거하기 위해 노력하였다는 증거를 보여 주어야 한다.

G.3.b. **연구 참여자와의 관계** 상담사와 참여자 간의 성적 또는 연애 관계는 금지된다. 이 금지는 대면 및 온라인상의 상호작용 또는 관계 모두에 적용된다.

G.3.c. **성희롱 및 연구 참여자** 연구자들은 연구 참여자를 성희롱의 대상으로 삼거나 방조해서는 안 된다.

G.4. 결과 보고

G.4.a. **정확한 결과** 상담사는 연구를 정확하게 계획하고 수행하고 보고한다. 상담사는 연구 자료의 한계와 대안적인 가설에 대해 충분한 논의를 제공한다. 상담사는 오해의 소지가 있거나 속임수가 포함되어 있는 연구, 자료 왜곡, 허위 자료, 결과의 고의적인 편향에 관여하지 않는다. 연구자가 알게 된, 연구 결과나 자료 해석에 영향을 미칠 수 있는 모든 변인과 조건을 분명하게 언급한다. 결과가 어느 정도 다양한 집단에 적용 가능할지에 대한 범위를 기술한다.

G.4.b. **불리한 결과 보고 의무** 상담사는 전문적으로 가치가 있다고 판단되는 연구 결과는 무엇이든지 보고한다. 기관, 프로그램, 서비스, 유력한 의견, 기득권에 불리한 영향을 줄 수 있는 연구 결과도 철회하지 않는다.

G.4.c. **오류 보고** 상담사가 출판된 연구에서 중대한 오류를 발견하면 정오표나 다른 적절한 출판 수단을 통해 그 오류를 수정하는 합당한 조치를 취한다.

G.4.d. **참여자의 신원** 자료를 제공하거나, 다른 사람의 연구를 돕거나, 연구 결과를 보고하거나, 원자료를 제공하는 상담사는 참여자로부터 달리 특정한 권한을 부여받지 못한 경우 각 참여자의 신원을 위장하기 위해 합당한 조치를 취한다. 참여자가 연구에 참여하였다는 것을 스스로 드러내는 경우, 연구자는 모든 참여자의 신분과 복지를 보호하기 위해 자료를 각색·변형하고 연구 결과에 대한 논의가 참여자에게 해를 끼치지 않도록 적극적인 조치를 취한다.

G.4.e. **반복연구** 상담사는 연구를 반복하거나 확장하고자 하는 자격을 갖춘 전문가에게 충분한 원본 연구 정보를 제공할 의무가 있다.

G.5. 출판과 발표

G.5.a. **사례 사용** 발표 또는 출판물에서 사례 소개를 목적으로 참여자, 내담자, 학생 또는 수련생의 정보를 사용하는 것은 ① 참여자, 내담자, 학생 또는 수련생이 자료를 검토하고 발표 또는 출판에 동의했거나, ② 참여자 신원을 보호하기 위해 정보를 충분히 수정한 경우에만 허락된다.

G.5.b. **표절** 상담사는 표절하지 않는다. 즉, 다른 사람의 저작을 자신의 것처럼 나타내지 않는다.

G.5.c. **선행 연구 작업에 대한 인정(감사)** 출판 및 발표에서 상담사는 해당 주제에 대한 자신 또는 다른 연구자의 선행 연구 작업에 대한 공로를 인정하고 감사를 표한다.

G.5.d. **기여자** 상담사는 공저자, 감사의 글, 각주 또는 다른 적절한 방법을 통해 연구나 개념 발전에 상당한 기여를 한 사람들에게 그런 기여에 합당하게 공로를 인정한다. 주 공로자가 제1저자로 기재되고, 비교적 중요하지 않은 기술적 또는 전문적 측면에서 기여를 한 사람에게는 주석이나 서문에 감사의 표시를 한다.

G.5.e. **기여자 동의** 동료나 학생, 수련감독자와 공동 연구를 수행하는 상담사는 미리 역할 분배, 출판 공로, 받게 될 인정의 종류에 대해 합의한다.

G.5.f. **학생 연구** 학생의 연구 보고서, 프로젝트, 학위 논문에 실질적으로 기반한 모든 매체의 원고 또는 전문적인 발표는 학생의 허가가 있어야만 사용되며 학생을 주 저자로 표기한다.

G.5.g. **중복 제출** 한 번에 한 학술지에만 원고를 투고하여 심사를 받는다. 다른 학술지나 출판물에 전체 또는 상당 부분이 게재된 원고는 이전 학술지나 출판물의 인정이나 허락을 받지 않는 한 출판을 위해 제출하지 않는다.

G.5.h. 전문적인 심사 출판, 연구, 또는 기타 학문적 목적으로 제출된 자료를 심사하는 상담사는 제출한 사람들에 대한 비밀 유지 및 소유권을 존중한다. 상담사는 타당하고 방어할 수 있는 기준에 근거해 출판 결정을 내리도록 주의를 기울인다. 상담사는 제출한 논문을 적절한 방식으로, 그리고 연구방법론 면에서 자신의 능력 범위에 근거해 심사한다. 편집장이나 출판사로부터 심사 의뢰를 받은 상담사는 자신의 능력 범위 내에 있는 자료를 심사하고 개인적인 편향을 피하도록 주의를 기울인다.

부록 B

연구 논문 샘플

Running head: Assessing Racial Identity in Juvenile Offenders

Assessing Racial Identity in Juvenile Offenders: Development of the BARIS

Carl J. Sheperis
Department of Counseling & Educational Psychology
Mississippi State University

M. Harry Daniels
Department of Counselor Education
University of Florida

Abstract

This study investigated the factorial structure of the Black Adolescent Racial Identity Scale (BARIS). The scale was administered to 327 black adolescent male offenders and nonoffenders

Assessing Racial Identity in Juvenile Offenders: Development of the BARIS Racial identity development is a complex construct relating to how and when individuals come to understand themselves as racial/ethnic beings. Information derived from measures of it can be useful in all aspects of the counseling processes, from supervision to identifying salient issues in treatment. However, there have been inherent problems with the psychometric properties of existing instruments (Helms, 1989; Ponterotto, 1989). Additionally, the focus of current instruments has been on adult populations (Carter, 1991, 1995; Harris, 1995; Helms, 1989; Parham, 1989; Parham & Helms, 1985b; Ponterotto, 1989).

Although identity development is a process that occurs across the life span, it is particularly important during adolescence. According to Spencer (as cited in Harris, 1992), children begin to develop an awareness of self and others in the first 2 years of life. By the time a child reaches the age of 5, there is an understanding of ethnoracial groups, although there may not be understanding of the permanence of belonging to these groups. By the time children reach adolescence, they are attempting to develop a sense of individuality while resisting pressures to belong to a group and to conform to expectations set forth by parents, peers, teachers, their ethnoracial group, and others. Thus, although an adolescent's personality traits contribute to the manner in which his or her identity is formed, there are other factors that contribute as well; self-esteem, social context, race, ethnicity, and gender all play roles in identity formation.

Characteristics of Juvenile Offenders According to the 1998 Uniform Crime Report, black youth are overrepresented within the juvenile offender population (Federal Bureau of Investigation, 1999). In fact, black youth accounted for 26% of all juvenile arrests even though they only make up 15% of the juvenile population. Self-report studies regarding delinquency, such as the National Youth Survey, have documented a history of disproportional delinquent activities by black youth (Elliot, 1994; Hawkins, Laub, Lauritsen, & Cothern, 2000; Huizinga, Loeber, & Thornberry, 1994; Snyder & Sickmund, 1999). While delinquency involvement by race has been mostly consistent over the past 30 years (LaFree, 1995), violent crime rates increased substantially for black youth in the late 1980s and early 1990s (Snyder & Sickmund, 1999). Therefore, it makes good sense to address the issues that black youth face first. The focus should be not only on the individuals as juvenile offenders, but also as males in a race where 1 in 4 spends time in jail and where 1 in 21 males will be murdered in their lifetime (Miller, 1994). It also makes sense to consider the history of oppression that has faced this population and the effects that this history can have on identity development (Vontress, 1996).

Many factors have been identified that contribute to juvenile delinquency. For example, frequently adolescents in the juvenile justice system have come from seriously dysfunctional family backgrounds (Loeber et al., 1993; Pope & Feyerherm, 1995; Scholte, 1992; Snyder, 1997; Tolan, Guerra, & Kendall, 1995). Evidence of addiction and alcoholism also is prevalent in the families of juvenile offenders. Concomitantly, families involved in the juvenile system are overwhelmingly in the poverty-level category (Hawkins, 1999; Reiss & Roth, 1993). Although researchers have identified several factors that contribute to delinquency, the increasing juvenile crime and recidivism rates across the United States suggest that an important consideration may be being overlooked. It is possible that a pragmatic transition from identifying factors to utilizing them in prevention and treatment has not occurred. For example, while salient factors contributing to delinquency include drug and alcohol abuse, uncontrolled aggression, family and mental health problems, and poverty, which are typically addressed in counseling programs utilized by juvenile offender treatment facilities, juvenile offender recidivism continues to increase. In fact, according to

Snyder (1998), the recidivism rate for juvenile offenders is 90% within a 12-month period.

Recently, some researchers have begun to speculate that factors associated with race may be a missing consideration (Juvenile Justice Accountability Board, 1999; Pope & Feyerherm, 1995; Snyder, 1997). At present, the population of incarcerated juvenile offenders in the United States is 56% black/African American (Pope & Feyerherm, 1995; Snyder, 1997). The percentage of (all) minority juvenile offenders is an alarming overrepresentation (Pope & Feyerherm, 1995; Snyder, 1997). This rate becomes even more frightfully disproportional as youths progress through the various levels of restrictiveness within the juvenile justice system (Juvenile Justice Accountability Board, 1999; Snyder, 1997). However, there is no adequate research base to explain the overrepresentation of minorities (Hawkins, 1993, 1999).

Understanding the true impact of racial identity on juvenile offenders and their respective rehabilitation efforts requires the use of a valid and reliable assessment instrument. Several instruments have been developed to test racial identity development in general populations (e.g., Carter, 1991, 1995, 1996; Helms, 1990; Ibrahim, Ohnishi, & Sing Sandhu, 1997; Mays, 1986; Parham, 1989; Parham & Helms, 1985a, 1985b; Plummer, 1995; Ponterotto, 1989; Poston, 1990; Richardson & Helms, 1994; White, Oliviera, Strube, & Meertens, 1995). However, most of these instruments have not been designed to address racial identity development in adolescents (i.e., they are intended for use with adult populations). Furthermore, the instruments specifically have not been tested on the juvenile offender population (Bierman et al., 1992; Coie & Jacobs, 1993; DiLalla, Mitchell, Arthur, & Pagliocca, 1988; Hooper & Evans, 1984). Assessment of racial identity development among black adolescent male (BAM) juvenile offenders necessitates the availability of an instrument specifically appropriate to them. Thus, the purpose of this study was to develop a valid and reliable instrument to assess racial identity development among BAM juvenile offenders. The Black Adolescent Racial Identity Scale (BARIS) was developed to assess the racial identity statuses of BAM juvenile offenders.

The development of a scale to measure racial identity in the BAM juvenile offender population not only provides an opportunity to control for some of the methodological problems inherent in other studies, but also helps identify notable issues for the counseling process. The development of a specific scale for BAM juvenile offenders provides useful information in the areas of counselor training, juvenile justice program development, counseling research, and counseling practice. The development of this instrument ultimately benefits the juvenile offenders who participate in culturally specific therapy and rehabilitation programs resulting from the identification of culturally relevant issues.

Review of the Literature

Over the last 30 years, many models of racial-identity development have emerged. However, few of these models have undergone validation studies (Carter, 1991; Cross, Parham, & Helms, 1991; Helms, 1993; Helms & Carter, 1990; Parham, 1989; Ponterotto, 1989; Vontress, 1996). In 1971, Thomas began to investigate the development of racial identity among black/Afro-Americans (as cited in Carter, 1995). In his original model of Negromachy, he hypothesized that Afro-Americans, a term consistent with that time in American history, had developed a need to seek approval from whites in all activities. In turn, this need created a means by which Afro-Americans could measure their level of success or failure as human beings. Because of this external source of personal validation, the person's belief system led to repressed rage, compliance, subservience, and a high sensitivity to racial issues(Carter, 1995).

Cross (1977), whose model of racial identity development is cited most often in the counseling literature, developed a five-stage developmental process that consists of (a) Pre-encounter, (b) Encounter, (c) Immersion-Emersion, (d) Internalization, and (e) Internalization-Commitment. This model, termed Nigrescence, was designed to explain the process by which African Americans came to value their blackness and their culture.

According to Helms (1994b), racial identity development is a process experienced by all individuals regardless of race, culture, gender, or social status. Much like the Cross and Thomas models, Helms identified levels of racial identity that develop in statuses. Helms (1994a) defined statuses as "the dynamic cognitive, emotional, and behavioral processes that govern a person's interpretation of racial information in her or his interpersonal environments" (p. 184). According to Helms, racial identity instruments identify schemata that are behavioral manifestations of the statuses. Rather than having to complete lower levels of development (much like Erikson's model of psychosocial development), Helms postulated that individuals might demonstrate behaviors and attitudes of several statuses at the same time but that the individuals will have a dominant status. Helms's model includes five statuses: Conformity (Preencounter), Dissonance, Immersion/Emersion, Internalization, and Integrative Awarenes.

In addition to the importance of identifying models of racial identity development in this study, it is also important to define accurately the social forces that impact an individual's development. These social forces have a direct impact on an individual's racial identity development(Helms, 1994b). Historical hostility is a theme suggested by Vontress and based on the theory of the collective unconscious espoused by Jung (Vontress & Epp, 1997). According to the theory of collective unconscious, human beings are affected by their personal histories as well as the history of the human race (Berger, 1988; Carver & Scheier, 1992; Liebert & Spiegler, 1990; Stone & Church, 1984). Archetypes, or the psychological traces of previous generations, have a direct impact on a human being's development from birth to death. Within this framework, it is plausible that individuals are impacted by potent experiences such as racism and oppression that may have occurred in past. Vontress (1997) claims that historical hostility differs from common day-to-day anger, hostility, rage, and other episodic negative events. Much like an archetype, historical hostility remains part of the collective "cultural" unconscious, and the message is automatically passed from generation to generation. This message lies dormant within each individual until it is made conscious by a powerful emotional experience. If Vontress were correct, then accurate identification of issues related to historical hostility would be very important in the treatment of juvenile offenders.

Racial identity theory may be refined through the development of this instrument. Considering the long history of psychology as a discipline, racial identity research is relatively infantile(although new information is being gathered daily). If theory development is to continue to progress, then there must be valid and psychometrically sound measures of important constructs.

Initial Development of the Black Adolescent Racial Identity Scale Development of the BARIS was based on sound theoretical and psychometric theory. The first step nwas to identify the areas to be assessed. In their review of the racial identity development literature, Resnicow and Ross-Gaddy (1997) identified three themes for racial ethnic identification (REI), including (a) beliefs about being black; (b) attitudes toward whites; and (c) recognition and perceptions of racism on the social, institutional, and individual levels. These themes were used as a conceptual framework for creation of an item pool for the BARIS.

Items in the BARIS question pool were generated through review of existing instruments and a review of the related literature. All were based on the dynamics of racial identity development espoused in the Cross (1991) five-status model of Nigrescence. The stages of Nigrescence were put into measurable form by Helms and Parham (1993). Many other racial identity development researchers followed Helms and Parham's lead and developed other instruments based on this five-status model. However, racial identity development researchers have yet to present an instrument having widely accepted psychometric credibility. Researchers investigating the validity of current instruments have not found support for a five-factor model, but rather have found a consistent set of three factors in racial identity development research: Assimilation, Self-Segregation, and Universal Acceptance.

Assimilation is characterized by adaptation of white lifestyles and development of a belief system that values the "white" culture while denigrating elements of the Afrocentric culture. This status includes behaviors such as listening to "white" music, attending predominantly "white" social functions, and a desire to have more Caucasian-like physical features.

Self-Segregation is characterized by a change from assimilation into the dominant (white) culture to immersion in Afrocentric belief systems. Individuals with dominance in this status of identity development have developed an awareness of black history, have come to value themselves as racial beings, and have developed a sense of distrust and anger toward the majority (white) culture.

Movement toward multicultural competence characterizes the third status, Universal

Acceptance. Individuals whose attitudes are dominant in this status are more likely to be openminded toward experiences with people from other cultures. These individuals also are more tolerant of differences and place greater value on people from all types of backgrounds. As individuals develop dominance in this status, they become more likely to have a multicultural circle of friends and ability to interact with individuals from all cultures and races.

The questions in the BARIS are related to these three factors. As is the case with other research into racial identity statuses, individuals may possess qualities in all three statuses while also demonstrating dominance in a particular status. By using items that addressed developmental issues in each of the three statuses, we reasoned that a clearer picture of the individual's racial identity attitudes could be determined and, subsequently, specific counseling interventions that take these issues into consideration could be devised.

Using these criteria, an item pool consisting of 70 items was generated by the first author. Each of the items was intended to uncover the components of an individual's inner self at the time of assessment. Change is an inevitable condition in the human process; thus, it is important to view the assessment of racial identity attitudes as an overall snapshot of a moment in an individual's life.

Although the model presented to depict racial identity development addresses only the processes within the inner and outer selves, it should be noted that environment factors play an important role in the development of racial identity development. For example, environmental factors such as school setting, family values, friendship circles, and the media can effect an individual's racial identity development.

Each of the 70 items in the BARIS item pool was developed with consideration of possible reading difficulties among the juvenile offender population. Therefore, a sixth-grade reading level was chosen as the maximum acceptable level to allow adequate comprehension of the items. Each item was reviewed by an independent, certified reading specialist and determined to be below the sixth-grade reading level; most of the items in the pool fell at or below the fourth-grade reading level.

A four-point Likert scale was selected as the most appropriate response format, including the following response choices: agree, sort of agree, sort of disagree, and disagree. Because racial identity development is based on statuses rather than stage-wise progression, BARIS responses were scored with regard to overall factor scores to indicate specific factor dominance. More simply stated, an individual's racial identity attitudes can be identified by the strength of his or her scores in each factor.

Three independent reviewers with expertise in the areas of multicultural and racial identity development (e.g., had publications related to the topic area, made professional presentations related to the topic area, or held membership in professional organizations related to the topic area) were recruited to evaluate the content validity, consistency, format, and clarity of the BARIS. One of the reviewers was a professor of counselor education who taught courses in multicultural counseling. The second reviewer was a school guidance counselor who had conducted workshops on multicultural and racial identity issues. The third reviewer was a doctoral student in a CACREPaccredited graduate program in counselor education who was conducting dissertation research on racial identity issues at the time of the review. All reviewers were Association for Multicultural Counseling and Development (AMCD) members.

Copies of the BARIS, the demographic form, the scoring sheet, and an explanation of the tri-status model were mailed to the reviewers, along with directions for completing the review. Reviewers were specifically asked to evaluate the BARIS and its related forms for adequate sampling of the issues related to each of the statuses within the tri-status model of racial identity development, clarity of presentation, redundancy, and content validity, and to provide detailed feedback on each of these areas.

In general, the reviewers determined that the BARIS adequately sampled the domain of issues related to racial identity development and that the structure of the instrument had adequate content validity. Eight of the items in the initial pool were determined by the reviewers to be redundant and thus were removed from the initial version of the BARIS. The reviewers did not suggest changes in regard to the clarity or format of the items.

Data Collection

Participants were recruited for the initial study from both rural and urban school districts in Mississippi. These school districts were selected on the basis of access and willingness to participate. Each of the school districts' populations was primarily black. The total population of black students in all three school districts was 3,500. In general, Mississippi public schools serve students from a lower economic base. Two of these school districts were located in the Mississippi delta area. This section of the country receives the most federal aid annually.

Several information-gathering meetings were held with each school district in an effort to increase participation. Descriptions of the research project and consent forms were sent home to every black male student between the ages of 12 and 18 who attended school in one of these districts at the time of the study. A total of 1,735 information packets and consent forms were distributed.

The return rate for consent forms for the initial project was 22% (n = 379). All students who turned in consent forms also assented to participating in the research project. However, 52 BARIS instruments were deemed unusable due to missing data points. Thus, the resulting sample for the initial study was 327 BAMs.

The population for this study consisted of 327 black, adolescent males (BAMs), from Mississippi ranging in age from 11 to 18, who were attending school or actively involved in a juvenile justice program. Participation in this study was voluntary.

According to Sudman (1976), at least 100 subjects from each major subgroup, as well as an additional 20 to 50 subjects for each minor subgroup, were needed for effective survey research. In this study there were two major subgroups (juvenile offenders and nonoffenders) and at least five minor subject groups. Thus, the resulting sample should have contained no less than 300 subjects. Another consideration in the decision about sample size was the type of statistical analyses to be performed on the data. In this case, a factor analysis with orthogonal, Varimax rotation was used to identify the initial factor structure of the BARIS. When conducting a factor analysis, the general guideline is to have a minimum of five participants per item (Crocker & Algina, 1986). In this case, the initial version of the BARIS contained 59 items, thus resulting in the need for 295 participants to satisfy the minimum requirements for factor analysis. This sample thus met Crocker and Algina's criterion for sample size.

Procedures

Individual counselors from schools and agencies agreeing to participate in the research administered the BARIS in group situations. These assistants were instructed to read the instrument aloud to the group to compensate for any physical disability and/or inability to read. They also were trained to avoid bias in presentation by reading each item in a controlled, neutral tone and with a consistent pace. The assistants were directed to report any problems regarding the administration or completion of the BARIS. They also were instructed to avoid discussion of individual items. Upon completion of the respective administrations, the assistants visually scanned instruments to check for responding errors. Participants were asked to complete any items omitted, if they so desired at that time. All information collected was held as confidential as was legally possible. Only the assistants and the researcher saw the questionnaires. Individually identifying information for each respondent was not obtained.

At the time of the initial study, participants also were asked to complete an evaluation form. The participants were asked to report any items that were difficult to answer, any words that they did not understand, their understanding of instructions on how to complete the instrument, their impression of it, and any additional comments they had. The results of the feedback were overwhelmingly positive. Individual participants believed that this was a worthwhile project and that it was beneficial to them. There were no adjustments made to the BARIS as a result of information from the feedback form.

Results

Items on each completed BARIS were screened for scoring errors, missing values, or out-of-range items. The missing values on each instrument were examined, and it was determined that no discernable pattern, other than participant error, accounted for the data errors. However, any instrument with missing data points was excluded from the data analyses. A total of 52 scales thus were determined to be unusable, which resulted in a total sample of 327 participants. The final item to participant ratio was 5:1, which met the criterion for minimum sample size recommended by Crocker and Algina (1986). It should be noted that a sample was selected prior to this initial study, the results from which had to be discarded (n = 375) because one school district failed to follow the procedures and training instructions provided. Therefore, their data were deemed unusable.

A principal components analysis (PCA) was used to determine the factor structure of the instrument. Eighteen factors with eigenvalues greater than 1.0 were found for the initial rotation. Upon examination of the Scree Plot, it was determined that a distinct "elbow" occurred between the third and fourth factors, thus suggesting that a three-factor solution was appropriate (Cattell, 1966).

The respective factor loadings of the items on these three factors were then examined. Items that loaded at .40 or above on two or more components were eliminated (Hair, Anderson, Tatham, & Black, 1998). According to a formula provided by Stevens (1996), a sample size of 327 requires a factor loading of at least .30 for the item to be valid. However, because other instruments developed within the field of racial identity development research have failed to provide adequate psychometric properties, a more conservative factor loading of .50 was established to retain items on the BARIS.

In order to determine the applicability of an orthogonal rotation, inter-factor correlations were examined. None of the inter-correlations were found to be statistically significant, which suggests that all three factors are independent. Thus a three-factor solution was maintained. This solution accounted for 36% of the total variance.

Using the criteria described earlier, 37 items were eliminated from the final form of the BARIS, which resulted in a 22-item scale, including 9 items related to assimilation, 6 items related to Self-Segregation, and 7 items related to Universal Acceptance. Although three factors emerged in the analysis, it is important to note that the order of the factors with regard to strength of presence on the Scree Plot was Dominant Affiliation, Universal Acceptance, and Self-Segregation.

Scoring

The initial item pool for the BARIS was based on the tri-status model of racial identity development, and therefore scoring of the BARIS was directly related to each of the three statuses. Because each of the statuses is permeable and they may overlap, it is important to recognize status dominance and salient characteristics of a score within each status area. Thus, a separate score for each status area is produced. The resulting scores are compared in an effort to identify status dominance. Because the BARIS identifies issues within each status area and not an overall level of racial identity development, a total score is not valid in this case. Identification of salient issues can also be done through review of the characteristics of each status and individual item responses.

In order to score the BARIS, individual item responses (raw scores) were recorded on the score sheet in the box with the corresponding question number (e.g., the score from question three on the BARIS was entered in the Assimilation column next to question three). After entering all raw scores from the BARIS, the entries for each column on the score sheet were totaled and then divided by the total number of items in that column in order to create equity in possible scores (e.g., column one was divided by 18, column two was divided by 27, and column three was divided by 21.) The resulting scores provided evidence of the individual respondent's status dominance and relative standing on the remaining statuses within the tri-status model.

After completion of the initial study, the scoring method was revised to account for changes in the BARIS. Revisions were made based on item and factor analyses. Specifically, the initial version of the BARIS was reduced from 59 to 22 items. Thus, those items that were eliminated from the BARIS were also eliminated from the revised score sheet. Items were eliminated based on factor loadings and communalities. Although the rationale for scoring remained the same, the procedure changed to reflect the number of items in each column (e.g., column one was divided by nine, column two was divided by seven, and column three was divided by six.) Also, the initial PCA produced four significant, negative factor loadings on the Assimilation factor. Thus items 3, 9, 12, and 13 were reverse scored on the 22-item BARIS.

Demographic Data Analysis

In order to examine the nature of the demographic characteristics, the resulting 22-items of the BARIS were extracted from the original sample of 327 and analyzed. The sample for this study consisted mostly of individuals between 11 and 14 years of age (n = 176, 53.8%). A majority of participants identified themselves as black (n = 224, 68.5%), a trend consistent with recent survey data on black Americans (Parham & Williams, 1993). Most of the participants identified themselves as middle class (n = 227, 69%). However, considering the nature of the population of the areas in which the data were collected, and the SES of families in those areas, it is highly likely that these data are not accurate. Social desirability may have prevented participants from accurately reporting their socioeconomic status. Another demographic characteristic that is likely to be inaccurate is that of history of arrest. Participants were asked to respond to whether they have ever been arrested. The participants were supposed to respond by checking either yes or no. Most respondents were involved in the juvenile justice system, thus indicating they had indeed been arrested. However, only 58 out of 327 participants checked yes for this question(18%). Thus, it is difficult to accurately identify differences between those individuals who had been arrested and those who had not.

Juvenile offender participants in this study had been arrested between one and five times(18%), and the majority of juvenile offender participants were involved in some type of court-initiated alternative services program (15%). It should be noted that respondents were asked to place a check next to the type of program with which they were involved. Several participants marked a number of spaces, indicating several levels of involvement. In these cases, the highest level of involvement marked was used to compute the data analyses.

In order to determine if differences existed on the basis of demographic characteristics of the sample, several statistical analyses were conducted. However, because there was an unequal number of participants in each demographic category (e.g., age, location, number of arrests, and level of involvement) and unequal variances, it was necessary to perform nonparametric tests(Shavelson, 1996). Kruskal-Wallis tests were performed to determine whether differences between BARIS factor scores were statistically significant based on each demographic characteristic. Statistically significant results were detected for every demographic characteristic except age (e.g., racial designation, socioeconomic status, involvement in juvenile justice system, number of arrests, and types of programs).

Discussion

It was the purpose of this article to develop and test an instrument that would more adequately assess racial identity in juvenile offenders. An overall assessment tool was developed, tested for rating bias, and administered to African American youths both within the school and juvenile systems. The BARIS is the assessment instrument that was developed and tested in the spirit of yielding more culturally friendly and effective counseling strategies to utilize in one of the most represented races in the juvenile system, the African American population.

It is clear from the results of this study that there are culturally specific methodological concerns that must be accounted for in order to truly assess racial identity and draw information that would adequately contribute to the development of culturally sound counseling strategies or rehabilitation programs. A review of significant findings includes that reading levels, length of questionnaire, SES, arrest history, and overall social desirability may possibly be protagonists to accurate assessment among African American offenders.

Future implications and contributions of this study warrant consideration to be given to the current push for multicultural infusion into counselor preparation programs and the advantage of utilizing these results to impact the ways in which counselors are trained. It also provides counselor preparation programs with a valid and reliable means to gather data from which to direct their suggested interventions with BAM juvenile offenders.

Counselors using the BARIS will have a tool to identify salient issues in a quicker and more efficient manner. The instrument will serve as an aid in creating discussion around difficult and serious issues such as racism and prejudice, thus breaking down some barriers that may be inherent in the current juvenile justice treatment system.

Overall, this study demonstrates specific areas to address in reducing the recidivism of BAM juvenile offenders. It verifies the need for the development of culturally relevant treatment approaches that differ from the previous approaches, which have yielded few successes. Furthermore, it reinforces that by developing psychometrically sound measurement tools counselors can begin to adequately formulate applicable, realistic treatment goals, objectives, and interventions based on the needs of a specific population.

TABLE 1 Factor Loadings for a Varimax, Orthogonal, Three-Factor Solution for the Black Adolescent Racial Identity Scale *(N = 327)*

Item	Factor Loading			
	1	2	3	Communality
3. It is important to take part in black activities.	.209	−006	.503	.296
5. Whites get more chances in life.	.007	.564	.006	.327
6. It is good to be around blacks and other races.	−.594	.016	.187	.398
7. Whites are more trustworthy than blacks.	.009	.613	.003	.386
8. It is easier to get along with black people.	.141	.516	−276	.363
17. People should be proud of their race.	.009	−172	.549	.339
18. Teenagers should only date people from the same race.	.622	.002	−321	.490
22. People from all races have good things about them.	−.140	−353	.599	.504
25. It is good to get along with all kinds of people.	−.736	.102	−007	.557
27. Children should know what it means to be black.	.121	.276	.526	.367
29. White counselors are better than black counselors	.661	−003	.125	.453
30. It is good to do things with people from all types of backgrounds.	−.569	.293	.319	.512
32. It is OK to date somebody from another race.	−.588	.195	.387	.534
34. White friends are better than black friends.	.595	−005	.101	.367
35. People from all races should get along.	−.101	−005	.751	.576
42. It's OK for whites and blacks to mix.	−.007	−187	.569	.364
43. Black counselors understand kids better than white counselors.	.188	.601	−006	.400
46. It is better to have lighter skin	.592	.235	−007	.410

47. Whites have nicer hair than blacks.	.529	.204	−116	.334
49. It is important to belong to a black church.	.007	.594	−008	.364
52. It is good to learn about the race and background of others.	−.003	−120	.520	.286
54. It is better to be more like whites.	.265	.612	−195	.483

Note: boldface indicates highest factor loadings

TABLE 2 Racial Designations of Black Adolescent Males Age 11–18 on the Three BARIS Factors

Number of arrests	Participants (n = 327)	Mean Rank	X2
Factor 1			4.10
1	244	169.67	
2	100	149.68	
3	3	217.67	
Factor 2			.44
1	244	165.89	
2	100	160.52	
3	3	138.67	
Factor 3			16.09
1	244	176.56	
2	100	131.90	
3	3	146.67	

1 = Black, 2 = African American, and 3 = Negro
**p 〈 .01

TABLE 3 Demographic Data for Participants by Program or School (*N* = 327)

	n	%
Age at time of survey (years)		
11~12	93	28
13~14	83	25
15~18	151	46
Racial designation		
Black	224	69

African American	100	31
Negro	3	〈1
Biracial	0	
Colored	0	
Other	0	
Socioeconomic data		
Poor	40	12
Middle class	227	70
Well off	60	18
Arrests		
Yes	58	18
No	269	82
Number of arrests		
0	268	82
1~3	42	13
4 or more	17	5
Types of programs		
None	0	0
House arrest	18	6
Teen court	14	4
Alternative services	14	4
Level 6	2	〈1
Level 8	6	2
Level 10	1	〈1

References

Berger, K. S. (1988). *The developing person through the life span*. New York, NY: Worth Publishers.

Bierman, K. L., Coie, J. D., Dodge, K. A., Greenberg, M. T., Lochman, J. E., & McMahon, R. J. (1992). A developmental and clinical model for the prevention of conduct disorder: The fast track program. *Development and Psychopathology, 4,* 509–527.

Carter, R. T. (1991). Racial identity attitudes and psychological functioning. *Journal of Multicultural Counseling and Development, 19,* 105–113.

Carter, R. T. (1995). *The influence of race and racial identity in psychotherapy: Toward a racially inclusive model*. New York: Wiley.

Carter, R. T. (1996). Exploring the complexity of racial identity attitude measures. In G. R. Sodowsky & J. Impara (Eds.), *Multicultural assessment in counseling and clinical psychology*. Lincoln, NE: Buros Institute of mental Measurement.

Carver, C. S., & Scheier, M. F. (1992). *Perspectives on personality* (2nd ed.). Boston, MA: Allyn and Bacon.

Cattell, R. B. (1966). The scree test for the number of factors. *Multivariate Behavioral Research, 1,* 245–276.

Coie, J. D., & Jacobs, M. R. (1993). The role of social context in the prevention of conduct disorder. *Development and Psychopathology, 5,* 263–275.

Crocker, L., & Algina, J. (1986). *Introduction to classical & modern test theory*. Fort Worth, TX: Harcourt Brace Jovanovich College Publishers.

Cross, W. E., Jr. (1977). The Thomas and Cross models of psychological Nigrescence: A review. *Journal of Black Psychology, 5,* 13–31.

Cross, W. E., Parham, T. A., & Helms, J. E. (1991). Stages of Black identity development: Nigrescence models. In R. L. Jones (Ed.), *Black psychology* (3rd ed., pp. 319–338). New York, NY: Harper & Row.

DiLalla, L. F., Mitchell, C. M., Arthur, M. W., & Pagliocca, P. M. (1988). Aggression and delinquency: Family and environmental factors. *Journal of Youth and Adolescence, 17*(3), 233–246.

Elliot, D. S. (1994). Serious violent offenders: Onset, developmental course, and termination–The American Society of Criminology 1993 presidential address. *Criminology, 32*(1), 1–21.

Federal Bureau of Investigation. (1999). *Crime in the United States 1998. Uniform crime reports.* Washington, DC: U.S. Department of Justice, Federal Bureau of Investigation.

Hair, J. F., Anderson, R. E., Tatham, R. L., & Black, W. C. (1998). *Multivariate data analysis* (5th ed.). Upper Saddle River, NJ: Prentice Hall.

Harris, D. J. (1992). A cultural model for assessing the growth and development of the African-

American female. *Journal of Multicultural Counseling and Development, 20,* 158-167.

Harris, S. M. (1995). Psychosocial development and black male masculinity: Implications for counseling economically disadvantaged African American male adolescents. *Journal of Counseling & Development, 73*(3), 279-287.

Hawkins, D. F. (1993). Crime and ethnicity. In B. Forst (Ed.), *The socio-economics of crime and justice* (pp. 89-120). Armonk, NY: M. E. Sharpe.

Hawkins, D. F. (1999). What can we learn from data disaggregation? The case of homicide and African Americans. In M. D. Smith & M. Zahn (Eds.), *Homicide: A sourcebook of social research* (pp. 195-210). Thousand Oaks, CA: Sage.

Hawkins, D. F., Laub, J. H., Lauritsen, J. L., & Cothern, L. (2000). *Race, ethnicity, and serious and violent juvenile offending*. Washington, DC: U.S. Department of Justice, Office of Justice Programs, Office of Juvenile Justice and Delinquency Prevention.

Helms, J. E. (1989). Considering some methodological issues in racial identity counseling research. *The Counseling Psychologist, 17*, 227-252.

Helms, J. E. (1990). An overview of Black racial identity theory. In J. E. Helms (Ed.), *Black and white racial identity: Theory, research, and practice* (pp. 9-31). New York, NY: Greenwood Press.

Helms, J. E. (Ed.). (1993). *Black and white racial identity: Theory, research, and practice*. Westport, CT: Praeger Publishers.

Helms, J. E. (1994a). The conceptualization of racial identity and other "racial" constructs. In E. J. Trickett & R. J. Watts et al. (Eds.), *Human diversity: Perspectives on people in context* (pp. 285-311). San Francisco, CA: Jossey-Bass.

Helms, J. E. (1994b). *Helms' racial identity theory*. Paper presented at the Annual Multicultural Winter Roundtable, Teacher's College, Columbia University, New York.

Helms, J. E., & Carter, R. T. (1990). Development of the White Racial Identity Inventory. In J. Helms (Ed.), *Black and white racial identity: Theory, research, and practice* (pp. 67-80). Westport, CT: Greenwood.

Hooper, F. A., & Evans, R. G. (1984). Screening for disruptive behavior of institutionalized juvenile offenders. *Journal of Personality Assessment, 48*(2), 159-161.

Huizinga, D., Loeber, R., & Thornberry, T. P. (1994). *Urban delinquency and substance abuse: Initial findings*. Washington, DC: U.S. Department of Justice, Office of Justice Programs, Office of Juvenile Justice and Delinquency Prevention.

Ibrahim, F., Ohnishi, H., & Sing Sandhu, D. (1997). Asian Americans identity development: A culture specific model for South Asian Americans. *Journal of Multicultural Counseling and Development, 25*, 34-50.

Juvenile Justice Accountability Board. (1999). *Annual report and juvenile justice fact book (99-001-JJAB). Tallahassee: Florida Legislature.*

LaFree, G. (1995). Race and crime trends in the United States, 1946-1990. In D. F. Hawkins (Ed.), *Ethnicity, race, and crime: Perspectives across time and place* (pp. 169-193). Albany: State University of New York Press.

Liebert, R. M., & Spiegler, M. (1990). *Personality: Strategies and issues* (6th ed.). Belmont, CA: Brooks/Cole.

Loeber, R., Wung, P., Keenan, K., Giroux, B., Stouthamer-Loeber, M., Van Kammen, W. B., & Maughan, B. (1993). Developmental pathways in disruptive child behavior. *Development and Psychopathology, 5*, 101-133.

Mays, V. M. (1986). Identity development of Black Americans: The role of history and the importance of ethnicity. *American Journal of Psychotherapy, 40*, 582-593.

Miller, J. G. (1994). From social safety net to dragnet: African American males in the criminal justice system. *Washington and Lee Law Review* (Spring), 479-490.

Parham, T. A. (1989). Cycles of psychological nigrescence. *The Counseling Psychologist, 17*(2), 187-226.

Parham, T. A., & Helms, J. E. (1985a). Attitudes of racial identity and self-esteem of Black students: An exploratory investigation. *Journal of College Student Personnel, 26*, 143-147.

Parham, T. A., & Helms, J. E. (1985b). Relation of racial identity attitudes to self-actualization and affective states of Black students. *Journal of Counseling Psychology, 32*, 431-440.

Parham, T. A., & Williams, P. T. (1993). The relationship of demographic and background factors to racial identity attitudes. *Journal of Black Psychology, 19*(1), 7-24.

Plummer, D. L. (1995). Patterns of racial identity development of African American adolescent males and females. *Journal of Black Psychology, 21*(2), 168-180.

Ponterotto, J. G. (1989). Expanding directions for racial identity research. *The Counseling Psychologist, 17*(2), 264-272.

Pope, C. E., & Feyerherm, W. (1995). *Minorities and the juvenile justice system: Research summary* (NCJ 145849). Washington, DC: Office of Juvenile Justice and Delinquency Prevention, U.S. Department of Justice.

Poston, W. S. C. (1990). The biracial identity development model: A needed addition. *Journal of Counseling and Development, 69*, 152-162.

Reiss, A. J., & Roth, J. A. (1993). *Understanding and preventing violence*. Washington, DC: National Academy Press.

Resnicow, K., & Ross-Gaddy, D. (1997). Development of a racial identity questionnaire for African American adults. *Journal of Black Studies, 28*(2), 239-254.

Richardson, T. Q., & Helms, J. E. (1994). The relationship of the racial identity attitudes of Black men to perceptions of "parallel" counseling dyads. *Journal of Counseling & Development, 73*(2), 172-177.

Scholte, E. M. (1992). Prevention and treatment of juvenile problem behavior: A proposal for a socio-ecological approach. *Journal of Abnormal Child Psychology, 20*(3), 247-262.

Shavelson, R. J. (1996). *Statistical reasoning for the behavioral sciences* (3rd ed.). Boston: Allyn and Bacon.

Snyder, H. N. (1997). *Juvenile Justice Bulletin*. The Office of Juvenile Justice and Delinquency Prevention. Retrieved December 1998, from http://www.ojjdp.ncjrs.org/jjbulletin/9812_2/intro.html

Snyder, H. N. (1998). *Juvenile arrests 1997*. Washington, DC: U.S. Department of Justice Programs, Office of Juvenile Justice and Delinquency Prevention.

Snyder, H. N., & Sickmund, M. (1999). *Juvenile offenders and victims: 1999 national report*. Washington, DC: U.S. Department of Justice, Office of Justice Programs, Office of Juvenile Justice and Delinquency Prevention.

Stevens, J. (1996). *Applied multivariate statistics for the behavioral sciences* (3rd ed.). Mahwah, NJ: Erlbaum.

Stone, L. J., & Church, J. (1984). *Childhood and adolescence: A psychology of the growing person* (5th ed.). New York: Random House.

Sudman, S. (1976). *Applied sampling*. New York: Academic Press.

Tolan, P. H., Guerra, N. G., & Kendall, P. C. (1995). A developmental-ecological perspective on antisocial behavior in children and adolescents: Toward a unified risk and intervention framework. *Journal of Counseling and Clinical Psychology, 63*(4), 579-584.

Vontress, C. E. (1996). A personal retrospective on cross-cultural counseling. *Journal of Multicultural Counseling and Development, 24*, 156-166.

Vontress, C. E., & Epp, L. R. (1997). Historical hostility in the African American client: Implications for counseling. *Journal of Multicultural Counseling and Development, 25*, 170-183.

White, A. M., Oliviera, D. F., Strube, M. J., & Meertens, R. H. (1995). The Themes Concerning Blacks (TCB) projective technique as a measure of racial identity: An exploratory cross-cultural study. *The Journal of Black Psychology, 21*(2), 101-103.

찾아보기

인명

내용

저자 소개

Carl J. Sheperis 박사(NCC, LPC, ACS)는 Lamar 대학교 상담 및 특수교육학과의 학과장이다. 그는 유아 및 아동의 행동장애와 정신병리의 평가·치료에 25년 이상의 임상경험을 가지고 있다. 대학원 학생들을 대상으로 평가, 연구방법, 통계 등을 가르치고 있다. 그는 또한 정신건강 상담, 평가, 아동 및 청소년 문제, 비대면 상담사 교육, 폭력예방 등에 관한 여러 교재의 저자이며 NBCC의 이사이다.

J. Scott Young 박사는 North Carolina 대학교 Greensboro 캠퍼스 상담 및 교육발달 학과의 학과장이다. 그는 유능한 상담 교육자가 되기 위해서는 반드시 유능한 실무자가 되어야 한다고 믿는다. 20년 이상 상담실무자이면서 동시에 임상 수퍼바이저로 일하고 있다. 그는 사람들이 자신의 인생에서 의미를 구축하는 과정, 특히 효과적 상담에서 영성과 종교의 역할을 이해하는 데 관심이 있다. 이를 위해 상담과 영성의 관련성에 대한 수많은 논문을 출간했으며, 『상담에서 영성과 종교: 유능한 실무자를 위한 지침』의 공동저자이다.

M. Harry Daniels 박사는 Florida 대학교 상담자 교육 프로그램의 이전 학과장을 역임했으며, 현재는 동 대학교 명예교수이다. 그는 과학자-실무자 모형을 따르며 상담 교육자들이 두 영역의 전문성을 모두 가져야 한다고 믿고 있다. 이러한 관점에서 그는 사람들이 창의적인 언어 사용과 삶 속의 여러 사건에 대한 정서반응을 조절하려고 사람들이 사용하는 전략을 통해 현실을 구성하는 방법을 아는 데 관심이 있다. 그는 아동의 정서조절 능력에 영향을 미치는 부모나 교사가 사용하는 전략에 특히 관심이 있다.

역자 소개

김은하(Kim Eunha)

서울대학교 대학원 석사(교육상담 전공)

서울대학교 대학원 박사(교육상담 전공)

현 단국대학교 교육대학원 교수

〈주요 저서 및 역서〉

상담의 실제: 시작부터 종결까지(공역, 시그마프레스, 2019)

오늘도 홀로 고민하는 너에게: 48가지 사이버상담 이야기(공저, 학지사, 2017)

청소년상담학개론(공저, 학지사, 2014)

김창대(Kim Changdai)

Teachers College, Columbia University 박사(상담심리학 전공)

현 서울대학교 교육학과 교수

〈주요 저서 및 역서〉

학교상담과 생활지도(3판, 공저, 학지사, 2020)

상담사를 위한 신경과학 입문(공역, 학지사, 2020)

애착: 인간애착행동에 대한 과학적 탐구(2판, 역, 연암서가, 2019)

심리상담과 치료의 이론과 실제(공역, Cengage Learning, 2017)

상담의 난관 극복하기(공역, 학지사, 2017)

집단상담 및 교육프로그램 개발 및 평가(공저, 학지사, 2011)

대상관계이론과 실제: 자기와 타자(공역, 학지사, 2007)

김형수(Kim Hyoungsoo)

서울대학교 대학원 석사(교육상담 전공)

서울대학교 대학원 박사(교육상담 전공)

현 단국대학교 교육대학원 교수

〈주요 저서 및 역서〉

재난대응 위기상담(공저, 학지사, 2017)

청소년상담학개론(공저, 학지사, 2014)

상담 및 심리교육 프로그램 개발과 평가(공저, 학지사, 2011)

상담 및 조력 전문가를 위한 수퍼비전의 실제(공역, 시그마프레스, 2006)

서영석(Seo Youngseok)

University of Minnesota 석사(상담심리 전공)

University of Minnesota 박사(상담심리 전공)

현 연세대학교 교육학부 교수

〈주요 저서 및 역서〉

출판되는! 논문 작성하기(공저, 학지사, 2018)

상담연구방법론(공역, Cengage Learning, 2017)

정여주(Chung Yeoju)

서울대학교 대학원 석사(교육상담 전공)

서울대학교 대학원 박사(교육상담 전공)

현 한국교원대학교 교육학과 상담심리전공 교수

〈주요 저서 및 역서〉

청소년 사이버폭력 문제와 상담(저, 학지사, 2021)

상담자 자기돌봄(공역, 학지사, 2020)

상담의 실제: 시작부터 종결까지(공역, 시그마프레스, 2019)

최한나(Choi Hanna)
Ohio 주립대학 석사(임상상담 전공)
서울대학교 대학원 박사(교육상담 전공)
현 숙명여자대학교 교육학부 교수

〈주요 저서 및 역서〉

상담 수퍼비전의 이론과 실제(공저, 학지사, 2019)
상담의 실제: 시작부터 종결까지(공역, 시그마프레스, 2019)
상담 및 심리교육 프로그램 개발과 평가(공저, 학지사, 2011)
상담학개론(공저, 학지사, 2011)

상담연구방법론

-양적 · 질적 · 혼합적 방법론-

Counseling Research (2nd ed.)

-Quantitative, Qualitative, and Mixed Methods-

2022년 2월 20일 1판 1쇄 인쇄
2022년 2월 25일 1판 1쇄 발행

지은이 • Carl J. Sheperis · J. Scott Young · M. Harry Daniels
옮긴이 • 김은하 · 김창대 · 김형수 · 서영석 · 정여주 · 최한나
펴낸이 • 김진환
펴낸곳 • (주)학지사
04031 서울특별시 마포구 양화로 15길 20 마인드월드빌딩
대표전화 • 02-330-5114 팩스 • 02-324-2345
등록번호 • 제313-2006-000265호

홈페이지 • http://www.hakjisa.co.kr
페이스북 • https://www.facebook.com/hakjisabook

ISBN 978-89-997-2589-0 93180

정가 27,000원